厦门大学2019年度"双一流"重点建设项目资助
"大学治理体系与治理能力现代化建设"成果

# 研究型教学：
# 教学共同体建构

王洪才 等◎著

厦门大学出版社
XIAMEN UNIVERSITY PRESS

国家一级出版社
全国百佳图书出版单位

图书在版编目(CIP)数据

研究型教学:教学共同体建构/王洪才等著.—厦门:厦门大学出版社，2020.11

ISBN 978-7-5615-7837-7

Ⅰ.①研…　Ⅱ.①王…　Ⅲ.①高等学校－教学研究　Ⅳ.①G642.0

中国版本图书馆 CIP 数据核字(2020)第 144677 号

| | |
|---|---|
| 出 版 人 | 郑文礼 |
| 责任编辑 | 曾妍妍 |

出版发行　厦门大学出版社

| | |
|---|---|
| 社　　　址 | 厦门市软件园二期望海路 39 号 |
| 邮政编码 | 361008 |
| 总　　　机 | 0592-2181111　0592-2181406(传真) |
| 营销中心 | 0592-2184458　0592-2181365 |
| 网　　　址 | http://www.xmupress.com |
| 邮　　　箱 | xmup@xmupress.com |
| 印　　　刷 | 厦门集大印刷厂 |

| | |
|---|---|
| 开本 | 787 mm×1 092 mm　1/16 |
| 印张 | 28.75 |
| 插页 | 1 |
| 字数 | 682 千字 |
| 版次 | 2020 年 11 月第 1 版 |
| 印次 | 2020 年 11 月第 1 次印刷 |
| 定价 | 128.00 元 |

本书如有印装质量问题请直接寄承印厂调换

厦门大学出版社
微信二维码

厦门大学出版社
微博二维码

# 卷首语

如何开展研究型教学？这是一个困惑教育学术界的现实难题。之所以困惑教育学术界，就在于人们常常只能抽象地描述研究型教学应该具有哪些特点，但要变成实践操作就成了一个谜：该怎么操作啊？什么样的操作才符合研究型教学的要求？人们都会发现，从理论上讲比较容易（应然），但变成实践操作就非常困难（实然）。作为长期探讨教学改革的研究者，我对这个问题开始研究时也觉得它像一个谜，因为它无法按照严密的逻辑顺序来推进，如果它能够按照严密设计的步骤进行推进，实质上就与灌输式教学没有什么差别了。如果不按照一定逻辑顺序进行，怎么来保证它是研究型的而不是别的？

通过长期的实践探索发现，真正的研究型教学无论如何都无法进行预先周密设计，而是在不断创造的过程中生成的。这怎么操作啊？怎么通过生成式教学来推进研究型教学？生成性课堂的成功奥秘又是什么啊？显然这些都是不可能绕过的问题。

经过不断的教学改革探索发现，生成性课堂只有按照以学生为中心的逻辑展开才可能进行操作。那么问题马上就来了，怎么叫以学生为中心？或以学生为中心的逻辑如何操作？难道以学生为中心的逻辑是孤立的吗？

显然不是这样。以学生为中心，就是以学生所困惑的问题为中心。这又马上遇到了问题，因为学生困惑的问题非常多，而且学生又不是一个，究竟是以哪个学生的困惑为中心？以学生什么样的困惑为中心？这实际上就涉及教育学的逻辑。教育学所面对的是学生群体，不是仅仅面对某个学生。教育学要完成的一个基本任务就是知识的传授。所以，这要求"学生的问题"必须是学生共同的问题，而且是在接受知识的过程中产生的问题。如此看来，这个问题就不好预先确定了，它必须在师生互动过程中产生，这就是生成性教学的起点。

既然是学生们共同的问题，首先必须通过学生们研讨。既然是在传授知识过程中产生的问题，就必须在师生之间进行互动。通过学生团体内部的互动和师生之间的互动，最终产生一个既可以为学生们广泛接受，又符合知识传授要求的问题。而研究型教学过程就是问题探讨和解答的过程，这正是研究型教学的基本形式。

研究型教学绝不是为了简单地追求这种形式，而是为了完成知识传授任务，但完成这个任务并不是根本目的，而是一种达成更高目的的手段，因为没有知识传授过程作为手段，就无法达成更高的目标。更高的目标是什么呢？是培养学生的探究能力！这才是研究型教学的根本追求。

这样就可以培养学生的探究能力吗？

是的！

学生探究能力正是学生在参与探究的过程中培养起来的。因为研究问题产生于学生自身的现实需要，故而学生具有探究的兴趣。而问题又在与教师的互动中生成，所以这个问题又代表了知识的前沿,也代表社会发展需要,从而也代表了学生对未来社会发展需要的主动适应。由此可以看出,研究型教学的问题设计需要既符合学生发展的要求,又符合学科发展趋势,又能够满足社会发展需求,那么研究型教学的合理生成必须符合这三方面的特征,不然的话学生就不感兴趣,或者就不能代表知识发展水平,或者就无法满足社会发展要求,最终学生就感受不到学习的价值与意义。因而问题设计环节是研究型教学的关键所在。

如果问题设计就这么大费周折,那它是否适合于所有的教学?这也是研究型教学能否推广的关键。要找到一个恰当的问题并不那么容易,这必须进行尝试摸索,并非一下子就可以达到。可以说,任何课程只要能够找到合适的问题,就找到研究型教学的突破口,也就可以采用研究型教学方式进行。显然,这对于教师就提出了很高的要求,因为他必须对学科前沿保持敏感,必须对学生前途高度负责,必须具有强烈的社会责任感,当然,他也必须对教学改革具有极大的热情,如果不把学生发展放在中心的位置,就不可能激起教学改革的热情。

由此可以看出,研究型教学逻辑是不断深化的,从生成性教学逻辑开始,到把以学生为中心作为切入点,再到以问题为中心展开,再进一步发展到把以学生发展为中心作为归宿,一步步实现教学改革的主旨。

不难发现,研究型教学逻辑的展开是以激发学生学习主动性为突破口的,因为从问题发现—问题聚焦—问题确定—问题探究都是研究型教学的关键环节,教师的作用就在于能够给学生以恰当的引导,能够推动问题探究的整个过程,保证问题探究的水平,从而使研究与教学完全融为一体。这样的话,师生就结成一个真正的教学共同体,同时也是一个学术共同体,当然也是一个学习共同体,因为整个教学过程都是师生共同完成的,师生共同参与了问题发现—问题分析—问题假设—问题解答的全过程。这也说明,研究型教学是师生的共同创造,缺少了学生的积极参与,教学就无法完成,没有教师的科学引导,教学也无法推进,没有师生之间和生生之间的相互合作,就不可能战胜来自研究过程中出现的各种挑战。这些都说明,研究型教学是创造性的,是无法模仿的。

由此,我们可以对研究型教学进行多重意义的界定:首先它是一种生成性教学,因为它没有固定的严格的程式;其次它是一种以问题为中心的教学,因为没有问题探究,就谈不上研究,当然就称不上研究型教学;再次它是一种以学生为中心的教学,因为没有学生的积极参与,教学就无法推进,研究也无从谈起,因为学生是作为研究的主体出现,是以知识探究者身份参与,而不是知识接受者身份;复次,它是一种创造性教学,因为没有教师与学生的创造性激发,研究就没有价值,教学也就没有了生机;最后它是一种合作性教学,在其中师生结成了真正的教学共同体、学习共同体、学术共同体。

很显然,研究型教学是一种理想的教学改革方向,也是一种真正实现学生主体性的教学。

我非常高兴有机会能够与同学们进行一次大胆的尝试和冒险。在我近二十年的教学改革探索中,从没有像现在这样感到既兴奋又惆怅。兴奋的是还能够再一次体验这样的冒险经历,惆怅的是这样的经历不可复得,因为它是一种大规模的、持续的研讨活动,对教师身心的挑战性过于强烈,让人很难适应,因为它的过程是无法精确预计的,很多时候只能靠直觉,凭借的是对学术敏感性和教学改革激情,仰仗同学们的支持和投入,这对于已过天命之年的人而言越来越难以胜任了。所以,能够把这场系统的、持久的探索经历记录下来是一种幸运,把它作为后世学者进行研究型教学探索时一个典型案例可谓是一种奉献。大学教学改革尤其研究生教学改革非常缺乏典型案例,进行一次这样的努力,无疑是一次壮举。至此,非常感谢这些与我一起奋斗的同学们,让我们把这次教学改革实录作为对学术进步事业的一份献礼,以此来纪念我们的奋斗经历吧!

王洪才

2019 年 5 月 5 日识于厦门大学海外楼 306

# "研究型教学"参与者

### 1. 牛军明

求学经历:本科阶段就读于怀化学院中国语言文学系汉语言文学专业,硕士阶段就读于广西民族大学民族教育学专业。现为大连理工大学教育管理专业 2016 级博士生,于 2018 年 9 月至厦门大学教育研究院访学,访学导师为王洪才教授。

选课初衷:由于一次讲座与王洪才教授的"行动研究"结缘,敬佩于王洪才教授清晰的逻辑思维、锤炼的学术语言、严谨的研究方法,于是作为王洪才教授的访学博士生,希望能够在课堂上更加近距离感受"行动研究"的魅力与风采。

### 2. 段肖阳

求学经历:本科阶段就读于河南科技大学农学专业,硕士阶段就读于陕西师范大学比较教育学专业,现为厦门大学教育研究院高等教育学专业 2018 级博士生。

选课初衷:硕士阶段只修过定量研究方法的课程,但并未接触过访谈法、文本分析法等研究方法,期望通过这门课程能够掌握系统的研究方法,提高自己的研究能力。

### 3. 王亚克

求学经历:本科阶段就读于新疆师范大学英语教育专业,硕士阶段就读于华东师范大学英语语言文学专业,曾担任厦门大学外文学院老师。现为厦门大学教育研究院高等教育学专业 2018 级博士生。

选课初衷:希望学到有效的能马上运用到实践中的研究方法。

### 4. 赵祥辉

求学经历:本科阶段就读于郑州大学教育学专业,现为厦门大学教育研究院高等教育学专业 2017 级硕士生。

选课初衷:熏陶研究兴趣,培养研究能力。

### 5. 姚烟霞

求学经历:本科阶段就读于华中农业大学英语专业,现为厦门大学教育研究院高等教育学专业 2017 级硕士生。

选课初衷:学习研究方法,规范研究逻辑,培养学术思维。

### 6. 熊文丽

求学经历:本科阶段就读于湖南师范大学教育学专业,现为厦门大学教育研究院高等教育学专业 2017 级硕士生。

选课初衷:学习科学、规范、系统的研究方法。

### 7. 郑雅倩

求学经历:本科阶段就读于兰州大学教育学专业,现为厦门大学教育研究院高等教育学专业 2018 级硕士生。

选课初衷:一方面,虽然在本科阶段曾经修习过研究方法课程,但是在本科毕业论文写作过程中仍不能熟练运用研究方法,所以想在研究生阶段更加深入学习研究方法课程,掌握基本研究规范、熟练科学地使用研究方法、训练学术研究思维,并能够帮助自己将研究方法的学习结果真正落实到实践中,成为专业的高等教育研究者;另一方面,王老师严谨清晰的学术思维及其教学行动改革广为人知,有幸到高教殿堂求学的我自然是不能错过这一门"干货满满"的课程。

**8. 孙士茹**

求学经历:本科阶段就读于济南大学教育管理专业,现为厦门大学教育研究院教育史专业 2018 级硕士生。

选课初衷:希望通过此课了解基本的高等教育研究方法,养成基本的高等教育思维方式,更好地进行高等教育学习和研究。

**9. 刘美丹**

求学经历:本科阶段就读于郑州大学教育学专业,现为厦门大学教育研究院高等教育学专业 2018 级硕士生。

选课初衷:我觉得高等教育研究方法是一门非常重要的专业课,同时也是一门必修课,一方面,我希望学习这门课程之后,能够掌握一些本学科基本的研究方法(比如问卷、访谈、文本分析;质性、量化方法),并能够运用它们去开展相关的研究工作。另一方面,我也希望自己能够通过课堂上的观察、发言、思考活动,锻炼一下语言表达能力和发现问题、分析问题的能力。

**10. 王鹏娟**

求学经历:本科阶段就读于陕西师范大学公共事业管理专业,现为厦门大学教育研究院高等教育学专业 2018 级硕士生。

选课初衷:希望通过这门课系统学习高等教育研究方法,提高自己的逻辑思维能力和问题意识。

**11. 汤建**

求学经历:本科就读于安庆师范大学数学专业,硕士就读于安徽大学高等教育学专业,现为厦门大学教育研究院高等教育学专业 2017 级博士生。

选课初衷:我是王老师这门高等教育研究方法课的旁听者。每当一门"方法"课开设的时候,总会让人神往。它有可见的预期,似乎隐含着"捷径"的意味,会让人产生一种学习了方法,我便拥有了学术武器的感觉。来到这门课的课堂,一是因为我在入学第一学期修完了王老师的"教育研究方法论导论"课程,从"方法论"到"方法"课,我既希望与之前的学习所得紧密联系,又希望以新的内容检验既往学习。二是老师的站位一直很高,总能跳出我们通常的视野去看问题。他的言词很鼓舞人心,每每老师总结的时候,甚至不经意的一句话都会令我心泛涟漪,对自己导师的仰慕是动力之二。三是对未知的渴望和向往。读博之后,越发觉得自己的储备远远不够,每片天空外总会发现意外的另一片天空。无论是功利心还是仰慕心,抑或求知心,无不让我不自觉地走进王老师的课堂。

## 12. 袁东恒

求学经历:本科就读于兰州大学教育学专业,现为厦门大学教育研究院比较教育学专业2017级硕士生。

选课初衷:我在修完学院所要求的课程学分后选择旁听这门课,一方面是想通过长时间的观察和模仿,学习王老师批判的思维方式,增强自己对教育的感知和思考,另一方面是想多学一些研究方法,加深自己对高等教育研究方法的认识和理解,试图为自己在科学研究中运用研究方法提供指导。因此,期望这门课对高等教育研究中的各种研究方法进行讲解分析,先为我们呈现出高等教育研究方法的"全景地图",在此基础上,我还期望这门课能够理论实践并行,课程讲解过程中组织学生进行研究方法实践,让学生能够从实践中感知研究方法,学会科学规范地使用研究方法做研究。

## 13. 刘洋

求学经历:本科就读于东北师范大学金融学专业,现为厦门大学马克思主义学院马克思主义中国化专业2017级硕士生。

选课初衷:一般而言,作为跨学院旁听者,参与课堂的心态更多是出于"闲逸的好奇"抑或"姑且试试的心态"。但不同的是,对于王洪才教授的课程,我却有着不一样的体验和认识。初识王老师,是在他主导举办的沙龙上,沙龙中的"头脑风暴"让我受益良多,也让我对王老师生成式的研究方法课有了极大的信心和期待。

# 目　录

## 文献篇

## 量表篇

## 访谈篇

# 研究篇

# 第一章 谈"研究"

## ——"高等教育研究方法"第一课

### 壹 谈研究、研究方法与研究能力

授课教师 王洪才

#### 一、开课感言

9月17日是本学期[①]正式上课第一天,我们的高等教育研究方法课程就是在第一天的晚上上课。

对这一次课我谋划了很久,包括场景设计了很久,但最后还是觉得应该"道法自然",不应该过分做作,所以还是以最为自然的情境呈现给同学们。

我这次课的目的是做动员工作,激发大家对方法的探究兴趣,是让同学们领会学习方法的意义和价值以及该如何学习方法。为此,我自然首先要介绍我对教育研究方法的理解。

要介绍我对教育研究方法的理解,就不得不谈到我的教育研究方法探讨史,如此就不得不涉及我对教育学知识的思考,进而也就不得不追溯到我对教育的最初体验。这样的我的介绍实际上就变成了一种叙事,即对我的教育研究方法探讨经历的叙事。

#### 二、我的研究方法的研究叙事

在谈到我的研究经历中,我就很自然地提出了我对知识的理解(说实在的,我对"知识"二字探究了很长、很长的时间,我认为这是学问的本质,真正学问研究的起点。这也是我那篇文章《论高等教育学的逻辑起点》的基本思想。[②] 我的目的是探究知识究竟意味着什么),也谈到了我对学习方法目的的理解(在此我提出了知识与能力之间的区别),以及方法在教育学体系中的位置。

我还谈了自己对知识的信仰(即何谓真知),我认为真正的知识必然是能够指导实践的,不能指导实践的知识就是空疏无用的。而真正的知识是怎么来的呢?我认为是从探究真问题中来的。什么是真问题?就是我们生活中所遭遇的问题,即我们无法绕过去的问题,也即困惑我们成长的问题,绕过去不解决,就变成了一种情结(我提出成长是一种自我解放的过

---

① 2018—2019 学年秋季学期。
② 王洪才.论高等教育学的逻辑起点[J].江苏高教,1997(2):9-12.

程），就阻碍我们的成长。

所以，我们的成长过程实质上就是克服一个个难题的过程。这个过程也是求知的过程。求知的过程实际上也是探究的过程。过去把学习与研究分成两截是错误的，真正的学习就是研究，或者说只有研究型学习才是真正意义的学习。

### 三、关于教育研究的特性

之后我谈到了教育研究的特性，认为教育研究从本质上讲是一种行动研究而非理论探究（这是由教育学实践性特性所决定的，研究目的是指向实践或行动，而非在于获得理论，理论必须由行动来检验，行动是本体），也即都必须通过自己亲自参与其中才能获得真知（通过田野研究的过程才能获得真知），单靠接受式学习是无法获得真知的。换言之，只有参与其中才能获得深刻的体验，我们的知识就是从体验中提升出来的，这就是一种建构。唯有通过这种建构，才能形成我们自己的知识，而只有这种建构出的知识才是活知识。

教育的知识与其他知识不同，其他知识可能是技术性的，也即是可以模仿的，可以套用的，唯独教育的知识是依靠心灵沟通的，无法套用的，从而只是一种启发性的知识，从而这种知识不是一种硬性的知识，而是一种软性的知识，换言之，只有靠心悟才能获得其旨趣。

### 四、关于教育研究方法的学习

那么，关于教育研究方法的知识获得也必须通过实际的研究过程才能获得，为此，我们必须把教学变成一种研究过程，通过实际地参与教育研究来领略教育研究的旨趣。教育研究能力的培养也是在实际参与过程中培养起来的，没有这个参与过程，能力就无法培养起来。

所以，我希望通过带领同学们参与从问题发现到问题分析再到问题解决的整个研究过程来训练同学们的研究能力。大家对知识的获取过程，就在于对研究过程进行反思总结和提升。这看似是一个笨功夫，但却是获得教育研究方法知识的真正捷径。因此，我希望同学们大胆地去实践，勇敢地去探究，从而获得自己的教育研究方法知识。

### 五、后记

本次课堂我没有让同学们自我介绍，因为一次介绍也很难真正认识大家，与其如此，不如在学习过程中通过每个人的特点表现来认识，这样反而认识更快。

在这次课上，我不自觉地提了不少问题让大家回答，高年级同学表现得比较积极主动，新生还不太适应这种研讨式课堂，所以还没充分表现出积极性来。不过也有几个同学表现得比较积极。

由于没有及时记录，故而课堂我都提了哪些问题已经记不清楚了。我隐隐约约地记得，我谈到了批判性思维能力问题，而且向同学们询问它的含义；也谈到了好文章的标准，也向同学们进行了询问；还谈到了批判性思维与逻辑思维及科学思维的不同；此外也谈到了研究能力的本质等话题。这也是为什么要及时记录观察日志的原因。

观察日志与反思并不是两个不同的东西，它们可以是同一个东西，即针对自己的观察进行反思。当然也可以进行纯粹的观察，即记录下来自己的所见所闻。至于个人的感悟和反思可以另行记录。不过这种分成两种形式的日志不多，而且显得有点生硬。一般而言，夹叙夹议，有情有景，更容易记录，也便于阅读。所以反思日志也包括了观察日志的内容。

# 贰　改变课堂，学校改变

2017 级博士生　汤建

2018 年 9 月 17 日，"高等教育研究方法"第一次课，院 311 教室，26 人，新学期第一天，第一次课。王老师的第一次课气氛非常融洽，听课的同学很多，参与讨论的同学很多，持续了近三个半小时。王老师以叙事性的方式牵动着整节课，主要介绍研究方法的价值及怎样学习研究方法。

王老师不太爱用 PPT。第一节课，老师没有使用 PPT。这种"全脱稿"式的教学对老师的要求非常高。

## 一、课上体验

围绕科学研究，老师抛出了第一个问题，"逻辑思维能力强是如何体现的?"有同学认为能够自圆其说，有理有据，有问有答，有答必有方，便是逻辑思维能力强的表现。还有同学将逻辑思维能力概括为抽象思维能力。有同学认为逻辑思维能力体现为一种清晰的脉络，具有系统性。也有同学认为思维分为两种，一种是归纳式，一种是演绎式。在座同学都发表了自己的观点后，王老师和大家分享了他的观点，老师认为逻辑思维能力强的表现有三点：

一是全面性。看问题比较全面，不会一叶障目。

二是深刻性。能看出事物的本质。

三是系统性。即做到前后一贯，不会自相矛盾。

老师提出的第二个问题是"什么是好的文章"。同学们一一踊跃回答。访学生牛军明师兄的话让大家赞不绝口，他说，我认为的好文章，应该是具备语言的芬芳、思维的流淌、情感的激荡。语出吸睛，他的回答至少已经符合他所说的好文章的标准之一——语言的芬芳。老师认为好文章很重要的标志是能够提出自己的判断标准。行文中，我们看到的不是材料的堆砌，而是对材料的完美驾驭。

老师的课堂不断深入，继续引导着大家主动思考。老师提出，科学研究的第一步是确定问题，真问题。所以，我就期待着第二步、第三步……是什么。结果，整节课结束了，一直都只有第一步。我想，老师的课堂设计向来是完整的，不会因为大家的热烈参与而忘了剩下的步骤。故而，我回忆了一下整节课。也许，老师说的"提出问题"应该是包括了问题情境、问题的发现、问题的验证以及问题的确定四个方面。这个问题应该真实存在于生活中。它源于自我成长中的反思，是生活中真正困扰自己的问题、自己切身感受到的问题、是互相商讨互相启发的结果，而且自己非常有欲望想要去解答它。当然，通过努力可以解决这个问题。可以说，真正值得研究的问题，应该是既源于生活又归于生活。这样的问题才有趣味性、现实性、可操作性和科学性。

"研究问题一定是真问题",首先是能够解决研究者本身困惑的。真正的求知必须是自己意识到的、有体验、有判断的。除了研究问题之外,大家还简单讨论了研究方法和研究能力。研究方法是帮助我们发现、分析和解决问题,它是研究能力的核心。对于研究能力而言,独立判断能力是研究能力中非常重要的一项能力。我们必须有自己的判断和标准。批判性思维能力则是研究的基本能力。

老师继而提出一个判断:"会做人才会做学术。"在座同学有以郭沫若等举证,对这一观点进行反驳,同学们认为学问做得好的人不一定就是人品好的人。老师则补充道,做人的第一位是做一个真实的、真诚的人,这是做学术的基础。教育研究的目的首要在于"成人",即培养人。教育之魅力则在于发现学生、发展学生并成就学生。

老师的课堂内容十分丰富,课堂气氛十分活跃,同学们十分积极主动,都乐于分享自己的观点。反思我自己,倒是很不积极。一是希望新同学能有更多的机会,二是自己的观点很多有同学已经说过了,三是自己在回答问题方面本身不积极,值得检讨。其实,老师的这种教学方式对于我们很有裨益。在督促我们积极思考的同时,训练我们的表达能力以及乐于分享的素质,并能够汲取他人优长。听了同学们的回答,在丰富自己认识的同时,也在不停地与自己的观点发生共鸣。

## 二、课后反思

课后老师留了一个思考题:"对研究、研究方法和研究能力进行思考"。在我看来,研究应该是一个主动求知、求索的过程,也是自我认识的过程。研究是主动性的,不是获得外部教条的过程,而是个体的主动探索行为。研究建立在主动探索的基础上,致力于寻求问题的本质所在,并寻找证据、选用方法解答问题的过程。研究是创新性的,是体现智慧的过程,创新是研究的应有之义。研究是系统性的、计划性的。从研究问题的发现到资料的收集、研究计划的制订、研究方案的实行等等都是一个循序渐进的过程。研究是主体间性的,研究在商讨、辩论、沟通、合作等主体间性的活动中不断成熟。研究是严谨的,研究讲究一份证据说一份话。研究是有目的性的,是为了解决问题,是解答困惑的行为。研究是无止境的,研究是一种不断探索的过程,路漫漫其修远兮,当上下求索。最后,研究是需要有眼光、有判断力、有学术观赏力的。有了研究的判断力才能驾驭研究工作,进行有目的的研究。

对于"研究方法"而言,每当看到这个词的第一想法就是"问卷法""访谈法""文献法"等等具体的研究方法。进一步思考,事情没有那么简单!"研究方法"应该是一个立体的系统,囊括了研究方法论、研究方式和研究的具体方法。其中,方法论阐明的是研究的哲学基础,比如说支撑其研究的背后是理性主义或是实证主义等;研究方式应该就是通常所言的定量研究、定性研究等研究取向;研究的具体方法则是搜集资料的方法,比如问卷、访谈等就是操作层面上的具体方法。"研究方法"是从事研究必须掌握的本领,是从事研究工作的手段和工具,兼具理论性、应用性和实践性。研究方法贯穿发现问题、分析问题并解决问题的始终,是研究必不可少的要件。研究方法课的开设并不是教给我们具体方法的运用,也不是通过一个具体项目的训练、参与一个课题研究就让我们掌握研究方法。而是通过研究方法课的开设让我们了解到研究方法是一个有机的系统,是一个整体。方法在运用的过程中是综合的,各种方法在同一过程中的作用也是不同的。若要真正掌握研究方法,不仅要有理论上的积淀,还要有无数的实践考验。

"研究能力"是研究的前提条件,也是在研究中不断提高的元素。研究离不开研究能力,但研究会在一定程度上促进研究能力的增强。研究能力应该是一种通用能力,但在很大程度上也是一种个性化的能力,它在个体的实践反思中形成。其中,批判性思考能力是研究能力的核心。批判性思考能力是一种分析和鉴别的能力,能够用理性的眼光看待一切,能够发现事物的本质、事物发展的关键节点,能够对事物发展作出敏锐判断,并能提出自己的判断。批判性思考能力与知识积累方式有关,在传统的授受式教育模式下,获得知识都是接受式的,而非批判式的,那么就很难形成批判性思考的习惯,从而很难形成批判性思考能力。培养批判性思考能力首先要形成批判性思考习惯,在广博深厚的知识积累上,运用逻辑思维能力辩证地看待问题。逻辑思维能力是研究能力的基础。逻辑思维能力是把握事物本质和事物发展方向的能力,是一种有广度、有深度、有严密性的思考能力。逻辑思维能力强意味着能够全面地看待问题,深刻地洞察事物本质,并能通过严密的方法去验证。除了批判性思考能力和逻辑思维能力,研究能力应该还包括毅力、合作能力、自信心等其他素质。

## 三、课下交流

老师是一个很民主的老师,也是一个倾心于教学的老师。第一次课,大家都不知道观察日志该怎么写。老师通过课程群继续和同学们讨论,以下为老师在课程群中的发言:

同学们,经过调查,发现许多同学在第一次课还没有进入状态,对第一次课堂的作业要求理解不深,这里要强调一下:今后每次课下都要求做课堂观察日志,日志需要记录以下五部分内容:(1)本次课主要的收获是什么?(2)本次课上感到最大的困惑是什么?(3)从老师和同学们身上学习到了什么?(4)发现自己存在着哪些不足?(5)自己该如何进行改进?——这五点是观察日志记录和反思的重点。

有同学问,该如何观察,我的回答是:(1)听到了哪些非常精辟或令你震撼的话;(2)有哪些话还没有听懂;(3)为什么有的同学发言比较多,而且很让你感到佩服;(4)为什么自己不能发表自己的看法;(5)要提高自己的参与性,今后该做哪些工作。

把这些要点记录下来,就是比较完整的观察日志。日志与日记的不同在于,它不仅仅是记录,而是在提醒自己,所以在记录之后有反思或反省。这就是"志"的表现。所以,日志不是简单记录,而是必须有深刻反思,这种反思就是自我成长,使自己成为思考的主体,学习的主体,研究的主体,而非被动的受体。

日志需要及时,如果不及时就会记忆模糊,一些关键的话语就会遗忘,就会随着时间冲淡而完全遗失。希望同学们要在课后两三天时间内把观察日志上传到平台上。以后我们约定,如果上传时间晚,就算缺一次作业或低质量作业,作为绩点分就会降低。

　　下一次上课我们要评选最有价值的研究选题,希望同学们尽早思考自己认为最有可能研究的问题、最值得研究的问题。因为发现问题是科研能力的首位标准,不能发现问题,就等于没有科研能力。发现问题必须从自己可感知的问题出发,不可能是凭空想象的,所以,这要求大家必须善于反思自我,找到最为困惑自己的问题,也对他人最有价值的问题,如此我们就能够找到大家共同关心的问题,这就是最有现实意义和理论价值的问题。

　　我是坚持杜威的民主主义教学思想的,我是在训练大家民主参与的素质,训练大家平等对话的素质,训练大家理性审判的素质,也在训练大家自觉自主的素质。

　　必须提醒大家的是:观察日志是培养观察能力的基本方法,也是最好方法,这是做质性研究的基础,也可以说是做一切研究的基础,当然,这就是在进行观察法的训练。我们在课堂中观察就是一种田野观察,是人类学使用的最基本方法。有学者写专著在阐释"课堂田野观察方法",大家要读一读。当然,真正的知识不是读出来的,而是体验出来的——这是现象学要主张的。所以,大家要善于观察才能获得真知。有专家说,观察法是科学研究方法之母,这话没有说错。所以,同学们不能只追求高大上,仰望星空,而不注重脚下,因为真正的路恰恰是在脚下。

　　与一般性的观察日志不同的是,田野日志所记录的都是最触动自己心灵的部分,而不是像录像机式的全盘记录。当然,采用录像机辅助工具是有必要的,因为怕遗漏什么东西。但我们是做田野观察训练,就是训练大家观察的敏锐性,所以,不必求全,但求心灵的触发点。这是观察训练的重点。与实验室观察不同的是,实验室观察预先设计一些观察要点,这些要点是固定的,不能因人而异。田野观察就不能如此规定,因为每个人的感受是不同的,故而每个人必须从自身出发,从而每个人的观察结果是不同的。这也是人文社科研究的个性化特点的显示。

　　我希望通过写日志培养同学们良好的学习习惯,自主的学习习惯,科学思考的习惯,善于写作的能力,因为科研能力最终表现在写作上,不会写作,实际上就等于研究能力不足。


**王师批注:**

　　汤建的观察日志开始接近"标准"模板,因为既有观察也有反思,而且观察具有情景化,可见是一种很深入的体悟。非常难得的是记忆力那么好,把许多精彩的语句记得不留遗憾,而且区分出了"言者"和"听者",并且还进行了角色转换思考,从而产生了一种如临其境的感受,可以说,这是一次成功的质性观察。

　　最让人思考的一个问题是,我只谈了"第一步"就没有往下谈,这究竟是有意的还是无意的? 说实在的,我已经记不清楚当时说这话的情境了,从而很难再分辨出究竟是有意的还是无意的了。如果事后解释的话,就是为了留下悬念,不希望分散大家的注意力。这个目的在于:当我提出第一步是发现问题的时候,大家首先应该考虑的是如何发现问题,如何进行实践,而不是说下一步是什么。前一种思维习惯是一种求证思维或实践思维,后一种思维是求知思维。我没有抛出"第二步"意在引导大家去实践,改变大家只是追求好奇心满足而不想变成具体行动的习惯。这里的措辞不是非常准确,只希望能够传意或传神。

这可以看出,课堂进行过程不是预设的,而是生成性的。

## 叁　学习"研究",做"研究"者

**2017** 级硕士生　赵祥辉

2018 年 9 月 17 日 19 点,"高等教育研究方法"在学院 311"火爆"开课了,之所以用"火爆"一词,是因为来上课的人实在不少,我粗略数了下,竟达到 20 余人,除却这堂课的"必修"和"方法"性质,不得不说是王老师的学术涵养和个人魅力吸引了众人"为学而来"了。

算上研一期间的"教育研究方法论导论"和"现代大学制度",已然是第三次听王老师的课了,王老师的教学风格仍是一如既往的娓娓道来、发人深省。本堂课是围绕"研究"来展开,说来也惭愧,作为一个"研究生"或"研究初学者"虽然时时接触"研究"、学习"研究",却从来没有研究"研究",故而当王老师谈及"研究"与"论文"的区别时竟让我有种认知翻转、醍醐灌顶的感觉。[①] 而倘使"研究者"连"研究是什么"这个基本问题都无法把握的话,那么谈其方法、目的与评价也就失去了航标与基点,进而也不能堂而皇之地称自己是一个研究者了。

课堂上,王老师首先抛出三个问题——研究是什么? 研究方法是什么? 研究目的是什么? 并指出这门课程即是要打破对"研究"这种看似神秘莫测和不可捉摸的传统印象,达致所谓的"祛魅"之效,而这首先来源于王老师"自我革命"式的祛魅。课堂上我们循照着王老师所倡导和践行的研讨式教学方式进行着课堂讨论,先后对"逻辑思维强的表现""形式逻辑的规则""研究与论文的区别""研究的指向为何""何为好的研究""真问题是怎样的问题""做人与做学术是否有内在一致性"等一系列的问题进行了探讨,大家踊跃发言、你来我往,真是思想激荡、头脑风暴。其中有一个问题激发了大家的热烈讨论和我的深入思考,即"何为好的研究"。判断一个研究是不是好的研究,一方面对一个人是否具备批判性思考能力[②]提出了要求,因为如果没有对事物的独立见解和判断,则面对一个研究时,只能人云亦云、随波逐流,而没有自己的价值标准为心中的好文章做标尺。另一方面也决定着一个人是否能够真正走近研究、走进研究,做研究的过程无论如何都离不开"文献阅读",而文献阅读实际上就考量着研究者究竟能否从汗牛充栋的文献当中淘到真正有价值的研究。如若不能判断什么是好的研究,则自然自己的研究也就缺乏巨人肩膀的支撑,难以借此看到更高远的世界。课堂讨论中,大家对"何为好的研究"也存在很多观点,大家普遍都觉得好的研究都应该有着语言、逻辑、价值、个人风格等等优点,也有同学认为好的研究就是适合自己的研究,还有同学

---

① 王老师认为,"研究"与"论文"是两个概念,不能混为一谈,"研究"主要在对问题进行思考和探索的过程,而"论文"则是对研究成果的报告和说明。

② 据王老师所言,"批判性思考能力"在中国语境下应当是剥离一般人所认为的那些一味"批判"和"否定"的成分,它更加强调人是否能够独立对一个事物进行价值性判断,故而这个词在我国语境下可以等价于"独立思考能力"。

认为所谓"好的研究"本身就是仁者见仁智者见智的问题,王老师则认为好的研究的根本特征是研究者有自己独立的判断标准。毋庸置疑,一个好的研究,关键是要有一套内在的判断事物的标准,但这绝不是研究者将自己作为衡量万物的尺度,"肆意狂狷"地对事物进行判断,标准的制定必然不是随性而为、随意做出的,而是要合情、合理、合乎科学、合乎规律的。这不仅是对做学术的要求,也是对做人的根本规定,当我们能够具备独立判断什么是好、什么是坏的能力时,相信做出好的研究、做一个好的人、做一些好的事情,自然也就不是难题了。

这样一堂头脑激荡、思想碰撞的课程持续了三个多小时,可谓是酣畅淋漓、身心舒泰了。然而再回到开头那个问题——什么是研究?对其概念的界定和把握似乎还不是十分明晰,然而课堂本身不是以知识传授为导向的,对"研究"的把握更多应当在我们于学习、研究和体验当中不断加强认识,因为知识并不是灌输而来的,而是学习者在自我理解和切身体悟中自我生成出来的。作为一个研究者更是如此,学习"研究",研究"研究",做"研究"者,做好"研究",这也无疑是我们每个听课者的必由路向。

## 后记

田野观察笔记实际上在课后第二天就已经写了出来,然而由于以下原因迟迟不敢发出来:一是没有接受过系统的研究方法训练,二是对研究的把握流于表面,三是对田野观察日记是什么、如何写、怎样为好等问题缺乏明确认知。看完上面几位同学的笔记,觉得写得甚好,但也不想因此就推翻重写,王老师所谓"知耻而后勇",且将此勇沉淀一二,待到之后再进行"薄发"。

**王师批注:**

看到了祥辉的日志,依然感到亲切,因为依然是一个才思敏捷纵横驰骋的风格,因为太熟悉了,所以感到亲切。这个日志补充了汤建日志的许多细节,从而增加了更多的研究意味。

虽然没有按照我说的那些去做,其实我说的那些仅仅是一个索引,是针对初学者或刚入门者进行必要的引导,不是要大家去照搬。而且一开始谁也不可能把各个要素包罗得都非常齐全,大家都是在观察过程中逐渐从局部认识到了整体。所谓仁者见仁智者见智,各得其所,就包含了这个意思。

日志中特别提到了我说的"独立标准"一条,这可能是本次课堂的最精华部分,因为这是我自己多年的心得体会。一般人很难理会其中含义。我在其他场合也曾讲过这一点,我说过,一个独特标准就意味着提出了一个微型理论,是针对某个专题的微型理论,正是这个微型理论,才使你的文章别具一格,区别于他人,而且其价值经久不衰,从而可以成为学术中的精品,也成为别人研究该问题的参照。如果不是这一点,则可能说明作者本人对某问题并未形成独立判断,认识仍然处于模糊状态,很可能流于人云亦云状态。

总体而言,祥辉是善于把自己内在体验表达出来的,所以文字本身是流畅的,也是充满情感的,也是符合质性观察要求的。

# 肆　研究方法新课堂

2018 级博士生　段肖阳

9 月 17 日，我们上了第一次课。这个课程是研究方法课程，上课前我觉得老师应该是讲解一些研究方法等理论知识，但实际上完全不是我想象的那样。

## 一、知识与能力

老师在课堂上自然地提出了对知识的理解，老师认为真正的知识必须能够指导实践，真正的知识来源于真问题，且在探究真问题的过程中获得真知。我觉得老师提出的知识是真正的能力，而不是以往我们所认为的狭隘的知识。以往我们认为学习就是学习知识，其实这样的知识是一种死的知识，是一种被动的灌输的结果，而不是自身体验的获得。传统的课堂上我们总是期望教师能够传授给我们知识，这是一种被动接受式的学习过程，我们学习的只是死的知识。因为真正的知识是灵活的，必须是个体体验参与获得的，不可能是被动接受的。尤其是在人文学科，我们是研究人的学科，所以更必须是有人的参与。

课前，我以为这个课堂是老师讲学生听，讲的无非是一些研究方法的理论，晦涩难懂。但老师讲了对知识的理解后，我隐约感觉到这个课堂可能与以往的课堂不同。尤其是老师讲到知识不等同于能力，拥有了知识不一定有能力，老师认为知识和能力的生成路径不同。我恍然悟到传统课堂上我们侧重被动接受狭隘的知识，并不是掌握了某种能力。老师认为现象学主张真正的知识不是读出来的，而是体验出来的。所以老师要求大家写观察日志，这是培养观察能力的基本方法，也是最好的方法，是做质性研究的基础，或者说是做一切研究的方法。我觉得这个训练方法对我们而言是有挑战的，但同时也是一种脚踏实地的有效路径。

## 二、学习与研究

老师讲到："求知的过程实际上也是探究的过程"。以往我们认为学习和研究是截然不同的，但实际上两者是共通的。或者说真正有意义的学习就是研究的过程。所以课堂学习不应是被动的受体，而应是思考的主体，学习的主体，研究的主体。我们只有经过深刻的反思，不断的体验，才能有自我成长。教育到底要培养什么样的人？教育的目的就是让人成为他自己，也就成为一个具有独立创造性、独立批判思维能力、独立思考能力，具有个性和自我标准的人。这也是人之为人的基本能力。教育的第一步不是让学生成才，而是让学生成人。也就是将人培养成人，让学生在受教育的过程中发现自己、发展自己并实现自己。

传统的课堂注重让学生被动学习，而不是让学生主动研究。所以我们在这个研讨式课堂上还不适应，更不敢积极表现，我们没有发挥主动性，没有展现自我的个性和创造性。我觉得我们不是在探究困惑自己的问题，而是在刻板接受，期望老师能够给出一个完整的标准答案。所以我们在开放的研讨氛围中万分紧张、坐立不安，特别害怕发言出错，又害怕老师点到自己。在以后的学习中希望自己能够不断调整,真正成为这个新课堂的一分子,为这个课堂贡献自己的智慧,同时从中汲取养分。

### 三、问题与方法

研究,或者说真正的学习是发现问题到解决问题的过程。发现问题首先就要有问题意识,但问题意识是什么呢? 问题意识就是从自身出发真正想求知的问题,或者说是一种现实感。但并不是每一个问题都会成为一个确定的研究问题,因为我们首先要辨别问题是否清晰、明确、具体,也就是确定问题是否是一个真问题。问题被凝练和抽象出来之后,就成为一个可以通过理论研究进行研究的真问题。研究的过程就是对问题进行理解、解释、论证的过程。量化研究或质性研究都应是在提出的结论或假设的基础上,对结论或假设进行论证,也就是讲出完整的道理,从而形成合理性的论点。这样的论点就不只是一种意见,而是一种思想。

教育研究从根本上讲是一种行动研究,所以老师要求每一个人亲自参与其中,获得深刻体验,从经验中提升出真正的知识。教育研究的方法不可能是模仿的,而应是在具体研究问题中不断参与体验,再经过总结与反思,之后再经过不断的实践,最终形成自己独特的研究能力。所以老师希望每个同学都能够勇敢实践,大胆参与,只有自己亲自使用各种研究方法,才能真正掌握研究方法,才能具有研究能力。我觉得这个课堂将是与以往全然不同的课堂,这个课堂的主角是我们,老师会给予我们很多的机会让我们参与课堂的学习,而且在课下不断实践研究方法,也就是说这个课堂不是被提前设计的,而应是生成的,是不断被建构的。专一讲解某个内容并不具有针对性,而应该根据同学们的需要,不断调整我们的课堂内容,更具有针对性地设计课堂内容,这样的课堂才是适合每个学生的个性化课堂。

观察日志作为研究方法的基本训练,老师强调了我们必须清楚"为何做观察日志及如何做观察日志",而且对观察日志提出了五个重点要求:(1)本次课主要的收获是什么? (2)本次课上感到最大的困惑是什么? (3)从老师和同学们身上学习到了什么? (4)发现自己存在着哪些不足? (5)自己该如何进行改进? 这也就意味着我们的观察日志与一般性的观察日志不同,不求全但求心灵的触发点。而且这种田野观察也不同于实验室观察,没有固定的设计好的观点要点,而是完全基于个人出发,由个体记录基于自身经验的触发点,这样的日志正是人文社科研究的个性化特点的体现。

**王师批注:**

关于质性研究是否需要假设的问题是存在争论的。美国的理解是质性研究不能有预设,研究假设是在研究过程中生成的。香港的理解是质性研究可以有预设,但这样的质性研究实际上属于混合研究类型。这是在读美国文献和香港文献时的区别点。

但美国学者之间对质性研究理解是否有区别,我没有做过系统考证。这实际上可以作为一个基本理论研究课题进行研究的。

做这个研究其实并不难,可以将几个质性研究的文本进行分析就可以发现理解之间是否一致。所以,学问处处都是,看会做不会做。

# 伍  再谈"研究"熟词

**2018** 级硕士生  郑雅倩

研究方法课程是高等教育阶段最基础最核心的课程。本科期间我也修读了两门研究方法课程,原以为在经过这两门课程后我对研究方法已经有了一个整体性的理解框架。但是在经过王老师第一节课的"洗礼"过后,我发现自己对研究方法的理解尚有待深入学习。

课堂上,老师对"研究"进行祛魅,引导我们对"研究"有一个正确的认识,老师提出研究并不是触不可及的,通俗地讲,"研究"可以认为是一个提出问题、分析问题和解决问题的系统过程。基于老师的讲解,我对"研究"二字做了一点历史考察,发现"研究"一词在我国古代已出现,南朝宋刘义庆在《世说新语·文学》中写到"殷仲堪精覈玄论,人谓莫不研究"。① 该处的"研究"可以理解为"钻研、探索";又有老舍于《茶馆》中写到:"崔先生叫,你快去! 咱们的事,有功夫再细研究!"②此处则可解释为"考虑"。可见,不同语境下"研究"二字的具体含义有所不同,但是总体而言,都局限在"分析问题"这个环节上,对于老师提及的"提出问题"和"解决问题"这两个环节涉及较少。我赞同老师的观点,问题的提出应该是"研究"的第一步,但是如何提出问题又是一个值得思考的问题。

老师认为科学研究中提出的问题一定要是真问题,能够解决研究者本身的困惑。那么,除了这一点外,所谓的"问题"是否还有其他的特征,我们如何判断"什么是有价值的问题",我认为应该有以下几点:(1)直击事物的本源。研究问题要找到本质,本质由事物内部矛盾构成,科学研究时我们要透过现象认识本质,才能把握事物发展的规律。(2)独创性。一个领域需要有人冲破舒适圈,想别人未想,做别人未做,才能使该领域的研究不断推陈出新。(3)前瞻性。科学研究是推动社会发展的助力器,时代是变化的,因此就需要科学研究者能够敏锐地感受到时代未来的发展趋势。(4)现实性。所谓现实性即科学研究能够解决现实中的问题。科学研究不能仅局限于象牙塔中,而应利用科学研究的成果解决现实中的问题,让科学研究"接地气"。如何提出有价值的问题? 从学生方面而言,我认为应该有一定的知识积累,要具有批判性思维以及敢于挑战权威的勇气。教师方面则需要在教学活动及日常接触中加强引导,设置开放性、研讨式课堂教学,激发学生思维。

"分析问题"和"解决问题"中不可避免需要使用研究方法,在对研究方法释义的过程中,老师提出"如何判断逻辑能力强"这一问题,我在想,为什么老师会在这个阶段说到"逻辑能力"呢? 回想自己的求学经历,老师在批改论文的过程中经常提出"逻辑不清、文章前后不搭、措施与问题搭不上"等问题,也就是说我们经常出现研究思路混乱,那么在此基础上对研究方法的使用就很容易出现杂乱、错误。所以,要正确使用研究方法首先就应该拥有较强的逻辑能力,即全面性、深刻性和系统性,对研究的过程有一个整体性的把握。至于什么是研

---

① 郭孝儒.世说新语注译评[M].北京:经济日报出版社,2002:124.
② 老舍.老舍剧作选[M].北京:人民文学出版社,1978:94.

究方法,老师并没有明确提出,也没有过多的阐述,我猜想一方面老师认为研究方法起到的是辅助作用,若不从根本上改变现有学生普遍的逻辑能力不足之现状,一味讲究熟练研究方法只是枉然。另一方面,这只是第一节课,我想老师主要是想让学生打破固有思维,进而再进行研究方法的讲授。

虽然课堂上没有详细阐述"研究方法",但老师却布置了这样一项作业"谈谈对研究方法的认识"。因此,我也浅略地进行了思考:(1)什么是研究方法。我认为研究方法是一种为获得研究结果而采取的途径、手段、步骤等。从该解释看,研究方法是一种技术,例如我们常用的观察法、访谈法、问卷调查法等,即使用该手段获得研究结果。那么,研究方法仅仅是一种技术吗?我认为不是的,每一种技术背后都隐含着相应的思维方式,因此,研究方法可以理解为一种技术及其理念的结合。以行动研究为例,研究的对象、进入的方式及研究的要素等选择和应用是一种技术的体现,而行动研究背后代表的是研究者与研究对象的"合一"。(2)研究方法演变过程。在知网中对社会科学文献进行大致的检索,可以发现其研究方法经过了一个大致的演变过程,比如从仅对单一对象进行研究到逐步呈现出多元化的特征;引入多样的量化分析方法,极大地弥补了人文社会科学研究在量化方面的不足。(3)一个好的研究一定需要用到多种研究方法吗?我的答案是否定的,研究方法的选择必须符合研究内容的需要,根据问题的性质选择方法,基于自己的反思改进方法,切不能为方法而方法。

总体而言,在这节课结束后,我对"研究"有了更深的理解。我觉得科学研究有以下特点:(1)系统性。研究是一个求知的过程,那么在过程开始前就应该有一个系统设计,对每一个阶段的任务有清晰的了解,如此有助于研究的开展。(2)严谨规范性。科学研究是一个严谨的求知过程,数据的处理、方法的运用、理论的使用等方面需符合研究内容的需要,切不可妄用。

如何做好科学研究,或者说如何提升研究能力,我认为应该具备以下条件:(1)从研究者自身来看,需要:①具备批判性思维。在研究中不能人云亦云,对使用何种理论、研究方法等要有自己的独立判断。②具备创新能力。能够以一种新的方法、新的视角、新的理论研究问题。③具备良好归纳能力。无论是演绎式还是归纳式研究,都需要良好的归纳能力,总结问题,提炼问题。④扎实的基本知识和广阔的跨专业知识。科学研究离不开学科基本知识,否则则是"无源之水",而另一股"活水"则是跨专业知识。科学研究涉及方方面面的问题,仅仅局限于本学科知识则视野过于狭隘,无法从大层面上看问题。⑤"板凳甘坐十年冷"的耐力和勇气。越是接近未知的"无人区"越是需要勇气,越是临近"高寒区"则更需要耐力。科学研究从不是一件轻松的事情,作为一名科学研究者,需要拥有"板凳甘坐十年冷"的耐力和勇气。(2)从外部环境看,政府和学校需要为科学研究提供保障条件,为科学研究提供自由环境。

**王师批注:**

雅倩同学,难得的是你对研究、研究方法和有价值问题及教育概念做了一个非常系统性的梳理,而且还有参考文献。所以我觉得你对教育基本理论知识掌握得很扎实。但同时也发现你对一些概念思考得还不是很透彻。比如对"研究"一词的认识就出现这样的问题。"探究"中有没有"考虑"的意思? 显然是有的。"考虑"仅仅是"探究"的一个基本成分,从而无法与"探究"这样比较大的活动相并列的。

再如对多种方法使用的理解也存在一定的误区。一般而言,在教育研究中,多种方法混合使用是一件很正常的事情,只是在有些场合是不容易并列使用,比如质性研究方法和量化研究方法,两者很难并列使用。正因为如此,西方(主要是美国)把两者列为两种研究范式。但两者并非不能结合,它们是可以按照一定方式结合在一起的,所谓的"混合研究方法"即是指这种运用。

还有对"技术"一词的理解也存在误区。技术一般是指具体的、成熟的、可以重复的操作性规定或要领,研究方法有没有这样的技术呢? 有,但仅仅在量化研究中存在,如对统计软件的运用就是一种技术。其中也有技巧成分,技巧是熟能生巧的结果,是对技术掌握程度的体现。而许多研究方法的意思或内涵是抽象的,无法按照一定的规则进行重复,从而不具有技术特性。

关于有价值的问题,第一点是真实性,即首先是真实存在的问题,不是凭空杜撰的,也即可体验、可感知,最起码是自己可体验和感知的,离开了"真实性"这一基本属性,其他属性就很难成立。你的日志中提到了现实性,这说明你已经意识到了这个问题,但没有把它放在第一位,而且现实性与真实性两者的含义也是不同的。

# 陆　学贵有疑,有疑则进

2018 级硕士生　刘美丹

这是开学第一堂高等教育研究方法课。课堂上王老师通过提出一个个小问题引导我们去积极思考、参与和交流,不仅使我品尝到学习和思考的乐趣,还充分感受到了老师的教学智慧。

首先,老师向我们抛出了"逻辑思维能力的判断标准是什么"这样一个问题,同学们都发表了非常精彩的见解,总结来说有三点,即前后连贯、能够理解和说服力强。我自己认为除了这三点之外,中心观点清晰、论证严密也非常重要,如果一个人说话能够让人理解,前后也连贯,说的也都正确,可就是没有中心观点,说了一大堆把人搞得云里雾里的,最后自己都不知道自己究竟想表达什么了,这样的人其逻辑思维能力可想而知。最后,老师把这个问题的解答总结为三点:全面性、深刻性、系统性。我自己所想的和这三点虽有重合之处,不过却也相去甚远,说明我对逻辑思维能力的理解是存在一定问题的,比如"全面性"我就完全没有考虑到,这同时反映在我自己平时思维能力表达的缺陷之中了,看问题缺乏全面性的毛病使得我对某一问题、某一观点的表述时常陷入一种思维混乱状态,有时甚至以偏概全或极端化,我想这是我今后要努力克服的一个问题。

其次,老师谈到了研究方法的作用。老师的几个观点给我很大启发。第一,研究能力的核心是发现问题、分析问题和解决问题。真正的研究应当以问题为导向。问题的提出可以帮助我们找到所要研究的对象,问题意识是开展任何研究工作都必须具备的能力,因此,我们必须重视培养自己的问题意识。古语有云:学贵有疑,小疑则小进大疑则大进。思考和提出问题的能力,在很大程度上是检验一个人是否有创造力的重要尺度。联想起钱老的感慨:"为什么我们的学校总是培养不出杰出人才?"这个中国教育事业发展的艰难命题引起了很多人的关注和思考,还有人为此开展了专门研究,反思中国当代大学教育存在的问题。在我看来,我们的高校之所以培养不出或者很少培养杰出人才的一个重要原因就是学生创造能力、反思批判能力的缺失,而这种能力的培养和训练主要来源于大学课堂上的积极思考、与老师同学之间的交流互动和主动探究的过程。因此,作为教师来讲,要循循善诱,鼓励学生大胆提问、大胆质疑,逐步培养和提高他们的创造性思维能力;作为学生的我们,更要在发现问题、提出问题、分析问题与解决问题上多下苦功夫,努力向"有'疑'敢问、有'疑'善问、有'疑'必问"看齐,不要怕出错丢人,因为成功就是不断试错的过程。第二,真正的问题应当是能够打动你的、感兴趣的、从内心生发出来的。人非生而知之者,孰能无惑?这个"惑"从何而来?它就来源于你的内心最原始的求知冲动。爱因斯坦说过,"兴趣是最好的老师"[①]。斯宾塞也说过,"如果兴趣和热情一开始就得到发展的话,大多数人将成为英才或者天才"[②]。研究历史我们同样可以发现,古往今来很多杰出的科学家谈及成功的原因,都一再强调跟他们对从事的工作和研究的浓厚兴趣是分不开的。因此,这就对我们所要研究的问题提出了重要的前提要求,即必须是自己意识到的、有所体验的真问题。在平时阅读文献、参考书目以及期刊的过程中,我们就要养成良好的阅读习惯,遇到困惑的、感兴趣的问题或内容就要把它及时记录下来,并不断地反思和发问,尝试着自己找寻答案。如果实在解决不了,就向老师或者同学寻求帮助。这样一种发现问题、找寻答案和解决办法的过程就是一次研究过程,伴随发现问题产生的好奇心、求知欲可以激励我们走得更远、更坚定。

再次,老师谈到了好文章的标准。关于这个问题,我认为好文章具有四点特征:第一,所研究的问题必须是真问题,有研究的必要性;第二,论点清晰,有创见性;第三,论证过程严密;第四,语言平实,能够理解。老师则认为一篇好文章必须有自己判断事物的标准,这是它的内在本质。这一点确实是我自己之前从来没有考虑过的,我看到的更多是文章结构、规范、语言上的要求,忽视了文章思想观点上的深度和独特性。这一点比形式上的条条框框更为重要。

最后,老师谈到了教育研究的目的。教育研究的第一步是成人,找到自己的价值和目标。教育是一种有目的地培养人的活动,教育研究也要为人的发展服务,即创造条件让学生充分发展。教育研究的第二步是成才,形成自己的独立判断能力、创造性思维能力和批判思维能力。而达到教育研究成人、成才两个目的的手段主要是行动研究,即王阳明主张的"知行合一"和杜威提倡的"做中学"。需特别注意的一点是:研究方法只是工具,不是目标,我们研究的真正目的是通过发现问题、分析问题和解决问题过程的训练使自己成人成才。

通过这堂课我生成了两个疑问:一个是老师提到的康德的道德自律问题,我不太能够理解这里延伸拓展的内容与教育研究的成人目标有何种关系。第二是关于行动研究方法,因

---

① 爱因斯坦.爱因斯坦文集[M].北京:商务印书馆,1979:144.

② 赫伯特·斯宾塞.斯宾塞的快乐教育[M].方舟,译.北京:朝华出版社,2010.

为行动研究是教师和学生通过资料收集、合作探讨、自我反省、多方总结最后解决问题的一种方法,它主要依据的是学生的自我评价,可是这种自我评价的结果往往很难量化,老师对于行动研究结果的考核标准是什么? 还有在开展教学行动研究的过程中,是如何保证和维持行动研究的成效的?

**王师批注:**

看到美丹同学的日志,心情非常好! 真有一种如饮甘露的感觉,为什么? 因为她确实是在思考的,是从自己角度进行观察的,注意到了许多细节,难能可贵。她是与自己的想法进行对照的,从而理解得很深刻。不得不说,这是一个优秀的日志范本。

当然,日志最大的亮点是因为提出了问题:

1. 为什么在谈成人与成才的时候引入了康德的道德自律问题话题。对此,我虽然已经忘记当时的情景,但如果确实是在谈成人与成才时谈到的,那么可以理解为:道德自律是个人价值选择的结果,也是个人对价值坚守的结果,它是人的道德意志的表现,是成人与成才的基础。因为一个人要成人,必须有正确的追求,这种追求是价值选择的结果。道德自律简单地说就是对道德规范要有崇敬之心,要按照道德的指示行事,要检讨自己的行为是否合乎道德要求,自己的行为是否一贯遵守道德的律令要求。做到这些,就是道德自律的表现。想一想,要成为人们尊重的人,没有道德操守怎么行? 要成才,没有坚强的意志品格怎么行? 意志品格恰恰是道德自律的表现。

2. 关于行动研究的效果。确实,行动研究效果不是靠量化标准来测量的,主要是靠行为者自我陈述的,是靠行为者对自己心理变化的展示。教育的根本目的在于培养人,人变化了,而且朝向正确的方向变化了,这就是成功。对于行动者而言,他们都是自己意志支配的行动,当他们确实在不断地修正自己的行为、不断地完善自己的行动计划,这就是行动研究的成功。

实事求是地说,行动研究的效果是一种过程性评价,不太适合结果评价,因为行动研究本质上是一个不断往复的过程。

# 柒　于反思中的教育

2018 级硕士生　孙士茹

对于高等教育研究方法的"课后反思作业",我一直不敢动笔,抑或可以说是在逃避。究其原因,有三。首先,对我们的上课方式、考核方式不清晰,也就是我们的反思日志该从何时开始,该如何开始,我们要对什么进行反思。和老师讨论后,朦朦胧胧有所了解;进而,经过老师在微信群里的细致讲解,我有了些许理解,现在便尝试着把它写下来(我思考自己这样的举动无疑与本科学习的"习惯、依赖标准"有关,只想着按照老师的思路和要求走,全然没了自己的所思所想和主动性,这对于我研究生及以后的学习生涯是非常可怕的。当然我也认为这是我们进行课堂教学改革的一大阻碍)。且加上最近事务烦琐,便将其抛之脑后。最后且最重要的是反思,不仅仅是对课上学习的内容进行审视、批判,也更是对自己学习过程中的表现进行回顾、纠错。认识外物容易,认识自己的内在并不断改变才是最难。当然这也是我们获得收获的最有效的渠道。因此,我们需要克服自己的思维惰性,不断进行反思并取得进步。

在课堂开始之前,我就曾想高等教育的研究方法是什么,包含什么研究方法。估计老师最初高等教育研究方法的"祛魅化"也是基于学生在此方面的疑虑。课堂中,老师还抛出了"逻辑思维能力强的标准""真问题的界定"等问题,这些问题引起了同学们的思考、讨论。老师认为,逻辑思维强体现在看问题的全面性、深刻性、系统性等方面,也就是我们要注意分析问题时的深刻全面系统等等。对我最有启发性的一句话是:"逻辑思维需要基于我们的经验,没有经验便无法进行我们的推断。"对于刚迈进研究生门槛的我们而言,就更需要持续的积累和反思,才能提高自己对研究的理解。但实际上,逻辑思维等系列问题说起来容易,做起来又是另一回事。

对于真问题的界定,则需要我们具有独立思考、独立判断的能力,而判断也是有系统的标准。老师继而询问"你认为好文章是如何的?"大家认为好文章能够引起人的共鸣;对思维有启发性;足够深刻;富有趣味性;有价值;结构完整、思路清晰;有个性。我当时的回答是好文章应该具有趣味性,且深入浅出地讲出道理和事实。但也始终感觉这并不是真正意义上的好文章,这是其中的一个特征。老师最后点明,好文章要有自己判断的标准。做好研究、写好文章与做人类似,都需要自己内在的判断。确实如此,做人要有原则,做研究写文章亦需要一定的准则和信念。这也是这节课对我最有触动之处。最后,老师分享了他自己的教育信念:发现学生(发现学生的潜能);发展学生(运用各种资源来促进学生发展);成就学生(实现学生的发展愿望)。

上老师的课,除了在知识、方法、学问等方面视野的开拓,更有关于如何做人等人生问题的诸多指导。私自认为这才是教育研究最理想的结果,教育教学最成功的地方。虽然感觉老师整节课的重点似乎让我们产生其局限于"探讨'研究'初始"(什么是真问题等)的错觉,但老师对逻辑思维、批判性思维、独立判断等问题的讨论却是贯穿整个研究过程。课上初闻这些尚觉有理,课下仔细回味才更觉得说的是大实话,是做学问、做研究的真道理。到此处,才更为理解老师要求大家课后写反思的"良苦用心",而我自己在以后的学习过程中也会更加留意。且老师讲课的思路自己也没有完全理解,这是训练逻辑思维的重要方式,需要我在以后的学习过程中更加留意。

**王师批注:**

见到士茹同学的日志差不多过了一个礼拜的时间。我记得在座谈的时候问过她第一次上课时的感受,她说完全找不到北,当时对我而言很震撼,难道我讲的内容太高深了?还是同学乍接触这样的教学方式感到完全不适应?我当时还是觉得有点狐疑的。因为上课几天之后,日志上传的人非常少,这种上传结果事实上也是对我教学方式的一次检验,我开始怀疑,这样的教学方式能否进行下去,是否要回到传统。

但是我还是有点不想放弃。因为课堂上的感觉还是非常好的,因为许多同学都参与了互动，而且发言质量不低，这就说明学生参与进去了，当然不可能是百分之百的参与。我课堂上提出的几个问题都是非常关键的问题，似乎也是司空见惯的问题，同学在激情之下的回答虽然不完善，但也比较切近，不是离题万里的那种，那怎么日志这么姗姗来迟呢？

可能正如士茹同学所说，许多人都有观望心理，我想，万事开头难在这里应验了，所以我必须进行一次发动。我在微信群里进行呼吁之后，很快就有响应者，这让我悬着的心轻松了不少。毕竟这还是少部分同学。如果真像士茹同学所说，别的老师催得紧就去忙别的作业了，我的作业似乎是弹性的，也就容易被忽略了。如果是这样，我就必须采取一点措施看看效果，不然真的就容易被荒废。

可以说，从时间上看，第一次课堂效果很不理想。但从上传的日志看，个个具有特色，这少许安抚了一下我焦虑的心情。此时等待学生们的作业有点像等在产房外的父亲一样，那种焦虑感或许外人是无法体验的。

陆陆续续，上传的日志越来越多，我的心也越来越安定了。毕竟人们要接受一个新事物也没有那么容易的，如果不让人们心理上有一个斗争过程，似乎也不太可能。人们的适应过程很大程度上就是跟自己的心理作斗争的过程。当然，这也是一个衡量自己和评估自己的过程，实质上也是一个真正认识自我的过程，没有这种纠结，怎么可能接触到自己真正的内心呢？

看到士茹同学终于把"抛在脑后"的作业想起来并且完成了，我心里还是兴奋了一下子，我说这真是不易啊！一个人在进行了彻底的心理挣扎之后终于站起来了！因为士茹同学终于想清楚了许多事情。我课堂上讲的许多东西，她在经过反复思考后发现都是大实话，这个发现就好像王阳明发现"世界就在自己内心"一样具有划时代意义。苏格拉底也说，真理就在自己内心，就看自己是否善于追寻。当然，人们发现真理是需要外在诱因的，而老师的引导或诱导在其中发挥着至关重要的作用。不过需要声明的是，我这里讲的苏格拉底的话不是原话，但是这个意思，而这个话是后人说的。

我相信，好的开始就是成功的一半。好像是柏拉图说的，"历史的车轮一旦发动，就只能加速向前行驶，断没有停止的道理"。同学一旦认识到写日志的好处，自然也不肯放弃，尤其是在这种可以相互观摩的平台上发表日志，其挑战与自己公开发表论文没有什么本质区别。其区别点在于一个是经过编辑审查的，一个是完全依靠自觉的。

## 士茹回应：

自写完这个作业，我也是很期待老师的回复。首先还是对提交日志时间较晚跟老师说声对不起。我并不是将这个作业抛到脑后了，而是心里一直惦念着，且担心自己的写作质量。写完之后，我还是很不满意，觉得自己写的都是废话，将上节课老师讲的东西都浪费了，这跟我写日志的时间密切相关，也跟我课堂的观察仔细思考程度分不开。而我自己以后也将会好好注意这些问题。加之看了师兄师姐、其他同学的帖子，对自己的日志更是千万般的不满意。看课堂笔记，回顾课堂所讲，还是没有更深刻的体验与感悟，我甚至还想着以后上课都录音吧，至少这可以弥补一下自己观察注意力等方面的短板。总之，还是很感谢老师对我没有进入状态的包容与鼓励。这样的教学方式、学习方式真的是很锻炼人，尤其是对于我这种不够积极且有拖延症的人,而我自己也会在以后的学习过程中不断地吸取教训,争取进步。

**王师再复:**

能力提升的第一个要诀就是克服自信心不足问题。有了自信心才能提升能力。因为能力提升的第一个关键就是敢于尝试。不敢尝试,一切都无从谈起。担心自己不行,是中国学生的通病。试想一下,如果自己什么都行的话,还来上学干什么?每个人都有自己不足的方面,就看自己是否敢于正视它。正视它,就能够弥补它,就能够克服它,也就可以超越它,越是担心它,就不容易克服它和超越它。

敢于暴露自己的不足是最大的勇气。自信心是从挑战自我开始的。这是一道心理门槛,越过它非常不容易。终于越过了,就开启了成功的第一步。孔子说,"知之为知之,不知为不知,是知也",苏格拉底说"我知道自己无知",这些都是圣人啊!我们知道自己存在不足是再正常不过的事情,我们为什么一定要掩藏自己呢?只有正视它,我们心理才会强大,我们才能变得成熟,我们能力提升就会快速。

作为学生就是来学习的;作为研究生就是来学习研究的,研究生就从对研究的生变成熟,最后就可以毕业了。求学路上大家一起努力,就会快起来。让我们大家一起努力吧!

## 捌 研究真问题,提升研究能力

**2018 级硕士生 王鹏娟**

### 一、课堂回顾

昨天晚上在群里看到王老师的课堂反思札记,发觉自己对周一晚上的课理解得很浅,只在笔记本上记录说话者的逻辑和观点,却没有进一步揣摩和反思说话者言语背后的用意及观点间的内在联系,没有主动理解和质疑说话者在特定视角下的结论,实在是疏忽大意,浮皮潦草。反思自己这样思维迟钝和行动懒散,注定以后是沉不下心来学真本事,做真学问的,对自己倍感紧张和担忧。王老师的札记拨云见雾,梳理自己的课堂组织和整体逻辑,在梳理过程中澄清和追加论述自己的"知识观"(真正的知识从探究真问题中来,且必然是能够指导实践的)、"教育研究观"(教育研究观本身是一种行动研究,需要研究者本人的亲自参与而无法靠单纯接受式的方法习得;教育的知识是一种启发性的知识,需要用心领悟才能得其旨趣)、"教育研究能力培养观"(教育研究方法的知识、教育研究能力需从参与、反思教育研究的过程中求得),为人师者的真诚和智慧和盘托出最能打动人,逻辑的严密程度着实惊艳,这也提醒和鞭策晚辈谦虚问学,再不能冒昧地以无知为有知、以浅尝辄止而傲慢卖弄。

### 二、"研究什么":为研究"定性"的问题意识

对于"研究",常见的提问方式不外乎:提问研究问题的"研究什么?";提问研究主体的

"谁在研究?";提问研究方法的"如何研究?"。通常情况下我们习惯于按照"研究什么?"来判断研究本身是否是一个"真研究",只有关涉研究本身的"问题意识"时,才能为研究"定性":如果研究者选择的是共同体内普遍认为的一个无理论及实践意义的问题,即使他用精致的方法,得出整齐的结论,研究本身也被判死刑,不能算是一个真研究。所以研究者应有意识地培养、练习自己的提问能力和问题意识,思考问题本身的合理性和价值,研究真问题。不要一味试图通过寻找刁钻角度以求"出新",这种"出新"背后蕴藏着极大的风险:初生牛犊,为何其他人都不去做这样的研究? 是因为之前研究方法不成熟? 还是研究角度不明确? 还是所有其他的研究者都是白痴? 对问题意识的再反思,或许可以推动我们去进一步思考问题本身的合理性和价值。

### 三、"如何研究":基于问题选择合适的研究方法

对于研究方法,昨晚南京大学的张红霞教授在学院里做了"教育科学研究的性质"报告,报告中她将研究方法分为"实证方法"和"人类学方法",实证方法下又具体分为定量研究方法和质性研究方法。但我并不认同她对研究方法的分类,诸如民族志研究、叙事研究、人种志研究等,张老师将它们归为更多关涉情感的"人类学研究方法"。我的观点是,民族志、人种志和叙事研究的研究设计中也在尽可能地排除研究者价值判断对研究本身的影响,往往在研究伦理部分会讨论这些内容以及操作过程;我也不认同这些研究并不能解释世界的说法,我认为通过科学的、整齐的、谨慎的数理统计的定量研究可以验证假设,但细想他们得出来的结论往往停留在"是什么"层面,而不能回答"为什么"及"何以可能"的问题,这个时候研究者不得不做进一步的观察、访谈,运用质性的方法去揭示事实背后的运作逻辑,而揭示的过程不就是这些"小众的"研究方法在解释这个世界吗?

对于以量化研究为代表的实证研究,我的质疑是:(1)实证研究中的模型建构往往是基于大样本得出的,那么这就不可避免地忽略甚至抹杀个体的可能性和差异性,个体的可能性很有可能会作为误差而被排除在外。(2)实证研究向何处去的问题。当我们揭示了大学生学业成就的影响因素或模型后,我们按照这些变量来培养学生,按照系数来分配教学模式,教授讲课的影响力因子是0.7,学生参与的影响因子是0.2,那么我们就能按照这样的比例来设计我们的高校课堂吗? 更精细化的教学和课堂,会让我们培养出来什么样的学生? 如何去检验或者评估学生质量? 标准的探讨不也是需要思辨研究的吗?(这一点张教授解释为不能将研究结果肤浅理解后照搬到教学实践中,理论揭示、解释和实践之间本身存在"性"的差异,而且对数据和结果的解释也是很考验研究者水平的一个过程)。(3)实证研究关注的往往是一个研究领域的具体问题,有没有可能会出现一种"只见树木不见森林"的问题,而忽略了一个学科,一个研究领域的一些方向性或者战略性的决策呢?(4)实证研究方法在中外研究中已然是大势所趋,这种研究方法的霸权和强势是否会有一种工具理性的危机? 我们一边越来越精细,同时有没有可能也会越来越狭隘? 甚至导致一种"专家没有灵魂,纵欲者没有心肝"的道德沉沦? 得知张教授也在从事一些思辨和质性研究,我不禁感慨,我们讨论这么多的方法,但方法终究是要指向问题并为问题服务的。作为一个准研究者,必须同时兼备做质性研究和量化研究的思维和能力,才能真正算作一个合格的研究者。毕竟教育是

人与人之间的互动往来,当我们学会了用数据、用模型来表达和揭示,同时也应该关照教育中的人文性和温度。

### 四、问题导向:研究能力的提升路径

对于研究能力,我以为,问题为导向或许是一个能力提升的办法。当研究者真正被一个研究问题搞得坐立不安,百思不得其解时,他就越可能出于一种发自内心的好奇心去寻找回答和解决问题的路径,一步一步寻找,一步一步尝试,一步一步试错,一步一步选择,直至柳暗花明,豁然开朗,再回头看,走过的弯路,吃过的苦头,踩过的雷区,都是研究能力提升的一级级台阶。所以研究试水第一步,那就从找到和提出一个好问题开始吧,相信能从王老师的启发式课堂上收获到很多东西。

**王师批注:**

鹏娟同学很了不起,一口气写了这么多的东西,我看完了感觉蛮有感触的。你从自己真切感受出发对张红霞老师的讲座内容提出了自己的疑惑,说明你是勤于思考的。你对实证研究的认识我觉得是比较深刻的,因为认识到了实证研究的局限。我昨天晚上因为有事情没有听张老师的讲座,所以不能真正把握她讲的具体内容,不过可以说,张老师对实证研究与人类学研究方法的区分是具有参考意义的。现在的问题是如何定义实证研究方法与人类学方法,如果确实如你所讲的那样,可能确实没有把两种方法的特征真正谈清楚。张老师是理科教育出身,对一些问题的理解有自己的角度是可以理解的。

关于间接经验问题,我是这样理解的:对于有些东西,只要有间接经验就足矣,不需要事事都要个人实践。但教育性知识确确实实是在实践中增长起来的,仅靠别人传输是无法窥得其奥的。这些往往都是人文社科知识,个人化非常强,没有个人实践是没有意义的。而自然科学知识,则间接经验有效性比较强。所以,概括起来,自然科学知识可以更多地通过间接经验获得,而人文社会科学知识则更多地依赖直接经验。

# 玖　全新教学模式初体验

**2018**级博士生　王亚克

### 一、本次课主要的收获是什么?

正如汤建同学所描述的王老师的第一节课不仅仅上了三小时,还延伸到了课后和课外。我体验了一种全新的教学模式。首先,课堂是全新的。第一次课不是教师系统讲解知识的预设性课堂,而是不断提问、引发头脑风暴的生成式课堂。其次,作业是全新的。学生不需要做传统的口头报告、写期末论文,而是每堂课之后写观察日志,并且需要通过网络提交。最后,交流方式是全新的。除了课堂交流,课下可以在微信群里讨论,还可以在课程网络平台上看到所有同学的反思日志和老师的点评,既可以学习不同的观察角度和写作特色,又可

以增进彼此的了解，俨然是一个学术共同体。

## 二、本次课上的困惑是什么？

老师认为知识是从探究真问题而来，真问题就是我们在生活中遇到的问题，是我们绕不过去的问题，是我们感到困惑的问题。

我相信我们每个人都有不少的"真问题"，在现实生活中，在我们参与的教育实践中，我们能够感受到各种各样的困境，我们的教育存在这样或那样的问题，比如，教育公平真的存在吗？"教育均衡"和"教育公平"是否具有同等含义？东西部教育资源存在着巨大的差异是引发教育不均衡的原因还是教育不均衡导致了东西部教育资源的剧烈分化？为什么西部地区人才流失更严重……每一个问题的背后都可能挖掘出更多的问题，但是哪些问题才是"真问题"？所有感到疑惑的问题都值得研究吗？如何从众多的问题中提炼出最有研究价值的问题？

读完老师在微信群发的文章《"自我革命"的挑战：一位大学教师的"祛魅"之路》，我很欣赏文章中凡庸老师的"以知识为中心，教师和学生共生知识"的教学理念，"教师进行自我研究、自我反思和自我批判，进而不断自我革新教学教育理念，并实践行动"①实在是教育界的福音。姚烟霞在网络平台上提出的观点"共生知识也是需要前提的，唯有当学生对知识有一定的经验、了解与思考时，才能在师生之间、生生之间产生高质量的对话与碰撞"有一定道理。因此我质疑凡庸在小学四年级英语阅读课上能否达成理想的目标。先不管学生的词汇量能否自觉地充分地讨论，多名学生在小组合作学习时没有与组员讨论而是希望老师给予回应但老师都让他们问自己的同伴，如果学生不想或不能参与讨论，这样还能"共生知识"吗？这种教学效果会优于传统教学吗？这种课程组织模式适用于小学吗？我表示怀疑。

## 三、从老师和同学们身上学习到了什么？

老师说："学生内在不发生作用，教育就是失败的。"这句话引发了我的反思，在这节课的学习过程中，我们的内在是否在发生作用？答案是肯定的，从大家的观察日志中可以看出来。但发生了什么样的作用？每个人是不同的，这让我想到自我决定理论（由美国心理学家Deci Edward L.和Ryan Richard M.等人在20世纪80年代提出的一种关于人类自我决定行为的动机过程理论）。该理论认为人是积极的有机体，具有先天的心理成长和发展的潜能。自我决定是一种关于经验选择的潜能，是在充分认识个人需要和环境信息的基础上，个体对自己的行动做出自由的选择。选修这门课是为了满足我们获得新知识的需要，也是我们所做出的自由选择，因为我们有学习高等教育研究方法的内在动机。老师的学术成长经历更强调了自我在动机过程中的能动作用，从一定意义上说他的个人学术经历的回顾和反思促使我们的内在发生积极作用。

---

① 朱志勇，阮琳燕."自我革命"的挑战：一位大学教师的"祛魅"之路[J].教师教育研究，2018(4)：80-91.

"心上学,事上练。"这句话听起来很简单,但却蕴含了深刻的道理,要做到知行合一是多么的不容易,道理谁都懂,但"知道"和"做到"中间有很长很长的路。我们都赞同"做人要做真实的、真诚的、真正的人",是不是学问做得好的人一定有好人品?不一定。这方面可以提出不少反例。但人品好才能做出好学问吗?关于这一点我们没有充分讨论,但我发现那些作出重大贡献的卓越的研究者往往把个人的研究和人类的命运融合在一起,比如杂交水稻之父袁隆平立志用农业科学技术击败饥饿威胁,屠呦呦为了研究抗疟药物成功发现青蒿素……我想这种对于人类命运的深切关怀或者情怀就是让这些研究者们坚持不懈、潜心钻研的最大动力吧!我们的研究是否也可以反映我们对社会的关心?是否可以在研究中磨炼我们的智慧和洞察力,是否能在研究中磨砺自己的品格?这些都是我需要进一步去思考的问题。

课堂上,老师提了不少问题,很多同学踊跃发言,课堂上思维的火花不断碰撞。印象最深刻的是访学博士生牛军明对"好文章的标准"这个问题的回答,他认为好文章应该满足三个条件:语言的芬芳、思想的流淌和情感的荡漾,对于他不假思索便能概括出如此工整且用词独特的三个条件深感佩服,不用说他一定有深厚的文学功底。各位同学提交的观察日志开拓了我的视野,让我知道观察日志可以有如此多样的形式和如此丰富的内容。老师那么忙却能做到认真地回复每一篇日志让我感受到榜样的力量,让我觉得虽然写日志不容易,但也要尽最大努力完成。

## 四、发现自己存在着哪些不足?

最大的不足是课上课堂参与度不够,没有积极发言,仍然停留在传统的专心听讲的思维定势中,明显缺乏质疑精神和问题意识。

对新技术有畏惧心理,操作若干次才注册成功。

写作能力不足,老师说科研能力最终表现在写作上,不会写作,实际上就等于研究能力不足。

## 五、自己该如何进行改进?

针对不足,争取改变思维习惯,积极参与课堂讨论,课前要做相关的准备,阅读和课程相关的文献,积极跟其他同学交流;克服对各种新软件的退缩心理,遇到技术问题及时向年轻的同学请教,万不可拖到最后;写作方面要有针对性地进行训练,除了训练逻辑思维和清晰表达,还要勤写勤练,没有大量的积累,写作质量很难提高。

**王师批注:**

看到了亚克同学的日志,我的一颗悬着的心落了地,为什么?因为博士生往往希望头脑中直接获得东西,不想通过具体做的过程来训练自己。汤建同学做了表率,我想看看后面有没有跟上来的,终于等到了。因为万事开头难!

亚克同学关注的是一个深度的问题:科研能否训练人品?

说实在的,如果没有生活阅历是不可能持续关注这个问题的。所以多数同学在日志中都忽略了这个一度引起大家争议的问题,另外我也有意引导大家不要陷入这个难缠的问题,毕竟课堂时间是非常有限的,一旦讨论不清又占用了大量的时间的话就影响了整个课堂进程。但课下是不妨持续追问的,这就是课下网络交流的好处。

科研确实是对人品的挑战！投机取巧也能够成功,可以蒙蔽许多人,数据造假就是生动事例,现在的关系文章、关系课题、关系奖品比比皆是。他们是成功的,他们的人品如何？只能使事情更糟。而做真正科研需要耐得住寂寞,承受更多压力,如果自己没有高远的目标追求,没有为社会和人类贡献的志愿,也可能会放弃,甚至会坠入投机取巧行列。所以科研能够成功,绝对是对人品的极大训练。

当然这其中也有例外,如一些天赋极高的人,他们不需怎么努力也可能科研成功,他们需要的只是时机,或者说需要的是伯乐。对于这些人而言,人品与成就之间关系真的不大。因此就需要分开来看。我们必须承认,人的天赋存在着极大的不平衡。

对于我们常人而言,要想取得科研成绩,要么必须历经坚强的意志努力和种种失败的考验,要么需要超强的人脉关系获得各方面的大力资助,否则就不可能成功。要承认,能够获得强大的人脉资源也是一种能力,甚至是一种不可多得的能力,这不是智力所产生的能力,而是情商所产生的能力,对于这一点也不能忽视。

需要指出的是,亚克同学完全是按照我提示的写作路径进行的,可以说这是一个很好的观察日志模本。这从另一方面说明,我的提示是具有可操作性的,是可行的。亚克同学对自己订立的目标,我相信在持续的努力下会越来越接近的。

**亚克回应：**

感谢老师在"科研和人品的关系"这个问题上又做了进一步阐释,一个真正的研究者应该有较高境界,应当珍惜自己的学术声誉,做学术研究的过程就是对人品的极大训练。我想能获得大量的资源资助反映了研究者的情商,从一定程度上也反映了研究者的品格吧？

老师提供的写作路径对我来说非常有效,在回答问题的过程中整理纷乱的思绪,使自己成为思考的主体,再以文字的形式沉淀下来,这个过程令我受益匪浅。感谢老师的回复。

**王师再复：**

你引出了一个很好的概念:情商！确实情商也在一定程度上折射出人品。

不过,人品与情商之间的关系真的很不确定,也即,品格高的人不一定就情商好。反过来说,情商高的人就一定人品好吗？

比如,善于投机取巧的人,一般情商都比较高,但很难说其人品多高。善于交往的人一般情商都高,我们不能说善于交往的人人品都一定很高。

所以,情商与人品还是两个不同范畴,两者确实有一定的关联,但究竟关联多大,很难证实。

当然,人品本身也很难测量,所谓"日久见人心,烈火炼真金"讲的就是辨识一个人很难,所以人们常说"知人知面不知心",社会上也是许多人说一套做一套的,这些人情商确实是比较高的,但人品就不敢恭维了。

# 拾 "研究"的祛魅化

**2017** 级硕士生 熊文丽

其实这学期除了选修王老师的这门"高等教育研究方法"外,我还旁听了公共事务学院的"社会统计学"这门课。在研究生阶段,只有研究性的学习才是真正有意义的学习,而要想做好研究,必定绕不开研究方法的训练,在之前的学习生涯中,我没有太注重方法训练,意识到自己存在这个短板,所以现在利用一切机会尽可能多地掌握研究方法。

## 一、本次课的主要收获

### (一)研究、研究方法与研究能力

真正内化于心的知识从来都不可能经由"灌输"而来,只有在研究过程中才能求得真知,真正的研究又是以问题为导向的,而这个问题是自己切身体验过后提出来的,正如王老师所说"科学研究的第一步是提出真问题,真问题是我们自身提出的问题,你不去解决这个问题,你会产生焦虑,浑身不自在"。

那如何才能提出研究的真问题呢?我觉得首先是要会观察,培养自己的观察能力也就是说要对周遭的一切保持一种敏感性,能从观察当中察觉到研究的问题。那么,如何培养观察能力呢?观察日志是"培养观察能力的基本方法,也是最好方法,这是做质性研究的基础,也可以说是做一切研究的基础"。因此"观察法"的训练也确实是很必要。发现、分析并解决研究问题都离不开研究方法的支持,研究方法在整个研究中好似起着"桥梁"的作用,把研究问题、研究过程以及最后的研究结论连接了起来。当然方法只是工具,不是学习、研究本身,不要陷入技术崇拜的泥潭。

研究能力是一个内涵很丰富的概念,上面所提到的提出研究的真问题、掌握研究方法也囊括在研究能力的范畴内。王老师第一节课上反复提及的"批判性思维能力"我认为也是属于研究能力之中的,而且是非常重要的一个方面。"批判性思维能力"通俗地来理解也就是我们所说的独立思考、判断的能力,批判不是否定一切,而是要建立自己的判断标准。如果没有养成批判思维的能力,那么在研究中很可能会人云亦云,被别人的想法、观点牵着走。研究能力不是在课堂上学出来的,而是在实际参与过程中培养起来的,没有这个参与过程,能力就无法培养起来。

### (二)做真学问,致良知

王老师在课上谈到我们做人、做学问都要有审判能力。做学术的品味在很大程度上也能反映出其做人的品格。我们在求解自身问题、完善自身人格的同时,学术也成长了起来。做人的本质是做一个真实、真诚的人,因此在做学问时也要做真学问,而不是仿真学术[1],真学问是自我求知的过程,寻求一个合理的答案,即"致良知"的过程。

---

[1] 董云川,李保玉.仿真学术:一流大学内涵式发展的陷阱[J].江苏高教,2018(8):1-8.

## 二、从老师、同学身上学到了什么

勤于思考,积极表达自己的观点。这是本学期的第一次课,这次课的课堂气氛很活跃,特别是高年级同学表现尤为积极,王老师在课上采用头脑风暴法,让大家讨论了诸如逻辑思维强的标志、好文章的标准等这些问题,大家的参与热情比较高,不断地有同学发言。相比而言,我就显得比较被动,基本上都是在听大家讲,没有主动发言的欲望,如果我没有统计错误的话,除了我之外,大家都或多或少地发过言,甚至研一新生大多都是初次接触到这种研讨式的课堂,他们也表现得比我积极。或许是性格使然,但是我深知这种状态是无法适应研究性课堂的,所以我得尽快进行自我调整,以便更好地参与到课堂学习当中。

## 三、本次课的主要困惑

王老师的课堂是研讨式课堂,注重在场每一位学生的积极主动参与,师生、生生之间深入的讨论、辩论很有必要。其实老师的每一次提问,同学们的每一次回答,我都有积极的思考,也有自己的想法。只是我倾向于内省,不太喜欢发表自己的看法。或者更多时候,我觉得自己的思考还不够成熟,是一种很浅层次的认识,所以不想表达出来。但是我没有发言是否就表明我没有深刻参与其中呢?

## 四、自己存在哪些不足

1. 不太喜欢发言。自从上了高中,特别是大学以来,我更习惯"倾听",虽然我在"沉默",但我的思维还是处于一种比较积极活跃的状态。"语言是思想的体现",把自己的想法、观点组织整理成语言表达出来,这其实也是一种训练。如果一直保持"沉默是金"的状态,也就没有了存在感。

2. 日志的撰写滞后,没有及时更新。"万事开头难",这是第一次写课堂反思日志,虽然王老师在课上交代了日志要从"收获、疑问、启发、不足、改进"等这几个方面入手,但我真正开始着手去写时,发现还是不知道从何入手,所以就把日志搁置了,处于观望状态,想先看看其他同学是怎么写的。

## 五、今后如何改进

1. 更积极参与到课堂当中,有想法时要勇于表达出来,与大家共享、讨论甚至辩论,只有参与其中才能获得深刻的体验。

2. 随时记录反思的要点,日志的撰写要及时。如果不及时写,一些关键的话语就会遗忘,稍纵即逝的"灵感"就会溜走,及时撰写反思日志并上传至平台,这也在一定程度有助于我自己改掉拖延症。

**王师批注:**

昨天晚上就看到了文丽同学的日志,因为昨天一天都在外地,要么在机场,要么在飞机上,所以无法回复,故而推迟到今天早上,借此机会表示歉意。

我发现文丽同学是按照我提示的格式写的,写得蛮不错的!我看到文丽同学修了外院的统计课程,这反映出其学习的积极性、主动性,对此举动我强烈点赞!

文丽同学在课堂上受到了启发,很是不错。特别是对"研究"有了新的认识,这是非常令人高兴的事情。

文丽同学提到了一个困惑:别人讨论的时候自己也积极思考了,只是没有表达出来,究竟这算不算参与?我说这是参与,但参与得不彻底。如果自己有不同的见解就应该表达出来,这代表一种勇气,说不定能够给别人以启发呢!你不发言的话,别人不认识你,也无法从中受益,这是否叫参与不彻底?

顺带说一句,文丽同学送蒋凯①教授的时候我没有认出来确实也是我的尴尬,毕竟同学见过我两次啦,我仅仅是觉得同学面熟,所以不敢确认,故而就试探性地问一下,发现是我们自己的学生时非常高兴,因为这首先代表了我们学院安排得比较周到,为每一位教授安排了接待人员;其次表明我们同学服务非常积极,没有给教授们生分感,以至于我都不敢确认啦!同学当场纠正我的询问,更让我觉得同学性格开朗和直率。最后表达一点小挫折感也是真性情表现。一句话,喜欢文丽同学的性格,但仍然鼓励文丽同学有自己想法时要积极主动表达出来,这样我就不会再次错认啦!

日志能够交流、互鉴,是多么好的一件事啊!

## 拾壹　关于"研究"的思考

**2017** 级硕士生　姚烟霞

看了同学们的日志,瞬间感觉错过了王老师精心策划的第一次课就像错过了一个亿。幸运的是,小伙伴们记录得都非常详细,各有特色,我反反复复看了好几遍,也算是弥补了没有亲临的遗憾。接下来,就结合王老师在微信群的讲解、"祛魅"的论文以及同学们的日志,谈谈自己的一些反思与看法。

真正的知识必然是能够指导实践的,老师的这一观点直戳内心。由此想到,真正的科学研究也一定是能够解决社会问题的,即从解决实际问题出发,采用合适的研究方法,探讨问题本源,提出切实可行的破解之道。

老师在第一堂课问同学们什么样的论文是好论文,大家的观点都很精彩,对这个问题的答案我暂持保留意见,相信通过学习的积累,以后会有更深的感触。但这个问题的提出,引发了我对另一个问题的思考,即研究成果(论文)的发表是一个研究的结束,还是一个研究落地的开始?(其实对这个问题的思考已经困扰了我一学年)

个人认为论文的发表,只是研究成果被认可的开始,要想一个研究成果真正对某个领域

---

①　蒋凯,北京大学教育学院教授。2018 年 9 月 22—23 日,纪念改革开放 40 年之际,厦门大学高等教育发展研究中心、《中国大学教学》编辑部、厦门大学教育研究院联合主办了"大学教学改革 40 年与新时代展望学术研讨会",蒋凯教授为本次研讨会作学术报告。

产生影响，还需要研究成果的进一步推行与落地。在理工科领域，也许相对容易些。但人文社科领域的研究成果该如何转化？如何运用这些成果来切实解决社会问题？这些也是我们作为一名科学研究者需要思考的问题。也许这些问题想明白了，我们在选择研究问题的时候也会多一条思路。

关于《"自我革命"的挑战：一位大学教师的"祛魅"之路》这篇论文的一点拙见：文中倡导该大学教师"以知识为中心，教师与学生共生知识"[①]的教学理念，理念很好，但共生知识也是需要前提的，唯有当学生对知识有一定的经验、了解与思考时，才能在师生之间、生生之间产生高质量的对话与碰撞。就像我个人对研究方法虽有所耳闻，但究其根本还算是个门外汉，由于自身经验的不足，很难给老师和同学高质量的反馈，所以老师的讲授还是有必要的，抑或是课前老师推荐一些先导材料自学、思考，带着问题进课堂才能让师生对话不只停留在表面，还能产生实质性的效果。

看完老师在微信群提到的观察日志几个要点，想起了初中的求学经历。那时语文老师每周都会让我们写日记，写得好的日记老师会当众表扬并宣读，让大家学习。每当这个时候就会不自觉地想，怎么又没有自己呢？这位同学为什么又被表扬了？她是怎么写的？好在哪里？自己写的日记和优秀日记的差距在哪里？该怎样缩小差距？等等。原来那个时候就开始不自觉地进行着反思与"观察日志"，只是自己不知道这是观察日志罢了。

日后的求学经历告诉我，做这样的观察日志是非常有必要的。这既是一种学习反思，也是一种总结进步。不能为了做观察日志而做，而要有真正的反思与收获，反思每一堂课的得与失，收获对每一个研究方法的深入掌握，收获每一点进步。

和别的同学相比，感觉自己在研究方法这个领域起点还比较低。但相信在王老师的精心指导下，在自己脚踏实地的努力下，一定会收获与进步。

**王师批注：**

烟霞同学虽然没有参与第一次课程，却能够很快写成自己的感受，说明训练有素，有积累，当然也是一种自信的表现。我在许多场合都说，能力首先就表现为一份自信。没有自信就谈不上能力。不过，需要提醒大家的是，自信与盲目自信是截然不同的。

烟霞同学认识比较客观，认为参与"知识共生"活动需要基础。是的，不过这个基础多少为宜呢？是否有一个确定的标准呢？我估计没有人可以回答出。

我认为，标准只有一条：同学能够参与进去！当学生能够参与进去的时候就说明是合适的，不能参与进去就是不合适的。

显然，我这不是学理标准，而是一种实用标准。那么问题就来啦，怎么才能使学生参与进去呢？我的答案是：必须以学生的经验为基础！这就是学生中心主义的逻辑！

我这个回答可能不少同学还是云里雾里。不过，我欢迎大家发表不同意见。

需要附带说明的是，我是在美国半年访学的观察中得出的这个结论或答案，对我非常具

---

① 朱志勇,阮琳燕."自我革命"的挑战：一位大学教师的"祛魅"之路[J].教师教育研究,2018(4):80-91.

有启发性,也是我进行教学改革的经验基础。

# 拾贰　旁听生的课堂初体验

**2017** 级硕士生　袁东恒

## 一、作为旁听生的纠结

算一下时间,距离"高等教育研究方法"第一次课将近二十天了。这一段时间,我其实一直在纠结要不要继续旁听这门课程,因此迟迟没有动笔写课堂日志,现在才上传到网络教学平台,非常不好意思!纠结的原因,一方面是去年已经上过研究方法的课程,并且使用过网络教学平台,整体感觉一个学期的学习时间太短,很难深入系统地学习,而且在网络教学平台的反馈多是基于任务驱动的学习方式,兴趣驱动的学习方式较少。因为是旁听这门课程,所以比较困惑当课堂需要深度参与和互动讨论时,旁听生到底要不要深度参与?参与多大程度较为合适?我一直担心过度的参与使得选课的同学少了交流讨论的时间,老师增加了关照一位学生的精力。另一方面是这门课程由王老师讲授,风格自然不同于其他课程,我们依然可以从这门课程中学习很多。此外,正如同学所说,我们虽然修读了多门研究方法课程,但是对研究方法认识仍然较为粗浅,正确、恰当地运用研究方法的能力较为欠缺,需要更加深入地学习研究方法课程。其实,我们调查国外研究型大学课程时也能够发现,国外研究生在第一学年修习的课程类型大部分是研究方法类的课程,而且不只一门。经过这一段时间的纠结,再加上同学之间的交流和鼓励,我虽然还未弄清楚旁听生参与课堂到底参与多大程度较为合适,但还是想继续旁听这门课程,不知道是否可以。

## 二、提出真问题的重要性和困难性

在第一节课对研究方法的讲解中,王老师提到研究方法的目的是发现、分析并解决问题,科学研究的第一步是提出自己的问题,提出真问题,这一点对我启发很大。但要走好这一步,真的是一件非常难的事情。事实上,问题遍布在每个人的头脑中,我们每天在学习中都会遇到各种各样的问题,但是,如何分辨问题的真伪性?如何提出真问题?如何解决提出的问题?面对这些问题,我有时候会存在这样的状态:虽然学习过"具体问题具体分析",但往往具体问题来了的时候,却不知道怎么具体分析。当这个问题采用这种方法解决,那个问题采用那种方法解决的时候,又往往陷入方法没有好坏,只有适合不适合的中庸或投机立场,没有明确的方法立场。当提出的很多问题没有被解决或者不被重视的时候,又会产生"问题无用论"的烦恼。在这样的状态之下,我愈加认识到研究问题的复杂交错,也意识到提出自己动心问题的重要性,对此,研究者不应该畏惧问题的复杂,而应该积极主动地去解决问题,在解决问题的过程中不断提升自己的研究能力。

**王师批注：**

难怪我刚看到这个帖子。

凭自己兴趣参与，因为参与本身就是贡献。深度不深度似乎不是什么问题，因为发言与否应该出自内心，不必强求。

旁听也是一种观察，你可以选择自己的角度来观察，完全不参与的观察估计很难做到。你就作为一个评判者进行观察好了。这个评判者可以指出不足，也可以指出优点。如果参与式观察就不一样了，就必须完全从自我的角度出发，而非从客观的角度出发了。哪一个挑战大？很难说。

一般而言，就知识获得而言，旁观是可以得到一点启发的。但就能力培养而言，参与才是唯一法门。事实上，也只有参与体验，才可能进行真正的评判。

按照方法论原理所示，非参与式观察是实证研究的主张，因为这样可以保持自己价值中立。参与式观察是质性研究主张，认为唯有这样才有实实在在的评价资格。

# 第二章 谈"研究问题"

## ——"高等教育研究方法"第二课

## 壹 如何发现有价值的研究问题

授课教师 王洪才

### 一、迟到的课

今天是高等教育研究方法第二课,这次课已经晚了两次,估计可能在 11 月 15 号的时候还要耽误一次(按照学校通知是第四届"互联网十"大赛进行的课程调整)。这三次耽误包括中秋节放假、国庆节放假,所以一停半个月的时间再来上课还是有一点不适应。不过,这个时间也让同学们度过了自己的不适应期,因为对于我这种新的上课模式,许多同学还是没有体验过,他们还是希望通过阅读资料来上课,我说他们的想法是错的,我说我的方法就是让同学们通过做真的研究来学习研究方法进而培养研究能力的。之所以不布置系统的阅读资料是因为我真的找不到哪些资料可以系统地培养学生的研究能力,而且我也觉得读众说纷纭的资料甚至会影响对研究方法的正确理解。

所以,今天课开始我就询问一下同学的想法。有同学希望提供系统的学习资料。这个问题之前的同学们也提出过,事实上根本不存在这样的东西,这实际上还是那种提供标准答案式的思维,是接受式学习的表现,殊不知,研究能力不是靠读书读出来的(那么,读书是否是一种研究呢?一般情况下不是,因为读书的目的主要在于获得知识,而非围绕某个问题探究。反过来,如果带着问题去读书的话,就变成了研究,因为已经有寻找答案或进行验证的目的)。读书固然能够增长一些知识,但对于研究能力的增长有多大作用其实是值得怀疑的(我认为学生最缺的就是关于研究的实际体验。当然这里的研究是真正值得信服的研究,而不是写写文章或参加一个课题之类,那些东西充其量是一种"仿真研究"。这实际上就是理论脱离实际的具体表现)。

### 二、关于知识的认识:释义学立场

针对这种状况,我提出了关于知识的认识问题,即首先不能再把知识看成一种绝对正确的东西(实际上是要求大家不要把书面上的说法与真理混为一谈。这就应了那句话,"尽信书不如无书")。我们所接触的知识,仅仅是某种说法而已,它们有没有合理性?当然是有的,但是否完善就值得推敲。这种推敲就是批判性思维。事实上,只要我们认真、努力,我们可以在任何说法中找到破绽。但前提是你必须对该事物的实际状况有所了解，不然就只能跟着别的说法走。这就是空对空的害处，因为空对空使你没有自己的判断力。在此我强调实践出真知的原理。

我谈到了释义学的一些基本原理，因为在释义学的视域中，一切理解都是误解；所有的观念都是偏见；但误解是合理的，偏见是有价值的。因为每个人在理解时都依据自己的背景去理解，自然不可能获得正解，因为都增加了自己的"私货"；每个人在发表意见的时候都是基于自己的立场，不可能充分照顾到他者的立场，因此偏见在所难免。可是每个人依据自己的经验进行理解，这是理解中无法避免的事情，因此是合理的（这就是视角主义的基本观点）。每个人依据自己的经验去判断完全无用吗？当然也不是完全没有价值的。

那么获得真理的方法是什么呢？就是交往！这也是哈贝马斯提出"交往伦理学"的背景。释义学哲学的当代最重要的代表人物伽达默尔给出的答案就是交往，因为他认为，真理就存在于"视域融合"的过程中。可见，视域融合是一个过程，而不是一个终点。这也应了相对真理与绝对真理的划分，换言之，我们所能够获得的只是相对真理。对于每个人而言，我们所获得的真理仅仅是个人视野的扩展，远不是真理本身，因为真理永远是在路上。

可以看出，释义学对我们思想解放的价值有多大！它使我们每个人都变成了认识的主体，而非简单的受体；承认我们每个人的认识都有价值，从而也是对自己成长经历的肯定；不承认谁能够完全占有真理，也就避免出现僵化的思维。这也鼓励我们要走出封闭的自我，走出不自信的自我，走向开放的自我，走向交往的自我。当然交往需要具有理性，需要遵循理性的法则，这样才能有效交往。哈贝马斯的交往伦理学所阐释的不过是一种交往理性规则而已。

### 三、教学参考书的应用

关于教学参考书的问题，我指出，如果是质性研究方面的著作，陈向明的书是代表，这是华人地区比较公认的一部专著，因为是她率先将美国的质性研究方法介绍到国内的，且做出了很多贡献。如果是想阅读比较系统的研究方法方面的著作，由潘先生主编的《高等教育研究方法》则是一个代表。可以说，在目前没有比这本书更系统地对高等教育研究方法探讨的书了。因为这本书在写作过程中参考了大量其他著作，而且结合了高等教育学的特点。作者本人都是在高等教育学研究方面具有代表性的人物。而且本书在出版之前经过了相关专家鉴定，其权威性是充分的。但问题是，读过这本书后你就一定掌握研究方法了？不然！要想真正掌握研究方法，就必须从实际研究过程中锻炼。方法和能力都是在实践体验中提升出来的，不是由外部注入的，因此它们都是内生的，而非外挂的。有了体验，再读书就容易读懂了，不然始终是处于云里雾里。

### 四、该研究什么问题？

解决了同学们思想上的纽结后我开始进入今天的讨论主题：什么问题值得研究？王亚克同学第一个发言，她率先提出了教育公平性问题和东西部教育不均衡问题。她是基于自己的生活背景提出的，确实是有价值的，但是不新，也不适合我们研究，因为这在同学们之中不具有共同点。

第二个是祥辉同学提出的学生会组织的异化现象问题。该问题虽然是人们关注的问题，但研究起来困难重重，因为其症结很深，我们难以解决。三是研究生双导师的问题，这个问题因为涉及管理体制问题很难研究。四是关于程序正义与治理能力的关系问题，这个问题无法获得真实资料也不能进行研究。五是高等教育国际化问题，这个问题也不新，也很难突破。六是本科人才培养问题，这是个大题目，要想研究必须找好突破点。七是教育博士培养问题，这是一个小众题目，所以也不予考虑。八是高校课程教学质量提升问题。这也是一个大题目，研究起来难度很大。九是导师组问题，与双导师情况类似，难以研究。十是本科生参与科研是好是坏问题，这个问题难以验证，不便于研究。十一是隐性翘课问题，这个问题在目前是无解的，无需研究。十二是研究生满意度问题，虽然可以研究，但能够说明什么不清楚。十三是师生关系与教学质量问题，这个问题不新。十四是考试方式对创新人才培养影响问题，这个问题也不新。十五是马云的湖畔大学和施一公的西湖大学问题。十六是论文发表与人才培养质量问题，这个问题具有文化差异问题，价值不大。十七是人工智能与教育结合问题，不适于我们研究。此外还有校庆文化问题，这是一个非常带有争议性的话题，而且时间性非常强，很难进行研究。

通过个人表述和第三人评价，最终聚焦到课堂教学上，聚焦到课堂教学质量的评价上，聚焦到研究生课堂教学质量评价上。如此研究就达成了一个基本共识，希望同学们就此开展论证该题目的研究价值、研究的新颖性和研究的突破点以及研究方式和策略问题。我甚至说同学们可以在网络上针对该问题展开"论战"。

## 五、后记

这次是同学们期待已久的课，就因为中间停了半个月时间。课下就听到他们要求指定参考书之类，我思考过，感觉没有适合的，就只能根据研究主题的进展即时地指定一些阅读材料，很显然这是一种后现代主义风格，绝大多数学生是不适应的，因为他们大都是好学生，喜欢接受式学习，不习惯甚至不喜欢发现式学习。他们压根不知道，根本找不到一个成熟的培养方案，大家比较认同的方式就是通过实际做的过程来训练和提高。资料只是起辅助理解功能，不保证你能够提高研究能力。研究能力不是看你储存了多少知识，而是看如何行动或怎么做。

昨天晚上我开始是非常担心的，因为我怕讨论了半天没有结论，因为这个学期的时间有点紧。如果像过去一样把三分之一的时间用在讨论"选题"的话，那后期的研究工作就非常难了。同学们从不同角度提出了研究问题，刚开始我不打算直接回应的，希望大家讨论之后再做出结论。我突然意识到那样不好，那是大民主的做法，特别容易陷入为了维护自己的意见而单纯维护的非理性辩护的怪圈中，所以我当机立断地发表了我的意见，这样就大大加快了讨论的进程，从而讨论的范围也大大缩小了。另外我也从第三人评价角度来论证选题的可行性，最终把选题确定。

课程结束我才感觉到自己内心的紧张。因为我得时时盯着避免课堂讨论走向无序化。显然我的评论对课堂进展具有引导性作用。我的评论基本上不是简单否定，都是在陈明理由和原因，引导大家在选题时必须遵循的原则和应保持的价值立场。这样的话，确实比自己准备讲义直接讲一下要累许多。但如果直接讲就会回到传统课堂教学模式,就面临同学的另一个质问:讲这些内容有什么用?这就是我们普通课堂非常容易面临的尴尬局面:从理论上讲是成立的,从实践上看很难证明其意义。因为理论自身是自恰的,无需通过实践证明其价值。但我们要培养的是能力,那么仅仅掌握理论,把理论解释得再好都没用。只有把理论与实际联系起来才有用,这也是我们做行动研究的初衷。

# 贰　研究"真问题"

2018 级硕士生　郑雅倩

## 一、课前准备

由于中秋、国庆放假的影响,第一次课与第二次课间隔时间过长,这段时间一方面让我们缓解了开学初的紧张、焦虑,渐渐适应研究生生活,另一方面也有更多时间思考老师布置的三个大问题:一是阅读《"自我革命"的挑战:一位大学教师的"祛魅"之路》;二是提出自己想研究的三个问题并说明理由;三是了解实证主义与后实证主义的区别与联系、质性研究与量化研究的区别与联系。

《"自我革命"的挑战:一位大学教师的"祛魅"之路》,运用质性研究相关方法收集资料,发现凡庸具有"以知识为中心,教师和学生共生知识"的教育理念,践行"师生共同提问、对话、争论、建构"的教学行动,构建了一种"解构教师知识权威,赋予学生话语权力"[①]的师生关系。凡庸的理念及教学模式确实是当今大学教学模式中的一支异军,凡庸将课堂还给学生,激发学生的主体性意识,鼓励学生敢于质疑、勇于质疑,这对于培养学生创新性意识和批判思维能力极为重要。文中提及凡庸在小学四年级进行一次英语阅读教学,其采用的是"分组→小组合作学习并提问→生生、师生互相回应问题 & 讨论"的课堂组织模式,从理论及文中的语言描述中来看,这应该是一种不错的课程组织模式,若将其与我所经历过的课堂教学相比,个人认为其是一种新时代下对传统教学模式的变革,是课堂教学的革命。基于此,我便思考一个问题:"此模式为何没有推广开来?"我想,这个疑问由中小学教师来解答或许更为合理,因此,我将该论文及自己的一些疑问发给高中班主任(吕姓):"1. 论文中提及的课堂实验虽是在小学中进行的,以老师担任多年高中教师,具有丰富的任课经验而言,这种课堂是否存在于高中阶段?是否适合高中课堂?若适合,为何现在高中课堂依旧是传统的讲授式课堂为主?又有何举措可以促进课堂教学模式的转变?2. 记得有同学说过老师在给他们上第一节课时模仿林黛玉初进贾府的心理状态、眼波流转特别传神,甚至拿着一张纸巾当手帕扮演王熙凤,也曾记得老师说过'对教学拥有满腔的热情,却被现实泼了一盆又一盆的冷水'(意译),为何老师会有这样的言论?3. 在老师看来,师生关系的理想状态是怎么样

---

① 朱志勇.阮琳燕."自我革命"的挑战:一位大学教师的"祛魅"之路[J].教师教育研究,2018(4):80-91.

的?"吕师特意打电话过来,将吕师的观点整理如下:第一,从学生方面而言,研讨式课堂取得良好效果的前提是学生所掌握的知识要对等,否则将导致优秀的学生更优秀,差生更差。以我的高中母校为例,其地处城乡结合部,农村孩子、打工子女以及城镇孩子混杂,同时以吕师所带的文科数学班为例(文科数学班为此校文科重点班,在高一年选取文科前四五十名的学生所组成的班级),从雅倩当时的 2011 级到现在所带过的三届,文科数学班中乡镇学生比例分别为 1:2、1:3、1:5,也就是说,文科数学班中的乡村生源越来越少,教育不均衡逐渐在拉大。除此之外,一个班级中乡村生源及城镇生源质量相距甚多(就算是中考成绩相差无几,但从综合能力来看,城镇生源仍然胜于乡村生源),因此,在这样的情况下组织研讨式教学,学生起点不一,对话内容层次不同,教学效果难以保证。(后来看到姚烟霞学姐在第一次作业中提到"共生知识也是需要前提的,唯有当学生对知识有一定的经验、了解与思考时,才能在师生之间、生生之间产生高质量的对话与碰撞",与吕师的观点有共同之处。)第二,从考试制度而言,中小学教育一切以考试为向导。某中学创建时学生上课人手一个 ipad,采用数字化教学,结果学生成绩越来越差,现在同样换为讲授式教学(换为讲授式教学的效果是否比数字化教学效果好?我还没有细问)。就像现在高考由学生自己选科目,学生一般选择的是自己分数高的,所以,现在一切还是以分数为主导,谁都承担不起升学率低、分数差的后果。第三,就教师考评制度而言,还是和学生的升学率、分数挂钩。所谓的名师,无非就是所带的学生基础好,自然而然就出成果了。就如凡庸到一所小学上课,我知道也有许多优质学校、名师团队到高中母校传授经验,或母校教师到其他学校讲课,就此情况询问吕师,得到的回答是:制度设计是好的,但是名师传授经验归传授,课堂还是照旧。学生基础不一样,拿优秀高中的课堂到普通高中,学生的接受情况真的比较好吗?答案是否定的。

当然,吕师的回答仅仅代表其观点,却也透露出中小学教师的些许无奈。我同意吕师关于生生讨论要对等的观点,但是生源质量不一样,真的是导致研讨式课堂无法推广的原因吗?我认为,提前确定研讨主题,补充阅读资料,在一定程度上可以弥补城乡生源质量的差距。另外,我认为吕师没有谈到,但也是研讨式课堂推广不佳的原因之一为,研讨式课堂不仅仅需要学生花费更多精力去准备及查阅相关资料,同时对老师的综合能力要求甚高,课堂时间掌控、秩序调控,以及必须补充阅读大量的资料以便回答学生各式各样的问题,以前讲授式课堂备课或许只需 1 小时,而研讨式教学备课可能需要花费 3 小时,付出与回报可能不等同,这或许是老师们不愿做出改革的重要原因。另外,研讨式课堂对学生批判性思维的提高在短时间内可能不会展现出来,但中小学教育包括大学教育的急躁,要求的是"快出成果,出好成果",因此,学校、教师没有足够的时间等待孩子们的真正成长,他们想要看到的仅是成绩单上漂亮的数字。那么,能否通过考试改革倒逼教育的进步?中小学及大学是否能够在课程、学生培养方面做到更好地衔接?好的制度设计能否真正落实到实处?由谁来监督制度的实施及反馈?

关于"实证主义与后实证主义的区别与联系、质性研究与量化研究的区别与联系",类似的研究方法貌似各家有各家的观点,也无法得到一个比较确定的说法,因此也基于学者的观点和自己的理解,我认为:实证主义是要求排除目的或价值干扰,对事物进行纯客观的观察;将一个复杂的现象还原为最基本的思维方式,最佳的方法是实验法。可以说,实证主义要求客观化、中立化、可操作化、定量化。后实证主义同样强调客观性，要求研究者保持中立，但同时也承认对于同一套数据可以用不同的理论来解释，承认观察中内含着理论以及研究过程中主观因素的影响。质性研究基于描述性分析，是一种归纳的思想，强调研究应在自然的情景中进行，理论在研究过程中生成，研究者是研究情景中的一部分，强调研究的整体性，研究程序灵活。在结果呈现方式上多用文字进行描述。定量研究的方法论为实证主义，是一种演绎的思想，强调事实、关系和原因，研究者不介入研究情景，不太关注整体，注重研究过程的程序设计和预先设计。

关于提出三个自己认为值得研究的问题，高等教育领域值得研究的问题很多，突然要说出三个问题貌似也不知从何说起，因此也只能在自己众多的疑惑中选了三个领域，课堂上已说过，此处也不再赘述。

## 二、课上所获

改革者的勇气。常虹师姐称王老师为"业界良心"，确实如此。王老师敢于打破常规的传统的课堂授课模式，主张将课堂还给学生，看似轻松的描述，却隐含着许多的思考以及众多的不确定性。全新的课堂该如何组织？这样的课堂组织模式学生是否能够接受？这样的教学效果会比传统的课堂教学效果好吗？等等。我们大多是传统课堂的经历者，习惯于教师的"一言堂"，沉浸在传统的标准参考书里，认为这就是所谓的答案，必须遵守的条条框框。这种"一言堂"对于积累式的课堂知识传授倒是不无好处，但对于我们这种方法课可能就不太适用，方法是训练出来的，而不是背出来的，学习方法是为了获得一种体验，提出问题—分析问题—解决问题，在这样的过程中获得对方法的理解，在过程中生成知识，从而真正地理解知识。思想的转变正是需要老师这样的改革者，转变课堂授课方式，让学生真真切切体会到新式课堂的魅力。

所有的偏见都是合理的。每个人都有自己的观点，因为每个人看到的都是事物的局部，不是全部，所以说所有的观点都是偏见。那为何所有的偏见都是合理的呢？因为每个人的观点都是基于自己的经历的真实反映，所以不能说其观点是错误的，因此便有释义学中"所有的偏见都是合理的"。首先我反思了自己平常的一些做法，在某些事情上固执于自己的想法，对于别人给的意见时不时会"不屑一顾"，倒是让自己失去了全局性，无法站得更高看得更远。另外，我也想到一点，人文社科中每个专家对于某一问题的观点很少趋于一致，当然，不是不鼓励学术的繁荣，只是认为这样的"各说各话"对于改造现实社会又能起到多大的作用？又或者，我们发表在各类期刊上的文章，其中有无数个"启示与建议"，我们采用了吗？这些"启示与建议"成为论文发表不可缺失的一部分，但确是实际生活中"可有可无"、政策制定者眼中"轻若鸿毛"？

关于真问题的提出。问题的提出是研究中最难的一步，我们通常不知道自己该研究什么，以至于许多研究生向导师要"问题"。提出问题是一个全方位的挑战，该问题是发自内在的需求，是基于自己的兴趣，这是研究问题提出的第一层次，接下来，就应该是思考该问题的价值性及可操作性。关于价值性问题，在第一次作业中我就有谈及，此时就不再赘述了，而可操作性，也是相对容易理解的，一个问题的研究需要考虑到研究团队的时间、精力、获取资料的可能性甚至经费方面的问题,可操作性在中国学者特别是对于我们研究生而言比较看重。中国的研究总是偏向"短平快",在最短的时间内生产出最好的结果,"与时间赛跑"好像是我们的通病,试问,一个研究真的是时间可以赶出来的吗?这样短时间做出来的"产品"是真正的、有利于推动社会进步的产品吗?一个真正的研究,是基于真问题,并且能够扎实地做出来,同时我也希望该研究能够真正地落实到实践中去,也就是理论与实践要真正地联系起来。课堂上同学们提出很多问题,有关于教育公平、学生组织参与治理、通识教育与专业教育的融合、高校课堂教学质量、人才培养模式、"双导师制"等各类问题。这些问题也大多都是基于同学们自己的研究兴趣及实践中的困惑而来,确与王老师所说的真问题的提出不谋而言(这可能也是王老师的新式课堂正潜移默化影响着同学们)。反思同学们的问题,要么过于宏大,没有考虑到实际的研究情况(自己所思考的三个问题都有这样的不足),要么过于微观,仅仅是自己的体会,缺乏相关的资料佐证,如此容易使研究站不住脚。在提出的众多问题中,我比较感兴趣的是导师组培养方式研究,基于自己之前看的一些资料,我们学院在招收教育博士时就有提出进行导师组培养,但是调查过后也是发现基本是主导师指导,导师组起到的作用似乎并不明显。那么,国内是否有学校是真正实行导师组式,它们的实施效果如何,所得到的经验是什么?王老师所说的利益分配的问题,确实是导师组难以真正落实的一大原因,但如何去解决这个问题,该如何制定一种可行的制度保障老师的利益?这些都是值得探究的问题。

关于研究生课堂教学质量评价。基于同学们的问题、讨论及研究问题的标准,王老师提出可就"研究生课堂教学质量评价"进行研究。课堂教学质量,是一个老话题,相关研究众多,但也是一个"真问题",教育部在 2014 年发布《关于改进和加强研究生课程建设的意见》就指出"重视课程学习,加强课程建设,提高课程质量,是当前深化研究生教育改革的重要和紧迫任务"[1]。由此,推动课堂教学改革刻不容缓。王老师将焦点放在研究生课堂教学评价上,一方面,聚焦于研究生课堂有利于研究的便利性,另一方面,从评价的角度来反思课堂教学,用评价结果反推教学改革,确是一种相对新颖的思路。但是关于此研究问题,我有一些思考和问题。第一,关于质量观的思考。依据什么样的质量观来评价课堂教学质量呢?这样的质量观是从前人的研究中得出的吗?如何确保该质量观具有科学性及适合研究生课堂教学质量评价研究?第二,关于实施过程中的问题。该研究采用质性研究,但是关于质性研究的过程及注意事项我们并没有接受过系统的训练,若希望我们在该研究过程中才获得质性研究的方法,那无基础的我们在观察中是否会影响资料的获得?在实际研究过程中,需要采用什么样的研究方法,仅仅以观察法是不够的,需要辅以各类研究方法,那么,需要辅以何种研究方法?是以单人观察还是组队观察?若单人观察的话,可能精力不足,无法细致全面地观察整个课堂等。

---

### 三、发现不足及改进措施

发现自己最大的不足是课堂参与度不够,还是不够主动积极发言;另外,自己在写作语言组织方面还是不够清晰。针对不足之处,应努力改正,积极阅读相关资料,开拓视野,拥有一定的"谈资",勇于发言,敢于发言,克服传统的课堂学习方式。同时,也要积极写作,提高写作质量。

**王师批注:**

首先为雅倩同学的课下认真准备点赞!雅倩认真读了凡庸的教学改革文章,并且去求证教学改革为什么在现在中小学不容易实施,所运用的调查方式也比较有效,即调查自己高中母校的教师,这个研究路径是合理的,因为容易获得真实的资料。

其次,雅倩对许多问题的思考也是比较符合实际的,也说明雅倩是比较善于思考的,不是那种读死书的学生,这种理论联系实际的精神是非常值得称赞的。

再次,雅倩还反思了自己的不足,这是一种自觉的反思意识,是一种可贵的诚实态度,是学问应有的姿态,这是祛除浮躁的一种表现,在青年学子中难能可贵。

最后,雅倩在研究和思考过程中很注意与国家政策联系在一起,这一点也值得表扬,这说明其不是一种闷头做学问状况,而是非常关注现实需求,这也是学术敏感性的一种表现。

当然,我看文字里有一些错别字没有检查出来,我就帮着指出来。

关于"质性研究方法"的疑惑实际上是陷入了一种"鸡生蛋、蛋生鸡"的怪圈,即认为质性研究方法有一种标准的操作模板,这又是错误的。事实上,掌握一种方法贵在领会其精神实质,而非机械的操作步骤。

## 叁　研究需要发现问题的眼睛

**2018级硕士生　孙士茹**

行至姗姗来迟的第二次课,对本门课程的具体实施及运作自己终于有了些眉目。就我而言,本次课的吸收量与收获感要大于第一次课,一是感觉以前悬着的东西终于有"下凡"接地气的感觉;二是自己有了更积极的参与。这足以证明老师让我们多践行的充分合理性。

课堂伊始,老师便询问大家:现在对于这门课的实施,大家还有什么疑问的地方吗?段师姐建议老师多提供些系统的、与学习内容相关的文章或者案例,以便我们更深入地理解方法的具体应用。老师讲道:我们所进行的这门课程,其实施方式本身就是为了使我们摆脱传统的接受性学习的习惯,使学生自己学会学习,不依赖于传统的教材、标准、答案等等。就算我们看了文章,对于内容也不一定真的理解、吸收,因此老师建议"做中学"。听完老师的回答,其实我个人还是有些认同段师姐的想法。第一,虽然在实践中可以求得对事物、对内容的深刻理解不假,但我们也没有必要完全抛开书本(也许在这里我没有理解老师的意思,老师让我们参考潘先生和陈向明老师的书),抑或可以说是完全抛开有逻辑的知识结构、系统。

做中学固然有道理,但其也是存在缺陷的。对于我而言,如果一味去实践的同时没有一定的逻辑内容进行归纳,同时我的联系、总结归纳能力不强,那么最后由实践得来的知识便不乏零碎松散。当然,我不知道其他的同学是否有能力来获得整体性理解,这仅就我个人之言。第二,老师想要针对这门课程进行教学改革我们都是认同的,且也知道传统的灌输式学习的效果如何,对于我们思维的局限性如何。但我认为,改革与革命的不同之处除了其采取的方式不同之外,还有是对原有内容文化所采取的态度不同。在我看来,改革是一个渐趋渐近的过程,不可能一下子大刀阔斧地走完,因此,我认为结合一定的逻辑知识内容学习与做中学并不冲突。

这次课对老师的几句释义学里的话印象尤其深刻:每个人的观点都有道理,且其观点又都是有偏见的。而所有偏见又都是合理的。每个人都有经历,其中有"不靠谱"的经历,也有可值得借鉴的经历。基于此,每个人基于其成功经历得到的经验便是可信的,其观点便是合理的。同时,正是由于其观点是基于自身的经历,因此,此观点又是含有偏见的。由此我们不难理解,每个言论都是有主观性、有偏见的。即使是追求客观自然条件下的量化研究数据在其获得、分析过程中也难免涉及研究者的偏见。因此,我们所得到的所谓真理都是相对真理。对于最后一句"所有偏见都是合理的",其基本前提应该是基于每个人自身相对"正确"的经验、经历下得出的偏见,而不是所有偏见都是合理的。这句话看似解放了我们的思想,不再纠结于孰对孰错,承认每个人观点的合理性,促进了彼此之间的视域融合。但我认为,其同时也在一定程度上阻碍了我们对不同观点、言论的争论和批判,不利于我们审判性眼光、批判性思维的发展。这句话与费孝通先生"各美其美,美人之美,美美与共,天下大同"[①]有异曲同工之妙。但我认为这句话着重体现的是互相认同与欣赏,从中寻求不一致从而促进共同进步的意蕴则不免少了些。就我个人而言,如果对于自己的观点找不出不合理不恰当之处,那我便希望从他人处寻求真诚的、"不顾及面子"的批判,这样才能茅塞顿开,拨开云雾见太阳。

接着便进入本节课的主题"如何提出有价值的问题",这是研究最开始也是最重要的一步。由于事先大家都没有深入地思考、查阅文献,因此题目大都基于经验和兴趣,不免分散了些。大家提出的题目有:教育公平问题研究、学生组织存在的异化现象及分析研究、研究生双师型导师的实效研究、高校课堂质量提升研究、程序正义与大学治理研究、中国高等教育国际化发展战略研究、本科高校人才培养模式和质量研究、教育博士实践课程建设研究、研究生阶段导师组培养方式的探索研究、知识生产模型下的教学模式改革研究、本科生参与科研与学术创新的可持续性之间的关系研究、学生翘课问题研究、校庆文化研究、学生对老师的喜爱程度与学习动机关系研究、创新人才培养与考核方式(大学学业考试)之间的关系研究、新型民办大学(西湖大学等)的办学实效研究、创新创业教育实践中的带领模式研究、论文发表与学习成效研究、人工智能与教育的融合研究。很显然,很多题目没有考虑质性研究的独特性,有的甚至是适合量化研究和学术写作探索的。当然,具体到有可行性、有价值、

---

① 费孝通.人的研究在中国——个人的经历[EB/OL].[2019-03-24].https://baike.baidu.com/item/各美其美.

有时间、有兴趣的研究题目则寥寥。我感兴趣的题目"研究生阶段中双导师培养学生的实效探索",没有经过文献的检索考察,没有调查实际中双导师的比例有多少,亦不知道名义上和实际上施行的双导师制是否有区别,还是只是流于形式?这些是在确定研究题目前必须要考虑查证的问题。但如果其不是流于形式,而是真正存在双导师联合培养一个学生的方式,那么我认为这个问题是有极大的研究价值的。同时,其对高校人才培养模式、教师间的教学科研合作提供了一个新的视角。当然,现实中的研究也总是会有很多的局限性,受到制度、利益分配等方面的影响,不是研究者能够控制的。质性研究也是要基于研究者个人所能控制的范围内进行。

最后确定的研究生课堂教学质量评价研究,个人认为这是一个经典的老问题,也是有价值、具备可行性的问题。我存在的一个担忧是,如果我们就此问题去研究了,得到的结果会不会和以往的许多课堂调查研究结果大同小异。对于这个题目的研究突破点和方式策略上的创新点还没有挖掘到,期待老师、师兄师姐和其他同学的启发。

**王师批注:**

祝贺士茹同学以很快的速度就发表了日志,说明其执行力很强,说到做到,潜力很大。

关于上课的一些疑惑,需要慢慢消化,这种保持探究的精神是非常好的。

关于"改革"和"革命"的比喻很好,究竟是改革还是革命需要慢慢体会。

对于课堂教学质量问题,不单纯是老问题和新问题的问题,而是这个问题是没有答案的,需要来找到答案,正如我在课堂上所说,这是真正考验我们教育学知识和高等教育学知识掌握程度的课题,这对于我们检验我们过去所学的知识非常具有价值,最大的意义在于它能够给我们建立一个自己标准的机会,让我们同学以后真的能够进行批判性学习,而非盲目地拜服在权威的脚下。

似乎我的目标有点高,能否实现只能体验后才知道,我不预先设计答案。

## 肆 "有价值的研究问题"之思

**2017 级硕士生　赵祥辉**

"高等教育研究方法"第二次课落下帷幕,诚而言之,这堂课上得比研一王老师两门课都要艰难许多。上学年两门课时虽然绝大部分时候都在认真听讲,但辅以偶尔地翻摸手机,不时地浏览网页,以及间断性的"神游物外"①,端的是快活之极。出于自我安慰心理而言,偶

---

① 这大抵是同学们所谈的"隐性逃课"(recessive truancy)现象,即所谓学生在课堂上表现出的"身在曹营心在汉""形在神不在"的乱象。隐性逃课相比显性逃课,对于教学质量的影响远比显性逃课来得隐蔽和巨大,课堂高到课率的"虚假繁荣"下,只能造成教师厌教和学生厌学的"交相辉映"。

尔把自己"游离"于课堂之外,似乎与心理学研究的"课堂注意曲线"①不谋而合,但作为高等教育研究重镇的传承者以及王老师课堂教学改革的有幸参与者,即使是"隐性"的逃课也是不可原谅的。令人奇怪的是,本学期上王老师这门课,专注度有了极大的提升,甚少出现"跑神"现象,这无疑是令人好奇的。但细思其原因,除却王老师的讲课魅力和无时无刻的讨论参与,这堂课所要求的反思笔记(也即我正在进行的"头脑闪回画面""眼神注视屏幕""手指敲击键盘"的活动)无疑是保持专注度的一大诱因。毋庸置疑,作为课堂的参与者、观察者、反思者与记录者,课堂上老师和同学说的每一句话,自己发表的每一个观点,头脑浮掠过的每一点思考,都是反思笔记的重要记录内容。这似乎有点"为记录而听""为记录而说""为记录而想"的嫌疑,但每一个好习惯的养成无疑都伴随着一定的痛苦和煎熬,而这也是走出舒适区从而破除不良习惯的路径依赖的不二法宝。为此,我略带痛苦地撰写此笔记,并趁王老师烧制的"课堂醇酒"尚温,同学们的合理误解和有价值偏见尚未发出,将自己的拙陋砖块扔出一二,以待珠玉紧随于后,共商共榷,以求视域之融合②。

关于反思笔记的形式,本也试图以王老师索引的章目一一列之,然转念一想所谓反思笔记虽有供老师"过目"和与同学"交流"的目的以外,更根本的意义还在于切实地体现自己的真挚感受和切实反思,故而形式只是枝节,内容为根本。以己之管见和盲摸,"窥豹一斑""抚象一肤"便已算得已得其所。如此想来,便坦然按照自己的风格去论说,之后再进行精进倒也无妨。

课堂伊始,王老师首先对大家课下作业和阅读资料是否存在困惑和问题进行了询问,这倒也符合了翻转课堂之理念,有同学表明了学习这门课是否需要一些系统性和权威性的学习材料。王老师对此观念予以了批驳,认为这种学习观念仍然停留在"接受式学习"的范畴,而这门课堂要做的就是启发学生自主学习,进行内在生成式的探索。而王老师这种教学观念无疑是基于释义学的基本原理,老师引证了"所有的意见都是偏见""所有的理解都是误解"两句释义学箴言,揭示出学生才是学习的主体。王老师的教学改革是不拘于惯习和循规的,就像他所说的那样,其课堂设计讲求"无招胜有招"。"无招胜有招",多么精辟的见解!金庸先生在写《神雕侠侣》和《笑傲江湖》两部小说时,谈及独孤求败这样一位绝世高手时,用了"利剑级""重剑级"与"无剑级"来描述他的武功进展③。而迁移到学生学习场域时,处于利剑级的学生,迷信自己的经验披荆斩棘、无坚不摧之利剑,但一些问题和困惑并非能靠经验来解决,一己经验之锐气终将被现实问题所压弯折断;处于重剑级的学生,具有一些自己的经验,但迷信权威知识为自己的玄铁重剑,认为权威知识的重剑无锋、大巧不工,能助己解释和解决一切现实问题,但这种倾向却容易忽视权威知识的泥古不化和与现实之间的鸿沟

---

① 心理学家研究发现,在一节 45 分钟的课中,学生的注意力随教师讲课时间的变化而变化,开始时学生的注意力逐渐增强,中间学生的注意力保持稳定的状态,随后开始分散。

② 所谓"视域融合",是释义学的重要术语,是指解释者在进行解释时,努力达成解释者的视域、文本的视域和当下情景的视域的融合现象。在这里主要指不同同学之间的观点和看法的融合。

③ 利剑级——第一柄是紫薇利剑,弱冠前以之与河朔群雄争锋,凌厉刚猛,无坚不摧;重剑级——第二柄是玄铁重剑,重剑无锋,大巧不工,四十岁之前恃之横行天下;第三柄是已腐朽的木剑,四十岁后,不滞于物,草木竹石均可为剑。自此精修,渐进于无剑胜有剑之境。

落差，从而容易使自己陷入保守因循；处于无剑级的学生，能够融合协调好主观经验和权威知识的关系，从而不滞于经验捆绑和知识迷信，心神所动之处均可为剑，基于自己独特的视角来主动探索、生成知识，此种境界也可谓是学习的最高境界。但反观我们大多数学生或处于利剑级或处于重剑级，从而主动或被动地沦为知识的"接受者"，难以自觉生成知识，这也不免是当前教育教学当中的一大弊病了。

接着，王老师引导大家对上节课布置的课后作业进行分享与讨论，即试着提出一个有价值的问题。对于怎样提出一个有价值的问题，我谈了一下我的看法。首先是"为何要提出有价值的问题"，我认为这主要可以分为解决自己的困惑（自我解放的层次）、回答悬而未决的问题或者前人尚未解答的问题（解答问题的层次）、完成老师交代的课堂任务（任务完成的层次）、试图获得高分和发表论文（功利追求的层次）四个层次进行思考。其次是"何为有价值的问题"，我认为它第一是要有吸引性，这可以表现为对自己和对他人的吸引性。第二是要有创新性，即并非是前人论说已然汗牛充栋的问题。第三是要有现实性，这就要求提出的问题必然是面对现实社会的需求的，而非仅仅悬于空中楼阁，好看而不中用的。第四是要有可操作性，这就要求大家对此问题的探索要有可执行的操作轨迹，而非纸上谈兵，难以落到实处。再次，我谈了我本来想探讨的"大学治理的大学校长"问题，但因为此问题一方面难以研究，另一方面研究成果可谓数不胜数，故而我自觉放弃了此问题的表述。最后，我探讨了我认为比较值得研究的问题，即学生组织的异化问题。基于自己学生干部的经历、对近些年学生组织异化现象的观察以及对相关文献的梳理，我认为对学生组织回归本位需要进行一个审慎而全面的考量，这个问题无疑是十分具有现实意义的。但提出之后，我自己便推翻了自己的想法，因为本课堂并非基于理论思辨的范式来运行的，更多是要进行实地的研究，而我提出的这个问题在受访者选取以及调查伦理上都有一些限制，且在思考学生组织异化根源时，我们不免联想和归因到学校各组织的行政化和官僚化现象，再往上便是整个国家的大一统体制在作祟，而再往深处归因，又可以归结到文化之上。如此想来，这个问题便成了死结，难以探讨下去，故而在后面的讨论过程当中我便一次也没为自己辩护过。后面同学们纷纷提出了自己的问题，如西部人才流动和教育公平问题、双师型导师问题、程序正义与大学治理问题、高等教育国际化问题、本科教育质量问题、教育博士课堂问题、课堂实地观察、文化与治理问题、本科生参与科研问题、学生翘课问题、校庆文化问题、考试对拔尖创新人才培养的作用、大学生对教师喜欢程度与学习动机关系问题、论文发表与学习效果的研究问题等等。这些问题大多是基于大家自己的兴趣和困惑提出的，因而也是符合王老师所谓基于兴趣的研究的标准。但反思这些问题，我觉得大多还是囿于"利剑级"和"重剑级"的窠臼，即许多同学要么基于自身的零散经验提出问题，要么基于权威知识或前人论述提出问题。前者易于缺乏相关资料的佐证，自然也就缺乏切实的体悟与反思，使得自己的问题可能过于微小，因而没有价值，也可能有价值但由于没有对已有文献进行梳理，从而实际研究成果已然很多，无进一步探讨的必要。后者易于陷于宏大叙事，容易使此问题脱离实际和高等教育研究的土壤，从而使得同学们对此问题陷于"难以研究"的境地。

那么如何从大家提出的繁多问题当中选取最有价值的问题进行研究？王老师提出了四个标准，即有没有价值、有没有能力、有没有时间、有没有兴趣，并基于大家的讨论聚焦到研究生课堂教学质量评价上。关于此问题,王老师期盼我们在网络上开展论战,论证其研究价值、研究新颖性、研究突破点和研究方式。关于其研究价值和研究新颖性,既然得到大家较为一致的认可以及王老师的认定,说明其价值和新颖性还是存具的。关键是其应该以何为突破口以及以怎样的方式进行研究,关于前者,研究生课堂教学质量评价是否要制定一个评价标准? 这个标准是否适用于所有学科? 我们的研究对象是厦大所有学院还是仅厦大教研院? 关于后者,毋庸讳言,我们基本上还是要采取质性研究的方式,但课堂观察要怎样观察? 访谈要怎么进行? 研究结果怎样解释? 这些问题无疑都需要进一步探讨。但夜已太深,眼之将寐,暂时也无太多想法。且放置一二,待看完诸位同学的观点之后,再进行补充。

**王师批注:**

祥辉的动作迅捷再次得到证实。

祥辉的洋洋洒洒依然保持本色。

祥辉借用的利剑、重剑、无剑三个级别值得参考端详,因为其中仍有许多语焉不详之处。

研究方法训练是一个做的过程,不是传统的读书、讨论可以解决的。对这一点可能绝大多数同学仍然没有完全领悟,需要在做的过程中进行体验。

祥辉的描述具有质性特点,基本上是原生态的。这样的话,随着时间推移,就可能观察得越来越精细,就可能体察得细致入微,也许就能够生成自己的教育信念和独立见解。这条路径就是我说的人种学研究路径。

希望更多的同学能够尽快从解放自我阶段走出,进入行动研究阶段,进而可以上升到实证研究阶段,最终达到纯粹的理论思辨研究阶段。

# 伍 提出真问题,参与探究学习

**2018** 级博士生 段肖阳

## 一、课前感悟

10 月 8 日,教育研究方法课程迎来了第 2 次课。很期待这个课程,但同时又比较紧张。期待的原因是通过上次的课程我学习到了很多东西。为什么是东西而不是知识呢? 因为第一次课对我的冲击不仅是在知识上,更是在思维方式、课程模式、教师的教学观念等的冲击。身临其境地体会了王老师在论文和课堂上强调的"对话式教学""知识是生成的,而不是预设的""培养每个学生的个性"等等,完全颠覆了我很多传统的观点和思维习惯。接受这么多年的教育,不止一位老师呼吁这些,但真的把这些观点落实在行动中,而且是每一节课、每一次交流……中的老师,我只见到了王老师,感慨没有早日得遇良师! 恰恰是老师的课堂和言行让我们可以亲身感受这些理论如何指导实践,而且实践中又是如何不断完善理论,我更加明白了老师指出的:真理不是现成的,而且不存在真理。只有更接近真理,也就是我们只能在实践中不断建构真理。我们在实践中遇到问题,不断去探索,提出"试探性理论",之后不断实践、修正,得到"近似真理"。但即使如此,这其中也包含着错误,只是我们暂时无法证伪,也就是我们无法排除理论中的错误。这让我想到了自然科学中的一些理论，以前的时候总认为书本上讲到的很多原理就是真理，比如元素周期表的编排原理、原子结构等，现在想来，原来这些原理不过是科学家的一种大胆的猜测，而这些猜测不断被修正之后，成为相对科学的、符合目前科学发现的一些原理，但随着科学的发展，未来某一天这些原理可能就成为错误的了，甚至是截然相反的。这让我也联想到了比萨尔斜塔的实验，也想到了"吾爱吾师，吾更爱真理"等，但我始终没明白这些理科的逻辑和一些经典的话语是什么意思，和我们要研究的人文科学的逻辑有什么关系吗？但是现在我真切地感受了学科逻辑的相通，也有点明白为什么很多自然科学家能成为哲学家，因为哲学的方法论的背后是基于对世界的认知，而这些认识也涉及了世界是物质的还是精神的存在。世界是可验证的还是可理解的……这个问题思考至此，有些混乱，但是我觉得自己有些懂了，但又不知道自己是懂了什么，一通"胡言乱语"。我想这也许是一个好现象，说明我开始动脑筋思考了，但是积累不够，所以很多思考不是系统的，也不是科学的，而是天马行空的联想。

为什么又紧张这节课呢？我想我们这些受传统教育的学生在这个全新的课堂上都会有这种感觉吧！因为大家习惯了传统的、说教式的、被动接受式的"学习"（之所以加了引号，是我意识到这种学习不是一种真正的学习），在传统课堂上，大家不用参与，不用时刻关注到学习是自己的事，也不用明白学习是主动地解决自己的疑惑。在这样的课堂上，学生无疑是轻松的，无疑是为了学分而坐在了那里，无疑是为了所谓的获得知识。同学们总想获得一些现成的知识或理论，之后直接就是拿来主义了。但我们忽略了：知识不是被动接受来的，而应该是自己主动探索在体验中内化形成的；知识和理论也不应该是直接就可以使用的，直接使用的只能是外表，也就是只是用到了这些能够表述知识的一些文字或语言而已，而没有内核和精神。我真实地感受到自己被传统式教育毒害，但自己一时又无法完全融入这样新的教学模式。但同时，我也感到些许欣慰，至少我知道了自己的问题，我努力去解放自己。老师提供了这么好的一种教学方式，也是我们一直呼吁的方式，我能够理性地剖析自己，并坚持随着老师的指导去行动，我觉得我至少比那些还在传统学习方式中漫游的学生提前醒了过来。不是没有全新的学习和教学方式，是学生们自己排斥了这种改变和成长啊！

## 二、课上学习和思考

这次课程分为四个部分，分别是：第一，老师解答学生们上次课后的疑问；第二，学生论述自己提出的研究问题；第三，学生互评别人的研究问题；第四，老师总结并聚焦了研究范围。每一个环节都让我的神经紧绷同时让我不断开动大脑。

在第一部分答疑解惑时，有的同学提出了课程挑战很大，有技术原因也有对课程要求不清楚的原因。老师耐心倾听了学生诉求，并给予学生鼓励。老师能够站在学生的角度看待问题，这让我小小地振动了一下，老师这样的几句话语也无形中鼓励了其他学生发言。我提出的疑惑为：感觉学习不深入，希望能够有系统的资料。对于这个问题老师给予了深刻的阐释。首先老师明确了正确的学习方式：交流。在过程中生成知识，进行视域融合，排除自己的一些偏见，从而获得更全面的理解。学习方法是为了获得一种体验。从"提出问题—分析问题—解决问题"这样的过程中获得对方法的理解。在过程中生成知识，而不是提前预设的。其次,真理只有相对的,而且具有个体特征,每个人基于自身的基础对理论有着不同的理解,不存在绝对的标准,而只能不断去完善,不断去建构真理。再者,学生不是接受容器,而应是独立的个体,承认个人的主体性和独立性,不断解放自身。学生在求知的过程中应是以问题为中心,围绕问题不断求解。传统的演绎式思维和学习习惯固化了我们发现问题、解决问题的创新性和创造性,尝试归纳式的思维习惯更能让我们受益。老师讲解之后,使我对该课堂意义的理解更加深刻了,但我还仅停留在理解阶段,还没有内化为自己的行动,看来还需要不断转变自己! 也有同学提出如果自己感兴趣的问题是个简单问题怎么办。老师解惑道:研究问题不是给别人研究,而是给自己研究。研究是为了解决自己的问题。发现问题之后,应该勇于去实践。而且真的研究是可以促进个体成长的。老师的这句话让我想到了我课前感悟里写的:学习是自己的事,学习是主动地解决自己的疑惑。学习和研究都应该是为了自我的解放。

课堂第二部分,同学们提出的问题我就不一一列举了。同学们的问题都是基于自身的经历和感受提出的,这符合问题的现实性。但问题大多缺乏创新性和可操作性。其中,有的同学提出了"本科生参与科研与学术创造力和持续性发展之间的关系"这个问题,这个问题让我印象很深刻。这个同学能够反思自己的成长,能够主动剖析自身,这是个体主动要求成长的一种内在需求,是一种内生型而不是外发型的,我相信这个同学会成长得很快,着实佩服这个同学。另有同学提出研究大学生中存在的圈子问题。老师在点评中讲到这个研究涉及"价值不中立"问题,没有研究意义。我们应保障每一个教育研究对象都不应受到伤害,而应促进他们的成长,给予正能量。我在课堂上就想到了"教育是求善的,研究是求善的"这句话,课下正好有幸能再次拜读老师的《教育是何种善——对教育善的本质的思考》①。老师真是把自己的观点和理论内化在了个人的全部言行上! 教育的善应该是促进每个个体的个性化成长,这涉及了尊重个体性、注重公平,更是涉及了以学生为中心,回归教育本源的问题。研究求善,我想应该在实际过程中采取价值中立的冷静态度,而且应时刻遵守终极目的是为了遵循规律以提高教育质量和效益的原则。也有同学提出从创业成功人士的案例中提取创业人员所需的特质问题。对于这个问题我觉得这些特质的成长到底是什么样的一种环境和土壤培育的呢,而且这种特质能够复制,能否在不同学生中进行培养? 这个问题应该是一个复杂的而且很难验证的问题。

第三部分学生互评阶段,有3～4人赞同研究双导师制问题。老师提出这个面临着利益分配机制不明确问题,建议同学们放弃这个问题研究。之后同学们的讨论主要集中在高校教学课堂质量的讨论上。从可操作性、现实性等方面大家都认为这个选题较好。但同学们也提出了很多问题:什么是好课堂,标准是什么? 如何选择研究的课堂样本? 观察评价课堂的维度是什么? 在同学们的发言和讨论中,我觉得教师的教学观也是我们观察评测的一个维度。高校教师在拿到博士学位后走向讲台,但并没有接受过训练和学习如何教学,那么他们的教学观是如何形成的? 教师的教学观是直接影响教学质量的,每个教师的教学观是什么样的? 不同教学观下的课堂是什么样的? 而且倾向于研究的教师教学观和倾向于教学的

---

① 王洪才.教育是何种善——对教育善的本质的思考[J].探索与争鸣,2011(5):69-73.

教师教学观相同吗?

第四部分老师总结了本节课的内容:如何提出一个真的研究问题?也总结了值得研究的问题:课堂教学质量。我们应该建立怎样的高等教育质量观,如何制定合理的教学质量观,制定什么样的评价标准,从哪些角度进行观察。

### 三、课后反思

在这一节课中,我自身最大的感受就是自己开动了脑筋去思考。存在的不足仍然是不能够及时从别人的发言中找到问题和理性地思考,这也是我的一个长期的问题:不善于发现问题,批判思维能力不强。老师一直强调个性和独立标准,但是我离老师的要求还很远。但我也坚信通过课堂的学习和反思,我不断正视自己的问题,不断勇于挑战自己,我可以做到真正地解放自己,为自己的疑惑而做学问,为成就真正的自己而求知。另外,我也意识到自己的另外一个问题就是工具主义和功利主义,总是潜意识里认为有现成的知识和理论可以套用。在课前感悟和课上学习中我都深刻地认知到了应该转变学习方式、思维习惯等,但更重要的是将这些转变落实在自己的行动中。

个中想法和理解还不深入,甚至不正确,恳切希望老师批评指正!也非常欢迎同学们批评指正!

**王师批注:**

发现肖阳同学反思深刻,而且确实是在转变。

但转变不可能一夜间完成,转变是一个濡化过程,这个过程是从外到内又从内到外的过程,所谓彻头彻尾、彻里彻外是也。

能够迅速地意识到教学观念对教学质量的影响,说明肖阳同学具有很强的敏感性,也说明认识到了一些本源性的问题,值得进一步探索。但要梳理出哪些观念对教学质量有积极的影响并必然产生积极的效果就容易了。所以,可以就这个问题继续深入探索。

千里之行,始于足下,只要努力,肯定距离目标越来越近,不可能越来越远。

加油!

## 陆　也谈“研究问题的价值性”

**2018级硕士生　刘美丹**

此次上课距离上节课已过去二十余天,于我个人而言此次课堂亦是收获满满,尤其集中在研究选题价值性问题的探讨上。

### 一、“不存在绝对真理”

课前老师让我们谈谈自己近期对学习研究方法这门课程的感受。一位学姐询问老师是否可以推荐或提供一些权威的参考书目、著作之类的课前阅读材料来帮助自己解答在学习过程中出现的困惑。其实当下我个人也有同感,有时候我们课堂讨论或者课下阅读文献资料时不免会产生疑问或陷入思维误区,而课堂学习时间往往是有限的,课下又缺少可以帮助解惑的权威人士,网上搜集到的所谓"答案"也是众说纷纭,根本无法判断良莠,长此以往心中积攒的问号越来越多,甚至开始质疑自己的学习能力。不过我们的这些"心声"却得到了老师"义正辞严的否决"。首先,老师提出了对知识的认识问题,并用释义学的观点来诠释"知识是建构性的存在,不存在绝对真理"这样一个道理。在释义学视域之中,所有的观点都是偏见,所有的理解都是误解,但偏见是有价值的,误解也是有道理的。为什么这么说呢?因为人无完人,每个人都有自己的立场和对立面,没有一个人的看法能够完全照顾到事物的方方面面,因此我们每个人的认识都是有局限、不全面的;但从另一方面来说,每个人都是认识的主体,都有发表看法的权利,只要你的认识是真正经历后获得的真实感受,就值得被肯定和鼓励。书本上的知识亦是如此,它也是个人观点的集合。既然是个人所言,必定有所局限,必定不会是绝对真理。况且绝对真理是不存在的,"止于至善"永远是一个不断追求的过程。所以,何必去刻意追求书本上的所谓"标准答案",何必要拾取他人的牙慧?为什么我们不变被动为主动,通过自己的亲身经历来获取最真实、最直观的体悟?思及此,我不由地重新审视自己之前的看法是一种多么大的错误!自以为对知识孜孜以求,殊不知自己早已陷入了被动学习的危险泥淖!

## 二、大学"育人"还是"制器"

反思之余,老师的一句话引发了我的深思,即:"我们究竟是要做知识的容器还是知识的主体?"我不禁想到杨叔子院士曾在与记者对话录中谈到,"大学的主旋律应是'育人',而非'制器',是培养高级人才,而非制造高档器材。人是有思想、有感情、有个性、有精神世界的,何况是高级人才;器是物,物是死呆呆的,再高级的器材,即使是高档的智能机器人,也不过只能具有人所赋予的复杂而精巧的功能或程序,其一切都不可能越过人所赋予的可能界限这一雷池半步。"[①]这段话与之有异曲同工的道理,作为学习主体的学生应当以积极主动的姿态探索和发现真知,而不能充当没有感情、不辨是非真伪的知识机器。从教师的角度上来说,意味着要站在培养学生创新精神和实践能力的高度,对教学内容进行智慧地加工,而不是原原本本地照搬或直接将教材内容呈现给学生看。因此,我们每一堂课的教学过程都是唯一的、不可复制的,课堂上可能发生的一切,老师都不可能事先准确预知。这样经过了师生及生生之间多方相互作用、共同创生的课堂,才能真正成为智慧碰撞的场域。我想,这也是王老师采用这种不借助教材、以交流探讨为主的课堂教学模式的用意所在。

## 三、何谓"有价值的研究问题"

接着,老师正式进入了今天讨论的主题:什么样的问题是有价值的研究问题?同学们对此纷纷发表了自己的意见。但最终包括我提出的创新人才培养与高校课程考试改革研究在内的所有问题基本都被老师"否决"了。总结主要有如下原因:第一,问题不新,难以有突破;第二,问题过大或者症结深,研究起来困难;第三,问题过小或者无解,缺乏研究价值;第四,

---

① 杨叔子.是"育人"非"制器"——再谈人文教育的基础地位[J].高等教育研究,2001(2):7-10.

问题不适于学生研究或不适于质性研究;第五,问题具有争议性和时效性。在听取了同学们个人表述和第三方评价的观点之后,综合我个人的认识,我认为有价值的研究问题应该具备以下几个特性:第一,问题应当具体化。范围宜小,最好能够以小见大,不能过大或者过于笼统,许多同学包括我自己提出的问题都存在这个毛病,即大而空、针对性不强,这样的问题研究起来往往会让人感到无从下手,研究出来的结果也没有多大价值。同时还需注意问题不能过小,否则就失去了研究的意义。第二,问题应当具有创新性。选定的问题应切合时代主题,相较前人的研究有所创新,而不是在原地裹足不前。我觉得选题要做到创新性是比较困难的,它要求我们必须建立在广泛深入地阅读资料和开展调查基础上,了解国内外是否有人已经或者正在开展相关研究、他们的进展和达到的水平如何、现有研究的不足在哪等等,做好这一系列工作之后再找准自己研究的切入点。第三,问题应当具备可操作性,即问题能被研究,符合现实条件。这种现实条件既包括人力、物力、财力和理论上的各种准备,还包括研究者的能力水平、前期经验、心理素质、原有认知水平以及对问题的感兴趣程度等等,此外还要考虑社会发展水平、教育水平。

### 四、选题论证的必要性

在与老师、同学们交流探讨过程中,我收获了两点重要的认识。第一,要对自己的选题进行相关论证。问题提出来了以后,不是将其搁置在那里不动了,在提出问题之后必须有一个探究的过程,考察一下其是否有研究的必要性与可行性。这种论证过程其实也是研究过程的一个重要部分,通过对前人研究成果的搜集、梳理,我们既可以了解以往的研究水平和动向,同时也会更加明确自己研究选题的理论意义与实践价值,避免了盲目选题带来的不良后果。第二,教育研究要能够落地,必须要有能够研究的现实土壤。这也就是上面我谈到的选题的现实性与可操作性问题,我们的研究不应该变成空中楼阁似的空想、幻想,相比书斋式的研究,我更喜欢田野式的探索。

### 五、一点感受

最后,既然发现和提出问题是科学研究的第一步,也是最为关键、最为困难的一步。在此我想向老师和各位同学们提出我自己的一点小感受:关于研究生课堂教学质量的评价问题,具备研究的必要性与可行性,已有的相关研究成果也不在少数,但我感觉这个题目是不是很容易会做成关于研究生课堂教学满意度的研究,关于这两个题目之间的关系,我认为课堂教学满意度(后者)只是评价课堂教学质量(前者)的一个指标,有关课堂教学质量评价我们还可以做很多探索,但要怎样避免陷入把"研究生课堂教学质量的评价研究"简单做成"关于研究生课堂教学满意度的研究"这样一种结果,还是说其实这样的简化和研究范围的缩小是被允许和认可的? 恳请各位不吝赐教。

**王师批注:**

我非常欣喜地发现,美丹同学的文笔不错! 文字非常通顺,表达很是准确,层次也很分明,读起来也让人感觉是一种享受!

美丹同学的感悟很深刻,因为其中描述了思想的转变,而且联想了很多,这种联想反映出了有积累,也同时表示视野开阔,这说明我们同学都具有求知的热情,我为我们具有这样的学生而感到骄傲。

美丹同学也很善于归纳,通过正反两方面的事例分析得出该如何提出问题的总结,这是我们创造思维训练非常注重培养的能力,尽管这种总结很难摆脱个体视域的局限,但美丹同学确实讲到了点上。

最后美丹同学的担心也是合理的,是的,课堂教学质量评价容易被异化为满意度调查,这是目前学生评教中普遍存在的问题。这说明美丹同学充分运用了自己的经验来分析,也说明经验在我们分析、判断事物过程中发挥了作用。

# 柒　系统的一定是有效的吗?

2018 级硕士生　王鹏娟

## 一、从课堂反思到反思"课堂"

10 月 8 日 19:10,高等教育研究方法课如期在学院 311 教室进行,王老师说似乎已经很久没有上课了。然而也许是第一节课大家讨论得热火朝天,或是平时在微信群里的观点分享,抑或是网络平台内容的持续更新、邮箱里不时弹出的点评回复,都使我有一种没有从课堂中走出来的感觉。不管你情不情愿,都必须一直沉浸在课堂和讨论的氛围里,真是有"课堂包围学生"的意味。

一上课王老师就询问大家对课堂的反馈,然后就同学"希望提供系统学习资料"的诉求非常严肃地表达了其"知识观"(知识并不一定就是真理,就是权威,需要在"知"的基础上用批判性思维对其进行反思)、"真理观"(相对真理),并且通过释义学的观点强调偏见的合理性,并鼓励我们去理解和体悟"视域融合"。我当时基本是以一个旁观者的角色在聆听,没有参与任何一方的解释。令我惊讶的是许多同学有"系统读书"的诉求。

现在想来,我突然意识到自己之所以没有想再去把研究方法的书拿过来读一读是因为本科时候已经系统地上过一次质性研究的方法课,老师当时选用的教材是大卫·希尔弗曼的《如何做质性研究》(重庆大学出版社出版的质性研究方法译丛中的一本),并且推荐了译丛的其他书目及陈向明老师的经典质性研究著作。当时课堂上有老师系统地讲授方法论,有让我们组队选择一篇质性研究文章进行深入分析,有不停地点名提问和思考,有在老师的指导下经历从艰难的选题,到研究设计再到落地组队研究的过程,可能这就是大家所期待的系统的质性研究方法训练吧。乍一听会觉得我们的同学在这样系统又生动的课程中一定能掌握质性研究方法了吧,残酷的现实是,系统性给了我们想要的逻辑性和追求完整的安全感,却从未承诺一定会有一个满意的习得结果。等到大家做毕业论文的时候,又把当时学得劲头十足的研究方法抛在脑后,答辩现场做质性研究的同学被老师批驳的力度,可以用极其惨烈来形容。

所以,经验一直在提醒我,系统性可能会给教师、学生带来一种当时教学状态下的良好体验,因为看似我们追寻到了确定性,人的本能里是渴望追求确定性的。可其实际教学结果没有我们想象中那么糟,但也并没有预料中那么好。当下的"知"如果只是当下的"知",教学过程如果没有实现从"他知"到"我知"的转化,就算它设计得再精妙紧凑有逻辑,我们实质上还是体验了一把教学后就把"知识"还给老师,这样的教学,在创新的、师生互动的、学生为本的教学理念和形式下,其背后还是传统的、无效的实际教学质量。这样的经历也解释了为什么当我遇到王老师的课时会非常欣喜,也真的希望我们可以一起努力把这种生成式的课堂做下去,我的想法是不妨先把终点处的那个结果、能力提升放一放,生成式的课程,必须在真的经验中才能真的生成,先确保自己经历和参与,才能保证课程的生成性,也才有可能进一步问课程要一个不一样的甚至更好的结果。传统教学经验告诉我们,老师告诉的不等于我们理解的,我们当下理解的不等于我们当下掌握的,我们已经掌握的不等于我们可以实践的,其间跨越,还得我们自己慢慢体悟吧。

此外,对于王老师的课堂模式创新,就其创新的勇气、实践的尝试和改革的决心而言,我是很佩服的,但王老师这种课堂可能会存在哪些问题呢?从伽达默尔的释义学回忆起后现代性,从后现代性回忆起现代性,在重新思考二者关系时我意识到创新中可能存在的"矫枉过正"的风险。我想起了高宣扬在《后现代性》里对二者关系的论述:"后现代主义一方面与现代性对立,另一方面又渗透到现代性的内部去解构、消耗和吞噬它,从它那里吸收养料和创造力量,并与之进行无止境地来回循环的游戏运动,已达到超越现代性和重建人类文化的目的。后现代主义在相当大的程度上脱离不开现代性,这是因为后现代主义虽然以彻底批判和解构现代性为己任,但后现代主义充分意识到它的任何批判和重建的活动,都以同现代性对立作为基本出发点。在这个意义上,没有现代性就没有后现代主义。"[①]其论述中强调两点:一,于"本身蕴含着腐败和颓废力量"的现代性而言,后现代性是解构的、批判的、超越的;但从后现代性的产生说起,现代性即是它所以生成的土壤,后现代性从现代性中吸取着成功或失败经验,也在现代性的形成过程中孕育和形成着自己的反叛力量,由此终于日益壮大和发展起来,借着时代和社会发展的契机为人所揭示。后现代性(抑或后现代主义)因其有些主张过于强调多样性、差异性和不确定性使得把现代性否定得过了头甚至出现"自打脸"情况以及一些只解构不建构的质疑,使得这一思潮也广受诟病。抛开其理论缺陷我们从后现代性和现代性的关系中类比反思生成式教学和传统教学的关系,就会发现传统教学给我们提供了反思和改革的基础和养分,在实践自己的教学改革时我们完全放弃传统教学中的所有程式和理念是不可取也是不现实的。传统教学模式下培养起来的教师如何实现对自身教学理念和教学能力的超越?(突然意识到学姐谈到的"教学观"的研究旨趣。)在哪些维度、何种程度上我们还需要保留传统教学的东西?这些问题也需要思考。

## 二、从提出问题到被"群起而攻之"

到了提出问题环节,同学们最开始都比较拘谨,可能是大家拿不准自己提的问题是否有

---

① 高宣扬.后现代论[M].北京:中国人民大学出版社,2005:11.

价值,都想把自己的问题往后面放一放。一小会儿沉默后,终于学姐第一个打破了沉默,然后大家开始陆陆续续继而争先恐后发言。过程中我领教了大家不同的关注视角,很多同学的问题都给我很多启发,例如基于自身经历把问题聚焦到区域间教育公平问题;基于自身经验提出问题还包括研究学生组织的科层制、科研能力培养与学术创造力持续性的问题、隐性翘课、学生对教师的喜爱程度对其学习动机的影响问题以及创新创业教育等问题,如若凭一己之力是绝不会想到这么多角度的,许多问题虽不适合去研究,但完全有思考和讨论的空间,如从比较分析的角度看一看其他国家的高等教育是如何落实国际化的,落实的效果如何? 我们国家有哪些地方还做得不好做得不够? 诸如此类,都可以开启自己求真的尝试。交流和分享真的可以让人更加包容和开放。

转而到了问题"互评"阶段,由于我前期"树敌太多",觉得这个问题不合适,那个问题欠妥当,致使我在为自己提出的问题辩护的时候被大家"围攻"。当时的状态是我对自己提出的问题还没有想清楚就一大波问题向我袭来,但是有问题总得面对,我想的是思考或多或少可以回答一些问题,所以我就一边在脑子里思考,一边用言语表达,整个过程也是同学帮我"清思"的过程。

### 三、我的收获

观点 1:王老师说在谈及什么是一个好的课题时除提到有问题意识、有研究兴趣(研究者有兴趣、其他研究者也有兴趣)、有落地和可操作性、是研究者研究能力可以把握的之外,还提到一点:能够为理论做一些铺垫。这里启发我当我们做具体研究时因为必须要踏实和落地,所以可能忽略了权衡研究本身的理论价值。在关照实践的同时,也需兼顾对其理论意义的考量。

观点 2:王老师在最后总结的时候说发现问题是研究的第一步也是关键的一步,能不能提出有价值的问题将会影响后续问题的解决。这里可以从两方面阐发:检验自己的提问是否有价值,除了从研究现状获得"前人肩膀"的高度外,还可以自己尝试做个"头脑研究",即思考一下如果问题成立,研究如何开展。进一步尝试细化自己的研究过程,细化的过程可能就会发现问题本身的缺陷,多问自己几个为什么、如何做,也许很多问题我们是可以自己回答清楚的。另一方面是从有价值的问题其自身价值阐发:提出一个有价值的问题,并对问题进行相对合理的探索和解答,在回答真问题的基础上进一步提出新的真问题,我们的研究也就成"索引"式和连续性的了,或者可以称其为被追问出来的新问题?

观点 3:依然是王老师的金句"教育学是很不一样的,是需要进行价值判断的,是要确保对研究对象本身不造成伤害的"。要警惕和识别一些动机不纯的研究。感慨哲学和社会学之间的对话,真像神仙吵架一般有趣又深奥。

### 四、对"研究生课堂教学质量标准评价"的一些思考

在提问"什么样的课堂是好的课堂"无解的情况下,先提问"现在课堂是什么样的",将问题聚焦到"一节广受学生好评的课是如何实现的",去深描和勾勒课堂上的教师动作、学生反应、师生互动,去了解学生的学习体验,教师在其个性教学观支撑下的课堂设计及其教学体

验等,然后把不同的课放到一起,再做进一步比较和抽象如何?

**王师批注:**

看到鹏娟的日志还是蛮振奋的,因为她的日志能够夹叙夹议,对自己的经历能够娓娓道来,注重以事实说话,不带很多情绪色彩,提供了一个很好的案例文本。

从日志中看得出来,鹏娟同学是一个跟踪时代思潮的同学,能够把后现代的东西啃得下来着实不简单。在其中也反映出一个好的读书习惯,即及时地把好的材料记录下来,把没有理解透彻的材料记下来,这是一种认真求学的态度,值得表扬。

另外,鹏娟同学的思路开阔也是一个特色,能够联想到许多。

还有一个优点,就是鹏娟比较善于辩证思考,也即善于从相反的方向思考问题,这一点也很是难得。

不过,这次读鹏娟的日志有点吃力,原因在于她把自己一些没有吃透的东西搬进来了,虽然这是一种"资源共享",但影响到可阅读性。

其次在搬用这些材料时,没有对这些材料源出地的观念进行批判。表面上看,原资料提供者看似站在了一个中立的客观立场,而实际上则可能仍然是以传统的立场来审视后现代主义。

# 捌　参与型观察的真实体验

**2018 级博士生　王亚克**

第二次课的主题是"如何发现有价值的研究问题"。针对这个主题,王老师要求我们每个人第一步先找到自己的研究问题,这个问题必须是真问题,也就是说必须是现实生活中真实存在的、使我们感到困惑的、我们很想要解决的问题。第二步是从所有的研究问题中挑出大家共同关心的问题,我们会围绕这个问题进行研究方法的学习。

## 一、提出研究问题

针对第一次反思日记提到的不足(不积极发言、畏惧新技术、写作能力不足),我在第二次课表现得较为积极,多次参与发言,敢于暴露自己的不足,在提出问题环节率先举手发言,我的研究问题是:东西部教育资源存在着巨大的差异是引发教育不均衡的原因还是教育不均衡导致了东西部教育资源的剧烈分化?为什么西部地区人才流失更严重?这是一个真问题,是来自西部地区的我感到困惑的,也是现实生活中存在的,但这并不是大家都关心的问题,因此很快被否决。不过我想还有一个更重要的原因是我并没有对这些问题做深入的了解,对这些问题的研究现状和研究目的也不清楚,要找到有价值的研究问题并不是一件简单的事。这个问题被否决后我并没有什么不适,反而发现自己在接下来的时间里会非常认真地去听其他同学的研究问题,带着好奇、带着期待,而无须反复思考自己的问题是否有意义,这是早早发言的好处。

## 二、对"偏见"的思考

有几位同学的研究问题引起了我的注意,如牛军明提出的研究生培养模式(导师组共同带学生)、杨冬提出的本科生参与科研的经历对学术创造力和发展的影响、隐性翘课问题、姚烟霞提出的硕士生对自己学习生活、对学校管理服务的满意度的调查都引发了我的思考,而其他问题如大学治理、人工智能、民办院校、教育博士培养等都如过眼云烟,没有留下深刻印象。我为什么仅仅对这几个问题感兴趣呢? 是我的偏见吗? 为什么会有这些偏见?

王老师在课上说:"在释义学的视域中,一切理解都是误解;所有的观念都是偏见;但误解是合理的,偏见是有价值的。因为每个人在理解时都依据自己的背景所理解;每个人在发表意见的时候都是基于自己的立场,不可能充分照顾到他者的立场,因此偏见在所难免。"这些偏见为什么是合理的,而且是有价值的呢? 因为每个人都是根据自己过去的经验进行理解并作出判断,每个人的视角有所不同,这些理解和判断并不是完全没有价值的。看来是我之前的教学经历使我产生"偏见"、使我对和教学有关的问题产生兴趣,并觉得这些问题更有研究意义。每个人都带着自己的"偏见",每个人都带来不同的视角,一定程度上拓宽了其他人的研究视野,这是一种新鲜有趣的体验。

## 三、确定研究问题

问题一个接一个地抛出来,王老师则快速作出回应,判断这个问题是否是一个真问题、是否早就被研究过了、是否属于比较新的问题,分析该问题是否有可行性、是否属于有争议的话题、是否值得研究、研究的难度有多大、研究可能花费多长时间。

遗憾的是大家提出的问题因为各种各样的原因几乎都没能入选,但是我们在讨论中发现大家对研究生教学比较关注,因为我们都是研究生,都希望我们所参与的课堂是高质量的,但什么是高质量的研究生课堂教学? 这是一个真问题,也是使我们感到困惑的问题,高质量的研究生课堂教学是否有共同的特征? 这个研究是有价值的,也是可行的。因此研究问题最终聚焦到研究生教学质量评价上。

在讨论的过程中,有个有趣的现象是有些同学在几番论证之后主动放弃了自己的研究问题。看来仅提出问题是远远不够的,我们大多根据自己的经历和兴趣提出了一个或几个想要研究的问题,但并没有为这个问题做充分的准备,我们的学习还停留在被动地完成作业阶段,缺乏主动的探究精神。研究是一种探索活动,也是辩理、论证的活动,提出自己认为有价值的问题仅仅是第一步,对问题作出理性回答、解释或辩论也是非常有必要的,这都需要提前查阅资料,并认真分析自己所提出的研究问题是否真的有研究价值。每一个研究问题的确定都不是一个简单的过程。

## 四、发现自己的不足

课后我查阅了陈向明老师的书,发现我们的课堂观察属于参与型观察,观察前应该做相应的准备,比如制定观察计划和设计观察提纲,要思考自己想观察什么、为什么要观察这些内容、通过这些观察我希望回答什么问题,要做观察记录,既要记录老师的课堂教学,也要记录学生的课堂表现,更要记录自己的收获或疑问,课下要进行自我反思……而我课上还停留在记笔记而非做观察记录,还停留在被动地接受知识而非参与知识的生产,这是这堂课之后发现自己最大的不足。

**王师批注:**

亚克同学的转变非常大,这种通过态度转变带来行动变化可以说是由里到外转变的实例。

亚克同学对自己选择性关注问题进行了思考,确证了经历对自己认知的影响,当然也加深了对释义学原理的理解。

亚克能够主动去看书来思考"如何观察"是一个好现象,这就是从业余走向专业的第一步。通过发现问题去学习应该说是最有效的学习方式,这比强制要求读书或单方面地传授知识要好很多。

"知不足然后能进",这就是发展的起点。

# 玖　真问题　真研究

**2017** 级硕士生　姚烟霞

时隔半月之久,终于迎来了王老师"高等教育研究方法"的第二次课,由于第一次课的缺席,本次课也是我这门课的第一次课。收获很多,感触颇深。

选王老师这门课之前,就有两种不同的声音不停地在耳边回响,一种是研究生三年,王老师的课必选,没上过王老师课的研究生生涯是不完整的;另一种是王老师的课作业多,要求严,费时间。虽然选课时,同学们大都会参考学长学姐的所谓过来人经验,但我一直相信只有自己切身体验过,才有发言权,别人的体验和经验永远是别人的。所以最终毫不犹豫地选择了王老师研究方法这门课,一来想真正学习和掌握有关研究方法的知识与技能;二来想挑战一下自己,不给研究生生涯留下遗憾;三是现在逃避的和省下的力,以后写论文都是要还回来的,那就现在好好把研究方法学扎实,把做研究的每一步路都走踏实。

## 一、本次课的主要收获

"一切理解都是误解""所有的观念都是偏见"。

乍一听有点绕,细一想还挺有道理。每个人对事物的看法和理解既受自身经验的影响,也受自身阅历的局限,我们永远无法百分之百地理解别人。从另外一个角度是否可以理解为每一种观念存在即合理? 不赞成或不理解也许只是经历不一,经验不同。

## 二、本次课的最大困惑

究竟什么样的研究问题才是有价值的? 有价值的研究问题应该具备哪些要素? 如何发现和提出有价值的问题? 虽然一节课都在讨论研究问题的提出,课后感觉自己仍然不是很明白,该如何提出一个有价值的研究问题,着眼点是什么,该如何去深入挖掘这个问题?似乎有一些标准是可以用来衡量的,比如说祥辉同学提到的吸引性、创新性、现实性、可操作性等,但每一个标准的背后又该如何考量和执行呢?当我们聚焦至一个具体的有价值的研究问题,再来分析研究的时候,可能会对有价值的研究问题有更深入的理解。

老师课堂上问大家对这门课的实施有什么疑惑。发现大家提的疑惑我自己都有。参考书、参考文献等,自己也有幻想过。十几年来早已习惯了接收与灌输,突然"断奶",还真不适应。对自己来说也是一种挑战吧,积极参与,努力适应,有所收获。正如老师所说,在真正深层次教学的过程中,知识内容并不是预设的,而是在过程中生成的。

## 三、从老师、同学身上学到的

同学们都很有想法,非常优秀。看到了自己与同学们的差距,感觉上这门课压力还是蛮大的。特别是提出研究问题的环节,虽然大家的研究问题最后基本都被否了,但就每个同学提出的研究问题本身而言,自己和大家还是有差距的。最大的差距就是同学们提出的研究问题,不管是教育的公平性问题、本科生人才培养问题、教育博士培养问题,还是师生关系与教学质量的问题等,这些问题都是高等教育领域非常关注的问题,聚焦的点也具有一定的学理性。自己提出的问题出发点仍局限于自身的经验和感受,听起来比较业余,不够专业。

## 四、发现自己存在的不足

观察日志更新速度太慢。其实很早就开始思考琢磨该如何构思和撰写本节课的观察笔记,但顾虑太多,又担心自己不会写,写得不好,所以就索性等一等,先看看同学们都是怎么写的,等着等着就发现同学们都太厉害了,无论是字数还是质量,还有思考都很独到,特别是18硕的师妹们,更是了不得,比较之下,就越发不敢动笔。

## 五、自己该如何改进

多思考,多动笔,第一时间更新。观察日志最重要的还是自己对课堂的切身感受和体会,不要给自己太大的压力,下节课努力做到在第一时间表达出自己最真实的感受。

## 六、关于研究生教学质量评价研究的看法

1. 研究价值:研究生教学质量直接影响研究生人才培养的质量,在研究生培养的各环节中有着重要地位与意义。其次,研究生扩招后,其管理、教学、课程的改革等并未完全同步与跟上,研究生教学质量出现了一些问题。研究生教学质量评价尚没有统一的标准。该研究问题一方面有现实意义,另一方面也有现实需求。

2. 研究的新颖性:无论是学术界还是教学一线,研究生教学质量评价尚没有统一的标准。我们的研究是否能尝试性地探索出一个统一的评价标准,是一个创新和可突破的点。

3. 研究的突破点:该怎么评价?由谁来评价?评价什么?具体的评价标准?

4. 研究方式:个人认为该题目的研究不能局限于课堂观察,既然涉及评价,就应该对参与到研究生教学质量评价的各个主体进行问卷或深入的访谈调研,具体的操作决定于我们

选择什么样的角度,选择什么样的样本或案例进行研究。研究生对教学质量的满意度可以作为一个角度来调查,可以从侧面反映出目前研究生教学质量存在的问题。

**王师批注:**

首先说声抱歉!因为出差外地,进不去厦大的网络,所以没有及时回复这篇日志,这让我们同学等的时间长了,因而颇感歉意。

其次,看了烟霞同学的开头,我发现她是个有心人,因为她选课之前是做过调查的,说明她的行动不盲目,这一点也是高素质的表现。然后看了她的感慨,让我突然联想到一句话:每一次的缺席都是巨大的损失,因为这是其他地方无法弥补的,因为课程过程是无法重复的,课程中所带来的信息是别的地方无法获得的,所以每一次都是一个重要时刻。

再次,看了烟霞的反思,发现她是对自我要求很高的人,她能够发现别人的长处,看到自己的不足,这切合了古人所说的"相观而善"的意蕴。是的,只有在群体中,我们的发展进步才能最快,因为我们发现了自我成长的动力,原因就在于我们发现了自我的不足。这就是团队教学的魅力所在,这与被动听课截然不可同日而语。

最后,我发现了烟霞同学已经掌握了一定的思维方法,如提出了谁来评、评什么、怎么评和以什么标准评的问题,这说明她意识到了,希望能够进一步深入思考这些问题,不然就停留在"心动"而非"行动"层面上,我们课程的目的是促进大家发生这样的转变。

补充一点:烟霞同学意识到了问题涉及很广,这说明她的思维是开阔的,但她同时又提出了研究生学习满意度问题,这可以看作她因为课堂上没有为自己的意见进行充分辩护而在此做的一次补偿。

# 拾　课堂心理活动的自我呈现

**2017** 级硕士生　袁东恒

## 一、关于反思日志的反思

这两天邮箱不时地跳出新邮件提醒的消息,打开一看,都是王老师回复同学们的帖子。虽然是旁听这门课程,但同学们的速度以及课堂反思内容的深度和广度还是着实让我感受到了很大压力,而且王老师即时认真回复同学们的帖子,这更让我不敢懈怠了,赶紧放下其他的事情开始进行课堂反思。事实上,反思日志讲求的就是即时反思,在离开观察和访谈等现场后,观察者和访谈者应立即就观察和访谈时的所见所思进行描述和反思,因为这个时候的记忆最为丰富和清楚,能够较大程度地还原现场,并且感受也最为深刻,过了一段时间再进行反思,能够记得的内容已经不多,而且还要花很多时间费劲地去想现场发生了什么,自己当时是怎么想的,这确实是大打折扣的事情。由此可见,我还是没有真正理解反思日志的精髓,没有真正地相信并执行它的要求。此外,我有这样一个困惑:因为要在离开现场之后就立即进行反思,并撰写反思日志,那日志撰写完到下一次进入现场的这段时期,应该做什么或如何做呢？反思日志一经完成就"一劳永逸"了吗？反思是一时的还是一直的？如果是一直的，那反思日志是不是也要一直撰写？如果要一直撰写，那紧随其后的反思主题是什么呢？而且反思什么时候是个头，有没有终止呢？研究结束就意味着反思的结束吗？在我看来，研究结束还不意味着反思的结束，依然需要进行反思，这个时候更应该做系统深入的回顾性和总结性反思，但我还不太清楚应该如何做。

## 二、课堂的两个阶段

根据我在课堂的发言节点，我将这节课分为两段，一段是我发言之前，另一段是我发言之后。我发言之前的一段，又可以分为答疑解惑阶段和自提问题阶段。

答疑解惑阶段，主要是同学们提出困惑，王老师进行解答。因为加入微信群时间较晚，所以错过了王老师推荐的一些文章，当老师问大家有没有看这些文章时，我有点不知所措，生怕老师问我看过没有，不知道大家是否有这种心理：当老师提问时，总害怕自己会被点到。我觉得王老师的课堂很少有这种情况，大家一般都会主动回答问题，然后围绕问题展开深入的讨论，这种积极主动的学习态度值得我学习，我过于被动接受式学习了。在同学们提出自己的困惑之后，王老师进行了深入的解答。其中，王老师提到了释义学的观点：所有的观点都是偏见，所有的理解都是误解。对于这些观点，大家听到后都很诧异，在王老师详细解释之后，大家开始理解并接受其观点，我也从中深受启发。之前，我轻易不敢发言，恐怕自己的发言不正确，暴露了自己的不足，自己发言的话一般都是有自己认为正确可信的言论时，但由此产生的后果就是越来越少发言，课堂参与性不高，有时候自己有想法了也不想说出来。释义学的观点帮助我认识到了自己的问题，我开始认识到，人们发表的观点一定程度上都是没有正确性而言的，都是偏见，自己所追求的"正确性"是不存在的，也是没必要追求的。

自提问题阶段，大家都结合自己的兴趣和所思，提出了希望研究的问题。本来我以为我会被老师点到的，但最后没有被问到，我观察了一圈，发现其他旁听的同学也都提出了自己的问题，就只有我一个没有提问题，这个时候我开始犯嘀咕了，想着自己是不是哪里做错了。下课翻看手机才知道，老师看到了我课前发的邮件，知道了我是旁听的，在作为一个评判者进行观察。所以，在进行第三方互评时，老师让我作为一个评判者发言。发言时，我其实还没有想清楚问题应该怎样去研究，仅仅觉得到课堂之中进行研究比较可行，但进入什么样的课堂，判断课堂好与坏的标准是什么，进入课堂研究的意义是什么都没有进行深入的思考，所以回答得略显混乱。但因为有发言的机会，我心里感觉受到了关注，课堂参与性有所提高，思考也开始增多，对问题的认识逐渐加深。我渐渐理解了王老师回复我的第一次课的帖子：就能力培养而言，参与才是唯一法门。确实，参与课堂会促进自己与老师同学的交流，增进自己的思考，而且参与程度越深，自己的思考机会越多，收获也会更大一些。没有参与的话，自己仅仅是一名旁观者，只能从师生发言中接受信息，而不能在与师生的交往互动之中生成新的信息。

### 三、一个有待解决的问题

大家经过第三方互评过程的"唇枪舌战"，慢慢将问题聚焦到课堂教学上，思考得更加深入和理性，这是十分可喜的结果，但并没有达成一致性意见。这个时候，老师主动干预，认为可以将问题归到课堂教学质量方面，并让大家思考优质的课堂教学质量到底是什么样的，专业的角度来说应该根据什么标准衡量研究生课堂教学质量，如何完善评价标准等问题。谈及评价，我们使用更多的是量化手段，因此，如何运用质性研究的方式进行评价是有难度的。因为缺少运用质性研究方式进行评价的实践，所以接下来还需要多查阅文献增加了解。

**王师批注：**

感谢东恒同学对自己内心细致变化的描述，这让我们知道同学内心是怎么变化的，也为之后打开心结提供了帮助。

东恒这次提出了一个有趣的问题：反思日志写完就终止了吗？这个问题非常好！

为什么？其实，会思考这个问题就是对日志的主旨没有完全把握的表现。因为通过日志写作，知道了下一步该做的事情，那么就需要私下准备了。如果存在疑惑，就可以进行反馈。也即，日志虽然是一种记录，但更重要的是一种指引或提醒，告诉自己下面该做什么。比如说，日志写到了"课堂教学质量"了，那么就要开始思考这样的问题：对于课堂教学质量究竟该怎么研究才好？之前的人是怎么研究的？我比较欣赏哪一个？如果我做这样的研究，我会怎么做……

日志之后是行动，行动正是我们研究的目的。这样就自觉地进入了行动研究的循环中。

## 拾壹　没有参与课堂的反思日志

**2017级硕士生　熊文丽**

10月7—13号，我跟随别敦荣老师赴江苏理工学院进行调研，所以很遗憾没有参加高等教育研究方法第二次课——"如何发现有价值的研究问题"。其实在跟王老师请假前我是特别犹豫与纠结的，因为课堂是一次很宝贵的学习机会，去调研同样也是一次极为重要的实践学习机会，两边都难以取舍。经过一番考虑，还是跟王老师请了假，赴江苏理工学院进行调研，老师也很通情达理地准假了，但对于这次请假真的有一种十分愧疚的心情。幸好网络教学平台上老师与同学的发言，让我可以在很大程度上减少缺席这次课的遗憾。

### 一、知识的获得

（一）从做中学

其实在以前的学习中，我也希望老师能够提供系统的学习资料，比如书籍、期刊文章等等。后来我想了想,这其实是一种隐性的"偷懒"行为,总想着老师能为自己提供一套详实的学习资料,以期掌握研究方法,提升自己的研究能力。后来我才慢慢领会"纸上得来终觉浅,绝知此事要躬行"。学习资料只能是辅助性的工具,研究能力的提升还是要落实到我们的实际的研究行动当中。

(二)经由交往获得真理

通过上次的课堂日志以及与王老师的交流,再加上老师谈到的释义学的一些基本原理,尤其是伽达默尔关于获得真理方法的论述,让我更加明白"交往"的重要性,不管是对个人还是对群体。因此以后在课堂上,我也应该积极主动地表达自己的观点,观点和想法可能不成熟,但这至少是一个走出封闭的自我,走向开放的自我,走向交往的自我的一个重要过程。

## 二、什么问题值得研究

(一)什么问题具有价值

本次课的讨论主题是"什么问题值得研究",其实这也涉及另一个值得讨论的问题——"什么问题具有价值",因为只有有价值的问题才值得研究。价值属于关系范畴,从认识论来说,价值是指客体能够满足主体需要的效益关系,是表示客体的属性和功能与主体需要间的一种关系范畴。价值是多元化的,因此对于"什么问题具有价值"这一问题的回答也具有多元性。我个人觉得真正要把研究做好的话,研究问题应该是社会价值与个人价值的有机统一。社会价值主要是表现在推动解决国计民生问题,如经济、政治、文化等方面的问题;个人价值主要是表现在追求真理、满足自己的学术兴趣、获得认同感等方面。当然,除此之外,研究问题也要具有现实可操作性。

(二)关于"研究生课堂教学质量评价"的两个疑惑

从王老师的日志中,我看到了同学们提的一些研究问题,如果不看老师的回应,我觉得大部分都值得研究,但是看到老师的评论,发现老师的评论真的是一针见血,直指要害。最后老师与同学们将问题聚焦到"研究生教学质量评价"上,这个问题值得研究,并且也是我们每一个人都可以"有话说"的,因为大家都是研究生教学中的主体。但是我有两个疑惑:首先,教育教学是一个长期性的过程,其效果在短期难以显现出来,怎么样才能够以科学、合理的方式方法来评价教学质量呢?其次,对质量的评价很容易沦为量化指标的考核,但是教学质量中有很大部分是难以用量化指标进行表征的,对于这部分我们怎么来进行评价呢?还有一个问题是我们的研究是关注整个研究生教学质量还是仅仅聚焦在一门课的教学质量?

看了王老师的日志,其谈到"课程结束我才感觉到自己的内心紧张。因为我得时时盯着避免课堂讨论走向无序化",我想老师上了几十年的课,还会在课程结束时感到内心紧张,实属不易,这显示出老师高度的责任感以及对教学的极大投入。如果每个老师和学生都能有这样的态度,都能把上课当成是一件神圣而严肃的事情来对待,那课堂教学质量的提升也不成问题了。正所谓正人先正己,从我自己开始做起,以一种严肃而又负责的态度对待每一门课。

没有参与到课堂当中,在写反思日志时,真少了那么一种感觉,至于这种感觉是什么,我目前还无法明确地表达出来,只知道觉得少了一些"味"。

**王师批注：**

看了文丽同学的日志，我心里稍觉安慰，因为文丽同学虽然没有上课，但从间接资料获得了关于上课的一些信息，这种学习自觉性值得肯定。

日志中反映出文丽同学悟到了"纸上得来终觉浅，绝知此事要躬行"的道理，说明了文丽同学的聪悟。

文丽同学提出了教学质量显效是一个长期的过程和难以量化问题，确实抓住了问题的关键，这也是人们日常所遇到的问题，我们做科学研究的目的就是要突破这些日常看似无法解决的难题，这就需要进行一些理论的构建和思考，这恰恰是理论创新的契机。

文丽同学感觉非常准，没有直接体验，就缺少了"味道"，这就是质性研究与非质性研究的显著区别。

# 第三章 谈"独立的判断标准"

## ——"高等教育研究方法"第三课

## 壹 如何构建独立的判断标准

授课教师 王洪才

### 一、课堂来了旁观者

经过一周的间歇(因为学校举办第四届"互联网＋"全国大学生创新创业大赛活动,通知规定 15 号全校停课调课,同时我受学院主要领导委派参加中国高等教育学会举办的博士论文文库评选工作也是在周一举行,所以不得不停课),我们又来到了高等教育研究方法课堂(七点前大家都来了,同学们真的太好了,我倡议七点钟开始上课,大家一致响应),这次课堂还有一位客人——蔡秀英[①]老师,她是主动要求来听课的,一方面她要开设研究方法课程,另一方面她要参加学校的新教师教学技能大赛。

昨天下午组织活动之后她找到了我,说明想听课,我说欢迎欢迎,因为对乐意学习的人我向来是非常欢迎的。她坐在门边,没有对课堂形成任何影响(在中小学里比较容易出现因为参观者插入而引起课堂骚动的情况,在大学课堂这种情况比较少,在研究生课堂这种情况就更少了。当然这主要是针对学生而言,对于教师是否有影响就很难说了),因为如果不仔细观察的话,几乎看不到她的存在。

### 二、思辨研究的地位

我上课开宗明义地说,思辨研究是一切研究的基础,也是一切研究的开始,同时也贯穿于一切研究的始终,因为要做研究,就必须先厘清基本概念,厘清所研究的基本问题,也必须理清基本的研究思路,而且整个研究过程都必须与之相衔接或保持一致,否则就会出现头绪纷乱局面或问题不清的状况以及前后矛盾的结果。所有这一切都需要思辨功夫来把握,如果没有这个功夫,研究就是被动的,也注定是浅层的。

其次我发表了我的研究经验,我说我的研究首先是审题,搞清楚研究问题究竟是什么,思考研究问题可能牵涉的所有方面,推测研究问题可能带来的后果,以及该采用什么样的策略进行应对(从中可以看出,进行批判性思维是根本,所有的研究都与实践具有联系)。我进

---

[①] 蔡秀英,厦门大学教育研究院助理教授,主要研究方向为高等教育国际化。

一步感慨，我们每次课堂都是新的，都是在探讨新问题，你无论如何准备都不可能是完善的，这就是生成性课堂的本质，这也要求我们主动去建构，不能坐等现成答案。

而且我声明，每次课堂都是一次挑战，因为没有现成答案，必须去求索。而且每次课堂都很关键，缺少一次都可能跟不上。如果大家没有经历发现问题的过程，在探讨解决问题时就感觉有点摸不着头脑。好在每次课程都具有相对的独立性，如果领会了每堂课的实质，特别是课下看了大家的日志，就会很快地熟悉下次课要探讨的主题。

### 三、寻找高质量的"标签"

接着我就点明本次课堂的探讨主题：我们今天要找到研究生高质量课堂教学的一些标签。这些标签就从同学们的切身感受中去找，因为我们每个同学都是课堂教学的经历者，都经历过无数次课堂，其中有高质量的，有低质量的，我们内心必然都有个评判和比较，现在就要把这些内心的感受或内在的经验提取出来作为我们判断高质量教学的依据。这种经验就是自己的直觉经验，完全是依靠内心的评判进行的，而非进行过系统的理论思考，当然也未经过文献研究的论证，从而是个性化色彩比较强的。但只有这种经验才是最真实的，因为它没有经过任何雕琢。

这实际上就是现象学最为强调的"还原法"（"现象还原""本质还原"和"先验还原"）。当然，现象还原相对比较容易，即回到事物本身，不人云亦云，不受外界影响。但本质还原比较难，因为每个人都很难排除个人的主观意识。而先验还原最难，我们一时半会做不到，我们首先做的是一个现象还原过程，其次做的是一种本质还原功夫，即还原到我们内心的判断上。

当我点明本次课堂任务后，指出第一环节是进行头脑风暴，让我们同学各自谈谈自己对高质量课堂的感受时，大多数同学一时还没有反应过来。这个环节实质上是一种发散性思维训练，采用的方法是列举法。所以当我让大家发表自己看法时，出现了瞬间的寂静，几秒钟后王亚克同学率先发言。由此我心里颇有些感慨，因为我发现她从思想到行动的转变非常快，这反映出她对这个主题有兴趣、有积累，对先前的经验能够进行即时提取，这个行动代表她已经迅速融入了课堂，成为积极活跃的一分子了。她率先给出的答案是"互动性"，我补充了一个"强"字。第二个发言的同学给出的答案是"启发性强，注重知识的生成逻辑"，我给予了肯定，同时也明白我们在座的一些同学可能还不真正明白其含义（后面我对该词的意思进行了解释，即指不只是简单地呈现结论，而是侧重于结论的推理过程或形成过程）。后面的同学陆陆续续表达了自己的观点，有的同学发表了三四次观点（这也说明投入的程度比较深），这表明同学们完全融入了探讨的过程中（我好像没有发现完全没有发表观点的同学，而且我没有一个个地去问，而是同学自觉主动地去说的）。

### 四、我的"记录员"角色

我课前就准备了电脑的 PPT 模板，随时记录大家的"答案"，当记录到第 26 条答案时，赵祥辉同学突然说，这些都是些一般特征，不是专指研究生教学的，而且发问我们的课堂教学究竟是仅指第一课堂还是所有课堂。我对他的质疑精神给予充分肯定。是的，我们确实都是对一般性课堂教学高质量表现的反映,还不是针对研究生教学。不过,一般性课堂这些共性也应该适用于研究生教学,只是没有体现出研究生教学的特色,这是我们需要进一步寻找的。关于是第一课堂还是所有课堂,我表示不限于第一课堂,应该包括所有研究生教学场域。

接下来,我们审判哪些更具有研究生教学的色彩。这一点是难度比较大的。我们只找到了两点直接相关的:教学具有问题针对性,教学过程具有探究性。同学们也列出了内容的前沿性、高深学问等,于是我就追问前沿性的意思。因为我发现同学们在理解这个概念时存在不少误区,好像最新发表的成果就是前沿性,这种理解比较狭隘。我指出所谓前沿性就是尚未解答的问题。

在研讨过程中,我否定了两种说法:一是创新性(表面上看,创新性应该表现为提出了新观点。我认为这只是结果,我们不能只看结果,而是要看它是如何生成的),我指出提出这个概念本身是对创新性没有真正理解的缘故,因为创新性就表现在批判性思维过程中,就表现在目前所进行的发散性思维过程中。这也表明同学们在学习过程中存在着简单搬移现象,并没有进行刨根问底,从而没有真正理解概念的内涵。另一个概念就是高深学问,我估计几乎没有一个学生真正知道这个在高教学界几乎属于日常概念行列的概念究竟是指什么意思。因为我曾在几次学术报告会上提问了几个大谈特谈高深学问的报告人,问他们所说的高深学问究竟是指什么,结果他们个个都张口结舌,好不尴尬。这些表面上看似人人知道的东西恰恰是最基础的,最容易被忽略的,也是最难以说清楚的东西。

我看进一步思索研究生教学的特征已经很难取得进展了,就建议大家先休息一下(我有让大家换换脑筋的意思,同时也为下一时段教学做好铺垫)。几分钟之后大家也没有动静,我就带头走出去了,几分钟后我回来发现大家几乎仍然没有动,似乎同学们还沉浸在刚才的思考状态中。看来思考真的是一种痛苦并快乐着的体验。

## 五、从发散性思维转向聚合性思维

休息之后进入第二环节,即从发散性思维转向聚合性思维。我采用的方法是逆向思考法,即看刚才大家列举的这些判断有哪些是站不住脚的。这次我们具体采用的是反证法和排除法,即看看哪一个观点是经不起推敲的,一旦被举出反例即被排除,例如"知识渊博"一项就是这样被排除的,此外还有"幸福感"一项也是如此。

经过一一审视之后,发现仅存留下 6～7 个,好像也就是总数的四分之一左右。在这一过程中我加强了引导的力度,因为完全让大家放开去讨论的话时间就难以控制了。不过我的介入仅仅属于中度,因为我不采取简单的否定或肯定的方法,而是点明各个方案优劣的要害,所以几乎没有遇到什么反对意见。仅有一个同学为自己的主张辩护,这也充分说明我们课堂的开放性和包容性及民主性。我们对一时讨论不清楚的事情采取搁置的态度。

第三个环节是进行综合思维训练,即对我们审判过的答案进一步审判,看看缺失了什么。经过审视,发现我们集中在内容维度、方法维度和效果维度,对于手段维度、结果维度、观念导向维度都没有充分关注,这些维度是否应该纳入我们审判的视野呢?这就需要我们进一步验证。那么研究也进入了下一步:与专家对话! 对话的方式就是进行文献研究。我建议大家每个人查阅 20 篇相关的具有代表性的文献进行分析,以训练大家文献研究的能力,真的发现所查找的文献是否为具有代表性的也是典型性的文献。如果不进行深入的文本分析,就不能证明它们的代表性和典型性。当然,此时因为我们有课堂讨论结果进行参照,再做文献研究的话就容易多了,因为我们已经有了基本的判断尺度,不会对各种说法不知所措,无从判断,难辨优劣了。

课堂上出现了几次愉悦的笑声,例如当我说到"幸福感"时,我说当一位老师上完一次课,心里说"终于上完了"而感到很幸福时,大家都笑了。显然,此"幸福感"不是彼"幸福感",这样的话就容易引起歧义,也难以测量,这是我们需要注意的。

### 六、意外损失与意外收获

今天早上写日志,写了两个多小时,要上传的时候,页面显示"你无权使用该平台",文档瞬间消失,我就有点崩溃了！短暂的崩溃之后我立刻想到如何进行救援,马上去一楼找冯老师,他给我提供了图书馆马鲁伟老师(也是我们院友)的电话,我汇报了下情况,他说也无助了。我不死心,又找办公室的小王老师,看看能否有什么怪招。尝试后发现无果,只好放弃。我不得不开始第二次的日志写作。这一次是写在一个 word 文档中。不过,这次写作时就把许多质性材料过滤掉了,变得更加简短了或简约了。

意外惊喜是提出了两个写作的小文章,一个是何谓"有效互动",这个概念大家都司空见惯,可是一旦要说清楚却很难。另一个是"为什么大学教学特别是研究生教学不提启发式教学"。前者是在追问过程中发现的,后者是因为这个情境让我想到了这个问题。直观地看,好像启发式教学的档次比较低级,正如有同学猜想到,这是适用于启发心智的教学,对于心智已然成熟的大学生而言似乎不适用。这个解释很有趣。我现在思考时发现,启发式教学更多地强调教师的主导作用,而忽视了学生的主体作用。而大学是把学生作为探究者的,用启发式教学明显不当了。这个猜测需要进一步论证。

## 贰　体验独立判断标准的探索过程

**2017** 级硕士生　赵祥辉

2018 年 10 月 22 日晚,我们迎来了"高等教育研究方法"的第三次课。9—10 月,厦大或放假或会议或活动等诸多事宜的"接踵而至"无疑给我们课程的开展带来许多因素。老实讲,王老师的课程设计具有较强的内在关联性和延续性,这些客观因素的影响下所导致的课程断续开展问题,确实也给大家带来一定的影响。比如,由于"发现问题—提出问题—分析问题—解决问题"的研究逻辑链条由于课程间断而染上"斑斑锈迹";需要在课堂当中来激发和刺激主观体验和知识生成的思考主体由于长时间的间隔而显得有些"供电不足";两次课程的较长过渡期间同学们如若没有充分"温故备新"很容易在课堂当中呈现"失语缺位"。不过好在网络教学平台能给大家提供一个充分进行语言表达、体验分享、观点交锋的平台,大家在此激昂文字、头脑风暴,倒也可弥之一二。

　　本次课程伊始,王老师打开 PPT,敲上了"构建自己独立的判断标准"这几个大字,我瞬间联想到第一节课老师对好研究的根本特征的论说,即"研究者要有自己的独立判断标准",我当时对这一论断有较强的好奇和兴趣,并在反思总结当中予以说明。但那节课对"如何构建独立的判断标准?"这一问题却并未进一步作出探讨。因此,我看到本节课的题目,不禁对这堂课充满了期待和憧憬(写到此,我觉得高质量的研究生课堂教学的体现还应当包括"激发学生的求知欲"这一特征)。王老师首先对前面课程进行了简要总结(对同学们长时间不上课而产生的"锈迹"进行"润滑"),并根据自己的研究经验重申了老师的课堂教学理念。随后,王老师让大家围绕上次确定的研究主题"研究生课堂教学质量评价"来谈谈自己的切身感受和认识,并从中逐渐形成独立的判断。第一环节是头脑风暴,王老师让大家各抒己见,发表一下对好的研究生课堂的看法。在此过程当中大家似乎是对高质量的研究生课堂教学具有较强的体验,又似乎是对高质量的研究生课堂教学充满幻想和期待,因此发言非常积极,有些同学意犹未尽之下甚至多次发言,我也根据自己的认知提出课程定位、知识的前沿性、课程之间的衔接、教师课堂把握能力强与学生能够理性研讨相结合、能够生成新知识等五点特征。大家一个观点一个观点地抛出,王老师一个观点一个观点地评述并进行记录,当王老师写到第 26 条的时候,我感觉似乎有点不太对劲儿,于是询问了坐在旁边的牛军明师兄,问他有没有感觉"上面记录的大多是一些好课堂的共性特征,并没有体现研究生课堂的独特性",牛军明师兄对我的看法表明了赞同。于是我就此疑惑询问了王老师,王老师也认同之前大家所反映的大多是一般性课堂的特征,并不能体现出研究生教学的特色。于是我们又对研究生课堂教学的特征进行了聚焦,而针对这个问题,大家的情绪和发言似乎从之前的"积极高涨"转到了"消极低迷",讨论半天似乎也只能找到"教学具有问题针对性"和"教学过程具有探究性"两个获得大家承认的特征,而其他观点诸如传授高深知识、考试多样化、学生具有自主性等则被一一驳掉。

　　王老师似乎感觉课堂有点陷入僵局,于是提出休息一会儿,让大家放松一下。但我仍然在思考,为何大家对高质量的课堂能够你言我语、七嘴八舌,而对高质量的研究生课堂却陷入"失语"和"沉默"状态呢?环绕教室一周,我似乎有了想法,那就是——缺乏真实的经验!在场的大部分是硕士新生,即使是老生也很难说他们接触过多少所谓高质量的研究生课堂,这就好似洞穴隐喻当中,让一群四肢被枷锁套上、始终面对墙壁看着明火影子的囚犯去谈论洞穴外的景物一样,他们既然没有直接的体验和认识,其体验和认识也就脱离了现实情况,只能是存在于思维当中的幻想与假设。而大家脑海中理想的高质量课堂是未通过实践检验的,自然也很难经受住批驳,因此也就与实际当中的高质量课堂存在"偏差"。

　　那么高质量的研究生课堂教学究竟是什么样呢?当我目及有着长期留学经历、到课堂旁听的蔡秀英老师时,不禁眼前一亮,既然自己缺乏经验,那何不去聆听他人的直接经验,以达到对高质量研究生课堂教学质量的间接的"直接经验"呢?为此,我趁下课时间去请教了一下蔡秀英老师,蔡秀英老师分享了自己对美国研究生课堂的看法,对王老师认为美国教授总是对学生说"good"和"great"的说法表示认同,但同时也对美国教授也会经常说"but"进行了补充。她认为美国研究生教学质量之所以高,就是因为十分重视培养学生的批判性思维能力,而围绕这一目标所设计的教学内容和教学形式都是美国高质量研究生课堂教学特征的体现。而对于大家关于高质量研究生课堂教学特征的论说，她认为可能都是对的，但要对高质量的研究生教学质量进行评价，一定要注意"为什么要评？""为谁评？""谁来评？""怎样评？"这几大问题，并认为如果不界定好这几点，可能会对高质量的研究生教学质量的理解发生很大偏差，如"为谁评"这一问题，为政府而评、为高校而评、为教师而评和为学生而评的结果可能是大相径庭的，而这说到底就是质量观差异所导致的（在晚上与蔡秀英老师再次进行微信聊天的时候，她进一步提出"高质量的课堂教学取决于不同的教育目的"）。此外，我还与蔡老师交流了下接下来王老师可能进行的环节，我们一致认为王老师接下来可能要让我们大家进行排除、归纳和梳理。

果不其然，8点35分王老师回来后，我们便进入了第二环节的聚合思维阶段和第三环节的综合思维训练阶段，在聚合思维阶段，我们通过证伪方法排除了一些明显站不住脚的观点，最后剩下互动性强、重视知识生成逻辑、学生自主性强和具有质疑精神、教师善于把握节奏、教师有独特风格和教学机智等几个观点，形成了有效互动、过程性教学、民主性课堂、教学控制的四大标签，而这四大标签是否能够表征高质量的研究生课堂教学却是存疑的，为此王老师布置了文献查阅的任务，让我们通过"与专家对话"的方式去审判和验证这些标准，从而真正构建起自己独立的判断标准。

行至21点50分，整堂课就已告一段落。诚而言之，我对整堂课近三个小时的时长最后只得出了四个标签这种结果还是有点错愕的，或者更具体地来说是一种"不过瘾"的感觉。怎么大家你来我往、观点激扬下就只得出了四个标签呢（而且还不一定能真正站住脚、站住脚也不一定全面）？不过细细思之，王老师的课堂本身就是一个生成的过程，在这个过程当中我们追求的并不是现成的答案和已有的标准，更多的是寻求自己对原有观念和认识的澄清和重构，形成自己对事物认识的自主判断和独立标准，在此基础之上再去追寻问题的答案究竟为何。从这个角度上来说，答案并不是最重要的，不断地反思和探索才是关键和核心所在！

**王师批注：**

祥辉同学反映出几点肯定的品质：

1. 善于利用条件，在课间与蔡老师进行交流，拓宽自己的视野；

2. 勤于反思，不断地探讨质量和效率何者为优以及如何统一问题；

3. 真诚暴露自我的"神游天外"，说明这种反思是客观的、可信的；

4. 充满怀疑，批判性思维的根源就在于质疑，祥辉这一点尤其突出。

# 叁 研究标准的确立

**2018** 级硕士生 郑雅倩

## 一、课前思考

高等教育研究方法课这学期上得有点"坎坷",每节课时间间隔似乎有点长,这一段充足的时间也让我有更多的思考。课堂教学质量研究是教学研究中的一个核心问题,虽然世界各国的研究者们已经对这一问题进行了广泛而深入的研究,但仍未形成一个或者针对各个学科的具有普遍适用性的研究模式。通过文献分析,前人对课堂教学质量的研究可分为以下三种:第一,将课堂教学质量直接等同于教学结果质量来研究,即从学生角度出发,研究学生学习质量;第二,从教师方面来研究,即教师教学投入的质量;第三,是从学生的学习质量、教师工作投入质量以及教学过程质量三方面着手研究。如要进行研究生课堂教学质量评价,那么确定我们课堂教学质量的研究范围则是必要的。而研究范围的确定又必须考虑到研究的时间限定和项目研究的实际意义,从研究的时间和研究方便性考虑的话,基于学生视角来评价课堂教学质量似乎更为方便,做一个跟踪研究,研究课程结束后学生的知识、能力等方面的增长程度如何,但好像单单这样又显得单薄了,仅仅从学生学习质量便可以反映课堂教学质量吗?答案是否定的,课堂教学包含的因素多样,因此反映其质量的因素也是多样的,学生的学习结果是一部分,作为课堂教学的另一主体——教师,其理念、行为也是影响课堂教学质量的因素。另外,课堂始终是动态的,作为课堂的两大主体,教师和学生,这两者之间的互动必然也是影响课堂教学质量的因素。

基于此,我认为,我们在设定课堂教学质量的研究范围时,横向维度上必然涉及教师和学生,纵向维度上必然涉及教学、学习过程以及教学和学习结果。在教学过程中又必然涉及教学态度、教学内容、教学方法,学习过程涉及学习的内容、学习方法。而教学和学习结果如何去衡量呢?这好像又是一个大的问题,如果从布鲁姆的教育目标分类理论中的"认知、情感、动作技能"中的反映,似乎与研究生课堂教学质量有所偏离。这就涉及我思考的第二个问题。

我们将研究题目定为研究生课堂教学质量评价,那么,研究生课堂与本科生课堂有何不同?我试着去找答案:研究生教育作为大学本科后的,以培养精英人才和科学研究为主要特征的更高层次的专业教育,[1]研究生教育是建立在本科教育基础上的最高层次教育,为区别于本科教育培养高级专门人才。[2] 基于此,我们是不是可以这样理解:研究生教育首先是一种专业教育,而这种专业教育是建立在本科基础之上的更高层次的专业教育,所谓的更高层次可以体现为:(1)专业划分更为细致,培养的是在某一领域内掌握扎实且系统的专业知识,

---

① 刘鸿.我国研究生培养模式研究[M].青岛:中国海洋大学出版社,2007:82.
② 潘懋元,刘丽建,魏晓艳.潘懋元高等教育论述精要[M].福州:福建教育出版社,2015:106.

同时也具备一定的研究与创造能力的人才。(2)专业面更为广泛,虽然各个专业之间的界限比本科阶段的教育显得更为明显,但研究生教育又要求学生要具备更为宽广的知识储备,以保证研究生的全面发展。再由此推广到研究生课堂教学,一个高质量的课堂教学是否应该包括以下因素:(1)知识的深度与广度。(2)研讨式、对话式教学。这是从研究生教育涵义中想到的最主要的两点研究生课堂教学质量评价要素。另外,要评价研究生课堂教学质量,评价主体是谁呢?好像应该是我们,但好像又不应该是我们,这个是我一直很疑惑的点,我们有能力去评价一个课堂吗?每个人对课堂的主观感受是不一样的,因此,如何能最大程度上确保评价的客观性?关于这一点疑惑后来我也慢慢说服自己,如果我们的评价标准制定得详细、每个观察者对该评价条目的理解在一定程度上取得一致,应该是可以在最大程度上避免主观性偏差。对于评价标准,我原本的想法是每个人分配一定的访谈数量,通过对师生进行访谈,进而提取关键词,最终组成评价标准,这样会比较耗费时间,但从这个角度去提升评价标准的话,应该会比较客观且真实。最后,我还在思考的一个问题是,我们对课堂观察进行的指标是否应该区分人文社科、工科、理科?不同的学科其教学手段、教学理念可能会有差异,我们可以在访谈时区分学生的专业类别,经过对访谈资料整理,可以再明确是否不同专业的学生对优质课堂教学的理解不同,若有不同,再对课堂教学评价标准进行学科划分。

## 二、课堂收获

关于思辨研究。老师在课堂一开始就说明"任何研究的起点都是思辨研究",在以前我很片面地认为关于理论方面的研究就是思辨研究,而数据分析就是实证研究,老师的观点显然跟我的原有理解产生了冲突,也更引起我的思考。老师从研究的起点进行阐述,我们提出的任何问题都是一个思想、观点的澄清,而这就是思辨研究。回想一下,自己在提出研究问题时,都需要经过反复的锤炼,搜集各类资料,从现实意义、理论意义和实际情况等方面对研究问题进行思考,不断说服自己,最后才形成一个值得研究的问题。现在来看,这个过程确实就是一个思辨研究的过程。

关于课堂三环节。课堂的第一环节是头脑风暴。记忆中,这是从小学到目前为止第一次经历过的头脑风暴,有点新鲜,所以也造成刚开始的"羞于开口",后来在其他同学的带领下慢慢地进入了状态,逐渐放开,敢于把自己真实的感受说出来。这是这门课带给我的一大成长:不怕对错,敢于发出自己的声音。首位发言的是亚克姐,她认为高质量课堂应该具有互动性,老师将其补充为互动性强。亚克姐有实践经验,兼具老师和学生的双重身份,因此她的想法在一定程度上可以说是代表了两个课堂主体的想法。紧接着许多同学也都进行了发言,比如"重启发""教师知识渊博""教学机智"等。有师姐提出知识的创新性,老师反问"创新性"的具体涵义是什么。这也把我问住了,一些我们日常使用的词语,我们真的对其涵义了解吗?反思自己读书时的"囫囵吞枣""不求甚解",对很多问题"似懂非懂",没有抓住问题的核心,就是一无所获!我所提出的是"从教师方面而言,老师应该不搞一言堂、与学生平等交流、没有权威感;从学生方面而言,应该提前准备、敢发言、敢批判",后来也补充了一些诸如"教师的语言风格、课堂的包容性"等,这些想法也是基于自身的感受出发,从小到现在所经历的课堂,教师主导占据绝大部分,而这种教师主导型课堂也透露出教师的权威性、学生因缺少主体探究感而呈现出的盲目跟随、缺少批判性思维等等。刚开始的时候大家也都围绕着课堂教学质量讨论,祥辉师兄提出我们研究主体"研究生课堂教学质量"并没有很好体现出来,老师提出两者有共性,但也存在一定的差别,研究生课堂有其特性。这个也跟我之前的思考方向差不多,但我之前偏向思考研究生课堂的特性,却没有想到两者的共性,稍欠思考。在老师的引导下,我们也各自说了一些,总结为两点,一点是教学具有问题针对性,一点是教学过程具有探究性。第二点的探究性与课前的推测类似,而第一点却是我没有想到的。研究生教学的深度与广度是一个相对的概念,到达什么样的深度与广度算是好的课堂教学质量呢?这还是值得进一步思考的。"教学具有针对性",这个比较容易在一节课中观察得到,是对教师的课堂教学设计的一种考察。不过除此之外,应该还有其他的特征,但我们陷入了"瓶颈",为什么会陷入"瓶颈"呢,可能是对课堂缺乏感知力,又或许我们接触到的课堂形式单一?

在第二环节中,我们对刚刚头脑风暴中的各个特征进行推敲,这是一个思想和观念澄清的过程,是一个说服别人也说服自己的过程。在第一个环节中,老师可以说是一个记录者的角色,而在这个环节中,老师更像是一个引导者,针对第一个环节提出的课堂特征引导同学们进行思考并提炼语言,在适当的时间把控课堂进度,体现了教学机智。在第三个环节中,我们再一次对第二环节中的特征进行审判,可见科研的严谨性和科学性就在不断的磨炼中体现出来。我们发现所提出的特征中缺少教学内容、教学方法和教学效果的评价维度,这些评价维度在我们的认知中是课堂教学质量中不可或缺的,但是为什么我们的同学没有提出来呢?难道这些维度不足以考察课堂教学质量?这些问题还没有得到解决,但是下课时间已经到了,真真体会到了"时间飞逝"。同时,老师也把我们的研究引向了下一个环节:查阅文献。文献查阅和整合提升,一方面能够帮助我们了解已知的科学研究方向和程度,补充我们研究内容和维度的缺乏,另一方面也能够帮助探究未知的领域。期待下一轮我们能够从文献中解读出不同的内容!

### 三、课后思考

在上课前有想过要通过访谈提炼出课堂教学评价指标,但刚开始老师实施头脑风暴时,我觉得有点松散,抓不住重点,好像很难得出什么。把自己的想法和一位学长交流,学长说,这就是老师把自己当作一个采访者,而我们就是被采访者!恍然大悟,这不就是所谓的"访谈法"!反思自己,在学习过程中需要多拓宽视野,同时也应该多实践,很多知识只有经过实践才能真正内化为自己的东西。

汤建师姐的疑问是否反映了我们在制定评价标准前缺少了一个环节?即对相关概念的界定。比如老师提到我们研究的课堂包括第二课堂,但是是否真的应该包括第二课堂?为什么需要包括?第二课堂的观察指标是否又与我们第一课堂的指标有所不同?另外,对课堂教学质量的界定也是不清楚的,在第一部分我讲到了目前学界对这个概念的界定主要分为三类,我认为,我们课堂研讨主要集中在课堂教学过程质量,少量涉及学生学习质量及教师投入质量,那么我们研究课堂教学质量这个问题却主要研究教学过程是否合理?我们究竟应该将研究课堂教学质量的范围限定在何处?我认为,这些问题对之后的研究指标确定和调研方向起着关键作用。

**王师批注：**

> 首先对雅倩同学课前的文献研究给予肯定，这就是一种主动探索的精神。
>
> 其次，雅倩通过文献研究做了一定的梳理，这为课堂对话提供了一个基础。
>
> 再次，雅倩进一步对自己学习经历做了反思，这就是一种身份和角色转变。
>
> 最后，雅倩还在课后进行了交流，这种持续探索的精神值得大家共同借鉴。

# 肆　深入体验式学习

**2018** 级博士生　段肖阳

　　10 月 22 日的课程又是一次让我深刻反思自我的体验。课程分为四部分，第一部分是老师的课前序言，第二部分为同学们关于"高质量课堂教学的标签"发表自己的感性认识或者说基于自己课程经历的直观感受，第三部分为师生讨论归纳"高质量课堂教学的特征"，第四部分为老师结语。

　　每次的课程看起来"散漫"，但实际上是一个节奏紧凑、层次和逻辑清晰的渐进过程，在课堂上总有一种不自觉在上升的感觉。感觉我们是在发表一些并不那么理论的话语，甚至语言都没有经过缜密的组织，但是在这样一种平等和开放的氛围中，我们大胆发表自己的意见（这里的意见更多的是一种直观的感受，或许理论性和思想性不足），之后大家在语言碰撞中不断引发自身思考，而且老师的及时引导总是能够让大家明了自己的意见，让意见上升到观点（这里的观点就有一定的学理性，而且排除了一定的自我认识狭隘和偏见），再经过审思和论证我想或许进一步能上升到"道理"。

　　在课程第一部分——课前序言部分，或许以往同学们根据自己的上课"常识"觉得不需要听课前序言，甚至我也会有这种惯性思维习惯，但在这个课堂上我深刻感受到了序言的魅力。因为序言是老师承上启下的一个环节，在这个环节我能够直接聆听老师对上节课获得的思考，这让我能够找到自己与老师的思考之间的差距。找到与老师和同学们的思想差距不是为了信服权威，更不是为了直接获得总结感悟，而是为了激发自己进一步思考。老师在课前序言说道："通过上节课，同学们是否认识到提出一个真的研究问题并不容易？任何研究的起点都是思辨，我们需要先把研究的问题进行澄清。学生不应是机械的操作者，不是把研究当做命题作文，这样会导致研究主题和研究者自身分离的状态，导致研究的问题不是研究者自己的问题。"通过老师几句话，我一下子对自己上节课的反思有了进一步的认识，原来上节课触动我的正是这样的一种如何将研究问题变成自己的问题的一种体验。很多时候我们都会说，但没有经过体验的感受是一种悬空的、短暂的而且是缺乏真实感的状态。之后老师让同学们基于自己的感受发表"高质量课堂教学的标签"的想法，当时我没完全明白老师为什么一定要让我们基于自己的感受提出看法，但是现在我进一步理解了，因为在整个第二和第三环节的参与中，我更加意识到了基于自身感受的意见是如何一步步上升的，这样体验式的理论学习让我有了自己的新的感受和体验,这真是一种神奇的循环上升过程。

第二个环节——学生发言提出自己感受。这个环节大家各抒己见,同学们提出了 26 条"高质量课堂教学的标签",还提出了一些关于"教师、学生素质要求"和"研究生课堂教学的特征"的想法。在这个过程中,很多同学表达了与我类似的感受,但是我却不能准确表达,之后应提高语言的表达和逻辑性思考能力。每次表达的过程也是让自己的思考更加清晰和条理化的过程,而且表达也是让自己的想法不断完善的过程。我发现有的同学在发言时,也会有这种情况。可能同学们最开始只是表达了自己最直观的一些感受,之后同学们及老师进行了梳理和提示,发言同学进一步思考,最后初步形成了自己的想法。交流也是一个让感性认识上升到理性认识的很好的过程,所以如何去进行交流,在这个过程中如何表达自己的想法,如何与人进一步就问题进行深层次的"回合式"的螺旋上升式交流是一门学问!在我自己发表看法的过程中,老师指出了一些问题,其中一个就是没有理解一些常见的词语的概念,只是简单泛化地使用一个囫囵的词语,并没有理解内涵,这样的话语是空洞的,是没有含义的。那么我为什么会出现这种问题呢?我突然意识到我是没有将研究问题当成自己的问题,没有把问题和自己融合起来,这样的问题和自己肯定是分离的,发表的意见不是具有自我思想的观点。看来听到老师的教诲以为自己理解了和自己体验之后的再反思的理解是真的不一样啊,自己感受到的才是一种真的获得,这就是一种自我建构的过程。如此一来,我也意识到课堂就应该积极发言,不用害怕自己的错误,因为进步不应该只是"试对"的过程,也应该是"试错"的过程。在这个过程中即使是错的,但敢于把问题暴露出来,这种体验能够促进自己反思,从而更快地成长。

第三个环节——师生共同讨论,在这个过程中同学们通过辩论,去除自己想法中的狭隘和偏见,最终得到既能够说服自己也能够说服别人的共识。在这个环节最开始时我担心大家会不会将老师作为权威,一致同意老师的想法和见识。但这个环节真的开始的时候,我才意识到我的担心是多余的。首先,老师没有把自己当成权威,真是让我更加佩服老师!其次,同学们也没有盲目把老师当成权威,而是辩理说服自己说服别人。在每一个回合(在你一言他一语的过程中,感觉像是武士在比武中一招一式的切磋,这样的切磋是螺旋上升的,是不断升华的,是一个让自己不断获得思考和新思考的过程)的讨论中,大家都能感受每个人的观点都是基于自己想法的"偏见",但是通过辩理,大家最后能够上升到新的高度,每个讨论回合都有一种醍畅淋漓的快感。这样的体验是真正的参与式课堂,调动了每个学生的积极性。为什么我一再写到了"体验"呢,因为我觉得这个词语才能真正地表达我的课程参与感,这样的课堂不是简单的"我来上课了"或"我上过课了",而是有个人参与和完全投入(情感、态度、价值观的参与及碰撞)的一种感受和获得,每个学生都不仅仅在听,而且都在为课程作出自己的贡献。在辩理的过程中,大家不仅去伪存真,而且也发现了一些新的细致的值得研究的问题,如"什么是有效的课堂互动""为什么大学的教学不强调启发式课堂"。也许这些问题比较小,但对于这些很常见的现象或语言,我们却没有经过认真的批判性思考,没有自己的认识和见解,在这个课堂上通过大家的碰撞,我体悟到了学术语言不是随便使用的,每个词或每句话都应有真切的内涵,不应是为了用词而用词。通过辩理,大家在老师的引导下最后得到了一些公认的高质量课堂教学的标签,老师在总结部分又引导大家从不同的维度对这些标签进行了提炼升华。

第四部分——总结，总结环节老师引导大家从更高的层次认识提炼出公认的特征。对于这个环节老师加强了引导，希望同学们能够基于理论高度进行概括提升。但这些特征是否全面，是否完全正确，老师并没有给予解答，老师给大家布置了小任务——带着"怎么界定高质量教学"这个疑问，每人查找 20 篇代表性文献，并形成自己的高质量课堂教学的判断。老师肯定是希望我们在自己已有的思考和判断的基础上去"检视"文献，而不要陷在文献中被文献牵着走。正如老师在课前序言中说："做论文的时候不是先看资料，而是先审题。先追问自己是怎么看待这个问题，自己的说法是否能够说服自己，然后再去找资料。若要说服别人，先说服自己。"我想这就是老师一直强调的我们要做研究的主体，要从自己出发，从自己的观点和批判出发。每次在课堂上和课堂下都能感觉到自己从被动思考到主动思考的过程变化，虽然我还不能在所有的课堂和所有的活动主动思考，但我会继续积累和不断主动反思，形成自己独立思考和独立判断的标准。

**王师批注：**

肖阳同学说出自己的感受非常好！这是一种高贵的品质：诚实！因为人们总希望打扮自己，不希望暴露自己的不足和缺陷，所以课堂上也比较保守和沉默。肖阳同学在课堂上的提议被否定后没有受到打击，而且反思了自身存在的不足，这种韧性值得称赞。而且在课后能够真诚地反思自己的心理变化，很不简单。因为许多人对于自己的内心总想掩盖一点什么。这让我想起了中国古代大哲人之一的荀子说过的一句话，善者伪也。不过这里的"伪"是"为"的意思，是身体力行的意思。肖阳同学坚持力行实践难能可贵。

肖阳同学帮助我回忆了我课堂上说过的话，因为我说过之后大多数都忘记了，只有个别典型的事件才记得住。你的日志能够帮助还原一次现场。

毫无疑问地说，对自己成长历程的记录非常珍贵，因为它是对自我成长的见证。

# 伍　在行动中学习

2018 级博士生　王亚克

这次的日志主要分为三个部分：课前准备、课上收获与思考和课后作业。

## 一、课前准备

上节课确定了"研究生课堂教学质量评价"这一研究问题之后，按照惯性我开始查找相关的期刊论文，看了几篇就发现教学质量的评价指标纷繁复杂，没有统一的标准，有从课程设计、讲课表现和总体评价三方面评价，也有从教师职业特征、教学技能、课堂氛围来评价，还有从教学态度、教学内容、教学方式和教学效果或者从教师技能、师生关系、结构、教学组织和作业量等方面来评价，总之，教学质量评价是多维度的，至今尚无定论，一方面说明这是一个值得研究的问题，另一方面也说明了教学质量评价的复杂性。

老师让我们思考这项研究的突破点以及研究方式和策略,并提出大家可以在网络教学平台上论战,非常遗憾的是连续几天我都无法登录网络教学平台,没能及时看到大家是怎么论战的,我想课堂教学质量是否好一定要看教学效果,可是教学效果又如何体现呢?谁来评价教学效果?如何从这么多的维度中选出有代表性的维度呢?下一步如何进行研究?我感到问题太多而无从下手。

## 二、课上收获与思考

我带着疑惑进入第三节课,一上课就受到了冲击,老师回顾了上节课的研究问题之后说最重要的是要有自己的思想,一拿到论题就到处看资料是一种"愚蠢的做法",自己还没思考就先被别人牵着走了,要先审题,认真思考自己是怎么看待这个问题的,是否能够说服自己?有了自己的判断再去找资料来论证自己的观点,也就是说先说服自己再说服别人。我一边听一边想我有自己的思想吗?没有认真思考就开始四处查找资料——我一贯不就是这么做的吗?为什么越看越糊涂?是不是被牵着走了?说到底就是没有把自己当成研究的主体,被动地参与研究,缺乏独立判断的意识。发现这个不足也是本节课的收获,任何的不足都指出了我要努力的方向。这也验证了老师所说的"思考是一种震荡过程,真正的科研必然是反复的"。在反复的思考中才能真正成长。

接下来老师抛出"好的课堂教学有什么表征"这个问题,鼓励大家进行头脑风暴,大胆发言。在开放、民主的氛围中15位同学提出了26个特征,大家都很积极。赵祥辉同学对这些表征是否属于研究生课堂表示怀疑,通过他的发问和老师的引导,我们的注意力立刻从"好的课堂教学"聚焦到"高质量的研究生课堂教学",老师花了大量的时间带领大家逐条思考并分析这是否是研究生课堂教学中典型的特征,分析的过程中有质疑也有批判,我观察到同学们在这节课当中的参与度明显高于前两节课,课堂气氛十分活跃,我也一直在思考自己提出的评判标准"互动性强"。怎么才算强?老师认为"有效互动"更准确,但紧接着有人提出"什么是有效互动",从"重启发"跳跃到"研究生课堂还要重视启发式教学吗",这些在思想交锋中闪出的小火花都被老师捕捉到了,在进一步深思的同时,不得不佩服他的学术敏感度。

当26条变成6条后,老师又把它们归纳为四个维度,并进行高度概括——参与度、过程性教学、民主化课堂、教学控制,整堂课都在不断地生成新知识或新观念。在做质的研究时,理论的建构是最有难度的。陈向明指出:"质的研究中的'理论'大都属于广义的、实质理论的范畴。质的研究的目的是对特定的现象本身及其内在联系进行探究,注重人的实践理性和实践知识,因此其理论也具有一定的特殊性和实践性。质的研究中的理论不是对社会现实中的概念化和形式化,而是特定研究者通过从特定的角度通过特定的研究手段对特定的社会现象做出的一种解释。这种理论具有一定的时间性和地域性,必须根据具体情况的变化而加以修正。"[1]我们正是在原始资料的基础上筛选和提炼出适用于研究生课堂教学的实质理论。

这堂课一开始大家根据个人的实际观察和感受提供了26条原始资料,老师就从这些资

---

① 陈向明.质的研究方法与社会科学研究[M].北京:教育科学出版社,2000:319.

料出发,通过不断地比较、归纳和分析,从我们的经验中提炼出新的概念和思想,并逐步上升到理论。通过这节课老师给我们一步一步地演示了在质的研究中如何建构理论的过程,我们见证了这个过程,也都参与了这个过程,这是一种难得的"在行动中学习"的体验。

要说有什么遗憾,那就是在提到美国研究生课堂教学时,来旁听的蔡老师(其硕士和博士均在美国就读)没有任何参与,一直很安静地坐着。如果当时她能够立刻分享一些她的学习经历或描述一些美国的研究生课堂教学特征会让我们有更直观的感受,一定会激发大家更多的思考。

### 三、课后作业

接下来我们需要验证参与度、过程性教学、民主化课堂和教学控制等是否是评价"高质量的研究生课堂教学"最有代表性的维度。如何进行文献搜索和分析? 有这四个维度做标尺,我想这次查找文献应该会有和以往不同的体验。

**王师批注：**

亚克同学的日志也证实了我课堂上的猜测,即我们同学很多时候就是不思考就去查资料,结果越查越糊涂。

亚克同学对照自己进行反思,这是一种有效学习方式,因为只有发现自己不足才能找到进步方向。

亚克的日志慢慢开始有了自己的主心骨,这是一种可喜的变化。

亚克将反思分为课前、课中和课后三个部分进行描述,体现出了一种动态性。不过单纯以时间划分好像还是有点简单。

## 陆　课堂中的批判与节奏感

2018 级硕士生　王鹏娟

10 月 22 日晚的高等教育研究方法课程节奏非常清晰,反思如下:

### 一、课堂回顾

在王老师的引导和掌控下,课程大致分为四个部分:序言——头脑风暴——再次权衡并选择标准——作业要求。

在序言部分王老师主要解释了"上课"和"做研究"的一些问题。对于上课,他提到两点,第一点是强调我们的每一节课都是连续的,因为课程推进逻辑实际上即研究开展逻辑,我们需要将无数个经验的问题聚焦到一个经验的问题,并最终升华到一个真的研究问题。所谓"真",一要源于我们真实的经验;二要源于我们真切的思考,可谓研究者的"真";三是这个问题要有研究的意义和价值,即问题提出内含着问题需要揭示、解决的指向,可谓问题本身的"真"。关于"上课"的第二点,王老师解释了为什么我们没有一开始就做文献筛选、收集和梳理工作,他的初衷是想确保问题的提出是基于经验的,不会过多受到已有研究结论的框架束缚,而且选择了问题之后的"审题"环节也可以通过经验和逻辑思维排除掉一大部分不合理的"思维漏洞",即"要想说服别人,先说服自己"。如果最终自己的逻辑是行得通的,则再在此基础上查阅资料、开展研究,以证实或证伪自己针对研究问题所做的研究预设。王老师说,这一自己反思自己、自己推翻自己的过程也是培养研究者主体意识的过程,在过程中研究者本人依然是从自身出发在思考,在做出判断,进而做出取舍,因此自然锻炼了自己的批判意识和能力。这使我意识到人们寻找和确认自己标准的过程是个不断自我否定、自我推翻,并在否定中生成,在生成中确认的过程。一开始人们心中可能有很多观点,但经过逻辑分析后发现观点本身存在漏洞,填补漏洞的过程中又引发人更深入的思考,或者人们换了一个角度进行反思,思考本身进一步打开了人的思维深度和广度,推动人们理性思维的成熟和批判意识的养成。与此同时,批判自己和批判他人之间又存在差异。批判他人首先需要确保自己对他人的主张有清晰、正确的理解,如若批判是基于对他人观点的"理解偏差",那么批判本身就因为"攻击"错了对象而失去合理性。因此我以为批判他人要比批判自己更难,首先需要充分理解他人的观点,拆解其立论的逻辑,然后找到其逻辑漏洞,在纠正基础上或按照另一套逻辑进行推演,才能完成一个合理的批判过程。除此之外,批判他人,既需要批判的智慧,也还需要批判的勇气。一些研究者碍于"情面"往往不好意思直言对方的问题,可是,当一个研究者怀揣着对理性的追寻和对问题本身的严肃思考,他是会将"人情面子"往后考虑的。且作为一个自信、包容的研究者,也会欢迎他人的"批判",若来者批判得无理则以理服人,若对方批判得有理则重新反思自己的观点,其间蕴含着"真理越辩越明"的意味,总归是有所收获的。当然,研究者本人还应注意区分那些不怀好意、歪曲事实的假批判,对于这类诘难,回应方式更多取决于研究者的个性和风格。

就做研究这一话题,王老师主要说了两点内容:第一点,任何研究的起点都是思辨的,强调研究者本人的问题意识和对问题意识的逐步澄清。细想一下,从日常经验问题到研究问题的升华过程确实是需要进行思辨的逻辑推演的,诸如发问卷、做访谈、田野观察等具体的、操作层面的研究方法是指向研究资料和研究结果的,无法实现研究问题的"升格"。第二点,研究者一定要有"局内人"和主体意识。主要强调的还是研究要基于个体经验和问题本身的关联,要把自己定位到研究中去,而不是独立于研究资料。"局内人"的角色不是要对研究对象施以影响,影响研究的客观性和真实性,它更强调研究是研究者本人亲自做的研究,不是为其他人,不是为学位文凭,更不是为浮华功名,因此需要通过研究者的进入"现场"、在问题寻找阶段充分调动自己的感性认识以建立和平的研究者与研究的联系。

第二个环节是头脑风暴环节,同学们就"你认为哪些是高质量的课堂"问题展开高质量课堂的标准探讨。随着讨论的深入,我们渐渐将课堂从"大学课堂"聚焦到"研究生课堂",有意识回归到我们的研究对象上。关于头脑风暴的过程有一点问题是理想状态下头脑风暴环节是不设边界的,讨论者围绕一个主题进行思维发散,中间没有驳斥,没有质疑,以求讨论结果的丰富性。但在实际课堂上王老师当下否定了一些同学的观点,祥辉学长也以提问方式推进主题的聚焦,这些看似破坏头脑风暴规则的行为,细想也是有道理的,如果在思维发散阶段保留所有观点,那么在第三阶段的权衡标准中无疑会有更加庞杂的工作量,这种方式对于有限的课堂时间来说,显然是不经济的。而王老师的适时评价可以直接针对性地指出学生的问题,学生获得了及时反馈,准确意识到自己在思考过程中问题出在哪里,也会有很多收获。由此可见,当我们谈方法的时候,方法本身往往伴随着一定理论和操作层面的规定性,但在实际应用中还是要强调"活学活用",方法永远是为问题服务的,不能过于拘泥。

第三个环节是再次权衡标准环节。王老师将23个学生经过头脑风暴以及初步判断后剩余的标准逐条进行分析,再次深入地考虑这些标准是否是高质量研究生课堂的标准。在权衡过程中有两三次课堂一度陷入"僵局",主要原因在于其一,大家对于同一概念的程度理解不同,基于个人经验的判断使得大家对不同标准的体验也是不同的。比如就"教师学识渊博"这一条,有的同学认为如果一个教师他学识不渊博,那么他怎么可能教好学生,但有的同学认为教师不一定要学识渊博才能教好学生,诸如一些新手教师,可能他们的学识较老教授依然浅薄,但他们依然可以通过课堂的设计和对学生特点的充分掌握上好一堂课,不能绝对地按照学识是否渊博来评价教师及其课堂,在此基础上王老师补充了他的另一个思考角度,即一些教师可能会因为其学识渊博、专业性强而生成一种"知识权威",挤压"民主课堂"的空间,由此来看,学识渊博和专业性还可能束缚课堂。其二,在讨论过程中发现自己对一些熟悉的概念理解也不到位,面对一些经常使用的词汇和概念我们并不知道其真实含义。诸如从"互动"到"有效互动"的深入,我们发现对"有效"的程度、标准、判断依据也是"存疑"状态,所以就无法用一个我们不知其含义的词来评价另一件事情,正应了王老师所说的"一到精细处就考验学问",也看出就教育学人"专业性"而言,我还有很长的路要走。

在第三个环节结束时王老师从我们二次选定的高质量研究生课堂的标准中进一步归纳分析维度,发现我们归纳出的标准是并不全面的。我们经过讨论最终留下来的几个标准有:有效互动、重视知识生成逻辑(即重视过程性交流)、课堂民主性、自主性强、具有质疑精神、教师善于把控课堂节奏、有自己的独特风格、教师具有教学机智、教学内容与学生实际相联系并具有一定的挑战性。经归纳总结发现这些标准已经涉及教学内容、教学方法和技巧、教学风格、教学理念、教学效果,但总感觉还是不全面的,总担心有了这些内容,我们教师注意到甚至达到上述标准,还是无法生成一节高质量的课。这期间我发现的问题是,对于课堂是否高质量我们往往是从教师出发提要求,而鲜有对学生提要求,我以为这是欠妥当的。我想到本科大三时的场景,当一个教师满心欢喜地备好一节课准备在课堂上和学生互动时,下面的同学埋头做自己的事情一点也不理会和回应教师的提问,这种情况不是学生对课堂的浪费和辜负吗?我想,如果这个教师真正地准备、设计好了上课的一切,看到此番场景,多少会有些寒心吧。

课堂最后一个部分是作业要求。王老师要求我们扎根到文献中去寻找高质量课堂的标准,选择至少20篇论文进行阅读和提炼,并对照自己经验式的结论看二者之间何处有重合,何处有出入。作业要求明确,简单又不简单,王老师是在考察我们对澄清研究问题的理解和学术品味了。

## 二、课堂收获

首先,这节课王老师的节奏控制得非常好,而且我可以较为清晰地抓住王老师的重点,并跟上他的节奏。事后想王老师这节课上有三点尤为明显的特点：其一，他将课堂内容的切分清晰地呈现给大家，比如在说完第一部分时，王老师说："好，以上就是今天的序言部分，接下来我们就开始头脑风暴，讨论……"；第二部分结束后，王老师又简单总结了一下并引出第三部分"对自己的标准进行再反思"等等，这样课堂结构很清晰地呈现在学生面前。其二，为什么这样的课堂结构设计容易被学生接受呢？因为我发现这样的课堂展开逻辑与人的思维逻辑发展相符合，且兼顾了每节课之间的连续性。王老师每节课的第一部分大部分都是"承前启后"，这样带动学生对上节课内容进行简单回忆，不自觉地将课堂之间延续起来，而且王老师往往会"点破"这种连续性，从而降低了学生的理解难度，使学生不至于如丈二的和尚——摸不着头脑（或者也可以让学生自己主动思考一下两节课之间的联系？）。再如，从头脑风暴到"二次权衡"，学生的思维经历了发散式联想和结合经验的批判反思，在王老师的引导下又进行了更抽象层面的维度总结，并进一步反思自己的思考和判断结果。其三，王老师每一个部分的指令下达清晰，问题直接、聚焦且明确，方便了学生在理解教师指令的基础上展开思考。

其次，王老师的课堂反思也让我受益匪浅。前辈如此珍惜时间，效率极高，敬业爱业，对自己的一点失误就严格批评和反思，拒绝拖延症，对像我这样一向缺乏"组织纪律性"和"时间观念"的人既是榜样更是警醒。不管做什么事情，都应该尽心尽力地去完成，有态度，有方法，有付出，有坚韧的意志和乐观的心态，怕是没有什么克服不了的困难和解决不了的问题。由是观师者对于后辈的影响，不仅仅体现在课堂知识的传授，"师行生效"、人格感染，亦使学生收获颇丰，不敢懈怠。

### 三、课堂中的几个问题意识

在课堂中同学们的群策群力还涌现出大量对我而言很感兴趣的"未解之谜"，将其整理下来：

1. 研究始于思辨；
2. 研究者的主体意识；
3. 研究问题的经典性与前沿性间的关系；
4. 美国的档案袋评价对高等教育的借鉴；
5. 有效互动的概念界定与现实意义；
6. 为何大学的教学方法中很少谈"启发"？
7. 课堂教学的节奏感；
8. 高校教师的教学机智；
9. 教师如何处理教学内容的前沿性和适切性（前提预设是前沿的知识并不等于合适的教学内容）？
10. 如何理解学生在课堂上的获得感？

**王师批注：**

每次看到鹏娟的日志都有一种惊喜感！为什么？因为她的观察太细腻了，不仅观察得具有广度而且具有深度！可以说，这是一篇高质量的观察日志。具体理由有三：

1. 许多细节被她一一关注到，而且进行了总结点评，不仅达到了知其然，而且达到了知其所以然的层次。作为我们硕士一年级的同学而言，达到这样的观察水平，实属难得！

2. 紧密联合自己实际进行思考，她提出了批判别人比批判自己更难的观点，这是一种感叹，说明我们在交往中存在文化障碍，即中国社会的人情面子风气很盛阻碍了人们真诚的交往。很显然，在世俗社会，这不足为奇，但对于学术社区而言却是一大弊端。

3. 她对课堂上没有解决的问题进行了梳理而且做了提升，归纳出了十个问题，这些问题对于我们多数同学都很具有启发性。

# 柒　加强独立思考　摆脱文献依赖

2017 级硕士生　姚烟霞

好久没有一整节课都全神贯注、聚精会神地倾听、思考、发言、记录，既不走神，也不犯困，既不觉累，也不想刷手机，反而觉得时间飞逝，意犹未尽，很是过瘾。这种久违的感觉让我不禁想到好像很久很久没有如此全身心地去参与一堂课，去思考、去研讨、去表达自己，也许这才是研究生课堂应该有的样子，而我们在现实中却往往参与了太多灌输式的课堂，早已习惯了把自己作为"接收器"，而忘了自己参与者的身份。这种参与意识和参与能力的回归，也让我们在课堂中慢慢找到了存在感和收获感。

## 一、本次课的主要收获

1. 任何研究的起点都是思辨，作为一种观念的澄清，思辨能力真的很重要，在以后的学习过程中要不断有意识培养自己的思辨能力。

2. 真正做研究的状态是情不自禁地想去研究一个问题，不研究就会浑身不自在，非想研究弄明白不可，甚至做梦都在做研究。这是一种很高的研究境界，虽不能至，但心向往之，仍努力之。我想如果真的做研究到了这层境界，那研究一定不是一件痛苦的事情，而是拨开层层迷雾，逐步解决问题的幸福。

3. 做研究要从局外人变成局内人，要培养做研究的主体意识，即"我要研究"。如我们本次研究问题聚焦于研究生课堂教学质量，每个同学都是课堂的感受者，如此便有了判断的基础，在做研究的过程中，也容易从自身出发，结合切身感受，从研究的局外人变成局内人。

4. 本次课最大的收获就是纠正了一直以来做研究的极大误区，即凡事文献先行，依赖文献。不知道研究什么，没有研究问题要去看文献；确定了研究问题，不知道怎么研究要去看文献；研究到一半没有思路了要去看文献……仿佛文献是万能的。这种思想太危险，太可怕了，不仅会被别人的经验牵引、束缚，还会绑架自己的思考。研究问题的提出要从自身解决问题的需要出发，从社会现实存在的问题出发，对问题有了自己的思考再去查阅文献，不仅能大大提高文献阅读的效率，还能对自己的思考进行延伸补充，学会利用文献充实自己的研究，而不是被文献利用。

## 二、本次课的最大困惑

最大的困惑就是觉得自己教育学的基础还是比较薄弱,平常的阅读较少,以至于同学们提出一个时髦的说法,理解起来就会有点困难,比如说"知识生成逻辑",以后需要扎实教育学的基本理论知识,与时俱进。

## 三、从老师、同学身上学到的

1. 在关于高质量课堂教学标签头脑风暴的过程中,同学们思维非常活跃,想到的点也很全面,祥辉还有几个师姐、师妹都发言了好几次,自己只发言了一次,虽然从头到尾都在跟随老师、同学的步伐思考、参与,总体而言这还是一种对别人观点的思考与反思,最重要的是要有自己的想法,提出自己的观点,这一点需要提升。

2. 老师提纲挈领、总结概括的能力非常强。同学们表述不清或表述累赘的内容,老师总能在短时间内用最精练的语言概括出来。需要向老师学习提升这种语言精练的能力。

3. 课间会与坐在旁边的王亚克老师就课堂内容进行交流,收获很多。课堂上不敢发表的观点,会私底下和王亚克老师探讨,王亚克老师有时候会觉得观点很好,鼓励我积极表达出来,这一点很感动,也很受激励。

## 四、自己存在的不足

1. 思维不够活跃;
2. 对做研究存在误解。

## 五、如何改进

认真参与每一堂课,在参与的过程中感受研究的每一个环节,在已经参与的两堂课中,对如何确立一个有意义的研究问题,如何思考研究问题,研究一个问题的逻辑是什么,该什么时候查阅文献等有了深入的了解和认知。在接下来的课程中,希望通过对研究生课堂教学质量问题的探讨、研究,真正明白科学研究的生成逻辑。

王老师在日志中表示"这是昨天晚上应该做的事情",让我敬佩与感动。课程结束回到家已十点有余,却还坚持即刻更新日志,一刻不拖延,您以身作则告诉我们什么叫日志的及时性。本来觉得第二天一早更新已经算及时了,原来真正的及时是即刻落笔,趁着记忆未散,画面正清,落笔于白纸黑字,这才是最接近真实的观察日志。以后向老师学习。看到老师说日志写了两遍,不免心疼,老师对教学的认真与热爱感染着我们对学习、对学术、研究的热爱。

**王师批注:**

当看到烟霞的"心疼"两个字时,我眼眶有点湿润了,真的被感动了,我们的同学多好啊!

看到烟霞说听到"知识生成逻辑"而感到自我不足时,我觉得我们同学的学习积极性是有的,只是一直没有被很好地激发,只有在集体的氛围中才让自己看到了自我的不足。古人的"相观而善"诚不欺也。

烟霞同学反思自己存在的不足时,我觉得我们都是充满自我批判精神的,这可是一种巨大的勇气,这可不是随随便便能够获得的,这说明团队教学确实魅力无限。

最值得说的是烟霞同学说她是第一次全神贯注、觉得时间飞逝,我真不知是应该高兴还是难受,因为从理论上讲,所有的课堂都应该是这样的,遗憾的是这样的课堂太少了,这一下子让人不知所措了。

# 捌　不再仅为他人做注脚

**2017** 级博士生　　汤建

第一次反思日志我基本以白描式的方式记录,这次日志我更想表达自己的所思所感。这也是想促进自己更多的思考,而非单纯的回忆。

这次课的人数刚刚好,和第一次课的 26 个人相比,这次课减少了 10 人。上课和沙龙一样,也并非人越多就越好。这样,没有太多拥挤,没有太多群舌激战,有的是更多的沉淀和更多的充分表达自己,这是一种舒适的感觉,刚刚好。

可能是由于课堂日志的要求,我看到课上有一直奋笔疾书的,也有一直手指飞舞敲打键盘的。但是也不乏低眉或仰面思考者。这让我回忆起入学伊始,每一次讲座、每一次课、每一次沙龙,我都会激扬键盘,力图记下所谓的有用信息,将其认为是所谓的获取知识。然而,当我再次看到那些被自己记录下的他人的内容时,并无喜悦和兴奋。因为记下的只是别人研究后的结论,看到的只是一个个植物标本,而非真实的自然,收获的也非自己思考后与他者思想的碰撞。渐渐地,几次讲座之后,我发现我的能力无法兼顾键盘记录与思考。我开始解放双手,当它们离开键盘的时候,我发现是另一番天地。如果说让自己没有思想的最稳妥的办法就是在空闲的每一分钟马上随手拿起一本书,那么完全可以说让自己失去思考空间的最稳妥办法便是在课堂中"勤奋"地记下每一个字。太多的接受、阅读和记录会使我们的精神失去弹性,思维失去空间。确实,我们经常可以在一本书里、一次讲座中、一次课堂教学上轻而易举地找到自己艰辛、缓慢、反复思考所得到的见解,但是,经过自己思考所获之独立见解才是价值百倍。正如我前几天看到的一句话:我们必须流下热汗,才能重新拥有父亲留下的遗产。①

初入学时的深刻体验在老师这门课里得到了绝好的验证。老师的课堂上更多需要我们解放双手,给思考以空间。也即是说,我们是一个思考的主体,而非被他人的观点牵引着,我们有自己的审判权利,只是在长期的授受式模式下,我们不自觉地放弃了这一权利。老师的课为我们努力找回这曾经被遗忘的权利提供了绝好机会。也正如此,如果我们落下了一节课,借了其他同学的笔记后试图参与到落下的那次课中,我们会发现自己失败了。老师的课堂体验不是 Word 上的文字信息所能弥补的。我遗憾地错过了上次课,这次课直接进入问题讨论环节——研究生课堂教学质量评价。整个课堂以激发大家思考为中心,老师只是作为记录员和评判员。第一环节让大家各抒己见,表达内心最直接的想法,着重对发散性思维

---

① 歌德.浮士德[M].董问樵,译.上海:复旦大学出版社,1983:36.

的训练。第二环节让大家反向思考,训练大家的聚合性思维。这样,有收有放,增加了思维的弹性,增加了思考的深度和广度。第一环节中,大家提出了关于高质量研究生课堂教学的近三十多个标签。经过第二个环节的批判和自我批判后,留下了有效互动、过程性教学、民主性课堂、教学控制四大标签。这四大标签无疑是无法涵盖所有方面的,其合适与否也有待进一步的论证,比如教学控制,这并不必然是高质量的研究生课堂教学的独有标志。如果说,我们只是记下了这些思考后的结论,那么这节持续近三个小时的课堂就失去了它的意义。有同学抛出了问题:研究生课堂的独特性体现在哪里?这个问题很好。一时间,大家不知道怎么回答。老师即刻道:"高质量的研究生课堂不应该是怎么样的?"立马见效,同学脱口而出,"不应该是照本宣科的"。虽然依旧没能体现"研究生课堂"的特征,但是老师的这一反向激发,确实切断了我们的思维惯性。经过了这么多年的灌输式教学,我们每个人都有很强的思维惯性,老师正在一点点地将这一惯性打破。课末,老师给我们每人20篇代表性文献的查找和阅读要求,这是对综合思维的训练,也是训练我们的文献研究能力,不仅要能够在众多文献中找出代表性的文献,而且要找出能够支撑自己论点的论据。概言之,当我们形成自己的独立见解时,其他的观点便成了我们研究中的注脚。

整堂课中我切实感受到了围绕一个主题,不断反复、深入、批判和澄清的过程,每个学生都是参与者,都是研究主体,都在贡献自己的思考。进而,正如老师所言,做到精细处才是学问。很多时候,我们心里只有一个大约、差不多的概念,并没有去深究它。正如我们经常所言的"创新",我切身感受很强,前段时间在写创新创业教育的文章,对"创新"有了更进一步的理解,其实只要在知识体系中能把个人独特体验贡献出来便是创新。正如我们讨论的"互动性强",是怎样的互动?强是如何体现的?当有比较级出现的时候,我们通常都很难直接从定性的方式去界定它。关于"研究生课堂教学评价"这一问题的讨论,其实很多内容仍是不清晰的,首先,基本概念"课堂教学质量""质量评价"仍然模糊。课上,大家从教学内容、教学方式、教学评价、师生关系等方面提出了自己的判断标准,然而,基本概念的外延和内涵应该是怎样的仍不清晰。其二,对"研究生课堂"独特性的认识仍不全面。其三,"研究生课堂教学质量评价"是否可以等同于"什么是高质量的研究生课堂教学"?评价应该是基于判断和分析后的结论,那么,我们充当了一次评价主体,提出了我们的评价标准,是否可以完全地说服自己和他人?这些模糊的地带以及我们提出的判断标准必须要通过进一步的论证与支撑。

**王师批注:**

感谢汤建同学对自我学习经历转变的分享,这种对自我的经历描述非常具有启发意义。

汤建对课堂教学过程的描述体现出了很强的主体性。

汤建对我的"做到精细处才是学问"把握说明课堂的投入度很高,没有忽略这么简简单单一句话。其实这句话可能需要很多年心血才能凝聚而成,只不过很少人进行这么提炼。

感谢汤建同学对课堂有待探讨问题的梳理,我在第一次日志中写了,第二次再写的时候就落下了,所以这样就弥补了一大缺憾。

# 玖　探讨"高质量课堂教学"

**2017** 级硕士生　熊文丽

## 一、每次反思都是一次自我的批判

不知不觉,这是第三次进行反思日志的撰写了,我已经慢慢习惯这种学习方式,很明显的一个特征就是自己会迫不及待地想要将自己的所思所想赶紧记录下来并上传到平台上,并非常期待老师的回复,每一次老师的回复会反反复复地看几次,想几次。但也不得不承认,写好反思日志并不是一件那么容易的事,因为思考的过程中总是伴随着痛苦的体验,或因思而不明而痛苦,或因悬而不决而痛苦,或因否定自我而痛苦……每次的反思是一次自我批判的过程,批判也就意味着内心的斗争与冲突,这就决定了反思绝不是一件容易、轻松的事,而是一件非常严肃、认真的事。"未经省察的人生不值得过",从这个角度看,反思倒成为了反映我们存在、彰显独特自我的重要方式。

## 二、什么是高质量的课堂教学

在课前,我对这次课是非常期待的,因为在上次的反思日志当中我提到了教学质量显效是一个长期的过程和难以量化的问题,这对我们评价教学质量来说是一个难题,也是一个困惑我比较久的问题,怎么对教学质量进行评价才是比较科学合理的,"好"的教学应该是什么样的。所以我特别想要在这次课堂上,通过与老师、同学们一起进行理论的构建与思考来突破这一难题。现在想想,这一想法无疑具有急功近利之嫌,我怎么可以要求通过短短的三节课来解决一个这么大的问题呢？做学问不是一两天的事,更不是三节课的事,而是一个长期、反复的过程。

在课堂中,王老师抛出一个问题:高质量课堂教学的标签有哪些？并采用头脑风暴的方式让我们各抒己见。前几周我专门找到王老师,就困惑自己已久的一个问题即"在看论文时怎么避免被别人的观点牵着走"向老师请教,老师笑了笑,语重心长地跟我说,在看一个主题的论文时应该先认真审题,想清楚自己是怎么看待这个问题的,先在自己的脑海中形成一套观念体系,然后再看别人的文章,这样就能在很大程度上避免"被人牵着走"的局面。谈话的最后老师也不忘鼓励我说这是一个过程,要经过反复不断的学习、磨炼,才能形成自己独立的思考。而本次课的头脑风暴就是一次非常好的磨炼机会,在平等和开放的氛围中,经过发散性思维、聚合式思维、综合思维三个思维过程训练,我们自己内心最直接的感受或内在的经验慢慢上升到"具有一定学理性,排除一定自我认识狭隘和偏见"的观点上了。这一过程非常不容易,充满着思维的斗争与反斗争。在讨论中,同学们说了很多高质量教学的标签,都是一些耳熟能详的语句,如互动性、民主化、自主性强等等。这些看似就能脱口而出的概念,如果刨根问底,比如关于互动性,互动性强表现在哪些方面？什么叫有效互动？当问题越来越深,探究点越来越细时,我们就有点"卡壳"了,随即王老师提出"做到精细处便是学问",醍醐灌顶！好一个做到精细处便是学问！这也警醒我,研究生阶段的学习不能囫囵吞枣,浅尝辄止,经常多问自己几个是什么、为什么、怎么样,在生活上追求精致,在学习、做学问上更要追求精致。

### 三、本次课存在的疑惑

1. 前沿性是否是高质量研究生教学的表现？

在课堂讨论进程到一半时,祥辉同学突然提出,老师 PPT 上所记录的那些标签都是一些共性的特征,也适用于中小学课堂,那么研究生教学的突出特质是什么呢？我认为知识的前沿性就是这一突出特质(尽管老师在课堂中把这一标签给否定了)。研究生的培养,除了扎实学科基础知识外,很重要的一点是扩展他们的学术视野,培养并提升学生的学术兴趣与科研能力。研究生是准研究者,将来是要从事科研工作的,如果他们接触不到前沿性的知识,就难以敏锐地察觉到学科专业的发展方向,如果都不知道学科的发展方向,要想做好科研,恐怕是很难的。因此我认为要想培养好未来的研究者,那么前沿性的知识具有不可替代的作用。但是知识的前沿性与前沿性知识这两者是否等同？如果不同的话,它们的区别在哪？对于这一问题我的认识还是比较模糊的,到现在也没有想出合理的答案来说服自己。我用搜索引擎搜索"前沿知识"发现有学者曾在一本书上提到过核心知识与前沿知识,但我想进一步了解打算上谷歌学术进行搜索时,发现因为网络权限原因根本打不开,有点失落。昨天无意发现祥辉有时候也会上外网,于是赶紧请教他用的是哪款 VPN,他给我推荐了一个,尽管是付费的,但"知识无价",我选择付费使用。因此我想通过进一步地查阅文献,理解前沿知识这个概念的真正内涵,一知半解的话可能是误解,既说服不了自己,更说服不了别人。

2. 为什么大学教学特别是研究生教学不提启发式教学？

我记得在本科学习时,好几个老师特别给我们指出"启发式教学"确切来说是一种教学思想,而不是教学方法。我怕我记忆有误,随即在微信上与我大学最好的朋友确认这一说法,我得到了肯定的答复,她说我记忆无误。然后我俩就在微信上讨论起了这个话题,我把这个问题抛给她,但不巧的是,我们还没说上几句,她的同门博士生师兄就来找她了,于是我们的对话就中断了,但是后来她告诉我在午饭间她又把这个问题抛给了她的师兄,于是他们话锋一转,开始吐槽起大学教师的教学问题,其中一个同学提到一个观点:大学根本就不重视教学,还比不上中小学,都是灌输,如果话说得好听一点是灌输中带有那么一点启发性。虽然他们没有直接回应我的问题,但从侧面验证了我们选题的现实性与价值性,也表明我们的研究是基于问题出发的。我在想,大学教学不提启发式教学(不是完全不提,还是有人提的,比如北大"十佳教师"史一蓬在接受北大新闻网编辑部访谈时,旗帜鲜明地提出"用启发式教学让学生主动思考"[①])是正常现象还是不正常现象？我认为不能说启发式教学看起来比较低级,多用于中小学,因此在大学教学中就不提了。可以举出一个反例,由杜威提出的"问题教学法",在中小学的教学中提得非常多,很受欢迎,同样,基于问题的教学、研究在大

---

① 史一蓬.用启发式教学让学生主动思考[EB/OL].[2018-09-07].http://news.pku.edu.cn/2018zt/2018-09/07/content_304208.htm.

学教学特别是研究生教学当中也非常重要。并且我认为"问题教学法"作为一种教学方法就是启发式教学思想的运用。我个人认为大学教学还是要提"启发式教学"，只是怎么启发、启发学生的什么等这些方面肯定与中小学的有所差别。如果大学老师真的能很好地落实"启发式教学"这种教学思想的话，那么也就可能不会出现那位博士生所吐槽的那样"大学教学还不如中小学的，都是灌输"。我这个想法还很不成熟，比较粗浅，请老师指正。

经过几番讨论，最后仅存 6～7 个标签来代表高质量的教学，是不是还有遗漏呢？老师让我们课后进行文献研究，查阅 20 篇相关的具有代表性的文献进行分析，有了课堂讨论结果进行参照，再做文献研究的话就不会像个无头苍蝇，不知所措了，也不会被别人的观点所控制住了。写到这想起来，本次课堂还有位特殊的观察者——蔡秀英老师，可能是我们完全投入到课堂的讨论当中，完全忽视了她的存在。

看了王老师的后记，我真的感同身受！我曾经因为忘记保存，写了好几个小时的论文就这样没了，伤心了好久，都想哭了。后来吸取了教训，写论文时写几句，就按快捷键保存一下。给老师提一个小建议，老师可以在 Word 上先把日志写好，保存后，然后再复制粘贴到平台上，这样就在很大程度上减少了"文档瞬间消失"这样的情况。（这个网络教学平台是这样的，如果你写日志时间长了，它好像就忘记你了一样，需要重新登陆才可以使用。）

**王师批注：**

首先感谢文丽同学给我的建议。我实际上是犯了路径依赖的错误。过去认为直接写可以，所以就沿用了这个路径，结果悲剧就出现了，看来经验并不可靠。

其次文丽同学把这次课程与之前的疑惑联系在了一起，这说明，一个人只要用心，没有什么难得住的问题。

再次是文丽有一种主动探索精神，没有因为付费而终止，"知识无价"，说得太好啦！

最后发现文丽同学不是一个轻易放弃的人，对大学的启发式教学问题进行了追究，与同学探讨，并带动同学进一步探讨，这也是一种坚持精神，是可贵的品质。

# 拾　浅思高质量课堂教学标准

**2017** 级硕士生　袁东恒

在第二次课初步确定了"研究生课堂教学质量"的研究主题后，"姗姗来迟"的第三次课进一步讨论这一研究主题，聚焦高质量课堂教学的标准。就我的感觉来说，我觉得这是一次立足于高质量课堂教学来谈高质量课堂教学的标签，同时又要跳出这一具体课堂思考普遍的、共性的、一般的高质量课堂教学的高质量课堂教学体验。因此，同学们各自谈自己所认为的高质量课堂教学的标签是容易的，但抽象出高质量课堂教学的一般标准又是困难的。

谈及高质量课堂教学的标准，老师指出制定一个公认的标准很难。确实，三节课的课堂时间一直围绕高质量课堂教学的标准进行，但最终也没有确定出一个大家都非常同意的标准，仅仅就有效互动、教学风格民主化、自主性强、质疑精神强、具有教学机智、课堂内容与学生的实际相联系、具有一定的挑战度等方面达成了暂时性一致。就这些暂时确定的高质量课堂教学标签来说,深入推敲下去仍有许多需要思考的问题。比如,什么样的互动是有效的,怎样算是自主性强,强是不是就意味着高质量,如何判断具有教学机智等。由此可见,确定一个公认的标准确实困难。基于此,我产生了这样的疑问:为什么我们每个人都或多或少地体验过高质量课堂教学,但在高质量课堂教学的标准上却难以达成一致,或者是自己所认为的高质量课堂教学标签不一定是真正的高质量课堂教学标签?经过老师和同学们对大家提出的各个高质量课堂教学标签的分析,我觉得原因可能有两个。一个是我们没有形成对一些概念的正确认识,所以才会觉得课堂知识要具有前沿性,教师要知识渊博,课堂气氛要轻松等等,忽视了这些因素也可能会导致低质量的课堂教学。另一个是高质量课堂教学本身是多样的,大家体验到的高质量课堂教学具有各自的合理性,不仅如此,大家都认同的高质量课堂教学形式有时候可能还是相互冲突的。比如,一个权威型的教师坚持教师中心的教学理念,使用讲授法教学,因为讲授得当学生学有所得,一个民主型的教师坚持学生中心的教学理念,使用讨论法教学,因为组织得当学生也学有所得。如果按照结果导向来评价的话,这两种课堂教学形式都算是高质量的,但其理念却迥乎不同。如果按照过程导向来评价的话,那就需要思考高质量课堂教学的过程应该是什么样的,怎样的教学过程能够产生高质量的课堂教学。因此,在谈高质量课堂教学的标准时,需要先对高质量进行厘清和说明,明白高质量课堂教学中的高质量指的是结果的高质量,还是过程的高质量,抑或是二者兼而有之?高质量是针对学生来说的,还是针对教师来说的,抑或是二者皆有?高质量课堂教学是预设的,还是生成的?在此基础上,能够更好地认识高质量课堂教学。

在课堂讨论的过程中,祥辉提出大家讨论的是高质量课堂教学的一般特征,没有专门就研究生这一特殊对象谈其高质量课堂教学的标准,还有老师让我们反向思考低质量课堂教学的标准来逆推高质量课堂教学的标准,以及先根据自身经验谈高质量课堂教学的标准,再一步步看之前提出的哪些是站不住脚的,哪些又是合适的,而不是由文献出发或系统审思后再谈高质量课堂教学的标准,这些思考问题的方式都给了我很大的启发,可以说是我这节课的主要收获。之前我的思考大部分时候是循规蹈矩的,单一直线式思考方式,由此产生的思考结果也大部分了无新意,缺乏创新,老师课堂上的发散式思维训练、聚合式思维训练、综合思维训练都是非常有益的思维方式训练,对于我们形成自己独立的判断标准和价值选择很有帮助。老师课堂上也提到,科研过程不是直线式的过程。确实,直线式的过程适用于传授知识,而不适用于科学研究,科学研究需要大胆尝试,质疑和创新,这些都没有既定的答案或模式可循,只能由研究者主动实践探索,开辟新路,这样科学才能前进。高质量课堂教学同样如此,需要师生一起主动积极建构,而不是被动接受和强制灌输,因此我们绝对想象不到下节课会怎样进行,发生什么,这应该就是高质量课堂教学的奥妙之处吧!

**王师批注:**

东恒同学这次的日志充满了思辨性,也明显表现出认识的深化,这是难得的表现。

东恒同学的日志也为自己提出了研究任务,即搞清楚这些标签真正是什么意思,我想这就是将研究转为自觉行动的表现。

东恒对比了知识传授与科研的不同，这是深入思考的表现。

最后东恒仍然是带着问题的：究竟是以结果评价为主还是以过程评价为主，或是将两者结合？或者说是教师中心还是学生中心？这些问题会促进自己向深处思考。

# 拾壹 自由探寻高质量课堂的标签

2018 级硕士生 孙士茹

在上节课选定研究题目后，这节课开始讨论高质量课程的特征，也就是让大家自己制定"标准"。这个过程，比我想象中的有趣而又艰难。仔细思考这个问题本身，对其答案总有种无形之中隐隐出现却又抓不到的感觉，高质量的课堂到底是怎样的？上完课后有点思路，但感觉其又是一个值得不断回味思考的问题。

上老师的课，我一如既往地感觉到亲切、民主又富含哲理。课前的这部分也是我很喜欢的部分，总感觉能了解到专业学习之外，又使我们感同身受、受益终生的东西。上课伊始，老师便指出提出一个有价值的研究问题不是容易的。这个问题需要我们在自我批判的同时，能够经得起别人的批判并站得住脚。自我批判，得到自己的认可便不容易。正如我在第一次反思日志中讲到的"写出的这个东西连我自己都不认可，便更不好意思拿出来给别人看了"。如果连自己都无法支持自己，那还能依靠谁来为其发声呢？问题的发现与提出还要依靠自己的思考与体悟，这样才能使我们自身成为思考的主体，保持我们与研究主题不分离。其次，老师认为任何研究的起点都是思辨的，首先是对基本观点的澄清。科研的过程从来都不是直线的，必然有反复的过程。这体现出做科研的曲折性与复杂性，需要我们发挥很大的主观能动性。

课堂的第二部分便是大家就"高质量课堂的标签"各抒己见，老师负责记录、补充。问题一经提出，同学们并没有立即回复，不知道大家是怯场还是没有适应这种临时的"头脑风暴"思考方式。之后，亚克师姐第一个发言，认为"互动性强"是一个特征。之后大家慢慢地活跃起来，大家的回答有"具有启发性，重视知识的生成逻辑；师生平等，教师表达清晰；教师知识渊博，具有教学机智；教师允许质疑；教学内容深浅有度；课堂氛围轻松活泼；教师具有独特风格；知识具有前沿性；教学内容联系学生实际；教学内容有挑战性；重视教学反馈和学习反馈；竞争性的课堂氛围"等等。其中，大家对"教学反思"是否可以归为"高质量课堂标签"尚存有疑虑。开始我认为是可以的，因为其是必须的，也是最基础的。但后思之，我们所说的高质量应该是建立在基础之上的，不管这个基础有没有达到，达到的程度如何，其客观上都是存在的。因此，"反思"是不能归为高质量课堂的必备标签。之后，祥辉师兄问老师，这些特征是适用的吗？研究生的高质量课堂有没有它的独特性所在？这个问题具有较强的针对性和挑战性。进而，老师引导大家讨论"高质量的研究生课堂是怎样的"，大家认为其具有"教学研相统一、内容的挑战性、学生学习自主性较强、以学生为中心、重探究性、对话型的师生关系等"特征。

第三部分，老师引导大家用反证法来归纳出概括性、原理性较强的高质量课堂的标签。

结果大致为：

(1)课堂能够有效互动；

(2)教学方法具有启发性；

(3)教学风格强调民主化(自由提问)、学生的自主性强、质疑精神强；

(4)教学控制方面,教师对课堂具有较好的把控；

(5)教学风格:教师具有独特风格(有独特风格的很有可能质量高,但并不是所有的高质量都是独特风格的)；

(6)教学技巧:具有教学机智；

(7)教学内容:应与学生实际相联系,具有一定的挑战度。

这些是对第二部分内容的概括总结、提炼和升华,但是囿于大家的经验,又不完全正确的。

最后,老师引导大家从课堂的全部要素方面进行考虑,以便更好地补漏。可以进一步地思考教学理念、教学手段和教学效果等是不是也可以是高质量课堂的特征。在上课过程中,大家对有效互动的标准问题、为什么大学或者研究生阶段的教育"启发性教学"一词较少出现等问题产生了浓厚的兴趣。这也是很有意思,值得进一步探讨的问题。

本次课,大家不用按照一定的课堂"秩序"便都自发思考、发表对问题的看法,说明大家都渐入佳境,也体现出这门课实施方式的魅力。而我的表现与以往相比,回答的次数有所减少,参与度较上一次课堂有所降低,但思考问题的时候却更深入一些了。也即能够渐渐地静下心来思考问题,试图找寻我认为的"答案"(高质量的课堂能够激发学生思考,研究生课堂应重视探究性,教学理念是否可以纳入高质量课堂的标签中来?)。上完此次课的感受也是同以往一样,有种解放的感觉,有种幸福感,大概是因为课堂真正引发了思考的缘故。

**王师批注：**

看了士茹同学的日志,发现她一直在进步,而且进步非常明显。

这次日志比以往日志有点简约,但条理更加分明。

最难得的是自己感觉到了自己的成长！

当读到"幸福感"字眼时,我心中也不自觉地洋溢着一种幸福感。

# 拾贰　思辨研究的主体性与过程

**2018 级硕士生　刘美丹**

## 一、"思辨"的力量

上课伊始,老师提出了这样一个观点,即"任何研究的起点都是思辨"。当时我心中立刻冒出了一个疑问:到底什么是思辨?哲学界通常用"思辨哲学"来翻译黑格尔的 die spekulative philosophie，而把 dialectics 译为"辩证法"。我想"思辨"这个词当中应该就包含有辩证精神的意味，思"辩"研究也许更加能够表达思辨研究的含义，即要借助演绎法、归纳法、类比对比等方法工具来辨析、厘清所要研究的基本问题，对选题进行综合、逻辑的考量。这既是开展研究工作的第一步，也是至关重要的一步。而在开展思辨研究的过程中，学生的主体参与、自我感性认识的获得是第一位的。因此，我们这堂课的主题是围绕着研究生课堂教学质量评价这个选题，大家一起来谈一谈什么是高质量研究生课堂教学的标准（标签）。

## 二、树立研究的主体意识

正如老师在第三课标题中所写的那样，探讨高质量的研究生课堂教学标准的过程其实也是我们构建自身独立判断标准的过程。研究生学习的课堂是开放的课堂，鼓励各抒己见、畅所欲言，这既是我们每个人的权利，也是责任。是否有自己的独立见解反映出来的是学生独立思考与独立判断能力的高低，这是当代大学生普遍缺乏且亟须培养的重要特质。好在我们的每次课堂在老师积极的带领下不仅不沉闷，气氛还非常热烈活泼，特别是这一次，在头脑风暴环节每个同学都抢着发表自己的看法，这也间接说明"研究生课堂教学质量评价"是一个贴近学生实际经历、有话可说、值得研究的真问题。同时老师还分享了他自己做研究的一些经验，令我也颇受启发。他谈到自己拿到研究的问题，第一步做的工作是审题，即思考问题究竟是什么，研究它会带来怎样的后果，自己是怎样看待这个问题的，自己的观点能否说服自己等，经历了一系列思考之后再进行文献的搜集检索，从前人的研究成果中找到自己思维上的不足。如果未加思考直接去搜集文献、盲目地查看资料，思维就容易受他人影响甚至被引入歧途。因此，树立研究的主体意识非常重要。关于这一点，我自己确实也没能够做到，值得反思。

## 三、头脑风暴：对高质量研究生课堂教学的探讨

接着，围绕着"什么是高质量的研究生课堂教学的标签？"同学们展开了激烈持久的讨论，老师以 PPT 的形式把每个同学的观点都认真地做了记录，既可以随时修改，又方便查看和补充。在大家的发言进行到白热化阶段之时，祥辉师兄突然抛出了这样一个问题，即我们前面列举的这些标准好像只是一般高质量课堂教学的特征，是否就一定是研究生高质量课堂教学的标签还有待考证。言下之意，我们的讨论范围出现了一定的偏差，应该进一步缩小范围，明确我们要调查的高质量课堂教学是研究生的课堂教学。那么，相比于中小学课堂和本科生课堂，研究生在课堂上所学习的知识必然是更具挑战性的，教师的教学手段也必然是更加侧重于引导、问题导向和强调探究性，此外，更为重要的是学生主体地位的发挥被放到关键位置，学习的自主性进一步加强。上述这些特征在我们确定研究生高质量课堂教学标准的时候，都要加以考虑、有所体现。

头脑风暴结束之后，老师让我们倒回去看刚才列举的那些关于高质量研究生课堂教学的标签有哪一些是能够站得住脚的，又有哪些是不能成立的。结果经过了这样一番筛选，剩下的可以说是寥寥几个，它们分别是：从教学效果维度来说的"有效互动：针对性强，探索性和参与性强"；从教学方法维度来说的"重视知识生成逻辑，即过程性教学"；从教学内容维度

来说的"课堂与学生实际相联系,具有一定挑战度";从教学控制维度来说的"善于把控节奏,专业性强"和"具有教学机智";从教学风格维度来说的"教学风格民主化,质疑精神强,自主性强"和"教学风格独特"这七个标签。然而对于高质量的研究生课堂教学来说,这几个标准是远远不够的,比如在教学设计与目标、教学态度、教学内容、教学过程与教学组织等方面我们还能设置一定的标准进行考量,说明我们思考问题的角度还不够全面。这时我们已经有了一番自己的思考和见解,之后就可以借助文献书籍,从他人的研究成果中进行借鉴补充。虽然在课堂的这个环节推翻了我们之前提出的许多观点,但是正如老师所说的那样,课堂教学是一个检验知识的过程,而不仅仅是机械地传授知识。在这样一个反证过程当中,我们的聚合性思维能力和逆向思维能力得到训练,我们的研究也能更有条不紊地朝着正确的方向继续开展。

## 四、课后反思

本次课也留下了一些值得我们去继续思考和探索的有意义的问题,比如学生在课堂上以及课程学习结束之后获得的成就感和幸福感能否成为高质量的研究生课堂教学的评价标准,如何去理解这种获得感,为何大学教学较少提"启发"一词,与中小学课堂相比,大学课堂特别是研究生课堂有哪些特质是前者所不具备的,等等。

**王师批注:**

读美丹同学的日志有一种舒畅淋漓的感觉,一点也没有感觉凝滞,这一点颇为难得。

第二个感受是美丹同学善于联想,一下子就思考到源头,如从思辨一词就联想到黑格尔的思辨哲学,特别是还注出德文,这可以看出细心和耐心,这同样是极为难得的品质。

第三个感受是美丹同学的语言非常干净,这在我们硕士生中可是不多见的。所以找时间我得了解一下你的经历背景,我想这可能是一件非常有趣和有意义的事情。

第四个感受是美丹同学的描述更为清晰准确,表现出不凡的学术素质。

# 文献篇

# 第四章　谈"文献研究"（上）

## ——"高等教育研究方法"第四课

## 壹　如何做文献研究：文献的筛选

授课教师　王洪才

### 引子：日志必须及时

这次课程与前边的课程没有间隔，但好像时间有点太近了，从而好像有点没有缓过劲来似的。

与上次课感觉差不多，上完课后觉得非常累。不过，想到明天一早就要出差，一路上就很难再写日志了，于是必须今天晚上赶出来。

### 一、课前检查文献阅读情况

晚上上课前我首先检查了大家是否阅读了文献，我是在检查大家学习的自觉性究竟如何。通过检查，基本情况良好（虽然不少同学没有阅读完20篇文献，但大多已经阅读了十几篇，少数阅读大大超过20篇，平均下来接近20篇），因为没有发现完全没有阅读的，如果完全没有阅读的话，这个训练环节就等于零了。

不过发现同学说在课前恶补情况（这说明他们还没有精读细读，这样的话就没有办法深入分析，显然对于发现文献的优缺点也就显得有点困难了。一般而言，我们同学还达不到一眼就看出有缺点的程度），这也说明状况没有期待得那么好。不管怎么说，临阵磨枪不快也光（很多时候无法达到最佳，只能退而求其次）。对于学生学习的主动性也只能一步步引导，不能急于求成（好习惯不是一夜之间可以形成的，因为好习惯就是一种能力的形成）。

### 二、文献研究的意义与文献筛选标准

我本讲首先谈文献研究的意义（在讲解时，我结合为什么在确定博士生和硕士生中期考核方式时，导师们一致推荐使用文献综述的办法，仅此一例就可知它的地位了），我谈到了文献研究作为学术研究的硬功夫的地位（因为读不下去文献肯定不行，但要读下去就需要有兴趣，所以做学术是靠兴趣的，不然就是一种折磨），也谈了中西学术研究的差异（西方学术界对文献综述尤其重视，从而非常强调学术传承性）。其次讲做文献的基础工作，第一步就是能够选出好的文献来，为此就必须具有独立的判断标准。因此本节课重点要做的工作是确

立好文献的标准。我解释说苏格拉底教学法的真谛,即知识从学生内心引出,而非从外部灌输而入。所以我让同学们先发表一下他们是如何认识好文献的。

接下来是大家开始讲自己关于好文献的标准。很有意思的是,即便有同学质疑好文章与好文献之间的关系(提出这个问题的同学显然联系到我们之前讨论过相关话题),但大家对这个问题没有非常重视。为什么会出现这种情况呢? 因为那次讲的时候并没有专门讲阅读文献问题,从而大家对文献认识没有具体指向,这次就不一样了,因为同学们做了文献阅读工作,已经有了一定的经验基础。尽管之前每个同学都阅读过许多文献,但围绕一个专题进行文献研究的可能并不多。这样再总结好文献标准的时候就与具体经验联系起来了,不像原来谈论好文章时那么空洞了。

大家谈了许多标准,差不多有 30 条,只差两条就够了。看大家说得差不多了,我像上次一样做排除法(反向思维法)。不过这次排除的不是很多,重复的不计入这个淘汰的范围。

### 三、关于好文章的标准:题目与摘要

休息之后我谈了我对好文章的基本看法。这个环节用了将近半个小时。我是用阅读文章的顺序进行讲解的。换言之,我是从读者的角度进行审视的。首先讲的是文章题目的确立,我根据自己的经验说明这是一个反复推敲和不断锤炼的过程,题目要尽可能做到精练、新颖、典雅。其次讲摘要写作的要点,一般需要包括五个要点,第一是要有明确的结论,第二是要有清晰的研究问题,第三是要有确定的研究方法,第四是要有可靠的理论基础,第五是要揭示研究的意义。这五个要素都是以极简约的文字表达出来的。当然,许多文章在这要素上并不齐备,原因在于大多文章属于一种个人感悟,不是真正的研究,从而没有遵循一定的研究范式。

关于文章的主体部分我谈的不多,因为摘要内容已经概括了文章的主要部分。文章主体部分一般首先是谈研究背景、研究意义、以往研究基础和研究评述,接着是提出问题,然后是展示发现问题的逻辑,之后对问题进行深入分析,分析出问题的要害与关键点。再后是提出自己的理论假设也即自己的基本观点,之后是展示假设背后的理论基础和事实依据。最后是根据分析和推论过程得出基本结论并提出具有针对性的建议。

文章的辅助部分是参考文献,需要对引用的文献和引用的观点进行注释说明。其他包括图表之类,因为使用比较少就没有涉及。

至于如何具体行文表达我并没有提及,因为课堂上同学们都已经关注到这些部分了,所以没有作为我关注的重点。

### 四、代表性文献推举结果

然后我让大家对有影响的代表性文献进行推举。发现结果非常令人诧异:重合度非常低! 这说明,各自的认识基础不同,所关注的问题也不同,自然而然最后的结果也不同。这也说明,要获得一致意见是非常难的,另一方面说明,每个人实际上对好课堂是有自己看法的,尽管大家可能订的标准是一样的,而实质内涵却是不同的。

为此,我建议大家在深入阅读基础上形成自己的观点。所掌握的基本标准是看观点新

颖性、看理论基础科学性、看研究方法恰当性、看研究问题针对性、看论证过程的严密性以及引证文献的规范性等。至于文章的语言流畅性、文字本身的平实性和表述的清晰性等附加条件可以暂不考虑，因为我们这里主要关心的是学术性，即对学术的贡献度、研究过程的科学性与规范性和表述的逻辑性。

所以，最后我申明，文献研究可是一项非常具有挑战性的智力任务，要形成自己的独立观点是一个不断锤炼的过程，因而让大家不能心急。我提出了文献查阅和文献研究的饱和度问题，即什么时候你能够形成自己比较系统的判断的时候，就说明你的文献查阅和研究工作告一个阶段了（这也是一个自我检视文献研究深度的过程），如果达不到这样一个阶段，说明你必须在文献研究中不断继续努力，直到可以形成自己的一个比较系统的独立的判断为止。

# 贰　文献研究的过程

2018 级硕士生　刘美丹

10 月 29 日晚上的这一次高等教育研究方法课程带给我一次渐入佳境的学习体验。

## 一、拓宽研究的视阈

上课伊始，老师首先询问了我们是否有查阅 20 篇左右关于高质量研究生课堂教学标准的具有代表性的文献，许多同学都表示自己检索出了几十篇，但只阅读了十几篇，我本人也在这个队伍之列，还被老师点到了，颇有点不好意思。课下思来想去，倒不是因为懒惰或者没有时间阅读，只是我以"研究生教学质量评价"为检索词，在知网上一共只搜集到了 27 篇论文，前几位关键词分别为"教学质量评价"（15 篇）、"研究生课程教学"（9 篇）、"教育质量"（8 篇）、"研究生"（8 篇）、"评价体系"（8 篇）、"课程教学质量"（5 篇）、"研究生课程"（4 篇）。具体而言，在专业上，这些文献多集中在研究医学类研究生、计算机领域工程硕士、体育学硕士及建筑与土木工程硕士的课堂教学质量评价；在层次类别上，既有对学术型硕士课堂教学质量评价模式的研究，也有对专业硕士实践性教学质量评价的研究；在研究视角上，多针对某个专业或某个学科点研究生教学质量来研究，或对研究生教育的某一环节、某个要素作出分析，例如教师教学质量、研究生课程质量、某校案例研究等等。因此，从这 27 篇中我只挑取了 10 余篇从题目判断更具有可读性的文献展开阅读，没有达到老师所要求的 20 篇的标准。但在课堂后期老师让大家推举有影响性的代表性论文这一环节，从各位同学推举上来的文献来看，不乏从"大学课堂教学实践""研究生课堂特性""研究生课堂参与的价值理性""课堂教学质量观""大学课堂的有效提问"等多个视角来对研究生课堂教学质量评价开展相关研究的文献，说明每个人对于好课堂都有自己的评价标准，大家的研究视野也较为开阔，不仅有相同点，更有不同的侧重点和倾向性，相比之下我自己的研究视野就有些受限了，没有想到其实也可以通过搜集有关"我国高校研究生课堂教学存在的问题"的文献，从反面来寻找和补充高质量研究生课堂教学的标准，或者也可以延伸和借鉴国外大学对于高质量课堂教学评价标准的相关研究成果,这样就不会存在搜集不到或者只能搜集到少量相关文献的问题。因此,对于我本人而言,拓宽自己的研究视野是极其有必要的。

### 二、确立好文献的标准

那么,老师为什么非要知道大家有没有或者阅读了多少篇文献呢? 因为阅读文献是我们开展研究的基本工作,就像学习游泳只能在水里练习一样,不读文献就无法继续深入地研究某一问题。而文献阅读数量的多少、质量的好坏直接决定了研究前期的准备工作做得扎不扎实,关系到整个研究最后产出成果的质量。同时,也只有在阅读足够多文献的基础之上,才能做好文献综述工作,避免低水平高重复的无意义研究。而阅读文献的第一步就是要确立好文献的标准,即能够甄别出哪些是对自己的研究有意义、有价值的文献。

在课堂上,同学们围绕着"好文献的标准"进行自由发言,最后大家一共列举出了 28 条好文献的标准。由于自己从迈入大学校门到如今读研平均下来每天都有阅读一定数量的文献,因此对于这个问题有话可说,也有话想说,我也列举了三条,即"所研究的必须是真问题,逻辑清晰,语言平实流畅""内在逻辑性强,前后一致""语言精练,用词精准"。接下来,老师带领大家对这 28 条标准进行筛选,跟上次排除了绝大多数标准不同的是,这次我们只排除了少量,这其中还有许多条重复性的内容,侧面说明大家在这个问题上是有共鸣的,即具备一定的文献甄别和阅读能力。在聆听了同学们有关好文献标准的见解之后,老师谈到了他自己判断好文献的标准。首先,题目应当蕴意丰富、有新意,要点突出,概括性强,用语精练;其次,摘要应包含五个要素,即结论明确、方法明确、理论基础扎实丰厚、问题鲜明有针对性、意义重大;再者,正文开头问题的引出非常关键,既要介绍研究背景、点明现实意义,还需说明以往研究基础、潜在理论价值;问题分析阶段要展示发现问题的逻辑,对问题进行深入分析,阐明问题的要害和关键点,并提出自己的理论假设、价值立场,最后根据分析推论过程得出清晰、具体、无歧义的基本结论。此外,在论证过程中引用必须规范、有讲究,参考文献的标注也应当规范具体;语言尽可能平实,同时应具有专业性,但也不要故作高深、搬弄辞藻。我觉得老师看文献的眼光既"毒辣"又全面,虽然要达到所有好文献标准是比较困难的,但并非不可能,要建立在广泛阅读、深厚积累之上,我们可以朝着这个目标一点一点努力。

### 三、形成系统的判断

最后,在列举有影响性的代表性文献这一环节,文献重合率之低令我有些许惊讶,但转念一想,千人千面,每个人看待问题的方法和视角都是不同的,既然研究倾向不同,自然在查阅文献的过程中会有自己的偏好和侧重点,说明同学们的研究视野还是比较开阔的。但重合率低侧面也说明我们对高质量研究生课堂教学评价这一研究还未达成一定共识,因此对这一问题还有待做进一步的探讨和深入研究。

正如老师所说的那样,文献研究工作非常具有挑战性,必须要能够在广泛、深入、细致的文献阅读基础上形成自己比较系统、独立的判断和观点。这是一个不断锤炼、打磨的过程,我们每个人都应以之为方向,持续努力着。

**王师批注：**

美丹同学这次日志写得比较具体，在风格上有一点变化。这也说明，风格可以是灵活的、多样的。

这次课堂讨论的挑战性不大，大家的压力不大，也说明大家渐渐适应了新的课堂教学风格，体会到与传统课堂的不同。

美丹同学的描述比较细致、全面，说明课堂观察力比较强。

文献研究是对我们是否具有学术兴趣的一大考验，也是对个人耐力的一大挑战，希望美丹同学可以从容通过。

# 叁　文献综述的批判性继承

2017 级硕士生　赵祥辉

由于两节课仅相隔一周，大家对上节课的内容还算记忆尚新，老师也就没有再进行课堂回顾帮助大家润滑"记忆锈迹"，而是开门见山地切入本节课的主题——"如何做文献研究"。依照"发现问题—提出问题—分析问题—解决问题"的研究逻辑，通过文献综述的方法检索和搜集"研究生课堂教学质量评价"的相关文献，对其进行阅读、整理、提炼、剖析以至于得出独立的判断和观点的整个过程，无疑说明我们的课堂（抑或称"研究"）已然进入了"分析问题"的阶段。

课堂伊始，老师对上节课布置的 20 篇文献阅读作业进行了点名抽查。诚而言之，我在课下准备过程中，依照"高质量"（这里主要指 C 刊与核心）与"高契合度"（高质量课程的标签）两个标准去检索"研究生课程教学质量评价"的相关文献时，发现可供参考的文章少之又少。因而，从检索文献（100 余篇）到下载文献（20 余篇）到浏览文献（10 余篇）再到精读文献（几篇），其数量呈"单调递减趋势"。因而，当老师"检查作业"时，我和部分同学由于没有完成规定的任务，只能如"小学生"一般怯怯懦懦，既惭又尬。当然，将任务未完成归结于"检索文献少"似乎有点为己开脱之感，追根溯源，这有可能是我们未充分重视和理解王老师让我们通过文献研究来进行研究训练的深意，也有可能是我们没有充分开阔思路通过转换关键词和通过搜索外文数据库来获取更多、更有质量的文献，更有可能只是一个"懒"字在作祟。因此，"作业的未完成"说到底是认识不够、思维僵化和努力欠缺三重因素作用的结果。

经过这个小插曲，课堂步入正轨。首先，王老师对文献综述的意义进行了说明，认为文献综述既是做学术的"硬功夫"，也是进行知识自我建构的必要环节。而我们当前对此认识和训练明显是不足够的，这也无奈乎学院中期考核当中将"文献综述"列为重要考核内容了。接着，王老师又提出文献综述的第一步是找出好文献来，而何以找出好文献？王老师给出了他的答案——拥有独立的判断标准！而何以这一点如此重要？从文献综述上来说，王老师认为只有拥有"独立的判断能力"，才能形成对文献的"敏锐的甄别能力"和"高雅的鉴别能力"。而上升到人生层面，唯有具备"独立的判断能力"，才能不唯上不唯书不盲从，从而形成自信，而自信恰恰就是"成功的真谛"！王老师已经连续四次课强调独立判断能力了，但人常言"我们越强调什么就说明当下越缺什么"，当前教育当中普遍存在的"一言堂"和"灌输式教学"，无疑使得独立判断能力的养成举步维艰，从而使得"钱学森之问"和"李约瑟难题"迟迟难以破解。从这个角度上来说，本门课程旨在提升我们的研究能力，而研究能力的获得本质在于形成独立的判断，这无疑凸显了我们开设这门课的重要价值和意义！

随后，王老师采用"头脑风暴法"让我们谈谈对心中好文献标准的认识，由于上次课已然采取过这种方式，所以大家也就驾轻就熟了，因此谈论起来也就没有太多负担和顾忌了。我也根据自我的认识先后两次提出了"独立的判断、严密的逻辑、立场鲜明的结论""标题突出研究问题，摘要反映核心要点，结构框架合理"（牛军明师兄后来帮我补充"内容紧扣主题"）等标准，前一次发言主要是受到王老师"优先发言者不受批判"的激励，后一次发言主要是从形式与内容相统一的角度来论述我心中的好文献。但在归纳筛查环节，我隐隐觉得自己的第一次发言似乎有些站不住脚，尤其是"立场鲜明的结论"这一条，因为在看文献时尤其是一些经典文献，我发现有时作者并未旗帜鲜明地表明自己的观点，而是将问题进行解剖分析，为我们描述它"现在是什么样的""为什么会变成这样"，但并没有明确指出它"究竟是什么样的""为什么应该是这样"。例如布鲁贝克的《高等教育哲学》，很多时候也在列举诸位专家学者对高等教育的论说，而对于认识论和政治论的优劣他也并没有作出明确的判断，只是用"中庸圆融"的思想为我们强调"既有好的，也有坏的，两者应该结合起来看……"。因而我们可以发现，这种看似辩证实则不明确的结论往往体现在许多"好文献"当中，所以我们自然也就很难将"立场鲜明的结论"作为好文献的标准之一了。

时间行至八点半左右，经过 10 分钟的课间休息，王老师对刚刚的头脑风暴进行了总结评价，并根据自己的研究经验提出了自己心中好文献的标准。他从题目、摘要、正文、结论四个方面为我们详细论说了好文章应当具有的种种特性，其中不乏真知灼见，无疑给我们提供了一个写文章的有效规范。惭愧的是，作为王老师的学生，还没有听他这样系统讲过如何撰写一篇好文章。但经过一年的学习，毕竟也写过不少文章，王老师今日所言与自己平日所写相互印照，无论是题目的拟定、摘要的撰写还是内容的分析和论证，都让人深觉受益匪浅！在此过程当中，王老师论述的有关中西学术研究当中对待文献综述的重要差异，尤其让我感触颇深。无论是日常接触过的英文文献还是听过的一些国外学者做的学术报告，文献综述都占据了大篇幅的内容。而我国人文社科（对于自然学科不敢妄下判断）的研究大多单刀直入、酣畅淋漓、无所畏惧地悍然发论，文献综述要么只在引言中稍有体现、要么全文渺无影迹。这种现象似乎有些偏离我对中西学术传统的经验性认知，即认为西方学术注重个人观点的创新而不注重对他人观点的借鉴和传承，而我国学术则注重观点的传承和借鉴而不注重个人观点的创新。但细细思之，这可能是由于我对文献综述的认识存在偏差，文献综述的目的决然不是相关领域学术研究的"简单堆砌"和"一味传承"，而是通过梳理和归纳该领域研究的基本现状，为研究的创新奠定理论基础、树立目标靶向、铺就超越坦途。因此，西方注重文献综述，无疑是走了一条基于传承的创新之路，这无疑也可为我国创新不足的学术研究困境提供可行的突围路径。

最后，王老师让大家根据前期的文献阅读，选出较有代表性的几篇。我根据前期文献归档分类的"整体性研究""基于某一视角的研究""实证研究""比较研究""硕博士论文"等文件夹中，分别抽出一篇进行了讲解。大家也纷纷发言，共计提出 35 篇代表性文献。伴随着大家的发言和王老师的记录，我也在不断地从知网搜索大家提出的文献，发现这些文章基本都是核心和 C 刊，其题目和摘要也显得较为"上档次"，符合我们心中好文献的标准，这也说明大家下课之后在文献检索环节都是下了功夫的。但在此过程当中也有几点引发了我的困惑和思考：其一，一些同学提出的文献都是针对中小学课堂和本科课堂的，这可能是同学仍然在考虑"课堂教学质量"的共性问题，但我总觉得任何一项研究还是要把握好共性和特性的统一，而把握特性也即大家所提到的"聚焦问题"。具体到聚焦我们所研究的"研究生课堂教学质量评价"，把握它的独有特性进行深入思考，才能形成适用于研究生课堂教学质量的判断标准。其二，我之前还在抱怨找不到太多相关文献，但是当鹏娟师妹报告其在外文数据库找到的文献时，不禁眼前一亮。毋庸置疑，当我们陷入检索中文数据库的路径依赖时，研究视域也就陷入了"偏狭"的泥潭，多方利用各种研究渠道方可使研究资料的获取全面而丰富。其三，大家的列举当中，仅出现了一次"重复现象"。这不禁令人深思，本来以为这个主题相关的高质量研究并不多，大家所提出的文献应该大同小异方符合常理。但结果如此大相径庭确乎出人意料，不过这也侧面反映了大家上节课对"高质量的研究生课堂教学"的标准尚未达成一致，也即未能实现真正的"视域融合"。而基于大家各自"偏见"和"误解"所检索出来的代表性文献所产生出巨大的"偏差"，自然也就成了一件可理解之事。

而怎样让大家实现"视域融合"？王老师在课堂结束时布置了新一周的作业，即根据观点新颖性、理论基础科学性、研究方法恰当性、研究问题针对性、论证过程严密性以及引证文献规范性等标准来进行深入的文献剖析，进而真正形成自己的判断和观点。毋庸置疑，在深入阅读之后形成的观点将是理性客观的，在此基础上开展的讨论和辩驳也将是渐趋于真理性认识的。下周大家将怎样各携观点，煮酒论剑、共话研究生课堂教学质量？翘首以待！

**王师批注：**

祥辉的这次日志依然充满了反思和批判性。特别是对文献综述或文献研究有了新的认识，在结论上似乎与段肖阳的有点相似，由原来不怎么重视文献综述开始重视文献综述了。我觉得这大概是这堂课最大的收获吧！我想，如果大家做学术研究而不重视文献研究，那可能是失去根基的，极可能变成都是热点追踪式的，极缺乏深层的学术思想。

祥辉的日志再次补充了我日志中遗漏的一些内容，我提出文献阅读三境界的说法我自己都忘了，因为是在激情状态下说的，事后也没有反复推敲。现在思考起来，仍然觉得是站得住的。

文献研究是否属于分析问题阶段？应该说是的，但又不完全是，因为文献研究不是一个阶段就结束的，后面的研究仍然会涉及或运用到文献研究。比如论证阶段也自然会用到文献研究。另外，发现问题—提出问题—分析问题—解决问题是一种大概流程，其实在实际操作中并非一种直线式的推进。

# 肆 "对话"文献

**2017** 级博士生 汤建

从选题、选好题,到独立判断标准的初步形成,这节课开始进入到了文献综述环节。"文献综述是学术的硬功夫"。一直不乏老师强调文献综述的重要性,却少有老师真正引导我们去啃这块硬骨头,更多时候是自己在摸索。文献综述是我的薄弱项。最薄弱处不在于从海量信息中甄别出好文献,而在于研究过程中,虽然极力想坚持自己观点的初衷,但却经常在阅读文献的时候被牵着走。

老师说到,以往教育失败的根源在于过多强调教师的作用,而忽略了发掘学生的作用,从而压制了学生的创造潜能。苏格拉底法强调知识不是由外部输入,而是由内部产生。因此,独立的判断能力至关重要,它能够避免我们依附于权威。除了"独立的判断能力","敏锐的鉴别力""高雅的欣赏力"同样非常重要,这是文献综述的三大法宝。三种能力的递进升华也说明研究能力的形成非一日之功,也非一蹴而就。同时也说明,研究能力的形成必须是个体主动的探索过程,而非外部强求得来。正如老师所言,"做学问必须做具体、做扎实"。学术研究的过程,也是做人的过程。我想这也是别人对咱们老师"做真学问"的评价缘由所在。

这次课的第一环节是发表各自对"好文献的标准"的理解。大家头脑风暴,提出了关于好文献的 28 个标准,基本形成了关于好文献的标准意识。第二环节,老师帮助大家完善、修正各自的标准,剔除了一些经不住推敲的。如果将剩下的归类来整理的话,可以归纳为如下几个方面:

1. 摘要。摘要反映核心要点。
2. 标题。选题角度好、突出研究问题、问题针对性强、有理论性、有深刻性。
3. 观点。观点新颖、独特,理论性强。
4. 结构。逻辑清晰,前后一致。
5. 论证。言之有据,论证翔实,数据真实,环环相扣。
6. 结论和建议。针对性、实用性强。
7. 行文。行文流畅,一气呵成;语言精练,用词精准。

课间休息后,老师分享了自己关于好文献的理解,"文章好写头难开"。这句话我是深有体会的,批判性地审视别人的文章只是研究的基础,而提出自己的研究问题才是关键。如何提出具有现实意义和潜在理论价值的问题是研究的关键。

老师随后给我们介绍了中西方研究的差异。今天上午许美德老师的学生谢耀东[①]博士作了关于《全球化与新加坡高等教育的发展》的报告,谢博士说他的研究遵循的是西方的思维范式。在他展示的 PPT 中,我们看到大量的引证,他自己的观点只有很简短的一部分。

---

① 庞瑶.悉尼大学谢耀东副教授来我院做学术报告[EB/OL].(2018-10-29)[2019-03-29].https://ihe.xmu.edu.cn/_t2250/2018/1101/c16596a355945/page.htm

这在老师晚上的课程立马得到了回答。老师跟我们介绍了中西方学术研究的差异，相较于我国的学术研究，西方学术研究中的文献综述占比很大，个人独创性的部分很少。我国的学术研究经常追随政策热点，研究主题频换，学术独立性差。这也正是很多学者担忧的高教研究"虚假的繁荣"。

第三环节是"推荐心目中的好文献"。大家推荐的文献数量很多，很多标题很契合主题，也很吸引人，老师有时也会"嗯哼"一声，我检索之后发现并不是我心目中的好文献。接近课的尾声了，老师再次强调，研究的基础建立在文献综述上。难点在于分析文献，重点也在于分析文献。分析的过程实际上是和作者"对话"的过程。"对话"表明双方是平等的。"对话"是一种能力，只有自己有独立的判断能力，才能够不被对方左右，才有在批判性吸收的基础上形成自己的判断。"对话"为初步形成的基本判断提供证据，是形成更系统的判断的必要过程。显然，独立判断标准的形成过程亦是论文整体架构的搭建过程，它建立在大量阅读、深度解剖的基础上。分析文献的前提是看观点是否新颖、理论基础是否科学、研究方法是否适切、研究问题是否有针对性、论证过程是否严密、研究设计是否得当。继而，便是判断文献的规范性。通过对文献的这种深入解构，再而批判、引用、综合，最终形成自己的独立判断。形成自己独立的判断看似是结果，实则亦是起点，亦是过程，亦是结果。无论是研究问题的选定、分析，还是解决，研究者都必须有自己的独立判断，如此，才有可能不依附于权威，不左右摇摆，才有可能实现真正意义上的"对话"。

老师课上给我们分享了他在北师大读博期间那段快乐、幸福的日子。很多次晚上，我从图书馆回宿舍的时候，回想一天，时而忧愁，时而困惑，但却也是充实的。想想，学术其实很美，也很有力量，让人烦恼，让人焦灼，让人快乐，让人兴奋。这应该是我们博士生的共同体验。我想，待到花开，学术应该是让人内心平静和幸福的。

今晚的课上到了十点多，丝毫没发现时间过得这么快。我们感到课堂轻松的背后，是老师的倾心倾力。晚上十一点多还发现了老师对这次课的总结。然而，第二天早上七点多老师又外出开会了。真的非常希望老师能保护好身体。

**王师批注：**

汤建的文字越来越好了，越来越让人爱读了！

汤建把大家分散的观点进行了梳理，难得！我都没有顾得上梳理。这是一种主动性、创造性的表现，赞！

关于"对话"的阐释也非常好！

图书馆生涯是快乐的、忘我的，走出图书馆又是感觉沉甸甸的，甚至是充满忧虑的，因为在学习过程中总是会发现越来越多的问题，这恰恰是成长的正常表现。所以，大家都需要加油！

# 伍　学习还是研究？

2018 级硕士生　孙士茹

随着课程的逐步深入，对于高等教育研究方法一课越来越有拨开云雾见天日的感觉。老师像是用一种无形的线在牵引着我们往前走。对于我这种观察、联系能力有所欠缺的人而言，是喜欢的，喜欢这种未知但又光明的感觉。

课堂伊始，老师先给大家讲了研究过程中文献综述的重要性：文献综述可以说是做学术的硬功夫，可以考察出研究者对文献，甚至可以说是对作者的鉴别能力。在我看来，文献综述做得好、能够对文章质量好坏有鉴别力就如同心理咨询过程中的我们被咨询师看得"透明"一样，这是自己羡慕的、想要达到的一种境界。正如老师所言，我们需要在众多的文献对比中产生自己的标准，明晰文献的意义和鲜明的价值。这无疑是一个漫长的过程、需要我们拥有板凳敢坐十年冷的勇气与毅力。此外，还特别认可老师的话：能力产生于自信，自信的人有独立判断力、敏锐鉴别力和高雅欣赏力。国人长期、过度依赖权威对我们自信力、创造力的发展有负面影响。反观我自身，自信力不强也是与此相关的。

接着，课堂进入正式环节：大家畅所欲言"好文献的标准"。最后总结归纳出"有专业视野，看问题有高度有深度，分析问题精准；新（视角新，观点新，资料新）；方法得当；数据真实；结论具体；问题针对性强；有理论性；逻辑清晰，语言平实流畅；研究真问题"等方面。而在思考过程中，由于之前有过对"好文章"问题的探讨，所以我便在查证：文献和文章的区别。根据辞海释义，文献是指具有内容的历史价值和形式的取证作用[①]；文章是指由文字连缀而成的篇章。显然，文献的历史价值和可取证性并不是所有文章都具有的[②]。因此，我认为，好文献也应该强调其历史价值。（当然，最理想的结果是不仅仅局限于文献，文章也被期待具有历史价值。）提出这个问题后，老师的回答是：文献是学术性的，文章的范围更大。文章包含文献，文献一定是文章。而我也在想，这里所说的文章强调的是学术性文章。学术性文章也是需要具有历史价值的。

我认为好文献需要有"科学的结论"，因为自己在思考理工科类好文献的标准为何。大家在讨论时，认为有的结论不是"科学"的，因为其结论是建立在假设的基础上的。我说"所以我们便说，好文献是需要有历史价值的啊。那牛顿发现万有引力在当时也没有被证实是正确的、科学的，但其在以后被证实了，且有很大的价值……"老师解释道：结论不是绝对科学的，没有绝对真理。结论在当时是按照逻辑顺序来进行演绎的，但其结论可能需要后续多年来进行检验。由于自己对科学不理解，所以虽然认同老师的看法，但自己仍然会在想：会不会存在一种相对之下更为绝对的结论——"真理"？正如万有引力定律虽过去多年却仍有很大价值一样，这样的结论在当时牛顿发现的时候是否被认为是科学的呢？或者其是否在

---

① 辞海.文献[EB/OL].[2019-03-24].http://www.cihai123.com/cidian/1042056.html.

② 辞海.文章[EB/OL].[2019-03-24].http://www.cihai123.com/cidian/1042056.html.

某一个时间开始被视为科学？

然后，老师分享了自己关于"好文献"的想法并指出研究选题是否有意义，重要的一步便是文献综述是否有做好，是否从整体上对某一个研究领域有了梳理和脉络、框架。西方的研究和中国的研究是不一样的。西方文献综述占据很大部分，体现出其尊重前人的研究成果，利于更好地进行独立不重复性的劳动。但国内，学术具有依附性质，往往在为政府作注脚。研究问题需要具有强针对性。在问题的分析阶段其实就是把文献的综述部分综合，来对问题进行分析。写文章还要有自己的价值立场、学术观点，研究的理论基础是什么等这些问题都需要注意。也即观点鲜明是在一定的基础上的。但保持中立是不是就没有立场呢？这个问题我持否定答案。我认为坚持中立也是一种立场。正如我跟亚克师姐讨论的：投票的时候我们尚且有同意、不同意和弃权，为何价值中立不能算作是一种价值立场的表现呢？最后，研究结论清晰（不能有歧义）、具体。那么，结论具体的标准，抑或说是其与不具体的界限又是什么呢？随着学习的深入，现在感觉到很多的问题，当对其进行不停的追问和思考的时候就会感觉其是没有答案的，就像越走进山洞，就越发现其更深，没有尽头。由此，我也在想：既然我们探讨许多问题都没有答案，那为什么还要继续追问呢？这种追问似乎是没有尽头的，虽然自己知道这个问题与"读书无用论"有些许类似意味，有追求功利之嫌，但自己对这个问题仍有点模糊。希望老师能够给予指导。

最后一部分是大家根据课下阅读的好文献进行推荐发言。由于课前准备不足加之对作业不理解，所以很难参与其中。这是自己需要深刻反思的。也就是在以后的学习过程中，需要多和同学交流，搞清楚作业要求，否则真的是以"旁观者"身份参与其中了。最后，老师指导大家怎样分析文献：（1）提的观点是否有新颖性和学术创见？（2）理论基础是不是扎实？（3）具体的问题指向什么？究竟要解决什么问题？（4）研究设计：研究过程中采取什么方法，怎么获取资料的？设计是不是完善的？能不能解决问题？最后要理清楚思维脉络，组合、建构成自己的观点和判断。

**王师批注：**

士茹同学进步非常明显。首先是保持了自己的一些判断。确实有些看法是很有道理的，但是否很完善需要留待日后检验。比如，"历史价值"，是后人的评价，那么当事人如何知道呢？很难！但如果说一篇文章具有学术价值，那么它就容易产生历史价值，因为它就相当于界碑的意义，也就有了历史价值。所以，考察有无历史价值是不必要的，考察有无学术价值才是第一位的，历史价值依赖于学术价值。这就是一种因果关系。换言之，重果必须重因，有因才有果。关于"科学"与否是留待后人检验的东西，不是自封的，而是读者判断的，确实并无绝对科学之说，只有更为科学之说。更为科学，也就是更为合理，更经得起验证。关于"立场"观点是对的，一个人不可能没有立场，所有的判断都是基于一定的立场，不可能完全无立场。所谓中立的立场，不是指没有立场，而是指不能偏颇，不能主观臆断，必须客观，实事求是，要用辩证的观点分析问题。

其次发现士茹同学的记忆力很强，能够记住很多我说的原话，我自己都记不住了，为此非常感谢士茹同学。看来士茹同学做教育史的专业选择无意中是合乎了你本人的性格特长。做史学研究记忆力不强肯定不行,需要具有博闻强记的能力。因为如果记忆力不强,很容易张冠李戴,那样的历史肯定一团糟,肯定就无法继续研究了。

关于"永无尽头"的研究是否值得研究问题,间接地涉及哲学的"终极"问题。比如说人活着不过就是吃饭睡觉,这样无休止地重复下去,有什么意义? 事实上不是这样的,每次吃饭味道都不同啊! 每次睡觉都梦见不同的东西啊! 这正是人生的意义啊! 追求学问没有终点,恰恰就是在过程中而不是在获得一个固定结论。这也许正是过程哲学与目的论哲学的区别吧!

最后再次感谢士茹同学的记忆力,把我课堂上的话几乎是原原本本记录下来了,有一种历史见证人的感觉,很是难得!

# 陆　好文献的特征

2018 级博士生　王亚克

## 一、独立的判断能力至关重要

随着课程的推进,越来越发现自己的不足,文献分析是我的弱项,因此文献的搜集和查阅完成得很不理想,按照老师的要求去找 20 篇文献,试图找出"高质量课堂教学的标准特征",我按照查找关键词和高引用率的老方法在知网里浏览了几十篇文献,并没有找到我想要的标准特征,重新换关键词又看了许多文献,下载了不到 20 篇,对照我们上次课大家讨论出的几个维度"参与度""教学内容""教学控制"和"教学方法",很多文献都有提及,说明我们提出的维度很有代表性,可是怎么来论证自己的观点呢? 我发现自己迷失在资料中,如何分析这些文献? 如何提取文献中的可以支持我的论点的信息?

老师似乎看透了我的心思,一上课就说到苏格拉底的教学强调知识是内在生成的,而非外部灌输的。因此训练独立的判断能力至关重要,独立的判断能力产生于自信。"独立的判断能力"是基础,打好了这个基础,才会有"敏锐的鉴别能力"和"高雅的欣赏能力",这三种能力是逐层递进的,需要长时间的积累和训练。突然明白为什么我缺乏独立的判断能力。因为我不自信,因为一直习惯了接受外部的灌输,习惯了接受权威知识,尤其是跨入一个新的领域,更按照惯性思维先去查找权威知识,很少结合自身实践和原有的知识基础进行判断和思考,不过每次上课都会引发很多思考,写日志的过程也是整理思绪的过程,应该承认我在前进。

## 二、总结好文献的特征

在第一次课上我们曾经讨论过自己心目中的好文章是什么样的,因此这次列举"好文献的特征"就比较顺畅,老师依然鼓励大家畅所欲言,全部记录下来之后开始逐条推敲它们是否是好文献的必要条件,在筛除、排查、修改的过程中进行深入思考,和教师对话的过程是思想沉淀的过程,很多特征像是浮在表面的泡沫很快消散了,比如我提出的"刊物级别高,引用率高"就受到了大家的质疑(发言稿或重要文件引用率很高也是好文献吗?),这也颠覆了我一贯在核心期刊查找高引用率文献的习惯，引用率高的文献有参考价值，但未必是好文献。有些特征则引发了大家的深思和追问，比如好文献必须研究"真问题"，什么是真问题？老师提出真问题必须是真实存在的、研究者能感受到的、确实亟待解决的问题。我突然想到我在高等教育学专题课程上的选题"高等学校职能的演变逻辑及发展"，这是一个真问题吗？似乎不是。我又想到为什么很多人的研究兴趣广泛但很难深入，我想一方面是研究的问题不是真问题，另一方面是研究者主体意识不强，自己感受不深刻，并没有迫切解决问题的想法，这个问题值得进一步深思。

当 28 个特征缩减为 13 个，好文献的标准就浮出水面，囊括了标题、摘要、选题、内容、论证、方法、语言、结论等各个方面的特征，在此基础上，老师分享了他对好文献的理解。第一，题目有文化内涵，有匠心、典雅、考究，经得起反复推敲，重点突出、明确。第二，摘要必须具备五大要素。要点是否突出？结论、方法是否明确？选题基础是否扎实？问题是否鲜明？意义是否重大？第三，独立观点最重要。文献综述是学术传统，不是随意研究，必须有独立观点。第四，分析问题要找到问题的要害，不要浮于表面。观点鲜明，逻辑严密，证据充分。第五，结论清晰而具体，不能有歧义。他的总结把之前散落的标准串成了一条线，使我们加深了对文献的理解。尤其是"文章写到八九成才能写摘要"的说法让我印象深刻，课后我比较了几篇文献的摘要，发现有的文章摘要并不具备五大要素，有的过于简单，泛泛而谈；有的则过于细致，像缩写而非摘要；有的结论含混不清……有了上述明确的标准，我们不仅可以分析别人的摘要，而且自己写文章时心中也有谱了。

## 三、推荐好文献

接着老师让大家推荐自己找到的好文献，这个环节出现了几分钟的沉默，为什么会沉默？我想可能有以下几个原因，首先，在讨论完好文献的标准后，很多人可能觉得自己找的文献达不到以上标准，因此不敢推荐给大家。其次，担心自己认可的好文献会被其他人质疑。最后，不清楚推荐之后会面临何种挑战，对未知世界有畏惧心理。不过，我们的课堂气氛是民主且包容的，老师一直提倡大家要有自己独立的判断标准，鼓励大家表达自己的观点。因此没过多久，几十篇文献题目陆陆续续出现在 PPT 上，这个过程我有一些收获，一方面发现大家推荐的文献重合度非常低，这说明大家查找文献的侧重点是不同的，比如文献的关键词是"课堂教学质量观""研究生课堂参与""课程建设""课堂教学评价""课堂教学评估指标""课堂教学问题""课堂教学有效性""质量控制"等，这些关键词扩大了我的认知视野，我再查找文献时就不会仅仅局限于一两个关键词；另一方面，大家查找信息的来源不同，除了中文数据库，还有外文数据库，除了 CNKI 全文期刊，还有维普中文科技期刊等，这也为我提高信息素养提供了路径。

下次课的重点要进行文献分析，老师先抛出了许多问题。分析一篇文献是否有自己的创见，理论基础是否扎实，具体问题针对什么，想解决什么问题，如何获取资料的，方法是否得当，能否解决问题，是否规范，更重要的是文献解读后能否形成自己的观点，如何在批判吸收别人的基础上形成自己的观点，最后两个问题是关键，王老师每节课都会强调要有自己的观点和独立的判断标准，而这恰恰是最难的。下次课会是怎样的？没有预设的课堂似乎充满了未知数,同时也充满挑战。

**王师批注:**

亚克同学勤于反思,在反思中快速成长。

确实,分析文献是学术修炼中的一大难点,必须钻进去才能分析,作为局外人就无法分析。因为分析文献的过程就是与作者对话的过程,如果不掌握作者说话的意思和要点,那么就无法开展对话。

搜索文献决不能简单地搜索,如果直接从标签进行搜索可能一无所获。

课堂上讨论就是一个相互学习借鉴的机会,大家在相互观摩中成长最快。

# 柒　学会对话

**2018 级博士生　段肖阳**

10 月 29 日我们进行了第四次课程。这次课程的课堂形式和上次大致一样,因为是自己稍熟悉的课堂形式,所以紧张感也就减缓了很多,也就更能关注自己内心的其他感受和一些细微的体悟。整体而言,我的思考主要集中在如何与文献对话,与别人对话,与自己对话。

主要收获:深化了我对文献综述的认识。以往我写论文的时候从不重视文献综述,甚至可以说对它是一种轻视的态度。但在近来我发现很多文章都会有大篇幅的文献综述,甚至不少核心期刊发表的文章竟然就是一个文献综述。这让我很疑惑,文献综述有学术价值吗?首次让我对这个疑惑稍有新认识是在阅读《教育研究的逻辑》时,金老师在这本书中对"理想的具有批判性思维的研究者应具有的思维品质"提出了 12 条要求,其中几点为:全面掌握对思考问题有帮助的材料或数据,不回避那些与自己的论点不同的材料;分析、评论和使用可靠的文献和观察结果,尽可能地寻找主题所允许的准确性、细致性,避免华而不实;考虑问题处境的整体或所有的情况,把自己的观点放置在更大的语境中进行考察;回答问题时对所有可选择的观点保持尊重,保持敏感;不轻视或忽视他人的知识水平和学术素养,尊重他人的理智,但也不为他人的思想、权威的思想所左右。[①] 文献综述是一个很好的锻炼批判思维能力的方式。我恍然大悟,为什么之前写文章的时候对论文创新点、意义、不足等都无话可说,因为我根本没有进行独立的批判思考,没有完整地考察并思考已有研究,而是封闭式地自说自话,闭门造车。真的研究应该是在已有的思想上继续发展,而不是自说自话,自己的研究根本没有建立在普遍的价值和"真理"上。

另一方面,老师昨天在课堂上讲到大家在做研究时,都是自己想写什么就写什么,很多是我们自己突发奇想的观点,不是建立在已有的思想和观点之上的。我更加理解了为什么我们很难形成学术传承和学术认可,甚至有时候很难看懂别人的研究。因为我们的研究观点和思想不是在前人的基础上进行的继续性发展,而是自说自话,没有基于共同的思想和话

---

① 金生鈜.教育研究的逻辑[M].北京:教育科学出版社,2015:49.

语,所以很难得到别人的认可,也很难与别人对话,这样也就无法鉴别每个人的研究是否为真。文献综述之后应该很清楚地知道别人做了什么,哪些观点与自己一致和哪些观点与自己不一致;我自己要做什么;我做的研究存在什么问题;以后可以做什么。文献综述,对已有研究进行批判性的思考,对已有观点进行合理性检验或评价,目的是为了修正自己的观点,提出更具有合理性的观点,同时也是在批判性检视自己观点的过程。在课堂上我能够对这个问题有更进一步的认识,我也意识到是因为我之前有这样的困惑,所以在课堂上整个探索学习过程中对这一问题才有了更深刻的认识。看来首先要有问题和困惑,也就是带着问题进行学习才能更有体悟和思考啊!

最大困惑:在这个课堂上,老师希望训练大家具体的研究方法,也就是通过让大家参与感知和体验研究方法,这样大家才能够真正理解,这种全新的学习方法我很喜欢。但在昨天的课堂上,老师在大家自由发言、讨论总结之后,提出了自己检视文献的标准,老师从题目、摘要、行文几个方面进行了阐释。老师说到:"题目应是独具匠心的、典雅的、新颖的,既精练又内容丰富,有着突出明确的研究问题且具有价值。摘要应突出要点,结论性明确,方法明确;问题突出,选题是基于前人的研究从而有新的发展;意义重大。"在老师阐述的过程中我感觉自己明白也没有明白,感觉自己没有真切地去体验摘要中的这些要素,所以理解得并不透彻。如果能够根据具体的某几篇文献去分析应该能够更好地理解,这样不至于过于抽象。因为我们在自由发言的环节大家都是从自身的感受出发抽象出的标准,那么我们是否应该再回归到具体的文献中去验证或检视我们的标准。在最后总结环节,老师说大家需要再深刻解剖几篇文献,最后形成自己独立的判断。我眼前一亮,原来老师早有安排,高! 也许老师本想着在课堂上让大家讲每人检视出的好文献,再利用共同讨论出的标准进行审视,但碍于时间问题,所以没能进行这一项训练,也是一个遗憾吧!

不足和改进:我发现这节课自己的发言只是说了感受,而不是一些具体的可测量或别人可感知和判断的标准。这反映了我并没有深层次地去挖掘"是什么让我觉得它具有启发性",说明我并没有进一步去思考。我也总结了自己的课堂发言是这样的一个过程:不敢发言→空洞发言→切身感受发言,那么我接下来努力的目标就是"深层思考的发言"! 虽然我进步比较慢,但是我在思想上有了转变。在上次课程的反思日志中,我提到的"试错"也是很好的学习过程,所以我认识到这一问题后大胆地发言,促进自我思考,在与别人思想碰撞的交流过程中不断形成自己的独立判断。

在发言的过程中我也发现了自己另外一个问题:用词。不论是在平时发言还是论文写作中,我的语言不够精练,更确切地说是不够"精准"。既不应使用啰嗦的语言,也不应使用哗众取宠的新词,而应用自己深刻理解并能够精准表达内涵的词语。语言锤炼的过程应该是一个与自己对话的过程,所以我想到了每天写日志的这个办法,老师不断地坚持写博客、日志让我敬佩! 我想写日志就是不断与自己对话,促进自己思考,让自己把很多想法思考得更清楚的一个过程,同时日志也能够很好地记录自己的思想,日后也能够帮助自己提炼自己的思想。写日志需要完整清晰地表达,而且是用可修改琢磨的文字将所思所想表达出来,也就是一个用文字去很好地说服自己的过程。受老师启发,我也开始了写日志,把以前自己坚持写日志的好习惯找回来,更希望我能够用日志见证并促进自己的成长。

老师的启发:老师在课堂上的聚、散,收放自如,培养同学们的创新思维及研究能力,让我觉得这是多么享受的一个过程啊! 在引导大家总结概括的环节,虽然老师从理论角度加强了对课堂的把控和干预,但老师并没有将自己标榜为权威,其中有些细节让我更加敬佩老师。当梳理至几个同学提出的标准时,虽然这些标准可能不是那么恰切,但老师并没有直接否定,而是让提出标准的同学进一步阐述观点。我想老师可能是希望这些同学通过阐释去说服自己,说服别人,如果真的能够被理解或者被说服,那么这些标准也是可以被接受的。另外就是当课堂有不同意见的时候,老师很耐心地倾听每个人的观点,并不急于干预,而是让大家自由辩论,最终形成新的共同认可。这让我想到了小组讨论,老师鼓励大家自由争论就像小组讨论的氛围一样,那么我们在课堂上是否也需要增加小组讨论? 老师讲到大家挑选的文献重合度很低,那么我想是不是也是因为没有经过小组讨论,所以没有形成核心性的共同认知,每个人都在自说自话? 当然我知道在课堂讨论就是为了形成大家的共同判断和每个人的独立判断,但我又不是很清楚到底有没有必要小组讨论。这里很多问题我还没有想清楚,之后我再进行观察和思考!

**王师批注:**

小组讨论主要应该是课下进行的,课堂上不到必要时刻不组织小组讨论,因为很花费时间。

小组讨论应该是自觉组织的。直到有明确任务的时候,才开始有组织的小组讨论。

有困惑是好的,有些问题是需要自己去思考的,因为并非大家共同的问题。课堂教学不可能照顾到每个人。如果课堂上有听不懂的可以直接问,不需要什么都要老师讲。因为对于许多东西而言,有的是同学一点就透,有的是怎么说也不好说清楚,只能凭自己体验和理解。

写日志是一个好习惯,可以反思,可以锻炼文笔,可以梳理思绪,可以整理思想。

文献综述必须经历查找文献、阅读文献和深入分析文献的过程,这个是别人无法替代的。

课堂讨论只是提供一个参考系,个人课下努力是关键,课下不努力,与灌输式教学无异。

# 捌　文献研究的"好"与"难"

**2017** 级硕士生　袁东恒

## 一、"既熟悉又陌生"的文献研究

谈及文献研究,我们每个同学都可以说是"既熟悉又陌生",说它熟悉,是因为作为研究生,尤其是教育学专业的研究生,我们要一直阅读专业文献,由此才能了解学科或某一问题的发展历史与走向,站在前人的肩膀上开展新的研究。说它陌生,是因为文献研究是我们面临的"老大难"问题,如何做好做深做扎实文献研究是一件十分困难的事情,对于有的同学来说,有可能还没有做过系统深入的文献研究,因此也就对什么是好的文献研究,如何做好文献研究存在不解与困惑。从老师对文献研究的课程设计来说,老师这次课堂反思笔记写的是"如何做文献研究(上)",可以想见,还有"如何做文献研究(下)",这样的话至少也要花上两次课的时间来讲这部分内容,足可见文献研究对于研究方法课程学习的重要性。

## 二、好文献的标准

在本次课程中,老师讲到文献综述的重要性(文献综述是学术的硬功夫)、好文献的标准(同学们列举了观点新颖、逻辑清晰、语言平实流畅等二十八条标准)、老师根据自己经验分享了好文献的标准(在题目、摘要、正文、参考文献等方面的体现)、老师讲到中西文献综述的区别、大家根据自己查找的研究生高质量课堂教学文献推选出自己所认为的代表性文献(每人平均推荐三篇,共有三十多篇)、老师总结并提出要对文献进行深度解剖。课程设计层层递进,时而老师娓娓道来,时而同学你言我语,好不妙哉!

在大家提出自己所认为的好文献的标准时,我提到了好文献要选题角度好,鹏娟同学立即补充说既要有前瞻性,又要有现实性,这两点倒是我没有仔细想过的,很感谢她能立即补充并且说得很有概括性,可以看出她在这方面是有思考的。我之所以提到这一点,是因为我在这方面有着强烈直观的感受。之前的作业中有一个因为选题新颖,角度适宜,获得老师好评,有一个因为选题老套,众所周知,受到老师批评。虽然从老师评分并不一定就能够判定是不是一篇好文献,但就我的直观经验来说,选题老套的文献很难写出新意,很难找到新资料,自然也就难以吸引人,难以成为人人想读、读完之后还想再读的好文献。我们平时经常听到的"题好文一半","选题决定论文写作成败"就说明选题对于文献写作的重要性,可以说,选题角度好是好文献的必要不充分条件。

## 三、困难的文献研究

虽然我提出了自己认为的代表性文献,但根据老师最后提到的解剖文献做法,我发现,我并没有深刻理解自己提出的代表性文献。仅仅是在整体阅读后感觉研究方法好,主题比较切合,论证较为严密,就认为是好文献,并没有深入地分析作者究竟是怎样运用这一方法获取资料的,研究设计是否完善并解决了研究问题,提出的观点是如何体现其创新性的,观点的理论基础到底是怎样的等一系列问题,还没有形成对这些文献的深度感知,没有与作者达到真正的互动与对话。至此,我也就慢慢明白了自己之前文献研究存在问题的原因。之前我在写文献综述时,一般是开头一句总括句,接着列举两三位代表学者的代表观点,最后进行一下评价,指出当前研究存在的问题与研究展望。看似是按照文献综述"综、述、评"的方式进行,但实际是程式化大于实质化,并没有系统地对文献进行解剖,存在一叶障目之弊,也就导致看了很多文献,但最后能够记住的确实很少,能够用的更少。现在,我在做文献综述时,一般都会制作一个 Excel 表,表头列上文献的名称、作者、发表期刊、发表时间、作者立场、研究方法、创新点、研究结论、评价等内容,以使自己对文献有更加深入细致的了解,使用这种方法之后,我确实能够记住很多文献,但这种方法耗时太长,读一篇较好的文献,再将其要点择取分析,并记录在 Excel 表里,一般要花费二三十分钟的时间。我也知道,学术研究肯定不是敲锣打鼓说说唱唱就能成功的,因此这种耗时的功夫虽然艰辛,但十分必要。

正如老师所说的,做深入的文献研究真难啊!这就好比"做人真难"一样,但文献研究又不同于"做人",只要我们扎扎实实地做下去,达到与作者的深层对话,我们就会有所进步,也更加会明白冰心所说的"成功的花,人们只惊羡她现时的明艳!然而当初她的芽儿,浸透了奋斗的泪泉,洒满了牺牲的血雨"。

**王师批注:**

这篇日志记录了东恒深入参与课堂讨论的过程和大脑的思维过程,很具有质感。

东恒采用的 Excel 表列的方式不失为一种梳理文献的好方法。确实,通过表列把一些代表性文献的观点概括总结出来很不容易,因而也比较耗时间。

东恒的"综、述、评"概括很具有代表性,这个反思很具有启发性,值得大家分享。

东恒用"做人好难"来比喻说到了根处,代表了大家的心声。

# 玖 文献研究的意义及方法

**2017** 级硕士生 熊文丽

这次课我大概提前了半小时来到教室,本以为自己是来得比较早的一个,到了教室才发现原来大多数同学都已就位。他们都在浏览自己的电脑,时不时就某一篇文章与身边的同学小声讨论,我想他们应该是在阅读王老师上周让我们自行查找的文献。我打开了自己的电脑,将所查找的文献粗略地回顾了一次。

## 一、文献研究的意义

上课伊始,王老师询问我们上周布置的任务完成得怎么样,有没有找到相关主题的文献。这时几乎没有什么人回答,而我自己也有点心虚,因为我只阅读了 17 篇文献,而老师交代的是 20 篇文献。通过简单的摸底,老师发现大多数同学阅读了十几篇,完全没有阅读的倒是没有。后来想想,自己没有检索到足够多的文献,一方面可能是检索方法的单一,另一方面也是最重要的方面是自己重视不够,包括对文献本身以及文献研究的意义重视不足。接下来王老师顺而推之,给我们讲了文献研究的意义——文献研究是做学术的硬功夫。这让我联想到欧洲的博士生培养,前两年主要是让学生进行文献阅读与文献综述,两年后则要进行阅读材料的汇报。西方学者非常重视文献综述的作用,因此在看外文文献时能发现文献综述在整个论文当中占很大的篇幅。相比较而言,国内学者对文献综述就不那么重视了,这也是为什么我们有时候看国内文献觉得没什么新意,都写得差不多,因为没有做文献综述,就很有可能重复造轮。我们每看一篇文献(这个文献当然是指好的文献),都是需要归纳总结的。以我自己的学习经验来看,归纳总结的内容包括作者、写作时间、写作目的、立场、内容、方法、结论以及自己对这篇文献的评价。只有将文献研究做好、做扎实了,接下来的研究才能得心应手。

## 二、甄别好的文献

### 1.做文献研究的基础功

做好文献研究的第一步是要培养鉴别力，能甄别好的文献，要不然工作无法开展。独立地判断、敏锐地鉴别、高雅地欣赏，这是文献阅读三个逐渐上升的层次。王老师严肃地提出我们的教育通常在第一个层次就很失败，过分强调教师的作用，而不注重发扬学生的作用，学生过多地依附权威，由此学生创造潜力无法挖掘。王老师反复在课堂上强调"独立判断"能力是我们学习、做研究的基础，没有独立的判断，一切都是浮云。

### 2.好文献的标准

甄别好的文献，那好的文献的标准是什么呢？王老师再次采用头脑风暴法让大家列举好文献的标准。几乎每个人都发言了，部分同学还不断地补充了自己的观点。经过几轮发言，大家一共列举了28条标准。而后王老师开始聚焦讨论同学们提出的这些观点，对于表述不明的地方，王老师会询问同学，然后同学进行解释。王老师将我们的观点输入到PPT上，会不断地问同学："对吗？是这样吗？"可以看出老师很尊重学生的本意，生怕误解了学生的意思。对于经过头脑风暴后展示在PPT上的观点，王老师会细致地带着大家一个一个去看，去思考，甚至有的是一个字一个字地去扣，这其实也是一种科研训练，通过斟酌字眼来促进我们思考。

在我们谈了我们所认为的好文章的标准后，王老师大致按照阅读的顺序提出了他对好文章的看法。首先是题目是否有新意，题目关键在"目"，题目应该是经过反复推敲与锤炼的，要新颖、内涵丰富，并且尽可能地做到典雅。其次看摘要，摘要的内容要包含明确的结论、清晰的研究问题、确定的研究方法、可靠的理论基础以及研究的意义，摘要要囊括这五个要素是很不简单的，这五个要素代表了文章的核心部分。然后是正文，王老师特别强调要抓住"问题的引出"这个龙头，提出自己的问题是关键。再次是问题分析，问题分析是非常考验学术功底的（针对性要强，抓住问题要害），在问题分析的基础上把自己的基本观点亮出来，观点的背后是有理论基础支撑，而非凭空得出来的。最后结论是清晰、具体的，结论的表达不能有歧义。并且贯彻整个论文的论证过程要规范，严谨。如此看来，要想达到王老师心目中好文章的标准是很难的，但即使很难，我们也要一步一步努力去做，将这些标准条理化，作为自己以后论文写作的标准。

王老师让我们从自己所阅读的文献中推举几篇出来，我根据自己的阅读推荐了三篇。当所有同学发言完毕后我们发现，大家所推举文献之间的重合度非常低，如果我没记错的话，仅有一两篇是重合的。这表明在基本观点上我们还没有达成共识。为此，老师建议大家在深入阅读的基础上形成自己的观点，即对文本进行深度的解读，然后形成自己的独立判断。这项任务很不简单，要在与别人文献对话的过程中形成自己的观点，这必须要有扎实训练的过程。学到这，深知做真正的研究绝非易事，但路虽远行则将至，事虽难做则必成。

老师宣布下课后，我们一致鼓掌，我想这掌声既是为了感谢老师的辛勤付出，也是鼓舞自己再接再厉，在"高等教育研究方法"这门课上都能学有所成！

**王师批注:**

> 文丽同学的日志很规范,文辞工整,显得认真细致。
>
> 日志描述有一点质感了,如描述道"对吗?是这样吗?"
>
> 日志最后对自我、对同学们都有期许,很具有情景色彩。

# 拾 生活与学习

**2018** 级硕士生 郑雅倩

这是本学期的第四次课程,内容围绕的是"如何选择一篇文献",即思考和提炼"好文献"的标准。此次反思日志的标题没有跟以往一样依据课堂授课内容而定,因为这一次的反思日志更多涉及的是对整门课以及这一段时间的思考。我想,课堂反思日志应基于课堂,但又不应仅仅是对课堂内容进行的反思,更为重要的是记录这堂课带给自己的成长,同时也更愿意"我笔写我心",真实记录这一次课带给自己的一些想法。

经过这段时间的学习,我一直苦于自己思考过浅的现状,并且当看到同学们都对课堂很多细节深有感触而自己却貌似触碰不到这些"点"的时候,越显急躁。我想,是时候对自己进行一次深刻的反思了。人贵有自知之明,但却少有人敢于剖析自己,对自己无知便是对世界无知,既然不想做一个无知的人,那就应该时时反思。

1. 保持对生活的激情,拥有自己的态度。为什么有研究生教育?研究生教育与本科生教育的区别在哪里?除了社会对高层次人才的需求所引发的高等教育结构的改变,那么,对于个人而言,研究生教育能够带给我们什么?除了思想的深刻化与思维方式的转变,在结合这一段时间的学习感受与思考后,我认为研究生教育更重要的是在探索中体会生活,更多的是让人认清自己,寻找不足并不断去提升自己。为什么?研究生之前,我们接受传统教育,习惯了一味地输入,不断将一切外在的事物填充进我们的大脑,渐渐地,作为这种教育模式下的我也习惯了"接受",同时也日渐"麻木",失去了生活的感知力、敏锐度,这不得不说是一种可怕的现象,当你失去了对生活的敏锐和洞察力之时,意味着生活的激情被磨灭了,当任何事情再也激荡不了内心的波澜时,生活的意义又何在呢?当我们随着大流去追逐某些东西的时候,个体的价值又体现在哪里呢?我们来源于生活,始终在生活,生活中的一切都与我们紧密相关,我们都应该去感知生活中发生的点滴,不管这一切是喜欢抑或不喜欢,但始终要有自己的态度,对喜欢的事情就勇敢表达,对厌恶的事情就去吐槽或者改变它。无论做出何种反应,都是热爱生活的一种表达,因为喜欢就会持续去做,因为厌恶这件事,以后就会避免这种做法或者会想方设法去改变它。最怕的就是什么事情都可以,什么时候都无所谓的人,看似中庸,看似平和,但实质是麻木不仁,也是没有真正思想的人。好像是在一个瞬间,我突然明白了一点什么。老师将社会缩小到课堂,提倡写观察反思日志,这正是在不断地刺激我们的神经去发现去激荡脑海中未曾发掘的点滴,从对课堂的细致观察再扩大到对社会对生活的感知,进而提升到我们对生活的激情,这是我认为我们这门课最想传达的思想。另外,在研究生教育阶段,我们不应该局限在课堂中,不应该框限在本专业领域,而应该去感受校园中的花花草草,去聆听海浪敲打在沙滩上的声音，去感知"面朝大海，春暖花开"，去体会所有自己经历的一切。要始终相信，所有对生活的感知都将不断涵养自身，进而逐渐形成自己对生活的态度。

2. 知识来源生活，生活厚实知识。"做中学"是我们生成式课堂的教学理念，我们亲身经历了如何选题、如何选文献等一系列研究过程后，才能对整个研究过程有一个真实的感受，而不是仅仅呈现在书本或 PPT 上的"死的知识"。从一个更大的角度而言，我们所学的知识都是来源于生活，在某个阶段有人帮助我们从生活中去提炼出这些"系统的科学的知识"，成为世代传承的载体。而我们如何去理解这些知识，内化为自己的东西，并且去拓展这些知识呢？我想，去"重现"和体会这些知识的产生源，并且在这种"重现"和体会中再加入自己的思考，才能真正理解这些知识的涵义并进行深化。这里提出的"重现"和体会并不是说想原封不动呈现之前的真理碰撞情景，而是想强调实践的重要性。对自己的经历进行审视，从小到现在，我一直是处于"学校到学校"的状态，生活中除了学习好像也没有什么了，虽然期间有几次短时间的社会实践，但也由于时间的短暂而缺少真正的体会，因此，在很多方面上，似乎一直是似懂非懂的状态，很多的概念、涵义像是在自己可感知世界中的"海市蜃楼"，看得见摸不着，似乎触手可及，却又是如何也无法碰触到的。如此对知识的理解无法建设起自己的"高楼大厦"！如何去破解这个问题？去实践！在与社会的碰触中理解知识的内在涵义，将书面上的虚拟事物内化为内心的实物。"纸上得来终觉浅，绝知此事要躬行"，虽然目前自己也有担任一些职务，也称得上是一种实践，但这种实践的范围面比较狭小，我还是希望在未来能有更广阔的实践空间，在生活阅历中体会知识的美妙，也能够在生活中不断深化已有的知识！

**王师批注：**

雅倩这次的感触很深刻，是的，要对之前的教育经历进行一次系统的反思！

是的，真正的知识来源于生活，来源于实践，单纯从纸面上获得的是不可靠的。

这次日志虽然没有针对课堂，但却是课堂教学要达到的目的，也即我们的反思日志不是仅仅局限于课堂，而应该覆盖到我们的全部教育。

学习看到不足是好事，但不能过于着急，不能急躁。

# 第五章 谈"文献研究"(中)
## ——"高等教育研究方法"第五课

## 壹 文献研究:基本评判标准的生成

授课教师 王洪才

### 一、课前检查

今天是正常课堂教学,中间没有间隔。这次课堂我首先是提问大家课下研究得怎么样了,是否继续进行文献研究,有没有形成自己的观点。我发现大家没有主动回应我,我估计绝大多数是没有完成这个任务的,其实我也没有期望他们能够完成这个任务,因为文献研究是一个慢工出细活的过程,急迫之下是不可能出现什么好的结果,我的提问仅仅是提出一个理想目标而已,告诉大家前进的方向。

### 二、关于理论建构与重新发现

我之后讲了理论的生成过程。首先是要大家打破对理论的迷信。我提出,我们每个人都可能提出自己的理论,只要我们作了一个系统的判断,有充分的事实依据,有扎实的理论基础,形成了自己的独特思考逻辑,就可以成为一种理论。只不过这样的理论是否具有创新意义就很难说了。比如许多生活中的理论,本来认为是自己的独特领悟,结果一查文献,发现早已经有人提出了,结果就是这样。但这也不能否定这种理论生成对个体成长的价值。我们获得知识的过程很大程度上是一个重复发现的过程。如果我们直接接受别人的话,知识永远是外在于自己的;当我们自己经历了发现的过程,就会发现知识变成自己的了。对于研究生教育而言,首先要体验这种重复发现的过程,其次才是进行创新的过程。创新是对博士层次研究生的要求。研究生阶段主要是形成学术探究兴趣。当然,广义的创新包括对一个新问题的研究和解决,不是纯指原理性知识的发现。这是需要声明的。

### 三、关于分组讨论与组织

在讲完这个基本点之后我就组织大家进行分组讨论。我是按照 3~4 个人一组方式进行分组的。这次是自然分组,没有加入任何干预因子,是按照座位相近原则做的一次简便的安排。规定讨论时间是半个小时。我看着大家的讨论进程,发现大家的投入度都非常高。快半个小时了,看同学们仍然没有结束的意思,于是就延长了十分钟,我感觉不能再延迟了,于是就让大家停下来再集中讨论。

在让大家汇报讨论结论之前我讲到小组讨论的诀要，即首先要有明确的主题，其次要有组织者，再次需要有合适的场景氛围，最后需要不断推进的过程。这四个要素都是不可或缺的，因为主题不明大家无所适从，缺乏组织者就无法有序推进，没有适宜场景的话人们的精神就不专注，没有不断深入的过程就很难维系下去。并且告诉大家，这些讨论完全可以在课下进行，没有必要到课堂上再进行，只有在课堂上出现临时任务或必须进行分组讨论的情况才举行比较适宜，因为分组讨论在短时间内很难出现有价值的结果，人们的思想需要一个预热过程，进入状态之后需要有一定的反复出现，这也是思辨研究的本质，所以不能把它看成是一个直线逻辑推进的过程，而要明白它是一个曲折前进的过程。

## 四、小组汇报与反思

之后是进行小组汇报。这次一共是四个组，汇报是从三个硕士生一组开始，他们分了最低标准与最高标准，列举了许多内容，从理念到内容再到方法直到效果，可以说考虑的面非常全。第二组指出与第一组不同的方面，可以说作了很大的补充。第三组讨论的内容更有深度了。第四组也提出了一些新内容。不过第二三四组都没有讨论完。

在大家汇报后我马上引导大家对各种讨论结论进行反思，是从最后向最前倒推。这次不像以往，绝大多数结论是被肯定的。出现这个结果也很自然，毕竟已经进行了几次讨论，大家认识上越来越成熟，也越来越接近（说明同学们对之前的讨论结果基本上都吸收了）。但在一些个别地方出现了歧义。对于这些歧义只是做了一些探究，并没有深究，因为后面的讨论还会涉及。

讨论完大家的意见后作了十分钟的休息。发现大家基本上没有动。我还是离开教室给大家一点自由空间。

## 五、关于高水平课堂教学的五点假设

十分钟后继续上课。我说明，根据之前讨论，我们要归纳出高水平教学的基本理论假设。我归纳出了五点，是从理念、目标、过程、标准和结果进行的。在初步归纳之后我在想，标准是否可以替换为手段。后来发现不怎么成功。我试图提出结论的反命题，发现也不怎么对应。因为许多做法（指传统教学）是现实性的，用理论命题来概括的话就不怎么成立了。我把"以学生为中心"作为核心理念，把学生最大发展作为目标，（把问题探究作为基本过程——课堂上没有谈及，是遗漏了）把学生有效参与作为标准，把学术兴趣形成作为结果，这些命题作为基本判断成为判断高水平研究生课堂教学的依据。

我要求同学们在课下把没有完成的条件因素补充完整，包括要将对教师的要求（同学们涉及不多）、对学生的要求（同学们涉及也不多）、对媒介的要求（同学们有所涉及）、对课程设计的要求（这一块同学们谈论得最多）、对教学评价的要求（同学们几乎没有涉及）都包括进去。然后回头再来检查文献，看我们的结论是否已然站在了学术前沿。

## 六、课后作业

整个课堂只有在最后环节是我直接呈现一些结论，这些结论是基于同学们的思考，因此不能说是简单呈现结论。可以说是对同学们之前讨论结果的概括提升。当然,整个提升过程还没有淋漓尽致地演示出来,限于时间关系,就只能让同学们把它完成了。这是一个后续的作业。同学们可以用文献来检查我们的结论,这也是一个应用知识和检验知识的过程,同时也是一个生成自我判断标准的过程,或者说是一种生成自我知识的过程。

不过,这种生成的结果不是传统意义上的知识,而是一种能力。

## 贰 研究需要共鸣:小组讨论的重要性

2018 级硕士生 孙士茹

随着教学秩序逐渐稳定,课程也随之更为流畅地开展。不同的是,这次课堂与之前相比,多了小组讨论环节,使得课堂组织形式更为多样,课堂气氛更热烈,也使得学生的积极性、主动性得到更大发挥。

首先,老师问大家"上节课之后大家有没有做什么准备工作?"同学们大都沉默不语。就我自身而言,这个问题很大,不好回答。转而,老师换了一种提问方式"在上节课之后,大家有没有继续回去检索、分析文献,思考研究问题?"这时大家有所回应。感觉大家在课后都有进行后续学习,但学习的成效如何是需要打问号的。老师继续讲道:我们现在的立场应该是研究者。基于并区别于之前各自的经验立场,需要转变角色提出相对更为成熟、更具理论性的观点。这种观点的中立与否需站在多个角度进行反复思考,为自己的判定找到论据,保证其是客观的、公正的,具有客观根据的,并经得起反驳。最后,这种观点才能避免流于片面。其实这也就是批判性思维。这种思维要求我们不仅批判别人,更要批判自己。如此,观点才能站得住脚。那么,在我们为自己的观点立命,寻找论据的时候,如何诊断搜集到的信息的真实性、深刻性? 如果我们对研究领域不熟悉,便难以判断其优劣好坏。在我们形成核心理论观点的时候,这时候的理论是基于对事实的基本观察(当然这个观察不仅仅是表面上的、浅层次地对文献进行看、注意,更要我们对文献进行深刻的剖析、解读结构甚至重建),从而对众多事实形成系统、理论性判断,形成自己的判断标准,提高判断能力(这种能力是可迁移的)。理性的分析判断强调对过程的判断。判断路线怎么来的? 生成过程是怎样的? 这些都需要有科学可靠的依据。做科研不可能速成。在一定意义上讲,计划科研是不科学的。研究问题研究到某个程度才能作出判断,火候不到便会超出人的自由,对人有所限制。这也是学术自由存在的合理性与必要性。

老师估计是揣摩到大家课后研习的成效不佳,便组织进行小组讨论,形成小组意见。讨论时间为半小时,时间到时大家意犹未尽,老师酌情增加 10 分钟继续讨论。不同于其他组,我们小组在成员构成上是研一研二各 2 位。由于相互之间不是特别熟悉,所以讨论伊始大家有些拘谨。之后,气氛逐渐活络起来。其中,我与烟霞师姐看到同一篇文章,认可研究生教学的特殊性及其提出的"注重研究生教学的专业性与研究性;对研究生的个性保护;注重教学内容的前沿性"①。作为研究生，其与其他层次的人才培养的不同之处在于其对研究性的强调，所以我们强调研究生教学的研究性（探究性）。这种研究性不只是体现在教师的探究性教学，更重要的在于研究生自身从事问题研究学习与探索。且研究生与本科生不同，本科生阶段我们可能更多地接受现有知识并理解运用。研究生阶段使得学生生成知识、创造知识的可能性大为提高，所以，我们一致认为，研究生课堂教学的研究性可以被视为高质量课堂的标准。专业性是高等教育与其他教育层次的主要区别。这点我认为与本科教育无很大差异。其次，是研究生课堂对学生的个性保护，可以理解为"因材施教"。研究生培养不同于本科生以及接受基础教育的学生，其施行的导师制使得个性培养更为深入、有效，且研究生课堂上人数少，课堂氛围民主平等，研究生的个性保护可能性提高。另外，相较于本科生，研究生群体大为缩减，国家给予更多优惠政策，培养结果理应质量更高，产生更大的社会效益。研究生的因材施教理念虽与其他阶段无差，但总觉得其具体意蕴（想不到更好的表达方式）与其他阶段大为不同。而研究内容的前沿性，文章的理解是使学生明晰专业领域的研究重点、难点，了解可能的研究方向与趋势，并借此来激发学生对问题的探索和兴趣。我认为这点可以说是研究生课堂教学需要注意的点，但其能否说是高质量的研究生课堂教学的标准，在我看来未必。之后，文丽师姐有着更为全面条理、更有框架的思路，从教学理念、教学内容、教学方法、教学手段和教学效果等方面提出自己的观点，这是老师引导大家小组讨论的初衷。但我认为其中的某些特征应用范围很大，是否可以体现研究生高质量课堂的特殊性是值得继续探究的。此外，我对小组讨论有了些新理解：小组讨论不仅是对研究问题的讨论，而且还是更深层面上不同观点的碰撞与交流。正如老师开始说的，它其实是一个训练我们批判性思维养成与判断的过程。这个过程不仅需要我们为自己的观点寻找依据，为之发声，更需要在他人质疑你时，能够保持审慎、冷静、理性地思考，而不是一味地维护。如此，才能检视自己的观点，使之更为科学，也才能使得思想更为成熟，不断进步。

小组讨论后，老师继续充当"记录员"记录讨论结果。一组的结果大而全，分为最低和最高标准。但即使是其最低标准，也很难做到；三组的结果更为深刻，引导大家思考师生共同体这个耳熟能详但又让我们"难以启齿"的概念。这也提醒我们在研究过程中，应注重对基本概念原理的恰当理解，以防在错误理解的基础上一路错下去。四组的讨论结果简单，可能是注重在对结果的阐释上，忽略了结果的整体性和全面性。不同于之前的讨论，这次大家的结果中都有"教学理念"维度，这表明大家对于之前课程讨论结果的认可与吸收。

老师最后总结归纳，形成基本的理论假设，认为高水平的课堂应该具有以下特征：

1. 以学生为中心；

2. 以学生最大发展为目标；

3. 以学生有效参与为标准；

4. 以学生探究兴趣形成为结果。

这是理论层面上的标准，像以学生为中心体现在哪些方面，学生的最大发展如何界定，有效参与如何测量，学生兴趣如何测量等等的问题，更是显现出教育研究不同于完全的数

---

① 王昭顺，张德政.开展研究型教学，促进高质量创新型研究生的培养[J].计算机教育，2011(2):1-3.

据、科学研究,需要更多的"事实"说话,需要更多的文字记录、情感感知,很难用许多肉眼可见的数据证明。也正如文丽师姐所说,教育评价需要更多的模糊性、过程性评价。在此环节,大家还对"学术兴趣""应用型兴趣"和"探究兴趣"等概念进行了讨论分析。可以说,在课堂进行的每个环节,都会出现大家意想不到的问题,这些问题有趣又耐人寻味,耐人思考。而在研究过程中我们也需要时刻保有这种好奇、质疑的精神,才能使得我们的眼睛和心灵更为明澈,研究更为从容。

**王师批注:**

　　士茹的特点依然如此:对细节的记忆很清晰!

　　不过这次出现了一点小问题,如"超出了人的自由",我好像没有说过这样的话,因为我还没有理解其具体是指什么。

　　士茹对小组讨论的意义领悟很深刻,看来,超出传统教学方法能够给人带来很多惊喜。

　　在小组讨论中士茹有自己的独立思考,不盲目跟从,显示出有了一定的独立判断。另外,士茹比较善于观察别人的长处,这也很难得!

　　很赞赏你最后说的话:在研究过程中保持好奇与质疑!这样才能使眼睛和心灵保持明澈,使研究更从容!

# 叁　打破权威迷信　形成基本判断

**2018 级硕士生　刘美丹**

　　11月5日晚上的高等教育研究方法课程分为了课前回顾、分组讨论、小组汇报、讨论反思、归纳总结五个部分。与之前课堂不同的是,我们这一次课堂当中增设了小组讨论及汇报发言环节,带来的学习感悟也与以往不同。

## 一、课前回顾:打破对理论的迷信

　　首先,课前老师提出了两个问题:上节课下课之后是否有进行文献的进一步阅读?有没有形成自己的观点?对于这两个问题,大多数同学都低下了头,默不作声,我也没有回答。虽然课前自己有做相关文献的阅读工作,也记录了一些观点,但是并没有基于他人的研究,形成自己独立的观点和判断,离老师上节课提出的要求相距甚远,因而不敢言语。老师似乎早料到了大家的反应,接着说道,理论生成的第一步就是要打破对理论的迷信,我们每个人都可以提出自己的理论,只要有充分的事实依据、扎实的理论基础,并且形成了自己独特的思考逻辑。我想老师是担心我们过于迷信权威,在他人的研究成果上裹足不前,无法形成自己的独立判断,这既是我们当前在研究过程中普遍存在的问题,同时也是必须解决的关键问题。在形成了自己的观点基础上,老师还提出,我们既要质疑别人,更要质疑自己。光提出自己的观点是不行的,必须为自己的判断找到理由,即自己这么做是否正确、观点是否客观公正。而要判断一个观点是否客观中立的最好办法,就是站在多个角度上思考批驳;只站在自己的视角上会容易出现偏颇、不够全面。我想，一个好观点必然如老师所说的那样，是经得起推敲的，现在我们经历的学术训练还不够多、学术基础也不够扎实，很容易搬用他人的观点拿来做自己的话语，这样的做法需要警惕。

## 二、分组讨论：确立高质量课堂教学的标准

接着，老师带领大家进入今天课堂的重要环节：分小组讨论。正式讨论开始之前，老师提到了讨论的三个基础，即主题要明确、遵循一定规则、最终产出结论。根据这三点，我们围绕着"我们自己认为的高质量研究生课堂教学的标准是什么"这一主题开展了约半小时的课堂讨论。我们小组是按座位顺序随机分配的，我和孟圆、鹏娟分在了一组。一开始，我们是有一些茫然的，因为课下相应的准备并不充分。后来鹏娟主动承担起记录员的责任，并为了方便讨论和孟圆换好了位置，我们的讨论才渐渐有了头绪，形成了比较清楚的思路。我们将高质量的研究生课堂教学评判标准分为了最高标准和最低标准两级，从教学目标、教学理念、教学内容、教学方法、教学控制、教学效果以及教学媒介这七个维度来搜集高质量课堂的特征。基于自己课下查阅文献的所思所得、结合前两次课堂讨论的结果，我们很快达成了共识，即认为高质量的研究生课堂教学的最高标准应当包括：第一，教学目标明确，定位合理；第二，教学理念主张师生平等、民主、批判（讨论之后剔除）；第三，教学内容具有启发性，联系实际，符合学生认知发展水平和知识基础，具有挑战性；第四，教学方法与教学内容相适应，注重逻辑推演（讨论之后存疑）与师生互动；第五，教学控制方面教师善于把控课堂节奏，详略得当，重点突出，教师具有教学机智；第六，教学效果使学生主动参与课堂（讨论之后存疑）；第七，教学媒介多样。

而高质量研究生课堂教学的最低标准用一句话概括就是：在师生平等、民主、鼓励质疑、批判的教学理念指导下，教师把符合学生认知水平的知识内容，根据其特点，运用互动、符合知识生成逻辑的方法传授给学生，让学生主动参与。反思我们的讨论结果，我认为既有优点，同时也有不足。就优点来说，我们讨论出来的维度较为丰富，内容也较为全面，对教学各方面的要求都有兼顾到。而最大不足就是课下的准备还是不够充分，导致我们的观点大多是重复之前课堂集体讨论的结果，不够有新意，也不够有深度。

## 三、小组汇报：观点碰撞

反观其他三组的讨论结果，第二组主要从教学理念、方法、内容、手段、结果五方面考虑，提出了"个性化教学""语言性教学方法与实践性教学方法相结合""教学内容具有研究性和专业性"等不同观点，相比我们的观点有很多新的补充。而且更难得的是第二组还从动态性与静态性、共性与个性这两对矛盾的角度提出了"要对师生关系、教学艺术等动态性内容设置模糊性的考察指标""不仅要看到学科的共同规律，还要根据不同学科的个性特质设置不同的评价标准"等观点，既关注到了学生发展的个性化特征，同时也对当前比较单一的教学评价标准作出了深刻反思。第三组则更加关注到了高质量研究生课堂与本科生课堂的差异，先对"研究生教育"的概念进行相关界定，再从教学理念、教学目标、教学内容、教学方式、师生关系及教学效果六个方面对高质量研究生课堂教学的标准作出判断，提出了"教学研相

统一,以学生为中心""目标以培养学生批判性思维能力为主""面向不确定性知识开展教学,教学内容要有一定挑战性和问题导向性""师生关系上强调形成师生共同体"等既有深度又有新意的观点。第四组在教学理念上强调"学生的积极主动参与",在教学内容上也强调了"不确定知识"的重要性,在教学方法上则重点强调"学生的体验式学习与探究性学习过程",可见他们在一定程度上把握住了研究生课堂的特性,补充了之前讨论的内容。

### 四、讨论反思:五点基本理论假设

通过老师引导我们对讨论结果进行反思,可以发现,经过前两次课堂的探讨,大家对高质量研究生课堂教学的特征有了更加清晰明确的认识,且基本达成了一定的共识。最后,根据讨论结果,老师归纳得出了高水平研究生课堂教学的五点基本理论假设:第一,在教学理念上,高水平课堂应该以学生为中心;第二,在教学目标上,高水平课堂应该以学生的最大发展为目标;第三,在教学过程上,高水平课堂应该以学生有效参与为标准;第四,在教学结果上,高水平课堂应该以学生学术兴趣的形成为结果。这五点假设在接下来的研究当中将成为我们判断高质量研究生课堂教学的重要依据。

### 五、归纳总结:值得深入探讨的问题

当然,这次课堂也留下了一些值得我们深入探讨的小问题,比如研究生教育的研究性与专业性是否对立,如何评价二者的关系;语言性教学方法具体包括了哪些方法,小组讨论是否也在其中;批判性思维能力与理性思维能力谁在谁之上;学术兴趣究竟有没有包括应用性学术兴趣,还是指纯学术兴趣或者理论性学术兴趣;等等。此外,其实我对有效参与的程度界定还留有疑惑,究竟什么样的课堂参与算有效参与? 期待老师和同学们的解答。

**王师批注:**

美丹同学保持一贯的语言简洁精练的特点,但可能是发表得比较晚,或许是参考了别人日志的结果,这篇日志的个性化成分不多。如此看来,后发优势不明显。这似乎也颠覆了祥辉的观点:后发者更多享有视域融合的优势。

或者说,先站在别人的肩膀上看得更高更远也是有条件的。不然的话,不如争取先发优势,先发的话就不容易受暗示,更容易表达自我,从而更能够保留一些质性的特色。这告诉我们同学,如果自己属于发散性思维强的类型,不如早发,如果自己属于综合能力强的类型,则后发优势比较明显。

美丹提出了一些没有解决的问题,这些问题课堂上都没有充分展示,是希望大家课后去思考,因为很难对这些问题提供标准答案,它们就属于不确定性知识类型。

# 肆　与专家对话：文献再审视

**2018** 级硕士生　郑雅倩

上一节课我们对好文献的标准进行了提炼总结，并分享了自己认为的好义献，课下我对这些"好文献"进行了分析：(1)第一步，在文件夹中通过概览题目，删去一些"话题旧""一题知框架"的论文。(2)第二步，依据我们形成的"好文献"标准对这些删去的文献进行分析，发现绝大部分不足以构成"好文献"。那么，这里就出现一个问题，为什么我们之前会认为这些是"好文献"呢？原因之一应该是我们还没有真正将好文献的标准内化，片面地认为只要是课题所需的就是好文献。我也进行反思，因为删去的文献中就有一篇是我在课堂上提出的，当时认为其为好文献的原因也是其高度契合我们研究的主题，为研究提供极大的便利(在研究框架、研究内容等方面能够提供指导)。这样的文献查找思路应该是在本科阶段形成的，当时做课题基本上就是参考一系列与题目契合的文献，在此基础上对研究框架进行些许修改，进而就构成自己的研究思路了。这样的研究不过是一种重复性研究。此时我联想到学长提出的"本科生参与科研与学术创造力可持续发展的问题"。针对这个问题，我结合自身进行了浅显的思考，我认为本科阶段是否为学生提供规范的、系统的、科学的科研训练是学生学术创造力可持续发展的重要原因。一般而言，学校偏向以科研经历的"量"或者最后呈现出来的"质"(因为很多论文是在别人论文基础上的"翻改抄"，呈现出来的效果不错)作为学术训练的评价标准，而不注重科研过程的训练，那么学生不规范的科研过程则极易形成惯性，阻滞之后学习科研经历。(3)第三步，对二次挑选出来的"好文献"进行研究，但很遗憾，并没有完全看完这些"好文献"，因为在看文献的过程中对论文的逻辑、对一些"新概念"总需要多次阅读才能真正理清，这可能是自己在"课堂质量""研究生课堂教学质量"的涉及还不够丰富，下一步需要进行更多的阅读与深入的思考。后来以我们的标准去对照我阅读过的文献，我认为我们提出的好文献标准是经得起推敲的。接下来，我计划延续之前的思路，将剩余的"好文献"进行剖析，希望能得出新的认识，或者可以再进行第三次好文献筛选。

5 号晚上的这节课，回归到我们研究的主题上，继续对"研究生高质量课堂教学质量标准"进行凝练，这一次的探讨是建立在"与专家的对话"基础上，结合前面的"头脑风暴"再对"高质量课堂教学质量"的标准进行二次提炼。

第一环节：序言。一开始老师便检查我们的文献阅读情况，此时课堂上出现沉默，自己也是沉默大队中的一员，因为阅读的文献还是相对少，而且自己将重心放在对文献的标准进行总结提炼上，好像偏离了老师布置的作业，所以也就不敢言。老师提及阅读文献是一个苦功夫(自己在上周对二次挑选出来的"好文献"进行解读时更是体会到了这一点，好坏文献容易分，好中择优显得尤为难)，每个人的立场不一样，得出来的观点不一样，所以我们需要去辨别这些观点是否能够成立，那么如何去辨别呢，我们在阅读文献的时候需要"三省文献"：这些观点有理论支撑吗？有事实依据吗？有偏见吗？只有在对阅读的文献进行审慎的批判后，才可能会形成自己的观点。但这个过程是困难的，因为各自的立场不同会产生激烈碰撞,不过也只有在这样的碰撞中才能真正激发出新的观点。

第二环节:讨论。这个环节分为两部分,一是小组讨论,二是课堂讨论。小组讨论是新增加的环节,老师将班级同学分为 4 组,每组人数为 3～4 人,我们是第四小组,人员构成为两硕两博。我们小组主要是一个"发散—聚合"的讨论过程,先是每个人发表各自的观点,然后对所有提出的观点进行审思,最后形成小组观点。但是后来发现讨论时间不够,老师提示还剩两分钟的时候,我们小组还没有一个完整的讨论结果。课后,我在思考课堂上的小组讨论有时间限制,是使用"发散—聚合"讨论法还是"聚合—发散"讨论法更为合适呢? 我偏向"发散—聚合"法,小组讨论不是在框架下去填充内容,而是收集小组成员观点,交流观点,说服小组成员,形成小组的观点(这个观点应该是小组成员每个人都认可的,且每个人对此都有话可说,因为这个观点已经讨论应该内化为每个小组成员自己的了),在此基础上以整体的力量去说服其他小组。第二个想法,小组讨论更放得开,交流的内容也更为广泛,但也有可能引起失序,对某个观点的讨论过深,导致小组讨论时间太长(老师所言小组讨论需要有组织者,除了课堂的组织者外,每个小组应该有一个组织者,一旦讨论失序,小组内的组织者就要有所干预)。之后,老师总结了小组讨论的诀要:明确的主题,有力的组织者,合适的场景氛围,不断推进的过程。接着,四个小组进行了汇报。第一个小组提出了最高标准和最低标准,分法比较新颖,这个我们之前没有想到,不过,需要指出的是,这个最高标准是否过于理想化,且最高标准与最低标准的划分标准是什么? 另外,值得学习的是第一小组提出的标准比较全面,虽然不知道他们小组的讨论方式如何,但可以看出这个讨论很大程度上是有效的。除此之外,第一小组汇报的内容与我们先前总结出的标准相似点较多,因此,从另一方面也可以说明我们在很大程度上已经对高质量研究生课堂形成共识了。

第二小组提出的模糊性指标比较新颖,我也比较感兴趣,许多研究者试图去制定课堂教学观察表,一级二级三级指标做得非常详细,但这些量化的指标真的可以"测量"出教学质量吗? 或许在某种指标(比如以课堂讨论的次数为标准进行测定)的推动下,课堂上会出现比较多的"讨论""交流",但这种讨论交流如果只是源于某个评价表而不是源于教学自身的需要,课堂教学就很难真正达到"高质量"。第三组首先对研究生教育进行了界定,有了概念界定后,我们才有可能对研究生课堂与本科生课堂教学的共性和特性进行深入探讨。明确概念后,第三小组从教学理念、教学目标、教学内容、教学方式、师生关系和教学效果六个方面进行说明,但教学效果还没有讨论完(再一次说明小组讨论的时间把控非常重要),同时也提出应该思考评价动机、评价主体、评价内容、评价对象、评价方法。四组汇报完后,老师组织大家对汇报的内容进行反思,在很多结论上大家都是一致认同,从这个方面也说明了先前讨论的标准已经成为基本认同。

最后环节:总结。讨论是手段,通过讨论形成最终的共同标准,进而再归纳出高质量(高水平)课堂教学的基本理论假设。在老师的指引下,我们总结出以下五点:(1)高水平课堂应该是以学生为中心的;(2)高水平课堂应该以学生最大发展为目标;(3)高水平课堂应该以问题探究为基本过程(老师课后补充);(4)高水平课堂应该以学生有效参与为标准;(5)高水平课堂应该以学生学术兴趣形成为结果。

但这些基本假设似乎应该再继续理清内涵,细化指标:(1)以学生的什么为中心,研究生阶段提的以学生为中心有侧重哪一方面吗？（2）有效参与的内涵是什么？需要从哪几方面来评判学生的有效参与？这些问题在这周的文献阅读中我也会重点思考和探究。

**王师批注：**

雅倩的日志非常细致、认真，赞！

雅倩把课前的准备与思考过程分享给大家，这对于深入思考颇有启发。

雅倩把每个小组讨论的优点（如最高标准、最低标准、模糊标准等）加以总结，这一点非常棒！

雅倩对最后的理论假设部分进行了深化或细化，提出了深入思考的问题，这一点也很能够启发大家进一步深入思考。

雅倩也对小组讨论中出现的问题进行了思索，对于改善小组讨论具有提示作用。

# 伍　高质量课堂教学的基本判断

**2017 级硕士生　熊文丽**

## 一、课下学习检查

上课伊始，老师提出要检查课下准备活动，询问大家是否进行了文献研究，有没有形成比较系统的观点。这时没有人回应老师。老师又继续追问我们的学习是不是下课了就结束了，提交完日志就停止了。这时有同学小声地回应——不是。其实可以看出，同学们课后有进行主动学习，只是可能学习得还不够，达不到老师期望的水准。不过也正如老师说的"文献研究是一个慢工出细活的过程，急迫之下是不可能出现什么好的结果，提问仅仅是提出一个理想目标而已，告诉大家前进的方向"。真正的文献阅读是个苦差事，必须得沉下心来好好修炼。虽然到目前为止我看过了很多文献，但说实话，文献阅读的质量是要打一个大大的问号的。经过审慎的批判才能形成自己的观点，但是在批判他人观点时，我做到了客观中立、公正、有理论根据吗？很显然，是没有的。这也提醒我在今后的文献研究中，除了要能找得到好的文献之外，还要深入阅读，能对他人的观点判出个高低层次并在此基础上形成自己独立的见解。

接着老师谈到每个人都有可能提出自己的理论，只要我们作了一个系统的判断，有充分的事实依据，有扎实的理论基础，形成了自己的思考逻辑，就可以成为一种理论。我以前一直认为一种理论的提出一定是代表着创新或对整个知识体系有着独特的贡献，在人文社科领域，一般只有资深的研究者才能够提出理论。王老师的这番话有助于我打破对理论的迷信。接着老师谈到培养研究生就是培养他在一个专门的领域形成自己专门、系统的判断，这种层次的判断主要是针对硕士研究生来说的，创新或者说创新性判断是对博士层次研究生的要求。对此，我有一个困惑：难道培养硕士生就不要求他提出创新性的判断吗？"主要是形成学术探究兴趣"这个标准会不会降低硕士生培养质量呢？（在上周六上另外一门研究方法课时,蔡秀英老师提到在美国其实是注重硕士生论文成果的创新性的。)

## 二、小组讨论

　　这次课与前几次课不同的是,老师在课上提出让我们以小组的形式进行讨论,时间为半个小时。刚开始讨论时,我们这一小组成员由于彼此不熟而显得有些拘谨,不过很快我们都进入了状态。结合前几次课的学习,我们这一组打算从教学理念、教学方法、教学内容、教学手段以及教学结果这五个维度展开讨论。可能是由于前几次课的铺垫,在这次小组讨论中,大家的观点、想法还是比较聚焦的。当讨论进行得差不多的时候,我们发现我们归纳的这些反映高质量教学的指标都是静态的、易于操作的、便于描述的指标,那些因互动而生成的动态的、不易操作的、难以量化的指标则被忽略掉了,如师生关系、教学艺术。我们认为一堂好课的评价指标不应该忽视后者,我们需要对教学过程中的科学精神、学术品格、创新意识等进行综合性的评价,对研究生教学过程的要求宜粗不宜细,教学静态因素可采用标准化的指标,而动态因素宜采用模糊性指标。

　　半小时的讨论时间很快就过去了,大家似乎都还意犹未尽。四个小组都推选了发言人阐述本组的观点,之后老师再一次引导大家对各小组的观点进行讨论、反思。从 PPT 上呈现出的观点也可以看到大家的认识都逐渐聚焦、成熟,只是在个别地方还存在争议。在这轮讨论与反思中,王老师持续了他一贯的风格——精细处便是学问,对概念的把握要求非常严,经常会问 A 概念与 B 概念有何不同,如理性思维、批判性思维,它们两者有何异同或者说谁是更上位一点的概念。这非常考验我们的理论基础,同时也暴露出我自身理论水平尚浅这一弊端。

## 三、高水平教学的基本理论假设

　　课间十分钟的调整后,王老师根据之前大家的讨论,从理念、目标、标准、结果提出高水平教学的基本理论假设,即高水平课堂应该是以学生为中心、以学生最大发展为目标、以学生有效参与为标准、以学生学术兴趣形成为结果,之后王老师在日志中补充到"以问题探究为过程"。这些命题成为我们评判高水平研究生课堂教学的依据。我在想这些命题或者观点别人也都提到过(有种耳熟能详之感),那我们的理论创新在哪呢?我们站在了学术前沿吗?这是我非常困惑的地方。王老师给我们布置了课后任务:把没有完成的条件因素补充完整,即教师、学生、教学媒介、课程设计、课程评估等又需要什么条件来达到上述基本判断。或许完成课后作业能有助于我解答这一疑惑!

**王师批注:**

　　文丽同学保持了思考的好习惯,这种思考中已经带有了批判性,即不是简单地接受,而是有所存疑。我觉得这样才能促进思考的深入。因为有疑问才会去思考。

　　文丽同学对硕士生的论文是否需要创新性问题提出了质疑,这个质疑是合理的。硕士生当然也提倡创新性,但这种创新性不是指理论的创新性,而是指诸如新选题、新资料和新方法等,提出创新性的理论对于硕士生而言有点高,但不是完全做不到,仅仅是其中极少数,故而不宜作为一种要求。所以说,创新性是对所有研究生提出的高标准期待,对于硕士研究生而言更侧重于规范性的获得,基础训练的扎实。

文丽同学对最后的课堂结论持有怀疑,也很正常,因为每个命题都不新,但系统组合在一起就是创新,所以要看看是否有人真的系统地提出了创新教学理论。在我的印象中,如果不是我本人提出的或我的课题组成员提出的相关命题的话,基本上还没有其他人提出。我还有同学们去证伪我的这个判断。因为我之前系统阅读过相关研究成果,发现成果达到理论层次的极少,都是对某些问题发表一些只言片语,从未进行过系统理论阐述。我不相信我的这个判断很快就过时了。

文丽同学对本组讨论过程和特点描述得比较细致,这确实实际经历后的体验,从而带有一定的质性色彩。

# 陆　课堂上的认识转向

**2018** 级硕士生　王鹏娟

## 一、上课过程

这节课对我的触动非常大,让我对自己的硕士学术生活有了新的认识和新的期待。以前我是不太相信"契机"的,总觉得一个人的思想、认识需要在外界环境的持续刺激和心理认知的反复挣扎中才可能发生变化,单凭一节课怎么能促成一个学生的"认识转向"呢?可是,当自己真切地感受到这种"转变",且这种"转变"确实起因于一次课堂上的讨论时,"意料之外"的自身经验使我不得不重新思考"课堂"的力量。

回顾这节课的结构,大致分为导入、小组讨论、讨论结果再评议、总结基本理论假设四个部分。在导入部分,王老师首先谈到关于如何思考、讨论的作用、阅读文献时的注意事项及形成自己判断的重要性:"需要站在多个角度思考问题""通过讨论,可以重新反思自己原先的想法是否经得起质疑""阅读文献是一个苦功夫,在阅读过程中需要思考如何给文献分出层次,问自己为什么要做出这样的判断,是基于客观(即有事实依据的)公正(即不带自己的偏见)的立场吗……所有的文献都需要经过自己审慎的批判和反思,需要甄别文献中的有用信息和装饰信息""要不断思考理论命题是如何形成的,如何形成自己的观点或者判断。硕士和博士研究生的区别在于后者对创新的要求更高,而硕士研究生能够在掌握一种研究路径的基础上,对某一个专门的领域形成自己的判断,就成功了。"

同时王老师还分享了他自己的文献阅读经验,他说文章读得多了以后,通过看标题和摘要就能大概把文章的层次定位得八九不离十,想来这其中还是有许多"学术功夫"下在文章数量的积累、质量的评判、特点的总结上。最后王老师批判了"计划性科研"可能存在违背学生认知规律的问题。我理解的"计划性科研"是指那些提前确定研究过程和阶段的科研"任务",对于研究者尤其是学生而言,如果"任务"过于复杂,超出学生当前的科研素养和能力,"拔苗助长"也是难以避免。我们大部分人当前都处于甚至未来会长期处于这种科研生态中,如何"带着镣铐起舞",在严格的体制中找到自己有能力研究的问题,并有条不紊地把研究做下去也是我们必须要面对的现实考验。我以为,扎实的专业基础、严谨的方法训练、标准的学术规范、持续的学术兴趣及量力承担学术责任或许能为我们提供一些学术助力,扎实的学术训练是开展独立研究必不可少的前期准备,一以贯之的学术兴趣则更多时候为我们提供坚守学术阵地的理由。

随后,王老师询问了同学们课下有没有继续跟进文献阅读,形成自己对"什么是高质量课堂"的判断。同学们都默不作声,我当时也并没有形成自己明确的判断。突然发现,读了那么多或好或坏的论文,看了那么多或浅薄或深邃的观点,在阅读的过程中也会就观点本身进行反思和批判,但最终没有形成自己独立的判断。这是为何? 现在想来,我以为原因主要有二:其一,是在阅读文献时甄别和笔记的功夫还不到家。如果我按照质量、相关度将文献分出层次,那么阅读的重点也就相应凸显出来,做笔记时则会更聚焦到对重要信息的反思,从中更容易提炼出自己认可的观点,进而成为自己的评判标准。其二,是没有理清"批判"和"生成"的关系,在阅读文献时重"批判"而轻"生成"。我发现自己在阅读和分析文献时,对其核心观点只停留在"破"的批判层面,而不注意从中汲取"立"自身观点的营养;仅仅是反思"结论合理吗? 结论好吗? 不好吗? 为什么好? 为什么不好?",而不善于做进一步的追问:"我认同吗?"好的观点不等于自己认可的观点,而只有自己认可的观点才是能最终纳入自己思维体系的关键。当一个结论的得出是基于一个符合逻辑的、严密论证的过程,或者它的价值判断是向善的、美的、真的,我们往往会判定其为一个"好的观点",但当我们换个角度考虑时,比如进一步考量观点本身的现实性,我们可能并不会认同它。因此,以后需要注意在评价一个观点时,不能仅仅作为一个局外人去评判,应该建立自己与观点之间的联系,及时追问自己对这一观点的态度,从而逐渐形成自己对某一问题的标准和看法。一旦形成自己的独立判断,研究问题也就从文献中自然而然显现出来了。

王老师接收到同学们的反馈后,便鼓励同学们就"什么是高质量的研究生课堂"这一问题以小组形式展开讨论,通过讨论达成组内共识,讨论时间为半小时,结束后由小组选派组长发言。小组讨论是课堂上的第一次尝试,我和我们班的孟圆、美丹同学分到了一组。说实话,一开始我有点摸不着头脑,因为当时我没有及时领悟到讨论的原因,而且还没有形成自己的观点,讨论一没有主题的引导,二缺乏讨论的素材准备。在两位同学的梳理下,我渐渐明白了王老师的用意,讨论也逐渐有了头绪。我们先讨论出课堂教学过程中的九个关键维度:教学目标、教学设计、教学内容、教学方法、教学控制、教学风格、教学效果、教学理念和教学媒介,然后再进一步深入思考各个维度的标准。在深入思考时我们一方面重新回归到自己阅读的文献,反思自己对相关文章观点是否认可;另一方面重新反思先前我们经课堂"头脑风暴"归纳提炼出的几个高质量研究生课堂的标准,最终形成了小组同学一致认同的观点,即高质量的研究生课堂的标准有:(1)教学目标:明确、定位合理;(2)教学内容:具有启发性、联系实际、符合学生认知发展水平、适应学生知识基础;(3)教学方法:与教学内容相适应、重视逻辑推演;(4)教学控制:善于把控节奏、详略得当、教学重点突出、有教学机智;(5)教学效果:学生主动参与、有所收获;(6)教学理念:师生民主平等、鼓励批判;(7)教学媒介:多样。

把这些标准罗列出来之后我们开始考虑要如何用这些标准去具体评估一节课或者一门课程，是只满足几个标准就可以称这节课或这门课程是高质量的？还是同时达到上述要求的课堂才是高质量的课堂？如果是后者的话似乎在实际中这样"标准化的"完美课程几乎不存在。考虑到这一点，我就在组内提出了"最高标准"和"最低标准"的分析框架，即如果一节课满足了所有的标准条例，各项"指标"全部达标的情况下它固然可以称得上一节好课，这是高质量研究生课堂的"最高标准"；但考虑到现实可能性问题，我们可否把其中几个关键性的要素提炼出来，即一节课它只需满足几个关键标准，就可以大概率判定其为高质量的。说服了组内同学后，我们又一起讨论出一节高质量研究生课堂的最低标准或者基本标准，即在师生平等、民主，鼓励质疑、批判的教学理念指导下，教师能把符合学生认知发展水平和知识基础的教学内容，根据其特点，运用恰当的、互动的、重视知识生成逻辑的方法传授给学生，加之学生的主动参与并最终有所得，生成的课堂。我们讨论至尾声时，不知不觉就过去了半个小时甚至更长的时间。

一开始我拿着电脑做记录，角色应该是一个"记录员"，但不自觉地逐渐成为小组核心，因为我通常思维比较活跃，想问题比较快，而且往往能找到更多的角度去分析问题，可以给其他人带来更多启发。考虑到我们三个人阅读的文献是不一样的，而且实际也证明了我们在细节上还是存在认识差异，如将"教学重点突出"归类到"教学控制"和"教学内容"哪一个维度上更合适。在一个同学提出自己的问题时，其他同学也在思考，然后有理有据地表达想法，最后大家共同认可的观点就在"争鸣"中自然浮现出来。反思我们小组的讨论过程，我认为组织好小组讨论应具有以下特点：首先，要明确自己在过程中的角色定位，根据自己的优势和特长进行角色分工，让能掌握全局、兼顾到所有参与者想法的人做组长，让善于抓住重点、反应迅速、长于笔记的人做记录员，让思维活跃的人充分表达，使用策略激励不愿意表达的人也发出自己的声音，在平等的氛围中以回答、解决问题为指向，提高讨论质量和效率；其次，讨论时不仅要多"说"，还要多"看"，多"听"，从别人的观点中给自己启发；最后，要避免无准备的讨论，通过充分的准备确保自己在讨论过程中"有话可说"，同时也可以提高每个人在讨论中的参与度和贡献能力。

讨论结束后到了各小组汇报讨论结果环节，先从我们组开始。第二组的亮点是在教学理念中提出了因材施教和个性化教学，将教学结果进一步细化为扩展学生的知识、培养研究能力和增长学术兴趣，这就比我们的观点更具体了。同时补充观点认为教学评价的指标应考虑采用动态指标和模糊性指标，标准设置"宜粗不宜细"、应根据教学的个性特色、根据不同的教学环节制定多样化的教学指标体系。他们更多看到了学生的多样性特征，教学理念是站在学生角度思考问题，对标准的考量也在反思当前教学评价中"清一色"定量评估存在抹杀教学特色，标准过于单一的局限。美中不足的地方是运用一些定义不明确的"新鲜词汇"如"语言性教学方法"等使人不明所以，这也启发我不能乱用以免误用一些陌生概念。第三组的亮点在于先给"研究生教育"下定义，从中强调研究生教育和本科生教育的主要区别在于更加注重研究性和创造性，提出了"教学研"相统一的教学理念。先考虑"是什么"，再回答"怎么样"是符合我们的思维逻辑的，因此给主题或关键概念下定义，确定问题的边界，把握研究对象的核心特征，对于我们进一步的研究开展是重要的且必要的，学长学姐果然还是暂时"技高一筹"。略有遗憾的是他们也提出"师生共同体"这一概念但不明其内涵,对讨论时间的分配也略有欠缺。第四组的亮点在于对探究型课堂的关注、对学生也许认可教学理念的发现及对形成性和过程性评价的重视,也是重点想突出研究生课堂的特性。

在呈现讨论结果时,王老师再次担任"记录员"的角色,把各组观点呈现在 PPT 上,引导大家再次对所有的结论进行斟酌。这个过程较上一次"头脑风暴"后的标准评价意见分歧要少很多,主要原因在于上一次的讨论已经将我们的观点进行初步整合,而且为这一次的讨论提供了思路:各组的思考逻辑大致是从几大维度入手,对标准进行细分,此外文献观点的"大同小异"也可能使得我们从文献中获得的启示呈现出很多共性。但整个过程依然进行得比较缓慢,事后反思发现我们的时间主要花在了对具体概念内涵的理解上,可见理论基础、精准表达的重要性,这两点是我现阶段最需要注意的问题。那么,如何打好理论基础,运用专业的规范的学术语言进行准确表达呢?我想到的对策是关注教育中的理论研究,深入理解作者对某一概念内涵的诠释逻辑。尽管理论概念是无法穷尽的,但如果我可以掌握理论分析的思维和逻辑方法,那么即使遇到一些生僻概念,也可以按照相应逻辑去分析和阐述其内涵。至于规范的表达,我觉得需要通过刻意模仿和练习,逐渐培养自己对学术语言的"感觉",在阅读我们平台上共享的作业时我也发现一些同学的文采非常好,读起来让人觉得既流畅又舒服;大家的文笔也是各有特色,或铿锵有力,或娓娓道来,或冷静客观,或洒脱自如,一个人可以用文字清晰地表达自己所思所想,对于读者来说亦是一种享受的体验。文采以及表达上的准确、精练和紧扣主题,这些方面我还有很大的进步空间。

最后,在反复考量我们自己认可的"高质量研究生课堂"的标准后,王老师提出了关于这一问题的基本理论假设:(1)理念上,高水平的课堂应该是以学生为中心的;(2)目标上,高水平的课堂应该以学生最大发展为目标;(3)过程上,高水平课堂应该以学生有效参与为标准;(4)结果上,高水平课堂应该以学生"学术兴趣"形成为结果;(5)从反面来看,高水平的课堂不是以系统知识传授为根本目的,也不是以知识灌输作为根本途径。

从具体的方面上升到理论层面,发现其中最核心的特征是"以学生为中心"的课堂价值转向。在这个地方我不太清楚的是我们提出理论假设的意义是什么,似乎理论假设和实际的研究开展,尤其是信息、数据收集之间的距离更远了。阅读文献的工作远远没有结束,接下来,我们需要再扎进文献中去验证理论假设和已有研究结论间的关系。每次阅读文献的感觉和问题都是不一样的,随着阅读文献需要解决的问题和目标越来越清晰,我发现读文献的思路也越来越清晰了。现在和之前阅读文献时的感受有明显的不同。

## 二、一节课的力量

在最开始时,我谈及这节课对我的"触动"和"课堂的力量",这种思考是源于课堂上我们就"研究生教育对个人的意义"展开的一次小规模"争论"。王老师在提炼教学结果时提到学生最终能形成"学术兴趣"是高水平研究生课堂应该追求的结果,我当时把"学术兴趣"狭义地理解为"研究兴趣",于是发问:"我们的研究生教育是要将所有的研究生都培养成研究型人才吗?研究生教育应不应该给那些'志不在学术'的学生留出发展和成长的时间和空间余地?"这时,一位学姐指出"学术兴趣"可以进一步延伸理解为"探究"的兴趣和能力,不管学生将来从事什么工作，这种能力都是必要且重要的。我继续追问："那如果我研究生毕业之后只想做一个'家庭主妇'，这样的选择算是我对研究生教育资源的浪费吗？"其实我主要想问的问题是：

1. 研究生教育对其所培养学生的素质模型有什么期待和要求吗？如果有期待和要求存在，就一定会有没有满足期待、没有达到要求的现象存在。

2. 就为学生进一步"赋能"而言，研究生教育究竟给予了我们的学生什么能力和特质？而且这种能力和特质是本科生教育或者一线的职业锻炼无法提供给学生的？由此对个体学生而言，研究生教育的特殊意义和价值才能成立。

王老师的回答既幽默又智慧，他没有否认不同学生在接受研究生教育之后的不同选择，也没有否定接受了高等教育之后却依然选择做一个"普通人"的"燕雀之志"，他谈的是即使一个人最终选择做"燕雀"，独特的教育经历也会改变甚至升级这只"燕雀"的思维和存在方式。就在那一刻我突然有一种"顿悟"，心中的"纠结"也瞬时豁然开朗。之前我一直"担心"的问题是节奏过快、任务量过重的研究生生活会把自己变成一个"单向度"的人，只知学术而不善其他。如果有一天面临人生道路选择时，自己是因为只能做研究而被迫选择自己并不喜欢的学术道路，届时我可能会生活得非常痛苦。但之前我没有意识到的问题是，当我在一边怀疑和一边担心时，我很难做到全身心地投入到这段教育经历中，也就导致我本人在这段经历中的参与和获得打了折扣，与此同时我也没有投入到自己所谓的"喜欢的"事情，因此实际上是对这一阶段生命状态的消磨和成长机会的浪费。这样下去，毕业之后可能自己面临的问题首先是做研究的本领没有修炼到火候，即使是想做学问也是缺乏资格和能力的。重新思考这段经历，我意识到纯粹的求知经历同样会锻炼我很多可以迁移的能力，诸如对教育的深层理解、对任务和时间进行管理、对问题进行多角度多维度分析、对压力的调节和释放，这些能力都是超越学术研究而可以实际应用到具体生活实践中的。而当下，我最需要做的，是珍惜这段经历，认真、努力地投入到这段经历中，养成自己的教育专业性和敏感度，这才是对自己的教育初心最真诚的守护态度，也是对自己的生命和时间负责的必然选择。现在想来，这种认识和心态的转变其实也不是偶然，而是在王老师每一次的课堂启发，每一次的作业指点，在和同学们每一次的真诚对话中生成的。还有一点想法是，或许我们应该反思高等教育的本质依然是教育，那么它也应该具有"成人"的底色，首先使人成为人，成为自己，认可自己，发展自己，但似乎我们更多时候是在讨论高等教育"高"在哪里，而忽略了它最基础、最朴素的性质。

本次课中还需要进一步思考的问题如下：

1. 就研究生教育而言，如何理解其研究性和专业性？二者的关系如何？

2. 如何理解批判思维能力和理性思维能力的关系？两个概念中哪一个属于上位概念？

3. 如何从学理分析应用性和实践性能力？

4. 如何理解师生共同体的内涵？

5. 重新反思研究生与本科生教育中培养目标的差异，即我们到底要培养什么样的本科生（研究生）？是否可以用一个特定的能力模型来评价人才培养质量？

6. 高等教育和基础教育之间有何区别？

7. 研究生课堂需要确定性知识吗?

8. 何谓确定性知识? 何谓不确定性知识?

9. 什么是"学术"? "学术"有哪些类型? 如何理解"纯学术"和"应用型学术"的区别和联系?

10. 对个人、家庭和社会等不同的主体而言,研究生教育的意义何在?

11. 在强调研究生课堂的研究性特征时,理性思考知识讲授是否应该"全面退出"课堂?

**王师批注:**

首先,鹏娟同学依然保持善于反思和总结的习惯,将课堂上出现的疑问归结为 11 条,这一点已经显示出做事情认真的风格,难得!

其次,鹏娟同学描述细致的特点依旧保持,你的描述似乎能够让局外人切身感受课堂进展,因为你提供了大量的信息,这一点也反映出你关注面比较广的特点。

再次,日志反映出在课堂上你内心活动剧烈的特点和学习具有探究性的特点,这也说明你善于在摸索中前进。

最后,鹏娟同学的思考不局限于课堂内,也涉及课堂外,特别是对教育目的本身的思考,这很不简单。如"成人"问题的思考就是如此。

# 柒　深度体验课堂小组讨论

**2017 级硕士生　赵祥辉**

本次课堂是承续大家第三次课上对研究生课堂教学质量形成的基本认识,结合课下的文献阅读,对"研究生课堂教学质量标准"进行进一步总结、抽象和理论升华。课堂伊始,依然是"作业检查"环节。王老师问大家是否完成了课下的研究工作,课堂陷入了一片寂静,我也保持了沉默(甚至头也不敢抬)。为何大家没回答? 想来老师的检查包括两层意思和一个隐含的提问,两层意思指"有无看文献"和"有无形成自己的观点",针对前者,我想大家课下都应该对文献进行了阅读,我也对我之前找的几篇和同学们上节课推荐的几篇还不错的文章进行了阅读。而针对后者,我们看完文献确然会形成一些判断和认识,但由于文献数量稀少、质量不高、契合度低等原因,其判断和认识自然也是粗浅的、零散的,而"形成观点"则一定程度表征着完善的、系统的,因而大家自然不敢对老师的"作业检查"作出回应。唯恐自己自信说出"已然形成自己的观点",但面对老师随后进行的"隐含提问",则很有可能陷入支支吾吾、语焉不详,那无疑会让人陷入尴尬境地,于是只好"不知为不知,是知也"了。王老师对大家的沉默似乎也表现了充分理解,但也进一步提出"学习必须是主动的事情,督促很难有成长与提高"。毋庸置疑,课堂讲求"生成",并非让大家全然不作准备"赤条条"地来,生成性课堂的前提必然是充分的课下准备和主动学习,从而促进对话的理性展开和知识的建构生成。换言之,如若缺乏课下的主动学习,又缺乏知识生成和建构的切身体验,则一堂课罢,也只能"赤条条"地走了。

　　课堂引言过后，便进入了小组讨论环节。这个环节大概不是王老师预先设定的，应该是同学在之前反思笔记中的建议被王老师所采纳，由此也可以看出王老师的课堂教学改革中"民主"和"创新"的意味。王老师根据就近原则将同学们分为四组，我和汤建师姐、杨冬同学一组。按照王老师论说的小组讨论四要素去审视我们的小组讨论，首先在主题方面，王老师虽然提出了较为明确的讨论主题，即让我们探讨"对研究生课堂教学质量标准的认识"，但我们对如何切入这一主题却产生了分歧，讨论之后决定先对概念进行厘清，从而确定我们问题讨论的范畴。而如果要探讨"研究生课堂教学"，必须要对其上位概念"研究生教育"进行说明，因而我们根据文献确定了研究生教育的概念为"本科后主要通过研究和创造活动，为社会发展培养高级专门人才并提供大量科研成果的最高层次的专业教育，其根本特征为研究性和创造性"，根据此概念，我们依据较为传统的框架将研究生课程教学质量进行分解，即从教学理念、教学目标、教学内容、教学方式、师生关系、教学效果等方面进行考量，想来这也是上面肖阳师姐和雅倩师妹所谈到的"聚合—发散"思路。其次在组织者方面，讨论伊始汤建师姐和杨冬便以"我是组内唯一正式选课的人"的缘由赋予了我"组织者"的身份，但在讨论过程当中我并未充分发挥好"组织者"的角色，在讨论积极性激发、讨论主题聚焦、讨论时间把控等方面做得尤其不足。小组讨论需要什么样的组织者？一是要具备时间观念，二是要善于倾听和尊重大家的观点和见解，三是要懂得推进和调节大家的发言进程，四是要善于总结、归纳和凝练不同的意见。就此标准而言，我大概还是不太合格的。再次在合适的场景氛围方面，小组讨论需要宽阔的场地、可移动的桌椅、温馨明亮的照明环境，这一点311教室都不太具备，但无疑已经较大程度地符合同学们的讨论要求了，在此不再赘述。最后是推进过程方面，王老师在平台上认为推进过程不是直线推进的而是曲折前进的，这种"曲折"也反映在我们的讨论过程当中，如框架的制定、某一标准的归属、概念（如师生共同体）的具体厘定，都遇到了不少的困难，曲折之下甚至遭遇规定时间内未讨论结束的尴尬，有待深入推敲和进一步论证的地方只得草草作罢。

　　小组汇报，又是一个视域融合的环节。第一组的发言较为全面、细致，并颇有创造力地提出最高标准和最低标准，且这个高标准和低标准的划分并非基于程度的高低，而是基于标准项满足的全面与否；第二组则在第一组基础之上作出一些补充，并提出我们应当注意诸如师生关系、教学艺术这些模糊性指标并不能根据量化指标有效观测，这也启示我们摆脱精确数学的测量窠臼，充分利用模糊数学的方法，对一些适合定性的数据进行模糊评价（如采取评语方式）；第四组的发言和内容均较为简略，但诸如"教学理念师生共同认可和创设""侧重体验式学习"确有新意。小组汇报环节，大家都把各组思考的结论充分展示出来。但由于王老师要对各组的结论进行记录，所以大家将最终形成的结论进行了精简化、抽象化的处理，对各组结论生成过程和各结论的具体内涵则未作出进一步阐发，即使在筛查环节，大家也未趁机作进一步补充，从而大家对彼此的理解更多也只停留在文本上。筛查总结环节，王老师引导大家对这些结论进行反思，大家基本无异议，一方面可能是之前经过充分讨论大家对这些结论已经达成基本共识，另一方面也有可能是没有充分理解对方结论的内涵，所以没有进一步提出批驳意见。

　　总结环节，王老师根据大家提出的结论，提出五点基本理论假设：其一，高水平课堂应该是以学生中心为理念;其二,高水平课堂应该以学生最大发展为目标;其三,高水平课堂应该以问题探究为基本过程(日志补充);其四,高水平课堂应该以学生有效参与为标准;其五,高水平课堂应该以学生学术兴趣形成为结果。

王老师构筑出的理论框架无疑是非常系统且富有学理性的,但确实像雅倩师妹所说,对于一些基本概念和内容我们仍要作出进一步厘定。如"以学生为中心的理念"与"学生最大发展的目标"是否重合(老师说后者是前者的具体化,两者该如何辨析)?学生最大发展究竟是全方位的发展还是有所侧重的发展(兴趣、知识、情绪、能力)?学生有效参与的具体评判标准为何(参与积极性、参与时间、参与效果、参与满意度)?对理论假设的具体阐述是有必要的,这无疑也是我们进一步探索"教师应该什么样的状态?""学生应该什么样的状态?""媒介应该什么样的状态?""教学应该什么样的设计?"等问题的关键。

王阳明曾对教育的一种可怕状态做过这样一番描述——"视学舍如囹狱而不肯入,视师长如寇仇而不欲见"①。今天无论是各高校开展的课堂革命还是我们今天研究方法课探讨"研究生高质量课堂教学",无疑都渴望从根本上建设高水平的课堂,从而超越人与知识对话的单一维度,开展人与知识(世界和文本)、人与他者(教师与同学)、人与自己(反思内省)的三重对话,进而给学生智慧的挑战、情感的共鸣和发现的愉悦。我们也期待"高等教育研究方法"课程以后,我们不仅实现了自我研究能力的提升,也能通过研究编织出充满智慧、活力的高水平课堂的基本框架和模式!就此而言,仍可谓"雄关漫道真如铁",需待我辈"上下而求索"了,过程可能是艰难的,但前途是可期许的!

**王师批注:**

学术兴趣形成是否是学生最大发展的标志呢?"以学生为中心"是一种价值立场,从而也是一种理念,与学生最大发展是否一回事呢?学生最大发展,首先是学生主动发展,如果从教师角度思考可能就与从学生角度思考截然不同。所以,以学生为中心是纲,而以学生最大发展为目标是目,只有这样才能"纲举目张"。诚然,两个词语之间存在一定的重合性,但不重复,这种细致差别需要认真深入辨析才能发现。

祥辉对视野融合有了新的认识,这是一个很有趣的现象,也说明了一个本质:每个人的进步都是在吸收别人经验基础上进行的,而非个人性的孤军奋战。

祥辉这次引入了许多新词,"三重对话"就是明显一例,不过其内涵理解可能存在一定偏颇。

祥辉发现了大家学习止于完成任务的层面,触及到了根本,但没有继续深入思考,虽然联想到王阳明的教导,但未进一步探索。

另外,祥辉为日志加了一个标题,这是写作层次提升的表现。

① 王阳明.传习录[M].湖南:岳麓书社,2016:118.

# 捌 体验建构,祛魅理论

**2017** 级硕士生 袁东恒

## 一、解剖文献的尝试

在上次课的基础上,本次课进一步深入,开始根据阅读的文献和自己的思考,生成对课堂教学的基本认识,作出什么是高质量课堂教学的基本判断。首先,老师问大家课下进行了哪些准备活动,多少同学有准确的高质量课堂教学判断。虽然大家以沉默应对老师的提问,但从同学们的日志和交流中可以看出,大家都在课下做了一些准备,比如进行二次文献查阅,重新思考筛选文献等。我主要根据老师提出的解剖文献做法,对推荐的三篇文献进行进一步阅读和理解,看作者提出的观点是否具有新颖性,分析观点的理论基础是什么,具体问题是什么,研究对象是什么,研究方法是什么,是否根据研究设计解决了研究问题,以形成对文献的深入认知。经过解剖文献,我确实对文献的认识加深了,能够概括出文献大意,思考清楚以上几个问题。但是,看完文献之后仍然很难由此作出自己的独立判断。我觉得主要有两方面原因,一方面是阅读的文献数量较少,基于此产生的认识具有片面性,尚不足以形成全面的认识和独立的判断,另一方面是我在文献阅读的过程中更加侧重于"是什么"的知识积累,缺少"为什么"的问题探讨,较少问"为什么要使用这种研究方法""这一观点是否合适""如果是我来做这项研究,我会怎么做"等,没有做到跳出文献看文献,容易跟着作者的思路走。

## 二、"理论"祛魅化

老师在提问之后,紧接着开始谈理论的生成。老师提到每个人都可以生成自己的理论,这点对我启发很大。以前谈到理论,我总认为理论生成是理论家的事情,我们很难提出理论,因此需要接受、应用理论。进入研究生阶段以后,课程学习和研究越来越重视提出自己的观点,而不能完全引用或接受别人的观点,这就要求我们不能再人云亦云,而是要提出自己的见解,自己的见解怎样产生呢? 这就需要我们在阅读文献的过程中进行分辨、思考,对其中的观点作出自己的判断。自己作出判断的过程事实上会遵循一定的理论基础,运用一定的方法,找寻一定的证据,这就为理论的生成提供了条件。由此,理论便不再是我之前认为的是理论家提出的,而是我们都可以提出的,理论由"天上"被拉到"地下",这可以增长我们提出和创新理论的信心。

## 三、体验小组讨论

老师讲完理论的生成,结合之前同学的建议和课堂伊始的提问,让我们分成四个组进行小组讨论,确定高质量课堂教学的标准。我和亚克、肖阳师姐以及雅倩分在了一个组,我们是每个人先谈自己的判断标准,然后再一起讨论标准是否合适,最后确定一个大家都同意的标准。首先是由我来谈高质量课堂教学的标准,我主要是根据查阅的文献进行阐述的,提出了高质量课堂学生会积极参与,是精心设计的,课堂气氛活跃的判断标准,在阐述的过程中,我竟然忘记了精心设计和课堂气氛活跃这两点,再次查阅文献才回忆起来,看来之前看过的文献要点还是不会一直被记着,需要不断地复习巩固才能更加印象深刻。接着,亚克师姐、雅倩、肖阳师姐按照教学理念、教学内容、教学方式、教学评价的维度提到了高质量课堂教学的互动性,知识是不确定的,需要师生一起探索,教学方式是多样化的,侧重学生体验式学习,教学评价是形成性和过程性的等内容。我们对每一个方面都进行了充分的讨论,我们认为高质量课堂教学不应当仅仅是师生互动,还应该有生生互动,其教学理念不应当是教师强制灌输给学生让学生接受,而应该是师生共同认可并建构起来的。也正是因为我们对每一个要点进行了深入的讨论,以使我们四个人都达成共识,增强高质量课堂教学标准的说服力,所以在老师提醒时间快到的时候,我们才就教学理念、教学内容、教学方式和教学评价几个维度进行了讨论,在汇报的时候显得比其他组内容单薄。不过,由于我们进行了深入的生生互动,就彼此共同关心的问题交换了意见,加深了思考,达成了一致,所以我们都获得了讨论的幸福感。

在听取其他组的讨论结果时,我发现每个组都很有特点,视角都不太一样,第一组用最高标准和最低标准来进行判断,第二组对一些不易测量的内容采取模糊性指标,第三组先对研究生教育进行定义,风格迥异,但大家的内容基本都围绕教学理念、教学目标、教学方法、教学内容、教学结果、教学评价等维度展开,这反映出大家对高质量课堂教学的标准基本达成一致。不过,对于这一结果,我并没有谜团被解开的豁然开朗的感觉,我觉得大家谈的这几个方面在讨论前其实就能够想得到,因为谈到课堂教学时,大家都会从教学内容、教学方式、教学评价等维度展开,我们的判断标准并没有多少新意。但转念一想,高质量课堂教学的标准绝对不是凭空产生的,而是由我们大家一起生成的,这就肯定离不开各自的经验和思考,因为是自己的东西,所以已经内化于心,觉得没有多少新意也是正常的。

## 四、老师引导不可或缺

经过十分钟左右的休息,老师提出要归纳高水平课堂教学的基本理论假设。老师从理念、目标、过程和结果等四个方面进行了归纳,日志中又补充了过程环节,这几个方面归纳得都言简意赅,老师提出来的时候我就在想"为什么我们刚才想不到呢",我觉得这与老师的日常思考和观点认识是分不开的,老师一直坚持"以学生为中心"的观点,所以在归纳基本理论假设时也基本上遵循着这一观点。而我们虽然知晓"以学生为中心"的观点,但理解上还不完善,运用上自然还不娴熟,自然难以自发生成老师归纳的基本理论假设,所以最开始听到老师归纳为这几点的时候会觉得有点突兀。由此也能够看出课堂教学中老师引导的重要性,它可以促进我们的认识,加速我们知识的生成过程。

**王师批注:**

东恒对自己的反思很深刻,对文献研究中的关键点把握得也比较准,而且也解决了自己长久以来的困惑,这很好!

东恒对"天上""地下"的使用很形象。

东恒还反思了讨论交流中的一些疏漏,一下子让日志更活灵活现了。

东恒文字质感很强,把内心的一些活动展现得很充分。

# 玖 审判文献与形成基本判断

2017 级博士生 汤建

日志写好了,却一直没有上传。尝试过第一个提交反思日志,也想尝试一下最后一个提交反思日志。每一次课,同学们都早早地来到了教室。上课前我和同学讨论,我说你对"研究生课堂教学质量评价"这一主题感兴趣吗,得到了否定的答案。我说"你知道什么是课程教学质量吗",得到的答案同样是否定的。我又问"高质量的课堂教学是不是应该有一个标准才能体现其之高",得到了肯定的答案。回想前几次课,先是确定"研究生课堂教学质量评价"这一研究主题,再而围绕"高质量的研究生课堂教学"提出自己的独立判断——查阅文献——验证、纠偏、提炼。我和同学有一个共同的特点,以往我们写文章都是先查阅文献,很多时候是在阅读文献中灵感突现。老师的课颠覆了我们的路径,先提出自己独立的判断标准,再而查阅文献。我认为这正是自己缺乏问题意识的表现,很多时候确定大的研究主题后,再想聚焦的时候就困难多了。一方面说明自己平时缺少反思,从而也就缺乏让自己夜不能寐、百思不得其解的问题源泉。另一方面也说明自己对很多领域的了解还很浅显,不够熟悉。

"大家课下研究得怎么样了?"老师开始上课前一般会了解一下同学们课下的准备工作。同学们都低着头。老师笑着说,大家不说话,都低着头呢。气氛缓和了很多。我想很多同学都是看了文献的,只是一方面心中的好文献不多,另一方面没有完成上节课老师所说的形成自己的独立判断。老师明确了这节课的讨论主题:生成基本认识。即该如何评判课程教学质量?从学生的角度、研究者的角度或教师的角度又该怎么评判?全面思考后才能耐得住各方质疑,才能保证研究标准是客观中立的。这些审判工作同样需要借助文献的帮助。那么,该如何审判文献呢?老师认为要进行"三问"——是客观的吗?是公正的吗?有理论依据吗?"客观"是有事实依据;"公正"是指不带偏见;"有理论依据"则说明站在前人的肩膀上。

有同学在反思日志中提出希望老师能组织大家在课堂上进行小组讨论。这节课老师便按照座位将同学们分成四个 3～4 人的小组,给每个小组半小时时间讨论。讨论的时间很快就过去了。四个小组讨论的结果还是比较一致的。基本围绕着教学理念、教学目标、教学内容、教学方式、教学结果和教学评价。即个性化、以生为本的教学理念;明确的教学目标;教学内容面向不确定性知识;教学方式多样化,注重与实践结合,开展研究性教学;教学结果体现在提高学生学术兴趣、学生参与度高上;教学评价注重形成性评价。其实,讨论至此,从功利性角度出发,我觉得我们学生如果以这样的观点去写文章的话,很难发好期刊。

老师在提出判断标准的过程中仔细斟酌、修改字句。这一过程也正潜移默化地影响着我们这些观察者和思考者。老师的标准提出之后,我瞬间明白了很多,为什么很多大牛写的文章,我们认为确实都是那么回事,可是自己写了就很难发。其实,我们平时的思考,很多时候具体的观点是有了,但是没有上升到理论的高度。理论便是对具体观点的提炼和升华。也正是理论源于我们思考的一些具体观点,而高于具体观点。所以我们在看一些大牛的文章时,会觉得感同身受。只是我们从具体观点到理论之间的距离还需要下很多苦功夫。我认为老师这节课成功地为我们"祛魅"了"理论"。

**王师批注:**

不知是汤建精力不济还是时间投入不足或是最近事情比较多的缘故,这次的日志远没有之前的日志饱满、圆润,相反感到了几分凝滞、生涩。我相信可能是出差回来和后面要做汇报以及忙于别的事情的缘故,导致了距离场景越久则越缺乏声色的结果。

尽管如此,这篇日志揭示了一个事实:许多同学并没有形成对该主题的研究兴趣!为什么会出现这样的现象呢?难道是因为我们问题提出过程过于着急了,从而出现了"欲速则不达"的状况?我想,也许是,因为之前提出问题需要4~5次,这次只在第一次就确立了研究问题,似乎有点急躁了。但如果按照自然的节奏成长的话,估计两个学期都难以完成一个真正课题的研究工作。这说明,研究真问题可不是那么简单的,首先必须是时间投入要充足,如果为了赶进度势必会牺牲质量!而传统的讲授式根本弊端难道不是这样吗?计划经济思路不也是这样吗?如果这样联想下去就发现,课堂教学改革就很难彻底地跳出传统的窠臼。

到目前为止,我觉得课堂节奏控制得还可以,既没有产生过分拖拉的情况,也没有出现太赶进度的状况,但是否做到尽善尽美了?肯定不是。这次课最后做出结论的时候同学们的参与程度低了就说明,速度主义或效率主义还没有完全退却,但问题是:真的要把它赶出课堂吗?恐怕很难!或者说根本不可能!换言之,我们必须做平衡,这就是生活之道:中庸!

## 拾 从基本概念到理论提升

**2018** 级博士生 段肖阳

### 一、深入思考的持续学习

在课前引言部分,老师首先问大家在课下是否进行了研究,是否已形成自己的观点。但同学们并没有回答,我也没有回答。老师讲道:"学习不应该只在课堂上,学习是一个持续的过程。大家应把功夫下在课下,不能上完课、写完作业就结束了。"这个简单的道理大家都明白,而且从小学开始不止一个老师告诉我们,但在博士阶段再次听到老师这么说,我别有另一番想法。我觉得大家现在坐在同一个教室里,也都是经过中小学的刻苦努力、主动学习才走到了现在。但为什么大家在中小学的时候就能够主动在课下学习,能够主动练习大量的习题、解决难题,为什么现在都已是研究生却需要老师敦促,而且即使这样也不愿主动去学习和思考?我觉得其中一个原因是大家通过一番查阅、思考、探究,没有办法迅速得到"结论"。总想着得到确定的结论或答案,如果不能得到一个确定的答案或结论,不能将研究问题"终结",就觉得这种努力无用、浪费时间,这实际上还是功利性和拿来主义,还不能享受探究问题的过程，没有深入问题，没有将研究问题作为自己的问题，没有认识到能力是在这个过程中培养起来的。一个研究问题即使已经写成了文章，也不代表问题的终结，而应该是开始，而且对这个问题的思考应该一直伴随。

老师还讲到我们在判断每一个文献时，应问自己三个问题：客观吗？公正吗？有理论依据吗？虽然我在看文献的时候并没有盲从，也有一定的标准，但我之前并没有深入思考过自己的标准，没有形成一个可用语言描述的观点和条理的观点，上次课后我也在不断地反思这个问题，在以后的学习中一定要不断加强。我想这也说明很多平时习以为常的事情，我虽然有自己内心的想法和思考判断，但并没有深入的思考和持续的思考。所以我觉得应该坚持写日志，在遇到问题时，尤其是新的问题或事件时，应该及时记录自己内心的细微感受，促进自己即时思考和后续的思考，形成自己独立的判断。

## 二、同辈对话的小组讨论

课堂的小组讨论环节，老师将我们按照座位进行了分组。我们小组 4 个人，两个博士生和两个硕士生。正式开始讨论前我们协商了两种方案：一是先列出教学理念、教学内容、教学方法、教学设计、教学评价等维度，大家根据这些维度自由发言；二是每个人先发言，之后再根据这些维度进行总结。我觉得这是从"聚合"到"发散"，还是从"发散"到"聚合"的问题吧。我们采用了第二种，也就是类似我们课堂上大讨论模式。我们小组虽然组内自我感觉良好，但我们却提出了较少的内容，而且每个人都感觉时间过得很快。我反思其中的原因主要有：一是我们小组的出发点是想讨论"基于之前的课堂讨论及共识提出的新认识和新想法"，这样就导致我们并没有讨论之前课堂已经讨论过的一些内容；二是我们想挖掘教师角度的高质量课堂特征，因为我们小组有一名成员曾经为大学教师，我们通过正问、反问和夹叙夹议的形式进行了持续对话。我们小组有一个突出观点是高质量课堂不仅是对教师有要求，而且也应对学生有要求，如我们强调的开放、包容、师生平等的教育氛围和教学理念。在现在的课堂中很多教师能够做到，但是学生却仍旧崇拜权威，潜意识仍将教师作为权力中心，自身不积极参与、不主动思考、害怕发言、坐等其成的现象反而更突出。

我一直在想我们小组讨论是否有效，是否高质量。我们虽然在讨论过程中也一直围绕主题发散、碰撞，最后达成了一定的共识，而相比其他小组最后总结出的内容，我们的内容又少了许多。但内容多也不能代表就是高质量的讨论，表面的繁荣不能代表过程中的获得，我们的讨论应该让每个成员都有新的获得。同时，我很想知道其他小组是怎么组织讨论的，讨论的具体过程是怎样，效果如何，这个问题有待我再请教其他小组。

讨论期间，亚克同学认识到之前有多年的教学经验，却没有写教学反思日志，是很大的一个遗憾，她说道"那些都可以成为很好的质性研究的材料啊"。这让我想到了朱永新老师一直呼吁教师写教育日志的观点，苏霍姆林斯基自己也是教育日志的践行者并建议每一位教师都来写教育日志。

## 三、师生断层的理论高度

在反思讨论环节，这次大家没有太多的不同意见。但我觉得有一个问题：概念性词语。

虽然这个问题在之前的课堂老师就提出来过,但在课堂上仍然出现使用概念不清的词语的情况,如研究性、专业性、前沿性、批判思维能力、理性思维能力,这些概念具体是什么?老师并未直接给我们解答,而是说道:"这些概念有什么差别?考验了我们的理论基础。"在以后的学习中,我们需要怎么做不言而喻了。在讨论环节,有个有意思的观点:教师评价体制是要评价完人还是要个性化?第一小组的同学认为教师应达到她们提出的最高标准中的所有要求,我认为这是不合理的,因为首先不存在这样的教师,其次这也不符合教师发展规律。老师也对完人教师的标准给予了否定。

在归纳提升环节,老师归纳出高水平教学的基本理论假设:以学生为中心(理念);以学生最大发展为目标(目标);以学生有效参与为标准(过程);以学生探究兴趣形成为结果(结果)。老师在日志中又补充和更改了其中两个:以问题探究为基本过程(过程);以学生有效参与为标准(标准)。之后老师想带着同学们用关键的话语概括总结,但是这个过程同学们参与并不多,甚至有些同学已经游离了课堂,可能是因为大家还没有这样的理论深度。

最后环节,老师要求我们把没有完成的部分进行课下研究。因为时间问题,大家课堂上没有涉及"应需要什么条件":教师要求、学生要求、教学媒介要求、课程设计要求、教学评价要求。我们课下再进行完善,将研究设计进行细化。根据文献,我们再检验和证明我们的判断已经站在了这个领域的前沿,涵盖并超过已有研究。老师讲完这一部分后,我有个问题:我们强调了以学生为中心,但知识发展需求、社会发展需求却没有考虑。我在课后赶紧去问了老师,老师一句话点醒了我:这些是条件。这些条件怎么融入课堂中,有待我进一步思考。

**王师批注:**

肖阳的日志提交速度越来越快啦,说明思考与写作越来越进入状态。

肖阳对许多问题的理解越来越理性了,这也是成长的表现。

肖阳关注到一些基本概念问题,这一点很重要!因为不求甚解误人不浅。

确实最后环节希望做理论提升,但没有完成。这需要同学们课下完成。如果形成了这种系统的理论概括的话,就可以成为分析问题的方法论,就可以对所有的文献进行系统分析了。只有到这个层面,才能做到综述!

综述就是看在一个科学发展谱系中各个研究者的贡献如何,存在哪些不足,提出未来进步的方向,最终导出一个合理的假设,也就成为创新研究的起点。

# 拾壹　分析文献的收获

**2018 级博士生　王亚克**

## 一、课后查阅文献的收获

上节课过后,我跟几位同学探讨得出课后重点是学会解剖文献和分析文献,于是进行二次查阅,试图运用课上所学去解读几篇和我们的研究课题相关的文献,这个过程有一些收获。

　　我在重新查找文献时发现了学者包水梅的一系列文章都和研究生课程有关,她着重探讨学术型博士研究生的课程建设(7篇文章中有4篇),国内关于博士生课程建设的研究不多,因此她的选题比较新,研究的问题也很有针对性,论证多从中美两国的实际情况出发,同时考虑历史沿革和社会文化等多种影响因素,论证过程相对严密,引文比较规范,摘要也基本符合五要素,以《中美学术型博士研究生课程修读之比较研究》(见《江苏高教2012第5期》)的摘要为例:"摘要:文章通过对中美两国学术型博士研究生的课程修读模式的比较,论析了不同社会文化背景对学术型博士研究生课程修读模式的影响及其差异。借鉴美国的经验,我国学术型博士研究生教育中应建立跨学科选修课程制度,重视研究方法课程的设置,推行助教制度,加强学业考核制度的执行力度,丰富课程教学方式等,以保障博士研究生培养的质量。"①

　　从摘要中可以看出,研究方法明确(比较法);要点突出(不同社会文化背景对学术型博士研究生课程修读模式的影响及其差异);结论明确(应建立跨学科选修课程制度,重视研究方法课程的设置,推行助教制度,加强学业考核制度的执行力度,丰富课程教学方式);意义重大(以保障博士研究生培养的质量)。

　　分析文献让我加深了对"好文献"各要素的理解,也意外发现追踪某个研究者的系列研究成果可以获得更丰富的认识。这个发现让我在做另一门课程的作业时稍稍加快了文献查阅的进度,学到的方法能运用到其他课程和研究中去,我想这正是"高等教育研究方法"这门课程的意义所在。

## 二、课堂讨论引发的思考

　　昨晚的课增加了分组讨论的环节,大家讨论得非常热烈,半小时过去大家似乎还没讨论完,大家显然对这个话题有很多话要说,我们第四小组正好讨论到"有效互动"的话题,提出除了师生互动,还应该有生生互动,研究生阶段的同伴激励更为重要,但课堂内的时间有限,大家平时选课的时间不一致,课下交流不多,如何促进生生互动?这似乎又是另外一个话题了,如果提前知道讨论主题,可能会准备得更充分,但这样一来是否跟我们的课堂不做预设、现场生成的理念相冲突?不过还有另一个原因,大家都沉浸在解剖文献的细节中,虽然明白独立判断至关重要,但一时还不能形成自己的系统的独立的判断,因此讨论时只能提供一些自己认可的别人的观点。也正因为此,在最后老师列出四条基本理论假设时,课堂沉默的时间更长。我们四个组都不约而同地从教学理念、教学内容、教学方法、教学目标、教学效果和教学评价等方面总结,力求全面、完整,生怕遗漏了某个重要的方面,也可以说是之前个人零散发言的汇总,但却无法打破惯有的桎梏,更无法提出什么新的理论,但老师归纳和概括并提出假设的过程生动演示了理论生成的过程,"每个人都可以生成新的理论"——对我来说这真是一个大胆的想法,我们可以做到吗?在高水平老师的带领下应该可以做到,虽然还是不自信,但我们的课堂已经开始尝试了。如果以"高水平课堂是以学生能力发展为目的,以知识应用和创新为根本途径"来衡量我们的课堂,那毫无疑问这次的课堂是高水平的课堂,

---

　　①　包水梅,谢冉.中美学术型博士研究生课程修读之比较研究[J].江苏高教,2012(5):84-87.

不但有知识的创新,还伴随着观念和意识的转变。

　　高水平课堂应该是以学生为中心、以学生最大发展为目标、以学生有效参与为标准、以学生学术兴趣形成为结果,这四条理论假设都是老师概括的,现在看来后三条似乎都是对第一条的补充说明,不过大家对第四条的表述到底是"学术兴趣"还是"专业兴趣"或"探究兴趣"更恰当进行了争论,争论的过程就是思考的过程,我认同学术兴趣的说法,研究生教育的特点之一就是学术性,有助于激发学生学术兴趣的课堂就是高水平的课堂,无论将来身在何方,无论毕业后从事何种职业,我们在学生时代所形成的学术兴趣就像火种,即便只有微弱的光,也能让我们在繁琐的生活中保留自己的志趣,让我们脚踏实地的同时不忘"仰望星空"。如果在某一门研究生课程上形成了学术兴趣,那真是我们的幸运。

**王师批注：**

　　亚克同学进行了二次文献查阅,这一点代表在做钻研,值得表扬!

　　这次文献查阅有了新发现,这正是研究进入状态的体现,也是把课堂所学运用到实践中的体现。正如我在课堂上所说,知识只有在应用中才能变成能力,不然就只能作为装饰品,而后会忘得一干二净。

　　亚克同学认识到了争论过程就是探讨过程,把握了研究的实质,真的研究很多时候就是在细微的比较和挑选最适宜的方式来表达我们的思想。

　　至于课前讨论与生成性课堂是否冲突问题,这个担心是多余的,因为课前无论怎么讨论都无法预见课堂的进程,更何况是准确预见。

# 拾贰　提高独立判断　学会文献研究

**2017** 级硕士生　姚烟霞

　　课堂伊始,王老师首先询问大家上节课结束后,做了哪些工作,课下研究进展如何,有没有形成自己的观点。对老师的提问大家并没有主动回应,虽然不知道同学们课下研究进展如何,做到了什么程度,但反观自己,上节课结束后还是做了一些工作的。首先是做了一个大的表格(包含论文题目和主要内容两部分)对所查文献的主要观点进行了梳理,但缺乏对这些观点更深入的思考,没有形成自己的观点,文献阅读后,少了最关键的一步——反思总结,形成自己的观点,这也是以后需要注意和努力的方向。

　　接下来,老师提到判断文献要有三问:有理论支撑吗? 有事实依据吗? 有偏见吗? 在此基础上,做到审慎批判。其中事实依据个人理解得还不是很透彻,事实依据是指研究问题要从事实存在的问题出发,还是说在论证过程中要有事实案例的支撑,还是研究结论要有事实依据? 这一点尚未理解透彻。

　　同时,王老师还分享了自己文献阅读的经验,"文章读得多了,通过看标题和摘要就能把文章层次定位得八九不离十",对老师的这项"绝活"十分好奇,特别期待老师以我们课堂上推荐的文献为例,展示和分析一下这些文章的层次,哪些文章是对我们的研究有直接帮助的，如何筛选，哪些是作用不太大的，课堂时间有限，全部分析不太现实，可以的话，分析两三篇也可，筛选文献是一项非常重要的基本功，期待老师展示。

本次课多了小组讨论的环节，三或四人一组，限时 30 分钟讨论。我们小组在讨论的时候，刚开始讨论的点特别分散，和之前的头脑风暴有点像，观点都是点状蹦出的。随后文丽同学提出要从几个维度去思考，包括教学观念、教学内容、教学方法、教学结果等，这样就对分散的观点进行了总结概括，框架更清晰，讨论的效率也大大提高。很喜欢课堂讨论这个环节，特别是上节课大家推荐的文献没有一个重复的时候，就特别想知道大家都查了哪些文献，有哪些观点。正好本次课有讨论的环节，也让大家分享了各自文献阅读的收获。

接下来四个小组进行了总结汇报：

第一组提出了研究生高质量课堂的最高标准和最低标准，提法很有意思，但个人觉得目前某些研究生课堂连最低标准都没有达到或勉强达到，要达到最高标准太难了。不过提出一个理想的目标，让大家无限靠拢与接近也是可以的。除此之外，这些标准大多是描述性的评价，如何测量有待进一步商榷。

第二组就是我们组，我们从教学理念、教学内容、教学手段、教学结果、教学评价五个层次来阐释。教学内容的前沿性虽然被老师否了，但小组内部都持支持态度。但前沿性概念是什么，具体指什么？好像又说不清楚，这就是问题所在。之后的讨论也出现了类似的情况，对很多高频概念词汇解释不清楚，比如说批判性思维、理性思维等，这提醒我们在学习、研究的时候，要重视对高频概念词汇的深度理解，有太多时候仅知其然不知其所以然，或者只可意会不可言传，能够脱口而出，但其本质内涵却往往被忽略。

第三组和第二组一样也是从几个维度来总结的。教学理念、教学目标、教学内容、教学方式、师生关系和教学效果，也提出了对评价动机、评价主体、评价内容、评价对象、评价方法的思考。较之前的组，思考得更加深入。第四组也是从几个维度提出了自己的思考。

最后是理论升华与总结，提出了基本理论假设：高水平课堂应该是以学生为中心的（理念）；高水平课堂应该以学生最大发展为目标（目标）；高水平课堂应该以学生有效参与为标准（过程）；高水平课堂应该以学生学术兴趣形成为结果（结果）。最后老师在日志中补充了一点：以问题探究为基本过程。这个环节老师思考总结的居多，学生参与的较少，希望在老师的带领下，我们能逐渐学会思考总结，提高理论概括的能力。个别用词的反复琢磨推敲，也让我感受到了科学研究过程中，用词的智慧与精妙。

本次课另外一个收获是对批判性思维多了份理解，它原来不仅包括对别人的批判和质疑，也包括对自己的批判和质疑。但我们在现实中往往习惯了批判别人，忘记了质疑自己，这一点是新的认识与感悟。

**王师批注：**

烟霞同学越来越进入状态了，思考越来越深入了！

烟霞提出"事实依据"问题，足见是进行了思考。事实依据是指无论所说的观点还是所罗列的现象是否真的存在，是否有证据。这一点是训练大家的证据意识。科学研究对这一点尤其重视。如果这一关不过，其他都谈不上。

关于看文献的"技巧",其实很好训练,我们做到五问,一切问题都解决了,第一问是:他究竟在研究什么? 第二问是:他是在什么背景下研究的? 第三问是:他采用什么方法研究的? 第四问是:他得出了什么样的结论? 第五问是:这样的结论有什么意义? 这其实就是我课堂上讲的摘要的五要素。

是的,在"总结"环节同学们参与得比较少,这或多或少受时间因素的限制,没有让大家充分参与其中。为什么会这样? 我后来想到,可能是因为同学们在小组讨论过程中,我的大脑也没有闲着,已经在梳理总结了,这样就出现了将同学们撂在一边的情况。这种情况出现,在一定程度上违背了我坚持的"生成性"原则,理论不是大家共同生成的,而是我自己内生的,这是之后需要注意的。

烟霞对"批判性思维"内涵认识深化了,这是可喜的进步,因为只有这样,人才可能做到客观、理性和价值无涉,否则就可能被我们的偏见所蒙蔽。

# 第六章　谈"文献研究"（下）

## ——"高等教育研究方法"第六课

## 壹　文献研究：系统判断标准的生成

授课教师　王洪才

### 一、必须调整课程安排

上课开始（我已经准备了 PPT 进行记录），我首先检查了大家课下的学习准备情况，发现总体情况不怎么乐观（此时感觉再按照原来设计来推进已经不可能了，有必要在此处停下来做一个反思和巩固工作——这就是生成性课堂，课堂进展必须随着课堂情境进行变化与调整）。

我发现，大家面临的主要问题还是时间投入不足（我虽然理解同学们个个都很忙，无法投入更多的时间，但我想问大家是否有效利用了时间。对此我是有质疑的，而且关键的问题是大家究竟把作业放在了什么地位。我觉得他们绝大多数在时间分配上是把这个课程与其他课程一样对待的，也即没有意识到这个课程需要投入更多的时间，也即没有尝试进行更深度的学习，仅仅按照我的要求做好规定动作，如完成日志，没有做进一步的探索，尤其没有开展课下的研讨工作，似乎课堂教学质量事情跟自己关系不大，仿佛即使研究了也没有多大用处，没有认识到这是对教育学专业能力的核心能力的培养。这也客观地说明同学们的专业视野非常有限，无法直接地判断一项研究的学术价值、社会价值和对自我发展的价值，这也是他们个体视界非常有限的表现）。

于是我告诫大家，如果大家不能进行充分的课下投入的话我们的课程教学改革是无效的（这句话就是对他们的鞭策）。我说大家不能指望仅靠课堂的有限学习时间就想掌握真正的研究方法，来获得真正的研究能力（这意味着，教学质量绝不是教师单边的事情，如果教师努力了而学生不努力的话，那么教学质量提高是不可能的。而且更深层的含义是，针对教学质量这件事，学生更是主体，教师主要是引导作用，不能指望教师包办学生的学习效果，如果教师过度作为，就回到了教师进行灌输的状况）。

### 二、对上节课扫尾

接下来我检查了大家对上次课最后留下的几个"尾巴"的作业处理情况，大家没有回应（这与我预想的差距非常大。我原先以为同学们会在课下积极完善这些命题的，因为这就是具体的理论构建工作,是一项高级智力创造工作,能够有幸参与是一件非常荣耀的事情,没有想到他们对此好像兴趣不大。这事实上说明同学们在心理状态上仍然停留在等待灌输的水平——如果教师没有具体布置任务和组织,自己就无法开展探讨。看来,人的思想改造工作绝不是一天两天可以成功的,而是一个持久的、不断的转化工作,而且任何时候都不能松劲)。

这时有同学对上次得出的"五点结论"提出了质疑[这可能道出了一定的事实:绝大多数同学对之前的结论还没有真正理解。显然,同学们的发散思维的结果并未有助于同学们形成系统的认识,这也说明,同学们只是停留在个人的思想空间之中,没有与其他同学的思维进行真正的交流(这是真正意义上的视域融合)。这也说明他们课下缺乏进一步的交流,因此各人的认识仍然是个人的,没有达到共享的效果。这可能是我没有明确组织大家课下讨论的缘故。这与我的设想有很大差距,因为我在课堂上已经做了小组讨论的示范,认为他们开始对小组讨论学习感兴趣了,应该在课下巩固这种形式。事实上,他们的课堂行为与课下行为是分离的。看来很有必要对他们的要求进一步明确,完全寄希望他们的自觉组织是一种过高的期望]。

于是课堂就围绕这五个基本假设开始了讨论。讨论的内容真的很多,几乎涉及了每一个命题,而每一个命题又涉及许多基本理论问题。通过这个讨论过程,我才发现同学们的基本理论知识严重地不扎实,他们对许多名词只是知道了名字而不知道其真正含义,从而知识是很凌乱的、表面化的,我指出这就是传统的接受式学习的结果(这与传统的考试方式有直接关系,因为这种考试让学生背会了一些名词概念,但学生并没有真正使用过,从而没有真正思考过这些概念的真正意味),往往是只知其然而不知其所以然(这就是浅层学习的表现)。

### 三、关键命题探讨举隅

对于课堂讨论的内容在此我无法一一列举了,我只能列举其中几个代表性的议题。比如对学生的最大发展与学生中心的关系、学生最大发展能否用学术兴趣的形成来表达的问题,以及学生最大化发展、个性化发展、全面发展和自由发展的关系问题讨论了很长时间;对学生有效参与教学的内涵也讨论了很长时间;对以学生为中心的理念也讨论了半天。客观地说,这次课堂讨论是充分的全面的,因为同学们提出了各式各样的问题。我当时总结说,这就是抽象思维能力的训练,也是对逻辑思维能力的培养。

(很显然,许多同学都没有意识到我提出的五个基本假设或命题都可以写成一篇不小的独立论文,如"论学术兴趣形成作为学生最大发展的标志","学生最大发展与个性自由全面发展的统一","以问题为导向教学是实现学生最大化发展的根本途径","以学生为中心的时代内涵","学生有效参与是高质量教学的衡量标准"等)

在讨论过程中,我揭示思辨研究的基本法则:辩证思维!具体操作方法是采用反向思维方法,即运用反证法来提出研究假设和验证假设,告诉大家科学研究在本质上是一个试错和证伪的过程。比如在思考"什么是有效参与"时,我问大家它首先不是什么,于是大家纷纷提出不是机械参与、不是形式参与、不是短时参与、不是被动参与和个别参与。那么,有效参与就应该是主动参与、有机参与、持久参与(注:持久参与容易与全程性参与产生重合,故而保留了持久参与,去掉了全程性参与,而且全程性参与容易引起歧义)和实质参与及集体参与(其中"集体参与"一项原先忘记了,后来看到汤建日志后作了补充)。其他的提议有的后来被排除了。这就是思辨方法运用的成功案例。

虽然花费了这么多时间进行讨论,但我认为这是值得的(这是一场典型的案例教学,是针对问题进行了一场思辨研究方法的传授。当然,这促进了同学们自我反思能力提升,让他们发现了之前的知识基础存在着多么大的欠缺。从另一方面也是在提示为什么要开展研究性教学,因为只有进行研究性教学才能进行深度学习,这也是进行创新教学改革的背景),如果不矫正同学们的知识基础的话,他们的思维水平不可能深入。

同时我也指出同学们的日志写得越来越雷同化问题(这事实上颠覆了有同学提出的所谓的"视域融合说"了),所以我建议在上传自己的日志之前不要看别人的日志,避免受到暗示,形成一种"大全型"日志而缺乏了个性特色(日志撰写本身就应该是独立的、无前设的,不能看别人的日志后再写作,那样的话就缺失了个人主义视角,也即放弃了个人的独立立场,写作变成了一种表演,也即有了作伪的嫌疑,因为它不再是个人观察的结果,不是原生质的,而是在别人观察基础上的加工)。

课堂上关于五个基本命题的讨论花了一个半小时时间(我们从七点开始到八点二十五分钟)。我看大家对这五个基本命题再没有什么疑问时让大家暂时休息一下。

## 四、分命题研讨过程

十分钟之后,我进入教室,询问大家对之前讨论内容是否还有疑问,如果没有的话就要往下走了(这实际上是有点催促的味道,因为课堂不仅要有质量,而且也必须有速度要求,换言之,这不是一个完全自由探讨的过程,而是一个受控制的探讨过程。我在课堂上也揭示了学科课程为什么能够按时完成,而项目制课程为什么不能按时完成,这也是为什么要给教师充分教学自由,才能进行真正的创新教学的原因,也是开展研究性教学的前提条件)。见没有人回应,就有同学建议往下走。于是开始讨论分命题。

讨论分命题是逐次展开的,首先是提出对教师的要求。我提出:第一要有充分的时间投入(这一点大家没有异议);第二要擅长从事科研(有人提出了反例,经过鉴定发现是特例就被排除了,因为我们讨论的是一般情况,不是特殊情况);第三要具有教学激情(后面有同学补充了"教师魅力",但没有被采纳);第四是要善于组织课堂。我提了这几点之后征求大家意见。大家存在一些疑问,然后进行了讨论,最后还是保留了这四个标准。

其次是讨论对学生的要求。我提出:第一是学生要有求学动机,也即知道自己是来学习的,不是来玩的、混日子的(同学们对这一点也没有多少异议)。第二是学生要具有自我管理能力,不是对自我控制能力欠缺者。因为现实中许多学生确实不具有自我控制能力,管束不住自己(同学们对这一点也没有反对意见)。第三是学生要有一定的理性思维能力,能够对事实和好坏作出基本的分辨,不然的话外部施加影响是无效的(同学们也没有反对意见)。第四点是要具有相对明确的成才目标,比如说以后想要成为什么样的人。同学们对这一点表示质疑,这说明我还没有完全说服学生,因为成才目标与求学动机之间确实存在着一定的交叉与重合,但要不要保留这个标准我让同学们自己去判断。

再次是对教学媒介的要求。我提出对媒介有两种看法,一种是广义的,一种是狭义的,我们这里不是指广义的,而是指狭义的,即专指教学内容。我提出了几个维度:其一是难易适度的,其二是应用性比较强的,其三是呈现方式是合理的,此处专指以问题为中心进行呈现(写日志的时候我忘记是什么了,当看到汤建、雅倩的日志后作了补充),其四是内在是一致的。(有同学对多媒体教学提出了建议,但被其他同学否定了,看来是不能作为基本判断依据的,这说明有同学对技术有迷恋的倾向,有同学已经摆脱了这种迷恋状态)

再其次是对课程设计的要求。我提出:第一是以理论知识为龙头的(同学们对此虽然有异议但没有明确提出),第二是具有充足实践案例的(同学们对此有补充,将"充满"修订为"充足"),第三是具有多种互动形式的(有同学质疑是否与有效参与重复,但有同学为此辩护),第四是给学生以充分的自由的展示空间(同学们对此歧义比较大,但我所指主要是课下,坚持了下来)。对于第三、第四点大家有异议,但没有很好的补充意见。

此时有同学质疑课程设计与教学内容要求存在着一定的重合。乍一看,确实存在一定的重合,但仔细一看,这些重合只是一种交叉,不是重复。于是就保留了下来。

最后是对教学评价的要求。我提出:第一是以能力为中心代替以知识为中心;第二是以过程性评价为主取代单纯的结果性评价;第三是评价主体应该是多元的;第四是评价方式是多样的。最后两点是同学们自己提出来的,我虽然感觉有些不妥,但没有发现该如何进行改进。有同学提出评价标准多元化。这一点很容易与评价方式重合。

## 五、课后作业

看大家没有大的异议了,我提出:大家可以修订我提出的这些系列评判标准,形成个性化的评价标准。如果没有的话就把这些基本标准作为参照来分析20篇具有代表性的文献,对它们做一次系列性的综述。要求大家必须报告:

1. 研究的总体状况(综合性);
2. 代表性文献的主要观点(继承性);
3. 这些观点是否具有充分的逻辑支持,也即是如何获得这些观点,或研究方法是什么样的(规范性);
4. 研究都存在哪些缺陷,最集中的是什么(批判性);
5. 该如何弥补这些缺陷,提出自己的独立判断(创新性)。

整个文献综述就是以自己的独立判断为核心来形成一种文献综述。如果找不到文献存在的主要问题,就无法形成自己的独立判断,那么对整体研究状况就无法判断,对优缺点也就无法分析,对其研究的合理性也无从鉴别。

(需要指出的是,有一点我没有揭示:文献综述的突出点是展示文献之间内在的逻辑。但因为它与个体独立判断之间具有内在的逻辑关系,就没有明确提出)

# 贰　批判性理解已有概念

2017 级博士生　汤建

这是一节很有意思的课。

上课伊始,老师照例检查同学们课前的准备情况。主要是课下同学们有没有对上节课提出的基本理论假设存有疑问? 有没有消化掉上节课留下的"尾巴"(教师要求、学生要求、媒介要求、课程设计要求、教学评价要求)? 对这个问题的研究是不是随着日志的写完就算结束了? 在提到反思日志的时候,老师依旧鼓励同学们应该保持自己的独立判断,有自己的创新,不要被他人的日志模式左右。日志应该是多元化的、个性化的。这些问题实际上既检查我们对这个研究课题的课下投入是否充足,又给我们课下准备提供了具体思路和操作方向。老师的课堂教学只是一个引子,更多需要的是我们课下的领悟与深入研究,如此,才能够逃脱传统教学的拘囿。显然,我们自己正在践行着我们的研究主题——"高质量的研究生课堂教学"。在我们提出高质量研究生课堂教学标准的同时,我们更多时候也可以反思一下自己的实际行为是否符合高质量课堂教学评价维度中对学生的要求。

老师了解了大家的课前准备工作后,准备处理上节课课后留下的"尾巴"。这时,有同学表示对上节课提出的几个基本判断存疑。于是,这节课,主要可以分为三大环节。第一环节,主要是解决大家对 5 个基本假设的疑惑;第二环节,主要是清理"尾巴";第三环节,老师总结并提出下次课的要求。

第一环节的讨论有趣、民主、激烈。老师佳句频出,逐一击破大家对五条基本判断的疑虑。第一个命题:高质量的研究生课堂应该以学生为中心。老师先解释了"以学生为中心"是高质量研究生课堂教学的核心理念、必要条件和基本前提。离开了这个前提,便无法提出后续的目标、标准、过程、结果。只有顺着"以学生为中心"这样的逻辑,才可能导出按照学生发展要求设计课堂、准备相应知识等观点,继而,也就自然地导出对老师的基本要求,即老师要有充分的时间准备。其实,老师开始提的是教师要有"充足"的时间投入,在同学们的共同讨论下,认为"充分"更严谨。老师随即说:"不只数学是精确的,语言也是精确的。"此乃老师金句一。老师陈述之后,便是同学们和老师针对这一点开展"对话"。鹏娟对"以社会为中心"和"以学生为中心"表示不解。老师先是帮助她找到自己的思维误区,即机械的思维方式。因为鹏娟的提问中隐含着一个假设:学生需要和社会需要是对立的。实际上,我们经常将统一的事物机械地分割,使其分化成了对立的两个方面。然后,老师提出"社会的发展必须以个人发展为前提",并引用马克思的"个体的最大发展是社会最大发展的条件"为论据。据此,老师引申,教师应该做应用性科研,开展实践教学。

祥辉继而提问:"'以知识为中心'和'以教师为中心'有什么区别?"老师很耐心地解释道,以知识为中心就是以前沿知识为尊。遵循这样的逻辑的话,必然会严格选拔学生,因为只有经过严格选拔后留下的学生才能掌握这些高深知识。从而,也就不主张教师有自己的独立判断,教师仅仅是作为真理的代言人。"以教师为中心",则意味着教师能选择知识,具有对知识的裁量权,这与"以知识为中心"存在很大的不同。解释了基本的区别之后,老师继续深入,"以学生为中心"是在高等教育进入大众化阶段才提出的命题。因为,大众化阶段的学生群体多样,不可能所有学生都对理论感兴趣,绝大多数学生对理论知识表现出的是淡漠的态度。从而,必须对学生进行分流,引导部分甚至大部分学生转向应用型。

第二个命题:高质量的研究生课堂教学应该以学生能力最大发展为目标。士茹不太清楚大家要讨论的重点,她问道:"如何判断'最大发展',是不是要提出具体的测量指标?"其实,讨论的过程中,我也在想后续是不是要设计指标等。"我们现在是抽象地去思考,要将抽象思考方式和具体思考方式分开来,这是两个环节。"老师轻轻一句,我们疑惑全释。随后,同学们提出了"个性发展怎么和全面发展相一致?"的问题。同样的,这是走进了机械论的思维误区。第二点命题判断涉及的其实是教育的基本理论问题:(1)最大发展和全面发展的关系;(2)部分发展和最大发展的关系;(3)最大发展、全面发展、个性发展、自由发展之间的关系。老师指出,最大发展必然是全面的,部分发展是达不到最大发展的。最大发展必须以个性发展为前提,违背个性就很难发展,更毋庸说最大发展。很多时候,我们好像是知道某些概念,但是在传统的记忆学习模式下,更多的是知其然而不知其所以然,从而导致了思维的僵化。我们并不清楚其中的逻辑关系,当然这也是基础理论功底薄弱的表现。针对这第二个命题判断,老师出了金句二:"精细之处见学问。"

前两条的讨论占用了近一个小时。老师主要从思维方式上对大家纠偏,在理论基础上为大家释惑,以此提升大家的思维水平。于是,在讨论后三条的时候,进程加快了。对于"高质量的研究生课堂应该以问题探究为基本过程"这第三个判断,大家一致表示认可。随着老师脱口而出的"以问题探究为中心",老师意识到其实这里巧妙地使用了"以问题探究为基本过程"的表达。于是,老师出了金句三"知识要活用"。

第四个命题:高水平课堂以学生有效参与为标准。也就是说我们的教学不应当是单边的行为,而是师生互动的过程。老师交代了背景,这条在今天看似理所当然的观点,实则在八十年代经历了缓慢的争辩过程。过去主张学科知识论,因此遵循的逻辑便是要传授最系统的学科知识,从而,学生应该感恩式的接受,师生间更无须互动。今天我们强调"以学生为中心"时,便要思考教授的知识是否合适,便要考虑到学生的个性发展等问题。这是两条完全不同的逻辑思路。也就是说,老师提出的几个命题是环环相扣的,其逻辑起点在于"以学生为中心"。对于第四个命题,祥辉提问道:"怎么理解有效参与?"因为有了前面老师对大家思维方式的纠偏,在之前的铺垫后,老师提出了思辨研究的"反向思维"法则,这是一条老师多次在课堂上提到的法则。从而,祥辉的问题可以从"有效参与不是什么"这一反面来思考。很快,看似复杂的问题很容易地被同学们解决了,有效参与不是被动参与、不是机械参与、不是个别参与、也不是短时参与。换句话说,有效参与应该是主动参与、有机参与、实质参与、集体参与和长时参与。

第五个命题:高质量的研究生课堂以学生学术兴趣形成为结果。老师继续引发大家思考,学生学术兴趣究竟是什么含义?其特征又是什么?只有当我们明白这一命题的基本含义后,我们才知道如何调动学生的内在动力。学术兴趣便是对问题求解的欲望,当学生产生兴趣后,自己就成为了学习的主人,他便会主动地想去探究问题的本质,便想去寻求问题的答案。自然而然地，能力会在主动探索中形成，知识也在主动探索中获得。"兴趣是最好的老师"是对这一命题的有效注解。

在一个多小时的师生互动过程中，大家对5个基本理论假设的疑虑也逐一消解。课间休息十分钟后，进入到第二环节：处理前次课值得继续探讨的几个问题。也就是从教师方面、学生方面、教学媒介、教学设计、课程组织、教学评价这五个方面思考。第二环节主要是师生共同讨论得出结论，氛围融洽、轻松。一个多小时的讨论后，大家基本形成一致意见。

从教师方面而言：(1)老师要有高质量的时间投入；(2)老师应该是善于科研的；(3)老师必须是充满激情的；(4)老师必须善于组织课堂。

从学生方面来看：(1)具有求学动机；(2)具有基本的自我控制能力/管理能力；(3)具有一定的理性思维能力；(4)具有明确的成才目标(其中第四点作为备选项，因为明确的成才目标是否一定是高质量研究生课堂教学的必要充分条件并没有得到大家一致的认可，但大家也没有反驳成功)。

从教育媒介方面来说：首先明确是什么教育媒介。广义的媒介，包括技术手段等，都可以叫媒介，但广义的含义不是我们主要考虑的方面。我们主要从其狭义的含义出发。狭义的教育媒介便是联系其师生间的纽带，重点应该是课堂教学内容。那么，我们课堂教学内容应该具备哪些条件呢？条件一：在难度上是适宜的；条件二：应用性比较强；条件三：以合理的形式呈现(什么是以合理的形式？即以问题为中心组织的形式)；条件四：课程具有内在的逻辑性(同样的，这一点也是值得进一步思考推敲的条件)。

从课程设计方面入手：(1)课程设计需要以理论知识为龙头；(2)课程设计要有充足的实践案例；(3)课堂应充满互动；(4)课下应该给学生独立的大量的自由活动时间。

从教学评价方面思考：(1)以学生能力发展为中心进行评价；(2)以过程性评价为主体代替结果性评价为主体；(3)评价主体多元、评价方式多样。讨论中，同学们既和老师交流观点，形成共识，也能够彼此间互相辩证，保留或纠正自己的观点。

第三环节，老师总结并对同学们提出要求。老师鼓励大家批判性地吸收这次课上的系统判断，理解其内在逻辑思路。如果大家仍有异议，可以论证自己的观点，提出自己的创造性评价标准。在我们能够认同这些基本评判标准后，我们便需要以此进行文献综述。老师留给大家2～3周的时间做好文献综述，并提出文献综述的基本要求。第一，要明确指出相关领域的研究状况(形成自己的总体性判断)；第二，明确指出标志性成果；第三，指出这些成果所运用的方法是否科学；第四，指出现有研究还存在哪些不足；第五，可能的改革方向是什么；课后，老师在他的日志中指出了以上几点其实反映的是文献综述的综合性、继承性、规范性、批判性以及创新性特征。最后，老师明确了下节课的主要内容，便是把这些评价标准细化成量表。

这节课上我形式上参与不多，但我在同学和老师之间的交流互动中深受启发。一是思维方面的误区，我们很多时候思维方式是平面的、静态的，也是不够发散的，从而提出的很多问题很不堪一击，老师花了整整半节课帮助我们思维纠偏。二是一知半解的危害。对于很多基本概念，我们似乎就是记住了，知道这个概念，但殊不知，深究下去，其内涵丰富，彼此间逻辑关系很是严密。其实上午参加学术例会的报告后，我就在思考我的一篇文章。我认为在构思这篇文章的时候,一个很大的问题是,我对于"工具理性"的认识并不透彻,马尔库塞将"技术理性"等同于韦伯提出的"工具理性",这两个概念之间究竟有何区别？与"工具理性"对立的难道是先生提的"认知理性"吗？很显然,我犯了一知半解的错误,我对一些基本概念的推敲不够严谨,如此便导致了我的文章不够深入,也很难深入。很巧的是,老师给我们举了一个例子《理性的视角:走出高等教育"适应论"的历史误区》[①],同样的,这篇文章中,作者对于"理性"的理解是不清楚的,作者对"理性"这一概念混用了。

**王师批注:**

　　汤建的日志反应敏捷迅速,值得表扬！

　　汤建帮我记住了一些细节,很感谢噢！

　　汤建做了认真的反思,发现两点问题。

　　不过我不清楚的是汤建是否受到我的日志影响,或者说受到了多大影响。我不希望受到太大的影响。因为从理论上说,完全不受影响是不可能的。

## 叁　课堂讨论中的发现

**2018 级博士生　王亚克**

这次听课特别记录了时间和课堂讨论中的发现。

### 一、课堂时间安排

本节课各部分所用的时间如下:

19:00—19:19 第一环节:谈论课后作业(19 分钟)

19:20—19:55 第二环节:对五条假设进行整体解惑(35 分钟)

19:56—20:27 逐条讨论第一、二条假设(31 分钟)

20:28—20:36 休息(8 分钟)

20:37—20:52 讨论第三、四、五条假设(15 分钟)

20:53—21:55 第三环节:讨论在教学实际中的子命题(62 分钟)

21:56—22:03 第四环节:总结和布置作业(7 分钟)

根据以上时间安排,可以看出课堂安排紧凑,环环相扣,有始有终,重点突出。第二环节用时最多,为 81 分钟,第三环节子命题的讨论用时 62 分钟,这两部分都很重要,而且相辅相成。

---

① 展立新,陈学飞.理性的视角:走出高等教育"适应论"的历史误区[J].北京大学教育评论,2013(1):95-125,192.

## 二、讨论中的发现

在对五条理论假设分析的环节中，讨论较多的问题是：

1. 如何做到以学生为中心？

2. "以学生为中心的理念"是否与"以社会需要为中心"相冲突？

3. "以学生的最大发展为目标"中的"最大"如何界定？是某方面的最大发展，还是全面发展？

4. 怎么看"以学生学术兴趣的形成为结果"？

5. "以学生的最大发展为目标"是否和"以学生学术兴趣的形成为结果"相对应？

6. 学生在一门课上形成了学术兴趣，在下一门课上是发展学术兴趣还是形成新的学术兴趣？

7. 高质量的课堂教学只考虑"以学生的最大发展为目标"吗？是否考虑老师的发展？

8. 老师必须有充足的时间投入教学，现实中如何做到？

9. 什么是有效参与？怎样做到有效参与？

在思考、讨论甚至是争论这些问题的过程中，我有几个发现：

第一，大家对五条理论假设在认识上存在不同程度的"偏见"，比如我以为"以学生为中心的理念"是耳熟能详、顺理成章的，大家肯定都能接受，没想到这一条也受到了质疑，在讨论中又引发了其他的问题，有认知差异就有更多讨论的空间，这个过程很有趣。

第二，这节课自始至终贯穿了以学生为中心的理念。我一边思考这些问题，一边根据这些假设来验证我们的课堂是否"以学生为中心"。我认为我们的课堂贯彻了"以学生为中心"的理念。学生随时可以自由发问，和老师共同探讨问题，澄清概念，逐步建构个人知识，学生成为课堂的主体。

第三，我发现只有第四条假设"以问题探究为过程"迅速通过没有受到质疑，更没花时间讨论，为什么？是真的达成共识还是因为唯独这一条是老师课后自己生成的？

第四，讨论大家有亲身体会的问题时非常高效，反向思维训练提高了讨论的效率。比如探讨"什么是有效参与"时很快生成了一些特征，有效参与是主动参与而非被动参与、实质性参与而非形式上的参与、长时参与而非短时参与、有机参与而非机械参与、集体参与而非个体参与、全身心参与而非部分参与。有同学提的"有意识参与而非无意识参与"因为和"主动参与而非被动参与"重合被去除。

第五，生成过程是试错的过程，也是研究的过程。研究就是一种探索、辩理、论证的活动，鼓励试错和反向推理促进了大家的思考，也使大家不知不觉进入了研究的状态。

关于第三环节的子命题作业，我在课前思考后也写下了一些要点，但在讨论过程中发现自己写下的要点和老师总结的必要条件重合度很低，为什么会这样？我反思可能的原因至少有两个。第一，思维局限，理解偏狭。比如把"媒介"理解成"媒体"而想不到是教学内容。对课程作业的要求理解为课堂观察日志最为重要，跟老师的期待有很大距离。第二，概括能力较弱，不能提升到理论层次。对教师的要求想到的还是教学目标清晰，有终身学习的理念，有教学机智……对学生的要求想到的是学生要认同教师的理念，善于学习，敢于质疑权威等。能罗列出一些要素,但不充分也不能抽象出来成必要条件。

　　备注:我也注意到了大家的日志开始追求"大而全",出现趋同现象,因此上次开始尝试不看其他同学提交的日志先直接写自己的观察和感悟,这次的日志也不求全面,只反馈了我感触最多的环节,希望能和其他同学形成互补。

**王师批注:**

　　对时间的精确记录代表了一种用心,是专业化的体现!

　　对课堂上讨论的各个问题进行记录和分析,说明是高度融入课堂教学。

　　对课堂上各个环节进展都进行了分析,说明开始了研究性学习。

　　对自我反思很深刻,说明在学以致用!

　　这是一篇高质量的观察日志,具有自己的特质,已经摆脱了路径依赖,具有准专家的水平!

# 肆　基于共识　深度思考

*2018 级博士生　段肖阳*

## 一、课前回顾与疑问解答

　　11 月 12 日,我们如期进行了第六次课。老师先对大家进行了课前了解,但是同学们的反应并不尽如人意。老师循循善诱,让大家提出上节课后的一些思考和疑问。有同学提出:"以学生学术兴趣形成为结果"中的兴趣是学术研究兴趣吗?老师解答道:"兴趣是对这门课程的,学生可以自主去探索学习这一门课程,不是对所有的课程。"在这里我有一些小思考,我觉得在理科中不同的课程之间界限比较明显,课堂学习激起了学生对该课程的兴趣,如生物科学专业的学生在遗传学课程被激起了学习遗传学的兴趣,但对细胞学课程仍然并没有太大兴趣。也就是说对某一课程的兴趣很难被迁移到其他课程。但在人文学科这些课程中对一门课程的兴趣比较容易被迁移到其他相关课程中,因为文科课程的内在逻辑关联性较强。这是我自己学习理科和文科之后的一点小感触,不见得适合每个人,也就是不一定具有普遍价值。如果确切地回答兴趣是否能够迁移以及如何迁移,之后还必须查找相关的资料并进行思考。之后还有同学对于"最大发展是什么""理论假设的意义"这些问题提出了质疑,由此可见,同学们对上次课的这些并没有完全吸收。同学们认为这些是老师基于之前的讨论抽象出来的,所以并不是非常清楚这些理论假设的生成逻辑、具体内涵和意义。虽然同学们疑问很多且不甚理解,但反过来看,这也说明同学们的学习方式有所转变了,大家不是一味地接受式学习了,大家有了一定的批判思考和独立思考。

## 二、理论假设的讨论

　　鉴于同学们的疑问比较多,老师开始组织大家对上节课的五条理论假设分别展开讨论。第一个为"以学生为中心",同学们对这个存疑比较多。我提出如何测量的问题,老师讲道:

"任何存在的东西都可以测量,只不过是测量的精准度如何。"我想到了前一段时间雅倩也问了我类似的问题,她问道"如何测量有效参与",我记得当时我说可以用"参与时间、讨论中发言的次数、互动频次等",也可以设置开放式问题让学生直接回答,从而进行测量"。雅倩继续追问这样进行测量是否科学有效,我回答道:"任何问题的测量其所选取的指标都不可能100%测量问题本身。比如测量种子的质量,选用发芽率、芽长、芽的生长速度、电导率等指标,即使这些指标都可以在一定程度上反映种子质量,但是到底是多少程度呢,这个不得而知。"也就是说在理科的一些实验中,指标的选用有比较成熟的理论和可验证性,但是在人文科学中这些并不是非常成熟和系统,我们必须先从理论和实践中进行考察。但实质上,两类实验的道理相通,只是有时我们还是不能很好地转换思路,或者还是没有真正理解到人文科学研究的逻辑。

另外有同学提出:我们只强调以学生为中心,不也应该强调以社会为中心吗?老师在阐述这个问题时提出:社会需要和学生需要是对立的吗?答案是否定的。我意识到在我们看待问题的时候总是以"二元对立"的思维,实际上这是将问题隔离开了,而且是浅显地看待问题,并没有深入地思考,也是我们缺乏理论基础的表现。这让我想到了我们班同学在课程汇报中论证"个体功能"和"社会功能"的问题,这个同学就是用二元对立的思维去看待两个功能。"二元对立"的思维模式是我们在开始认识世界时一种比较便利的方式,但之后我们应不断学习,确切地说我们应该学习哲学和逻辑学,研究的最终目的是为了理解人类与世界的关系,但现在我们缺乏理解世界的工具和思维模式。

老师在课堂上发现同学们对"以学生为中心""以教师为中心""以知识为中心""以社会为中心"这些核心概念的内涵并不理解,所以重新进行了阐释。我想这些概念我们确实都学过,但是并没有将其内化为我们自己的理论基础,这也说明我们在接受式学习中并没有对问题进行深入探索。老师讲以学生为中心时讲到大众化时代,同学们有些不太理解为什么大众化时代就要以学生为中心。也就是说我们总是提"大众化"这个词语,但实际上我们并不知道它的实质特征、需求、意义等,所以对大众化和教育的关系并不清楚,即我们并没有理解它们的内在逻辑。这也是我们在写论文的时候总是忽略的,比如我们介绍了一个研究问题的背景,但之后的研究和这个背景之间的内在逻辑关系是含混的,我们根本没有深入探究,所以导致我们的研究和背景之间两张皮。

有同学提出教师能否将教学和科研融合,老师认为项目教学法是一个比较好的方法,但什么样的项目合适教学?我觉得这个同学提出这个观点很好,证明她在观察在思考,能够从当前教师科研压力大,从而无心教学这一实际出发,想到能够将两者进行融合,这样的思维方式也是超越了二元对立的思维方式。我们的思维也正是在不断的学习和思考中获得提高,向这位同学学习。

## 三、分命题的讨论

基本假设经过讨论,大家无疑之后我们开始了分命题的讨论。这部分也主要是由老师提出,同学们质疑并讨论,最后暂时得出了如下分命题:

(1)教师:充分的时间投入;善于做科研;课堂充满激情(把学生培养作为自己的天职);

善于组织课堂;

(2)学生:具有学习动机;具有基本的自我控制能力;具有一定的理性思维能力;具有成才目标(备选);

(3)教学媒介:难度适宜;应用性强;合理形式呈现;课程有内在逻辑性(备用);

(4)课程设计:以理论知识为龙头;有充足的实践案例;充满互动;给学生大胆的自主活动空间;

(5)教学评价:以能力为中心的评价;过程性评价代替结果评价;评价方式多样;评价主体多元。

这些命题虽然并没有全部形成高度的统一,但大家基本认可。鉴于时间问题,老师让大家在课下通过系统的思考,重新生成这些分命题。同意上述分命题的给予支撑理由,不同意的给出批判理由并提出替换标准。老师讲道:"生成的过程是试错的过程,可以在试错中不断生成较优的,而且可以不断生成更优的。"

### 四、课后作业的布置

这次课老师提出了明确的作业:一篇文献综述。我觉得这个作业是我们这一段学习后的亲身实践,估计大家跃跃欲试。大家可能无法完全从传统教育的学习模式中走出,之前老师每次留了思考探究型的作业但大家完成情况并不好。而这次作业可能比较符合大家以前的学习模式,估计大家会很好地完成。想到以前中小学的时候,老师每次留的思考探究作业大家都不会完成,但如果留的是具体的习题大家基本都会做。而今我们已经是研究生,仍然对思考探究没有兴趣和主动性,这是一个值得反思的问题。

**王师批注:**

肖阳日志提交得也比较快,值得肯定!

肖阳日志中展示了课堂的一些细节,这才是"质性"的具体展现。

肖阳在思考过程中不自觉地运用到了之前的农学知识基础,说明本科教育印记是深刻的,也说明过去经验经常在不自觉中发挥作用。

肖阳的文字中也经常出现"的""地""得"不分情况,需要加以注意。

## 伍 深探命题 形成系统标准

**2018 级硕士生 郑雅倩**

11月12日的课堂教学环节主要分为序言—理论标准的形成—提出子命题—结尾四部分。

序言部分。老师首先提问大家是否已经对上节课留下的"小尾巴"进行文献梳理和形成独立判断,此时课堂出现沉默,沉默原因可能如下:(1)确实有下功夫,但是还没有形成独立的判断,因此也没有自信说出来,因为自信来源于独立判断。当然,形成自己的独立判断确实需要一定的知识以及经验积累,而这又必须有足够的时间来完成积累的工作。(2)"怕错"的想法。这是传统教育影响的结果,很大程度上,我们不敢发言,不是不会,而是"怕错",害怕自己的想法"过于幼稚""过于片面",害怕自己达不到老师的理想效果。但在我们的课堂上,我认为这种想法不应该存在,老师一直在强调"所有的意见都是偏见",没有绝对的真理。而且,正因为我们所成长的环境、所接受的教育背景的不同,我们才能碰撞出不一样的火花,才能有"视域融合",我们的研究也才能最大程度地达到全面。这也就是研究不可闭门造车之理。(3)作业被抛诸脑后。最近的作业一个接一个,貌似把大家搞得焦头烂额,于是我们也就在完成反思日志后再无时间来完成这门课的作业。在此我也进行反思,虽然课后有阅读一些文献,但仍有很大的不足,一是文献阅读量不多,二是深入思考和进行讨论时间不足。那么,在这有限的时间内,我究竟如何能够获得最大的收获?我想尝试"三省吾身":是否做到专心致志?是否有自己的小思考?收获到什么?从一点点小思考积累起来,慢慢改进。老师在检查作业后,也提出了我们的问题,网络教学平台上的反思日志模仿性越来越强,导致日志的可读性变差,建议我们在日志提交之前先不要看其他同学的日志,避免受影响,同时也要坚持独立思考,减少路径依赖。

第二部分为理论标准的形成。首先,老师提出我们的理念标准之后将进行专家验证和学生验证,主要以专家验证为主,因为学生容易将课堂质量当成是课堂满意度,在此需要说明的是高质量课堂的学生满意度一定高,但是学生满意度高的课堂不一定是高质量课堂。专家验证法之前在书上和查阅文献的时候有稍微了解到,但是具体怎么操作却不是很了解,这一次能够实际去实施,很是期待!接着,我们对上节课提出的五个理论标准进行分析。第一个是以学生为中心作为理念。上一节课的反思中我写到是否应说明以学生的什么为中心,研究生阶段与本科生阶段的"以学生为中心"是否有所不同。从其对立面来理解,什么是以知识为中心?以知识为选拔学生的要求;课堂教授严格按照课程大纲进行;教师是真理的代言人,由教师筛选知识,传递知识;评价学生的标准就是知识的掌握情况。什么是以教师为中心?以教师为主体进行课堂教学,师生、生生缺乏互动,学生是被动的知识接受者。以知识为中心和以教师为中心有一定的相似处,均不能看到学生的主体作用,也就无法调动学生的积极性,进而对学生真正发展较难发挥作用。我试着理清思路:以学生为中心是一个教育理念,不是一种手段或方法,不需要具体化;以学生为中心意味着老师要把学生的发展作为自己教学的理念,在课堂设计、实施以及最后的评价环节都要贯彻该理念。在谈到该问题的时候,有同学提出个人发展与社会发展是否有冲突。若认为两者有冲突,则是一种社会本位观和学生本位观思想,从根本上看,两者都割裂了个人与社会之间的关系。但社会与个人应该是辩证统一的,马克思指出,"社会不过处于相互关系中的人","社会本身,即处于社会关系中的人本身"①。个人的发展才能促进社会的发展,而社会的发展取决于社会中个人的发展。所以社会的发展最终还是落脚于个人的发展。

第二个理念标准是以学生的最大发展为目标。首先有同学质疑,这个发展是全面发展

---

① 马克思,恩格斯.马克思恩格斯全集:第46卷(下)[M].中共中央马克思恩格斯列宁斯大林著作编译局,译.北京:人民出版社,1980:226.

还是某一方面的发展,全面发展和最大发展是否有冲突。我认为,学生的最大发展应是一种全面发展,回归到研究生的培养目标上,我们不仅仅是培养某一方面专门技术人才,而是通过研究生教育学生能够在获得知识增长的同时,改变思维方式,建立正确的三观,而这种思维方式、认知方式的改变是能够促进学生全面发展的,当然,我们不否认在全面发展的基础上学生在某一方面会有突出的表现,即全面发展与突出方面并不矛盾。老师解答了第二个疑问:最大发展必然是全面发展、个性发展、自由发展,只有符合个性发展才是全面发展。老师指出我们应该理清楚这三个概念的涵义,所谓"精细处见真章",概念不清,句意模糊,文章便不清不楚。我梳理了一下,不知是否准确:全面发展是个人的能力、素质、知识、精神等的全方位的整体的发展,个性发展与自由发展似乎指向相同,都认为是以人自身为目的的发展,尊重个性。只有合乎人自身的发展,尊重学生本身的发展意愿、发展条件,才能最大程度上激发学生的发展潜能,使其个体所具有的才能、兴趣和精神得到充分而自由的发展,进而能够获得学生的最大发展。

第三个理念标准是以问题探究为基本过程。在这个理念上大家比较认同,我想可能是我们从小基本上都是接受以系统知识传授为基本过程的教育,掌握了系统知识,知其然却不知其所以然,批判性思维、独立判断能力相对较弱,所以在研究生教育阶段渴望能够接受不一样的教育方式。不过,细思"以问题探究为基本过程",这个"问题"是什么呢?是否需要对这个"问题"有一定的要求。我想是需要的,这个"问题"本身应该是与学生、与教师有一定关联性的,学生才能有话可说,说出来的才能是自己的所思所想,而不是"为了发言而发言"。最好的结果是这个"问题"解决的效果能够让同学们真切地感受到,科研不是"虚无缥缈"也不仅仅"仰望星空",最后是可以指导我们"脚踏实地"的。以问题探究为基本过程,要求教师在这个过程中设置合理的有效的问题,引导学生积极探索、实践体验并能够解决问题,学生通过课前的自学,课中老师的引导,课后的交流,能够通过一步一步的探究了解科研的过程,体会科研的魅力,并能够提升知识,增长能力。这是一个相互成长的过程!

第四个理念标准是以学生有效参与为标准。有同学提出有效参与的涵义是什么,老师提出思考问题的逻辑:正反、虚实和层次。接着,老师让我们提出"有效参与不是什么",同学们陆续提出有效参与不是"被动参与、机械参与、形式参与、短期参与、个别参与、全程参与",那从这也就可以推出有效参与是"主动参与、有机参与、实质参与、长期参与、集体参与、部分参与"。有同学提出还有"有意义参与",但我认为这与"实质参与"重复了,因此也就删去了。其中比较有疑问的是"短期参与"和"长期参与""全程参与"和"部分参与",我认为"长短期参与"是指是否将互动延伸到课后,若仅仅是课堂上的参与则是"短期参与";"全程和部分参与"是指课堂上的参与情况,是所有的环节都有参与,还是说仅仅是参与其中的某一环节,即课堂参与的"持久性"。

第五个理念标准是以学术兴趣的形成为结果。之前我对"形成"二字有异议,我认为在硕士阶段,可以将"学术兴趣的形成"作为结果,而在博士阶段,以"形成学术兴趣"作为结果似乎过于简单。但细思,从简单的爱好,到专业化、系统性的学术训练,刺激学术研究的良性发展,寻找学术的创新点、创造点,明确学术兴趣,说则简单,实则困难。况且,学术兴趣的形成并不是短暂的,而必须有稳定性和持久性,要达到这个是很不容易的。我们有多少个硕士博士能够继续坚持自己的学术兴趣不受"研究热点"的影响,这恐怕很难！但是这个理念标准能否进行观测？我们该如何观测同学是否有"学术兴趣的形成"？这一点还没有理清。

第三部分,提出子命题。在这部分,主要以老师的总结为主,我们时不时对老师提出的子命题提出疑问,也进行必要的补充。经过课堂总结,我们认为有以下条件可以达到高质量的课堂：

1. 老师部分：(1)老师有充分的时间投入(这一点同意,但是在大环境下能够做到这样的老师确实很少)；(2)老师应该是善于做科研的(这一点存疑：善于做科研的,一定是善于教学的吗？课上似乎还没有讲清楚这一点)；(3)老师在课堂上必须是充满激情的；(4)老师要善于组织课堂,善于做课堂设计、把学生的激情调动起来。

2. 学生部分：(1)学生具有求学动机(我认为这个求学动机应该是贯穿整个课堂的,且具有持久性。求学动机与后面提到的具有一定的"成才目标"有相似处,很大程度上求学动机就是为了获得知识,个人得到成长,而这就是"成才")；(2)学生具有基本的自我管理和自我控制能力；(3)学生具有一定的理性思维能力。(第四点的"具有一定的成才目标",个人认为与第一点重复,而且课堂上也提出其为备选,因此不罗列)。

3. 媒介部分。在之前的课前预习中,我没有梳理清楚媒介的涵义,仅以广义媒介进行阐述,老师提出媒介有广义与狭义之分,广义媒介是信息技术等手段,狭义的媒介是指知识。为什么不把广义媒介作为子命题分析呢？在课堂上同学们也都阐述了自己对于广义媒介的看法,信息技术非高质量课堂的必要条件。因此,我们将媒介定义为课堂教学内容：(1)难度上是适应的(最近发展区)；(2)应用性比较强；(3)以合理的形式呈现。

4. 课程设计：(1)理论知识为龙头；(2)有充足的实践案例；(3)课堂充满互动；(4)给学生大量的自由探索空间。

5. 教学评价：(1)以学生的能力为中心进行评价(而不是传统的以学生知识增长为评价,这与我们的理念标准是相符的)；(2)以过程性评价为主代替以结果性评价为主；(3)评价方式多样化；(4)评价主体多元化。

结尾部分,老师提出让我们做一个文献综述,真实体验一把"文献法",站在前人的基础上进行批判,帮助自己形成独立的判断。同时,老师也提出下节课的内容是将这些评价标准细化成量表。下次的课堂是不是还会出现"头脑风暴",很是期待哦。

**王师批注：**

雅倩保持了一贯的认真作风,作为老师很是欣慰。

雅倩对自由发展和个性发展进行了考证,说明研究不局限于课堂讨论环节,而是变成了一种持续的行为,这一点提出表扬。

个性发展与自由发展确实在很大程度上是重合的,但两者之间还存在着微妙的区别,这是需要关注到的。

关于有效参与问题,雅倩可能在理解上出了一点错误,课堂上讲的全程参与是代表有效参与,如果是部分参与就不好理解了。从形式上看确实是部分参与,但从实质上看应该是全程性参与。这一点我在日志中疏忽了,我随后在我的日志中补上。

# 陆　细微之处见真章

2018 级硕士生　刘美丹

最近自己的课堂反思日志总是因为各种原因往后拖延,导致很多受启发的地方未及时记录,一经搁置之后自己也忘记了。再加上老师谈到的"日志雷同化"现象,我觉得自己有必要做深刻的反思,改变这种拖延状态,积极地投入到课堂和课下的学习当中。

## 一、课前反思:端正学习态度

正式上课之前,老师就作业完成情况和课下学习情况向大家提问,发现真正完成的寥寥无几,说明不少同学对待我们这门课程的态度出现了一定的偏差,反思自身的行为表现,确实是这样的。因为缺乏对课下学习及课前准备的足够重视,忙于做各种硬性规定必须马上提交的作业,导致自己课下投放在这门课程上的学习时间一再缩减,课前缺乏相应的准备,等回到了课堂上自然"无话可说",这样不仅影响了整堂课的学习效果和学习进程,理性思维、批判性思维等各种能力素质的培养也停滞不前。对于这一点,我想自己不仅要在思想上深刻反省,更要付诸行动,及时叫停和改变这种消极被动又危险的学习状态。

## 二、课堂第一次讨论:解答概念困惑

我们在课堂上围绕着"以学生为中心""以学生的最大发展为目标""以问题探究为基本过程""以学生有效参与为标准"和"以学生学术兴趣的形成为结果"这五个基本理论假设开展了持久而又深入的讨论。讨论刚开始,我几乎没有参与,更多是处在观察者的角度来思考这五者之间的关系和大家提出的各种困惑。因为我对学生中心理念、最大发展目标、问题探究过程、有效参与标准和学术兴趣形成是高度赞同的。可以说,这五点基本关照到了高质量课堂教学从开始到结束的各个重要环节,不仅体现了强调学生的最大发展等高水平课堂的一般性特征,更为重要的是,它准确把握住了研究生课堂以探究式学习为主、教学研高度统一、强调学生学习自主性等有别于其他较低层次课堂的关键性特征。在高度赞同之下,我的主要困惑可能就是这几个标准如何进一步明确和细化的问题。

当然,赞同不代表没有讨论的必要。在讨论的过程中我们既可以发现自身思维和表达上的缺陷,也可以从他人的观点中获得有益启示进而生发自己的新观点、新思维。正如老师所说,课题讨论既是抽象思维能力的训练,也是对逻辑思维能力的培养。通过讨论可以看到,大家对学生中心与知识、教师、社会中心之间的区别和联系,最大发展与个性化、自由、全面发展之间的关系以及最大发展与学生中心之间的关系等一系列问题都有着不同程度的认识。而这些名词往往代表的都是一些我们平时习以为常、见怪不怪的概念,但正是一些看似无用的概念或问题背后其实蕴涵着丰富、深刻的哲理,极具研究的必要性与价值。这启示我们,身边处处有学问,有时候不必刻意地去追求研究选题的高大上或者异于常人,于细微之处方见真章。

短暂课间休息过后，围绕着"什么是有效参与"，同学们开展了新一轮的讨论。和前一阶段讨论不同的是，这次老师提出了反面思考的要求，即对"有效参与不是什么"展开探究。之前我本就对"究竟什么样的课堂参与算有效参与"存有疑惑，但遗憾自己课下想了许久也没能把握住有效参与的内涵、范围和程度。通过反证法对问题进行适当转变，思考起来就会轻松许多了，因为基于亲身经历，我们很容易就能够列举出不是有效课堂参与的例子，比如一问一答式的古板机械参与、被迫性参与、做表面文章的形式参与等等，此时再将问题翻转回来，通过语言组织加工，我们就可以比较准确地归纳出有效课堂参与的几个关键特质，即主动参与、有机参与、实质参与、持续参与、集体性参与和全程性参与等。

### 三、课堂第二次讨论：达成一致共识

至此，我们对以上五个理论假设基本达成了比较一致的认识。由于前面课堂讨论花去时间过多，紧接着我们快速进入了分论题的讨论环节。首先是对教师方面的要求。老师提出了充分的时间投入、善于做科研、充满激情和善于组织课堂这四点。其中，对于"善于做科研"一项我有一点疑惑，即如何来界定"科研"的内涵和科研活动的范围？它所代表的是否是教师的学术研究能力和专业知识储备？"善于做科研"这一表述是否是最合适的？

其次，是对学生方面的要求。老师主要提出了以下四点：第一，学生具有求学动机；第二，学生的自我控制和自我管理能力较强；第三，学生具有一定的理性思维能力；第四，学生具有成才目标。其中第一点毋庸置疑是前提条件，关于第二点一开始我以为老师说的这种自控能力指的是课上不开小差、心无旁骛，后来老师解答为主要指课下学生能够自控、约束自身行为、完成课下学习任务等等。关于第四点，我认为成才目标和求学动机之间存在一定的交叉，究竟这种成才目标是短期的还是长期的，这种求学动机是针对某一门课程的或某一节课的还是贯穿整个学习生涯始终的？

再者，是对狭义教学媒介，即课堂教学内容的要求。第一，难度适宜；第二，应用性强；第三，呈现形式合理（是问题中心式的）；第四，具有内在逻辑性。对于这几点我是没有疑惑的。

然后是课程设计方面的要求，主要是从课堂组织形式的角度来进行考虑的。第一，理论知识为龙头（即强调理论知识在研究生知识结构中的重要地位）；第二，有充足的实践案例（对"实践案例"这一说法存有疑惑，是否所有的研究生课堂都会用到实践案例？一些人文社科类的学科可能没有或者不需要这种实践案例）；第三，课堂充满互动（是否与之前的有效参与相重复？我觉得两者虽然都是互动，但是一个是对课堂总的互动要求，另一个更强调互动的时间长短和在课堂中所处的位置，是前一个论点的细化，可以保留）；第四，给学生大量的、独立的自由活动时间（这里强调的也是课下，我认为"大量的"可以改成"充足的"，"活动"一词也存在争议，改成"探索"是否更为恰当）。

最后，是对课堂教学评价方面的要求。第一，以学生的能力为评价导向；第二，以过程性评价为主代替以结果性评价为主；第三，评价主体多元（包括教师自身、学生、同行、专家等）；第四，评价方式多样（纸笔考试、课堂小测验、课程论文、学术报告等）。在这里必须明确的是，我们的评价对象是学生，即通过对学生接受了课堂学习之后知识、能力方面掌握情况的综合考察来评判教师是否开展了高质量的研究生课堂教学。

可以说,这次上课使我对课堂讨论有了全新的认识,对自己前一阶段的学习状态、学习效果与不足也有了更为清醒的意识,期待自己的成长和蜕变。

**王师批注:**

首先是对美丹的速度快提出表扬。这是在培养一种果敢品质,无论做人做事都需要这种品质,非常重要!

其次是美丹同学意识到了不足,就马上付诸行动,这是让人敬重的一种特征,如果能够坚持下去,进步是可以预期的。

再次是美丹同学保持了自己的怀疑,希望能够继续探索,能够产生自己的答案。研究性课堂的根本特征就在于不提供标准答案!

最后是表扬美丹同学提交速度快之际文字的水平没有下降!

# 柒 亦谈"以学生为中心"

**2018 级硕士生 孙士茹**

在最初几次新奇又活跃的课之后,慢慢地,感觉大家现在上课"激情"骤减。课上,老师的第一个提问风格依旧,而大家也变得越来越沉默。我就像犯错误的孩子不敢抬头,事实也的确如此。老师将一切都看得很明白,甚至可以说是"通透"(感觉有点小可怕)。因此,老师这节课放缓步调,先是与同学们讨论上节课的基本理论假设的深刻内涵,然后从教师、学生、教学媒介、课程设计和教学评价五个方面继续我们的探讨。

高水平课堂以学生为中心的核心理念主要指老师要服务于学生的发展。由此我想到一个问题:我们在讨论高水平课堂时,重点通过探索学生的收获来衡量课堂成效,是否应该对教师收获进行讨论呢?或者说,课堂是学生成长发展的主要场域,对于以教学为主要任务的教师又何尝不是呢?反复思考后,确实如同老师所说,我们要时刻把握住我们的核心命题:从学生的角度来探讨高水平课堂,高水平课堂的研究要紧紧围绕学生的发展。确实,从学生收获角度来检验教师教学成效最直观,也最具说服力。如果再单独对教师进行探讨,无疑使我们的研究主次不分,没有侧重,同时还会使研究更复杂,实施更为困难。

如何理解以学生为中心?百度搜索结果显示:一切的教育是以学生的需求、利益和发展为根本出发点和落脚点。[1] 我认可此观点。如此定义,充分解答了鹏娟的问题。虽然我们的学习课程、所修专业看似与社会发展所需专业、知识等要求不协调、不适应,甚至说是矛盾的,但教师在教学过程中会基于学生的立场去考虑教学内容对学生的适切性(不知道用词合理否),要在教学之前进行学情分析。在学情分析里自然就包含对学生的需要分析。我们不能肯定地说现行的所有专业都与社会需要相协调,因为我们也承认学习的内容有陈旧现象。

---

① 百度文库.教育要以每个学生发展为本[EB/OL].[2019-03-24].https://wenku.baidu.com/view/802efdf19e31433239689362.html.

但说学生在专业学习过程中锻炼的能力、习得的习惯是"过时的""无用的"，这无疑会招致很多反驳。能力、习惯是可迁移的，其迁移时不会受到很多限制，而是作为一种素质，"默默地"指导人们处理各种事务、关系。再者，即使我们所学内容与时代"脱节"，那也不意味着我们可以放弃对一般的概念性原理、基础内容及经典等的学习。空中楼阁的不可依靠是众所周知的不二法则。鹏娟提出的问题具有很强的现实性，甚至有的问题她也是运用老师所说的反证法来思考的，这可以开阔我们思考问题的维度，促使研究落到实地，具有现实指导意义。同时，我也认为类似的这种观点发展程度过强就易使人陷入功利主义、实用主义泥潭，变得机械化。正如高中文理科选择、高校不同专业之间存在的巨大差异一样。即使是更高层次的研究生，在研究的时候也无法"逃脱"现实限制，争着发文章，急于出成果，不重视长期的积累过程。有人会说这是评价导向所致。但评价与人的发展不是对立的。正如个体发展与社会发展不是对抗的一样。

高水平课堂应以学生最大发展为目标。这里的最大发展主要指能力发展。不同于以往讨论教育目标的知识与技能、过程与方法、情感态度价值观维度，我们最后的目标旨在促进学生能力发展。当然其中包括很多能力，具体包括什么将又是后续需要我们着重探讨的。在这里老师对为何不将知识情感作为发展目标进行了解释：知识是作为工具的存在，情感是在能力发展过程中衍生的。仔细想想，我们将知识作为教学目标，但最后并不只是为了追求知识，尤其是对于研究生，更为重要的是对知识的选择形成自己的判断，对知识的传承传播要注意媒介选择和表达方式，对知识的学习也不能局限于对已有知识的接受式学习，更要有生成新知识的意识和能力。谈及知识习得，往往内涵于，甚至说其实质上是指能力的锻炼与提升。情感目标亦是如此。在讨论此假设时，大家还对"最大发展是全面性的还是某个方面的"这一问题存在争议。世上没有完全相同的两片叶子。每个人在不同方面的深入、特色发展是因材施教的题中之意。但我们也绝不能将部分发展和整体发展对立起来。无论何时何事，达到最完美的最理想的状态便是全面而又深入的发展。当然，最完美并不存在，我们期待的其实是"最优"结果，而不是最佳（因为其并不存在）。就像同学所说，全面并不代表全部。全面的发展可能是多个方面的和谐有序的共同存在（当然这还未经查证）。此外，还存在全面发展和最大发展是不是对立的，自由发展、个性发展、全面发展和最大发展的关系如何，理性思维、逻辑思维和批判思维的关系如何等类似的基本理论问题。这些问题靠课堂上大家的讨论很难得出结果，而且本身这种问题便是仁者见仁的，所以大家意见不一致也是正常的。最后一个问题，知识转化为能力的机制如何？这是心理学界还没有攻克的难题，我自己也对此有兴趣。此问题的解决对以后教学效果的提升更是意义重大。对于其他三个假设大家意见基本一致。经过一番深入细致的讨论，大家对 5 个基本假设更为理解，对后续探究打下较好基础。

在课间休息后，大家进入对教师、学生、教学媒介、课程设计以及教学评价几个子命题的分析。如何从这几个方面来寻求高水平的课堂教学呢？首先，我不是很明确为何从这几个角度进行探讨。在探讨教育问题时，最基本的三要素是教师、学生和教学内容（可以说是知识）。再扩展一点，加上教学媒介和教学评价，但是这里为什么会存在课程设计不是很明白。如果这里的课程设计意指课程、知识的话还是可以理解的（这个地方还想再向老师求教一下）。对于学生而言,需要有求学动机。心理学中讨论行动的形成过程大致为:一个人的需要促使其产生动机,而动机足够强烈便会引发行动。如此说来,需要是不是在动机之前对行动是否产生的最为根本性的影响因素?对于兴趣,由于人对某事物产生了兴趣,兴趣从而引发动机,最后促进行动。从某一层面上而言,兴趣也属于需要。那我们能否理解为学生必须有求学需要?

最后,反思一下自己的学习认识。我开始以为这门课程是简单轻松的,但进入课题研究的正轨才发现其实研究的顺利进行对我们自己课下的功夫精力要求很高。因此,以后自己要尽量避免以其他事情为借口逃避对本门课课下的继续学习与探讨。

**王师批注:**

士茹同学这次日志的重点是对课堂教学内容进行了系统的反思,进行了一次新的基本理论探讨工作,虽然有的探讨还刚刚开始,但可以为之后的持续探讨留下火种。

士茹是比较善于学习的,能够从别人的发言中看到优点,并且有虚心学习的态度,这些都是难能可贵的。

士茹对本门课程有了新的认识,希望就此能够转变自己的行为方式。

不知士茹体会到没有,日志写作本身就是一种思辨研究过程,因为它就是在澄清自己的思想疑惑的过程。研究促进自我提高,这正是"古之学者为己"的真正含义。

**士茹回复:**

是的,老师。您说得非常有道理。从咱们这门课开始到现在,除了需要课下的探究,每次撰写日志也并非单纯"记流水账"。每次在日志的写作过程中,自己总会不自觉地陷入对课上探究过程的回顾与思考。日志本身确实就是一个思辨研究的过程(需要好好地构思、反思),我们也通过其实现更多的交流与对话,使得我们的教学媒介更为多样化。因此,我非常认同老师您的话。

## 捌　关于高质量研究生课堂的基本假设

**2018 级硕士生　王鹏娟**

从结构上看,本次课主要分为三部分:承前启后的导入部分、对上节课形成的基本理论假设的再确认、高质量研究生课堂"要素"的多维度细化。

在导入部分,王老师对同学们最近在课堂反思中出现的"个性隐没"和"内容同质"问题进行了提问,他不认为这是一种"视域融合"的结果,而更可能是因为同学们提交作业有先后,后进的同学阅读了已经发布到平台上的文章之后,难免思路、角度和观点上都会受到或多或少的影响和限制。一番讨论后王老师建议我们在提交作业前先不要看别人的文章,要尽可能保持自己原创的、个性的思考。我以为这样的强调是有道理的。其一,在同一课堂上,尽管不同的同学处于相同的时空,但各自带进课堂场域中的经验和资源是不一样的,例如同学 A 可能已经做了比较全面的预习,对课堂内容自然"胸有成竹";同学 B 在上节课上就听得"云里雾里",这节课对他而言更是"颇有难度"……不同的"入场状态"影响学生在课堂中的表现、活动和体验,因而其对课堂的思考和感知重点,应该也是个性化的。其二,按照伽达默尔的本意,"理解"不再是要求解释者完全放弃自己的视域进入被解释者即文本的视域,也不是简单地把被解释者的视域纳入自己的视域,而是解释者不断从自己原有的视域出发,在同被理解对象的接触中不断检验、反思我们的前见,以扩大自己的视域,从而两相融合形成一个全新视域,即"视域融合"。虽是玩笑,但较真起来,发现用"视域融合"形容"一千个读者眼中的哈姆雷特越来越相似了"是欠妥当的。视域融合强调的不是双方对第三方的"共同意见",它更侧重于拥有独立判断的双方,在交往和沟通的基础上扩大自己认识边界的可能性。回归课堂上,两个学生,在上了同一节课之后,彼此都有个性的、基于自身视域的想法,而后真实表达、相互交流,发现并接受了对方视角和内容的合理性,这种情况下彼此均扩大了自己对课堂的理解和认识边界,才算是真正实现了"视域融合"。因此。课堂反思要追求真正的"视域融合",首先要求自己在独立判断的基础上形成"前见",同时相互阅读和理解、进一步争鸣和探讨也是必要的。

考虑到有同学质疑上节课的"尾巴"是王老师自己罗列出来的,而不是同学自己生成的(事实上从具体内容上升成为理论假设对研究者的抽象概括能力和理论水平都有更高要求),结束了第一环节对作业的检查后,王老师向我们确认了是否需要对上节课的"尾巴"进行重演。意识到大家也有重新分析的想法,王老师便迅速将课堂推进到第二环节,即对上节课形成的基本理论假设的再确认,具体内容是我们从各个角度对理论假设进行质疑,我们"攻",王老师"守",结果王老师再一次成功地"守"住了"立论根据地"。

第一个假设是"从理念上讲,高水平的课堂是以学生为中心的。"这一假设中强调教师是学生成就的,教师需要服务于学生发展。同学们的质疑包括:为什么不是"以知识为中心"?为什么不是"以社会为中心"?以学生为中心需要教师在教学过程中"牺牲"或"隐匿"自己的风格吗?其中关于"适应论"和"超越论"、关于"以学生为中心"和"以社会为中心",以及学生、知识和教师作为教学三要素在教学过程中的地位,随着讨论的深入还涉及理性思维、逻辑思维和批判性思维的区别。在这一环节中王老师发现我们的理论功底极不扎实,对很多教育中的基本概念及概念间的关系认识不清楚,表现出惊讶和略微失望。同学(包括我在内)尝试反驳王老师的观点,但就个人经验而言,我往往无法运用逻辑推理或演绎的方式支撑自己的观点,一说到"概念"相关的基本理论问题,王老师是掌握绝对话语权的。在这种情况下我尝试从教育实际出发进行反驳,但依然感觉和王老师的"对话"不在同一个高度和层面上,还是欠缺对基本概念的理解。在这一过程中我就"要不要以学生为中心"做了发散思考,想到如果"以社会为中心"会怎样,之所以想到"社会"不是因为我认为"学生"和"社会"是一对二元对立概念,而是因为我担心如果我们紧盯着"教学"和"课堂",可能造成的结果是"就课堂言课堂","就教学言教学"。在基本理论假设中我觉得应该有"高于课堂"的理念,站在更高层面看教学,教学的理念又是指向什么呢?"以学生为中心"自然指向了"人",对应我就想到如果指向"社会"可不可以呢。

虽然最后大家统一了观点,我在反复思考这个问题后,依然觉得无论是以"学生"为中心还是以"社会"为中心都更多是概念上的差异,两个概念之间具有内在的逻辑一致性。回到实际教学,首先"人"作为教学、课堂的直接面向,人的发展自然是检验课堂教学效果的重要标准。需要注意的是,教育作为一种社会活动,它无法脱离社会而独立存在,因此它不得不考虑整体社会的发展方向和需要,完全不考虑社会发展需要的教育只能像18世纪后半叶的英国大学,因为一味想保留传统,拒绝顺应时代需要作出改革,使得当时英国的高等教育并没有如德国、法国一样为工业革命如火如荼的开展作出多大贡献;人作为"社会人",同样无法脱离社会群体,无视社会要求;人的"社会性"一定程度上是让渡个性自由而实现的,这种让渡使得人更有可能在群体中找到支持和安全感,找到自己存在的意义。因此普通教育尚且不谈,若高等教育仍单纯地寻求学生的天性解放,无论对学生还是对社会而言都是不负责任的,教育一定是需要兼顾社会需要的。但是,教育满足社会需要,尤其是高等教育对社会需要的满足并不仅仅指教育应该为社会各行各业的岗位需求提供相应人才,这就把"社会需要"理解得狭义化了。"社会需要"的内涵有多个层面,以职业划分为代表的社会分工仅是其中之一,只有职业划分的社会分工不等于也无法构成"社会"的全部内容。诸如社会需要将各个独立的子系统联结起来,需要实现人与人在社会系统内部的互动往来,这时社会对人的要求往往不是"职业性""专业性"的而是超越"职业性"和"专业性"的一种"人之为人"的"社会性"要求。综上分析,社会希望个体充分地适应和满足社会需要,这种适应和满足是以个体的发展为基础的。但仅有个体的天性激发和释放,或者"人性"方面的提升并不意味着其就能满足社会需要,也无法保证个体可以适应社会发展。个体对社会的关照、对"社会性"的养成只能是主动选择的结果,一个时代真正适切的教育,一定是能让学生的"人性"和"社会性"最大限度发展的教育。

在第一条基本理论假设中王老师还提到无论是写文章还是讲话都应该做到"表达要严谨,语言要精确"。这一点我是认同的,严谨和精确的表达要求亦是自己逻辑缜密的表现。最好的情况是能用言语清晰地表达自己的思维逻辑,较好情况是大概能把自己所思所想表达六七分;略逊色的情况则是自身逻辑没有整合、梳理清楚,表达自然打了折扣;此外还有一种情况是一个人把问题想得很清楚了,但欠缺表达的技巧和能力,所以无法用大众(或小众)可以理解的方式"为自己言说"。我突然有这样一种感觉,某种程度上,如果你不能为自己言说,不能用各种方式表达自己为别人所理解,你就是不存在的,"言说即存在",不知是否妥当。这时候雅倩提了一个问题或者她认为的可能性:"研究和教学能不能放到课堂上来"。当时我的第一反应是"不行"。随后王老师在解答的时候首先肯定了这种新的教学模式的探索,因为教学研相结合确实是理想中的研究生培养方式。但是教学和科研的结合一定是在课堂上吗?二者结合究竟是"形式"先于"内容"呢,还是应该在考虑其各自内在逻辑的基础上进行融合的尝试?即使是放到实际教学组织中,也要涉及选择什么样的科研项目比较合适。导师的项目是可以全部交给学生的吗?比如导师有一个关涉高等教育战略发展的课题,这样的课题放到课堂上,对学生能力的挑战和课题研究结果而言都是不负责任的。因此我也认为应该多想一想科研和教学究竟如何才能真正结合起来,但就研究生培养目标而言,对这种结合思路的探讨是适宜的也是必要的。此外王老师还提到不能做想当然的"书斋里的学问",强调在思考问题以及做研究的过程中要结合实际、不要空谈理论。我联想到刘海峰老师在为一本书写的序里也谈到了"书斋里的学问"①。他是从寻找古代史料和现代史料的角度出发,认为一定程度上现代史的研究要比前者更困难一些。因为古代的资料前人梳理和总结得差不多了,你只需要坐在书斋里把前人总结出来的内容进行细致研究和考证就可以了;但如果要研究现当代的政策,就只能自己亲自去求证第一手资料,因此过程难免会更辛苦。因此,书斋里也是可以出学问的,需要注意的是无论是书斋里还是实践中,都需要问真问题、根据研究的问题选择自己的研究路径和研究方法。

第二条假设是"高水平的课堂应该以学生的最大发展为目标"。对这一假设的质疑主要包括这里的"发展"指的是"全面发展"还是"兴趣发展",什么是"最大化",部分发展能不能达到最大化发展。王老师的观点是最大发展必然是全面发展,是与个性相一致的全面发展,个性的发展才是自由的发展。这里王老师又强调"个性发展"和"共性发展""一般发展"间的关系不是二元对立的,并进一步提醒我们不能用机械的观点思考问题,应该培养自己立体的、活动的思维方式和理论思辨。对基本概念的清晰理解是学问的基本功也是容易被大家忽略的细节,只有把这些细节和基础的东西想清楚,才能扎实地矗立起自己思维中的学科大厦,可谓精细之处见学问。基于上述对以"学生"为中心还是以"社会"为中心的考量,我进一步认为学生的最大发展是其"人性"和"社会性"的协调统一发展。其中,"人性"的具体内涵是使"人"成为自己,并确认自己存在的价值;"社会性"的具体内涵指使"人"成为具有社会适应和生存能力的个体,在和其他个体、要素互动的过程中延续和丰富自己的存在状态。

第三条假设是"高水平的课堂应该以学生有效参与为标准",强调教学过程是有师生互动的,而不是单边的行为。在这个部分的主要质疑是如何理解"有效"和"参与",王老师引导我们从反向逻辑思考"有效参与"不是什么,在此,我提到有效参与"不是单向度参与,而是有反馈的参与",但大家普遍认为与"形式、实质参与"相混淆。我的想法是"形式、实质参与"强调的是参与的内容有效性,如一节课上老师设置的师生互动环节中学生总是在"是和不是""对和不对"中进行选择,形式上有问有答,实质上学生并没能充分参与到互动中,只是"配合"教师的课堂。而我想通过"单向度的参与"描述的是在课堂上只有学生的讨论或者提问,教师受到个人能力或者教学机智的限制无法评价、回应学生的参与,这样的参与实则是无效的。因此,"有反馈的参与",是强调学生的有效参与应该建立在师生、生生的有效互动基础上。在课堂中王老师还指出我有时候是"为辩论而辩论",是一种"诡辩"。对这一批评我虚心接受,因为前段时间集中看了一系列的辩论赛,辩论赛中只要选定一方观点就坚定捍卫和为其辩护的特点或多或少被我带入到了自己的学术思考中。辩论赛中实际要求辩手隐匿个人的价值判断和观点立场,为"观点"言说;但学术争鸣则要求研究者对事物有清晰的认识和自己的判断,即为"自己"言说,二者还是有很大差异。

第四条假设是"高水平课堂应该以学生'学术兴趣'形成为结果",这部分的讨论主要在于如何理解"纯学术"与"应用型学术",是否可以把"学术兴趣"广义地理解为"探究兴趣","学术兴趣"与学生能力的形成之间有何关系,探究兴趣是研究型学习培养出来的吗,一旦兴趣形成,是不是就达到最大发展的目标了,在这一部分的思考王老师建议我们要尽可能拓宽

---

① 大丰冢.现代中国高等教育的形成[M].黄福涛,译.北京:北京师范大学出版社,1998:6.

自己思维的广度和延展度,有理有据,才能"自圆其说"。王老师认为学生"学术兴趣"的培养能调动学生的学习动力和动机。回头看发现这四条假设都是围绕学生发展展开的,学生在高等教育中的主体地位和重要性被越来越多的人认可和关注的同时,接下来进一步要回答的问题是我们的课堂如何能充分体现学生的主体性,相应就引出了课堂的第三部分。

课堂第三部分是完成上节课的"扫尾"工作,即从教师、学生、教学媒介、课程设计和教学评价五部分出发具体分析满足了哪些条件就可以达到高质量课堂。

但这一部分内容还需要进一步放到文献中推敲、证实或证伪。

总结一下,这节课最大的收获是意识到对任何一门学科而言,对基本概念的理解和辨析都是非常必要的。教训是无论何时何地都需要对自己的观点、表达负责,说话之前一定要先经过自己的大脑思考一下说话的分寸、内容是否妥帖,自己都无法说服自己的想法不足以作为自己真实的立场和思考。做学术本身是一个"求真"的过程,在这过程中我们既逐渐走近高等教育,也逐渐面对着更真实的自己。今后需要多留意和思考课堂上其他同学的发言,发现自己的课堂反思中对其他同学的刻画和描述还是太少了。

**王师批注:**

鹏娟同学的日志虽然迟了,但内容异常丰富足以弥补"迟到的"的不足。

鹏娟对自己的思想真诚的袒露是自信的表现,就此而言是难得的诚实品质。

鹏娟思想非常丰富,超出了同龄人,这确实是一种成熟的表现。换言之,鹏娟的思维不再是单纯的、表面的,而是立体的、有深度的。

我是非常欢迎有思想的学生的,我喜欢有坚持的学生,鹏娟对自己的想法有坚持是我非常赞赏的,这可以说是独立思维的起步。

我对学生的时间投入多少问题没有抱怨,我认为,只有当你觉得不投入很难过的时候说明你自己的修炼已经成功了,这是不可强求的,只能静静地等待花开。

# 玖 课堂与课下的有效参与

**2017 级硕士生 熊文丽**

上课伊始,王老师说道:"大家还记得上节课的尾巴吗?完成了吗?"这连着的两个问句一下子使课堂的气氛变得紧张起来了。于是预料之中的,大家都没有说话。是因为课下完全没有学习而不说话?还是课下认真学习,完成了学习任务只是不愿意发表自己的看法?还是课后学习了,但学习得不够,作业完成得不充分,没有底气回答?我想同学们应该都属于第三种情形,学习是学习了,但是没有投入更多的时间。这让我想到,研究生阶段高质量的教学必定是以充分的时间投入为保障的,这不仅指教师投入充足的时间,更指学生要投入充足的时间。那学生为什么会时间投入不足呢?如果排除学生有充足的时间但没有用来学习这种情况,那原因就是学生无法投入更多的时间,因为他选修了多门课程,而一个人的时间与精力又是有限的,因此为了兼顾多门课程,他只能"撒胡椒面"似的把时间分配在所选的所有课程上,进而导致他难以进行更深入的学习。很显然这种选课行为有一定的盲目性,进一步继续追问为什么学生没有制定合理的选课计划呢,我认为其中一个很重要的原因是学生缺少学业指导。众所周知,牛津、剑桥的书院制,其导师除了在生活上对学生给予指导以外,还包括学业指导。但在我国大学中,学业指导这一块似乎还很欠缺。学生缺乏学业指导,再加上本身学业生涯规划能力不足,这就导致了学生选课的盲目性、无序性。说这些绝不是指我们班的同学存在这些问题,而是作为一个问题抛出来,提醒我们高质量的课堂教学是一项系统工程,我们绝不能孤立、静止地去看待它。

## 一、本次课最大的收获

其实上王老师的课,我自己认为更多的是思维训练,无论是头脑风暴还是概念辨析,这都是在训练我们大脑的思维能力,因此这也就不难解释为什么上完课我们都觉得很累了。在这次课堂我最大的收获不是知道了具体的知识点,而是懂得如何运用正反逻辑来思考问题。当我们讨论到"高水平课堂应该以学生有效参与为标准"时,祥辉同学提到:"什么是有效参与?"如果从"什么是"这一思路探寻下去,我们一时半会难以解答这个问题。这时王老师引导我们从反向出发即思考"有效参与不是什么",这下同学们都反应比较快,"有效参与不是被动参与"首先就被提出来了,那它的对立面就是"有效参与是主动参与",接着有效参与不是机械参与而是有机参与、不是形式参与而是实质参与、不是短时参与而是长时参与、不是个别参与而是集体参与等观点接二连三就出来了。(除此之外,还可以用层次逻辑、虚实逻辑来思考问题。)这种反向思维方法有时候就能将陷入思维困境的你给解救出来。比如我们在谈到"高水平课堂应该以学生最大发展为目标"时,提到"全面发展与最大发展是不是冲突的"等,如果我们一时半会难以从正面判断清楚,我们可以从反面进行判断。"全面发展"的对立面是"片面发展",很显然"片面发展"与"最大发展"不是同一个意思,又或者"最大发展"的对立面我认为是"平均发展",而"平均发展"与"全面发展"也不是同一个意思,因此从这个角度我们便得知全面发展与最大发展不是冲突、对立的。

还有一个就是我们看问题要从二元对立的僵化思维中解放出来,比如以"学生中心"为教学理念,这并不是完全摒弃"社会发展需求",我们是不可能脱离社会背景来谈人才培养的,课堂教学价值应是兼顾学生和社会发展的利益诉求,给每一个学生提供充分发展的可能。

## 二、对高质量课堂教学的基本理论假设及其子命题的看法

本次课我们花了大量的时间来讨论上节课归纳总结出来的五条基本理论假设,其中大部分又在讨论"以学生为中心"这一基本理论。首先表明态度,我是赞同"以学生为中心"这条理念的。"以学生为中心"不仅仅对老师提出了很高的要求,更是对学生也提出了要求,学生积极主动地参与教学的整个过程,是"以学生为中心"的核心所在,如果学生仅仅是应付性学习,那么课堂改革无法进行。因此在"学生"这一块,我们谈到学生要具有"求学动机、基本的自我管理能力、一定的理性思维能力以及成才目标"。我认为只要学生有求学欲望与一定的学习能力,他就能够学好,所以我对"学生要求"这一子命题的前三个因素都没有异议,对

第四个因素"学生具有自己的成才目标"持保留意见,我认为这个因素是不必要的,难道学生没有成才目标就一定影响他的学习质量吗?我认为不一定,但是如果学生没有学习目标的话,那就会对他的学习产生消极影响。因此我认为第四个因素"成才目标"改为"学习目标"可能更合适一点。

在讨论到子命题——对教师的要求时,王老师提出"教师要有充分的时间投入、擅长从事科研、要具有教学激情、要善于组织课堂"这四点征求大家意见。我对一、二、四点都无异议,对于第三点"具有教学激情",我认为这一点是必要的,但可不可以换成"教师是热爱教学的"?因为教学激情这个面还是窄了一点点,而教师"热爱教学",表明了老师对教学的态度(当下课堂教学质量不高的一个很重要的原因是老师不爱教学,不重视教学),并且如果一个老师热爱教学的话,那他肯定也是有教学激情的。

### 三、我们的课堂是高质量的研究生教学课堂吗

我自己认为相比于大部分课堂,我们的这个课堂算是高质量的课堂了,但肯定有欠缺的地方(如同学们课后投入时间不是那么充足),但是这些欠缺的地方能从根本上影响我们课堂的高质量吗?之所以提出这个问题其实是想问我们对于高质量的课堂教学列出了很多标准,我们单独看某一项,觉得每一项都是必不可少的,但是将这些标准汇集起来看,高质量的课堂一定要具备所有的这些标准吗?还是说只要符合其中的大部分标准我们就可以说这个课堂就是高质量课堂了,高质量课堂的这个高度在哪?这也算是我的一点困惑吧!

**王师批注:**

文丽日志保持了独立品质,这是一种行动力的表现,值得肯定。

文丽对教学激情的修改我觉得很有价值。热爱教学是一个中度的词汇,是否应该选择这个标准值得进一步深究。毋庸置疑,热爱教学比应付教学好,但是否能够达到高质量的要求是需要考虑的。热爱教学就一定具有教学激情吗?这是需要推敲的。理论上讲,热爱教学更容易具有教学激情,但不必然。

高质量究竟高在何处?这是一个问题,可以继续思考。

## 拾　知识生成初体验

**2017级硕士生　姚烟霞**

时间过得真快,记得周一晚课程结束的时候,我就信誓旦旦地说,这周的观察日志一定要早点提交,于是每天都心心念念地想着要写观察日志,心里总有这么件事压着,然而当真正开始动笔写,不料已经周六,记忆开始模糊,只能凭借笔记,回忆课堂上心动的瞬间,再把思考与启迪成于文字。有时候会想,为什么这么久了,提及写东西,拖延症还是会自动找上门来,还是会畏惧和害怕。小时候害怕写作文,长大了害怕写论文。什么时候"写"不再是一件痛苦的事情,而变成了一种享受,该多好。

老师连着两节课都询问大家课下准备的情况，都无人回应，情况不容乐观，说明大家课下的时间投入还是不够。反观自己，也存在投入不够的问题。但问题究竟出现在哪里呢？是事情繁琐，没有时间？还是闲下来，也不知道学什么，怎么学？还是每天都很忙，一周结束，也不知道在忙什么？可能都有吧。大家的时间都去哪儿了？我们也都清楚地知道，如果学生的课下投入不足，很难保证课堂教学改革的质量。说到课下投入，想到了研一上修别敦荣①老师"高等教育学"这门课的情景，每周阅读规定的十几篇文献，写一篇千字文（围绕老师给的问题，结合文献阐发自己的观点，下次上课前第一件事就是交作业，逾期不候），有时还穿插着专著阅读和读书报告。别老师这门课同学们的课下投入非常大，同时收获也很大。由此发现，同学们还是习惯规定的有形的有硬性要求的作业和投入，对于弹性的要求与思考，会本能选择性地不做或者做的程度不高。就比如说咱们研究方法这门课，观察日志基本每位同学每次课都会提交，因为它是有形的，硬性的，可测量的；课下的深度思考，独立判断却完成得很少。还有老师本节课布置了文献综述，虽然可能会有抵触心理，不愿意写，但还是觉得老师做得非常好，因为如果老师不布置，没有同学会主动来写，但是文献综述的基本功实在是太重要了，不亲自动笔，永远都学不会，不会写文献综述，毫不夸张地说研究生真的白读了。当大家对研究还没有相当的兴趣与热情的时候，学习、思考、研究的主动性的确会差一些，需要老师用适当的任务和要求来推动。虽然很被动，但收获也会很大，收获多了，兴趣也会增加，被动也会慢慢内化为主动，这需要一个过程。

谈到"以学生为中心的"时候，鹏娟师妹提出了"以社会为中心"的观点，提法挺有意思，老师以马克思的观点"个体的最大发展是社会最大发展的条件"予以反驳。同时老师继续谈到，"以学生为中心"是在高等教育进入大众化阶段才提出的命题。大众化阶段的学生群体多样，不可能所有学生都对理论感兴趣，绝大多数学生对理论知识表现出淡漠的态度。从而，必须对学生进行分流，引导部分甚至大部分学生转向应用型。我个人非常赞成老师的这个观点。研一修徐岚②老师的研究方法课时，需要我们去厦大其他学院任选一门必修课做三次课堂观察，并对任课老师和三名学生进行采访，在对某学院杨教授进行采访时，杨教授的一句话让我印象很深刻，他说："现在的研究生想提升学历的居多，真正想做研究的很少。"可见，高等教育进入大众化阶段之后，这不是某个专业存在的特殊问题，而是整个高等教育的普遍问题。在"真正想做研究的学生很少"的情况下，如何做到"以学生为中心"，如何进行分流引导是非常重要的，应用型研究生的转型与培养，也许更符合大多数人的需求。

在谈到何为有效参与的内涵时，老师提示我们进行逆向思维，可以先考虑有效参与不是什么，一下子打开了大家的思路，这种学术的思维方式令我们很受益。最后得出结论：有效的参与不是被动参与，是主动参与；不是机械参与，是有机参与；不是形式参与，是实质参与；不是短期参与，是持续参与（持久性）；不是个别参与，是集体参与。反观咱们这门课是否做到了有效参与，个人觉得前几次课大家的参与还挺有效的，最近的两次课感觉大家的热情不

① 别敦荣（1963—　），湖北洪湖人，厦门大学教育研究院院长，教授，博士生导师，从事高等教育原理、高等教育管理、大学战略与规划、大学教学与评估研究。

② 徐岚（1981—　），浙江宁波人，厦门大学教育研究院副教授，从事高等教育政策研究。

够,略显疲惫,不知是课下投入不够,还是到了本学期中期的一个小瓶颈。

接着讨论了比较具体的几点:高质量课堂对老师的要求,对学生的要求,对教学媒介的要求,对课堂教学设计的要求,对教学评价的要求五个方面。谈到教学媒介的要求时,我最先想到的就是多媒体教学等教学辅助性工具的应用,没想到这只是广义的教学媒介,即技术手段;原来狭义的教学媒介还包括师生关系纽带、课堂教学内容等。每次上课都能收获以前不知道的内容。这种未知到已知的积累也是一种学习的收获。

最后老师布置了文献综述的作业并提出了具体的五点要求,个人觉得这个作业布置得非常好,同时接下来两三周写文献综述估计也会很痛苦,希望是痛并快乐着,亲自动笔写一篇文献综述比单纯看好多篇论文会更有收获。

**王师批注:**

烟霞能够完成日志是对自己意志力的一大挑战,最终还是挑战成功,不错!

学习真的是自主的事情,靠强迫不行。强迫可能会收到有形效果,但内心如何却不可知。真正的发展、变化都是内在的。

烟霞同学说出了差不多所有学生的状况,这种现实就是教育改革的背景。

教育是一个漫长过程,不会随着课程结束而结束,教育的成果就在于它真正留下了什么。

教育对每个人而言都是留下了一道风景,无论它是秀丽的,还是凄惨的,都是无法逃避的,因为生活如此。

## 拾壹　高水平课堂如何"以学生为中心"?

**2017**级硕士生　赵祥辉

前几日,在微信公众号上看到一篇文章,一位上海交通大学的教授谈及他的研究方法课时,面对学生"如何选择有价值的问题""如何掌握最前沿的研究方法""如何学习研究"和"如何进行论文写作"等提问时,均用"读文献"三字以蔽之。针对研究当中存在纷繁复杂之问题,"读文献"真的都可以解决吗?理性视之,"读文献"虽不是做研究的"万金油",但如果能够在"读文献"中做到"眼到"(认真阅读)、"手到"(择精记录)和"心到"(理解吸收),文献确实能够解决大部分研究过程中遇到的问题。就我们"高等教育研究方法"课程来看,王老师在课程设计中安排三节"文献研究"的课程,也可一窥"文献"之于做研究的重要性。第四次课程日志当中,我曾把"文献研究"归属于研究中的"分析问题"阶段,王老师对此观点进行了修正,认为文献研究并非专属于某一研究环节,而是贯穿于研究的全过程之中。经过三节课的学习,我们从"对文献的筛选"到"生成自我的基本评判标准"再到"形成系统判断标准",切身地体悟到"文献研究"的重要意义和价值,认知到它确乎是我们学习研究方法、提升研究能力、撰写高质量论文的核心。诚然,包括我在内的一些同学在课下对文献阅读的时间投入稍有不足,但无论如何都领会到了王老师课程设计的良苦用心,真正转换了对"文献研究"的认知，"落于行动""做出高质量的研究"且"实现学术生涯的发展"相信只是时间上的问题。就此而言，回应日志标题，王老师的课堂的确是高水平的，因为它真正做到了"以学生（的发展）为中心"。

总体来看，第六次课是对上节课的一次"收尾"。撰写此篇日志时，我突然想到上篇日志当中的"几条尾巴"受到王老师的诘难，尚曝之于外，故而在此也先进行"收尾工作"。其一，王阳明的"视学舍如囹狱而不肯入，视师长如寇仇而不欲见"①论说应当如何解读？王阳明作为历史上少有的三不朽（立德、立言、立功）圣人，在教育上颇有创见，面对当时明朝教育环境下普遍存在的学生"视学校（课堂）为监狱""视教师为仇敌"的现象，他认为这与教师在课堂上"鞭挞绳缚，若待拘囚"这种传统教学方法密切相关，而这样的课堂除了让学生愈发"偷薄庸劣"也再无其他益处。而王阳明心中的高水平课堂为何？他认为教师的课堂教学应该使学生"趋向鼓舞，中心喜悦"，从而达致"学以去其昏蔽"之效。这种课堂教学观点的提出，是他"发明本心""致良知"思想的一贯延承。从根本上来说，也是他与传统教学观念的根本决裂，何以这么说？王阳明先生认为课堂教学的目的是为了恢复"本我"，用今天时髦的话可谓是坚持了"以学生为中心"的理念，这虽然与当时的传统教育观念格格不入，但却与我们研究方法课所探讨的高水平课堂理念可谓是不谋而合。上次课程日志单是对阳明先生的只言片语进行片面引用，而没对其中所蕴含的深邃教育思想进行解读，不得不说是我平时"好引用，然不求甚解"的写作方式的一大痛弊了。其二，大家对研究方法课的学习止于完成任务的背后根源何在？用"懒"字来解释大概是太损贬我们这些近二十载筋不敢松、甲不敢卸、闻鸡起舞、一路过五关斩六将的"天之骄子"了，用"忙"字来解释似乎也太忽视我们高中时期谈笑间便将"语数英理化政史地"等学科熟稔于心的能力了。从根本上来说，大家的投入不足关键还是一个认识问题。诸如"研究方法课对我们的研究能力提升究竟能发挥多大作用？""王老师的研究方法课与其他课程的投入比重能否等量齐观？""研究生课堂教学质量这个研究主题究竟与我们有何关联？""研究完这个主题之后我们能真正收获什么？"这些问题，如若没有实现"认识的转向"，恐怕后续的"情意行"也就缺乏了动力和方向。其三，对于高水平课堂中的"三重对话"（人与知识、人与他者、人与自己）应当怎么理解？其实"三重对话"并非是我独创，而是曾经看到朱永新教授提出的"新教育理想课堂三境界"，他认为理想课堂的最高境界是实现知识、社会生活和生命之间的深刻共鸣，给我的思考提供了认知基础。我们谈的高水平课堂应该是怎样的？为打破"知识中心"的窠臼，我们的高水平课堂决然不是人与知识的单一维度的对话，也要加入人与他者（诸如老师和同学）的对话，由此实现课堂教学过程当中的有效互动。而伴随着与知识和他者对话的课堂体验，我们必然也要加入与自己的对话，不断进行反思性的思考。由此，高水平的课堂也就具备了与"知识""他者"和"自己"的"三重对话"特质。当然，对此的解读更多是"拿来主义"式的，其中的"理解"或许大多是"误解"，由此存在偏颇也是难免之事了。其四，我对"视域融合"的理解是否被颠覆了？上一篇日志当中，我提出："一般来看，无论是课堂还是网络教学平台，愈是发言靠前者，虽然更少受到别人观点的影响从而更易阐发独立见解，但从另一方面来看，由于没有充分吸纳和融合

---

① 王阳明.传习录[M].湖南：岳麓书社，2016：118.

大家的诸多'视域'，其观点愈是容易陷入片面；而愈是发言靠后者，其发言虽有可能受到前人发言的抑制作用，但若充分理解和吸收大家的观点，则更可能成为'视域'的集大成者，达致所谓'视域融合'之境界。"大概是"时运不济"和"命运多舛"，刚刚提出此观点，便出现了后来人的"日志同质化"现象，不仅没有印证我所提的"视域融合"，反而落于"视域趋同"的窠臼，因而视域交流过程当中的"1＋1＝2"也就变成了"1＋1≤1"。何以出现这种状况？思来想去，大概是我忽视了"视域融合"中的一个重要条件——独立的判断标准，反思笔记的撰写亦是如此，在与别人的文本进行对话时，如若没有独立的判断标准，则很难实现对其的超越和提升，很容易走上趋同化的路径，由此也就丧失了具有个人特性的"质感"。就此而言，我对"视域融合"的理解，并不是被颠覆，而只是我们缺乏了核心要件——独立判断能力，通过研究方法课的训练能否弥补此之不足，尚不得知。但目前王老师所提出的大家一次创作各自进行、二次创作相互交流的建议，无疑是针对当前"日志同质化"困局的破解良策了。

行笔至此，发现字数已达二千五百，不禁汗颜，觉察到自己似乎有些"顾左右而言他"之感，由是赶忙进入正题。本次课大致可以分为两部分：一是对"高水平课堂的五点理论假设"进行内涵解读和辨析；二是对"高水平课堂所要求的教师状态、学生状态、媒介状态、课程设计状态和课程评价状态"进行厘定。第一部分的内涵解读和辨析环节可谓是充满了思辨意味，我的神思似乎又回到了王老师上个学年开设的"教育研究方法论导论"和"现代大学制度"课堂，老实讲，我其实早已不习惯传统"满堂灌式"的课堂，遇到那种课堂或神游物外，或钻研他事，总是难以将精力投入到课堂当中。上学年的两门课亦是充满思辨意味，大家与王老师一起围着圆桌就某一问题进行深入研讨，王老师丝毫不会藏蔽自己的观点，课堂就在这样一轮轮思想的碰撞和观点的激荡下高潮迭起，让人真正品尝到学术的味道。本学期课程与上学期两门课程虽然都是研讨式的，但由于王老师角色的变换（从讨论主导者和深度参与者变成讨论引导者和倾听记录者），课堂讨论的主体也由师生共话向学生主导转向。不得不说，失却老师深度参与的讨论可能在广度上有余，但在深度和高度上却存在较大差距，由是一些时候大家或陷入缄默，或偏离议题，或论说浅薄，课堂讨论有时并不能让我真正有"沉浸感"和"享受感"。本次课堂第一部分与前几次课风格迥异，由于上次课提出的"高水平课堂的五点理论假设"主要是王老师总结而来，缺乏共同的生成过程，故而大家对其存在不少困惑和疑惑。由于观点主要是王老师提出，因而王老师在与大家的讨论中也显得兴致盎然，讨论过程十分激烈，以王老师所言真可谓是"诸葛孔明舌战东吴群儒"了，我也再次找寻到了上学年上王老师课的感觉，不过说起来这可能是一种路径依赖以及对新的课程教学方法的误解和偏见，因而，我还需要不断提高"适应性"，加强"参与感"，再次获得"沉浸感"和"享受感"。

课堂讨论从"高水平课堂是否应该以学生中心为理念"切入。课堂坚持怎样的理念，从根本上来说也就决定了课堂要秉承怎样的价值导向，对课堂教学工程的开展具有导向性、前瞻性和规范性的作用。从这个角度来说，理念在课堂教学当中具有提纲挈领的作用，与后面所提出的"以学生最大发展为目标""以问题探究为基本过程""以学生有效参与为标准""以学生学术兴趣形成为结果"无疑形成了一套系统，达到了理念、目标、过程、标准和结果的有机统一。大家就"高水平的课堂"是否应该坚持"以学生为中心"的理念进行了讨论，王老师谈及课堂教学所秉持的理念主要分为"以知识为中心""以教师为中心"和"以学生为中心"三种,指出"以学生为中心"的理念是大众化时代下的必然产物。在此过程当中,我对"以知识为中心"和"以教师为中心"的区别产生了困惑,之前一直觉得"以知识为中心"不就等于"灌输式教学",而"灌输式教学"不就是"以教师为中心"的典型体现吗?老师针对我的困惑,指出在"以知识为中心"的理念下,教师主要应该服务于知识的传授,而在"以教师为中心"的理念下,知识的选择则要服务于教师的需要,这个"谁为谁服务"的解读有效回答了我的困惑,也击破了我之前有关教育教学中"教师中心"与"学生中心"二元对垒的旧有观念,可谓是今天课堂的一大收获。此外,鹏娟师妹还提出高水平课堂怎样考虑"学生中心"和"社会中心"的关系,这一提法似乎跳出了我们课堂上讨论的"知识中心""教师中心"和"学生中心"三中心的范畴,进入了"社会本位论"和"个人本位论"的讨论范畴。当时我猜测鹏娟师妹提出这一观点时可能吸纳了杜威的观点,即强调"教育要改造社会",但她在举例时举了 1952 年我国院系调整这种即使放在当时也很难评述优劣的政策,让我感觉不太恰当。如果鹏娟师妹的观点来自杜威的话,其实就杜威而言,他本人也是致力于实现"个人本位"和"社会本位"的耦合的,即个人只有积极适应社会、改造社会才成其为个人。社会只有在积极适应个人、满足个人需求的时候才能成其为社会。由此可见,"以学生为中心"和"以社会为中心"本身应该不存在龃龉。理念既定,接下来的目标、过程、标准和结果的讨论便顺遂多了,虽然在此过程当中也有同学不断提出"全面发展与最大发展""个性发展与全面发展""有效参与的内涵为何""学生学术兴趣与最大发展的关系"等问题,但基本上都得到了充分的澄清。在此过程当中,王老师多次提醒同学们的思考是陷于静止的、片面的、平面的,那应如何达到动态的、立体的、有机的思考?我想,还是要学习王老师那种"不把基本概念搞清楚就感觉不好受"的精神,把学问做到精细处。可以想见,这个过程并不轻松。

随后,我们依据五大理论假设,在王老师的主导下,对教师要求、学生要求、媒介要求、课程设计和教学评价进行了厘定,在此过程当中大家有所质疑、有所疑惑,但也都得以释然。在此过程中,我对老师在"教师要求"板块提出的"教师应该充满激情"进行了一番现实对照性思考,在我听过的课中,王洪才老师、邬大光老师[①]还有别敦荣老师的课堂都可称作"高水平课堂",就我理解的"激情"二字而言,王老师和邬老师在课堂上真可谓是"神采飞扬""声情并茂",其激情好似"熊熊的火焰"把学生点亮、点燃。但我想了想,别老师上课的风格是那种娓娓道来、不急不缓的,好像并未显性地表现出我所认为的"激情",于是我问了问旁边的同学,问她/他是否认为别老师上课"有激情",同学给了否定的答案。但没有这种"激情"是否能够说明别老师的课堂不是高水平课堂?恐怕不能。那是否可以把"教师应该充满激情"从教师要求里删去?恐怕也不能。何也?因为如果我把"教学激情"片面地理解为显性上的肢体动作和语调声调,恐怕已然将这个概念给窄化了。真正有教学激情的老师应该是像苏霍姆林斯基说的那样,"真正的教育者不仅传授真理,而且向自己的学生传授对待真理的态度,激发他们对于善良事物受到鼓舞和钦佩的情感,对于邪恶事物的不可容忍的态度"。而老师秉承追求真理和辨别美丑理念,在教学当中展现出的积极情绪状态,都可以称作"教学激

---

① 邬大光(1957—   ),男,辽宁锦州人,厦门大学高等教育质量建设协同创新中心主任,教育研究院教授,博士生导师。

情"。因而无论是王老师和邬老师的"火"还是别老师的"冰",都可以是"教学激情"的表现方式。在此,也对自己在这堂课中的表现提出自我批评,在老师提出某一概念(如教学媒介)时,不认真听老师的讲解却去进行网络搜索,实在是对不起王老师的"教学激情"。

课堂行至 10:00 落下帷幕,针对整堂课我再次做了现实对照性的反思,无论是理念、目标、标准、过程和结果的五大理论假设,还是教师要求、学生要求、媒介要求、课程设计要求和课程评价的系列标准,都与我们的"高等教育研究方法"课程相互印照。究竟是"假设和标准注解我们的课堂"还是"我们的课堂注解假设和标准"? 我想还是后者多一点,我们提出的假设和标准经过了层层审视和辩驳,应当是经得起批判和验证的。但从根本上来说,能够有效实施与执行方能真正检验这些假设和标准的科学性和适切性。故而,接下来的文献综述和量表设计,我们还有很多工作要做。

**王师批注:**

祥辉这篇日志又恢复到了自己,这种本色表现才是高质量的。

祥辉对王阳明的思想进行了阐发,对我们今天是有借鉴意义的。

祥辉对课堂讨论的各个问题进行了自己的阐发,说明具有自己的独立见解。

祥辉对教学激情的分析能联系实际,说明是在运用知识,而非简单搬用或套用知识。

祥辉反思了自己课堂上对"网络"的依赖情况,态度是诚恳的。对"视域融合"辩解是有效的,可以接受的。

## 拾贰 关于角色、概念与要点的三个困惑

**2017** 级硕士生 袁东恒

### 一、课堂局内人中的局外人

上课伊始,老师就问大家课前的时间在做什么,课下做了什么,对上节课的问题有没有异议,是否消灭了上节课留的"尾巴",并用"Who can tell me?"进行英式发问。遗憾的是,老师幽默风趣的测问没有得到大家主动的回应,短暂的安静后,亚克师姐率先打破"僵局",谈了自己的想法。紧接着,祥辉说自己对上节课留下的"尾巴"进行了思考,但没有像老师那样高度概括出来,并觉得老师在微信群里分享的"老师听评课的四个维度、20 个视角、68 个观察点"很不错,可以借用参考。老师回应说不能完全照搬,要看其是否适用我们的研究问题。回应完毕,老师突然扭头朝向我,问我作为课堂旁观者的思考。我回答老师说我对上节课留下的"尾巴"进行了要点梳理,不过与同学们之前谈到的基本类似。坦率地讲,我没想到老师会突然问我,更没有想到老师会从课堂旁观者的角度问我的思考和认识。这个时候我才发觉,我在课堂中并没有从一个旁观者的角度观察课堂,而是不自觉地作为一个听众一直在听课,不是在想"我要观察什么""老师和同学们都在做什么""课堂是如何进行的"等问题,而是在思考"如何认识这个问题""我要怎么回答这个问题""老师和同学们说得对不对"等问题。

说是在思考这些问题，但事实上，我又不是一个好的参与者，因为我课上较少回答问题或参与讨论，几乎不主动发问，反思日志也尽量晚提交以免因太积极而让其他同学感到"压力"。我觉得，我在这门课程中的角色应该是"课堂局内人中的局外人"，既在课堂之中，又不在课堂之中，换句话说，身体和心思在课堂之中，身份不在课堂之中。究竟该是"入乎局内"，还是"出乎局外"呢？根据老师之前的建议和自我思考，我觉得我应该朝着参与型观察者的方向努力。

## 二、纠偏概念认识

师生"暖场"交流之后，老师问大家是否理解了上节课所归纳的五条高水平课堂基本理论假设。经过片刻的安静，有同学提出了自己的疑惑。随后，老师就五条高水平课堂基本理论假设逐一问同学们是否认同，有什么疑问，在这个过程中老师又进行了深入分析，加深了同学们的认识和理解。也是在这一过程中，同学们出现了对一些基本概念的理解偏差，这些概念包括"学生需要与社会需要的关系""知识中心与教师中心的含义及其区别""全面发展、部分发展、最大发展的相互关系""有效参与的内涵解释""参与与互动的关系"等。因为概念理解存在偏差，导致师生时不时出现无法正常对话的现象，老师不得不对概念进行解释，在此基础上再进行对话交流，因此这部分讨论占用了课堂大部分时间。虽然我们都从中有所收获，但这收获并不是由我们自发探究生成的，所以还是大大降低了质量。就我而言，对于这些概念，我大部分是认识不深或有偏差的，基本上都是处于一知半解的状态，可以说"知识的窗户纸一捅就破"。究其原因，一方面可能与人们对分析教育哲学的批判类似，对概念的"清思"很多时候会陷入无休止的咬文嚼字或钻牛角尖之中，最终还是找不到问题的答案；另一方面可能是没有兴趣，或者这些内容不吸引我，所以我也就没有探究下去的冲动和欲望，这其实就是老师所说的我们过于追求实用性，而较少学习理性思维等纯理论知识。

## 三、对要点提出依据的疑惑

讨论分析完上节课的五条基本理论假设后，老师开始引导我们提出高水平课堂对教师的要求、学生的要求、教学媒介的要求、课程设计的要求和教学评价的要求。老师提的各部分要求都言之有据，精准独到。不过，在第二个"对学生的要求"说完三个要点之后，老师说：是不是还有第4个？全面吗？还有没有遗漏的？这个时候，我就疑惑老师提出的每一要求下面的各点都是怎么提出来的，难道是想一个是一个？到底遵循的是什么维度？提出的各个要点相互之间有什么关系，如何实现彼此互不包含又都涉及？提出这五个方面的要求之后，老师最后让大家找20篇文献形成文献综述，交代了文献综述的报告内容，并再次英文发问"That's ok?"，本次课在阵阵鼓掌声中行至尾声。

**王师批注：**

这次东恒在转换身份，当然这首先是基于一种自我反思。

身份转变很有趣。突然就可以感到不必像其他同学那样对具体内容关注那么多，从而可以更多地从形式方面进行思考，这样就是一个研究者了，是对课堂教学的研究者。

　　显然,这种身份是不固定的,因为身份实际上是处于不断的"切换"中,因为自己很难与其他同学进行区分,真的有点"局内人之中的局外人",这种双重身份很有趣,这是一种独特的身份体验。

　　杨冬同学也类似于这个角色,不过他现在似乎要退场,因为他的一篇日志已经落下了,可能是因为时间分配不过来,可能是他有意退出,不过他应该感受到我们的课堂是独特的,无可复制的,而且可能是空前绝后的。因为这次课程之后我可能就真的不再专门开设高等教育研究方法课程。之所以现在再开设,是为了了却我的一桩心愿,即问一问:在中国研究生教学中,采取彻底的研讨式教学、生成性课堂是完全不可能的吗?

# 量表篇

# 第七章 谈"量表设计"

## ——"高等教育研究方法"第七课

## 壹 如何设计量表

授课教师 王洪才

### 一、学术报告体验反馈

今天开始正式上课前,按照原先计划是讨论一下最近几次学术报告的感受体会(学术资源密集的一个重要表现就是学术报告比较多,从而各种学术观点可以汇集在一起,方便大家了解来自各方面的学术信息),特别是关于研究方法的体会(因为各个学术报告都必然涉及各自观点的来源,也即所采用研究的方法,这能够大大增加我们对研究方法的体会,体验一下他人是如何运用研究方法的)。我简单地讲解了一下感受不同学术风格的意义,谈到了它对扩展我们的视野和深化我们对研究方法理解的作用,也谈到了对于知识必须要不断地进行消化与吸收,不然就可能使大脑变成了一个垃圾储存舱。之后就是让大家发表一下对几次报告的感受。我看大家没有主动第一个说的(可能再等半分钟就有人要说,但我没有等),所以就首先点的是鹏娟同学,因为她历来头脑活跃,不会卡壳。第一个发言之后,大家就陆续谈了起来,下面是我在课堂上做的一些简要记录。

1. 关于研究方法的收获与反馈

(1)生命史研究方法(文本分析方法)、新史学方法(微观史)、叙事研究方法、质性研究方法。(这些方法同学们理解多少?我没有追问,因为后面的话题都变了,这个疑问也被冲淡了。但这里把研究内容作为研究方法的表述,显然是不规范的。在日常语言中这么表达没有多大问题,但在作为方法课上这么表达就成问题,我们这里要求规范使用用语。)

(2)实证研究。(同学们对实证研究开始有了一些直观的认识,不过理解得不深刻,当然也不准确。)

(3)问题决定方法。质性是深刻的,量化是表面的。

2. 关于论文写作的感悟与反馈

(1)研究从宏观转向微观;研究是由兴趣主导的。

(2)敏感性。(不少同学都提到了这一点,也即做学术是需要很强敏感性的。)

(3)问题意识(现象—问题),文献研究就是对话过程;价值研究与实践研究统一。(这个感悟比较深刻。)

（4）开头与结尾。（这属于技术部分。同学们带有实用主义态度是可以理解的。正是这种实用主义态度才显示出同学们的真实，因为同学们一进来就开始发愁如何写论文了，所以如何开头与结尾对他们具有直接的借鉴意义。）

（5）文献奴隶。（这是同学们普遍感受到的问题，如何使自己摆脱被文献奴隶的状态确实是亟待突破的难题。）

（7）题目要吸引眼球。（这是一种技巧性方法。）

（8）引用。（这是一个技术性问题，在引用中是直接引用好，还是间接引用好，对此我的理解是，如果不是非常经典的语句或观点，间接引用比较好，反之则直接引用好。）

3. 关于"教育"的感悟

（1）关于教师激情。（这一点对同学们的印象非常深刻，许多同学都谈到了这一点，看来激情对于创造性劳动的价值是无法忽略的。）

（2）教育是生活的一切方面。教育活动是一个发现自我、认识自我、发展自我、实现自我的过程。

（3）教育即生活。教育学是个大框。反思日志是历史的缩影。要有自己的兴趣点。

## 二、为何没有达到预期目的

在同学们谈完自己的感受之后，我发现并没有达到我预期的目的，所以我也就如实地讲了，说因为这些都是一般性的感受，与研究方法干系不大。不过，通过这些讲述，也发现几次学术报告对大家的冲击还是蛮大的，大家的认识上有了一定的进步。我点醒大家，不要只看这些专家们的闲逸好奇，殊不知这都是多少年打拼的结果，所以不要试图一起步就模仿人家的闲逸好奇，要知道广闻博识、审慎批判、严谨表达这些基本功在其中的作用。同学们都已经认识到了兴趣的重要性（有几个同学发言都提到了兴趣的作用），所以我就没有多说这一点。实际上这与我们课堂的主旨——让同学们形成探究兴趣具有直接的联系，发现几乎没有同学联系到课堂所学，这是我颇感意外的。看来他们仍然是一种碎片化学习状态，相互学习之间是缺乏连接的。

鉴于此，我就不在此处深究，还必须继续课堂教学（这个发言占用了一个半小时的时间，原来计划小组讨论一下，于是就将其取消了。我没有想到大家的感受如此分散。事后想想也很自然，既然让大家谈感受，没有做一定的引导，自然就会比较分散。但又想想，如果引导的话，大家可能就不知道如何谈起了）。于是我决定先休息十分钟，然后正式讨论今天的正题：如何编制量表。

## 三、量表编制过程

课堂刚开始时一些同学对量表和问卷的关系不太明白。我解释说，量表其实就是一种问卷，只不过它更规范，客观性更强，较少对话性质，主要是一种施测的目的。问卷则是量表的雏形，所以，编制问卷是训练量表编制的基础（从大家印象中可以看出，量表是一个高大上的东西，很难接近。而问卷似乎随意多了。殊不知两者内在是相通的，仅仅是一个更严格，更少人情味，另一个针对性强一点，更具有人情味罢了）。

针对高质量的课堂教学命题,我们上次课已经确立了系列的命题。问卷设计就是将这些命题进行细化,细化到可以施测的程度。所谓施测,就是让答题人觉得容易理解,不产生歧义。我示范地将"以学生为中心""以学生最大发展为目标""以问题探究为过程"进行了命题分解,当提出第四个命题"以学生有效参与为标准"时我让大家进行思考,发现大家的思考仅仅是重复上次课所讲的内容,没有还原到问题本身,看来他们的思维仍然是浅层的、不灵活的状态,于是提出把"态度""深度""延展度"三点作为评判学生参与有效性的衡量维度来测量,这样就使知识以一种立体性呈现,我估计许多同学对此仍然是不明就里状态。不过,这是一个累积过程,不可能速成。

在此当儿,我还回应了东恒同学在上次日志中提出的问题:我列出的各个命题究竟是如何生成的。我告诉大家,这就是遵循一个基本的思维逻辑,由浅入深、由外及里、层层深入、不断递进,直达核心的思维过程。这与上次的反向思维训练不同,而是层次思维训练。我发现同学们平时很少进行立体思考,思维多半是没有层次的,基本上都是简单的列举式的,从根源上讲,这是基本理论很不扎实的表现,因为他们对各个基本概念之间的关系不太清楚,因此也是分不出层次的,所以后来的尝试也不太成功。

其间亚克同学提出"问题探究过程"三个子命题的顺序能否改变,我肯定地说不可以,必须先有"问题呈现",其次才有"研讨过程",最后是"问题解决"结果。我估计,亚克同学仍然没有明白,不过说明她在思考了。

在汇报感受阶段,亚克同学提出了自己开始"以兴趣为导向"进行听讲座,发现收获增加了许多。这实际上是有目的有选择的结果,相信大家都有此感受。

接着我就"以兴趣形成为结果"命题再次邀请大家参与分解,同学们仍然难以进入状态,基本上属于跟不上节奏,最后还是我来呈现。我提出了"好奇心激发""问题意识形成""求证动机形成"三者来代表学术兴趣形成。

这样就形成了十五个问题(包括试探性问题是十六个)。有同学说数量是否少了点。我觉得这不是根本问题,关键还是看问题是否合适、恰当。我从问题设计一开始就讲解设计的奥秘是让对方觉得你在跟他谈心,而不是你在拷问他,从而他就不会戒备你,但你也必须要问到你想问的问题,对方并不真正清楚你问的问题隐含的意义。我指出,这就是心理学的具体应用,是沟通心理学的技巧所在。

在主问题问完之后,还有一些条件性问题(因为时间关系问题我没有展开讲解)。我指出,这些条件性命题相对比较简单,有的可以直接转化为问题,不需要再进一步分解,因为自身意思是比较清晰的,只是在表达方式上要注意技巧就好,我举了"教师有充足的时间投入"这个例子,不同问法所得到的结果是不完全一样的。所以,我希望同学们试着把这剩下的十几个条件性命题转化成问题,以制定一套完备的量表。

## 四、问卷设计要点

在设计问卷的过程中,我讲解了各个问题之间存在着严密的逻辑联系,不能出现相互冲突的状况,特别是不能让答卷人产生投机心理的状况,必须让他们感受到一种探索迷宫一样的乐趣,从而乐于答题,乐于配合,这就是问卷设计的高妙之处。

可以说,问卷设计是量化研究中最为关键的一环,它是对一个人理论基础知识是否扎实、逻辑思维是否发达、社会经验是否丰富、个体心智是否成熟的一次系统性检阅,所以,不善于思辨,不善于逻辑推理,社会经验贫乏,个体心智不成熟,都不适宜做问卷或量表制定。问卷设计是理论研究的重要工具就在于此,因为它的设计非常严密,是经过层层推理出来的,所以最终的命题才可以被验证或被证伪,从而能够得出一个比较确定性的结论。

而且我也认为,如果逻辑思维不发达的话,不仅量化研究做不好,即使是质性研究也做不好。事实上,质性研究对研究者本身素质依赖程度更高,而量化研究主要依赖于研究工具即量表本身的科学化程度以及统计技巧和解释能力,相对而言,它的程式化程度更高。

# 贰　不唯上不唯实,于细微处见实力

**2018** 级硕士生　郑雅倩

11 月 19 日,18:30 左右,我、肖阳师姐和廖霞师姐前往 311 室,到达时教室内已有几名同学,后有同学陆续进教室,18:50 左右同学们全部到齐,课堂于 18:59 正式开始。

这节课的内容分为两个环节,第一个环节是针对上周五、上周日以及周一的讲座谈谈自己的想法和思考;第二个环节是延续上节课的内容,为高质量研究生课堂制定量表。

## 一、从学术讲座中获得的成长

第一环节老师用了十分钟的时间说明:(1)研究方法不是纸上谈兵,需要在运用中理解。(2)信息时代中要学会清理,包括清理信息、清理情绪。而要做到清理,就应该及时反思。(3)讲座报告能够透露出很多信息,报告人的研究方向、研究旨趣,参与者的不同感受能够反映出其价值偏好,甚至可以看出其未来研究方向的选择。(4)人文社科中价值的选择性和适配性是非常强的。社科知识是人在自己的经历下产生的,都有一定的片面性,但也正是因为这种"片面性"而能够使其有"深刻性"。深入研究需要保持主体性,要保证自己有独立判断。老师的话言简意赅,蕴含深刻,对我而言有着特别深的感触:(1)表达要精准。表达出来的话语要经过头脑一次又一次的筛选和提炼,表达时有逻辑,别人才能较好地理解,互相之间才能有产生对话的可能。(2)讲座报告要及时梳理。之前听讲座基本上停留在"听"的阶段,缺乏反思及总结;同时,也存在"专家即优"的想法,对专家报告不假思索地一味接受,导致经常思绪混乱,没有自己的独立判断。这一点通过老师不断的强调后,感觉有所进步,能够在漫天的讲座中进行筛选,对任何专家观点保持怀疑态度,能够在梳理专家报告讲座的时候去与专家对话、对文献对话,不断地进行求证。

之后,老师让同学们谈谈自己的看法,出现了一小片刻的沉默。老师可能想打破沉默,首先点名让鹏娟同学发表看法。鹏娟同学主要谈了严文蕃①老师美国式的讲座风格,田正平②老

---

① 严文蕃,美国麻省大学波士顿分校国际比较教育研究院院长,终身教授,博士生导师,于 2018 年 11 月 16 日至厦门大学教育研究院作主题为《SSCI 研究论文撰写与发表攻略》学术报告。

② 田正平,浙江大学文科资深教授,中外教育现代化研究所所长,于 2018 年 11 月 18 日至厦门大学作题为《鸦片战争前后一位乡村塾师的生活世界——〈管庭芬日记〉阅读札记》学术报告。

师以小见大的精彩讲座内容，丁钢①老师学识渊博，讲座内容深奥，可以看出三位老师的讲座与鹏娟同学的碰撞点是不一样的，也说明了不同的情况下同学们的思考点是不一样的。紧接着亚克师姐、肖阳师姐等同学陆续主动发言。从这里也可以看出，其实同学们不是没有自己的思考，而是存在"不敢表达""不想表达"的现象。在这里，我试着对同学们的发言做一个梳理：（1）关于讲座主讲人：主讲人风格各异，但从学生角度而言，主讲人报告时激情的状态能够吸引学生的注意力；（2）关于讲座内容：三场讲座分别报告了 SSCI 论文的撰写及发表攻略、以《管庭芬日记》为文本进行的解读以及分享了教育文化研究的旨趣。同学们从报告中学到：论文写作的方法和技巧；选题的敏感性、时效性；文献的寻找及使用方法；生活中要有问题意识，教育存在于生活的每个方面。

可以看出同学们在这三场报告中都有一定的收获，但是同学们好像都只是提出了报告好的一面，或者说都是对报告内容进行的再现，是不是缺乏对报告进行批判审思？比如，严老师提出写作的"时效性"问题是不是也是一种功利性的表现？论文影响因子受时间的影响，发表时间越长，影响因子越小，所以严老师建议我们最好引用近五六年的论文，但是论文影响因子高就一定代表质量高吗（一些好的研究往往一开始只有少数专家看得懂，甚至有时候连少数专家也不知其所以然，所以影响因子并不能代表质量）？如何理解"现象是用概念来做的，最好的概念是理论"？又比如，田老师仅以管庭芬的日记为文本进行分析，对揭示当时的社会演变等是否显得资料过于单薄，缺乏佐证？丁钢老师的报告内容较为深奥，如果同学们没有一定的知识储备不能较好地与主讲者对话。我深切感受到，我们不仅在讲座后需要进行反思，在讲座前也需要对讲座内容有一定的了解，才有与主讲人碰撞的机会，才能有自己的独立判断能力和审慎的批判能力，不然就只能接受输入知识。

## 二、以量表细化命题

由于第一环节进行的时间较长，第二环节开始时已经是九点过后了。我们研究高质量研究生课堂，而这高质量课堂肯定是可以测量的，但是如何去测量及测量的维度应该是什么样的就需要制定科学合理的量表。在第二个环节中我们主要是在之前讨论并且认同的价值观下制定量表。由于时间的问题，在这一环节中王老师起到主导作用，但同学们也进行讨论和思考。

第一个标准：以学生中心为理念。在这个标准下王老师提出两个小问题来验证：（1）是否对"以学生为中心"反感？通过反向询问较为真实地得出被参访者对该理念的价值判断，因为我们是站在对方的立场上思考问题，如果没有的话，对方容易被问卷制定者的思维牵制住。（2）对"以学生为中心"进行概念的辨析。该问题考察了对"以学生为中心"理念的理解，若不能正确理解该理念，则也不能践行"以学生为中心"。在概念考察这一块，分为三个小问题："以学生为中心"是一切都听学生的吗？"以学生为中心"不需要老师的指导吗？"以学生为中心"是不是知识难度越低越好？老师提出这几个问题的时候，我想起自己以前制定问

---

① 丁钢，华东师范大学教育高等研究院，终身教授，博士生导师，于 2018 年 11 月 19 日至厦门大学教育研究院作题为《教育文化研究的旨趣》学术报告。

卷,几乎是站在自己的立场上制定问题,且问题设置直接单一,没有多向度多维度询问以了解被调查者的真实情况,这样的问卷制定出来的效度信度着实不高。往后制定问卷时应该站在被调查者的角度上思考问题,反复修改问卷至科学合理。

第二个标准:以学生的最大发展为目标。在这个标准下,设定三个小问题:(1)以学生的个性自由发展为基础;(2)是不是尊重学生的表达权;(3)是不是让学生选择自己最喜好的课堂。第一个小问题调查主体性,只有尊重学生的主体性,学生才能有自由发展的空间。教育的主体是学生,而学生的个性是多样的,教育不能将学生划为统一的样子,而应该是尊重学生的个性,让学生能够发展自己。第二个小问题是调查表达权,第三个是调查选择权,这两个权利是建立在尊重主体性的前提下,只有尊重学生的主体性了,学生才可能有表达权及选择权。所以三个小问题又是一个总分的关系。

第三个标准:以问题探究为过程。在这个标准下,设置三个小问题:(1)课堂上是否经常以问题为中心进行呈现?(2)学生能够参与问题的探讨吗?(3)课堂最终是否能够解答问题?我对于第一个问题暂无疑惑,但感觉第二个问题与第二个标准中的"是不是尊重学生的表达权"似乎有点重复。尊重表达权也是鼓励学生参与课堂讨论,因为老师如果不尊重学生的表达权的话,课堂设计中也将缺少问题设计,学生参与讨论的机会也将大大减少。第三个小问题引起小讨论,有同学提出这个表达似乎有所不当,容易造成误解,老师指出这个问题需要再加工。课后细想,这个问题是否可以改成"课堂上提出的问题能否得到解答"?

第四个标准:以学生的有效参与为标准。在这个标准下,分解为三个小问题:(1)是否积极主动地发言(调查学生的上课态度)?(2)课堂上能否对焦点问题展开激烈探讨(存疑,何为激烈?主观感受不一样,如何判断激烈探讨?)?能否改成"课堂上是否对焦点问题有过较长时间且多次的讨论?"?时间一定程度上可以看出对该问题的持续关注,次数一定程度上可以看出对该问题的不断反复思考、探讨。(3)课堂讨论是否能够延续到课下?这个与上节课提出的"长时参与"一致。

第五个标准:以学术兴趣形成为结果。在这个标准下,分为三个小问题:(1)这门课是否激发大家的好奇心?(2)是否形成稳固的问题意识?(3)是否有很强的求证意识?三个小问题关联性强,逻辑性强,从问题激发、问题意识形成到求证意识的形成,层层递进。

这是第一次如此规范地参与问卷的设计,有几点体会:(1)问卷的设计从不是想当然,也不是仅仅从文献中得出,需要从多维度、多角度去设计问题;(2)问题的设计要有逻辑,要能够反映研究主题;(3)问卷设计需要从被调查者的角度出发设计问题,站在对方的角度上想问题,设计问题,避免因角度不同而产生理解偏差。


**王师批注:**

雅倩这个日志里保留了一些思考和质疑的痕迹,这也是认识不断深化的表现。

雅倩的日志风格不局限于课堂,视角比较广阔。

雅倩对讨论的各个主题都做了记录,有自己的关注点。

雅倩许多质疑很难有确定性答案,只能不断去探索。

# 叁 报告反思和量表中的对话逻辑

2018 级硕士生 王鹏娟

按照上节课的计划,11 月 19 日的课堂内容主要围绕讨论最近学院里的三场讲座展开。一上课王老师兴致勃勃地走进教室,开始精彩的"开场白"演说。演说主要强调三点内容:

(1)对于专家报告一定要及时进行消化。这让我联想到了我和很多朋友都在坚持以日课方式对一天的得失进行复盘的习惯。"消化"报告的过程是用自己的思维对报告内容进行二次加工的过程,也是真正思考、理解、反思、批判报告内容的过程,只有经过不断的类似这样的思想淬炼,我们才有可能生成自己的思维方式和逻辑体系,否则就真如王老师所言,"大脑变成一个垃圾场",装的尽是别人的观点,而不是自己对事实的看法和自己的态度。

(2)消化报告的过程是一个很讲究对话技巧的过程。王老师用古希腊的雄辩术为喻,说明对报告进行再反思是为了让知识能够真正在头脑和心灵中扎根。这强调的仍然是面对一种观点,我们要主动和观点持有者沟通、对话,才能理解对方的本意,并进而选择是否认可它,即在"雄辩"中反思,而后发现自己和对方思维的差异,在理解的基础上实现知识的选择性内化。

(3)在人文社科研究中价值往往是多样的,因为价值判断和选择是在人的特殊经历下产生的,经历的因人而异使得我们形成的价值判断都有一定的片面性,而这种片面性又难免作为一种"前见"被带入到研究本身。这种情况下就更加强调研究者要保持自身的主体性,不能人云亦云。其实这里王老师已经暗示了他希望在我们对报告的反思中听到一些自己的想法和对我们课堂正在探索的研究问题的关照,可惜当时并没有马上意会他的本意。

导入部分结束后,就进入大家对报告各抒己见的环节,又是一片鸦雀无声。我当时没有就报告做过多的思考,但看到大家都想往后"藏一藏",我是做了"抛砖引玉"的心理准备的,巧的是王老师这个时候就点到我的名字,我也一边想一边说地从三位报告人不同的讲演风格谈起:严文蕃老师的幽默风趣和与学生互动让我印象深刻;田正平老师对日记的深入解剖让我眼前一亮;丁钢老师的教育文化研究让我听得云里雾里的同时也打开了教育研究的又一面窗。随后大家陆陆续续地开始发言了,主要从讲座内容和个人感受两个方面进行表达,简单整理后对我而言最重要的几点如下:

查阅文献一定要适可而止,及时叫停。因为数据库里的资料卷帙浩繁,一个人穷其一生也无法将所有的文献装入脑中,如果不知道何时停下,研究即会反反复复地进行下去,现实地说,在国内这样的科研生态下,如果要开展一项长线研究,对于初入科研圈的新手并不是好事。但研究者也不能只为出成果而做研究。毕竟初心是探寻真理,即使过程中有很多难以改变的现实,也应该尽可能多一些过程中的乐趣。

通过研究兴趣来寻找自己的研究问题,深入的好奇是问题意识的第一步。有了研究兴趣说明一个人在一个研究领域中是有选择的,有自己的想法和思考;深入的好奇则强调发现了一个别人无法为自己提供解答的问题,而自己又在探索欲望的驱使下想继续前进一步,从"兴趣"到迈出研究的第一步之间需要经历一个循序渐进和水到渠成的阶段。仅有表面的好奇无法将研究问题从现象中抽取出来,因此要想将"好奇"转化为"研究问题"和"研究行动",需要当事人对该问题有持久的关注,在关注中不断深入和聚焦,使得目力所及从一个"关注面"逐渐聚焦至一个"关注点",这样研究问题就水到渠成自然浮现出来了。作为一个研究生,我最大的幸运是很早就确认了自己的研究方向:在高等教育领域中,厦大教育研究院培养了我的史学兴趣,我的一些闲情逸趣使我对中国文化的热爱逐渐冲破了长期以来我对西方思想的迷恋和崇拜而显露出来,因此我非常希望将来有机会可以做与高等教育、历史和文化相关的话题。

思辨是需要能力的,但思考是自由的。肖阳学姐说她感觉质性研究要比她之前一直在做的思辨研究更"近"一些,更"接地气儿"一些。我想表达的是思辨研究确实是需要能力的,如果缺乏对一个基本概念的内涵深刻的了解,那么思辨过程就是想当然的,是缺乏理论基础和概念共识的,因此这样的思辨是意义不大的,其逻辑伴随着论据的模糊而大打折扣。这一点我是认同的,但我还想补充的一点是尽管思辨是辛苦的、是高要求的,但是我们不能因为它是辛苦的而去逃避它,尤其是逃避思考。如果说思辨是一种能力的话,思考的"入门"要求显然没有那么高,因此作为一个能接触到的社会事实极其有限的研究新人,还是要多思考,多"想事",运用一些基本的思考问题的逻辑,在思考中逐渐形成和雕刻出自己的思维模样。除了思考是必要的之外,我还想表达的一点是思考的维度和空间是很广阔的,人只有通过思考才能打开和丰富自己的精神世界。当人们处于不确定性逐渐增强的时代,外界的观点、诱惑日益增多,各种被呈现的社会事实难辨真伪,作为一个社会人的竞争压力逐渐增大,一个丰富的、独立的精神世界就能构成对自己的保护,使得自己在不确定的、变动不居的时代保持一定的"定力"和内心的平和,不至于被时代裹挟着向前,最终沦为一个被工具化的社会牺牲品。因此某种程度上思考彰显人性的力量。如若能将思考升华为思辨,那就又是一番境界和体悟了。

文章的开头和结尾"暗藏玄机"。这里强调的是行文中开头要尽可能吸引读者的注意,文章以内在逻辑取胜的同时也并不拒绝这些细节上的"加分项";结尾处不仅要以极简短的语言对文章表达的核心思想、观点进行概括,并且在总结的基础上提炼和升华主题,在一定范围内延伸自己想表达的含义。但是无论如何这些形式上需要注意的东西都是要建立在"言之有物"的基础上的,对于一篇文章或一个观点而言,真正的灵魂是靠其内在逻辑性支撑起来的,比如我最近读到的王伟廉[①]老师关于"专业划分"的一篇文章,形式上中规中矩,也没有华丽的题目和开头,没有晦涩难懂的理论,但整篇文章通过几个层层递进的问题架构起来,使人在阅读的过程中很清晰也很享受。反而是我们这些研究新人会对形式上的"讨巧"更感兴趣。笔头上的真功夫和学问,一在逻辑,二才在表达上。

教学激情和研究激情:无论是我们课堂上确定的研究问题还是对三位主讲老师的印象,都关注到了"激情"一词。我们所说的"激情"究竟指的是什么呢?我觉得这里面蕴藏着几层含义:对事业纯粹的热爱;对研究义不容辞的责任;对领域深耕厚植多年后的自信;对学生殷

---

① 王伟廉(1952— ),湖北武汉人,教育学博士,教授、博士生导师,原汕头大学副校长,主要从事高等教育基本理论研究。

切的期待。因为对自己的事业有发自内心的热爱，因此才可能不管自己年纪几何都仍然老骥伏枥，志在千里，孜孜不倦而自得其乐；有了热爱，所有的辛苦都浑然不觉，旁观者可能觉得枯燥无味的生活在当事人看来却津津有味；但通常真正的热爱是建立在对事物本身有真实了解和涉猎的基础上，因此前期肯定会经历一些常人看来异常艰辛的求索之路，但守得云开见月明时，之前走过的路瞬间增加了分量和意义，即所有的努力都是有回报的。对研究义不容辞的责任感使得研究者在研究和表达过程中会更加严谨，会坚持做到"求真"而不妄言，这是研究本身对研究者的要求，也是研究者自己选择承担研究的责任之后必然的行为选择。激情来自自信，自信来自实力，实力来自努力，仍然是一条从用心做事到用心成事的路径；而教师的教学激情和研究者的研究激情中都蕴含着对学生后辈的期待。因为期待后辈可以有更多的人从事相关研究，因为期待后辈可以在相关领域上做得更好，因为期待在学术和研究的发展脉络上留下传承的影子，因此总有一些教师和研究者在自己的课堂、报告中力求吸引后辈的兴趣，尽可能让学生进入到学问场域，以期后续可以发展学术场域。

研究者独立的第三方立场。这一点让我想到了学术传统中学术自由的"本性"。通常，国内的研究者往往把自己定位为有学术和政治立场的学术人，在学术观点表达时往往要受到高校行政化管理体制和学术体制的影响和制约，在高校内部的行政权力的风头也远远盖过了学术权力。这一点我们已经反思了很多年，也改革了很多年，但似乎成效并不显著。可见在特定的政治体制下，学术还需要考虑政治的需求和导向。在反思学术和政治间的关系时，不能武断地说学术"部分迎合"政治是错误的，如果进一步追问，学术为什么在一定情境下会有意迎合政治？为什么在一定情境下会放弃自己的部分自由？二者之间有哪些利益相关者？学术对政治的态度会使哪些人受益？如果学术绝对自由又可能会对谁造成利益的动摇和损失？学术自由是否意味着绝对自由？当我们在谈自由的时候，第一个需要讨论清楚的就是自由的限度究竟在哪里。

我的补充。在听了同学们争先恐后的发言后，我又被激发出更多的想法，所以在大家都说完了之后又做了四个层面的总结：讲座细节补充；从研究方法、兴趣、内容和贯穿于三个讲座中的"文化"对大家的观点进行了简要概括；不同老师之间的观点差异；总体上对三场讲座的理性认识。但是跟王老师的境界一比较，还是差得太多了。

王老师的总结。在王老师的总结中最打动我的是两个点：一个是他说的瞿葆奎[①]老师主持编写一部教育学丛书，做资料性的学科梳理、为他人言说的工作，虽然短期内不见功效但却很有意义。我是能深切地体会到的，因为我们本科时很多教材选用的都是这一套丛书中的书目，对于入门教育学的新人来说，这套丛书帮助我们从教育学的二级学科进入教育学，其编排系统、内容也较为朴实直白，非常方便入门，且其对于教育学的框架搭建的意义也是深远的。另一个点是王老师点拨的"文化苦旅"，即做扎实的研究一定经过了旁人无法感知的辛苦、付出和打拼，大牛看似谈笑风生，其实他们也是付出了比别人更多的努力才到达一个同领域的顶尖位置。王老师真是给我们泼了一盆凉水，但也提醒我们对学术一定要有清醒的认识，学术同生活一样，都是很残酷的，因此需要训练自己个性的判断力，而这种判断

---

① 瞿葆奎（1923—2012），男，江苏宜兴人，华东师范大学教授、博士生导师。

力是需要经过不断的积累才能磨炼出来的。"见多才能识广",如果我们空有一颗菩萨心,却没有能力,没有心理的耐受力和抗打击能力,那么我们是没有资格去谈普世情怀的。真正的强者,一定是经历磨难之后还没有倒下的那些人。

课堂第三部分的内容是设计量表。王老师的思路是从之前的五个命题出发进行问题设计。其中主要谈到了测验题的设计和对答题人心理活动的考量。在之前涉及问卷、量表时我和以往同学的习惯性做法是将国外的量表或者其他人设计的量表借鉴过来,因为一是省去了信度和效度的检验,二是确实很方便。其实本质原因是对自己的研究问题没有进行深入思考和理解。不同的问题下理论上应该有不同的问卷设计思路和设计内容。非常严肃地自编量表还是第一次,我主观感觉量表的设计非常紧密地围绕研究问题展开,但我有一种担心是如果我们纯主观性地设计自己的问题,没有一个好的量表的标准和概念,后续的信效度检验可能会出现问题。

**王师批注:**

鹏娟的日志进步也比较明显,集中表现在节奏明快、不拖沓上。

过去的日志总有一种把握不住重心的感觉,现在慢慢开始有了重心。

这次日志表达比课堂上的口头表达清晰很多,语气中带有一种坚定,这就是成长的表现。

书写方式上也有明显进步,如每段开头都有了一个标题,这也是抽象思维能力提升的表现。

对量表设计的信度效度担心是正常的,但要注意,这并非求得一个通用的量表,估计这种通用型的量表是不存在的。

## 肆 基于师生言语的课堂观察

*2017 级硕士生 袁东恒*

经过上次课老师的提问和课下自己的思考,本次课开始之前,我计划在本次课上多一些观察。但是,想是一回事,做起来并不容易。首先,摆在我面前需要解决的问题是"我要观察什么"。参考一些课堂观察的内容之后,我觉得"老师听评课的四个维度、20 个视角、68 个观察点"内容多且细,其中有的内容是课堂观察不到的(学生的课前准备、目标达成等),观察到的内容还不一定就是真的(没有抬头或和老师眼神交流不一定说明没有倾听老师讲课),因此不能完全套用过来。其次是"我要怎样观察",我是一直观察记录,还是每隔 10 分钟左右观察记录一次,抑或是重点观察记录课堂发生的重要事件?再次是"我应该坐在哪个位置观察",这个位置要既能够观察到老师,又能够观察到同学们。最后是"我是否能够做好观察和参与的平衡",在课堂参与中较好地完成课堂观察的目标。

实施过程中,基于课程内容、课堂时间和个人能力等方面的考虑,我主要对师生言语进行课堂观察,坐在了靠门口和老师对角的位置,观察方式是在一直记录的基础上对课堂上发生的重要事件进行突出标记,但由于考虑的不成熟,观察过程中还是出现了一些问题,变成了记流水账。因此，老师在提问我时，我除了说大家讨论"文献引用"时出现了课堂的一个小高潮之外，其他的观察心得就很少了。这里我之所以说出现了课堂的一个小高潮，是因为这个时候参与人数较多（有四五位同学参与讨论），持续时间较长（三分钟左右），后来肖阳师姐提出疑惑，对此我是认同的，确实课堂讨论的高潮还要看讨论的质量。从同学们听讲座后的感受分享中，可以看出，大多数同学都能够按照第一点收获是什么，第二点收获是什么的条理进行，这表明同学们逻辑清晰，听讲座得到了很多收获。但也有好几位同学忘记了"管庭芬"这一人名，表明同学们对其兴趣不大。

基于师生言语的课堂观察主题，我对观察记录的资料按照师生言语的时长分布、产生原因、人员分布、陈述对象等四个方面进行初步分析，本来还计划对陈述方式中陈述句、疑问句的使用频率及主要特征进行分析，但由于记录的信息不全，因此省去。我之所以按照时长分布、产生原因、人员分布、陈述对象这四个方面分析师生言语，主要是从师生言语的形式特征进行考虑，看师生言语都涉及哪些形式，科学性自然是远远不及弗兰德斯的互动分析系统。以下是对师生言语形式特征的四个方面的具体分析。

就师生言语的时长分布来说，19:00—19:10 是老师引出和阐明讨论话题环节。19:10—20:31 是同学们分享听讲座感受环节，这一环节老师除点名让学生发言、问还有没有同学发言等说了话之外，基本上就是在根据大家的发言做记录，主要还是同学们进行分享，分享时间最长的有 12 分钟，最短的接近 2 分钟。20:31—20:46 是老师总结和阐明观点环节。20:46—20:56 课间休息十分钟。20:56—21:00 是进一步讨论环节，老师先问了大家的感受，一位同学说了"人间不值得"，之后老师进行了四分钟的解释说明。21:00—22:00 是讨论确定量表和老师总结环节，老师和学生都有发言，不过老师发言较多。总的来看，这次 170 分钟的课堂中，老师发言时间为七十分钟左右，同学们发言时间有一百分钟左右（因为最后一个环节多是师生交叉性发言，故未详细统计，按老师发言 40 分钟，学生发言 20 分钟粗略计算），老师在课堂前中后都有发言，同学们的发言集中在课堂中间环节。

就师生言语的产生原因来说，19:00—19:10 老师发言环节是课堂开始后老师为了引出话题主动、自发生成的。19:10—20:31 同学们分享感受环节是老师要求后产生的。20:31—20:46 老师总结发言环节是顺承前一环节自然生成的。20:56—21:00 进一步讨论环节是在老师引导下产生的，主要是由于老师前一环节的总结与同学们的感受不同，老师为了帮助同学们更好地认识自己的总结才进一步解释说明。21:00—22:00 讨论确定量表和老师总结环节的老师发言是老师自发提出的，同学们的发言多是被老师引导后产生的。总的来看，老师发言多是老师自主生成的，同学们的发言多是被老师引导后生成的，由此可以发现老师对学生课堂言语和课堂进程具有重要作用。深入分析为什么老师发言多是自主生成，同学们的发言多是被引导后生成，我认为这既与老师和学生的不同身份有关，更与老师和学生在课前准备本次课的时间长短和思考多少密切相关。

就师生言语的人员分布来说，本次课上老师和所有同学都发言了。区别在于每个人发言的时间不等。

就师生言语的陈述对象来说，老师的发言主要是面向所有同学或回应某一同学，同学们的发言主要是面向老师，面向其他同学的较少。

不知道大家对以上分析有什么感觉,就我而言,我发现了自己的观察设计存在一些问题。分析过程中,我真切地感受到了形式分析的有限性,仅能从表面分析课堂,难以深入到课堂实质中去,分析出来的文字是苍白的,说服力并不强,也难以反映出课堂教学的真正质量,这是我之前没有想到的。从这个角度来说,形式分析的价值是不及内容分析的,内容分析不仅信息丰富,而且还能够真实地还原观察现场,增加分析资料的生动性。此外,因为课堂上不清楚接下来的走向,所以我对课堂细节的观察和把握不够敏锐,对课堂重点和细节关系的处理也显得捉襟见肘,因此没能在反思日志中进行充分展现。

**王师批注:**

东恒的日志非常有意义,因为关注到了一般人没有关注的方面。尽管这是一种形式性观察,但它具有很重要的参考意义。当然,如果形式观察与内容观察结合起来就更好了,不过,那是需要积累之后才能做到的,因此不要期望一步就达到那样的地步。

在观察之处,很难对观察点进行充分分布。说到底,还是没有形成观察技巧才出现时间分布上顾此失彼的现象。这也是观察必须经历的一个步骤。

尽管观察上还不全面,但已经有了观察的一些轮廓了,开始有了一些本土化的语言,这也说明有了一种参与性观察的性质。

# 伍　学习无止境,贵在多反思

**2018** 级硕士生　孙士茹

## 一、讲座体验

由于参加第十二届海峡两岸暨港澳教育史论坛的接待工作,因此我错过了严老师的报告。看了同学的笔记,严老师主要围绕如何在 SSCI 上发文章的问题与大家进行讨论;田正平老师则主要通过对管庭芬日记的分析管窥当时社会普通民众对科举的亲身体验,从具体而微的视角切入对社会追寻更为深刻全面的理解;丁钢老师探讨了教育与文化,与生活的结合。讲座深奥而视域广阔,可谓低调、大气有内涵。自己的学习感悟少,但情感冲击大。综合有如下感受:

1. 中外研究观念的差异

在我看来,国人的文章较之国外,更为注重规范严谨,但同时这也会使得我们循规蹈矩、研究视角局限、褊狭且有些功利化。田老师借助研究日记试图寻求那时平民百姓的生活状态与社会图景,不失为一种清新独特的研究视角;丁老师通过对几幅耕织图的深刻分析来尝试"还原"历史,运用新史学注重微观、关注个人、细节、具体、与生活结合的研究视角来进行教育与文化并融合生活进行研究。从中可以看出两位老师深厚的历史、文化功底与独特的研究视域。但如果是学生将类似的选题作为毕业论文研究,那么其能否得到老师们的认可还是个问题。我想正因如此,才使得我们许多研究者进行研究创新时产生太多顾虑而望而却步。两位老师的研究都是在"功成名就"基础上进行的,可谓更大胆,与中国的传统研究范式不同。我认为我们的研究取向应更为丰富多元、开放，鼓励各种新颖独特的研究。

2. 研究视野要开阔

潘先生对丁老师的评价极高。大意为本来认为丁老师会从中国文化视角来进行分享，但出乎意料的是丁老师贯通中外对研究进行阐释。说实话，丁老师讲座的很多用语我都是第一次听说，即便听完讲座自己也还是不懂。但我们又可以看出西方的文化研究影响了其研究视野的独特个性。当然这也是基于研究者本人深厚的文化素养基础上。丁老师从哲学到文学再到教育学的学科交叉融合发展研究启发我们要接触不同学科领域的东西，以跨学科的视角去看待教育现象与教育问题将会给我们不同的启示。因此，我们也要注重多方面知识的涉猎积累。

存在的问题：

（1）文献综述对研究意义大小、研究起步非常重要，做好研究综述才能更好地梳理、总结现有的研究现状，批判研究不足。然而做好文献综述肯定需要量的积累，但积累到什么"度"才能停止阅读？或者说，是否存在这样一个明确的节点可以开始我们的研究？这是我的一个存疑之处。（2）运用日记、图画、影像资料等具体、个人、生活化的史料进行研究对于挖掘新史料、获取新内容具有重要意义。正如先生所说，"史料易得，信史难求"。我们在使用的时候，如何确保史料的真实性、可信性是需要我们深入思考的问题。如此，便在一定程度上规定了此类研究主体必须是从事真实的史学研究者，有一定的历史功底和辨识能力。生活在可谓知识爆炸时代的我们年轻一代同样需要锻炼自己对信息的辨识判断能力。

## 二、科学量表的编制

自上节课商定好大致的问题维度后，这节课进入对每一具体维度的问卷设计步骤。对我而言，这是比之前都更为困难的一项，而且这步本身就对问卷制定者本人的专业功力、逻辑思维、文字功底要求极高，因此自己更是感觉"心有余而力不足"。之所以说问题设计困难，主要在于问题设计是基于对每个维度的具体"阐述"。针对调查对象理解能力水平的参差不齐，问题需要设置得通俗易懂，但又要能够从被调查者的回答中得到我们想要研究的内容，达到我们的研究目的。本科时候的量表设计步骤主要是：确定研究问题→分解研究问题（也就是将此问题分为几个维度）→问卷问题分析（主要分析领域内此主题的问卷内容）→对专家问卷内容进行筛选→修改问卷→试测。也就是以前进行的问卷设计主要是在借鉴他人量表的基础上进行修改完善的。一方面由于我们本身能力有限，借鉴的问卷质量良莠不齐，自身设计的问题前后逻辑不通，联系不紧密；另一方面，对他人问卷进行的所谓修改完善不科学，很多是"拼凑"而来，即使经过几番思考讨论，最终信效度也难以保证。而这次王老师则是引导大家，从专家角度来设计问题，且这些问题是我们自身围绕各主问题进行的"元设计"。虽然我的问题提出远远不能满足研究目的，但却在此过程中锻炼了自己不受他人先验性经验的影响独立思考的能力。由此，使自己的思维不断否定冲突，促进了对问题的理解。我想这可能也是王老师的初衷吧。

总之，本次课自己的观点见地不大，甚至可以说是没有见地。但是思维的训练却提升很大。也貌似有些明白科尔伯格的道德两难法了。期待后面类似的课程。

**王师批注：**

士茹同学在积极参与，尤其在后面分教师、学生两部分设计题目，这一点也是学习自主性的表现。

从对报告的评论看，似乎士茹在这几场报告中的收获不是太多，但不要着急，知识是一个慢慢积累的过程。

关于文献量的积累，正如我课堂上曾提出过"冗余度"问题，当你自己感到文献不能解决自己心中的问题时，文献是处于不够的状态。如果文献足以解答自己的疑惑，说明文献已经差不多了。

阅读文献的过程就是形成自己对研究状况的总体判断的过程，当你发现文献再无新意的时候，就说明文献研究已经非常充分了。

# 陆　清醒认识学术，科学制定量表

**2018** 级硕士生　　刘美丹

这周一晚上的高等教育研究方法课程主要围绕着近期三场讲座的聆听感受、研究量表的制定两部分展开的，对我而言，有以下三点大的收获。

## 一、知识需要内化

正式进入课堂之前，老师谈到了知识的梳理、内化与应用问题。我们身处在这样一个信息爆炸的时代，每天头脑中都要过滤掉成百上千甚至数以万计的信息，如果不对这些知识进行及时的梳理，清除掉那些无用信息，我们的头脑就容易变成一个垃圾库，新的知识进不来，旧的知识也出不去，长此以往无益于我们学习能力的提高。我觉得对知识的梳理过程，其实也是把知识内化的过程，即把知识变薄，使知识成为一个树状的网结构，既有横向联系的理解，也有纵向的迁移拓展。用奥苏贝尔的有意义学习理论进行解释，即有意义学习过程的实质就是使符号所代表的新知识与学习者认知结构中已有的适当概念建立起非人为的和实质性的联系[1]，在这一过程中，真正起作用的还是原有的适当观念，它对新知识起固定作用。因此，我们对知识的梳理、内化与应用一定不能脱离原有的认知基础，保持自我的主体性是很有必要的，特别人文学科的价值适配性非常强，不同的人会产生不同的价值偏好与选择，往往带有一定的偏颇和片面性，我们要从这种"片面性"中领悟到实质，使之为自己所用。

## 二、清醒认识学术

在课堂前半部分，同学们围绕着 16 日、18 日和 19 日的这三场学术讲座从报告人的演讲风格、互动方式、讲座内容、研究方法等方面谈了自己的看法。我对前两场讲座的印象较为深刻，因而着重讲了一下前两场讲座比较打动我的地方，其中严文蕃老师的讲座可谓是干货

---

① 陈园园.有意义学习理论的比较与启示[J].淮南职业技术学院学报，2017(1)：87-89.

满满,比如他谈到如何搜集、阅读文献并使之为自己所用;两种文献引用方法的区别和使用注意事项;文章开头与结尾撰写的几个关键要素以及怎样选择投稿单位和稿件修改的基本流程等内容。而田正平老师的讲座于质朴之中充分展现了史学研究的深厚功底,他以一清代乡村塾师管庭芬的生活日记为文本研究对象,从中窥见整个普通士人阶层在近代社会巨变下生活与精神世界所受到的冲击。

但可惜的是,我的感受也只是肤浅的,并没有在头脑中生成自己的新知识、新观点,也没有联系到我们当下正在经历的课堂和开展的研究上。如老师所说,我们课堂讨论出来的东西并未达到他预期的目的,其中一重要原因是大家未对学术形成比较清醒的认识,学术判断能力不强。讲座要听得进去,还要会听,听出味道,听出旨趣。这一点对于作为初学者的我们来说其实还是很难做到的。特别是面对这些学术大牛们的研究成果,我们往往会产生一种心向往之、强烈憧憬和崇拜的感情,跃跃欲试,恨不得也马上开展一项这样的研究,殊不知别人数十年如一日研究同个问题的"闲逸兴趣"背后是等身的著作和长时间的学术积淀与辛勤付出!借用冰心先生的一句话:"成功的花,人们只惊羡她现时的明艳。然而当初她的芽儿,浸透了奋斗的泪泉,洒遍了牺牲的血雨。"因此,我们要对学术有一个清醒的认识,不断训练自己的学术判断力,既要看到别人的成功和可取之处,形成强烈的探索动机,更要正视自身当前不足,踏踏实实地练好学术基本功,形成坚韧不拔、吃苦耐劳的学术品性,不断丰富自己的学术阅历、文化积淀和情感修养。

### 三、科学制定量表

课堂后半部分我们回到了所做的研究上来,主要是基于之前提出的五点理论假设,探讨如何编制出能较为准确地测量研究生课堂教学质量高低的量表。我觉得量表编制是非常重要也是非常考验研究者水平的一个环节,量表编制的质量直接决定了研究的科学性和结论的可信度。我本科时有参加"挑战杯"竞赛进行问卷编制的经历,从如何设计问卷所要考察的维度、具体问卷内容的编写、问卷的初测与信效度测量、问卷无效题目的筛选到形成最终正式发放的问卷,每一环节都耗费了大量的心血。总结编制量表需要特别注意的几个地方:

(1)必须明确研究的出发点是什么,即我们究竟想通过这一题目来测量什么,所有的题目必须紧密围绕我们研究的主题和理论假设,还要对调查对象可能不懂的专业概念进行相关的解释说明,尽量避免使用生疏的专业术语,令被试费解。

(2)表述应该准确明白,让调查对象能够轻松理解,不出现模棱两可、容易造成误解的表述,比如双重否定,或者句子中带有多重含义,比如"你和你的同学都认为……"像这种带有多重询问对象的表述必须避免。

(3)表述应该做到客观公正,不要带有问卷设计者自身的情感偏好和价值判断,否则无形之中容易给被试造成一种心理暗示或者诱导,很可能干扰被试的正常回答,比如"很多人都认为……"就极容易给调查对象一种肯定倾向。

(4)题目呈现的先后顺序也是非常有讲究的,必须按照理解的一般规律,由浅入深、先易后难,把调查对象最感兴趣、最容易回答的问题放在前面;把容易引起调查对象反感的敏感性问题放在最后面。此外同类性质的题目应该放在一起。

（5）为了防止调查对象随意乱填,影响研究的信效度,量表的设计应该尽可能不要让被试猜测到你的研究意图,还可以设计一些内容相同、但从正反两面表达的配对问题分别放置在量表的不同位置进行检验。

好的量表可以使我们的研究达到事半功倍的效果,上述几点只是量表编制过程中一些基本注意事项,并不全面,实际上量表的制定是一门值得细细琢磨的学问,需要付出大量的时间和心思。课堂上老师围绕着"以学生为中心的理念""以学生的最大发展为目标""以问题探究为过程""以学生的有效参与为标准"和"以学生学术兴趣的形成为结果"各提出了 3 至 4 个子命题,但这只是初步问题,后续还要从语言组织、内容设计上进行再加工。

**王师批注:**

> 美丹同学的三点收获突破了以往的模式,依然具有简约特征。
>
> 美丹对课堂概括能力比较强,懂得如何化繁就简。
>
> 美丹同学对量表的几点认识说明本科的基础没有丢,仍然可以拿来作为借鉴。
>
> 日志出现了一个注释,这是严谨性的表现,赞!

# 柒 绝知此事须躬行

**2018 级博士生 段肖阳**

11 月 19 日,我们进行了第七次课程。这次课主要分为两个大的部分。第一部分为同学们讨论讲座的收获和感悟,第二部分回归到了课程的正题部分。两部分虽然学习的内容看似不同,但作为对研究方法的探索,实质上又是一致的。

课堂第一部分:

老师首先在引言中讲道:"及时探讨,及时清理。在辩论、交流、反思的过程中,进行梳理,之后及时清理。如果只是储存,就成了垃圾场。我们应成为自己的主人。"我觉得这番话精准地概括了我近来的感受。我在和同学交流、讨论的过程中,将自己的感受表达出来,之后不断地和同学对话,不断地生成,最后形成自己的观点。另外,我每天写日志时,不断地针对每个事情或现象去反思,也许有时无法形成准确的观点,但在不断的描述过程中,最后会让自己的观点显现出来。有时我甚至只是简单地描述了当时的感触,但及时记录和捕捉也是提高自己敏锐性的一个方法。如果后期不断积聚、梳理、总结,应该能够生发出更深层次的东西。及时清理,也就是梳理、条理之后抽象提炼,之后再将无用的进行清除。我觉得随时记录和每天的反思日志也是帮助自己及时清理。

"人文社科,是个性的,是适配的,是在自己的经历下产生的。所以都有一定的偏见,但在片面深刻中领悟它的实质。"这句话虽然是老师在引言中讲的,但高度预见了同学们之后的发言,不过同学们并未做到最后一句。因为我的感受是,每个人都用心地学习了讲座,每个人也都基于自身出发记录下了让自己有感触的话语、名词等,而并未就这些信息及时地进行反思,也就是没有及时清理。这导致了课堂上每个同学只是陈列了大量信息,甚至可以说是大而全的信息,停留在了表面的直观的文本上,并未谈及深刻的领悟,所以大家不能在课堂讨论环节产生对话或共鸣。当然,老师在课堂上组织这一环节,旨在给予大家清理的机会,但是如果仅仅停留在课堂这一环节,能否达到这一目的呢?

讲座后我尝试梳理明白,但又讲不清自己的感悟,所以迟迟未动笔。我也未及时写下日志,因为我想让自己能够想得更清楚,所以去感受了一下徐岚老师的质性研究方法课,期望再碰撞出一些灵感。但对研究方法的学习,不是一时的,而应慢慢学习和感悟。这几天大量信息进入,我近距离看到了不同的研究方法在研究中是如何使用的,而这些方法以前只是从书本上看到。但讲座和会议上的分享,是直接呈现了使用方法后的结果,至于背后的生成逻辑等我们不得而知。当然,这些肯定需要大量理论的积淀,所以做研究还是得沉下去,而且是深深地沉下去。

大家的发言我并未记录什么,因为大家陈列的信息,我在讲座上也收到了。所以赘述大家都已知的,并不能激发太多的新的思考,也就是没有启发性。另外,我们简单重复讲座人的话语,脱离了上下文的情景,也不能完整地表达讲座人的思想,不见得有意义。但如果联系我们所学所思重新解读,审视讲座人的话语或思想,这个意义会更大。因为这也是我们自我建构的过程。在这个课堂上如果说最大的收获,那就是让我不断"反思自己—认识自己—建构自己—反思自己……"。当然,不止在这个课堂上,而是这种思维方式渗入了生活和学习的任何过程。在对同学们的观察中,我觉得很多同学都在不断建构自身和提升自身。课程进行近半,大家收获颇丰!虽然我们会反复,会不稳定,但坚持走会遇到更好的自己。

课堂第二部分:

老师带领大家回归课堂主题,共同探讨如何设计量表。在"以学生为中心""以学生的最大发展为目标""以问题探究为基本过程"这三个命题的分命题设计上,鉴于比较难与大家对话,老师直接作为主导。但老师也不是只给出答案,而是详细阐释了分命题提出的逻辑。在"以学生的有效参与为标准"和"以学生探究兴趣的形成为结果"的分命题设计时,老师先让大家发言,之后再引导设计。五个命题的具体分命题及生成逻辑见表1。

表1 分命题及设计逻辑

| 命题 | 分命题 | 分命题逻辑 |
|---|---|---|
| 以学生为中心 | 你对以学生为中心反感吗? | 教师 |
| | 以学生为中心就是一切都听学生的吗? | 学生个人 |
| | 以学生为中心是不需要老师的指导吗? | 知识 |
| | 以学生为中心是不是知识难度越低越好? | |
| 以学生的最大发展为目标 | 是不是尊重以学生的自由发展为基础? | |
| | 是不是尊重学生的表达权? | — |
| | 是不是可以让学生选择最喜好的课堂? | |
| 以问题探究为基本过程 | 课堂经常是以问题形式呈现的吗? | 主体性 |
| | 学生能参与问题的探讨吗? | 思想 |
| | 课堂能否将问题进行解答? | 目标 |

续表

| 命题 | 分命题 | 分命题逻辑 |
|---|---|---|
| 以学生的有效参与为标准 | 大家是不是积极发言？ | 态度<br>深度<br>时长 |
| | 是否形成讨论的高潮（是否针对焦点问题展开激烈探讨）？ | |
| | 讨论是否延续到课下？ | |
| 以学生探究兴趣的形成为结果 | 这门课是不是激发了大家的好奇心？ | — |
| | 这门课是否形成了自己的稳固的问题意识？ | |
| | 这门课是否让你有很强的求证意识（实践的动机）？ | |

　　老师劝勉同学们将命题转变为问题的时候,必须思考如何设计更加恰切的问题,如"你有充分的时间投入吗"和"你投入的时间够吗"这两种问法哪个更好。老师认为文字功底很重要,善于文字表达,较强的叙事能力,通过情景感染读者,用非常鲜活的文字俘虏读者。所以老师建议大家课下重新认真思考如何设置问题,设计能够真实有效测量的精准问题。

**王师批注：**

　　肖阳的文字表达能力日渐提高,可喜可贺!

　　肖阳的反思日志不再拖泥带水了,这是思维力上升的表现。

　　肖阳的反思开始具有深度了。

　　肖阳的课堂记录比较清晰流畅,值得表扬。

# 捌　讲座分享与量表设计

**2017** 级硕士生　熊文丽

　　王老师谈到在这个信息爆炸的时代,我们需要定时清理,要不然大脑就成了垃圾场。反思的必要性也就在于让我们的头脑清醒起来,不被外界所牵引、控制。每次课,王老师都会强调反思、独立思考的重要性,是不是我们越强调什么就说明我们越缺少什么呢? 至少于我而言是这样的,且随着课程的深入,我越来越发现自己的思维训练远远不够,思辨的能力特别欠缺,意识到这一点,我是有点儿难过的,以前没有揭露出的问题现在统统赤裸裸地摆在我的面前。尽管下课时已经 10 点了,我坐在座位上没有动,对旁边的同学说了句:"为什么我上完这次课心情有点沉重呢?"大概是越来越意识到自身的问题所在,不过"吾知吾无知"也不见得就是一件坏事,起码我知道自己的短板在哪及未来努力的方向在哪,"知耻而后勇"。

### 一、讲座分享——保持自我的主体性

这两周我们听了三场学术报告，本次课的前半段我们就这三场学术报告发表自己的看法。在大家谈感受前，王老师特别强调在人文社科领域，特别注重个性与价值选择性，因为社科知识都是人在特殊经历下产生的，都带有倾向性、偏颇性。因此我们在听这类讲座时，必须要保持自我的主体性。（后来同学们的发言确实也表明我们在听这几场讲座时确实没有很好地保持自我主体性，没有带着问题去听讲座，大部分是就讲座内容本身谈一般性感受）"看看今天能不能当个记录者，大家畅所欲言"，王老师说，并同时打开了 Word 文档准备记录同学们的感受。同学们依据讲座内容对这三场讲座分别发表了各自的看法，大家谈完之后，王老师觉得没有他想象中的感受深刻，认为我们没有听出"味道"来。下课后我想了想，认为我们没有听出"味道"的原因有三：一是听讲座前，我们没有足够的准备，对报告者的学术背景以及与报告主题相关的研究知之甚少；二是在听讲座时，泛泛而听，没有带着自己的问题去听；三是讲座结束后，没有对讲座内容进行反思，也就是说没有内化成自己的知识。我们所谈的还是比较浅层次的、表面上的东西或者说是再现讲座的大概内容，没有就某一个点展开深入的探讨，这与我们的学术功底不强有一定的关系。

有同学谈到这些大家做研究、搞学术是出于"闲逸的好奇"，王老师立马警醒我们要对学术有个清醒的认识，不能还没开始就想着模仿人家"游哉游哉地做学问"，只有当你经过磨炼，获得学界认可，具有话语权时才可以这样做。因此没把基础打扎实，想要悠闲做学问是不可能的，"文化是一场苦旅"，我们都需要潜心修行！在谈到这一点时，大家都有点儿沉默了，似乎在思考什么。王老师见状提议休息十分钟，让大家平复下心情，"让受伤的心灵得到愈合"。

### 二、量表设计——对思维的考验

休息过后，我们回归主体——把命题细化成量表。对于大部分同学来说，这应该是第一次参与量表的制定，很显然，在这一环节王老师的指导性作用大大加强了。必须承认的是，在这一阶段，我的思维多次陷入僵局，甚至于有点"痛苦"，总感觉想不到点子上。而且在这次量表制定过程中，我发现我的逻辑是混乱的，比如王老师谈到问题设置一定是有顺序，层层递进的，但是我在思考量表时很少考虑到这一点，通常是想到什么就是什么。

有几次，大家似乎都没跟上老师的步伐，比如在对"以问题探究为过程"这一命题进行分解时，同学们都没怎么发言，王老师问道："是不是我说得太快了？大家都懵了，停一停。"老师似乎感觉到在讨论量表这一块，大家的思维不是非常灵活，所以在接下来的讨论中，他都是让大家先发言然后再给予指导。但即便是这样，由 5 个主命题形成的 15 个问题，基本上都是老师提出来的，我们同学的原创性成果基本上没有，不像之前的讨论，起码我们自己还能够提出点有新意并且能够被采纳的观点。

### 三、本次课存在的疑惑

高水平课堂应该"以学生最大发展为目标"，老师提出在这一基本理论下的三个命题为：

是否以学生的个性发展为基础;是不是尊重学生的表达权;是不是可以让学生选择自己喜好的课。我的疑惑是这三个命题能衡量出"老师是否以学生最大发展为目标"吗,也就是这三个命题与这一基本理论的契合度如何。"以个性发展为基础"可以理解,但是后两个"尊重学生表达权"与"让学生选择自己喜好的课"能够说明问题吗?我相信应该还有同学对这一问题也存在疑惑,在这次课差不多要结束的时候,老师提到由上几次课我们讨论得出的5个基本理论,形成了15个问题,有同学还在疑惑是不是"以学生最大发展为目标"落下了,感觉没有提到这一理论。老师是直接提出这三个分命题的,同学没讨论,老师也没进一步解释,因此在这可能还存在疑惑。

前几天看到一篇文章"一流大学未必有一流教学",作者指出如何衡量教学一直是一个悬而未决的问题,而没法衡量的东西就像不存在的东西,因此教学即使以再大的权重被纳入评价体系,也是一笔算不清的糊涂账,要让大学像追求一流科研那样追求一流教学,的确不是一件容易的事。高质量课堂真的是不可测量吗?王老师斩钉截铁地说道:"绝对不可能不可测量。"我想如果通过我们这个课堂,在王老师的指导下,制定出科学、合理的测量标准,也算为"一流教学"作出一点理论上的贡献。

**王师批注:**

文丽的心事重重可以理解,这是一种自我审视的状态,甚至是一种自我抉择的状态,一个人可能会多次出现这种状态,这是发展过程中不可避免的。

文丽同学一直是客观地体验着课堂的一切,也为自己的思维跟不上趋感到难受。这种状态是可以理解的。之所以如此,就在于大家课下很少认真思考这个问题,也没有展开充分的讨论,当然也不可能进行辩论了。如果大家在课下讨论得很充分,那么就可能出现无数个答案,那么在课堂上就能够调动自如了。所以,课下功夫与课上表现是直接相关的。

文丽对"以学生最大发展为目标"题目分解存在质疑,这种怀疑精神很好,希望你能够提出一些可以替代的答案。正如我说过的,研究过程很大程度上就是一个试错过程。高明的研究者就是善于抉择而已,即善于发现哪些路是走不通的,哪些路是容易走得通的,不会过分偏执,也不会受到挫折的伤害。

任何进步都是在点滴中开始的,只有长期的积累之后才能出现突变。

## 玖　持独立判断,做扎实研究

**2017 级硕士生　赵祥辉**

最近事情颇多,一直到刚刚沙龙结束,方有闲暇时间静下心来写反思笔记。近日来,老师和同学们的日志问答一封封地上传,QQ 邮箱里"叮当作响"地"温馨"提醒和敲打着我,预示着我即将成为一个"落伍者"。思索前番上传之早,反顾当下上传之晚,不禁有些报然,甚至有些慌张。前两次反思笔记一直在鼓吹后发者之于"视域融合"的极大优势,现终为后发者,但也没有勇气将同学们的反思笔记一篇篇看完,进而审思、判断、综合、提升,以成我寤寐所求之"视域集大成者"。思及缘由，全因惧怕弄巧成拙，陷于"模仿尾随"的窠臼，因而还是呈现自己的"一孔之见"，若成"片面的深刻"已是足矣。

本次课堂大致可以分为两个环节，第一环节是大家分享听专家报告的感悟与思考。首先，王老师谈了他对听专家报告的看法，主要观点如下：一是要及时"清理"和"吸收"专家报告，勿让"报告内容"成为"知识垃圾"空耗我们宝贵的头脑空间；二是要夯实理论基础，懂得学术的基本规范，习得对话交流的技巧，在与专家对话的过程当中学会反思；三是要根据价值偏好甄别适配自己的学术报告，勿让"高大全"的报告加重自己思维的负担。王老师对学术报告的论说于我们而言极具现实意义。毋庸置疑，教研院的各种报告资源可谓多矣，每周一的学术例会、时不时的高教讲座、偶尔为之的南强讲座、各位老师举办的学术沙龙……在当前，学术报告的"签到"制度出台之后，听报告这件事情或情愿或不情愿，都已经成了一种"不得不"的选择。在这种情况下，怎样面对士茹学妹课堂中提出"不感兴趣的报告是不是都要去听"这种问题呢？确然，每个学生基于兴趣去汲取学术营养无疑是我们提升学术能力的理想状态。但当前许多同学无疑是具有惰性、非理性等特质的，他们不知道自己的兴趣为何，也无从分辨好坏，更有可能对报告呈现出"懒得参与"的心态。因此，在这种背景下，如何使得每个报告开听有益，不虚费时间，对我们每个教研院学子便显得尤为重要！因此，王老师对"清理吸收""对话反思"以及"价值倾向"等三个方面对听专家报告所作出的阐释可谓恰应其时。由是，也引发了我的两点思考：其一，古人半部论语治天下，读书人看书不过四书五经，而现今知识更新换代速率如此之快的知识大爆炸时代下，我们作为青年学子应当如何自处？从王老师的论说之中，"清理吸收"无疑是让我们学会"取舍知识"，"对话反思"无疑是让我们学会"应用知识"，"价值倾向"无疑是让我们学会"甄别知识"，而在其中，"独立判断能力"无疑就显得尤为之重要，而这六个字似乎也总挂在王老师嘴边，已然成为我们课堂的镇堂之言，不过我想它的意义可能还要扩展到整个学术研究乃至人生路途当中。其二，如何真正消化吸收专家的报告内容？我想，如果我们还停留在传统的"专家讲，我们记"的听报告模式下，那么专家的报告内容只能成为"知识垃圾"储存在头脑当中，难以及时提取和应用。而如何打破这种碎片化听报告的困境？我认为建立自己高度有序的知识体系或许是有效选择，如果我们在头脑当中能够将各种原理、机制、知识点链接在一起，对输入的新知识将要"放在哪里"和"通向何方"有着清醒的认知，并能够根据知识体系对听到的报告、学习到的知识赋予意义和价值，如此消化吸收专家的报告内容想必也就不是难事了。当然，这种论断一味地强调把新知识纳入已有知识结构，似乎有点落于结构功能主义讲求整合和吸纳的窠臼，对一些可能颠覆和重构知识体系的知识和内容，解释效力可能略显不足。

随后，王老师为同学搭设感悟分享平台，并再次回归记录人角色。于我而言，由于承担了教育史论坛的会务工作，在那几天的学术报告密集期，大大小小的报告听了有十余场，可以说很多时候都是浅尝辄止地去听的，并没有很好地消化吸收，就像王老师所说的那样只是把它们作为"垃圾"储藏起来了，故而一下子倾倒出来也很难有太多"金玉"。但好在课堂上鹏娟师妹、亚克师姐等人的率先发言给了我比较充足的语言组织时间，最后得以从15个方面介绍了我对严文蕃教授、丁钢教授以及田正平教授三人报告的若干想法，这些想法涵盖了研究格局、研究热情、研究视角、研究方法、研究功力、论文撰写与发表等各个方面，但现在想来其中一些感悟还是太浮于表层,更多的时候还是停留在"是什么"的层面,没有对"为什么"和"如何做"进行系统而深入的分析,这无疑说明我看问题的思维还有些扁平化,尚未立体和丰满。其他同学也进行了感悟的分享,如鹏娟的二次总结与阐发、同学对"引用"问题的讨论热潮、廖霞师姐对专家报告的真情流露以及大家对一些问题的深度阐发,不禁让我感觉讨论非常有成效,应该达到了预期的目的。正以为老师会肯定我们大家的感悟的时候,王老师一盆冷水浇了下来,他认为大家的讨论没有达到他预期的目的,他似乎有些失望,对于这个结果我感觉非常震惊,不过细思之,王老师的失望也是有道理的,这主要可以表现为两个方面:一方面是我们课堂曾多次对"何为好的研究""何为好的文章"以及"何为好的课堂"进行过理性审视,怎么在听报告时,却只能说一个"好"字,而无法溯源其"好在何处"了呢?这不得不说我们研究方法课上学到的东西尚未得以充分应用。另一方面是我们大家对专家的报告仅仅停留在一种感动和羡慕的阶段,却不能用"元"思维去探求专家们学术道路中的磨砺与挣扎,进而也就无法觉察其扎实学养在专家报告中体现的巨大作用。王老师的失望之情溢于言表,"责之切"源于"爱之深",他的"做学术先是摸爬滚打才能闲逸好奇""做学术不是消遣,必须要对知识有贡献""学者登堂入室最后终究是靠年龄取胜""听报告容易被感动说明自己是个弱者"等话语听起来虽然冰冷,但这又何尝不是前辈学者在阅尽千帆之后得出的至理箴言呢?老实讲,听完老师这些话,我感觉心情很沉重、很压抑,甚至产生出"人间不值得"之感。做学术太不容易了!假如学术是场苦旅,我们将以何种心态、何种坚忍才能抵达花开之彼岸?"现实的引力实在太强了!"面对学术求索路途中"淋漓的鲜血"和"惨淡的命运",我们如何正视学术、如何规划自己的学术生涯,对我们青年学子来说无疑都是必修课。是故,听报告分享环节虽然持续近两小时,但从带给大家的震撼和收获上来看,价值意义不言自明。

也许是观察到大家的认知受到极大震撼,王老师提议给大家 10 分钟缓缓神。短暂休息过后,便进入了量表设计的环节。本科期间也接触过量表设计之种种,当时大都是从某份博士论文的附录中将量表 copy 出来,然后对某些指标按照自己的理论基础进行修订,依此而行最后形成一份"科学合理"的量表。今晚沙龙上的报告人也是做的量化研究,王老师针对他的问卷指标设计进行了提问,问其"指标是依据理论生成还是基于经验总结",并指出如果是"经验总结"的指标更有可能构建出本土的独创性理论。针对此问题,我也有一些自己的想法,不知适切与否。量表设计如果单纯基于自身经验,设计出来的问卷的确可能具有独创性,但是受到主观经验的偏颇性影响,这种独创性能够多大程度上适用整体情况,尚需进一步考证。我认为,"基于大量文献的理论探讨+主观经验的印证与凝练"方能够构建出科学适性的量表。我们的研究方法课即是绝佳案例,前期大家基于大量文献研究得出的理论假设,外加大家从各自视域出发形成的经验集合,设计出的量表,按道理来说其科学性和适用性应当是大于单纯基于经验的量表的。不过这种设想只是理想状态,课堂上大家对量表的设计很多时候仍是陷入平面思维的泥潭,无法对各种理论假设进行分解,更多是列举式的思维方式,因而大家七嘴八舌却都无法得到王老师的认可,指标问题的设置只能在王老师的主导下推进。由此可见,大家的理论基础和知识基础仍然非常不扎实,对一些问题无法形成整全性的认识,这无疑是我们应当在接下来的学习和生活当中夯实和弥补的。

故而，"持独立判断"虽然重要，但仍需"做扎实研究"保驾护航，感觉这十个字对我们学习生活非常关键，权且以此命名反思日志。

**王师批注：**

祥辉这个日志确实上交得迟了。不过也能够理解，因为这一段时间太忙。现在研究生阶段就已经这么忙了，后面何堪设想？

不过这也是一个磨砺功夫。事情杂多，该如何处理？这无疑是一个很大的课题。依照我过去的经验，越忙的时候效率越高，反而轻轻松松、懒懒散散效率最低。所以我对闲逸好奇并不迷信，而相信只有在强烈的好奇心、求知欲的驱动下才能做出大成绩。

祥辉这次的日志没有了过去那种激情洋溢，似乎仍然被"人间不值得"氛围所笼罩。看来"说真话有罪"这句话在一定程度上是成立的。

祥辉对于什么是独立判断仍然处于一知半解状态，并没有悟得其真义。

# 拾　量表的设计与生成

2017 级硕士生　姚烟霞

前言：每次看到老师的日志回复，发现自己并非一无是处的，老师总能从每位同学的日志中发现大家的优点，对大家的观察、思考、反思、行文等给予肯定。再繁重的负担，再沉重的压力，再"雾霾"的心情，在那一刻，也会洋溢着小幸福。

## 一、第一阶段：讨论三场报告

几乎每个同学都针对三场报告，发表了自己的观点，观点从教师激情、问题意识、文献研究、研究兴趣到文献引用、文章题目、研究格局、教育情怀等，涉及的面还算广，大家也都谈了自己最真实的感受。然而同学们的观点并没有达到老师预期的效果，其中有一点就是大家谈论的都是比较浅层次的感受，与研究方法干系不大，也极少有同学能和我们研究方法的课程结合起来。

大家学了这么久的研究方法，而且都是参与性的课堂教学，应该感触颇深，为什么在平常生活中，看文献中，听讲座中，还是不能自觉地把它们和正在学习的研究方法联系起来？是学得不够深入？还是感悟不够深入？还是仍然被动在学，兴趣较少？这是我们需要反思的一个问题。

这一环节最大的收获，就是老师谈论的两个观点：一是不要在大脑中储存太多垃圾。平常习惯了不停地往大脑中装东西，却忽略了对知识的整理和利用，长期不使用又装在大脑中占用空间，久而久之便成了大脑中的垃圾，不仅不利于学习成长，还容易在此间迷失自己。反观自己，大脑中的垃圾还真不少，是时候清理一下了。

第二个观点就是我们常常谈论的"研究高深学问要有闲逸好奇"，然而老师在课堂上告诫我们：不要试图一起步就模仿人家的闲逸好奇，要知道广闻博识、审慎批判、严谨表达这些基本功在其中的作用。的确,闲逸好奇并非凭空而来,一定要有扎实的学术基本功做支撑,这些基本功正是我们所缺乏的,也是我们要学习培养的。

### 二、第二阶段:量表设计讨论

老师带领我们从五个维度讨论了量表设计。之前一直以为量表是问卷另一种更学术的说法,没想到二者还有这么微妙的差别。问卷是量表的雏形,编制问卷是训练量表编制的基础。

讨论量表设计这一阶段,通过观察大家的课堂表现和反馈,发现课程的推动很艰难,大家都难以进入状态。自己也是如此,完全跟不上老师的逻辑思维,和东恒一样,也不知道老师的各个命题是如何生成的。在我们看来,生成的只是一个个独立的命题,不知道它们是怎么来的,也不知道它们之间的关系是什么。所以同学们会疑惑:命题的顺序是否可以调换。听完老师的讲解,才明白原来各个命题都不是凭空而来,是有依据的;先问什么,再问什么也是有逻辑的。如果老师不讲解,大家很难看到之间的逻辑关系,更不用说自己想出来了。

为什么会这样呢? 个人总结了以下几点原因:一是缺乏量表设计的基本理论知识,不知道量表设计的科学原理和逻辑是什么;二是对每一条标准的理解不够深入,对各个概念的认识模糊不清;三是缺乏实践经验,无法将自己当作当事人来思考问题。

老师还提到一点:量表设计不能让答卷人产生投机心理,必须让他们感到一种探索迷宫一样的乐趣,乐于答题。反观自己,答了好多好多份问卷,好像还从来没碰到过如此高妙的问卷。

最后一点小反思:本次课讨论量表设计,大家参与很少,或者说很难参与进去,如果换个形式,大家的参与度是否会大大提高,即加入小组讨论的环节。让各个小组先讨论命题,再汇总,然后在老师的带领下审慎批判,进行取舍。这样大家也参与了量表设计,也清楚地知道为什么自己这样设计不可以,应该如何设计。这样参与程度大大提高,也可能会收获意外惊喜。

**王师批注:**

烟霞同学在思考:为什么大家参与得很少? 这个问题很好,也说明烟霞同学开始具有了研究的意识。

其实原计划是安排小组讨论的,没料到大家对三个报告评价时间太长,从而压缩了整个课堂时间,于是不得不临时调整方案,由我来主导进程。

事实上,大家没有参与进去的根本原因还是课下没有投入精力和时间,也没有认真思考过,从而临时调动大脑思考也只能是一种平面式的滑移,无法进行深层回答。从另一方面说,集体讨论往往只能是一种发散思维,很难变成深度思维,也很难进行精确的逻辑思维。只有当大家头脑中形成了一种概念图式或问题网络后才能向深层次思考。

我之所以能够在当场提出一些可能性的答案就在于平常思考得比较多,所以在大家无法提供答案的时候就用来救急。

我希望大家不要只是看到不足,而是要行动起来。"心动不如行动"。

# 拾壹　坚持研究中的"主体性"

**2017 级博士生　汤建**

反思日志是日志与反思的结合，它既要以课堂纪实为基础，又不能记流水账，沦为课堂活动的记录员。当然，反思日志也是自己内心世界的表达。这里，首先需要反思者深度参与课堂，既能投身于课堂，又能抽身于课堂，从而真正地"反思课堂"。其次，需要反思者"反思自我"，这就要求反思者能够真实地面对自我，摆脱依赖，成功跳出自己长期以来形成的框框。作为高年级学生，每一次日志都会有压力感，因为不仅要做好表率作用，更要保证质量，持续进步。每一次日志都会有羞耻感，因为自己的停滞不前，甚至退步、退缩的状态让自己在一群优秀的同学中深感羞愧。

这第七次课和往常一样，持续了 3 个小时。前半部分主要是同学们逐一发表对三次讲座的感悟；后半部分进入量表的设计环节。首先，老师用 10 分钟的时间帮大家指明航向。航标有三，一是"活用"。方法课的开设并不是要求大家记住一大堆方法，而是要领会方法的实质，学会灵活运用。二是"清理"。在信息爆炸的时代，要及时清理思想、清理思绪。长期堆放在大脑中的信息并不会自然地发生作用，它们只会让大脑的负担越来越重，最终成为垃圾场。就像最近网络上流行的"马来人"，每当遇到学习视频，马下来，遇到讲座视频，马下来……没有任何后续动作，他们只会不停地马，留存着珍稀的各种资料视频在收藏夹里岁月静好，他们是"马来人"。反观现在的我们，每次讲座后有要 PPT 的、要录音的、要笔记的，但是不乏有很多要到了就只是存下来，甚至一直都没打开过。这确实是一件可怕的事。其实，无论是"活用"还是"清理"，都离不开"反思"，深感入王门后，耳濡目染，慢慢地，会主动反思，会喜欢反思。因为反思会给自己压力，也会给自己动力，更会给自己清晰的感觉。就像老师所说，反思的目的就在于让我们轻装上阵，成为自己的主人。三是"主体性"。老师指出，每个人对不同研究方向、研究旨趣的讲座都会有自己的价值偏向，这一价值偏向很可能就是适合你未来的方向。人文社会科学并没有通用的标准，每个人的认识都有情境性，都是在自己的特殊经历下产生的，也就都带有"偏见"。我们便是要在与生活的不断对话中，在自我的不断反思中，让自己的"偏见"越来越深刻，越来越整全，从而在这个过程中生长出自己的主体性。

前奏结束后，老师将高潮部分交给我们。在场的 12 位同学发表了自己关于三次讲座的看法。老师希望我们能将讲座与我们方法课的学习联系起来，但我们的回答并没有达到老师的期望值。我想，也可能受前序同学回答的影响，后面其他同学的回答就有可能沿着统一路数进行。回忆三次讲座，每位专家都有自己所攻和所长。能够有多学科的视野，并不只是就教育谈教育。无论是严文蕃老师对 SSCI 论文撰写和发表的经验总结，还是田正平老师透过乡村塾师的日记洞窥整个社会，抑或丁钢老师对教育文化的独到解读，三位讲座专家都有自己的"门道"，是"得道者"，也有道可循。我们初入"门"者，正在寻"道"，也在上"道"，最终得道与否还在于自己"造化"。

在其中一场讲座，刘海峰老师说道，"一部分人的日记是写给别人看的，还有部分人的日记是宣泄的,我们要看出来道道"。联系潘先生在第十二届海峡两岸暨港澳地区教育史研究论坛开幕式的话,我们研究历史需要的是"信史",而非美化后的历史。[①] 再回想老师时常提醒我们不要沦陷在文本中的表面信息。这样的"三角互证"更加让我感受到做研究一定有判断力,要综合考量其背后隐藏的真实信息。

在同学一一表达自己的观点后,老师将大家从对讲座专家的"花痴"中拽出来。现在很多"大家"的研究范式是他们浴火涅槃后的清闲与潇洒。他们的话语有力量、有影响力了,便可以做自己喜欢的事情了,研究对他们来说是乐趣,而非负担。对于人文社科而言,更多需要的是人生历练和积淀,更多的是人生感悟与经验,是在自己的田野中扎根生长出来的果实。这也是绝大多数情况下,人文社科中的优秀学者比自然科学中的优秀学者年长的原因。同样的一句话,"一棵是枣树,还有一棵也是枣树",鲁迅先生说出来和我们初学者说出来完全会得到不一样的对待。我们的认识绝大部分是空白地带,徒有概念印象,缺乏实质性的理解。因此,我们初学者还是需要一步一个脚印,练好基本功,从现实中找到自己的方向。一味地模仿只会让自己更加迷茫。

课间休息后进入"量表设计"环节。这一环节让我意识到研究也是一门艺术。因为在设计量表过程中,要设身处地从他人的角度思考,既要照顾他人的心理感受,又要获得有效信息。老师针对之前提出的 5 个命题逐一给出了测量维度。在围绕"以学生为中心"这一大命题进行设计时,老师提出的几个问题我是能够理解和接受的,只是一些表述我比较存疑。比如,"'以学生为中心'是一切都听学生的吗?",其中的"一切"是否会带有倾向性呢? 在老师提出测量的问题之前,我都在思考提出自己的问题,然后进行对比。以"高水平课堂以学生学术兴趣形成为结果"这一大命题为例,我提出的两个问题是:"你对这门课感兴趣吗? 你有想解决问题的欲望吗?"老师提出的问题则是:"这门课激发了学生的好奇心吗? 这门课形成了自己稳固的问题意识吗? 学生有很强的求证意识吗?"对比之后,我发现我的思维有以下不足:(1)平面思维。比如,我思考的时候会陷入对大命题的平面演绎中去,我提出的问题其实就是对大命题的重新表述。这又让我联想到平时的论文写作,文中的论据可能只是对论点的补充说明,还不足以达到论证的作用。(2)碎片化思维。提出的测量维度不仅要还原到大命题中去,还要完整地表达出大命题。而我的提出问题是想到一个问题就提一个问题,没有考虑到连续性、整体性等问题。

回想这门方法课,我受益的不仅是对自己毅力的挑战,更是对自己思维方式上的纠偏。前几天跟别人说起自己老师的课堂与沙龙,人家说这是真正的良心老师,不吝惜自己的科研时间,这样的老师是不多的。听到别人对自己老师的赞许,我内心充满自豪感的同时,深感自己的幸运。和老师学习的过程,学习的不仅仅是知识和能力,更多的是学习老师的思维方式和做人的道理,感受老师的人生阅历和人格魅力。现在也越发地觉得放弃一件事只需一秒钟,而坚持一件事却需要一辈子。

---

① 向亚雯.跨学科视野的教育史研究——第十二届海峡两岸暨港澳地区教育史研究论坛综述[J].教育与考试,2018(6):90-93.

**王师批注：**

汤建的日志反映出了文字的进步，认识的进步，思想的进步，很是欣慰。

从汤建的文字中，已经看到其不是一个简单的学习者了，而是一个思考者了。

汤建的文字中包含了对自我使命的期待，我觉得这就是一种探究的兴趣。

汤建思维比较开阔，有很强的进取心，反思有力度，这些都是前进的动力。

不过说"羞耻感"似乎有点严重，如果是唤醒了自己奋进动力可能更合适一点。

另外，汤建的文字比较活泼，用词大胆，这也是有潜力和信心的表现。这也说明，汤建有自己的语言风格。我始终认为有个性是好的，但如何精准适度就比较难了。

# 拾贰　量表设计的再认识

**2018 级博士生　王亚克**

必须承认本次课程我状态不佳，从周五到周一连续四天日程排得很满，听学院安排的专家学术讲座三个、听同班同学的课程汇报若干个、听海峡两岸暨港澳地区教育史论坛的专题报告十几个，各种信息在头脑中交织成乱麻来不及整理，稍有闲暇就赶紧修改自己的课程汇报演示文稿。由于我很久没有体验这种高强度、密集型的学习，有点不适应，以至于在讨论量表（最需要脑力的部分）时大脑缺氧，跟不上讨论，更无法贡献智慧，对此我深感惭愧。其实作为这次论坛主办方的行政领导，要考虑方方面面的协调和接待，王老师一定比我们辛苦数倍，但老师仍然坚持按时上课，没有一点抱怨。谢谢老师。

## 一、课程收获

首先，同学们对讲座收获的分享让我有机会关注一些不曾发现或者有趣的内容，同伴交流是一种很好的学习方式。

但更大的收获是在问卷制作方面，我的观念发生了很大转变。

我的硕士论文主要探究了学生的个性差异和学习策略之间的关系，曾用过两份问卷。调查个性差异用的是艾森克个性问卷（Eysenck Personality Questionnaire），没有修改直接使用；学习策略问卷是在国内外三位学者的问卷基础上修订而成的。两份问卷都进行了试测，但为什么个性问卷没有修改直接使用而策略问卷却修订了几次？我查看了自己的论文，发现艾森克个性问卷在形成过程中进行了若干次修订，艾森克等人不断地调整问卷中已有的内容或者增加新的内容，并且在各个领域进行测试检验。该问卷从最初的雏形到最后的成型经历了二十多年的时间，最后被广泛地应用于各国的教育、心理和医学等领域，可以说是一份可以经得起考验的问卷。但学习策略问卷争议很大，找不到令人信服的现成的问卷，我只好综合几个人的问卷再进行编订和试测。

回顾我个人使用问卷的经历让我更加清晰问卷的制作不是一个简单的过程。在我的意识里从来没有考虑过我们自己也能设计问卷，我们确实不知道问卷设计该从何入手，好像问卷从来都是专家才能做的事情。本学期初华中科技大学沈红教授的报告《中国本科生能力评估报告——来自大学生能力测评的证据(2016—2018)》强化了这种"问卷专家"意识。[①]沈教授专门提到关于批判性思维的问题是她找专家设计的,每道题都很不容易,都是专家费了很多精力、花了很长时间才设计出来的,问卷采取现场发放、做完马上回收就是为了不泄题。这些都增加了问卷设计的神秘度和难度。但本节课打破了这种"问卷专家"的观念,让我明白在专家的引领下我们这些学生也是可以参与问卷设计的,至少我们可以学习如何制作问卷,问卷这件事不再那么遥远,不再那么神秘,观念的转变是我在这节课上最大的收获。

## 二、不足之处

除了收获,我还发现自己有很多不足。总是做知识接受的容器不可取,听了讲座和报告要认真思考如何消化吸收,这点还要和大家多探讨。

不了解量表的设计过程和设计背后的原理,课下要尽快学习相关知识和注意事项。

逻辑思维欠缺,虽然借了逻辑学方面的书,但到现在还没看完,除了上课时进行的思辨活动,自己也要考虑是否还有其他方式训练思维能力。

时间安排不合理,课业任务多,压力大,要合理安排时间,提高单位时间的利用率。

**王师批注:**

亚克同学能够在繁重的学习压力下依然较早完成了日志,仅此一点就值得肯定。

亚克联系到了自己硕士论文的问卷使用,这个反思很重要,说明过去的经验会对今天的行为发挥作用,无论是正向还是负向的。

亚克克服了专家问卷迷信状态,是思想上的一个巨大飞跃,这也是自我提升的一种表现。

亚克同学反思了不足,这种检讨精神也是自我发展的动力。

---

① 沈红,华中科技大学教育科学研究院教授,于 2018 年 9 月 11 日至厦门大学教育研究院作主题为《中国本科生能力评估报告——来自大学生能力测评的证据(2016—2018)》主题报告。

# 第八章　谈"量表设计与访谈技巧"

## ——"高等教育研究方法"第八课

### 壹　量表制作与访谈

授课教师　王洪才

#### 一、课前提问

在今天的课堂一开始,我问大家是否记得上次课后作业(看大家没有立即作声),我又补充说不是指文献综述的作业,而是别的(我没有直接点出来,是希望同学明白我说的意思——这也是启发式吧),下面有几个同学小声说是关于条件性命题的问题(这说明大多数同学是记得的)。

我看大家都知道,就追问,有多少已经完成的,发现只有文丽同学一个人比较爽快地举起手了,而其他同学处于犹豫状态(其他同学是一个什么状态我不清楚)。我马上换了一个问法:有多少同学没有完成?

哇——！一下子很多人都举起手了。我不太意外,因为很多同学都很忙,要充分投入这项作业不容易(现在同学们的投入不足是一个严重问题,因为现在各方面的活动太多了。我们虽然不讲唯读书论,但至少读书应该充足吧)。

我接着问,有哪些同学课下已经进行了小组讨论,发现只有三个同学举手(仅就此而言,我觉得自己的辛苦没有完全白费)。此时有同学小声地说我们有问题没有解决算不算,我说只要有讨论就算(平辈讨论往往难以深入,这是一个很突出的问题。平辈讨论的好处是思想更周全一些,但要做到质的突破,估计还很难)。

#### 二、决定改变教学策略

因为同学们作业完成率比较低,于是我决定先进行小组讨论(事先我已经预想到了这种情况,所以我毫不犹豫就采用了这个方法),因为同学们一直在关心一些命题究竟是如何生成的,而讨论则能够让他们真正体验知识的生成过程。

这次我没有采用上次的就近原则分组,而是以1、2、3、4报数形式分组,即数1的同学分成一个组,数2同学为一个组,这样变成了四个组。因为一共15个人,最后形成的是一个4-4-4-3模式,我指定他们分别在教室的四个角开展讨论(因为四个墙角空间略微大一点,另外相互距离也比较远,从而可以有效避免相互干扰)。

我无意识地把第四组放在了最小的角,恰好他们是 3 个人的组(很多时候,一个人的下意识行为恰恰是最佳选择,这次又一次获得了验证)。我说讨论时间是半个小时。

### 三、讨论时间一再延长

讨论开始后大家都比较投入。到半个小时之时我发现各个组都还在热烈讨论,于是我就不自觉地延长了十分钟(我一直担心讨论时有效组织者的问题,因为不好直接指定谁来担任,所以只能等待自动产生,但在势均力敌的情况下就难以产生一个公认的组织者)。这个时候我观察动静,发现四十分钟过后还没有结果,于是就提醒大家还有十分钟时间(没有有效组织者的时候,讨论节奏往往难以把控,效率比较低,因为讨论的目标不明确,方向把握不准,许多问题不能判断)。

十几分钟之后讨论仍然在继续,我又提醒只剩最后五分钟了(这就涉及一个问题:是该让同学们拥有充分的讨论时间呢还是有限的时间?我一直建议同学们在课下进行讨论,这样就能够摆脱时间的限制,因为在课堂上组织的讨论往往无法提供充分的时间)。

到五分钟时仍然没有结束的迹象。我又等了几分钟,说"都一个小时了,该差不多了"。此时大家才有点不情愿地回到原来的座位上(这个不情愿之中说明同学们已经形成了一定的探究兴趣,想把问题搞清楚,当然也是想挑战一下自己的能力)。

### 四、小组汇报讨论结果

我简单地与大家谈了小组讨论的意义(我谈到小组讨论有助于提升思考的全面性,也有助于思考的深入。但我重点指出,量表和问卷设计不仅需要全面,更需要深入、精细和精确,谈到这是一种逻辑思维训练,是对基础理论知识牢固与否的检验,也是对自己的实际经验的考验),接着从第一组开始问起,问他们讨论的结果。发现他们只对原来的主命题进行讨论,而有关条件性的命题几乎没有涉及(基础理论题目比较难,想有所突破很难)。

实际上我在他们讨论的时候就已经听到他们在讨论什么,但没有进行干预,我想如果他们能够对主命题提出好的建议也是不错的(我采用不干预的策略也是想给他们一个提醒,是否在没领会工作任务的状态下就要开始工作)。但汇报时候发现他们的思考还很不成熟(典型是缺乏有效组织者)。

于是第二组汇报,发现他们的讨论相对更好一些(他们距离我最近,我也没有发现谁是其中的组织者。所以在他们汇报后问你们是平行参与的吗,他们回答是。如此而言,只能说与他们几个人性格特征比较接近有关)。我只针对个别的问题提出了疑问(在此处我讲解了要不要设置测谎题的问题以及该如何设置的问题。我指出,突然改变问题的逻辑会造成不适应,从而造成大量的无效问卷。测谎的技巧是指设置等值的正反两个问题,不细心者是看不出差别的,就此可以测出答题人是否认真),其他没有过多涉及。

问到第三组的时候发现他们所问的问题也是太直接了,表达得很不客观(在对比之下,才能发现不足)。第四组的情况也差不多(这反映出表达的技巧是多么的重要)。这说明,小组讨论虽然有助于促进思考,但要提高讨论质量的话可能并不是那么简单的事情。如果小组讨论没有主心骨的话可能是在做无用功。

所以小组讨论的组织也是很有学问的。这也是为什么许多老师在谈运用小组教学不成功的原因所在(这也可能是一个重要的理论创新点)。但是指望一开始小组讨论就很成功也是不现实的。只有让同学们在多次讨论的参与过程中不断反思才能提高讨论质量(我在思考是否要组织课下小组讨论)。

### 五、对讨论结果分析及访谈作业

汇报完毕后休息了五分钟,因为时间已经过了两个多小时了。我开始带领大家分析第二组提出的各个问题。经过分析,发现有的问题仍然存在着导向性比较明显的问题。有几个问题需要进一步斟酌。所以我提议要进行访谈实践(我觉得我们讨论不深刻和思考不深入的主要问题在于缺乏实践经验。但这种经验很难立即获得,只能采取间接经验的办法进行,这个办法就是访谈法)。

我谈了访谈的重要性,谈了对访谈对象的要求,谈了对自己导师的访谈技巧,也谈了对其他学科老师的访谈技巧。但要注意跨学科的访谈对象应该是教学效果比较好的,而不是泛泛的老师。可以说我们是征求专家意见,不是做一般的现状调查。

接着我安排了访谈任务。我也对如何访谈进行了一些提示(我没有正式提出要不要访谈提纲问题,只是提示应该怎么问、问什么问题和如何进入现场)。对自己导师的访谈建议采用非正式方式(怕引起教师敏感),对其他学科老师则采用正式访谈(以表示尊重)。

有同学问是个人进行还是小组进行,我提议一般是先小组后个人,也锻炼一下我们的独立访谈能力。我觉得没有深入实地的体验,就很难了解访谈可能涉及的问题。没有实际调研,也不知道真正教学会涉及什么问题。

所以针对访谈组织我采用了两个维度进行:理想型(本学院教师从应然角度谈理想的研究生教学)—现实型(针对其他学院具有成功教学经验的老师谈他们是如何进行教学的)。

## 贰　唤醒自我,超越自我

**2018** 级博士生　段肖阳

11 月 26 日,我们上了第八次课。上次课老师布置了问题设计,课堂一开始老师首先了解大家的作业完成情况。虽然作业完成情况并不十分理想,但随着课程的推进,老师强调的参与式持续学习越来越深入大家的脑海,所以同学们在课下基本上都进行了或多或少的思考,但课后学习的质量还有待提高。鉴于这种情况,老师组织大家进行小组讨论。

### 一、小组讨论反思

大家在课堂上的位置基本上比较固定,老师观察入微并独出心裁地采用了序号组合小组的方式,防止了就近原则的小组固定化。这样可以保障不同的小组成员之间有着差异性特质,有助于相互激发新的思考,形成不同的小组风格。我们小组的成员,在讨论开始时就讨论主命题还是条件性命题争执了一番。最后达成一致,大家先对有疑问的主命题进行讨论,然后开始条件性命题的讨论,但最后大家未能很好地把握时间,导致基本没有时间讨论条件性命题。我反思我们小组之所以未能高效地合作学习,有以下三个最主要的原因:

1. 小组缺乏"领导者"或者说"小组长"。没有一个核心的主力,大家很容易游离讨论重心,且不能把控讨论节奏。在讨论开始时,小组成员希望我能够先阐述一下我课下已有的讨论结果,很感谢成员们的信任,但我拒绝了。因为我怕大家听完我的阐释,最后变成我把控全场成了"权威",影响大家再畅所欲言地表达真实想法,弱化大家自由碰撞思考、生成新想法的过程。我觉得"小组长"这一隐形中心,最好是在讨论过程中自然而然生成。但最终我们小组也没有凸显出"小组长",好像大家在刻意回避成为小组长,最终过于强调每个成员的均化,拖沓且效率较低。小组长在小组讨论中的作用还需要认真思考。

2. 缺乏课下高质量的自主学习。因为大家课下思考较少或思考不深入,所以讨论时还是停留在表面的字词的讨论,没有深入问题实质。尤其是当部分同学提出新的想法和思路时,由于没有前期的思考,很难在短时间内判断真伪或带动新的思考,这样就会比较浪费时间且难以保障质量。

3. 未充分发挥每个人的个性特点。我们小组同学可能碍于年级不同,部分同学刻意隐藏了自己的"锋芒",没有充分发挥自己的特点和实力,这个比较遗憾。实际上,面对问题的探讨,不存在年级高低,我一直觉得水平与读几年书不是严格的正相关,希望大家还是充分展示自己。这可能也是我们的文化在起作用,我们的文化过于强调长幼有序,导致大家在面对问题时不能很好地平等交流。也有可能是大家受传统教育的影响,不愿过多展露自己的"锋芒",隐藏自己的个性特征,避免创新(这只是我的猜测)。再插个题外话,看到很多低年级的硕士生能够在很多学术会议、学院活动中积极主动地展示自己,我很欣赏同时也自叹不如。一直以来,我接受的教育和文化都是不要过多表现自己,所以在很多活动中即使有想法或疑问也不会及时表达,不敢大胆地表现,总是怕出错或者怕被别人嘲笑。虽然在之前的反思日志中,我认识到"在试错中成长",但真正落实在每一个点上还是有困难。我们强调创新,强调形成自己独立的标准和判断,我不知道"刻意不表现"是不是严重阻碍"自我"的发展。看来"知行合一"应该是我们要一直修炼的功力。

## 二、小组讨论总结

这节课的小组讨论持续了一个小时,虽然有些小组兴致不减,但因为时间问题,老师结束了这一环节。我觉得所有的讨论都放在课堂上肯定不行,如果有课下的讨论,课堂上效率会提高很多。在小组代表发言环节,老师和同学们普遍认为第二组设计得比较好。因为第二组设计的问题更加客观和全面,而且多采用第一人称的陈述式,容易获得被调查者的认同,并获得有效信息。我们第一组讨论条件式命题较少,但基本思路也都是问句式,基本句式为"您……怎么样?"或"您认为……吗",将被调查者和自己割裂开,难以获得认同且难以获得真实信息。第三组和第四组比我们要好很多,但基本上也都是问句式。

老师对各小组的发言进行总结,而且阐释了量表制定需要一定的理论知识水平、逻辑分析能力和生活体验程度。老师还讲到要准确把握核心问题,并在量表中进行精雕细琢。之后老师带领大家对第二组的问题进行精雕细琢，由于时间问题，老师加强了引导，对部分问题提出质疑，并建议大家课下进行仔细考虑。同时，老师提议大家进行实地访谈，不仅访谈自己的导师，也访谈其他学院的导师。

### 三、课程作业

课程最后，老师给大家布置了新的课程任务——访谈教师。由于我们的目的是验证已探讨命题，所以访谈对象不应是任意选择的普通教师，而应是 2～3 位教学效果好的教师。老师信手拈来给我们提供了很多可参考的访谈问题，老师的理论高度和访谈经验可见不一般！老师谈到在访谈开始前，如何获得被访人的认可，如何拉近与被访人的距离。老师还提出了访谈的要求，正式访谈的时长最低为 45 分钟，90 分钟左右较为适宜。老师要求大家制定访谈提纲，且设计问题时应注意技巧，以第三方的立场来问，让被访人以专家的身份来评判，最后获得真实的信息。很期待老师给大家进行访谈培训，聆听并学习老师的访谈经验。

**王师批注：**

反思很深刻，但改进措施不具体。

传统有优秀的部分，但糟粕也多，必须坚决剔除。

传统喜欢藏私（好东西藏起来，不要给外人看，以免被偷盗或受制于人。这是一种自我保护的需要，也可以说是安全本能），这一点就不是什么优秀的了。

传统过于注重自我保护，认为外界都是敌人，所谓明哲保身就是这个意思（这对做人的要求是要内敛，不要暴露自己的真实想法，所谓逢人只说三分话，莫要……。传统家庭教育也经常在灌输这样的观念）。

这些观点总体上是不利于学术创新的。

# 叁　基于小组讨论的探索学习

**2018** 级硕士生　刘美丹

此次课上，老师在带领我们讨论设计高质量的研究生课堂教学评价具体指标的过程中，穿插讲解了很多有关研究方法的知识，具体包括了小组讨论的技巧、问卷和量表编制的技巧以及访谈的技巧这三部分，整堂课下来我受益良多。

### 一、小组讨论的技巧：要有组织者

和前几次课堂一样，我们开展了小组讨论，细微的不同在于这一次讨论的时间格外长，从以前的半小时延长到了一个小时；分组的形式也略有调整，以 1、2、3、4 形式分组，报到相同数字的同学分到同一个小组，最后形成了 4-4-4-3 的人数模式，分别在教室的四个角落开展讨论。我观察了一下，这样分组可以相对兼顾到小组成员组合的异质性，既有年级上的不同,也有性别的差异,从而打破了临近座位都是关系较好的同个年级、同个导师、同个性别学生的同质秩序。

在汇报讨论结果之前,老师再次重申了小组讨论的作用,并补充了一些要领。首先,我们的课堂作为创生性课堂,开展小组讨论是非常有必要的。这种必要性主要体现在以下两方面:第一,小组学习能够给学生提供一个较为轻松、自主的学习环境,有利于同学们独立思考。传统的课堂往往是"师讲生听",气氛过于沉闷,因而容易使其陷入被动的接受式学习当中,缺少了参与知识探究这一重要过程,不利于其学习能力的提高。第二,小组学习无形中强化了学生学习的责任感,并能通过交流增进对彼此的了解,形成良好的人际关系。因为在课堂上,如果完全依靠提问式的发言往往兼顾不到所有学生,那些没有被点到回答问题的学生可能就会趁机偷懒"蒙混过关",而小组讨论要求每个人都参与进来,这种参与的前提是课前要有相应的学习准备,因而学生就"不得不"在学习任务下达后在课后开展相关的探究活动。

这一次课堂上,我们围绕着上节课遗留的五个分命题做进一步的细化。我和文丽师姐、东恒师兄以及牛军明师兄分到一组,我们组有两位男生、两位女生,既有博士,也有硕士,充分保证了组员的异质性,思维上可以互补。而且我们刚好围坐成了一个圈,由文丽师姐做记录,大家围绕每一个分命题下的子命题进行自由发言,相互补充,形成了非常好的讨论氛围,既不拘束,也没有出现争锋相对的情况,最后取得的讨论效果也是较好的,我们提出的大部分命题得到了老师与其他小组的肯定,有少部分因为导向性过于明显,或因为没有反映出想要测量的内容和逻辑性问题而需要再推敲,斟酌用词。其他几组反映出来的问题主要是在用语上,由于采用了问题表述的形式,而且站在第二人称视角,使用的一些形容词带有过多的个人倾向性,因而表述得不太客观,进而影响被试者的真实回答。

根据我们小组讨论取得的效果,老师提出了这样一个观点,即"虽然小组讨论有助于促进思考,但要提高讨论质量的话,可能并不是那么简单的事情。如果小组讨论没有主心骨的话,可能做的是无用功"。其实,在这之前我并没有对"组织者"这一角色的重要性有更多的认识,甚至觉得这是可有可无的存在。但老师对"组织者"这一角色重要性的强调促使我对小组成员的角色配置问题产生了好奇。

课下搜集了一些资料后发现,在人数并不多的小组内原来可以有组织者、执行者、协调者和独特见解提出者这样四种角色。其中,组织者往往是小组的"领头羊",是最容易获得好感和胜出的一个角色,一般需要具备丰富的知识、较强的逻辑思维能力和表达能力、强大的气场等多种能力素质,普通人较难做到,当天我们小组缺少了这样一个组织者。执行者则主要在整个无领导小组讨论过程中负责计时和收集各方观点,并做好记录工作。这个角色看似简单不起眼,但需要细心和耐心,小组中如果缺少了这样一种角色也是不行的。当天文丽师姐就很好地扮演了执行者的角色,她用电脑把我们讨论所得的一些主要观点进行及时、准确的记录,并在记录过程中提出了一些自己的看法,进行适当的补充。协调者则是在讨论过程中矛盾的化解者。比如说,当大家都针对一个问题争执不下时,这个时候有一个人综合了各方的观点进行一个总结,让大家都能信服他的观点,不仅较好地平息了矛盾,还顺利推动讨论进入到下一阶段。当天我们都不同程度地扮演了协调者的角色,比如在讨论"充分的时间投入"这一命题如何表达时，我们已经耗费了不少时间，但仍然没有达成一致意见，这时我提出"我能够精心设计课堂教学"这一子命题就能较真实地测出教师在课下是否有投入时间备课，同时也不易招致教师反感。还有一类独特见解提出者，虽然他在整个小组中都不是特别突出，但是当讨论陷入困境的时候能够提出一个新颖的观点来推动整个小组的进程，给所有人一种耳目一新的感觉。这种角色的知识一般较为丰富、思考问题的视角也更加开阔，当天牛军明师兄就是我们组的独特见解提出者，他并没有参与每一个问题的讨论，但当我们的讨论陷入僵局时，师兄就会调动他敏锐的头脑，提出一个既有创新性、准确度又高的观点，而这样的观点我们往往都是说不出质疑的话来的。我觉得上述几种角色都在小组讨论中扮演着非常重要的角色，无论缺少哪一个，小组讨论的效果都要大打折扣，因此，我们每个同学都要根据自身的能力、思维特点在小组中找到适合自身的角色定位，并且相互配合、紧密联系，为小组讨论贡献自己的才智。

### 二、问卷和量表编制的技巧：要深化、细化、精确化

编制问卷是一项细致活儿。我们前前后后围绕着高质量研究生课堂教学评价量表的编制已经讨论了数周，但实际还有很多工作要做。在量表编制过程中，突出存在的一个问题就是题目语言表述不够客观中立，容易带有问卷设计者自身的情感偏好和价值判断，无形中给调查对象造成了某种心理暗示或诱导，甚至有些还涉及个人隐私，这样设计出来的问卷往往也难以获得被试真实可靠的回答。因此，如老师所说，我们编制问卷时对语言的分辨能力一定要强，尽可能地保证价值中立和客观化，同时要学会运用生活语言的艺术，平实易懂。此外，还有一个问题是我们要怎样设计题目，使之能够准确地测得我们想要测量的对象，比如量表如何反映"以学生的能力为评价中心"、如何表现"以理论知识为龙头""具有一定的理性思维能力"等等，这几个都是存在较多争议的分命题。对此，老师指出，设计问卷一是要深化，二是要细化，三是要精确化；必须准确把握核心问题，而不是一些边缘性的东西。比如"在我的课堂上，学生敢于质疑，勇于批判"这一表述是否可以测得教师坚持了"以学生的能力为评价中心"，"我的课堂重视理论知识传授"是否突出了"以理论知识为龙头"等等。显然，上述几种表述都没有准确地把握住分命题本质性的东西，至于这个本质到底是什么，我们可以以此为对象开展更多的讨论探究。

### 三、访谈的技巧：根据访谈对象的不同进行设计

老师还谈到了访谈的一些基本技巧。首先，要根据访谈对象的不同，采取不同的访谈方法。比如对自己的导师或者是其他较为熟悉的访谈对象最好采取非正式访谈，从而避免引起对方的敏感心理；而对于像其他学科的老师这一类的陌生访谈对象可采用正式访谈法，既表示对对方的尊重，也可以让对方充分地重视和正视此次访谈，提高访谈的质量。其次，在访谈开始之前，最好对访谈对象的背景资料有一个基本的了解，让对方在初次接触时感受到你真诚友善的态度，放下心中的戒备，拉近彼此的距离，便于后续访谈的开展。再次，在访谈过程中，要特别注意自己的措辞，把握好语言的艺术，保持谦虚好学的态度，以一个倾听者的姿态来认真聆听对方的回答，并适时抛出自己的问题。在这里，如何让对方愿意谈，并且能

够谈出来很多的观点是非常考验访谈者的水平的。最后,在访谈过程中,要有一定的记录,比如利用录音笔等访谈工具来辅助自己的访谈,但必须事先征得对方的同意才可以。总之,怎样开展高质量的访谈,还需要我们进一步地摸索,刚好老师课上布置了访谈任务,我们不妨以此为契机好好研究一番,下次课上再做分享交流。

**王师批注:**

美丹同学这次的日志给了我一个惊喜:对小组讨论的不同角色进行了探究。这是一种主动探究,是好奇心的驱使,可以说是具有探究兴趣的表现。所以,对美丹同学的持续的探究精神予以表扬!

从日志中发现,美丹同学不仅文字表达能力强,而且记忆力也是超强,因此对我讲的内容记忆得比较准确。能够做到这一点,也是课堂上聚精会神的表现,是具有专注力的表现,很是难得!

日志的质量也在不断提高,已经展现出层次结构了,不再是一般的平铺直叙了。换言之,开始具有了叙事研究的意味。值得分享!

# 肆 讨论细节的三点补充

**2017** 级硕士生 袁东恒

祥辉在日志中提到希望第二组的同学补充一些讨论细节和经验,美丹和文丽都已经进行了详细的补充,在她们已提及内容的基础上,我结合自己的观察和体会,试做如下三点补充。

一是讨论时先立一个"靶子"。因为我们组大部分同学在课前已经思考过条件性命题的内容,并写了下来,所以我们在讨论的时候一位同学会先说自己制定的量表内容,作为"靶子",然后大家针对其内容自由发表观点,都赞同的话就过,如果有不同观点就立即表达出来,然后大家讨论如何理解或表述更好,这种主要侧重解决问题的方式因为目的性明确,准备充分,所以效果相对会好一点。

二是在讨论陷入僵局时灵活变通,适度调整讨论策略。其实,在确定第一个条件性命题时,我们小组就陷入了困惑,纠结"充分"一词是否合适,应该如何表述等内容,但经过一段时间的讨论大家并没有达成一致意见,讨论一时间陷入僵局,但持续时间并不长,我们决定先将大家比较同意的命题列上,在其后面先打个问号,讨论完后面的命题之后再反过来思考,像这样未达成一致意见或不确定的命题有好几个,后面我们基本上都重新讨论了一下,确实有了新的思路,达成了一致意见。

三是多举措并举解决不确定的问题。讨论过程中,虽然我们能够将大部分条件性命题转化成量表,但是对个别条件性命题的意思还是不确定,比如文丽提到的学生的基本的自我管理能力有哪些等内容,这个时候我们有同学会翻看之前的笔记了解这个条件性命题的含义,有同学会上网查阅这个条件性命题的定义,还有两位同学会继续对这个命题进行讨论交流,完成之后大家再一起讨论交流,往往能够找到一些新的信息,从而丰富对这个条件性命题的认识,作出我们的独立判断。

就我而言,讨论开始前设计的问题与第三组、第四组的同学差不多一样,采取问句的形式,大部分问得比较直白,经过与小组同学的讨论后,确实学习到很多,自主生成了许多新的内容和想法,真正体验到了知识生成的乐趣和奥妙。收获主要有三个方面:第一是陈述句比疑问句更加适合作为量表内容。前面已提到我的条件性命题最初也是疑问句的形式,我是从讨论教师第三个指标"课堂上充满激情"时才逐渐意识到采用陈述句形式会更好的,我最初的命题是"您是否会感到上课很快乐?",经过大家讨论后,决定换成"我认为上课是一件很快乐的事情",更换后的命题以第一人称描述更容易让人接受,也更加适合作为量表内容,不像之前的疑问句仅仅回答是或否就可以了。第二是量表的内容最好不要出现并列语句。这是美丹同学提出的,她提出后我们十分认同,所以确定的命题都只表达一个意思,不将两个内容并列起来进行表达,以免引起歧义。第三是在第二点基础上产生的,因为不能出现并列语句,但一些条件性命题内容又具有多层含义,所以就细化成二至三个子命题作为其量表内容,解决了不并列又能表达多层含义的问题。这与我之前所认为的一个条件性命题转化为一个量表内容是不同的,使我意识到我之前的思维方式太单一保守,在应对具体问题时需要大胆创新。

**王师批注:**

东恒的补充非常好,让同学们更多地了解到第二组讨论的细节。

讨论过程确实是一个相互启发的过程,但这个过程掌握好不容易。事先的准备是一个基础,东恒提出的"靶子"说是符合高效讨论的基本内涵要求的。大家都知道,如果大家都没有准备,都临时去思考的话,那样需要花许多功夫。当出现了一个明确靶子,大家一下子就有了讨论的目标和批判的对象,这样效率会大大提高。

相比之下,段肖阳自己放弃了这个机会。本来大家可以针对她先前的讨论结果进行深度的讨论,她自己不想作为讨论的靶子,她的解释不希望影响别人的思考。我认为她是多虑啦,她把大家当成无批判性的接受者了,这个观念本身就是有问题的。

我的推断是因为她自己的思考不成熟,怕"丢丑"心理作怪吧!如果是这样,那么她在日志中的表述就有自我文饰的嫌疑。

# 伍 条件性命题的生成

**2017** 级硕士生 熊文丽

## 一、本次课的收获与进步

在上一次的日志当中,我反思到在课堂上对一些问题进行探讨时,有时候我的思维会陷入僵局。王老师回复我说,之所以如此,是因为大家课下很少认真思考这个问题,也没有展开充分的讨论,课堂上的表现与课外的学习息息相关。听了老师的建议,于是在上课前,我比较认真地对副量表即条件性命题进行了完善,希望在课堂上能与老师、同学一起探讨、交流。果不其然,就我自己而言,我发现这次的课堂效果要比前几次好很多,思维在整个过程中处于比较活跃的状态。只有在课前进行了比较充足的准备,在课堂上才能够深入交流,才能进一步思考并发现之前考虑不周或者思维欠缺的地方。

见我们课下讨论的不多,只有亚克师姐、肖阳师姐和雅倩三人在课下以小组形式进行了讨论,于是王老师决定先进行小组讨论。这次我们打破了"就近原则",而是根据1、2、3、4的形式来进行分组。这样一来,我便与牛军明师兄、东恒还有美丹成为一组,我们这个小组的人员结构是比较合理的,既有男同学,也有女同学,有硕士也有博士,人员结构的异质性有助于推动小组的讨论。在小组讨论中,我发现自己在设计量表时存在很大的不足,不够精细和精确,有些设计出来的问题还是比较笼统,不够直接。小组成员提供的想法和建议,给了我很大的启发。比如在谈到"学生是否具备基本自我管理能力"时,我提出了我的疑惑:自我管理能力有很多种,那么对于学生来说,什么是基本的呢?我们又怎么去衡量呢?这时牛军明师兄通过查阅资料提出,对于课堂教学而言,学生的行为管理能力和情绪管理能力是基本的,这个观点获得了小组其他成员的肯定,而后我们由这两种能力推断出了两个子命题"我能在课堂上保持专注"以及"我能以饱满的精神状态投入到课堂当中"。还有在谈到"教学内容的内在一致性"时(对于这个问题,之前我自己也没想明白),我们对"内在一致"有什么表征进行了比较长时间的讨论,最后得出结论:应该以课程目标为主线来组织教学内容(否则教学内容是零乱的),应该按照知识生成逻辑由浅入深地设计教学。对于我们这一组的讨论,我认为整体上质量还是比较高的,大家都积极参与其中,体验了知识的生成过程,这也表明大家课下都认真地做了准备。也在此对小组其他三位成员表示感谢,无论是学习态度还是思考问题的方式,我在他们身上都学到了很多。

### 二、本次课上存在的疑惑

1. 在量表设计中,可以出现意思交叉、内容重合的问题吗?

2. 针对教学媒介这一维度,我们谈到"教学内容的应用性要比较强",那么对于基础学科的教学,也要求教学内容具有应用性吗?比如理论物理与理论数学。

3. 对于"老师是否擅长组织课堂"这一命题,我将它分为三个子命题:我能够激发学生的学习兴趣;我能够活跃课堂气氛;我能够很好地把握教学节奏。王老师提出这样直接问老师,老师可能面临良心审判而不做真实回答。那么可以站在学生的角度这样去问吗?即"我认为老师能够激发我的学习兴趣;我认为课堂气氛比较活跃;我认为老师能够对教学过程进行灵活而恰当的调控"。

4. 对于"教学内容具有一定的挑战度",我采用的是反向推论,设定两个子命题:"我总是能很轻松地理解老师的教学内容(学生角度);我认为我的教学内容学生能够很轻松地掌握(教师角度)"。如果同学和老师都认为是这样的话,那就可以从反向推断出教学内容是没有挑战度的。我觉得这改变的只是调查者(研究者)的推论逻辑,对于被调查者而言,应该不会受影响。

### 三、从老师和同学们身上学习到的地方

1. 老师既要打造一个民主型的、自由的、开放的课堂,又要避免课堂走向无序,老师课堂上的不干预政策与适时引导相得益彰。王老师总是以一种包容的心态去倾听同学们的声音,这让我想到在生活中,由于大家的价值判断、思考问题的角度等不同,因此会存在很多不同的声音,甚至还会有冲突的地方,我们不能固执己见,要学会宽容并理解他人。

2. 非常欣赏鹏娟和雅倩这两位小师妹,虽然她们是硕士一年级的新生,但是她们勤于思考,积极发言,在课堂上很活跃。鹏娟师妹还能多次"迎难而上",与老师对话,坚持为自己的观点辩护,且不说观点是否合理,这种精神与勇气是值得我学习的。

### 四、自己存在的不足

1. 小组讨论时,立场不够坚定。比如在谈到"是否以学生能力为中心进行评价"时,我们讨论了一会才勉强得出"在我的课堂上,学生敢于质疑,勇于批判"这个子命题,当时我是存疑的,也不太赞同这个命题,但是我没有进一步表达我的想法,可能是觉得其他小组成员都赞同这个答案,又或者是觉得时间不多了,也不能展开讨论了,所以我选择了妥协。

2. 课下虽然做了一定的准备工作,但是没有与班上同学形成学习小组进行课下讨论。

3. 制定的量表不够细化,比较粗糙。

### 五、如何改进

1. 训练自己的逻辑思维能力与雄辩能力,敢为自己发声,让自己的观点经得起反驳。但是这种能力并非一朝一夕就能养成,只能是经历长期的积淀之后才能出现突变。

2. 将课堂上的小组合作与学习延伸到课下,但是平时大家的学业任务很重,时间也难以协调,课下的小组学习能实现吗?

**王师批注:**

文丽同学的知行合一的作风值得大力表扬!人一旦认识到了,就努力去做,这是非常优秀的品质。

文丽的日志越来越立体和多面化,越来越趋向于事物的本质。

文丽对自我的反思和督促力度很大,有这样的主动意识,一切都会变得容易的。

课堂讨论中有些问题一时搞不清楚很正常,因为许多问题很难获得一个确定的答案。正是这种存疑精神才吸引我们课下深入探索。

附:量表设计要求各个命题之间是相互独立的但又是相互联系的,不允许各个命题之间是相互交叉的,那样就违反量表设计的逻辑。

理论物理与理论数学,我们对它们了解得比较少,但它们是一种纯理论吗?它们与现实完全无关吗?对此,我们可以继续追问一下。

老师是否善于组织课堂,既可以正向提问,也可以反向提问,比如,正向:我在课堂上经常使用多种方式组织教学。反向1:我的课堂是从不单纯地由我个人来讲。反向2:我在运

用多种方式组织课堂时从不感到吃力。

挑战度。老师:我的课堂从不提供现成答案,学生必须经过思考、讨论才能获得答案。学生:在课堂上我必须聚精会神地参与才能较好地把握老师授课的脉络……

关于课下小组学习。当我们真的开展课下小组学习时,那就是我们距离成功不远了,因为那是一种新的学习方式的开启,是学习能力提升的标志。

# 陆　做学问需刨根问底

**2018**级硕士生　孙士茹

继上次课对研究生高质量课堂的标准的主命题编制量表后,本次课继续对教师、学生、教学媒介、课程设计和教学评价五个子命题量表进行探讨。老师在了解基本情况后,便组织大家随机组成小组进行讨论(我特别喜欢这种分组方式,充满未知,可以让我们了解到每个人不同的思考方向与思维特点)。

在我们小组讨论的过程中,组织者是祥辉师兄,记录员和发言人是雅倩,为防止出现类似上次讨论的超时问题,我们组着重对五个子命题进行设计。讨论的时候总体感觉是良好的,但最终大家检验的时候却出现较大反差。最主要原因则在于我们的问题设置是疑问句形式。且我们的讨论结果好像被某些东西"困"住了,不免有些许局限性。比如,我们在讨论教师时间投入充足这一命题时,是直接询问"您觉得您对这门课程的投入是否充分?",这样难免露骨,得出的答案也不一定真实。但第二组的问法则为"我精心设计课堂教学"。对比之下,会感觉后者更为专业,用通俗易懂但又不"得寸进尺"的话来调查。我想这也在一定程度上反映出我们在长时期传统教学影响下的"思维禁锢",对问题的延展性思考有所欠缺。此外,我存在一个疑问,即我们在讨论教师教学激情的时候,是否可以通过其对学生的态度来窥探?教师自身教学的激情主要在课堂上体现,但我认为其最本质的则表现为教师对学生的"作用力",包括对不同品性学生的理解、宽容与认可等等方面。

这次的课堂讨论占整节课三分之一的时间。但最终四个小组的讨论结果相差很大(这与团队的组织者、参与者的准备情况、参与者水平参差不齐有关)。其中,二组的结果清晰完整,问题的提出相较于其他小组更为合理。我认为对自己最具启发性的是问卷问题的设置是以命题形式出现的,而非以问题形式出现。在查阅批判性思维量表时发现了《研究生批判性思维能力评价指标及测评量表的研究》[①]一文,其评价量表中的"辨析推断"一级指标下,有"公正客观看待不同事物""能动全面分析事物的各方面"等几个问题,而全面分析事物后才会更为公正地看待它。因此,我们在讨论"学生具有一定的理性思维能力"命题时是否可以从学生看待问题时的公正客观程度来入手?

反思我自己问题提出不恰当的原因:(1)课前准备不充分。就我自身而言,许多问题的

---

① 张俐,张霞,包士雷,陈斌,刘云波,王晓霞.研究生批判性思维能力评价指标及测评量表的研究[J].中国高等医学教育,2015(3):118-119.

提出仍基于自己的主观体验，没有经过反复的学理考证分析，更没有在"理论"的指导下去思考问题的严谨性、表达的准确性与否。这是小组讨论结果不理想的最重要一点。即不管我们的层次水平如何，经过自己思考后的结果才能引起相互间的交流、碰撞与质疑。(2)语言表达不流畅，不准确，不能恰如其分地传达信息。在我看来，设计问卷进行调查的过程实质上就是设计者与被调查者之间的无声的对话交流过程，在一定程度上，这其实比面对面的访谈更具挑战性。且不说见面三分情的情况。在被调查者状态不好的时候，我们除了运用统计学上的正态分布方法来剔除无效问卷外，很难从一个个问卷结果中看出"猫腻"（当然这与我"道行"太浅密不可分）。如果没有专业训练与广泛实践，我们的问卷有效性是不好保障的。但最基础的，则是问卷的设计尽量达至客观科学（这里突然冒出一个问题：科学和客观哪个应放在第一位呢？）。也就是我们的问题设计部分。我的短板是读书太少，语言表达能力受限；对文字的情感体会能力差。目前也不知道该如何弥补。

此外，从我们的课堂上，越来越深刻地认识到研究生课堂与本科课堂的不同。就我们这堂课而言，其教学内容、教学方式对学生的挑战性更大，不仅仅需要我们学习方式上的转变，不断探索、丰富学习体验，更本质的是学习观念的"革命"，需要我们不局限于课堂，走出课堂，与实际、与所学内容更进一步地联系起来。基于这样的体验，我在想我们研究高质量的研究生课堂是否要考虑将学习内容（教学内容）对学生的挑战性放进去探讨。还有一个问题想请教老师：我们小组在讨论教学内容的时候，提及教学内容与先前经验是相关联还是递进的问题。我们就讨论关联和递进的关系，哪个层次更高？我认为在不同的层次上二者的关系不一样。在固定的对象上，关联是事物之间有联系即可，这个联系我们不用强调或者对其联系的多少深浅不作要求。但是递进的话，是需要之前内容的进一步深入，感觉要比联系的层次更进一步。但如果是在一个整体里面，联系可以是单个事物之间的联系，也可以是不同事物群之间的联系，那么这样的联系其对象范围更广，在此基础上的联系网络更为复杂。而这个层面上的递进就好像是没有办法超越其本身所在的"组织"，没有办法更自如地与其他事物产生联系。从此维度看，我认为联系的层次水平更高。不知老师对这个问题的看法如何？

**王师批注：**

士茹的日志越来越多地充满了思考的成分，带着疑问去学习就会具有很强的针对性，这一点也是研究性学习的要义之所在。

教学内容始终是非常重要的一个因素，内容如果与学生的生活缺乏联系，就很难激发学生的兴趣。所以关联性是必要的。内容能否达到递进的要求很难衡量。

科学与客观是两个意思差别很大但却关联非常紧密的概念。科学是建立在客观之上的，科学的东西必须是客观的。客观的东西未必都是科学的。显然，科学的要求更高。

对语言的把握能力是在不断进行语言推敲过程中形成的，不是说读的书越多语言能力必然就越强。语言是在使用过程中提升其把握力的。

# 柒 课堂三部曲

**2018** 级硕士生 王鹏娟

11 月 26 日课后主要思考了三个问题:如何讨论? 如何设计量表? 如何做科研中的访谈?

## 一、如何讨论?

课堂一开始,王老师询问了大家课后作业的完成情况,班上仅有三个同学课后对上节课的作业进行了讨论,绝大多数同学都没有完成作业,见此情形王老师让学生按座位顺序依次报数,数字相同的同学被分为一组,对上节课的遗留问题进行讨论。我和几位学姐学长分到了第一组。但在讨论中却出现了很多失误。

首先,待讨论的主题不明确。王老师的原意是让我们基于之前归纳出来的"高质量研究生课堂"的条件性指标设计量表,其他三组都领会了老师的意思,可见上节课老师的作业要求是定是明确的,但我们却没有领会老师的意思,对上节课基于基本理论假设设计的问题进行了再次讨论,尽管也有很多分歧和斟酌,但终究没有按要求和"期待"完成讨论任务,劳而无功。这次"跑偏了"的讨论提醒我以后无论做什么事情都必须要明确规则和任务要求,如果不明确,必须向提出要求的人进行确认,要时刻记住"道路正确"是高效工作的前提。

其次,在不确定讨论主题的时候,没有及时向王老师确认。当时我提了一句,但被小组成员否定了,我想如果我多坚持一下的话,再不济就是被王老师批评"上节课没有领会精神",这种批评是不会影响讨论结果的,短时的确认带来短时的批评,而一拖再拖的犹豫不决最终导致讨论始终是一错再错。"及时确认目标",是按要求完成工作的必要前提。

再者,讨论时间分配不合理。在讨论开始时我们就"讨论什么"这一问题交流了意见和看法,这一部分就花费了很多时间。而后我们就开始在上节课的讨论基础上进行进一步分析、思考和交流,依然发现其中有很多问题,于是就逐条进行修改。这其中学长的思路是最开阔的,因为他上节课不在课堂上,因此对既定结果的质疑会多一些。我现在在想,当我们在上课的时候,是不是会或多或少束缚自己的"好奇心"和"想象力"? 这是不是也从一个侧面说明,即使是生成性的课堂也可能会存在学生"被动接受和思考"的现象? 当然这其中和学长本人的批判思维和质疑精神也是有关系的。此外,推进讨论进展也是一个需要掌握的技能,尤其是对于最后记录和最终汇报的人来说,汇报结果一定是代表全组的智慧结晶,一定是需要对全组负责的。如果在既定的有限时间内非要在一个问题上争出个共识,反而主次颠倒了,这就是"有时候完成比完美更重要"的道理吧。

总之,组织讨论,参与讨论,促成讨论是一件需要技巧的事情。讨论首先需要明确讨论重点和时长,且对讨论结果要有一个预期。在讨论过程中,不同角色应根据自己的优势承担不同工作,特别要注意讨论是结果指向的,相应分到每一环节的时间也是有限的。如果意识到团队方向偏差或节奏较慢,一定要及时调整,及时跟进,推动讨论进展。在汇报讨论结果时，要开门见山，有条理、合逻辑地回答问题，负责任地表达团队观点。

## 二、如何设计量表？

在其他组的讨论结果中，第二组的讨论结果最为出彩，采用陈述句的方式，将之前讨论的条件命题（包括教师、学生、教学媒介、课程设计、教学评价五个方面）一一进行了问法和内容上的转换。在学习他们的转换方式、倾听其他组在转化时遇到的问题，以及领会王老师点拨的基础上，我对量表设计又有了新的认识。

第一，量表设计要注意避免命题对被测量者造成有导向的暗示，无论暗示是正向的还是负向的。如"我能很好地把握课堂节奏""我能激发学生的学习兴趣""我能以饱满的精神状态投入到课堂当中（询问学生）"，这些问题无论在教师还是学生的心里似乎都有一个基本的价值判断，比起学生，教师往往更不愿意承认自己的教学存在问题，更多情况下大家对认为应然状态下高质量的课堂就是教师能很好地把握课堂节奏，因此很容易在具体填写量表时，将应然与实然混为一谈。所以如何让被测量者说真话，尤其是要询问他们的缺点，是个需要技巧的事情。我能想到的更客观的方式是通过其他间接的利益相关者（stakeholder）来进行事实测量，比如选用学生、专家或者观察者视角，这个时候他评可能会比自评更公正和客观。

第二，量表表述一定要明确、简洁、容易理解。"明确"要求表达能准确代表背后的理论支撑，"简洁"要求最好用一句话表达一个完整的意思和判断，"容易理解"则要求将量表表达设计得尽可能具体和通俗，并且与待测者的理解能力相符合。这一点对我来说是有些难度的，因为我有时候感觉自己的口头和书面表达无法准确地传递我的想法，过多的修饰和冗长的句子习惯弱化了我表达的逻辑性，这是尤其需要练习和迫切需要改进的。

第三，量表设计要做到深化、细化和客观化。强调的仍然是在细节上要尽可能准确表达，客观阐述，降低被测者的理解难度，避免引起他们的"想掩盖"和过多联想。

第四，量表设计需要有一定的理论指导和价值判断。在定量研究中，往往会先提出一个基本的因果关系命题或相关关系命题，然后将命题中的观测变量进行拆解，通过一个或多个量表问题将变量具体化，这个过程叫做"操作性定义"。因此，量表问题一定不是随心所欲凭空捏造出来的，其背后一定有在研究问题引导下的理论和逻辑基础，这一基础是来回答"为什么要问这个问题"，"为什么可以这样来问这个问题"。

第五，量表设计需要设计者有生活的体验，精练的语言表达能力，以及精雕细琢的反复推敲过程。

在量表设计中，我有些疑惑的地方是我们的量表设计的目的是为了确认高质量研究生课堂的指标还是去调查了解该教师或学生所在的教学过程是否是高质量的。我个人认为我们现在的工作还是处于"指标确定"阶段，因此我不太理解问教师和学生的课堂教学事实的意义，难道不应该是询问他们对高质量研究生课堂的看法吗？这样子命题应该就变成"我认为研究生课堂教学应该与教师的科研有所关联"等诸如此类。

## 三、如何做科研访谈？

在快下课时，王老师又进一步将课程推进到了访谈部分。在访谈时需要注意：

　　首先,访谈提纲的设计是必要的,访谈者需要事先对自己的问题及"为什么这样问"进行审慎的思考。同量表命题(或问题)的设计类似,访谈提纲中也贯穿着问题和背后的理论、价值判断。比如我们要访谈教师关于"高质量研究生课堂"的看法和意见,我们的基本假设中已经确认了"以学生为中心"这一判断,因此在设置问题时往往也会围绕基本理论假设展开,如"您对研究生课堂应'以学生为中心'怎么看?",是否围绕理论假设、是否意识到价值判断的存在,可以检验我们自己设计的访谈提纲是否合理。同时访谈提纲也为新手提供了一个访谈得以持续进行下去的思路,事先准备总不至于到时候无问题可问。但有访谈提纲也并不意味着访谈者和被访者间的对话就要严格按照提纲设计展开。访谈者要培养基本的话题敏感度和"追问"意识,才更有可能挖掘出现象背后的原因或更深层次的东西。

　　其次,访谈对象要有所选择,尽可能找到最有发言权和代表性的被访谈者。就"高质量研究生课堂标准"这一问题,在选择被访谈者时,首先应选择一些高等教育学领域的专家,这些人对于高等教育无论从教学理论还是教学实践上都是最有经验的;其次应选择一些不同学科的、教学经验丰富的、被学生广泛认可的研究生教师,这部分教师由于长居教学一线,且具有良好的教学效果,他们对于高质量研究生课堂教学的理解是从实际教学经验中生长出来的,因而也是很有意义的;最后还应选择一些研究生,因为他们真实地参与到研究生课堂中,可以接触到不同教师的不同教学风格,因而可以在比较中形成自己经验性的对于"高质量研究生课堂教学"的认识,学生的意见也是需要参考的。这个时候最好就不再选择教育学学科的学生了,因为这些人长时间浸润在教育学理论中,往往会形成一定的"理论偏见",觉得应然的就一定是绝对正确的。因为担心这种"偏见"影响教育学学生的客观判断,因此我觉得"就近取材"未必"得心应手"。

　　再次,要善于运用一些提问和访谈结果的整理技巧。第一,访谈的理想状态是访谈者和被访谈者之间建立了一种相互信任的关系,在这种情况下被访者才更有可能放下警惕,说出自己尽可能真实的想法,而信任的前提是让对方感知到被理解和被尊重。第二,要特别注意访谈中涉及的研究伦理性,如"知情同意"原则,如注意不要对对方造成二次伤害,如不对对方的想法做过多干预和引导。第三,在整理访谈结果时,王老师建议我们采用"回想"的方式先对访谈过程进行大致梳理,让访谈过程成为一条线索,而不是迅速将其以编码的形式进行拆分。这点给我的启发很大,我之前对访谈材料进行编码时就想着如何能迅速把材料转录出来,在转录的过程中不带自己的任何思考,这其实是对素材的一种浪费。如果编码是要抓出强调和核心概念,是分析局部的过程,那么回想就是从整体角度对访谈内容进行宏观把握,这对于素材分析来说是必要的。

　　最后,访谈者与被访者间的"不对等"关系。在日常沟通中,提问一方往往能掌握沟通主动权,因为他更容易决定一个话题的终止和新话题的开始。但我渐渐意识到,在研究访谈过程中,访谈者并不一定总是处于主动或"强势"地位,特别是当我们的访谈对象是社会地位较高的高校教师,或者位高权重的政府官员时,我们往往处于被动和"弱势"地位。但访谈并不要求访谈者必须处于"绝对主动"和"强势"地位,示弱作为一种访谈策略可以推动上述情况中访谈过程的展开。如果对方比我们有经验,那我们就放低姿态虚心请教,对方往往也很乐意侃侃而谈自己的经验。但如果是要询问一些可能对他们形象、声誉不利的事实,那么可能需要访谈者换一种间接、委婉一些的问法。

还是意识到了有目的的求证访谈与收集研究数据的访谈之间是很不一样的。这种"德尔菲专家咨询法"的实践在我的经历中是真正意义上的第一次，非常期待这样的过程。

**王师批注：**

鹏娟同学的思维方式仍然偏发散，聚合度相对不足，这可能是今后需要加强训练的一个方面。

鹏娟同学对小组讨论跑题的现象分析得可谓方方面面，隐隐约约抓住了本质，而似乎又没有把握本质，给人一种游离的感觉。

鹏娟的知识面很广，不时地会流露一点，过去的知识经验有时候也会产生干扰作用，常常发挥先入为主的作用，这对于分辨力不高的同学而言是一个不小的挑战。

鹏娟同学思维活跃是优点，但不聚集往往成为缺点。只有"分散—聚合"两种思维方式双强才能有更多创新。

# 捌 量表的课堂生成实践及其反思

**2017 级硕士生 赵祥辉**

不知道是不是四季温度不分明，总觉自己已然丧失了对时间的敏感度，恍惚中就惊觉这学期已经进入了第 11 周。潘先生经常举韩儒林先生所讲"板凳坐得十年冷"的箴言，来勉励后进学人要在追求学术的道路上耐得住寂寞、无怨无悔。但在这个事端庞杂、浮躁功利、充满诱惑的社会当中，保持坚定太不容易了！当我们遇到刺激和挫折就产生负面情绪时，除归因至自己能力不足、效率不高以外，大概"心不定"也是重要源端。所谓"心定，则道通。心不定，则道彷"。求学之路尚长远，艰难险阻均是可以想见之事，想来若想披荆斩棘，必须修得金庸小说中《九阳真经》之要义——"他强由他强，清风拂山冈；他横由他横，明月照大江。他自狠来他自恶，我自一口真气足。"①由此，想通这节，心情开阔了许多，深提一口真气，进入正题矣！

我们的"高等教育研究方法"课程已然到了第八周，问题提出、文献筛选、生成评判标准、设计量表等准备环节接近尾声，研究即将步入"落地实施"阶段。本节课即是准备环节的最后工作，即要最终完成量表设计。理想状态下，上次课老师已然让大家课下对一些条件性问题各自进行量表指标拟定，这次课大家将基于充分准备来对话、交流进而达成共识，课堂也将沿着这样的脉络有效推进。然而，"现实总是骨感的"，王老师的例行作业检查环节，除文丽同学以外，大家仍然用沉默表示了"作业未完成"。对于大家的作业未完成，王老师似乎"早有准备"，话锋一转便让大家通过小组讨论的形式，生成"高水平研究生课堂"条件性命题的指标。对于王老师的"教学机智"我还是很佩服的，但也许是基于自己的一些主观体验，对

---

① 金庸.倚天屠龙记[M].广州：广州出版社，2008：1144.

于小组讨论我向来不以为然,因之小组讨论非常容易陷入"讨论低效"的境地:一方面,小组讨论都应当基于一定的认知基础和思考基础再进行讨论,否则很容易言之无物、讨论空泛。就我们课堂而言,大家的讨论都是基于之前课堂的讨论,而非课下充分的准备,讨论的"从零开始"也将使得讨论效率和质量低下。另一方面,小组讨论如果按照"无领导小组"的模式讨论,发散性有余,但聚合性不足,难以在规定时间内讨论出高质量的结论。小组讨论如果有小组领导者,但如果领导者的基本素质不达标,小组讨论要么沦于失序,要么变成领导者的一言堂,也就失去了小组讨论的意义。因此,不难发现一个高质量的小组讨论其实有着许多限制性条件,诸如准备充分、时间把控、组织有效等因素。那么王老师将大家分组之后,各组讨论效果如何?一方面,可以发现大家对于时间的把控普遍不佳(我们组可能稍微好一点,我一直关注时间,不断推进着讨论进程,但讨论质量就无法保证了),老师初始设定讨论时间为半小时,后来一再加时,最终讨论结束是 8 点 5 分,已然超过预定时间半小时。这有可能是跟题项过多有联系,但更有可能是大家准备不够以及时间把控力不强所导致的结果。另一方面,除第二组以外,我们其他三个组要么偏题,要么量表设计质量不高,皆成了一种"低效"的讨论。而第二组的汇报则受到老师和大家的一致称赞,他们的讨论质量何以高呢?我想,一是文丽在课下已然有了充分的准备,有了一定的讨论前提和基础;二是牛军明师兄的学术水平较高,东恒在量表设计上有一些经验,美丹的语言文字功底比较强,人员搭配比较合理,思考也都比较有深度,因此共同讨论之下能够形成比较严谨、细致的量表指标;三是我本来以为他们有一个有效组织者即牛军明师兄,但老师问过之后,他们回答说是"平行参与",但我觉得可能牛师兄无形中也是扮演了一种"意见领袖"角色,对整个讨论过程有着较大贡献。当然,这个只是猜测,希望第二组同学可以补充一些讨论细节和经验。

小组汇报过后,便是指标筛查环节。由于只有第二组的讨论结果是"有效的",因而指标筛查实际上就是对第二组的量表设计进行讨论。第二组的量表设计应该说大部分都是比较好的,语言非常平实,也能够将各个条件性命题具体化。但我也觉得有几点不足:其一,一些问题的设计有待商榷,比如"以理论知识为龙头"设计为"我的课堂重视理论知识传授",似乎落于"传授式课堂"的窠臼;其二,整体来看,所有命题的设计除却"我的科研与教学内容是密切相关的""老师以问题的形式呈现教学内容"和"在我的课堂上学生敢于质疑、勇于批判"三个问题似乎与"高水平研究生课堂"有关联以外,其他方面更多是"高水平课堂"的共性特征,似乎没有体现出"研究生课堂"的特性来;其三,即使是用命题来描述,当中一些问题也具有倾向性,如"精心""灵活""把握""积极"等词汇,其实也都带有倾向性。当然,在这个环节我确实也是受益匪浅,主要体现在两方面:一方面是量表设计尽量以命题而非问题的形式呈现。因为所谓"命题",就天然地倾向于一定的中立性和客观性,而设计"问题"则很容易带有主观性和倾向性。不过任何一种研究工具都不可能做到完全客观中立,因而量表虽是一种比较客观的测量工具,但基于一定的假设和目的而进行实施的同时,再加上"人为"的设计和描述,实际上已经具有一些"价值倾向性"。因此,我们能做到的并不是达到所谓的"纯客观",而是尽可能让其不偏向"主观"。另一方面的收获是命题设计的语言表述要尽可能深化、细化和精确化。这无疑能够让量表填写者明晰各个问题,而不产生歧义,事实上做到这一点也非常难,设计者必须具备缜密的逻辑思维能力和高超的语言文字能力方可达到,就此看来，量表的设计并非易事！

　　事实上，王老师在课堂上也说过量表是非常"耗费脑细胞"的事情，此言不虚！量表是经过标准化的测量工具，其相比问卷来说难度更上一层楼，如果是一个经过严格论证，具有较强科学性和适用性的量表，设计出来甚至需要几年时间。而且由于量表还涉及信度和效度的问题，需要经过长期检验，并得到广泛认可才可以正式使用。因而，可以想见，我们直接设计量表必定是一个艰辛的过程，也许访谈可以弥之一二。但访谈是否能够有效？我们且拭目以待。

**王师批注：**

　　哈，依然是不少人生感慨！

　　人生感慨总难免。这就是一种体验，这是经历的体验，也是人生阅历丰富的体验，这种体验就是人生反思的资本，能够有这种体验不容易。

　　人生体验中总难免一些负面情绪，及时清理非常重要。

　　对课堂的反思很重要，实际上就是在检讨传统的学习方式，检讨传统的学习习惯，也是自我能力的检视。

　　对第二组的讨论意见的不同看法很好，这就是进一步探索和完善的因子。

# 玖　关于课堂讨论的反思与思考

**2017** 级硕士生　姚烟霞

　　本次课共分为"上节课课后作业询问""小组讨论""对第二组设计的量表问题逐一讨论"和"访谈任务布置及引导"四个部分。

　　第一部分：上节课课后作业询问

　　课堂现状：刚上课，老师就用几种不同的方式对上节课课后作业进行了询问，一共问了三次，情况都不太乐观。第一次问大家是否还记得上节课课后作业，无人应答。期间对课后作业进行了补充说不是文献综述，是别的作业。第二次问有多少同学完成作业，文丽一人举手以示完成，其余同学呈犹豫沉默状。第三次问有多少同学没完成，很多同学举手。

　　问题反思：大部分同学都没办法保证充足的课下投入，甚至没办法完成老师布置的课后作业。这是本次课的特殊情况，还是研究生课后学习时间投入不足的常态？是研究方法这门课课后投入不足，还是所有的课都存在这个情况？为什么会出现这样的情况？我们是否应该反思一下研究生教学的现状？到底是哪里出了问题？该如何解决？个人判断这是普遍现象，而不是特殊问题。如果是普遍现象的话，研究生课余时间应如何分配？课后学习时间投入占比多少？这是一个值得研究的问题。研究生阶段已过半，研究生的时间都去哪儿了？这是一个既困扰学生又困扰老师的问题。祥辉日志的人生感慨仿佛也有此惑，被繁杂事务支配的"无力感"也仿佛成了大家这一阶段的常态。忙的时候很杂乱，忙完又感觉不知道在忙什么，该做的事情好多还是没做（比如说课后作业），顿生空虚。

　　第二阶段：小组讨论

课堂现状:一个多小时的讨论,除了第二组同学最在线,逐一列出了小组讨论设计的量表问题,为下一个环节的讨论提供了素材。另外三组小伙伴都有点不在状态,第一组跑偏了,第三、第四组"自惭形秽",没有公布讨论结果,简略对比说了几点自身存在的问题。这么长时间的小组讨论,除了第二组,其余三组均没有讨论出高质量的结果。

问题反思:讨论很热烈,效率却很低。我所在的是第一组。本小组讨论过程中存在很多疑惑,比如说问卷是针对教师还是学生;量表问题的设计最终是要测什么,达到一个什么样的效果;是要验证高质量课堂教学的几个维度,还是要用设计出的量表测得研究生高质量教学的现状;还有就是没弄清条件性命题和五个主命题的关系。很多基本的问题都没有搞明白,跑偏也不足为奇。这是我们小组讨论过程中显现出的一系列疑惑,其他小组应该也有同学对此存疑。

这也暴露出我们小组讨论的一个问题,明知道有这么多疑惑,却没有向老师求助,在疑惑中越走越偏。其次是讨论主命题的过程中,始终绕不开老师上节课已提出的问题设计,只是在原来文字表达的基础上为了完善而完善,会纠结很小的字眼,比如说"讨论"(在食堂吃饭时探讨课堂疑问是否是"讨论")、"课、课堂、课程"(这里是因为在上节课关于"学生能选择自己感兴趣的课",三个人有三种不同的笔记,大家就开始纠结是"课""课堂"还是"课程")等;讨论的思维受限,无法在原有的基础上提出新的命题。

第三阶段:对第二组设计的量表问题逐一讨论

课堂现状:大家一致认可第二组的方案,接下来在王老师的带领下对第二组的方案进行逐一讨论。讨论过程中发现,大部分问题还可以,部分问题设计经不起细思和推敲,仍需要进一步完善。部分命题导向性太明显。

问题反思:设计一份好的量表,需要注意的问题有很多。既不能太敏感,也不能有导向性;既不能太模糊,也不能太绝对;既不能太专业,也不能过于简单……第一次参与问卷设计,虽然贡献不大,也有很多收获和成长。

第四阶段:访谈任务布置及引导

访谈目的:验证问卷是否合理,将量表精细化。

访谈任务:采访自己的导师和2~3位其他学科研究生教学效果较好的老师。90分钟为宜,至少45分钟。12月10日提交访谈总结报告。

访谈引导:老师讲了一些访谈技巧和访谈问题示范。

反思:任务重,时间紧,合理安排时间动起来!


**王师批注:**

烟霞同学的反思很深刻。我们平时自由惯了,所以时间抓得可能不紧,工作效率不高,故而课堂内外都会出现拖延症。

从日志的写作上,也看出了烟霞同学的写作能力在不断提高,如有了明显的层次感,夹叙夹议进行,开始与质性研究的风格接近。

在描述小组讨论过程中发现了目前同学们存在的一些问题,这些问题值得进一步深思,甚至可以成为研究论文题材。只有对这些问题进行深入思考,才能思考出改进措施和对策。

事实上,这个思考过程就是研究。

# 拾　量表制作初尝试

**2018** 级硕士生　郑雅倩

　　量表需要精雕细琢,每一个问题都需要经过推敲,我们需要将问题深化、细化、精细化,量表的问题呈现应该客观化、中立化。经过这两节课的学习,我在昨晚基本形成的量表基础上进行了扩充和修改。希望能够得到大家的指导。

表 1　高质量课堂教学评价量表

| | 分命题 | 量表 | 思考 |
|---|---|---|---|
| 教师 | 老师有充分的时间投入 | 我能够精心设计课堂教学(教师问卷) | 从教师和学生来看老师的课前准备程度及效果 |
| | | 我能够体会到老师的课堂是经过精心设计的(学生问卷) | |
| | | 上课时我能够全心全意地投入教学过程(教师问卷) | 课堂上教师的投入情况 |
| | | 上课时老师能够心无旁骛地教学(学生问卷) | |
| | | 课后我能够对学生的学习信息及时进行反馈(教师问卷) | 课后老师的投入情况 |
| | | 课后若有不懂的问题问老师,老师能够及时反馈(学生问卷) | |
| | 老师是善于做科研的 | 我认为做科研的经历能够促进教学水平的提高(教师问卷) | 认知层面 |
| | | 我的科研与教学是密切相关的(教师问卷) | 行为层面 |
| | | 老师能够将其科研经历与课堂教学内容结合起来(学生问卷) | 对学生进行调查,佐证 |
| | 老师在课堂上必须是充满激情的 | 我认为上课是一件很快乐的事情(教师问卷) | — |
| | | 老师上课的语言生动准确(学生问卷) | — |
| | | 老师上课精神饱满(学生问卷) | — |
| | 老师善于组织课堂 | 我从不担心课堂上会出现突发事件(老师问卷) | 说明对教学组织能力的自信 |
| | | 在我的课堂上,实际教学进程基本能够与教学设计相符合(老师问卷) | 说明其善于把握教学节奏 |
| | | 老师能够激发我的学习兴趣(学生问卷) | — |
| | | 老师能够活跃课堂氛围(学生问卷) | — |
| | | 老师能够很好地把握教学节奏(学生问卷) | — |
| | | 老师能够灵活应对学生在课堂上的各种质疑(学生问卷) | — |

续表

| | 分命题 | 量表 | 思考 |
|---|---|---|---|
| 学生 | 学生具有求学动机 | 学生的问题意识强（教师问卷） | — |
| | | 我能够感受到大部分学生会自觉进行课前准备工作（教师问卷） | — |
| | | 我总是对上课充满期待（学生问卷） | — |
| | 学生具有基本的自我管理和自我控制能力 | 我能够在课堂上保持专注（学生问卷） | 课中行为层面 |
| | | 我能够以饱满的精神状态投入到课堂当中（学生问卷） | 课中情绪层面 |
| | | 我能够及时完成课后作业（学生问卷） | 课后的自我管理与自我控制 |
| | 学生具有一定的理性思维能力和成才目标 | 学生能够及时完成课后作业（老师问卷） | — |
| | | 针对老师的授课内容，我有自己的见解（学生问卷） | 对学生理性思维能力的评价从老师角度来考察似乎更合理一些 |
| | | 针对教学内容，学生能够发现问题，思考、分析和解决问题（老师问卷） | |
| | | 学生交流过程中思维流畅（老师问卷） | |
| | | 学生能够对问题的回答进行判断和评价（老师问卷） | |
| | | 我有明确的学习目标（学生问卷） | — |
| 教学媒介 | 教学内容难度适宜 | 我认为老师的教学内容准确把握了我们现有的学习基础和提高空间（学生问卷） | — |
| | | 我认为老师在教学过程中对难点的分析恰当，经过讲解和思考，我能够理解（学生问卷） | |
| | | 学生经过讲解和思考能够较大程度地理解教学内容（教师问卷） | |
| | | 学生课后作业完成准确率较高（教师问卷） | 从教学结果来看教学内容 |
| | 教学内容应用性比较强 | 我认为课堂学习能够指导实践（学生问卷） | |
| | | 我认为我教授的内容与现实生活有较高的相关性（教师问卷） | |
| | 以问题为中心的方式进行呈现 | 老师以问题的形式呈现教学内容（学生问卷） | |
| | | 老师所提的问题是经过整合的，具有针对性（学生问卷） | 课堂上的问题要围绕本课的教学内容进行提问，不是漫无边际 |
| | | 我总是以问题的形式切入课堂教学（教师问卷） | — |
| | | 我能够在课堂上使用多种类型的问题（教师问卷） | 问题的类型应有所变化，切忌拘泥于一种形式，多类型的问题能够启发学生的思维 |
| | 课程具有内在逻辑性 | 老师的课堂教学结构严谨（学生问卷） | 课堂结构具有逻辑性，结构严谨合理有助于学生认知结构的建立 |
| | | 我觉得老师上课的内容有清晰的脉络（学生问卷） | 课堂内容前后连贯性 |
| | | 我能够紧紧围绕课程目标来组织教学内容（教师问卷） | 课堂教学能够抓住主线 |
| | | 我的教学内容是由浅入深的（教师问卷） | 教学内容内在逻辑性 |
| | | 我的教学内容能够体现学科特点（教师问卷） | 将教学内容与学科特点建立逻辑联系 |

续表

| | 分命题 | 量表 | 思考 |
|---|---|---|---|
| 课程设计 | 以理论知识为龙头(以理论知识为核心进行教学) | 我希望学生能够在课程结束后获得一定的理论知识(教师问卷) | 从设计理念考察 |
| | | 我在课程设计时会将理论知识融入到实践案例分析中(教师问卷) | 案例教学为理论服务 |
| | | 通过学习,我能够掌握相关理论知识(学生问卷) | 从结果考察教师的课程设计 |
| | 充足的实践案例 | 老师能够结合一定的实践案例来辅助教学(学生问卷) | — |
| | | 我认为提供一定的实践案例能够辅助学生理解理论知识(教师问卷) | — |
| | 课堂充满互动 | 我能够积极主动参与课堂(学生问卷) | 参与互动的态度 |
| | | 我能够从互动中学到很多知识(学生问卷) | 参与互动的有效性 |
| | | 我觉得班级上不同层次的同学能够有合作参与的机会(学生问卷) | 参与互动的广度 |
| | | 课堂上有多种形式的互动(学生问卷) | 互动的形式 |
| | 给学生大量的自由探索空间 | 我总是能够提出一些问题供学生课后思考探究(教师问卷) | — |
| | | 我能够给予学生足够的自主学习时间(教师问卷) | — |
| | | 我认为这门课课业负担合理,轻负高效(学生问卷) | — |
| 教学评价 | 以学生的能力为中心进行评价 | 学习后我能够掌握基本的理论知识(学生问卷) | 学生从这门课中应该得到提升的能力:基本知识掌握能力、质疑能力、问题解决能力、情感的发展 |
| | | 我能够将新旧知识融会贯通(学生问卷) | |
| | | 我觉得自己独立解决问题的能力得到提高(学生问卷) | |
| | | 我能够感受到我在学习后思想情感更加积极向上(学生问卷) | |
| | | 我的课堂上学生敢于质疑,勇于批判(教师问卷) | |
| | 以过程性评价为主代替结果性评价为主 | 老师会不定期检查我们的知识掌握情况(学生问卷) | — |
| | | 我认为评价应该贯穿整个教学过程(教师问卷) | 认知层面 |
| | | 我在评价学生时会结合平时的表现(教师问卷) | 操作层面 |
| | 评价主体多元化 | 在我的课堂上我会参考其他学生的意见进行评价(教师问卷) | 参考其他学生评价 |
| | | 在我的课堂上我会让学生进行自评(教师问卷) | 参考学生自评 |
| | | 老师会参考多方的意见对我进行总体评价(学生问卷) | — |
| | 评价方式多样化 | 在我的课堂上,我会从多个角度考察学生的课堂表现(教师问卷) | — |
| | | 老师会经常采取例如笔试、口试等多种方式进行考核评价(学生问卷) | — |

**王师批注：**

好，拿出了一个相对成型的量表供大家参与讨论！

在倾听不同声音之后可以不断进行完善。现在设计出来的量表在调研过程中就可以不断校正、深化和细化量表具体内容了！

# 拾壹　做中学，事上练

**2018** 级博士生　王亚克

这次课程的重点仍然是制作量表，但也增加了新的内容"如何做访谈"。课后我反思了小组讨论情况，并总结了自己的主要收获。

## 一、对于小组讨论的反思

上周课我们的主要任务是针对五个基本假设理论（主命题）设计量表，这周开始讨论条件性命题的量表设计，老师把我们分成四组，各组都进行了热烈的讨论，但是在最后呈现时发现我们设计的量表质量一般，存在不少问题。在课前我、肖阳和雅倩花了一个多小时逐条讨论了量表，在课上又和汤建、晓艳、孟圆逐条讨论持续近一小时，为什么讨论效率不高？经过反思，我发现有以下原因：

1. 讨论的目标不清晰

一开始组员对于先讨论主命题还是条件性命题存在分歧，在讨论目标的确定方面花了一些时间，影响了讨论的效率，其他小组也有同样问题。

2. 讨论的时间不足，讨论不充分

教师、学生、教学媒介、课程设计和教学评价这五个方面有 20 个分命题，但要设计的问题不止 20 个，有些问题是问学生的，有些问题要问教师，每个成员对各个命题提出自己的理解，然后共同分析、讨论、筛选到最后记录下来需要 3～4 分钟，有些无法达成共识则需要更多时间，要完成所有命题的问卷设计一小时显得比较仓促。

3. 组员之间分工不明确

我们组没有明确的分工，但由于我之前写下来一些问题就直接抛出来，有先入为主之嫌，一定程度上影响了其他同学的积极性，讨论没有激发出所有组员应有的智慧。其实不急于表达自己观点的同学的思维往往很有深度和广度，应该多邀请他们分享见解，提供平台和机会让他们表达。

4. 急于求成的不良心态

我们在讨论中数次卡壳。比如对教师的条件"擅长从事科研"，我们设计的问题有"您对自己的科研成果满意吗？""您平均每年发表几篇论文？"（现在看来像是访谈提纲，不是量表问题。）大家对自己设计的问题都不满意，对教学媒介的"以问题为中心组织"、课程设计中的"以理论知识为龙头"和教学评价中的"以能力为中心代替知识为中心"感到无从下手，但急于完成其他命题就先放下了这些问题，没有进行深度讨论。

以上原因仅为我个人的浅见,如何改进还有待进一步思考和实践。

## 二、主要收获

关于量表的设计有很多收获,总结如下。

1. 最大的收获是量表的制作要深化、细化和精确化。一份科学的量表从来都不是短期内形成的,如何做到精确表达？要深入细致地进行研究,每一个问题甚至每一个词都需要反复推敲,不能有歧义或含混不清,语言要浅显明了,描述要尽可能客观,问题要避免有导向性。即使形成了量表,也要通过多种方式进行验证。

2. 第二组的量表让我深受启发。他们设计的量表以第一人称"我"的形式出现,这可能让量表的使用者有代入感,也比较容易用李克特量表的五点选项来测量,不过他们设计的量表中似乎缺少了反向题目,不知道反向题目是否是必需的。其他小组全是对"您"或者"你"的发问,问题有不同程度的导向性,不利于测量。

3. 雅倩在第二组设计的量表基础上总结之后的量表值得借鉴。用表格一目了然,描述得更精确。

关于访谈,了解了一些注意事项,但"知道"跟"做到"之间有很长的距离,还是要在"做中学",在"事上练"。

**王师批注:**

讨论中出现问题很正常,学习过程在很大程度上就是发现问题过程,发现问题之后找到解决问题的方法就进步了。学会讨论并不是一个简单的课题,这对参与者有很高的要求,不是说想获得高质量就能够得到高质量的,它是一个不断找到感觉、不断找到自我定位的过程。

高质量的讨论要求参与者事先准备充分,已经基本上形成了自己的问题和思路,然后在相互的审问之下进行比较、借鉴、相互促进并共同趋向完善。

正是在反思过程中我们既发现了不足,同时也使自己找到了解决问题的办法,进而使自己取得了进步。

# 拾贰　源自课堂的三个思考

*2017 级博士生　汤建*

## 一、"半缺场"的课下如何配得上高强度的课上?

和往常一样,老师在课前检查大家课下的准备工作。除了一位同学明确完成了任务外,我和绝大多数同学一样,处于"半完成"状态。因此,老师决定让大家进行小组讨论,老师让15 位同学按1、2、3、4 顺序报数,以报数相同的同学为一组。我们小组有 4 位成员,其中两位是一年级的硕士生,一位是一年级的博士生,一位是二年级的博士生。小组讨论进入正题之前,我们花了10分钟的时间确定讨论的具体主题和任务。我们小组开始的时候对于讨论主题是有分歧的,一部分成员认为是围绕第七次课上的五个主命题(以学生为中心、以学生能力最大发展为目标、以问题探究为基本过程、以学生有效参与为标准、以学生学术兴趣形成为结果)进行量表设计;一部分成员认为是围绕第六次课上提出的五个维度(教师、学生、教学媒介、课程设计、教学评价)的19个条件性命题进行量表设计。经讨论,我们达成一致:围绕19个条件性命题进行量表设计。确定好讨论主题之后,我们进行无领导小组讨论。上一次小组讨论的经验是时间飞快且有限,不宜在一个问题上过多纠缠。所以,这一次讨论,我们小组先将每个问题都讨论一遍,遇到有困难的题目,一经进入讨论瓶颈,我们便先放过,等到最后一个问题讨论结束后,再回过头去思考一些尚未解决的问题。我认为我们这一次的讨论在时间上把握得还不错,每一个问题都经过了讨论,有的问题甚至讨论了两三遍。但是,我们的质量却很不尽如人意。我想,这是因为课下投入不足。这样,课堂讨论变成了"补"课下投入的"课",其结果可想而知。真正的小组讨论,应该是每个小组成员都能够对讨论主题和内容了然于胸,并建立在自己独立思考、反复推敲基础上的讨论。高质量的小组讨论应该是"交代自己""说服自己"并"说服他人"的过程。即每个小组成员将自己的观点呈现在大家面前,经受每一个组内成员的反驳,最后,形成无法反驳的共识。然而,我们的讨论一直比较平静,没有过多争辩。从而,我们设计出来的量表自然也是拿不出手的。

无论是小组讨论,还是整个课堂学习,充足的课下投入都是基本要件。老师的课堂需要我们的思考时刻保持"在线",稍一"掉线"便会"掉链"。高强度的思考力度需要课下的积淀,而这积淀便是我们的充分投入。当"缺场""半缺场"的课下投入与高强度的课堂思考需求相遇时,便立刻暴露马脚。我认为课下"投入"和课上"收入"是成正比的,课下投入得越多,课堂收获便越满。只有充分的课前准备才能够让自己拥有和老师对话的可能和资本,才能够让自己在这个对话过程进行对比、纠偏和提升。

## 二、我们能突破确定性思维习惯吗?

在这次量表设计中,第一组因为讨论偏航,所以其结果是无效的。第二组完成得很好,他们绝大部分题设都是经得住推敲的,而且不少是很巧妙的。比如,在设计"教师具有教学机智"时,他们设计的问题是"我能够灵活应对学生在课堂上的各种质疑"。这虽然是对原命题的解释,却不是平面的概念游戏,而是高一层次的逻辑推演,既考虑到了受访者的心理需求,又清楚地表达了命题内涵。其他几组的讨论成果在第二小组的衬托下相形见绌。在各个小组呈现自己讨论结果的过程中,我们可以看出,并不是说为了反驳而反驳、为了替代而替代。就像老师说的,很多答案并不是唯一的。不同答案在不同情境下的优先级是不同的,可能答案A最适用于情境1,而答案B最适用于情境2。受应试教育影响,我们很多时候会不自觉地寻求一种"确定性"答案,追求一种最优的结果,也试图想找到一种普遍的标准。不幸的是,恰恰是这种确定性的单向度思维让我们不会转弯了。思考本是一件自由的事,却在我们自己设定的框框中被束缚了。这个长期形成的框框同样需要长期的思维训练过程。只有我们的思考具有多元性、灵活性时,我们才能活学活用。

### 三、我们能成为一个深入生活的探索者吗？

量表设计完成后，我们还需要对一些问题进行验证性的访谈。因为我们缺乏实际的感受，便要走进生活，去了解自己的研究课题。这就需要我们走到一些教学经验丰富的教师身边，了解这些专家的意见，丰富自己的感受。访谈是具有高度选择性的，我们的访谈对象是教学经验丰富的老师。也即是说，科学研究不是随机的，而是靶向治疗。当然，科学研究也是艺术的。访谈便是研究者的艺术活动，是研究者走出书斋的一种很好的生存方式。访谈的过程是与人交往的艺术化过程，我们要注意受访者的心理需求和变化，要能够有效沟通，让对方能够心甘情愿地分享自己的真实想法。因为访谈中的每个问题都要推敲，要思考我们究竟要得到什么信息；要对每一个问题细化，我给访谈对象呈现的这个问题具体表现为什么，细化之后再精确化、客观化、中立化等等。一系列的问题设计不仅对逻辑思维能力、语言的描述能力有很高要求，还考察访谈者的理论知识水平及其对生活的体验程度。诚如老师所言，"学术不能脱离生活"。一个优秀的研究者应该是对生活的体验者和思考者。学术研究不是空中楼阁、无源之水。学术的意义在于思考并深度认识生活中的一些困惑和问题，并寻找破解方式，学术应该阅读生活、体验生活、探索生活、思考生活。只有深入生活，才有对生活的切身体验和感悟，才会萌生有所作为的冲动，才会在这种责任感中产生学术的灵感。

（老师课上的访谈问题提示：(1)您认为理想的研究生课堂教学应该是什么样的？(2)您认为有什么好的测量方法测量课堂教学质量？(3)您认为老师在课堂教学中引入多少科研内容比较合适？(4)您在课堂上对学生有怎样的期盼？(5)您认为哪些方法更能测试出学生的能力？(6)您认为以学生的最大发展为目标可能吗？(7)有人认为应将学生满意度作为高质量课堂的指标，您觉得合适吗？(8)您对高水平的研究生课堂有哪些建议？)

**王师批注：**

汤建的日志越来越具有"论文体"了，也就是说，不再是一种静态描述了，而是具有了立体性、批判性，开始与生活交织在一起了，具有了较强的思辨特征。

汤建提出了很好的问题，反映了现状，无论如何都很难提供一种让多方面满意的答案。

生活很多时候就是一种适应，很多时候也是无解的，生活很大程度上就是一种缓慢变化，所以希望人们做出重大改变其实可能性不大。但人们如果认同一种理想，就会朝那个方向努力。

教育不是训练，教育是自我成长。

# 访谈篇

# 第九章　访谈经验交流（上）

## ——"高等教育研究方法"第九课

## 壹　访谈经验交流

授课教师　王洪才

### 一、特别设计

第九课是一次特殊的课，根据以往经验，我很难及时赶到教学现场。我安排了 2015 级博士生刘隽颖来与同学们做现场交流。因为她自己在美国访学期间独立从事了大量访谈，肯定有一番自己的独特感受。而且她现在正在写博士论文，论文的很多素材就取自她的访谈材料。她的访谈效果究竟如何？我不甚了解。据她自己说很成功，但她没有给我详细呈现，我一直很好奇，她究竟怎么做的，做得究竟怎么样。

她回来之后，我一直没有时间与她进行畅谈。怎么来检查她访学效果和具体研究的成效呢？我一直想找一个特殊的机会让她讲一讲。沙龙本来是安排了她的一个报告，可惜那次我出差，没有听到。那次记录也不详细，无法了解真实情况。这次我出差在外，很难调整课时了，我想可以利用这个机会让她表现一下，通过同学们的观察来反映她的访谈效果。

### 二、访谈效果衡量

效果究竟怎样，还得同学们说了算。而且刘隽颖以后要走向教学科研岗位，能够有这样的一个锻炼机会也不错！研究教学的必须善于教学，善于教学也必须进行实践探索。这是一个挑战，当然主要是一个练兵，而且是检验一下之前的实践体验能否上升为一种可以共享的知识。所以，其中的风险与机遇是并存的。

毕竟，我们的同学已经见识过许多不同的课堂，新的课堂将会是什么样的？这是值得期待的。作为老师我也期望获得一个答案。

### 三、反馈

通过浏览同学们的日志，我发现刘隽颖同学的访谈交流是很成功的，因为同学们非常认可，她讲得比较实在，而且让同学们自己去练习怎么来编码，说明刘隽颖同学在美国一年时间里的知识和能力都有很大提升，当然综合素质也有所提升。从侧面说，也反映出她是具有做高校教师的潜质的。

# 贰　谈"有效访谈"

**2018** 级硕士生　刘美丹

今天的课堂我们迎来了一位非常特殊的"老师"——刘隽颖师姐,她给我们做了一次非常精彩的关于"访谈与访谈数据分析"的分享交流,在课堂上我既学习到了如何做好访谈的一些技巧,也第一次接触到了"编码"这一访谈数据整理方法。

隽颖师姐的课堂分享分了两个时段进行。前一时段主要向我们介绍了什么是访谈、访谈的主要类型以及访谈要如何开展等基本的概念、技巧;后一时段就质性研究中的三角互证法和访谈数据的整理与分析解答了我们对于访谈数据处理的一些困惑。

## 一、何谓"访谈":定义及基本类型

在第一部分"什么是访谈"中,首先,师姐就"访谈"的定义指出了我们常见的两个认知误区:一是访谈不等于质性研究,二是访谈不等于问答式的对话。它是质性研究中最常见的、最重要的资料收集方式,是一种研究性交谈,即"研究者通过口头谈话的方式从被研究者那里收集(或者说"建构")第一手资料的一种研究方法"。其次,关于访谈的特点,师姐提到让我觉得耳目一新的一点是"交谈双方的地位和权力不一样。研究者有权力限制双方交谈的内容、访谈风格,接受访谈意味着受访者默认接受了研究者的这一套规则"。我在之前的访谈经历中,由于访谈对象的身份地位较为特殊,交谈过程每感诚惶诚恐,对方作何言论都是一味点头,完全把自己放在一个"受教育"的学生角色,更遑论去限制双方交谈的内容、风格。我课下认真思考了一番,确实在一位德高望重的受访对象面前,作为学生的我们很容易模糊了自己此时此刻作为研究者的身份,忽视了对访谈过程的引导,导致访谈出来的结果并不满意。但是,"适当引导"和"尊敬对方"之间应当是不冲突的,在访谈过程中我们要明确自己作为研究者/访谈人的身份,在尊重对方自由表达的同时,对访谈的方向做好把握和引导。再次,师姐运用她之前访谈过程中的一些录音案例向我们说明了访谈相较于问卷调查、观察法所具有的独特优势,比如访谈获得的资料语言丰富性和本土性是其他方法所不能比拟的,我想这也是访谈法的魅力所在。最后,关于访谈的主要类型,师姐提出了按结构、正式程度、接触方式、受访者人数、访谈次数五种分类的依据。

## 二、如何开展访谈:前、中、后的准备

在第二部分"如何开展访谈"中,首先,师姐谈到访谈提纲的设计直接关系到访谈效果的好坏,因此尤为需要注意。一方面,最好事先摸清楚访谈对象的个人背景,比如职称、学科背景等,这样会让被访者感受到你是"有备而来",这种真诚也会感染到被访者,使其更加认真地对待这次访谈。另一方面,要针对访谈对象的不同特点,对访谈内容进行适当调整,特别要注意提问的用语。其次,关于如何进入现场,师姐强调了介绍人的重要性,他决定了我们能够接触到什么样的访谈对象,还关乎研究对象对研究者采取什么样的态度。这一点我在

最近联系访谈对象的过程中真的深有体会。一开始我请一位同学帮助我联系他的导师，这位导师在看过我的访谈提纲之后委婉地拒绝了我，原因是他称自己是教学新手，还没有积累多少课堂教学经验，我想主要原因还是这位老师的学科背景是工科出身，这些问题对他来说可能从来没有思考过，也觉得没有思考的必要性，还有就是访谈提纲没有更好地贴近他的教学实践，理论与现实之间存在距离。这说明我的访谈提纲应进一步贴合老师的学科背景。在修改了访谈提纲之后，我又请另一位同学帮助我联系另一位老师，这位同学把老师的邮箱发给我并表示希望我能够自己联系到老师，于是我先后给老师发过去两封邮件，很可惜都石沉大海了。再后来，我寄希望于与我同上一门课的另一学院的一位同学，她在听我说明缘由之后，当下通过微信帮助我联系到他们院里一位年轻的老师，并约定了访谈的时间地点。我想，一方面介绍人在其中发挥着关键作用；另一方面还是得看访谈对象本人的年龄、性格、工作繁忙程度等，这些因素都会影响他对于访谈的态度。再次，师姐谈到了访谈前的一些准备工作，比如是否需要准备小礼品？什么样的小礼品比较合适？访谈场所是否适宜？准备如何进行访谈记录？等等。虽然这些问题看似不起眼，但对于访谈的效果、后期访谈记录的整理都会产生很大影响。比如，一个小巧实用的礼物很容易拉近你与访谈对象的距离；在面对面的谈话过程中，除了收集被访者的回答信息之外，还应当注意观察被访者的动作、表情等非言语行为，这些信息对于鉴别对方所回答内容的真伪以及受访者的心理状态都是有辅助作用的。

最后，师姐谈到了访谈的一些基本技巧。第一，如何得到被访谈者的信任和支持？访谈者在开展访谈的过程中最好不要低头整理笔记，而是与被访谈者保持目光交流，保持一种专注的状态。第二，如何引导谈话方向？访谈过程中被访谈者很容易出现偏离访谈话题的现象，这时候，身为访谈者的我们应当适时做好引导工作。但由于访谈者学生与被访谈者教师双方在地位上的不平等，引导可能失败。如何把握住双方的关系，引导好谈话方向是一个很难处理的问题，祥辉师兄分享他的经验是首先对受访者的回答表示肯定，再根据对方所讲的内容使之与访谈的内容联系起来，产生迁移，这样一方面避免了直接打断对方讲话的尴尬和生硬，另一方面保证了访谈的效率和质量。第三，如何进行回应？访谈者不仅是一个观察者、一个记录者，还要适时给出一些被访谈者需要的回应，比如点头微笑，在谈话进行到关键处时做出类似于"您说的有道理""您说得对"等点评，即使对其观点不赞同，也应当先表示肯定，再婉转地表达自己的观点和意见。第四，如何掌握访谈时间？访谈时间过长或者过短都不利于访谈效果的提升，一般来说 50～60 分钟为佳，可以根据被访谈对象的反应进行适当调整。在访谈结束时还有非常重要的一点是对今天的访谈结果进行一个简要总结，向被访谈对象表示感谢。在我后续的实际访谈当中，我将会运用到这些技巧。

### 三、访谈编码：定义及注意事项

第三部分是"质性研究中的三角互证法"。师姐对何谓"三角互证"做出了自己的解释，即"数据资料是从范围广泛的、有差异的、众多的来源中，利用多种方法，通过多名调查人员，根据不同的理论获得"。常用的互证方法有方法三角互证、数据三角互证、调查者三角互证、理论三角互证等。

第四部分是非常重要的一个环节,即对访谈数据的整理与分析。在之前我个人的访谈经历当中,我通常的做法是对录音按题目进行转稿处理,再对整理出来的文字稿进行语病、语意上的修整,并分点、分层次概括,提取出研究所需的关键部分并将其用于研究当中,这样就算完成了。师姐提出的"编码"过程是我之前从没有听说过更没有使用过的,因此对什么是"编码"、为什么要对访谈资料进行编码以及如何编码产生了强烈的好奇心。首先,在听了师姐的讲解之后,我理解的编码是对访谈录音文字稿的深层次加工过程;其次,任何事情都可以被编码,比如特定的行为、事件、活动、策略、意义、标准、关系、参与水平、条件或限制、结果、环境等;再者,编码使用的语言应当符合简短精练、有意义、明晰的要求;最后,编码反映出来的只是个人的理解和信息提取的思路,并没有所谓的人为标准。而且编码并不是一次就结束了,我们需要对访谈数据进行多次编码,这个过程是由详细到归纳、凝练的过程,考查我们的判断能力、归纳总结能力和抽象思维能力。课上,师姐还为我们发放了她在之前的访谈实践当中收集整理的材料,开展了相关的编码活动,并请同学上台展示自己的编码内容。可以说是一堂理论结合实践、内容丰富、讲解生动、有质有量的课堂,既解答了我之前关于访谈的一些困惑,同时也为我们更好地利用访谈这一工具来开展更有效的学习研究提供了经验启示。

**王师批注:**

美丹同学谈了自己的经验,说明对于新手而言,访谈还是一个很大的考验。

学生的身份也可以做很好的访谈,因为作为学生正可以把自己想问的东西都问出来。

但学生的身份很容易让自己变得胆怯,不敢问、怕出错,这样的心理很容易使自己失去判断力,不知道访谈对象所说的是否符合自己的要求。

对于访谈对象的引导是需要一定的对话能力的。这就要求打破身份障碍。引导能力需要自己心理镇定和运用合适的话语相配合才行。

访谈最考验我们自身的心理素质,首先是不能胆怯,其次一定要做足心理准备,预想到可能发生的各种情况,再次是善于理解对方,最后要抱着求教心理而来,做到这些之后,自我心理就变得坦然了。

## 叁 访谈理论与实践操作

**2018 级硕士生 孙士茹**

这次课堂与以往有较大不同,是由国外访学归来的刘隽颖师姐和大家分享其访谈经历、经验并做访谈数据分析。这是一种全新的上课方式。师姐的讲解清晰、内容形式丰富,让我收获颇丰。

首先,师姐讲解了访谈的基本原理:

1. 访谈是一种研究性交谈、口头谈话的方式。

2. 访谈特点

(1)访谈有两个或者以上的参与主体。

(2)交谈双方的地位和权力不一样。

3.访谈类型

(1)结构型与封闭型访谈。

(2)按照正式程度可分为正式与非正式访谈、正规与非正规访谈。

(3)按照接触方式可分为直接和间接访谈(与访谈对象不处于一个共同空间)。

(4)按照受访者人数分为个别和集体访谈。集体访谈的优势在于可以运用集体中的不同个体进行访谈内容的互相佐证。然而,访谈的人数也不宜过多,最好3～5人。

(5)按照访谈次数可分为一次性和多次性访谈。

4.收集资料原则

尽可能达到饱和状态。

5.访谈提纲的设计

(1)明确访谈目的:我们究竟想要干什么?

(2)确定访谈对象:清楚我们需要对怎样的人进行访谈。设计访谈的提纲(针对什么对象用什么语言,确保被访者能够理解)。

(3)从开放性访谈到半开放性访谈:开始围绕研究问题的漫谈——聚焦几个问题。

6.访谈技巧

(1)如何得到信任? 我们应该直接告诉被访者研究目的以便得到其信任。

(2)如何引导访谈的方向? 分析被被访者牵着走、插不进去嘴的原因。

(3)如何进行追问? 有的同学曾通过小组合作进行访谈,那么其中就必然存在组员如何分工对被访者进行后续追问的问题。这便需要组员内部事先商量好并进行一定的模拟训练,培养彼此间的默契。

(4)如何进行回应? 在访谈过程中,访谈者并不是完全听的状态,而是需要对被访者有所回应,如此才能达到更好的访谈效果。

(5)如何掌握访谈时间? 50～60分钟为宜。访谈最后,需要对整个访谈过程做一个总结,便于后续访谈能力的提升。

接着便结合具体实例论及访谈的开展,对访谈数据的编码分析。其中提及的质性研究三角互证法更是需要我们更深入地理解与实践。

整节课程对我有几个印象深刻的启发:

1.介绍人的重要性

作为研究者,能不能找到我们研究所需的访谈对象是关键。而作为学生,资源相对不足且研究课题一般都是为学业所用,受制于自身的专业水平影响,综合多方面的因素进行访谈研究的优势不是很大。而进行访谈的过程就是我们实践并学习的过程。也正如师姐所说,即使我们掌握了很多的访谈知识,但还是需要靠大量的实践来总结经验教训、增深体验。研究者需要有权力、能力来控制双方的交流,包括交谈内容、交谈风格、信息类型和容量等。但这种权力和能力我们是欠缺的。因此,在这种境遇下,介绍人角色在我们开展访谈研究的过程中则显得更为重要。介绍人决定了我们能接触到什么样的访谈对象。比如我们要做关于高校院长领导力的研究。那么,我们是否能够认识他们便需要借助中间人的引荐。这也说明访谈其实是一个人际交往的过程,对方要量力而行(尤其是研究者)。中间人也会关乎研究对象对研究者的态度、真诚度。比如,研究高校各学院院长,如果是在校长的引荐帮助下则更可能实行,且需要校长对各院长进行研究的细致目的介绍以及研究者对待此研究的态度、做过的努力等。

2. 访谈能力的提升

由于关于本课程的访谈安排集中在本周末,所以这里我便结合去汕大调研对教务处老师的访谈体验,谈自己存在的几个疑惑和问题:

(1)访谈提纲是否该事先给被访谈者准备

汕大的访谈提纲是我们事先给被访者了,以便他们提前对问题做一些准备。但是在访谈的过程中,由于被访者已知道访谈问题,其将访谈提纲打印出来并一一解答,因此原定一个半小时的访谈进行到 30 分钟左右时便"无话可聊"了,被被访者"牵着鼻子走"。但所幸,被访者人很好,会主动地给我们提供一些相关信息。这也提醒我们,在访谈时,我们需要准备更多的、可以备选的问题,以备时间充裕之需。而对访谈问题的设置更需要有层次、给被访者提供较大的发挥空间,研究者个人需要对访谈问题熟知于心。但是我们是否需要将访谈提纲事先给被访者看呢? 提前给被访者看是不是容易使其预定答案呢?

(2)小组访谈的默契

我们采用的是分组调研形式。小组访谈首先需要明晰每个人的职责分工,谁主问、谁负责记录等。且我认为组内的人员一定是需要经过事先磨合的。但我们小组由于访谈经验不足,因此,即使进行了分工,大家之间的协调还是有些生硬。且大家在事前主要是对研究内容进行了一定程度的熟悉,对于访谈的流程没有进行一定的演练。

不过,感觉访谈还是要多进行实际的操作,总结经验。这样运用起来才能更为娴熟。


**王师批注:**

士茹同学也把学习与应用结合在一起了,很好!

知识的价值在于能够应用,不能应用便渐渐失去了内涵,甚至无影无踪。

士茹对课堂学习内容整理得很好,条理清晰。

对访谈中遇到的问题的认识也很客观。确实如此,我们研究生在访谈中面临着很多劣势,但劣势并非绝对的,关键在于认识自己的相对优势。比如说,作为学生可以问很多问题,不一定要装得懂很多。当然,如果事先没有深入的思考,就会提不出问题。

实践出真知。这也是一条颠簸不破的真理。事情做过才知难。难并不可怕,正是难才打开了求知的窗户。所以,经常接触实际,就能够获得许多不同体验,就能够让自己提出许多问题,这也是自我成长的台阶。

# 肆　从田野到课堂的案例教学

**2018** 级博士生　段肖阳

12月3日，我们上了第九次课，这次课有很多新面孔加入。刘隽颖师姐分两部分——访谈与访谈数据分析，带我们进行了学习。师姐以自身丰富的访谈经历为素材，在课堂上为我们展现了有苦有乐的田野。在课程开始前师姐讲道："如果访谈做得很好但不会分析，则会浪费访谈资料。如果访谈不充分，则巧妇难为无米之炊。"

第一部分：访谈

师姐从三个方面讲解"访谈"部分：什么是访谈；访谈的主要类型；访谈的开展。

一、什么是访谈？

师姐从访谈不是什么讲起，再讲解访谈是什么，再谈到访谈的特点，最后将访谈与观察相比、与问卷相比详细解析访谈的目的。师姐分别展示了自己访谈的案例，首先介绍了一下访谈的背景，然后播放访谈的录音，之后问大家从录音中听出了什么信息。第一个案例是关于高校教学改革的访谈，同学们听完录音后纷纷回答"被访教师抱怨翻转课堂增加了工作量"。师姐在大家回答之后谈道："如果我们只是去课堂上观察，我们可以看到翻转课堂是如何进行的，但我们并不能了解教师在这个过程中到底面临什么困境。"第二个案例是关于大学生课堂上学习情况的访谈，录音中被访者描述了课堂上的学霸区、情侣区、休息区、打游戏区。师姐解析道："这么生动的生活化语言是问卷不能体现出来的。"在这一部分，师姐亦讲亦析，适时发问，启发大家思考，尤其是生动的案例展示和精准简练的总结让大家印象深刻。

二、访谈的主要类型

这一部分师姐从不同分类方式讲解了访谈类型：按结构分类、按正式程度分类、按接触方式分类、按受访者人数分类、按访谈次数分类。尤其在讲解个别访谈和集体访谈时，建议对教师进行个别访谈，对学生可以进行单人或多人访谈。举"关于大学生做作业情况"的集体访谈案例，播放了访谈录音，让同学们自己发现案例中的集体访谈的优点：同学之间的相互佐证。师姐也提出了原则：收集的资料要尽可能达到饱和状态。

三、访谈的开展

这部分内容是师姐讲解的重点，也是师姐体验感受最深刻的部分，所以师姐从访谈提纲的设计、进入现场、访谈前的准备工作、访谈的技巧、访谈不易、访谈很棒、访谈有技巧展开了丰富详尽的讲解。每一部分的讲解，师姐都举了自己访谈中的生动案例。如针对不同访谈对象设计访谈提纲时，举例对学生进行教学改革、教师教学评价的访谈时，应解释清楚何谓教学改革和教师教学评价。进入现场时引见人关乎研究对象对研究者的态度和真诚度，师姐播放了引见人向被访对象介绍她自己的录音，让大家感受到如果引见人了解自己的研究，更便于引见。在讲解准备小礼品、访谈场所、如何进行访谈记录时也都举了生动真实的案例，讲访谈录音问题时如何征求对方的同意，而且从自己作为被访者时的不愉快体验为大家提供反面案例。

在讲解访谈的技巧时,师姐举了访谈中引导谈话方向失败的案例:访谈一位教务处领导就学校教学改革的思考,但被访者全程引领谈话方向,一直聊家庭教育。师姐在访谈后及时进行了反思:自己和对方地位不对等,对方作为领导气势强大,自己无法插嘴;被访者对教学改革思考不多或不愿与自己谈。在如何进行追问时,播放被访学生对作业态度的录音,被访学生说话条理、思路清晰且作业态度积极,师姐及时追问他们是否为班委,在确认对方为班委后,追问对方是否能够谈一下身边同学的作业态度情况。同时,举了另一被访者模糊回答的案例,师姐进行了适当的追问,以获得真实有效的信息。师姐的辨别力、控制力让大家佩服。另外师姐的记忆力也非常好,她可以很好地复述对方的话语,而且可以对很多访谈对象的情况记忆犹新。在访谈中如何进行回应,尤其在不认同对方观点时如何进行回应,师姐认为我们不应是完全听的状态,而应以合理的方式告知对方自己的看法。师姐在访谈中能够做到不卑不亢,着实让我们佩服。不过我认为,在面对访谈辨别力不强的对象时,应慎重告知对象自己的看法,以防错误引导。

在听师姐讲解访谈不易、访谈很棒、访谈有技巧部分时,感觉师姐很享受访谈的过程。当然,师姐肯定也遇到了很多困难,但她能够克服困难高效进行访谈,遇到意料之外的惊喜,时时发现访谈中有意义的点,师姐有着很强的悟性和智慧啊!

"访谈"部分讲解完之后,师姐让同学们介绍访谈中的收获、遇到的困难,或者对刚才的讲解提出质疑。两名同学分别介绍了已开展过的访谈过程,另有一名同学提出如何记录访谈。师姐讲解到可以使用内容记录,也可以使用观察记录,并建议使用纸笔进行记录,之后要及时整理、转录、补充反省记录。

第二部分:访谈数据分析

在中间休息之后,师姐为大家讲解了"访谈数据分析"部分。在开始这部分前,师姐讲解了"质性研究中的三角互证法",为大家解析了何谓"三角互证"。师姐从自己的访谈出发,利用"三角互证"证实并完善自己的资料,多次举例让大家理解"方法三角互证、数据三角互证、调查者三角互证、理论三角互证"。

在访谈数据的整理和分析部分,首先,师姐为大家展示了自己的录音转稿,让大家理解转稿的要件及格式。再次,师姐讲解了扎根理论和编码的一般过程。同样的材料但每个人的编码不同,任何事情都可以被编码,如特定的行为、事件、活动、策略、情况、意义、标准、关系、参与水平、条件和限制、结果、环境等,但编码要简短精练、有意义、明晰。

在讲解指导后,师姐为大家发放了自己访谈的转稿,鉴于每个人有自己的风格,所以师姐鼓励同学们先独立进行编码。我注意到同学们编码时,师姐悄悄地从每个人身后走过,默默地巡视了大家的编码情况并关注了时间。同学们独自编码结束后,师姐让大家与身边的同学讨论,看对方是否能够理解自己的编码。我和身边的一位同学讨论后,发现每个人的认识确实不同。另一同学的编码是分了两个大的方面——青年教师的困境、职前培训制度,然后把每个方面都进行了细化,编码非常细致。讨论时间为5分钟左右,之后师姐了解了同学们编码的个数,并询问哪位同学愿意主动上台展示自己的编码。有一个同学主动上台,羞涩地在黑板上写下自己的编码,师姐鼓励这位同学面向大家讲解自己的编码。同学展示之后,师姐对该同学形成自己的风格进行了鼓励及肯定,同时也提出了自己的一些建议:在初步编码时每一个编码就是一个单独的编码，后期再进行分类。师姐能够关注课堂上每一个同学的发展，并给予同学们上台锻炼的机会，而且充分鼓励并肯定大家的优点，展示了很好的教师风采，不愧是老师培养出的优秀学生，自勉！

之后，师姐展示了英文教材中的一个编码教学案例，并提出每个人的编码不同，这个编码只是展示了作者的思路，所以未提前展示。之后，详细讲解了英文教材中的编码手册部分。讲解结束后，师姐展示了自己的编码过程及结果。第一步：初步编码，带上了个人的总结和评价，为了便于后面的分类。与刚才展示的同学的事件描述类型不同，但每个人有自己的风格。第二步：分类，对详细的编码进行分类总结。第三步：提升，形成自己的研究主题。师姐认为扎根理论是层层提升的过程，所以初步编码越细致越精确越好。听完师姐自己的编码讲解后，同学们普遍觉得与师姐的差距较大。但师姐让大家先体验编码，之后再为大家示范讲解，调动了大家的积极性，并加深了大家对编码的理解。

讲解结束后，师姐让同学们提出自己的问题，我首先提出一个问题：转稿语言条理、逻辑性强，是否已经经过自己的加工？师姐破解道："文本转录时，应把每句话补充完整，去掉连词、语气词等，并合理分段。如果被访者话语模糊，应该在访谈时就及时追问清楚。转录时，如果被访者一句话只说了一半，能够很清楚地了解被访者的观点时，可将后半句补充完整。反之，删除这句话。"

有同学提出："编码的目的是什么？什么情况下需要编码？"师姐从一些小论文及部分学位论文的实例出发，讲解了文本使用中的"演绎式逻辑"和"归纳式逻辑"。前者多出现在一些小论文及部分学位论文中，研究者已有观点，再从文本中找支撑，这并不是真正的质性研究。后者，从文本中挖掘生动的案例和观点，即观点是从文本中生成的。

有同学提出："在论文写作时，能否使用本土化语言？"还有同学提出："访谈熟人时，应注意什么问题才能够防止话题跑偏？"师姐对这些问题都进行了详尽的回答，足见师姐准备充分，且在访谈及访谈数据分析上有深厚的功力。

老师组织的这次特别的课堂很成功。首先，老师善于组织安排时间、教员。再次，师姐有着丰富的访谈经验、优秀的教学能力和研究能力。最后，同学们的积极参与。当然，访谈及访谈数据分析还需要自己认真地实践，也需要自己再学习相关书籍，以形成自己的判断和风格。

**王师批注：**

我间接地看到了教学效果，谢谢！

"现身说法"比理论讲授效果更好，因为这更有质感。

这是一堂案例教学，案例教学之中又套着案例。

经历是最能打动人的，不同的经历塑造不同的人生。

授课过程能够促进反思，能够促进自我提升，这就是实践的作用。

# 伍　访谈的开展及其资料分析

*2017* 级硕士生　赵祥辉

第九次课非常特殊,是由刘隽颖师姐基于自己的访谈经验,为我们大家做了题为"访谈与访谈数据分析"的分享。

## 一、访谈是什么?

隽颖师姐开宗明义,阐明了以此命名的缘由,即"访谈"与"访谈数据分析"是密切相关的,如果只有访谈而没有进行充分的访谈数据分析则可能造成"资料的浪费",而有访谈数据的分析而没有饱和的访谈数据则是"巧妇难为无米之炊"。

那么什么是访谈? 隽颖师姐从定义、特点、目的和分类四个方面予以阐释:

首先,访谈的定义是什么? 隽颖师姐澄清了关于访谈定义的两个误区。第一个误区是把访谈和质性研究画等号。她认为访谈是质性研究中最常见、最重要的资料收集方式,只能说是它的下位概念,除此之外,质性研究还包括观察和实物分析等方法。第二个误区是把访谈和问答式的对话画等号,隽颖师姐讲解道,访谈是尽可能充分发挥被访者主动性,留有开放性余地的,如果只是单纯的问答式对话虽然跟封闭式访谈有关联,但很有可能使被访者陷入被动和沉默,很难称得上是"合格的访谈"。那么访谈究竟是什么呢? 隽颖师姐给出了她的定义,即认为"访谈是一种研究性交谈,是研究者通过口头谈话的方式从被研究者那里收集第一手资料的研究方法"。在这里也可以看出,访谈并非是东拉西扯的闲聊,而是基于一定的研究目的所进行的"研究性"对话。

其次,访谈的特点是什么? 第一,访谈最关键的是要有两个或者更多的参与主体;第二,访谈过程中的交谈双方的地位和权力是不一样的,访谈者虽然有权控制访谈内容、风格和信息类型,但其更要有开放的心态而非偏执性的性格,应当悦纳自己的访谈者;第三,如果被访谈者不善于言辞或者不能提供什么信息量,访谈者一方面要反思是否自己不具备"撬动"对方的能力,另一方面也要反思自己的访谈对象选择是否出了问题;第四,访谈是双方相互作用、共同建构"事实"和"行为"的过程。

再次,访谈的优势是什么? 与观察相比,它能够更深入地了解研究对象的内心活动和真实想法。在这里,隽颖师姐播放了一段对长期从事翻转课堂教学改革的老师的访谈录音,揭示了通过访谈能够深入了解到教师教学改革时的困境和内心诉求,而这都是课堂观察难以替代的;与问卷相比,访谈所得到的资料更具有"语言的生动性"。隽颖师姐同样播放了一段有关学生对课堂状况观察的访谈录音,有学生把课堂众生态用"学霸区""休息区""游戏区"和"恋爱区"等词汇形象生动地描述了出来,这显然是问卷所不能及的。

最后,访谈的分类是什么? 隽颖师姐按照结构分为封闭型/半开放型/开放型;按正式程度分为正式型/非正式型;按接触方式分为直接访谈/间接访谈;按受访者人数分为个别访谈/集体访谈;按访谈次数分为一次性访谈/多次性访谈。关于应当采取何种形式的访谈,隽颖师姐指出,应当根据研究的需要和访谈进行的难易进行选择,也即"没有好不好,只有适合不适合"。

### 二、访谈如何开展？

明确了访谈是什么,下一步就要进入访谈的实际开展环节,在这一环节隽颖师姐主要从"访谈提纲设计"和"访谈现场进入"两方面进行讲解。

访谈提纲设计方面,隽颖师姐认为访谈者首先要清晰自己的访谈目的,即围绕自己的研究设计访谈提纲。其次要重视自己的研究对象,访谈前应当对自己的访谈对象有足够的了解,以免闹出"老师您是哪个学院的"和"老师您的职称是什么"的笑话。在足够了解的基础上,对不同的访谈对象尽量采用不同的访谈提纲,从而保证访谈的有效性。而在访谈过程当中,要解释一些关键概念,且语言要精确,保障访谈对象能够充分了解访谈者的意思。最后,访谈提纲的设计要经历几次"开放型"的试访谈,从而能够不断地聚焦访谈问题,形成一份比较完善的访谈提纲。

访谈现场进入方面,隽颖师姐主要从四个方面进行了阐述:其一,介绍人的重要性体现在哪？隽颖师姐首先对"熟人访谈"的弊端进行了分析,认为其很容易陷入漫谈闲聊的窠臼,难以真正搜寻到客观有效的资料。而如果对"陌生人"进行访谈,介绍人的中介作用便能够有效彰显出来了。她通过介绍自己的访谈经验,认为自己的老师、师兄师姐和同学们都是自己潜在的"介绍人",他们能够决定着访谈者能够接触到什么样的访谈对象,也直接关乎着研究对象对研究者的态度和真诚度。其二,访谈前应当准备什么？隽颖师姐一方面认为适当带一些小礼品是非常必要的,比如对外校师生进行访谈时可以带一些厦大纪念品,这无疑是熟络关系的有效手段;另一方面选取适当的访谈场所也十分必要,要尽量避免噪音较多的场所,寻找安静舒适的地方,既有利于访谈的有效开展,也方便后期的录音。其三,如何进行访谈记录？隽颖师姐认为必须在征得被访谈者同意下再进行录音和录像,一般情况下只要讲清楚访谈目的和资料用途,访谈对象都会同意的,这实际也是表示对访谈对象的一种尊重。而访谈的笔记也是有诀窍的,总共可以分为内容型(记录访谈内容)、观察型(记录对方的情绪和动作)、方法型(记录自己的访谈方法)和内省型(记录整体访谈收获与不足)四种,而这些记录方法的有效运用无疑对后期访谈数据分析具有重要价值。其四,访谈有什么技巧？隽颖师姐认为被访谈者的信任与支持,引导谈话的方向,进行追问、回应和适当总结是非常有必要的,这就需要访谈者自身具备比较高的素质,能够从访谈对象的话语当中抓取重点,并予以有效回应。

访谈开展环节过后,隽颖师姐邀请在场已经访谈过的同学谈谈自己的访谈经验,我发现已经访谈的只有我和晓艳师妹。因而,虽然还没有很好梳理自己的访谈经验,但也只得硬着头皮与大家分享。我的访谈对象分别是马克思主义学院副院长张艳涛教授和人文学院人类学系王平副教授,针对他们的访谈,我主要谈了以下经验:第一,由于没有介绍人,我主要是联系了与我有"关系"的外院老师。这种"关系"可能是听过他的讲座或上过他的课程,以此为纽带,我通过短信的方式向他们介绍了自己的研究目的,并不失其时地对老师称赞了几句,认为"他符合我心目中的理想老师,他的课堂符合我心目中的理想课堂"。通过访谈意图的"坦白"和适时的"称赞",两位老师都爽快地接受了我的访谈。第二,选择礼品以能够有效地拉进访谈者和访谈对象的关系。在送什么礼品问题上,我思考了很久,本次访谈主题是"高水平研究生课堂",送与主题相关的书岂不是很合适?目光所及之处,突然看到书桌前还放着两本之前寄送留下的王老师的专著《应用型研究生培养模式探索》,因而擅作主张将此作为礼品送给两位访谈老师,此举果然拉近了我和老师的关系,两位老师非常开心,当即对书目进行了翻看,并让我向王老师问好。不过这一点有些取巧嫌疑,后来也与王老师进行了汇报。在没有书目的时候又该送哪些东西呢?这一点也值得思考。第三,地点的选择。要考虑到老师是否有独立办公室。如果没有,要提前考察有无僻静的访谈场所。张艳涛老师有自己的办公室,因而访谈过程无外界干扰,转录过程也比较顺利。而王平老师由于没有独立办公室,在茶室访谈时,受到了茶室音乐和往来人群的干扰,访谈效果有些打折扣,转录过程也受到了不少干扰。第四,访谈进程中应当注意对主题和时间的把控。在访谈过程当中,老师通常会谈偏主题,比如老师在谈到"课堂怎么提升科研能力"的时候,讲到了导师平时对学生的科研指导,这显然是有些跑题的。而我的经验就是先赞同老师的观点,然后把老师观点中与主题相关的耦合点找出来,结合主题再问老师。比如在老师谈"导师对学生的科研指导"时,我会说"老师您谈的导师对学生的科研指导很有借鉴意义,那么在课堂当中,老师又是怎么对学生进行科研指导的呢?"这样就很有效地把谈话主题拉回到"课堂"之上。此外,有些老师比较健谈,因此控制时间也是很重要的,除了提前联系老师时要讲明访谈的时长以外,如何礼貌地终结访谈呢?我的经验就是用"老师,我最后还有×个问题要请教您"这种话语,以提醒老师访谈已经接近了尾声。整体来看,由于之前没有系统梳理自己的访谈经验,所以经验分享有些缺乏逻辑性和系统性,但整体访谈过程都是比较顺利的,对访谈的困惑主要是在后期访谈材料的整理和分析上,因此对于访谈不足并没有在分享当中涉及。

接着,覃晓艳师妹也谈了自己的访谈经验,她主要从提前了解教师背景、根据不同老师特点送不同的礼物以及访谈过程当中不要拘泥访谈提纲三个方面进行了论述,给大家提供了很多有益经验。尤其是她在谈到礼物赠送时说考虑到访谈老师的心理学背景和女性身份时,送了一个富有小清新气息的盆栽,迅速拉近了两者的关系。这也启示我们,了解访谈对象,根据访谈对象特点准备访谈、开展访谈十分有必要。随后,大家就隽颖师姐的讲解和我们俩的访谈经验提出了"访谈过程当中要不要使用笔记本电脑?""访谈当中究竟如何快速有效地记录?"和"两位访谈者在访谈当中应该如何配合?"等问题,进行了热烈的讨论,最后隽颖师姐一一给予有效解答。

### 三、访谈数据如何分析?

讲完访谈的定义和访谈的开展,已然是 8 点 34 分,隽颖师姐提议休息 20 分钟,并推荐了陈向明老师的《质的研究方法与社会科学研究》和一些国外学者关于质性研究的扫描书目,并让我发到课程群里。8 点 53 分上课,隽颖继续进行关于"访谈材料分析"的讲解。首先,隽颖师姐对质性研究当中的"三角互证法"进行了阐明,她当前的三角互证进行了分类,包括方法三角互证、数据三角互证、调查者三角互证、理论三角互证,认为通过三角互证获取的数据资料,实际就是从"范围广泛的、有差异的、众多的来源中,利用多种方法、通过多名调查人员,根据不同的理论"进行证实和完善。就隽颖师姐关于"教师教学改革"主题的访谈中,不能单纯就教师本身进行访谈,还要将学生和教学管理人员纳入访谈者的视域,如此通过相关访谈对象观点的相互印证和补充,达到访谈数据的饱和和真实。接着,隽颖师姐又对录音转稿进行了讲解,她认为录音转稿尽量不采取"机器转稿"的方式,传统人工转稿的方式虽然烦琐,但其本身也是一次对访谈数据的梳理过程。关于转稿要件,除了访谈内容以外,访谈时间、访谈地点、访谈时长和教师背景等信息的标注也十分有必要,有助于研究者快速地回忆起有关这次访谈的内容。随后,隽颖师姐又对扎根理论做了介绍,指出扎根理论的运用不同于演绎式的推理,它是通过对大量资料进行编码之后的归纳式的理论生成。至于编码的一般过程是什么,隽颖师姐拿出了她事先打印出来的访谈数据,让大家对这一份资料进行实际编码,并请晓艳师妹就她的编码过程与大家进行了分享,进而也分享了自己的编码结果。由此,大家明确了编码的基本过程,即从琐碎细致的一级编码到归纳整理的二级分类再到抽象凝练的三级理论。

讲完编码,时间已到 22:00,隽颖师姐问大家对于今天的讲解内容是否还有疑问,大家就"对访谈文本的加工会不会影响到访谈对象原意?""编码的用途究竟是什么?""本土语言在编码当中究竟有何应用?"以及"熟人访谈的可行性何在?"等问题提出了疑惑,隽颖师姐一一释疑解惑。看大家再无疑问,隽颖师姐感谢了大家对她的支持和配合,也感谢了大家在课堂上的热情参与,大家也纷纷表示了自己的收获,课堂在一片掌声中落下帷幕。

### 四、对课堂的整体评价及反思

以上可以说是一次白描式的课堂记录,一方面是尝试一下新的课堂记录方法,另一方面也是尽可能地向王老师完整而如实地反映课堂过程。不过,看到王老师在网络平台上的文字,似乎还有让我们对课堂进行评价的意思。如若按照我们高水平研究生课堂的五大理论假设和四大条件性命题来审视这次课,无疑可以说是一次高水平的研究生课堂。何以言之?理由如下:其一,隽颖师姐始终坚持"以学生为中心"的理念。在课堂中,她不断地与大家进行互动,不断询问大家是否对这块内容有相关认知基础和实践基础、对课堂内容是否还有疑惑、对讲解是否存在不同意见,由此可见,她始终把场下学生放置于中心位置。其二,隽颖师姐始终注重"学生最大发展"的目标。她之所以用生动的语言、清晰的逻辑和丰富的案例,并且不断让大家实际操作编码过程,本质上是为了促进大家访谈能力和资料分析能力的提升。其三,隽颖师姐始终贯彻"问题探究"的基本过程。在对概念讲解以及实际案例讲解的时候,隽颖师姐致力于激发大家对问题的探讨,鼓励大家对此问题发表意见,对一些未决的问题也鼓励大家进一步探究。其四,隽颖师姐始终坚持以学生有效参与为标准。课堂虽然大部分时间都是隽颖师姐在讲解,但是每次学生的提问、交流以及动手实践的时机都恰到好处,并且大家的共同探讨和师姐的有效解答都达到了比较好的参与效果。由此可见,有效参与的标准不在于参与的时长,而在于参与的时机和效果。其五,隽颖师姐有效促进了大家对访谈及访谈数据分析的探究兴趣。课下大家仍就访谈应当注意的事项、访谈数据如何编码进行着经验交流,可见大家在这堂课后已经产生了探究兴趣。其六,高质量的一些条件性命题上,隽颖师姐作为"教师"而言,讲解幽默生动、逻辑清晰;我们作为学生而言,也表现出了较强的主动性和积极性;就教学媒介而言,也可谓是内容详实、难度适宜、应用性强;就课程设计而言,学理性和实践性兼备,课堂当中互动性比较强,大家在编码过程当中也体现出了较为充分的自由探索空间。故而,整体来看,这次课可说是一堂高质量研究生课。

当然,虽然隽颖师姐将访谈的相关内容全盘、系统、生动地呈现给我们,但是囿于大家对访谈知识基础的欠缺和访谈经验的不足,对课堂内容的吸收可能也是因人而异、大相径庭的。因而,这就需要我们在访谈中从书本到实践,再从实践回到书本,不断深化对访谈的认识,提升自己的访谈能力。通过师姐的讲解我们也不难发现,访谈本身就不容易,访谈数据的分析更不容易,在这"不容易"的过程当中,我们怎样找到访谈的"抓手"? 这也是我们需要在"书本"和"实践"的张力当中不断思索的话题。

**王师批注:**

看了祥辉的详细介绍,说明这堂课是成功的。

祥辉对访谈经验的分享,说明已经掌握了一些访谈的诀窍。

祥辉对课堂评价是比较可信的,条理分明的。

这次白描式的观察日志符合观察法的要求。后面反思具有了一定的质性特征。

# 陆　如何访谈

2018 级博士生　王亚克

这次课比较特别,王老师出差赶不回来,特意安排了他的博士生刘隽颖来给我们上课。隽颖师姐刚从美国访学回来,有丰富的国内外访谈经验,她的分享果然让我们收获满满。

## 一、这次课主要的收获是什么?

1. 访谈不等于质性研究,但访谈是质性研究中最常见、最重要的资料收集方式,想做质性研究一定会用到访谈。

2. 访谈有多种方式:正式和非正式、开放式和半开放、直接(面对面)和间接(电话、视频等)、一次和多次、单人和多人。根据研究的需要选择不同的访谈形式,注意慎用间接访谈,效果不理想。

3. 访谈前一定要做好准备。凡事预则立不预则废。通过网络和介绍人等提前了解访谈对象的基本信息(如年龄、职称、学术背景、目前的研究方向等),这些信息一来可以增加对被访谈者的了解,二来可以作为导入信息或已知信息在访谈中适时追问。访谈提纲有备无患,不一定严格按照提纲发问,但要牢记围绕关键问题,尽可能不偏题。

4. 访谈只是最简单的第一步,访谈后的语音转录、整理及分析更为重要。一定要及时转录,及时做笔记。除了观察笔记、要点笔记、方法笔记,还有内省笔记,最好当日总结经验,写下自己的访谈感想、收获和教训,为下次访谈做充足准备。

5. 现场体验编码,对编码有了一点了解。对同样的文本,每个人的编码可能都不一样,编码可能要进行多次,从已有材料中尽可能挖掘出更多信息。

## 二、从老师和同学们身上学习到了什么？

1. 隽颖老师的专业知识和敬业精神。从教师条件来看，这是一堂精心设计的课程，语音文件的选择、剪辑、嵌入和链接一定花了大量的时间准备（充分的时间投入）；课程内容与正在做的研究高度相关（擅长从事科研）；用大量真实案例——有成功案例也有失败案例，激发学生学习兴趣，活跃课堂气氛（具有教学激情）；有讲解也有练习，能灵活应对学生的各种提问（善于课堂组织）。这就是高质量的研究生课堂教学的表现。

2. 祥辉的高效访谈。本来想和肖阳一起去访谈给我们上公共必修课"马克思主义与当代"的任课老师，在课上交流时才发现祥辉捷足先登，我非常钦佩祥辉的行动力。另外对于"如何结束访谈"这个问题，祥辉说可以用"我想再问您最后一个问题"来间接告知被访谈者访谈马上结束，这是非常高效的做法，值得借鉴。

3. 晓艳的经验分享。晓艳分享了她对熟悉的老师的访谈，谈到要设计好访谈提纲，但不能完全按照提纲顺序提问，根据实际情况调整对我后来的实际访谈比较有帮助。晓艳现场展示了自己的编码，通过对比加深了我对"人和事都可以被编码，特定的行为、事件、活动、策略、情况、意义、标准、关系、条件或限制、结果、环境……"的理解和认识，也发现编码确实具有鲜明的个人特点。

## 三、发现自己存在着哪些不足？

学了访谈知识后发现在实际访谈中还是不能熟练运用，对访谈效果不太满意。一直想等完成所有访谈再写日志，想法很美好但事实上不易做，访谈进度影响了课堂观察日志的完成。

## 四、自己该如何进行改进？

1. 需要积累经验，为每一次访谈做充分的准备，积极尝试多种访谈方式，访谈中做好观察笔记，访谈后及时写内省笔记。务必学会编码。

2. 及时写课堂观察日志，不可拖延。

**王师批注：**

亚克的日志要点突出。

亚克在比较中发现自己的不足，这也是一个不断需要挑战的课题。

很久之前我就在思考"学"与"用"的关系，今天亚克开始思考这个问题了，这也是认识上升的一个表现。

亚克对访谈知识与访谈实践结合还存在一定疑惑。这实际上就是"知道"与"应用"之间的差距。真正的知识是在实践之后的反思。只有经过思考之后获得的认识才能成为真正知识，不然这种知识仍然是别人的知识或书本的知识。

# 柒　访谈与编码

**2017** 级硕士生　熊文丽

本次课王老师请了博士生刘隽颖师姐就"访谈"来跟我们做现场教学。在上周六的另外一门课上,基于 Merriam 与 Patton 这两位学者的文章与书籍,我正好也学习了访谈法。这两部分内容结合起来,使我对"访谈"有了更深的理解。

## 一、本次课主要的收获是什么

刘隽颖师姐从什么是访谈、访谈的主要类型、访谈的开展、质性研究中的三角互证法以及访谈数据的整理与分析这五个部分出发,向我们系统、全面地介绍了访谈法。之前我主要是就访谈前的准备工作以及访谈的开展来进行学习的,很少涉及访谈数据的整理与分析,这次刘隽颖师姐以她自己的访谈为例,详细地告诉了我们怎么进行访谈数据的整理与分析,包括如何进行录音转录以及对访谈内容进行编码。有时候我们通过访谈收集了大量的数据,但如果没有很好地对数据进行处理的话,那么访谈的作用也就大打折扣了。因此师姐特意花了一半的时间为我们讲解访谈数据的分析,我觉得这是很有必要的,也开始尝试对数据进行编码。

在质性研究中,常常被诟病的是研究的效度。于是师姐向我们介绍质性研究中的三角互证法,包括方法三角互证、数据三角互证、调查者三角互证以及理论三角互证。尽管这些没有展开来讲,但是告诉了我们在研究中我们可以采用这些方法来证实或者完善我们所收集到的资料,从而提高质性研究的效度。在我自己的研究实践中,我往往是将观察与访谈这两种方法结合起来用。

## 二、本次课上感到的最大困惑是什么

1. 访谈过程中的伦理问题

刘隽颖师姐谈到了访谈中方方面面的注意事项,如如何得到被访谈者的信任和支持、如何引导谈话方向、如何进行追问、如何进行回应等这些比较细致的地方,但是访谈过程中很重要的伦理问题却没怎么提及。伦理问题是一直贯穿在整个研究过程中的,在美国,凡事以人为主要研究对象的科研项目,都要经过 IRB(Institution Review Board)的审查,那么在我国是否也存在类似的制度呢? 在以前的访谈中,我只注意到了告知受访者本次访谈的目的与主题,承诺受访者的个人信息会得到保护,并就访谈过程中是否可以录音征得受访者的同意。但访谈过程中的伦理问题远不止这些,Patton 在 *Qualitative Research & Evaluation Methods*(第三版)这本书的 408—409 页中提到,访谈中的伦理问题包括"解释目的、承诺和互惠、风险评估、保密、知情同意、数据获取和所有权、访谈者心理健康、咨询、数据收集边界、伦理与法律"[①]。那我们在研究过程中,是否也要严格遵守这些伦理要求呢,还是应该针对

---

① 　Patton,M. Q. Qualitative Research & Evaluation Methods[M]. American:SAGE,2001:408-409.

我国的实际情况有所调整？就比如在访谈前,国外的访谈者与受访者会签订协议书,但如果我国也采取这种方式的话,会不会使受访者有戒备心理反而影响访谈质量呢?

2. 什么是"好"的访谈

之所以会有这个疑惑是出于我周三进行的一个访谈,受访者是这次学校青年教师教学技能比赛一等奖的获得者,据说这个受访者自身的访谈能力也很强。果然访谈一开始,就验证了介绍人所说的"这个老师本身的访谈能力就很强"这句话,我提出的每一个问题他都能条理清楚地回答出来,并且也不用我追问就能顺理成章地把下一题引出来,好像他就知道我下一句要问什么一样。访谈结束后,我开始怀疑我作为访谈者是否在这场访谈中发挥了必要的作用。我不断地追问自己,这是一次成功的访谈吗？如果单纯从资料收集的角度来说,这应该是一次比较成功的访谈,因为对于我提出的每一个问题,这位老师都是以1、2、3、4的形式比较全面地给予了回应,感觉没怎么费力我就获得了比较丰富的信息。但是如果从其他角度来看,如访谈"帮助研究者与被研究者建立人际关系""使受访者的声音被人听到了",那么这次访谈还能算"好"的访谈吗?

### 三、从老师与同学们身上学到了什么

刘隽颖师姐为这次课堂教学做了非常充分的准备。无论是教学内容的安排还是课堂上的互动都表明她十分用心地在上这堂课,特别是她还将自己的第一手访谈资料打印出来发给我们进行编码练习,非常细致地考虑到了教学的各个方面。而且隽颖师姐的课也上得非常好,深入浅出,对我们有疑惑的地方可以随时停下来进行交流,整个课堂的气氛非常好。师姐严谨、扎实的治学态度以及认真、细致的行事风格是特别值得我学习的。

在这堂课上,同学们都比较活跃,与隽颖师姐的互动也较多。中间我们有一个练习的部分——编码,师姐想请一位同学展示自己是如何编码的,晓艳同学很主动地上去向大家讲解自己的编码,并告诉大家她是怎么思考的。晓艳同学的这种积极与自信,是我要学习的。

### 四、自己存在哪些不足

其实总的来说,我对自己在这次课堂的整体表现还是比较满意的,但还是有个地方做得不好。师姐将访谈资料发放下来让我们自己先练习着进行编码,我之前没接触过编码,不太知道是怎么编码的,但是看大家都在埋头写,以为大家都知道怎么编码,就不敢向师姐单独请教了。尽管我们在练习时,她走下了讲台走到了我们中间,但我还是没有问她应该怎么编码。

### 五、自己该如何改进

在求学的道路上,可怕的不是有不足之处,而是不知道自己的不足或者是明明知道自己的不足却试图掩盖它。我们应该坦然面对自己的不足,不要怕"丢人",遇到不明白的地方而自己又无法解决的时候,要积极向他人请教。

**王师批注：**

文丽的日志提供了不同的内容，赞！

文丽把多方面的访谈知识、经验综合在一起进行思考分析，非常好！

文丽特别关注到访谈中的伦理问题，这是其他日志没有反映出的内容，没有这个内容就显得不够全面。

文丽对好的访谈思考非常具有启发性，对自我反思也很有力度，非常好！因为人就是在不断反思中提高和成长。

## 捌 充满"人情味"的访谈法

**2017** 级硕士生 袁东恒

本次课隽颖师姐从访谈基本理论的介绍和访谈数据分析的实操两个主要方面向我们做了十分精彩的讲解，在讲解过程中，她引用了大量自己访谈的案例，能够口头复述很久之前的访谈内容，而且拿出案例让大家现场进行编码体验，可见她在访谈和本次课上面下了很大的功夫。正是因为她的精心设计，所以本次课到了十点多大家还意犹未尽，结束时大家都认为这是一堂高质量的研究生课堂。

虽然我没有在本次课上做教师访谈，但之前在课程学习和课题研究中都做过，看过一些介绍访谈经验的书籍，也曾经尝试过对访谈资料进行三级编码，撰写过田野札记和反思备忘录，因此，在听师姐讲解的过程中，没有感觉到很陌生，而是很亲切。即使如此，我还是从师姐的讲解中学到了一些新内容，比如质性研究中的三角互证法，从方法、数据、调查者和理论四个方面对收集到的数据资料进行相互验证。之前，我一直考虑的是尽量使收集到的信息达到饱和状态，较少考虑研究的效度，事实上，访谈资料也可以进行效度检验，师姐所说的三角互证法即访谈资料效度检验方法。

在听师姐讲解的过程中，我和自己之前做过的访谈进行了联系，开始反思自己之前做过的访谈是否合适，其中不合适的访谈都存在哪些问题。经过反思，我发现自己最为致命的一个问题是在进行访谈资料编码的过程中，因为担心对资料一步步编码生成扎根理论具有不确定性，自己将三级编码内容逐渐往自己预想的几个维度上靠，以此形成扎根理论。通过师姐的讲解，我意识到，虽然在编码的过程中，因研究者关注点、个人风格等主观因素的不同，会出现不同的编码内容，但提前想好框架，然后将编码内容往框架里套的做法却是不科学的。

在访谈数据分析的实操环节，师姐让我们现场进行编码体验。在编码过程中，我采用的编码方式基本上都是提取出文本中的本土语言作为编码内容，不过，由此所产生的编码仅仅是一级编码，接下来还有二级编码和三级编码，因为第一步采用了本土语言作为编码内容，导致我接下去不知道如何进行二级编码了，是继续用本土语言呢？还是对几个本土语言进行归纳概括，提出新的编码内容呢？基于这一问题，我在最后的提问环节抓住机会向师姐说出了自己的困惑，师姐在解答的时候举了自己编码过程中对本土化语言运用的"汤面理论"

例子,她觉得如果这个本土化语言十分具有概括性和典型性,就可以继续作为二级编码或三级编码的内容直接运用,最后写到研究报告中,如果不具有这样的特性,就需要提出新的编码内容。师姐的回答解决了我的困惑,在此向师姐表示由衷的感谢!

谈及访谈的总体感受,师姐认为,访谈不易,但访谈也很棒,访谈是一个人际交往的过程。对此,我十分认同。做访谈,我们会提前了解受访者的信息,通过中间人或其他方式和访谈人建立联系,之后相互接触,围绕访谈内容进行语言、表情等的交流,这些都涉及人与人之间的相互交往,绝不是一个人所能单独完成的。可以说,互动、交往是访谈的独特魅力。社会学者潘绥铭将定性调查比作"谈恋爱"[①],我觉得将这一比喻迁移到访谈也是合适的,访谈就是访谈者和受访者在"谈恋爱",访谈者一方发起"谈恋爱"意愿,受访者一方给出接受或拒绝的答案,双方一经达成一致意见,便开始了"谈"的过程,在这一过程中双方共同营造彼此都接受的氛围。当然,"谈恋爱"会出现失恋的情况,失恋之后不应气馁,应该意识到失恋是因为没有遇到合适的人,所以需要重新寻找合适的人,这和访谈邀约受访者失败之后需要再次寻找其他受访者的道理是一样的。虽然可以将访谈比作"谈恋爱",但多数情况下不如"谈恋爱"美好,我们多是在"访"受访者,而不是和受访者一起"谈",没有达到心心相印、息息相通的交流状态。就我个人而言,我之前访谈的研究成果基本上都不会反馈到受访者那里,从而检验研究成果是否可靠,和受访者的研究关系一般在访谈完成后就结束了。之所以没有将研究成果反馈给受访者,一方面是担心受访者不同意研究成果中对其访谈内容的分析进而影响研究成果的真实性,另一方面也担心破坏和受访者的研究关系。不过,从陈向明和其他学者的访谈资料中,我了解到她们会将自己的研究成果反馈给受访者,并和受访者在访谈结束后依然保持着很好的关系。可见,访谈确实是一个人与人之间互动交往的过程,充满着"人情味",访谈不仅仅是在完成研究任务,更是在实现自我成长。

**王师批注：**

谢谢东恒以旁观者视角来审视这次课程,把访谈比喻成"谈恋爱"非常有意思。

访谈效度确实是一个非常重要的问题,其他同学都涉及了三角互证法,但没有点出访谈效度这个概念。这说明东恒确实已经从具体走向了抽象。

东恒提供了另外一些细节,如"汤面理论"就是形象的例子。由此看出,东恒看问题角度确实不同。

---

① 潘绥铭,黄盈盈,王东.论方法:社会学调查的本土实践与升华[M].北京:中国人民大学出版社,2011:191.

# 玖　交流访谈经验　收获访谈技巧

**2017** 级硕士生　姚烟霞

## 一、课堂描述

本次研究方法课由 2015 级博士生刘隽颖师姐为我们讲授了"访谈技巧与访谈数据分析"。讲授主要分为以下几个部分:访谈是什么;访谈的优势;访谈的主要类型;访谈的开展;访谈的技巧;访谈数据分析(这一部分主要讲了录音转录和编码),以及最后的提问环节(Q&A)。

## 二、课堂笔记(提纲)

推荐书目:陈向明《质的研究方法》

访谈是什么:访谈不等于质性研究,但不可否认它是质性研究有效的资料搜集方式。访谈不一定适合所有的研究者和被研究者。访谈是双方相互作用的过程。

访谈的优势:比单纯的观察更深入生动,比问卷能搜集更多深入的资料信息。

访谈的主要类型:按结构分为封闭/结构/半结构;按正式程度分为正式/非正式;按接触方式分为直接/间接;按受访人数分为个别访谈/集体访谈(同学之间相互佐证);按照访谈次数分为一次性访谈/多次性访谈。

原则:搜集的资料尽量饱和。

访谈的开展(在充分了解访谈对象的基础上):

1. 提纲设计:访谈目的、访谈对象、从开放型访谈到半开放型访谈。

2. 进入现场:介绍人的重要性(决定了能接触到什么样的访谈对象,关乎研究对象对研究者的态度、真诚度)。

3. 访谈前的准备工作:是否要准备小礼品;准备什么样的礼品;访谈场所。

如何进行访谈记录(同意的情况下录音;笔记,笔记可分为内容型、观察型、方法型、内省型)。

访谈的技巧:如何得到访谈者的信任与支持? 如何引导谈话方向? 如何进行追问?

访谈的数据分析:何谓"三角互证";录音转稿;编码。

## 三、课堂观察与反思

1. 印象最深刻的:师姐讲课很有老师范儿,条理清晰,讲授清楚,非常亲切,课程结束后很有收获。

2. 讲授过程:每一个知识点的讲解都有师姐做博士论文访谈的录音案例分析,理论与案例相结合,生动易懂。实际研究案例的引入,不仅丰富了课堂形式,同时也让枯燥的理论变得生动,便于理解。

3. 实践操作:在讲授编码的时候,师姐把自己博士论文访谈转录稿的一小部分打印出来,发给大家,让大家在课堂上现场尝试编码。现场实操,将对理论的理解落到实处。

4. 互动:除了讲解、实操外,师姐也会耐心倾听我们的困惑并予以清楚的解答。

5. 准备充分:师姐的博论访谈做得很扎实,课堂准备也十分充分,感受得出是花了很多心思的。

6. 美中不足:班上同学绝大部分都是第一次接触编码,师姐在第一次让大家现场编码的时候,只讲了怎样编码,没有说明编码的意义是什么、为什么要对访谈内容进行编码(可能师姐以为我们都知道)。这导致很多同学不知所措,不清楚该怎么编码。

7. Q&A 环节向师姐提问:我们有很多同学做过访谈,但是没做过编码,好像不编码也可以分析、写论文,那编码的目的和意义究竟是什么? 什么时候需要我们对访谈内容进行编码?

师姐说,我们平常看到的一些访谈研究,是先有了问题或者理论框架,然后从访谈的内容当中找证明,找支撑,这样的研究逻辑是不太科学的,也容易遗漏一些有价值的访谈信息。而编码是为了对访谈内容进行层层深入的分析,从而得出要深入研究探索的问题,这样会比单纯地找支撑有更多的收获,这才是研究应该有的逻辑。编码是对访谈搜集的文本资料进行深入细致分析的过程,对于一个精细的科学研究而言,是不可或缺的。师姐的解答很受用。

**王师批注:**

烟霞同学的写作显示出冷静与条理。

关于访谈要不要进行编码的提问记录非常好,许多人都忽略了这个重要问题。就此可以看出,烟霞同学是很细心的。

对课堂的描述具有个性化特征,诸如"老师范儿"这种本土化语言就反映了这点。

烟霞提出了自己的问题:编码的意义是什么? 最直接的意义是为了抽象提升,为扎根理论准备素材;间接的意义是为了保护受访人的隐私,避免因为公布一些真实的情况而受到打击或伤害。

# 拾　纸上得来终觉浅,绝知此事要躬行

2018 级硕士生　王鹏娟

12 月 3 日晚的研究方法课很有意思,王老师"退场"了,还给我们请来一位"新"老师。隽颖师姐是王老师的博士生,据王老师说她为了完成毕业论文做了大量的访谈工作,因此王老师特别邀请她来到课堂上"现身说法",结合自己的实际经历为同学们讲一讲"研究性访谈"那些事。

隽颖师姐将课堂分为两部分,第一部分主要讲解访谈资料的收集,第二部分主要讲解对访谈资料的分析。在第一部分她谈到了"访谈"是什么、不是什么,"访谈"的目的是什么,"访谈提纲"如何设计,以及"访谈"过程中的注意事项(包括"进入现场""准备工作"和一些"访谈技巧"等)。其中让我印象最为深刻的是她提到了 Norman Denzin[①] 的四种对质性研究结果进行三角验证的方式——"方法三角验证""数据三角验证""调查者三角验证"和"理论三角验证",以此进一步证实甚至完善自己的研究结果。谈到"三角验证"(triangulation),我们往往会想到为什么会有"三角验证"? 自然就又引出了质性研究和量化研究两种不同范式的分歧:量化研究往往质疑质性研究的结论是"解释的",是"不确定的",是无法进一步推广的;作为回应,质性研究往往从不存在绝对的事实或真理,质性研究并不负责回答基于"大数定理"的"规律"问题,而是要探寻和揭示事物的"本质"和"运作机制"等方面"捍卫"自己的价值。我以为,"三角验证"之于质性研究,并不是要求质性研究经过多方验证之后可以像量化研究的结论一样可以推广或者重复验证,而是要确认质性研究的结果是符合事实、符合经验的。因为质性研究过程中往往会存在许多研究对象甚至研究者本人对研究的主观性解释,这些解释是否是符合事实的,需要进一步检验和证实、证伪。质性研究和量化研究本质上是"殊途同归"的两条道路,它们共同的"目标"或"归宿",就是"求真"。

到了第二部分的编码环节,在给我们讲解了"扎根理论"(grounded theory)和"编码"的一些知识以后,师姐给我们提供了一份截取自她的访谈的编码资料,她鼓励我们对这段文字进行编码尝试,编码完成后可以邻座同学相互之间进行交流讨论。我和晓艳同学交流以后发现我们在细节上有很多不一样的编码结果,她做得很好的一点是已经从四段话中提炼出了一个"核心类属",即"青年教师专业发展",这一步其实已经进展得很深入了。随后她又大胆地和同学们分享了自己的编码结果,我很佩服她的勇气。

在具体编码的过程中我的感受主要有以下几点:首先,编码是需要以研究问题作为引导的。刚拿到这段文本资料时,可以明显感觉到被访者的逻辑思维很强,回答精练条理,几乎每一句话都能被看作一个信息点采集片段,都可以从中提取出一个"概念"。让我感到困惑的是,如果访谈资料仅仅是一个片段的话,编码可以"逐句"进行,但如果待分析的是一个十几页的访谈稿,"逐句"分析明显就成了一项异常复杂的工作;此外,访谈内容本身是为研究问题服务的,但类似于一些访谈过程中的"题外话",这些资料从内容、组织上或许与研究问题并无多大关联,对这部分资料的分析实际意义也不是很大。因此,我意识到在实际资料的分析中需要用"研究问题"确定资料分析的边界,对具体的访谈资料进行是否可用的甄别和选择,或许可以一定程度上提高分析效率。其次,如师姐所说,编码的过程带有研究者一定的主观性和个人风格。这从我和晓艳同学的编码结果就可以看出。如对第一段落的编码中,我既看到了新手教师的需要,也挖掘出经验型教师的优势;但晓艳则只选择新手教师的体验或感受,可能她考虑的是从研究问题出发,经验型教师并不是她最主要的研究对象。在第二段落的编码中,晓艳很巧妙地将新手教师在不同阶段的"心路历程"串联了起来,而我的编码依然停留在一个一个的点上,且分析维度也偏分散,这是我一贯存在的问题和思维缺

---

① Norman K. Denzin,伊利诺伊大学传播学院传播学教授,主要研究方向是传播学、社会学、人文学科相关研究以及质性研究,是世界上最著名的质性研究和文化批评权威之一。

陷。仅从这两个印象模糊的例子就能看出我和晓艳在分析思维、视角、重点、层次上有较大的差异，但由于我现在尚未习得"好"的编码的标准，因此对于哪一种分析更为"合适"尚且缺乏自己的判断。最后，我依然疑惑的一点是，在对访谈资料进行编码后，从中提取出的依然是一个一个零散的"点"，要如何才能把这些"点"合理地串联起来、合逻辑地呈现出来，并且可以适切地回答研究问题？

可以看到师姐为了完成这节课的教学做了大量的准备工作，从对自己的音频材料进行截取、处理，做成一个又一个的小案例，到对访谈对象的身份信息都做了匿名处理，再到PPT的精心制作、质性研究资料的分享及课堂时间和节奏的熟练把控，都体现出师姐对这课堂三个小时是着实下了功夫的，也从细节上体现出师姐作为一个质性研究者的专业性。意识到访谈不易，需要在实践中去锻炼和体悟，抓住周三周四到汕头大学调研和周五上周序①老师的"课程社会学"的机会，我在这三天时间里密集型地参与了五次访谈，深刻地认识到了社会关系网络的重要性，在访谈对象的选择中真切感受到了"守门员"和"人情"的重要性。很多时候，出于研究问题，我们要面对的是异质性更高的访谈对象，这时真诚、开放、谦虚、尊重的态度以及友好、合适的沟通加之同理心就显得越发重要。我感觉，做研究不仅仅是"技术"层面的操作，更有一些"人文"方面的技巧和设计，使得研究不仅因求真而美，研究本身就是美的，是审美的。

**王师批注：**

鹏娟同学这个日志显示出了自己的特色！

这个日志也反映出鹏娟同学一贯爱思考的品质，而且文字表达越来越成熟了。

鹏娟同学不仅喜欢质疑，而且对人物性格特征把握得比较准。

鹏娟同学这次日志具有立体性、深刻性，不仅是在完成作业，而且是在真情表达。

访谈是对自我成长的巨大挑战，可以说是真正走向社会的第一步，如何对待能够反映出个体的认知水平和发展潜力。

## 拾壹 体验访谈

**2018 级硕士生 郑雅倩**

由于老师出差，此次课由隽颖师姐主讲。作为主讲人，隽颖师姐做足了准备：(1)制作PPT，师姐的PPT主题突出，简洁凝练，充满实践案例，让我们在课堂上感受到实际访谈的过程；(2)打印访谈内容，让我们真正着手进行访谈资料处理；(3)授课过程不卑不亢，语言清晰，语速适中，能够很好地解答我们提出的问题；(4)为我们提供很多珍贵的质性研究书籍。再次对隽颖师姐的辛苦表示感谢，向我们传授了很多鲜活的有用的访谈技巧。

① 周序，厦门大学教育研究院助理教授，主要从事课程教学论和教育社会学研究，主要开设课程为"课程社会学"。

　　师姐的授课内容主要分为访谈前、访谈中、访谈后的数据分析三部分。这三部分内容肖阳师姐和祥辉师兄都已经详细描述过了,所以我就不过多描述了,主要想谈谈自己在实地访谈中的一些思考。

　　第一个访谈对象是河北大学的田老师和闫老师。王老师在周末联系我,让我可以在接待这两位老师的过程中顺便进行简单访谈。刚开始与两位老师联系的时候我没有提及访谈这件事,主要是考虑到我与这两位老师还比较陌生,如果一接触就表达访谈目的的话,可能会给老师带来压迫感,使双方处于紧张的状态,对访谈效果产生影响。第二点是考虑到老师的安排,担心耽误到老师的既有行程,给老师带来麻烦。基于以上考虑,我在周一与两位老师见面后,在漫步的路上通过聊天了解了老师们的日程安排,渐渐地透露出想访谈的想法,并就访谈内容与老师进行沟通,询问这两位老师的想法。可喜的是,老师们很愉快地接受了我的访谈。我带着老师走往图书馆临近小湖的一侧,这样的话既可以在路上介绍文庆亭和一些厦大景物,尽到主人的义务,也避免了尴尬,拉近与受访者的心理距离。我们的访谈在图书馆外的座椅上进行。早上有很多学生在那里早读,到达时外面的桌椅已经都有人坐了,我当时有点心慌,顿时想不到有什么好的去处。幸运的是一位同学似乎明白了什么,主动离开座位,这样就空出来四个桌椅,刚好可以进行访谈。进行访谈前,我已经对访谈问题及访谈目的了如指掌,所以在访谈过程中没有产生依赖访谈提纲的现象。对于我所提问的问题,老师们都很开放地表达了自己的想法。访谈结束后,我对老师再次表达了感谢,同时也向他们介绍了厦大的一些景点以及去鼓浪屿的路线(得知老师下午去鼓浪屿)。之后老师主动要求互加微信,我感到很开心,本来害怕这样的访谈会给老师的日程安排带来困扰,看来这样的顾虑是多余的。

　　不过第一次访谈也有一些遗憾:(1)访谈地点选择不当。当天早上图书馆那侧刚好在进行除草,除草机的声音比较大,而且附近也有同学在进行早读,因此对访谈有些影响。此次访谈经历也再次验证了地点选择的重要性。隽颖师姐在课堂上同样也提及,一个理想的地点能够使双方放松,而且也能提高录音质量,方便后期的录音整理。(2)访谈人员的选择需慎重考虑。本来计划对两位老师进行集体访谈,但是其中一位老师似乎不太配合,没有什么发言,所以集体访谈失败。当然,我也在想,能够采取什么样的方法去调动这种老师的积极性呢?正如课上隽颖师姐提出,我们在访谈前应该提前了解老师的喜好、研究方向,然后再结合自己的研究问题进行访谈,有利于拉近双方的心理距离,推动访谈顺利进行。

　　第二次访谈的是一个新闻院的老师。通过多方信息得知,该老师的课堂教学效果不错,与同学之间的关系也很融洽,可以列入我的访谈对象中。我通过联系在这个学院的本科同学,请他作为中介人。很幸运,这位老师欣然同意接受访谈。为表示感谢及吸取第一次访谈的教训,我提前了解到这位老师喜欢美式咖啡,因此在访谈前为老师准备了咖啡。访谈地点是老师的办公室,很安静,午后的阳光透过薄薄的窗帘照进办公室,显得很温暖。与老师预约的时间是周一下午一点,敲门进入后,老师正忙于事务,招呼我先坐下来,老师说最近太忙了,等她一下,我立刻回答老师让其先忙,不着急访谈,我不希望自己的访谈给对方带来困扰,访谈应该是在一种轻松愉悦的氛围中进行的。老师的忙碌让我有些担忧,因为我之前遇到过有些老师在访谈中时不时拿起手机处理事务,又或者有其他人进来打扰,导致受访者无法完全放开,最终得到的信息很有限。但这样的担忧在访谈开始就打消了。老师结束自己的事务后,坐在我对面,说"接下来是你的时间啦"。她这样说同时也是这样做的,在访谈过程中老师的微信声时不时响起,但是从未看微信,尽管那只是一个转身的事情。老师很健谈,在听到我的问题后总能结合自己的经历侃侃而谈。不过这样的健谈也会带来一些问题,我时常抓不住老师的谈话重点,对老师的追问也不够多。因此,我在想可能两个人同时去访谈会好一点,一个当主访谈,另一个辅助访谈,这样可以降低重要信息的遗漏。

第三个访谈是对自己导师的访谈,也是在隽颖师姐授课后的第一个访谈。经过师姐的点拨和指导,我对此次访谈比较有信心了。访谈是在周二下午四点开始的,在这之前,我和师兄师姐讨论,由谁进行主访谈。师兄由于有课,会提前退出访谈,师姐希望我能多加锻炼,所以主访谈的角色就由我承担。说实话,访谈导师还是有一定的压力的,而且导师还是这门课的主讲人,在授课过程中就已经透出自己对高质量研究生课堂的想法,如何再从访谈中挖掘出更深更多的东西,这是个难题!我对这一次访谈还是比较满意的,从访谈开始后自己的紧张感就消失了,对老师的回答也能够及时进行追问,比如老师在谈到高质量研究生课堂中的一大要素是"学生的参与性",我追问"如何评定有效的参与,如何激发学生的参与积极性";在谈到"课程设计"时,我还没有很理解,就询问老师"如何进行课程设计,是否能够结合自己的经验谈谈";老师谈到美国研究生课堂,我知道之前老师去过美国,也研究过美国研究生教育,因此抓住此次机会也请老师再谈美国研究生课堂与中国的区别,有何可借鉴的地方……不过有个小遗憾,我在提问"老师对于课堂评价是如何看待的,高质量研究生课堂应该采用什么样的课堂评价",老师理解为"怎么对课堂进行评价",我的本意是"课堂中可以采取什么样的评价手段来评价学生,取得学生的最大发展",在知道老师误解了我的提问后,我没有再进行纠正,之后也因为遗忘而没有再次追问此问题。所以,访谈过程中要及时注意对方是否对提问的问题有误解,如果发生此情况,就需要再次提问,或者在整理录音过程中有不懂的地方,可以对受访者进行二次访谈,获取更为准确详尽的资料。

这一次的访谈让自己明白了如何去做访谈,并且也在课堂中理解了"编码"是什么,虽然在访谈、编码过程中可能也会遇到很多困难,但是有了这个前置基础知识,再经过实践,更加丰富了对知识的理解,也便能熟练掌握访谈法。

**王师批注：**

看到了雅倩的访谈记录很高兴!

雅倩是一步步摸索进行访谈的,从最后一次访谈看,基本上把握了访谈的节奏。虽然还有一点点慌张,总体而言是比较成功的。

雅倩是勤于实践探索的,在不断反思中取得进步,可喜可贺!

访谈技巧是一个软功夫,需要不断地磨炼,这其中主要是关于人情的体察,很难说有什么固定的程式,它需要的是一种随机应变的智慧,所以,体悟越深就掌握得越好。

# 第十章 访谈经验交流(下)
## ——"高等教育研究方法"第十课

## 壹 再谈访谈经验交流

授课教师 王洪才

### 一、感慨

我越来越感觉,同学们还是习惯于听,而非表达。(这虽然有点无奈,但是一个基本现实。因为人的习惯不是一下子形成的,而是一个累积的过程。敢于表达和善于表达,绝不是一天形成的。所以等待同学们成长的过程也是一个煎熬的过程)

昨天在课堂的第一个环节我问大家对最近的密集的学术报告的印象和收获。我很惊讶地发现同学们收获其实并不大。他们所受的最大影响或得到的最大收获就是熊庆年[①]教授讲的"题目很重要"。我很奇怪,为什么我在课堂上讲的时候并未引起同学们重视,而熊教授的讲座引起了同学们重视。

我猜想,可能是我讲的时候是点到为止,没有深度展开,而熊教授则是专题讲座,在比较中、在举例中讲的,这样无疑印象更深刻了。另外,熊教授的《复旦教育论坛》的主编身份无疑也是更引人注目的原因之一。

### 二、开始有了批判意识

昨天晚上在交流中一个可喜进步是同学们不再对专家们盲目迷信了。这表现在同学们敢于对专家们的观点进行质疑了,说明同学们对自己有了自信,不再盲目崇拜专家了。也反映出同学们的成长。

在讲到访谈感受时发现能够交流的比较少。同学们的访谈提纲设计明显还存在一些问题。在进一步交流中发现同学们在访谈过程中出现了几个特殊情况:

1. 有的老师认为,上课应该主要由老师讲,理由是课堂上时间紧张,不应该给学生留什么讨论时间;

---

① 熊庆年,复旦大学高等教育研究所教授,于2018年12月8日至厦门大学教育研究院作题为"说投稿"学术报告。

2. 有同学认为,事先不应该给访谈对象访谈提纲,一旦给了就容易按照提纲一条一条去说,难以沉浸在对话过程中;

3. 在访谈中容易出现节奏难以把握问题;

4. 对教学中的前沿性知识问题存在疑惑(在这里需要区别的是前沿性与基础性、前沿性与传统性的关系)。

### 三、文献综述与案例教学

最后一个环节是对同学们文献综述的评析。我事先翻了一下同学们提交的文献综述作业,发现基本上没有达到文献综述的要求,基本上都是一些内容介绍性的,而非研究性的,即罗列了不少内容,缺乏评析,也没有形成比较具体的观点。这表明对文献本身没有进行深入分析,主要还是完成任务式的,没有真正变成探究式的。

同学们提出有没有好的范例来演示,我感觉这种学习方式仍然是模仿性的,而非探究式的。不过今天交流中有同学介绍了某些老师主张课堂上做示范,我想到了也可以通过一个典型文本的分析来告诉同学们如何做文献研究。所以让同学们自己推荐一篇文献,我们课堂上做文本分析。

课堂上同学们还提出做一个访谈示例。我原先真有这个打算,因为有一个历史系的副教授说自己做教改很成功,我当时就邀请他做个访谈,我认为该老师有一些做法是可以借鉴的。这样的一个跨学科讨论实际上对他进一步教学改革是非常有帮助的。我争取再动员一次。

### 四、课下作业

关于课下作业,我是让同学们分组来评判大家的文献研究成果。我觉得他们的文献综述没有获得一个具体结果,也没有基本判断,就是把各种文献简单罗列一下。看到这样的结果我还是很失望的。我想我真的没法修改,只能让他们相互评阅,找找问题,想想对策,不然的话这种作业就是没有多大价值的。因为文献已经看了这么长时间,加上课堂上讨论了这么长时间,而文献研究上一点长进也没有,如果那样的话,我感觉大半个学期的努力就白费了。

看来,不能图快,也不能图全,必须一个小山头一个小山头去攻克。否则与自己的教学改革初衷是相悖的。

### 五、后记

通过浏览同学们的日志我发现,同学们对我课堂上评论大家的文献综述没有得到预期目的感到有点失落。我理解同学们的心情,不过,还必须得面对现实。当然,文献研究能力确实不是一下子就可以提升的,但是如果同学们展现不出分析批判的意识还是让人感到有点沮丧。当然,我的这种心情转瞬即逝了。因为想到可能是我对同学们期望太高的缘故,所以我主动调整自己的心态,以更加宽容的姿态看待同学们的成长与进步,不做拔苗助长的事情。

# 贰 做中学：将访谈理论运用于访谈实践

**2018** 级硕士生 刘美丹

本次课堂围绕着文献综述、访谈经历和访谈发现交流几部分展开。课前,老师请大家对近期三场高教讲座进行点评,大家都谈到的一点是周海涛①教授在关于"教育学学术型研究生课程建设"的报告中,提出的对策缺乏针对性,没有结合教育学学科本身的特点来分析。这一感受相比之前的一味谈讲座的优点有很大进步,老师肯定了这种敢于批判、敢于质疑的精神。

## 一、文献综述交流

第一环节,老师以上午周川②教授研究使用的文本研究方法为切入点,向我们阐述了文本分析与文献综述的密切关系,并再次强调了文献综述的意义,点明我们的文献综述存在的问题,主要表现在缺乏概括、总结分析的能力,仍然停留在观点罗列的层面,没有点出这些代表性文献的贡献、缺陷以及对自身的启发等。老师明确指出,文献综述写不好,文章也不会写得好！可见文献综述的分量非同一般,因此,我们每个人必须更加重视文献综述的重要意义,在撰写文献综述的过程中充分地发展自己的批判性思维能力,不仅要阐述清楚文献中表现出来的观点,还要思考这种思想是怎么得出的,有什么特点、优势和不足。

## 二、访谈经历交流

第二环节,老师让大家一起交流访谈过程中的经历和遇到的问题。我一共访谈了四位老师,其中有两位老师是与文丽师姐共同访谈的,一位是我们的导师,一位是台湾研究院的年轻老师;还有两位我独立访谈的老师,其中一位是马克思主义学院的,一位是公共事务学院的。在访谈过程中我发现,首先对于小组访谈需要特别注意几位访谈者的配合问题,必须在访谈前交流拟定访谈的主要内容,并根据对方的特质做好分工,比如善于发问、沟通交流能力更好的一方可作为主访谈者,负责提问,调动受访者回答的积极性;而善于观察、归纳整理能力较强的一方则主要负责录音、做记录,同时围绕相关问题适时做一些补充,这样能够较好地利用个体差异优势,提高访谈的质量和想要达到的效果。其次,对于个人访谈来说可能需要处理的问题会更多一些,比如我在刚开始访谈公共事务学院这位社会学教授时,也许是因为面对陌生的面孔、陌生的话题,老师有点儿不知所措,不仅回答得断断续续的、前后不连贯,过程中还多次长时间停顿,我心下有点儿着急,做了一些引导但是效果不佳。当访谈

---

① 周海涛,北京师范大学教育学部教授,于 2018 年 12 月 7 日至厦门大学教育研究院作题为"教育学学术型研究生课程建设调研报告"学术报告。

② 周川,苏州大学教育科学研究院教授,于 2018 年 12 月 10 日至厦门大学教育研究院作题为"文本与证明:以'高等教育管理体制改革'政策文本为例"学术报告。

进入中段,我捕捉到老师提及他在英国学习的经历,于是我顺势向他询问能否与我分享一些英国课堂教学中成效较大、值得借鉴的一些经验做法,他思索了一会就把英国的选课制度、特色课程、评价方式等一一向我道来,我们的访谈也逐渐进入状态。因此,我认为提前对访谈对象的学习、工作经历等基本情况做一些了解是很有必要的,在拉近与受访者距离的同时也能够捕捉到一些研究的亮点、精华。在交流过程中,许多同学都谈到了自己访谈中遇到的困惑。出现这些困惑对于访谈新手来说,是非常正常的现象,我们要能够总结经验,下次遇到同样的问题时才能够从容应对,在一次次的实操中提升自己的访谈技术和水平。

总结同学们遇到的问题大致有如下几方面:

| 主要困惑 | 我的观点 | 访谈技巧 |
| --- | --- | --- |
| 1. 访谈者发表自己的观点会不会影响受访者? | 会影响,这种影响有正面也有反面。如果是适时做出诸如"您说的有道理,在此基础上我同样认为……"等回应,可以激发受访者的回答热情,同时发掘一些新的内容;但如果是自己先提出某种暗示性较强的观点,且这种观点具有强烈的权威性、约束力或者社会公信力,可能会给对方带来某种心理倾向,阻碍对方的真实回答。 | 1. 访谈过程要态度自然、落落大方,双方处在一种平等的地位。<br>2. 尽可能保持客观中立的态度和立场,不过分表达或插嘴打断,留给对方充足的回答空间和自由。<br>3. 在向受访者解释题目过程中最好不要事先透露自己的观点、假设或者研究结论。 |
| 2. 访谈节奏的把握问题,快,慢? | 访谈节奏确实不好把控,因为交谈过程中,很容易受对方的牵引,得根据访谈的效果适时地对访谈内容、访谈题目做一些顺序调整或者删减补充。如果前期选择的访谈对象在性格脾气、交流方式、研究领域等方面是高度契合访谈需求的,访谈过程会好掌控很多。 | 1. 首先,要选择合适的受访对象,了解性格内向的受访者是否适合去访谈? 由果索因。不是随便一个人就可以做自己的访谈对象,必须具有典型性。<br>2. 针对访谈对象本身的性格来安排访谈的问题、访谈的进度。<br>3. 访谈过程要主导访谈现场,能够较好地抛出问题。 |
| 3. 访谈提纲是否要提前给受访者看? | 根据我的访谈经验,我还是觉得不先把细致的访谈提纲发给对方会好一点,但是联系受访者过程中还是非常有必要向对方说明来意的。为了避免被公式化回答,可以事先大致介绍自己的访谈内容,尽可能口语化表达,消除访谈内容可能给对方带来的心理压力,营造轻松的访谈气氛。 | 1. 访谈提纲设计要简洁,问题不宜过多,不能超过十个;也不能过少,否则覆盖面不够;也不能过于抽象,或者过于具体。<br>2. 访谈提纲应该有两份:一份发给对方过目,一份留给自己,最好多预留几个问题,在访谈过程中根据对方的回答适时做一些补充和调整。 |

续表

| 主要困惑 | 我的观点 | 访谈技巧 |
|---|---|---|
| 4. 对访谈的结果如何处理? 是否有编码的需要? | 对访谈结果的处理是一件很烦琐的工作,但却非常重要。起初我认为编码是那种非常专业、高深的、由专业人士操作的资料处理方法,可能比较适合调查样本很大的情况。<br>但访谈过程中一位老师解答了我的困惑,他指出质性研究课程必须手把手教学生如何去编码,不然学生收集了一大堆材料之后可能被材料淹没了,动手分析能力很差。但他所说的编码是一种广义的含义,即对质性材料进行分门别类的处理,我们文字转录的过程其实也就是编码过程,它没有想象的那么神秘。 | 1. 要能够系统地整理访谈资料,形成有完整意义的文本。<br>2. 对于对方表述不完整的自己进行填补的部分要标注好;自己的感悟性旁白要用另一种字体加以区分;最好,还要把每一个受访者的关注点标注出来,最后形成对高质量研究生课堂的总体看法。<br>3. 编码非常有必要,编码过程也是统计、整理、分析过程。 |

## 三、访谈发现交流

第三环节,老师让大家交流分享在访谈过程中的一些新发现,特别是那些与我们的研究假设相悖或者可以补充的地方。亚克师姐访谈了潘先生,获得有益观点:(1)自学—研究—教学三结合。但关于这三者的主体是谁,三者的关系谁先谁后,还是存在很大争议的。(2)"学生为中心"与"教师权威"之间是否冲突? 强调以学生为中心的同时还不能忽视教师的作用。祥辉师兄谈到有效参与的程度如何衡量的问题,是否参与度过高或者过低都不好? 鹏娟分享了三点供大家讨论:(1)教师是否应该参与到学生作业完成的整个过程中去? 有教师认为不应该,与预想的不同。(2)课程内容前沿性问题:是否应该强调教学内容的前沿性? 鹏娟访谈的老师认为不应该强调,土茹访谈的老师恰恰认为应该强调。老师提出的思考是:前沿性是否对应的是艰难的、艰涩的内容? 还是说对应的就一定是陈旧的、落后的内容。(3)讲授法改革问题,是否还是要坚持以这种师讲生听的讲授模式为主? 烟霞师姐则谈到,她访谈的教师对"有没有什么好的办法来反映课堂教学质量的好坏"存在不同程度的误解,还有关于"是否认同以课堂满意度来作为测量课堂教学质量的标准"的回答也与预想有差异。这些问题整体上反映出来的结论是"大部分教师的教学水平还是游离在我们的标准之外的",有许多老师在实际教学过程中还停留在传统的"师讲生听"的讲授法层面。

访谈调查得出的结果还需与文本研究做进一步的结合,鉴于我们当前的文献研究工作没有做到位,老师提出了文献综述互评和修改文献综述这两项任务,我想在互评过程中是很容易看出自己的问题来的,同时还能向他人学习借鉴,这是很值得开展的。

**王师批注：**

　　欣喜地看到：美丹同学又有了创新——将访谈面临的问题、自己的理解和访谈技巧进行了分类！这是一种总结和提升，这种学习就有了探究的意味！赞！

　　美丹同学介绍了自己对社会学教授的访谈经历，显示出一种探究性特质：刚开始不摸门儿，后来就灵机一动，然后就进入比较惬意状态。此说明，一个人任何时候都不是被动地、机械地执行一个事先制定好的流程，而是要根据实地情况进行处理，这也说明，事先的准备多么重要，如果事先不了解那位老师留学英国的经历，估计就很难打破尴尬。

　　最后美丹还总结了课堂上的交流发现，说明美丹同学很用心、很努力！

# 叁　关于讲座、访谈及文献综述的一些浅思

**2017** 级硕士生　赵祥辉

　　因去北京录制节目，周一中途进入课堂，成了所谓的"后进生"，整堂课也因此有些没进入状态。王老师的课程强调让大家亲身经历和体验"完整"的研究，因此课程的内在逻辑性和各环节的连贯性是非常强的，在课堂任意一环"缺位"都有可能导致学习链条出现锈迹。再加之，近几日由于2018年首届全国高校高等教育学研究生学术论坛将近，各项事务较多，因此看到各位同学的作业纷纷发表在平台，虽内心着急，倒也有种"有心无力"之感。现在论坛顺利结束，心中的巨石和肩上的担子陡然放下，整个人都感觉舒泰了许多，觉得终于可以腾出手来撰写本次课的反思笔记了。通过同学们的反思笔记，发现本次课主要是聚焦于"听讲座""做访谈""写文献综述"等三件事情，各位同学都对课堂的基本过程进行了充分的复盘，因而我便不再赘述，直接就讲座、访谈和文献综述谈谈我的一点想法和反思。

## 一、关于讲座的反思

　　学术讲座可以说是大学的一项基本学术活动，对大学生尤其是研究生的学习发挥着重要的作用。理想状态来说，学术讲座至少能够起到酿就学术氛围、搭建师生交流平台、提升学生科研能力的重要作用。因此，许多人提出了开设学术讲座是一件"百利而无一害"的事情，是故许多高校(学院)都将学术讲座作为人才培养的重要一环，厦门大学教育研究院作为中国高等教育研究的重镇，自不例外。行笔至此，梳理了一下自己的讲座记录笔记，研一以来，大大小小的讲座共计听过175场，尤其是近日以来，各种密集的学术讲座"连番轰炸"，对我们各位研究生尤其是研一的师弟师妹而言可以说是一次巨大的挑战。因此，在听讲座时，能够具备王老师所讲的"独立判断能力"和"批判反思能力"便显得尤为重要。不过这里也涉及两种情况：假如听报告者不具备上述两项能力的话，很有可能陷入一种知识性的学习抑或是无意识的关注当中，那显然是难以满足学术讲座开设的美好初衷的；但假若听报告者具备了上述两项能力，报告对其来说是否又是"开听有益"的？就我自身体验和旁边同学的一些反应来看，很多人经历过数以百计的学术讲座之后，外加上自己也看过不少书，对很多讲座都呈现出一种"脱敏"和"疲劳"的状态，认为这个讲座要么"无营养"、要么"不能打动人"、要

么"与以往讲座内容重复",这种判断似乎也可以说是一种"独立判断能力",但这种"独立判断能力"是不是在被"脱敏"和"疲劳"消弭的求知欲的驱动下呈现出来的? 如此,这还能不能称作"独立判断能力",或者,假如它是"独立判断能力",是不是也已经经过了异化和扭曲,已经脱离了客观和公正? 这也是我所疑问的地方。此外,对于烟霞谈及在课堂上应与老师保持"同频共振"言说,王老师表示了赞赏,并认为这也许是高效课堂的特征。我专门查了下"同频共振"的含义,它在物理学上指代"同样频率的东西会共振,共鸣或走到一起",后延伸为"思想、意识、言论、精神状态等方面的共鸣或协同"①。针对此定义以及烟霞和王老师的互动,我首先反思了一下我自己。我一直以来自认为我还算是一个具有高参与度的学生,也算是一个能够对高质量课堂做出贡献的学生,但我并不是始终与老师"同频共振"的。除却心理学上研究的注意力理论认为的注意力难以长久保持以外,很多时候也是因为我在一些时候对老师的观点和看法并不是完全接受,因而经常会陷入自己的思维空间,出现"神游物外"的状态,这显然没有与老师达到"共振"的状态。因此,我认为"同频共振"一定程度上解释了学生对老师的课堂"入乎其内"的状态,但针对"出乎其外"还需要其他的解释,比如说学生在课堂当中提出不同意见是否能称作"同频共振"? 一个好的课堂,学生既需要"入乎其内",也需要"出乎其外"。听讲座亦需如此。

## 二、关于访谈的反思

上次日志当中针对访谈的内容已经涉及过不少,因此在此就不再过多赘述。老师针对有效访谈提出的"六个是否"的判断标准,"联系方式是否合适""访谈把控是否得当""访谈退场是否完美"应当属于社交的范畴。针对这个范畴,其实我并没有畏惧情绪,还算是能够游刃有余,比较从容、淡定地跟访谈对象进行交流。但访谈毕竟不是渺无边际的闲聊和无核心话题的漫谈,其"研究"的意味是非常强的,像王老师提出的"访谈对象是否合适""访谈提纲是否充分""访谈资料整理是否科学有效"等标准无疑都是围绕"研究"铺展开的,因此这就需要我们明确自己的研究目的、精选研究对象、设置适切的题目以及进行及时有效的资料整理。依此标准审视的话,在我有限的几次访谈当中,研究主题和目的虽是明确的,但都是课堂讨论好或者课题组预设好的,缺乏自己的自主探索和设计;研究对象大多是就近和方便原则,大多都是"现成的",并未经过"精选"的程序,也就很难说是"最合适的";访谈提纲大多也是并未经过严格的论证,并且与访谈对象实际情况结合度也明显不足;而在资料整理上就更缺乏科学系统的梳理了。这也警示我以后如果开展独立的研究,在访谈上需要下的功夫还有很多。

## 三、关于文献综述的反思

自从上大学以来,已经有无数老师强调过文献综述的重要性了。诚然,一个学术论文的诞生,没有文献综述是不可思议的。以此推论,一个好的学术论文,没有好的文献综述也是

---

① 百度百科.同频共振［EB/OL］.［2019-03-18］.https://baike.baidu.com/item/同频共振/10645126? fr＝aladdin.

不可思议的。老师在课堂上对大家的文献综述表示了失望，认为没有达到预期的目的。王老师的批评是非常有道理的，反求诸己，我除了在文献综述上没能投入大量时间以外，也没有厘清我的综述思路和框架，在文献的"综"和"述"上也没能把握好平衡点，导致最后的文献综述的确呈现出"综得不全""述得不深""综、述分离"等致命缺陷。究竟应该怎样写好文献综述？除了提升学养、加强练习以外，我们对文献综述的基本框架应当有一个较为清晰的认识和理解：(1)首先要说明写作的目的，定义综述主题、问题和研究领域。就我们的研究而言，文献综述应当紧紧围绕和聚焦于"高水平研究生课堂"这一主题，不能顾左右而言他。(2)指出有关综述主题已发表文献的总体趋势，阐述有关概念的定义。就我们研究而言，我们如果通过文献总体趋势的描述和说明，无疑可以清晰地体现出关于此主题的基本研究图景。(3)规定综述的范围，包括专题涉及的学科范围和时间范围，必须声明引用文献起止的年份，解释、分析和比较文献以及组织综述次序的准则。这主要强调了文献综述的边界，对我们聚焦问题来进行文献综述是大有裨益的。(4)扼要说明有关问题的现况或争论焦点，引出所写综述的核心主题，这是广大读者最关心而又感兴趣的，也是写作综述的主线。这一点也是文献综述的核心要点，聚焦于当前文献当中的"核心矛盾"，从而为进一步研究提供靶向，也就为创新提供了可能。

此外，本堂课其实还有很多值得进一步反思和探究的话题，如"高水平课堂的学生参与度究竟怎样衡量和评判？""本硕博打通的执行效果及其评价？""潘懋元先生的'自学—研究—教学三结合'教学法的内涵及其评价？""不同类型的研究生课堂应当如何分类评判？"等问题，都具有一定的探究价值和意义。更值得一提的是，王老师在下节课安排了"文献分析示范"，这可能受到了我介绍访谈对象的"示范教学法"以及同学们对分析文献不甚明了的影响，这也体现出王老师以一贯制的"以学生为中心"的教学理念和强有力的教学改革执行力。

最后，也得对自己提出批评，这学期在学习的投入程度不能适应高水平研究生课堂的需要，这样自己又怎能成为一个高水平的研究生呢？悟已往之不谏，知来者之可追。时不我待，行动起来！

**王师批注：**

祥辉的社会工作比较多，作业节奏慢了，这些都可以理解，但希望这是一种偶然性状态，不希望成为一种常态。

关于"同频共振"，这是一种非常理想的状态，一般而言是可望而不可即的，为什么？只有"孔颜"之间才能达到这种状态，所以要追求这种状态，只有达到博士后层次，甚至只有作为老师的助手多年才能达到这种状态。因此，不用把这个目标作为衡量标准。

至于"不同意""不认同"我的观点，我认为是好事情，这恰恰是具有独立判断能力的表现，是不盲从的表现，唯如此才能产生思维的激荡，也是教学相长的契机，所以，为什么要建设开放式课堂，意义也恰恰在于此，否则就与灌输式课堂无异，与我的教学改革初衷相悖。但是有不同意见也及时表达出来，否则也无法促进我检讨自己的想法是否完善或妥当。一句话，我对"完全接受"的同学并不看好。

至于文献综述，这是长期的艰巨的努力，因为一个人的学术见解提升不是一种技术训练,如果个人的视野打不开,当然也打不开思想的源泉,自然也展现不出批判思维的锋芒,文献综述自然也写不好。

至于"入乎其内"与"出乎其外"意思比较多元,我此处不做评论。

# 肆　质疑精神与批判思维的初现

**2018** 级硕士生　王鹏娟

最近讲座很多,刚一上课王老师就询问同学们听了讲座后的看法。王老师又第一个把我"拎"起来,我简单谈了熊庆年老师在他的分享中谈到的两点:一个叫人眼前一亮且精准的标题,和写文章要抓住热点,转换角度,选题自然可以信手拈来。关于"好标题",王老师已经在之前的"什么是好的文献"中提到过,熊老师则以列举的方式将很多吸引眼球的文章标题呈现出来,而且尤其强调标题的重要性,这种强调力度远远超乎我的意料,所以我就把标题的重要性又在课堂上提了出来。其实我的真实想法是无论是"吸引眼球的标题"还是"角度独特的热点问题",以及熊老师提到的其他"旧瓶装新酒""小题大做"提炼主题等,对于文章而言都只是"术"上的增色,而不是"道"上的升华。从一个主编的角度,他更多提的建议是关于"什么样的文章更容易发",但作为一个研究者,我还是觉得我们写文章应该首先追求内容的质量,在文章有了理性和审慎的思考和分析基础上,再去追求进一步的文章增色技巧。技巧易学,可文章要写得有深度,问题分析得够透彻,绝非是一日之功就可仓促成就的。

同学们也都发表了对这些讲座的收获和看法,我的感受是大家都开始有意识地质疑和反思报告内容。大家不过度迷信"权威"的自觉渐渐被激发出来的同时,也让我再次相信学者是要靠研究内容说话的。学者学术身份的合法性一开始就诉诸追求真理,因此其研究本身的"真实性"和"合理性"自然而然就成为衡量学者本人的重要依据。学问做得好不好,其实旁人心里都有一杆秤,称量标准是研究的扎实程度,而不是学者的头衔。这样看来,学者头衔越多、"江湖排名"越靠前,旁人对他的学术要求其实也会更高。知名学者一旦流于形式,疏于学术,他在同行心中的印象其实是会打折扣的。因此,对于学者而言,踏踏实实做真学问,应该是一种自己的习惯,同时也是一种外在要求。

紧接着王老师就"文本分析"说到了我们上次课提交的文献综述。王老师指出我们文献综述存在的主要问题依然是停留在对文献进行罗列而没有具体的分析层面。"文献综述有一个归纳和总结的过程,你需要讲清楚这些文献说明什么道理,得出什么结论,是否得出有价值的结论? 过程和方法运用得怎么样? 依据扎不扎实? 可信不可信? 对我有什么启发? 表现在哪里? 贡献是什么?"但现在我还是没有意识到我的文献综述问题在哪里,可能还是需要同学们和老师的具体指点。但在写文献综述的过程中,还是有一些自我感觉欠妥的地方,可能成了隐患:其一是综述的文献水平普遍一般甚至较差。文献的选择是我按照"研究生课堂教学质量评估"作为主题在中国知网上进行检索,综合文献的"相关性"和"被引用次数"选出 20 篇左右,其中有一部分是硕士研究生论文。但我以前看到的文献综述似乎都会选择发表在高水平期刊上的文章，所以我怀疑自己"瞄准文献"时就已经出现了偏差。其二是在具体分析时"观点"优先于"文献"。通读了这 20 篇文献后发现很多论点都分散在许多文章中，因此为了说明一个观点，我将文章做了"打散"处理，即在论述甲观点时用一下这篇文章的 A 部分，论述乙观点时发现文章的 B 部分还可以用就再引用一下。其三是由于时间关系略写了最后一部分的"研究展望"，也是一个遗憾。我觉得最重要的问题还是在于我不知道好的文献综述的标准是什么吧，集中阅读和分析几篇文献综述也许能找到综述文章的感觉，当然也很期待老师和同学们指出我的问题。

随后王老师又询问了大家在访谈过程中的感受。很多同学都提到了自己在访谈过程中的引导性和访谈提纲设置的不合理性。至于我，自我感觉在访谈过程中存在的问题有：一是访谈提纲准备问题过多。在访谈提纲中我主要分为两部分，第一部分是被访者的教学经验，第二部分是他的教学观，针对一些有教学行政管理经验的教师我还增设了几个关于"研究生课堂改革"的问题，整份提纲前后罗列了大致有近 30 个问题，所以在访谈前也没好意思把提纲发给老师。在众多的问题中很多都是和我们的研究主题不相关的，比如最开始的问题是"在您学院里，谁可以决定最后给研究生开什么课程？""有没有专家来评估您学院里开设的课程满足了学生需要？"这些都属于"无关问题"，而且过于细致，束缚了被访者回答的空间。二是提问不聚焦"研究主题"，一味希望最大限度地挖掘被访者身上的信息。因为接触到的是相对陌生的研究生教师，因此在具体提问过程中我追问了许多自己感兴趣但又无关紧要的问题，如"您觉得现在的研究生质量和您上学时相比怎么样呢？"等，现在想来没有必要这样"着急"，访谈的目的应该是服务于研究的，经常"顾左右"很容易偏离研究核心。三是有时候提问方式可能会对被访者造成冒犯。我印象最深刻的是第一次访谈时有一个问题是"您觉得教师一定要热爱教学才能做好教学吗？在您的身边有没有那种他仅仅是把教学当成一种任务，但课仍然上得很好的老师？"老师说了自己的看法后，说对别人心里怎么想不好进行揣测，当时我就觉得我的提问是欠妥当的，后来就把它删掉了。四是在和对方交流时会不自觉地有引导对方想法的嫌疑。现在想我在访谈过程中提问了很多假设的情境，假设本身无法代表现实，似乎在这个研究主题下也是不合适的。

王老师就我们在访谈过程中遇到的问题给出了具体的指导和建议，比如在访谈提纲方面，问题设计一定要简洁，数量保持在 10 个左右即可，既不能太抽象也不能太细了；提纲准备两份，研究者和被访者的提纲应该是不一样的，因为研究者的一些适时的追问其实也是可以提前做一些准备的。在访谈对象的选取方面，首先访谈对象一定是有选择的，具有某种典型性；其次王老师还提到一点是他说当他确定了一个访谈对象后就会想办法接触到对方，这种韧劲在具体的研究过程中也是很必要的。在访谈礼仪上，要和被访者建立真诚、友好的关系，才能保证访谈效果；同时要有基本的礼貌，让对方感觉自己受尊重，且能礼貌地退场，这些都是很细小但又很实用的注意事项。在对访谈资料进行分析时，可以以括号形式及时标注自己的感受和想法，转录的过程其实已经可以开始初步的分析了。

课堂的最后一部分是梳理和理解访谈内容中与之前命题有出入的观点。我访谈的一个老师主要采用讲授法进行教学，课堂中穿插一些讨论和互动，学生普遍的反馈是"能学到东西"。这位教师本人的教育理念也非常清晰坚定，但似乎从他对课堂的高度控制、教师主导、人文社科应侧重于基础知识的讲授、课堂主要在教师如何引导等方面来看,与我们之前的很多命题是不相符合的。但我感觉他的教学初衷依然是让学生有收获,只是在具体的方式方法选择上,他认为且选择了更为高效的教师主导课堂。一系列访谈结束后似乎高质量研究生课堂的标准更加模糊,擅长教学的教师各有各的风格和特色,好的课堂各有各的长处和亮点。但越来越让人相信的是,课堂教学质量高不高,学生是有绝对话语权的。

**王师批注:**

　　鹏娟的描述能力是比较强的。日志能够把许多内容都描述进去,而且比较流畅。这说明鹏娟具有了较强的写作能力。可能存在的问题是缺乏重心,不知道核心观点是什么,应该突出什么,这些问题也体现在访谈设计中。

　　鹏娟在访谈中的表现,说明独立判断能力还是比较欠缺的,很容易被别人的意见左右。诚然,每个人的说法都有道理,但应该从一定的立场出发进行判断才行。要知道,每个人都具有为自我行为辩护的倾向,如果没有自己独立的价值立场的话,很容易被别人牵着走。

　　很欣赏你的“道”与“术”的认识!

## 伍　思想碰撞之美妙

**2018级硕士生　郑雅倩**

　　2018年12月10日,院311室,18:45左右,同学们已经基本来齐。但由于好几个同学请假,这一次的课堂显得有些冷清。

　　本次课堂主要分为三部分。

　　第一部分:学术讲座交流。最近这几天学院连续举办了三场讲座,这对同学们来说是一次脑力和体力的考验,我们需要在短暂的时间内了解并思考讲座上传递的内容,甚至需要私下查阅资料检验我们的思考。老师一开始就询问我们关于讲座内容的想法,我想一方面是为了了解同学们对讲座内容的看法,一方面也是为了检查我们的批判能力是否有所提高(因为上一次讲座交流后在大家一致性赞扬各场讲座后,老师提出“对每一场讲座都应该带着批判的眼光去看待”)。交流中,有两位同学提到熊老师讲座中提及的“题目新颖”,老师和师姐提出这个“题目新颖”在之前的课堂中已经多次涉及,但是为什么这个意识还没有深入大家的脑海中? 我试着给出答案:(1)先前的课堂头脑风暴所形成的标准停留在浅层次的思考上,或者说可能在一定程度上没有完全形成认同,所以无法真正意识到;(2)由于课堂时间的关系,老师在课堂上不得不加强主导作用,因而同学们独立思考不足;(3)除了课堂上的学习,我们在课后思考和讨论的时间也不充分,而课前的预习、查阅文献是重要的一环,只有课前做足了准备,课中才能与老师与同学产生思想的碰撞;(4)有同学提出熊老师讲座上举例说明题目陈旧及新颖带来的冲击,由此在一定程度上可以看出案例教学的重要性,以及通过正反案例对比带来的效果。

　　有同学课堂上提出“本硕博课程打通的效果是否与预期一致”,据了解,本硕博课程打通的本意应该是减少因课程重复而带来的资源浪费,提高课程设置质量,实现人才培养的一体化,因为人才的培养不可能一蹴而就,不能只着眼于最高层次的教育,而应该从本科阶段甚至更早的阶段就打好基础。但我们似乎对本硕博课程打通有所误解,在我们课堂上提出的"同一门课本科生硕士生博士生一起上"就是对本硕博课程打通的最大误解。本硕博课程打通的核心之一是开放课程的对象,课程是向不同学习能力、学习需求的学生开放,而不是向不同身份(如本科生、硕士生、博士生)开放。如果一个同学的学习能力强,即使是本科生,也可以修习博士生课程,或者可以修习跨学科课程。本硕博课程贯通是支持学生按兴趣按学习能力选课。我们学院在选课的时候也是这样,有些高阶课程是需要一定的学科基础才能够选修的(像张亚群老师在"中国近代高等教育专题研究"的第一节课就指明此课程为高阶课程,需要有一定的基础)。① 但我们在管理上还可以再改进。我再去查看培养方案时发现其并未表明课程的高低阶属性,且在开学初也没有针对这方面的培训,很多新同学只能通过询问师兄师姐了解课程内容进而确定选课。在社会人才培养多样化的背景下,我个人是支持本硕博课程一体化,而如何能够达到预期效果,则需要我们做更细致化的设计和管理。

另外,还有同学提出政策文本研究的新颖性,老师提出政策文本研究对研究者理论基础的要求很高;有同学提出现在很多人为了发论文而追热点,在这种情况下一些教育中的真问题该由谁去研究,我认为从这个问题可以看出这位学姐的教育情怀,目前被各种评价晋升制度裹挟下的我们到底该何去何从呢?

第二部分:文献综述讲评。上节课我们提交文献综述,老师指出我们的文献综述基本都是罗列式,对文章的贡献及其是否存在缺陷都缺乏分析。其原因可能是大部分人的阅读还处于浅层次的阅读,只达到了"理解"的程度,那如何判断进入了深层次的阅读? 我们对文献资料是否有分析、批判、独立思考和整合能力? 分析是在理解的基础上,是被动地对给出的文本进行分析,批判能力是能够对文本产生自己的独立判断能力,而最终我们应该达到的是独立思考和整合,这应该就是文献综述的"述评",之前的理解能力是文献综述的"综"。为什么我们在经过这么长的准备时间,同时也上过文献综述的课程,而最终我们的结果并不理想? 我想主要是以下几个原因:(1)要想达到最终的批判和整合能力需要的是长时间的阅读积累,而我们的阅读量不够且阅读能力长期处于浅层次阅读,要想达到深层次阅读需要更长的时间;(2)没有足够的时间思考和准备文献综述,为交作业而交作业,缺乏主动性;(3)没有规范地进行文献综述,尚不明白到底是如何实际操作。纸上得来终觉浅,绝知此事要躬行。针对这一次文献综述的低质量,老师让我们私下对同学们的文献点评,再对自己的文献综述进行修改提高质量。

第三部分:访谈经验交流。老师首先提出访谈时不要胆怯,双方应该是处于平等交流的地位。肖阳师姐提出自己的一个访谈对象性格内向,访谈效果不理想,老师指出应该提前了解访谈对象,研究对象的选择应该是要符合研究内容,而不是看研究对象的行为。老师提到一点:在质性研究中研究对象的典型性很重要,这一点我在对丁钢老师的访谈中也表达了自己的疑问,但丁钢老师认为在质性研究中是不需要找典型的,任何一个人物都有其值得研究

① 张亚群,厦门大学教育研究院教授,主要从事高等教育历史与理论研究,主要开设课程为"中国近代高等教育专题研究""中国高等教育史"等。

的点。所以,到底该如何去选择呢?我们对课堂教学效果不佳的老师进行访谈,得出一些共性的特征,再去反推高质量的课堂,这样是否可行?

　　紧接着,同学们对访谈提纲的制定、实施也提出了一些想法。有同学提到是否应该提供访谈提纲,如果提供访谈提纲可能会造成受访者回答时的"标准化",老师提出访谈提纲可以提前给受访者,体现我们的礼貌,但访谈提纲应该准备两份,一份给受访者(简单化、口语化),一份自己在访谈时候用。访谈提纲应该要简洁、设置开放式问题,问题不能太细,要对自己想要访谈的内容有一定的预测,且问题不能太多,十个左右便可。在访谈过程中,不能对受访者提出引导性问题、封闭式问题,要注意针对不同性格的受访者采取适合的访谈技巧。在访谈结束后要自查:(1)访谈对象选择是否得当。(2)与访谈对象的联系是否得当。(3)访谈提纲是否准备充分。(4)访谈过程中访谈现场的选择是否得当,时间的把控是否得当,是否有进行适当的追问。(5)是否有进行礼貌的退场。(6)是否对访谈录音进行比较系统的整理,形成一个有意义的文本(把录音中缺失的部分补上,但补上的部分应该用括号,不能改变原意,旁白或感悟也可以写上)。最后,老师也指出,一次访谈很难得出有价值的资料,需要再进行多次的访谈。除此之外,编码也是一件很费工夫的事情,现在出现了很多软件可以帮助我们进行编码,但是需要对软件有清晰的定位,软件只是辅助性的。

　　临下课同学提出"一篇文献分析不好何以分析二十篇文献"的感慨,老师提出下节课现场对文献进行分析示范。老师以学生为中心,课程设计根据学生的能力发展及需求而灵活调整,敬佩老师的教学改革行动力!

**王师批注:**

　　雅倩的日志细致认真,提供了非常广阔的信息!

　　雅倩对问题原因的分析非常周全。

　　雅倩对访谈要点归纳得很好。

　　关于丁钢老师讲的不需要典型性问题需要商榷。原则上讲,每个对象都是独特的,都值得研究。但是否符合我们探究目的就另当别论。我们当然应该选择那些最适宜的对象进行研究,毕竟我们不是无目的的研究。

## 陆　深度学习·生长课堂

2018 级博士生　段肖阳

　　12 月 10 日,我们上了第十次课。这一节课主要是围绕三个问题来学习的:讲座、访谈和文献综述。这次课堂是基于个体实践经验的深度学习过程,而且是根据学生需求进行设置的生长课堂。

### 一、讲座

　　课堂开始,老师让大家简单地谈一下听讲座的收获和感受。同学们提到了"硕博课程打通""文本分析法""研究生课程建设凸显教育学学科特性""研究生第二外语课程""论文题目""研究热点"等,尤其是"论文题目"和"研究热点"问题大家谈得较多。我觉得我们不能完全避免实用主义或者说功利主义倾向,但应该理性对待热点问题,首先应该分清热点是真问题还是假问题。很多时候,我们不是不能发现问题,而是怎么坚持把问题解决。热点过去之后,有多少真正被解决了呢? 如果只是为了搭顺风车,只是为了发论文,这样的研究没有价值。

在讲到调查研究问题时,老师讲到很多研究在调查前就已经有了结果,而调查只是为了增加可信性,但这样会忽略其他的信息。这让我想到了个案研究,个案研究时我们会选择性地忽略一些信息。当然,有时候是我们主动有所不为,而有时候是我们被动地有所不为,也就是我们根本没有意识到自己忽略了一些东西。比如在访谈过程中,由于经验不足、研究能力欠缺,可能看了但没看见,碰上了又没有察觉,感觉到了但没觉悟。怎么样才能让自己看见、察觉并感悟呢?

大家发言完毕后,老师做了总结。老师认为大家有了一定进步,不再盲目崇拜,而是有自己的一些看法,敢于质疑。但大家对研究方法的学习和收获都没有提出来,而且大家缺乏文本分析的功力。

## 二、访谈

关于访谈老师分了两部分,一是让大家谈一下访谈的感受,二是让大家讨论访谈发现与我们的命题假设是否一致。

在访谈感受部分,老师讲同学们要敢于交往,把握好社会交往规则,不卑不亢。我首先谈到自己访谈内向型老师时,不能把握好节奏的问题。老师指出在访谈之前应首先确保对象适合,保证研究的规范性和典型性。质性研究的每一个样本都应是非常典型的,如果确定内向型教师为合适研究对象,那我们要分析是什么原因让内向型教师成功的。我认为这位教师有三点关键因素:注重师生平等;注重学生展示、讨论;注重师生共同探讨学习。老师指出要根据被访者的性格特点,不断调整自己,让被访者能够敞开心扉真正表现自我。我想到老师之前指出我的一个问题:对话交流能力。近来我也一直在注意自己这个问题,希望不断提高自己!

其他同学谈到访谈提纲问题,如提纲设计问题和提纲是否给被访者。同学们都普遍觉得提纲问题是自己访谈效果不好的关键原因,不少同学以自己的提纲为例,让大家共同找出问题。老师认为提纲应该做两份,而且应该设置开放式问题,且很多问题应转变方式让对方有话可说、有话想说。

同学们把访谈中的困惑和问题讲完后,老师指出我们应该自查。自查访谈对象是否合适,联系方式是否合适,访谈提纲是否充分,访谈把控是否得当,访谈退场是否完美,访谈资料整理是否科学有效。听完老师强调的问题,感觉自己这次访谈并不是圆满成功。尤其是自己的访谈总结还没有做完整,只是做了初步编码,还没有再次编码、总结提升,课下再进行完善。老师话锋一转,讲到这次访谈只是暂时让大家获得一些感悟,对访谈有一些感性的、立体的认识,还没有到访谈技巧层面。如果将访谈作为一种研究工具,大家还需要多次锻炼和学习。老师并没有期待大家一次成功,而是给予大家体验的机会,让大家在试错过程中成长。同时,老师也接受了同学们建议课堂演示访谈的建议。

　　中间休息之后,老师让同学们讨论访谈发现与之前提出的命题假设是否一致。在这一部分,同学们提到部分教师强调前沿知识的问题。老师指出前沿性、落后性和陈旧性这些概念到底是什么关系,是前沿与陈旧相对,前沿与基础相对,还是其他相对关系? 前沿的是艰涩的,或者前沿的是实用新技术? 对这个问题我的访谈对象也有所提及,但是我也没有深入追问,因为自己在当时也没有想清楚这个问题。我觉得如果前沿知识是艰涩的理论知识的话,那么它在课堂教学中不应占过多分量。因为大众化时代,这些前沿知识对学生到底有多大作用,对多少学生有作用呢? 过分强调这些前沿知识的讲授,实际上仍然是以知识为中心,而不是以学生为中心。因为以学生为中心,我们首先应该考虑学生的发展到底需要什么? 学生的发展需求是以社会为导向的,而不是以知识为导向的。学生最终都要走向社会,都要面向不确定的未来。

### 三、文献综述

　　老师讲到访谈是对大家的一个初步训练,是为了在实践中检验我们的命题假设,从而获得基本的认识。老师再次指出大家的文献综述为达到应有的效果,没有在已有研究中检验我们的命题假设,形成我们自己的判断。大家只是简单的罗列,而不是批判性的分析。在文献综述中没有指出研究者研究了什么,怎么研究的,结论是什么,研究缺陷是什么等问题。老师鼓励我们要敢于质疑、敢于批判、敢于形成自己的判断。老师指出的问题确实是我们普遍存在的,没有一个全面的批判性的文献综述,我们根本不知道自己的研究到底处于一个什么位置。我们到底是在重复前人的话语,还是在凭空架构,这都是无法考证的。老师指出让大家课下分小组讨论,互评文献综述,这个方法应该会让大家很有所收获。"同辈学习"是促进大家共同学习的一种很好的方式。同学们对文献综述作业的态度很端正,但是大家的文献综述能力确实不足。所以同学们提出能否在课堂演示文本分析,老师欣然接受了这一建议。

**王师批注:**

　　肖阳的写作速度已经非常快了!

　　条理性已经大大加强了!

　　自我反思能力也大大提升了!

# 柒　访谈经验交流

**2017 级硕士生　熊文丽**

## 一、本次课最大的收获

上课伊始，王老师提议就我们最近听的几场讲座做一个交流，很多同学都发表了自己的感受与想法。士茹同学提出的"本硕博课程打通的实际效果如何"这一问题得到了王老师的赏识，王老师并没有直接回应这个问题而是提示我们可以作为一个毕业论文选题对其进行研究。接着王老师由这个问题展开谈到在高等教育领域，我们有很多做法是模仿国外大学而来的，但这仅仅限于一种表面的模仿，很多细枝末节的工作并未做到位，形似而神不似，实际效果如何鲜有人关注。今天看到一篇发表在《中国高教研究》2018 年第 12 期的文章——《走出"中国学习者悖论"——中国大学生主体性学习解释框架的构建》，文章提到一个核心观点即使用基于西方教学实践生成的凸显学生主体性学习特质的概念和标准，来评价中国本土学生的学习实践是产生"中国学习者悖论"误判的重要因素。[①] 这一文章表明我们不能套用国外的概念或标准，而是要根据本土智慧来建构适用我国实际的解释框架。这让我想到，我们在学习国外经验或者理论时，往往注重的是那些浅层次的、具体可操作的东西。这些经验背后的理论是什么，理论是不是适合我国实际，怎么和我国实际相结合等这些问题考虑尚浅。我自己平时也会存在这种情况，即将国外的理论直接照搬过来，很少考虑某一种理论的适用情形与语境范围，更不懂得如何调适。无论是学习还是做学术研究，我们应该多做深度思考，而不是尽追求热点，搞一些表面文章。

在谈到实证研究时，王老师提到传统的实证研究存在这样的问题：研究者先预设假设，然后就去找能佐证其假设的资料，有意无意地忽略其他资料。这句话对我的触动很大，联想上次课，有同学问到编码的作用是什么时，隽颖师姐也提到很多人做研究时往往是先有一些预判，然后再从收集到的资料中去找能支撑自己预判的证据，而那些对自己的预判没有作用甚至起反作用的资料是被忽视了的，因此编码的一个作用就在于尽可能全地将收集到的资料进行分析与提炼。我们在处理收集到的资料时，不能"偏心"，而是尽可能将自己的观点"悬置"起来，客观地分析资料。

之前我在设计访谈提纲时，对于一份访谈提纲应该包含多少个问题拿捏不准。这次课，王老师提醒我们访谈提纲一定要简洁，问题不能太多，最多设置 10 个问题，这些问题既不能太抽象也不能太细，并且提纲应该有两份，一份给受访者看，一份给自己看，这两份提纲是不一样的。这些点都是我以前没有意识到的。

---

① 张华峰,史静寰.走出"中国学习者悖论"——中国大学生主体性学习解释框架的构建[J].中国高教研究,2018(12):31-38.

## 二、本次课存在的疑惑

本次课主要是对访谈问题还存在着疑惑,在课上囿于时间就没提出来和大家一起讨论(每次当我想发言的时候,总有同学抢先了,看来发言还是要更主动)。

1. 访谈时,以什么问题切入比较好

之前在学习访谈法时,老师提到可以从"个人经历、家庭背景、生活工作情况、其他对方正在做的事情"等问题切入。但是我在实际访谈中,发现这一策略难以实施。这几次访谈,我是在简单说明本次访谈的主题与目的后就直接提出"您认为高质量的研究生课堂教学具有什么样的特征"这一问题,虽然受访者针对这一问题发表了很充分的看法。但访谈结束后,我在整理访谈数据时发现访谈一开始我就提出了一个很抽象的、高度概括性的问题,这是不太适宜的,但是我接下来的访谈又都是围绕这个问题展开的,所以我又不得不在一开始提出这个问题。所以我很困惑,在访谈时,以什么问题切入比较适宜。

2. 在访谈中不要问"为什么"的问题

在看关于访谈法的英文文献时,有的学者(Patton)认为应该要避免问"为什么"的问题,因为这种问题往往会导致对因果关系的猜测,并可能导致无出路的回应;而有的学者(Merriam)认为偶尔的"为什么"问题可以提供一条新的疑问线。① 虽然受 Patton 的影响,我在访谈中都是将"为什么"的问题转化为描述性的问题,但在访谈中能不能提"为什么"问题我是存疑的(我个人觉得可以提)。

3. 在访谈中不要问"yes or no"的问题

有很多人提到在访谈中应该避免问"yes or no"类型的问题,因为太简单了,得不到有价值的信息,但是我认为在访谈中有必要问这类的问题。拿我自己的访谈经历为例,在谈到高质量的研究生课堂教学时,我在访谈提纲中设计了一个这样的问题:高质量的研究生课堂对实践教学有什么要求,这个问题事实上暗含了我作为访谈者的一个预设即高质量的研究生课堂对实践教学有要求,如果我直接这样问的话,那这个问题就是一个引导性的问题,因为受访者不一定认为高质量的研究生课堂教学对实践教学有要求,但我这样问的话,就相当于我是在引导受访者往这方面回答。所以为了避免这种引导,我就会先提出这样一个问题:您认为高质量的研究生课堂对实践教学是否有要求。如果老师回答有要求,那我就进一步进行追问,如果老师认为没有要求,那么这个问题就结束了,而不是一开始就问有什么要求。因此我个人认为不能一概而论地说不能问"是否"类型的问题,而是要视访谈情况而定。

## 三、存在的不足

王老师在课上提到我们上次交的作业,基本上没有达到文献综述的要求,缺乏必要的概括与评析,这反映出我们分析能力的欠缺。我自己在写文献综述的过程中,也只是将不同文章的观点罗列出来,而没有对文章的思想、研究方法、优缺点等做一番评析,缺乏文本分析能力。

---

① Sharan B. Merriam. Qualitative Research: A Guide to Design and Implementation[M]. American: Jossey-Bass, 2009: 100.

## 四、如何改进

我目前不是很清楚如何才能提高文本分析能力，好在王老师决定下次课我们就做文本分析，通过一个典型文本的分析来告诉我们如何做文献研究。希望通过下次课能有所收获。这也表明我们的课堂是基于学生发展需求来进行设计的，是一种生成式的课堂。

**王师批注：**

关于访谈从什么地方开始，一定要最自然而然的地方开始。比如，说明来意之后，就可以问：老师，您觉得现在研究生课堂教学质量怎么样？

这样一个简单的非定向的问题，就能够把对方的话匣子打开，因为无论对方怎么说，都能够给你留下充分的思考和提问的空间。

至于能不能问"为什么"，主要是因为这样问比较直接，似乎是不相信对方所谈的似的。但可以换个方法问，比如："老师，我还是不明白这样做的理由"等，就可以让对方很自然地乐意去解答你的疑惑。

其他的问题都可以换个问法来得到答案。比如："要达到高质量的教学效果，怎么做就比较容易了？"这个问题就包含了你想知道的"实践教学"问题。

访谈，确实考验的是一种语言艺术，当然这更是一种交往艺术，语言切忌简单、生硬，尤其是对待地位比自己高的人。但不论对谁，只要你表达了充分的尊敬，对方都乐意回答你的问题。

关于"中国学习者悖论"问题，因为我不知道具体情况，不便于回答。但要求与本土情境相结合是没有疑问的。

关于文献综述能力问题，究竟是我们自身缺乏问题意识，还是我们不善于思考，或是因为我们自身投入不足，这些都是疑问，期待我能够真正揭开你们文献研究能力不足的谜底。

# 捌　寻理路上需要"再回首"

**2018** 级硕士生　孙士茹

本堂课与以往最明显的不同便是课堂节奏慢了下来，如同我们在追求很多东西的路上不时地需要小憩一样，王老师带领大家对近期学习情况进行了回顾与反思。

首先，学院最近学术讲座安排紧密，王老师便询问大家在最近的学术讲座上有什么收获感想。不同于以往对专家"权威"的完全认可，大家对讲座的看法更为客观、理性、成熟。就我个人而言，由于文献综述作业，加之周海涛老师讲座、近期教师访谈结果，以及自身的选课实际，对一个问题越来越存疑：不同教育层次课程的互相打通，适应了学生自由追求不同课程的发展需求，但最终的学习成效究竟是怎样的？拿硕士生与博士生的专题研究课为例，其本来是博士生课程，近年来逐渐对硕士生开放。一些学生可提前完成学习任务，为使其"吃得饱"，其有权选修博士生课程，但其学习条件是否真正达到能够选修更高层次课程的要求我们是不得而知的(基本上是靠学生本人的自我觉知、一定的先修课程);对于不能及时完成学习任务的学生其是否能够进行一些更基础的"学习补偿"呢? 有能力的学生选修博士生课程后,相较于学习原来的课程,其实际的学习成效如何? 由于每个学生的独特性、差异性不同,测验对比选修两类课程的学习成效无疑是困难的,甚至可以说难以达至科学。但无论如何,其学习的实际成效究竟几何需要引起我们的重视。此外,硕士生的学习是否会"干扰"博士生学习(假设硕士生的学习水平低于博士生)? 硕士生与博士生的学习内容、学习成效评价是否会有所区别? 这些都是我们提高研究生课堂质量需要考虑的。此外,大家还提出题目的重要性、研究问题与对策的呼应等问题。在此环节,老师最后点睛:大家的感想与以往相比具有批判性,这说明大家的认识有了进步。但都没有和我们的所学、所研结合起来,比如周川老师讲到的内容分析其实就是我们做文献综述时最基本的功夫。的确,我们还没有很好地做到联系、迁移的学习,而这又是我们深度学习的基础。

其次,王老师组织大家回顾我们的访谈,检验我们对"高质量研究生课堂标签"形成的基本假设。其中,在"教学内容的前沿性"问题上存在分歧。一方认为前沿的教学内容是需要学生自身去探索的,教学务必要教给学生基础性、原理性、规律性的内容与方法;另一方则认为不管处于哪个教育层次,教学过程中必须要给学生传授讲解前沿性内容。二者看似存有矛盾。王老师则点明:两种看法存在偷换概念错误。第一个"前沿性"指教学内容的难度,而后者更多指教学内容的新鲜度。前者前沿性与基础性是一对概念,而后面的前沿性则与陈旧、落后相对。如此我们便不难理解以上的两种说法。这也就提醒我们在问题出现矛盾时要思考其是否存在最基本的偷换概念嫌疑。其实不仅是概念理解,概括中心思想、写作等其实是我们从小到大接受语文教育的基本内容,但现在我们在运用时却不可避免地会出现类似"低级错误",由此不得不感叹基础教育的重要性。

针对访谈,有同学在硕士生课堂上,教师应多讲还是少讲的问题存在争议。我们现行的多数课堂(至少就我们院我们正在上的课而言),多数教师的授课方式中都有学生的课堂专题报告环节。且这一环节正占据着"为时不多"的正式上课时间的很大部分,学生也会因局限于自身专题而忽略其他专题学习。因此,有的教师便认为课堂的宝贵时间应好好利用起来,教师多讲,学生少讲。此前,我也曾听几位老师说过这样的学习成效表面上是给学生更多锻炼机会,但其实也是教师偷懒的表现,其教学成效大打折扣。国外研究生课堂也很多是采取教师主讲,因为硕士生还需要大量的学习积累。多数课程一拥而上采取专题汇报方式来试图增加学生的学习投入,提升学习质量,但没有过多考虑这种方式应用的适切性,运用到"度"如何的问题。这样难免会出现其他问题。

就我个人而言,在访谈过程中,除了因不同教师的教学认识不同而引发的疑问外,就访谈还存在几个问题:(1)小组合作访谈的困难性。由于和访谈合作者没有进行事先的预演,所以合作默契还不够,访谈缺少流畅性。(2)访谈对象选择的科学问题。老教师貌似对高质量的研究生课堂更有发言权,但会存在容易跑题的现象。(3)提问问题的方式对我而言是最具挑战性的。如何科学艺术地提问,问出自己想问的,是得出我们想要答案的基础。而这也是我认为自身最欠缺的。

最后,王老师对我们上节课所提交的文献综述作业进行反馈。大家的作业质量基本没有达至要求,这是老师疑问的地方,也可侧面反映出大家的学习投入是不够的,学习深度需再加深。其中,大家也提出对文献综述的写作分析还有点模糊,因此期待接受更为科学、正式的训练。由此,王老师也按照学生需求、教学实际计划给大家进行"文献综述训练"的讲授。

**王师批注:**

只有进入田野,我们才能理解现实的复杂性。对于研究生教学课堂质量问题的理解也是一样,只有与教师们进行交流,才理解为什么教学质量问题是一个非常复杂的命题,为什么一直没有头绪,为什么很难破解这个难题,因为人们在一些基本问题上缺乏共识,而这种共识的建立是进行教学改革的基础,不然教学改革就没有方向。

士茹同学发现了一个现实命题:本硕博课程打通好吗? 这是一个非常值得探索的课题,如果做了真实的研究,论文是不愁发表的。我始终认为,发现真问题是做出高质量研究的前提。恭喜士茹同学发现了一个真问题,后面是否要继续探讨,该如何探讨,这些都成为需要进一步思考的问题。

# 玖　访谈经验交流带来的三大收获

2018 级博士生　王亚克

这次课主要有三大收获。

## 一、大家的进步对我有激励作用

经过十次课的学习,同学们都有明显的进步。

首先表现为具备了初步的独立判断能力和质疑能力。不再迷信权威,盲从专家,这从大家对最近的学术讲座反馈中可以看出,开始质疑讲座中的问题,开始思考问题产生的原因和可能的解决方案。我想一方面是因为老师几乎每节课都强调独立判断能力的重要性,另一方面是因为上次反馈"唱赞歌"时老师及时"泼冷水"激发了大家冷静思考和敢于质疑的智慧。

其次是观察日志或反思日志的内容都愈来愈丰满,并开始形成自己的风格和特色,不乏有创新之举。

这样的生成式课堂非常有意义。

## 二、发现访谈问题折射出自己交往能力的问题

"访谈深层考验我们的交往能力。"王老师说。起初我以为自己第二次的访谈目的走偏是访谈中最大的问题,不该是为了验证量表上的问题,目的的偏向造成了访谈效果的不满意。没想到这只是表层的问题。我访谈的两位老师都是我认识的人,但却不知道该怎么去访谈那些不认识的优秀老师。正如老师所说,访谈是对我们交往能力的考验,因此与其说是访谈的问题,不如说是交往能力的问题。

### 三、通过解答本次课上的疑惑对"三阶段教学"有了更多了解

在分享各自的访谈经验中,我提到第一次的访谈中"自学——研究——教学"三结合的模式引出了老师和同学们的"谁是这个模式的主体"的疑惑。按照字面意思,如果是学生自学、学生研究、学生报告,学生应该是主体。但是教师的作用如何体现呢?

课下我进行查证,发现我所说的三结合模式提法不严谨,担心会给其他同学造成误解,特意查了潘先生的"高等教育学专题研究"的课程说明与专题简介,发现原文如下:

本门课程采用"学习——研究——教学"三结合的方法。即通过广泛自学,进行专题研究,提出研究报告。(1)自学:先通读授课资料汇编《高等教育学专题研究课题》,再选读至少两本参考论著。(2)口头研究报告:每人任选两个与本研究课题有关的专题,做两次口头研究报告,报告时间不超过30分钟。每一专题自行商定一人点评,时间不超过十分钟;其他人参加提问、评论或讨论,每人发言不超过三分钟。(3)书面作业,每人应交两篇口头研究报告的书面报告、两篇读书报告、一篇自选的小论文(不得以旧作充数)。每篇不超过5000字。专题报告与小论文要达到公开发表水平。

这个说明对三结合的方法解释得过于简单,于是我继续查找。我在《潘懋元高等教育思想》[①]中发现对这个教学法有详细的描述:

潘懋元教学法的实施过程可归纳为三阶段、九环节。

第一阶段:教师认真研究教学任务和学生情况——教师精讲一门课最基本的最主要的知识和自己最有研究的心得——学生自学或完成读书报告,师生共同研究,根据重点难点定出若干研究课题——学生根据自己的能力和兴趣,自选其中几个专题自己学习。

第二阶段:学生自学过程中如有问题随时与教师联系——完成独立学习任务,写出报告交教师审阅,教师审阅后提出意见由学生补充修改。

第三阶段:组织学生举行学术报告会,讲各自选定的内容——听讲者可任意提问并提出意见与主讲者讨论——教师评价主讲者并小结学习讨论。

经过这种三阶段、九环节的教学过程,学生不仅学到了知识,而且培养了创造力。

我不确定是否有"潘懋元教学法"的提法,因为之前没看到过,还有待多方查证。通过以上描述可以看出学生是主体,但每一个阶段教师的主导作用也非常明确,在完成第一轮口头汇报和书面论文中我们也亲身体会了以上三阶段的教学过程,在确定选题、查找资料、专题汇报及论文修改方面充分发挥了学生的主体性,但在这过程中跟教师(任课教师和助教)也有很多交流(尤其在遇到困难时),确实学到了不少和专题相关的知识,部分同学在报告中有所创新。第二轮报告即将开始,该教学法的效果有待进一步总结。

总的来说三阶段的教学过程基本符合"在教师有目的、有计划地引导下,学生主动积极地掌握知识技能、发展智力能力,形成正确的世界观、人生观、价值观,全面发展个性的统一过程"。[②]

课堂上的提问带来深思,求证的过程就是学习的过程。

---

① 林金辉.潘懋元高等教育思想[M].广州:广东高等教育出版社,2010:105.
② 潘懋元.高等教育学讲座[M].北京:人民教育出版社,1983:153.

**王师批注:**

这篇日志显示出了一定的探究性特质,集中体现在对"三结合"教学模式的探索上。探索,首先就是事物本身所指究竟是什么探索,其次是事物本身所代表的意义的探索,再次是事物命名恰当性的探索,最后是对事物现实性的探索。

关十"教师地位"是需要进一步探索的。教师在教学中的指导作用或引导作用是不容置疑的,但是否以权威的身份出现是值得探索的。因为教师一旦戴上权威的帽子就容易一切以教师的意志为转移,教师的主观性可能取代真理本身的客观性。所以教师究竟该以什么身份出现是需要认真探索的。

# 拾　探讨学术讲座　交流访谈经验

2017 级硕士生　姚烟霞

## 一、对讲座的探讨

每次讲座大餐完毕,老师都会让我们课上交流讲座心得,感觉每次大家的收获感悟都并未达到老师的预期,但这些收获又的确是我们目前最真实的感悟。老师的预期与我们的真实水平,既是我们要认清的现实,也是需要不断平衡的矛盾。希望我们的努力赶得上老师的预期。

记得有一次和一位博士师兄交流上王老师研究方法课的感想,师兄的一句话让我至今都印象深刻。师兄说,不管是修王老师的课还是听王老师的沙龙,必须和王老师"同频共振"才会有很大的收获与成长,要不然很难进步。

师兄的"同频共振"一词太形象了,一语道出了问题的关键与实质。后来,琢磨了这个词很久,还是不知道该怎样才能和王老师的思维产生"同频共振"。因为这不仅仅是认真听课就可以达到的,它需要长时间的思维训练,需要和老师一样把文献综述、访谈等当作是对问题的探讨,需要投入对研究的热爱与热情,需要有探究的欲望,而非被作业所困,为任务烦心,否则既花了时间,也没有效果。但是和老师"同频共振"实在太难了,中间隔着的不仅仅是思维的差异,能力水平的差异,实践经验的差异,更有对研究的投入与热爱的差异。学期已经过了一大半,课也上了十周有余,希望学期结束的时候,哪怕还是不能和老师"同频共振",至少也会比第一节课的自己有进步,也慢慢朝着"同频共振"的目标靠近。

## 二、访谈经验交流

关于访谈,大家也交流了不少访谈中的疑惑与困难,有关于时间把控的,有关于提纲设计的,有关于访谈对象选择的,有关于话题引导的……交流到最后,有一种感觉就是自己的访谈白做了,到处是问题,仅仅是体验了一下访谈,而并未达到访谈的预期效果。

关于访谈,我有一个疑惑就是,既然大家访谈的目的是一致的,都是为了对我们之前几节课总结的观点和理论框架进行验证,为什么不预先讨论、交流、打磨、完善出一个比较精致科学的访谈提纲,然后大家拿着这个访谈提纲去访问不同的老师,再看最后会得出怎样的结论?这样的话,是否会收获更大一些,既体验了访谈提纲的设计,又能够用高质量的提纲去访谈,这样访谈出来的结果会不会更好?

本次访谈大家的提纲各异,水平参差不齐,感觉没达到预期的效果。

## 三、课下作业

老师首先对上节课大家提交的文献综述进行了点评,没有一个是做得比较好的。同学们提到想让老师推荐好的文献综述范本,老师觉得这样不好,作为学生特别能理解这个想法。因为我们平常在讲座或者硕博答辩等接触中,听到最多的就是某个文献综述做得不好,很少有听到说哪篇文献综述做得特别好,久而久之,就会觉得没有好的文献综述,只有不好和更不好的文献综述,最后,文献综述就变成了大家的痛点和难点。不会写文献综述便成了研究生的通病和顽疾。

个人觉得写好文献综述,有两点一定要弄明白。一是文献综述的意义是什么?我们为什么要做文献综述?做这个文献综述是为了达到什么样的目的?想明白这一点很重要。二是什么是好的文献综述?好的文献综述究竟长什么样子?这个就需要范本的引导。让大家在脑海中有一个好的文献综述的印象和概念。

最后,鹏娟师妹说一篇文章都不会分析,怎么分析十篇、二十篇,老师应该先教我们如何分析好一篇文章。非常赞成这个提议。也很期待下节课对一篇好文献的精彩分析。学会文本解读与分析是一种很高的研究素养。

## 后记:

感觉这个阶段大家都好疲惫哟,有一种老师想推着我们走都走不动的感觉。也反思了自己的学习状态与学习投入,2018年还有半个月,本学期也只剩下几周,好好打起精神吧,勿让时间匆匆流逝,悔了忙忙碌碌却了无收获。

**王师批注:**

烟霞谈的都是真实感受,理解!

对目前状态的判断可能是准确的,但问题根源在哪里?

有一个问题问得好:为什么我们事先没有好好研讨并制定一个完善的访谈提纲呢?是大家没有时间研讨呢?还是缺乏这样的意识呢?或是大家都认为访谈很容易呢?这是需要持续反思的问题。

课堂上"同频共振",这个词太好啦!也许这也是高效课堂的特征吧。如何达到?烟霞提出了很好的问题,希望能够给出答案。

最后,烟霞同学暴露了一丝倦怠的意味,这很让人担心,究竟是什么引起的?我觉得不要心事太重啊,有疑难的时候可以向班集体、团组织、党组织反映一下,和老师们交流也可以,不能一个人憋着,那样很不好。

# 第十一章　访谈与文本分析示例

## ——"高等教育研究方法"第十一课

## 壹　访谈与文本分析示例

授课教师　王洪才

### 一、关于课程的生成逻辑

对于课程安排我向来主张因需而设,不能按照所谓的逻辑体系而设,为什么？因为按照所谓的逻辑体系而设,就是在把一种预先设计好的主观结构强加于学生,迫使学生接受。对于学生而言,他们对此是缺乏判断能力的。如果教师能够把一个绝对正确的知识结构传授给学生(事实上这是不存在的),则学生可以受用无穷,但如果传授了一个错误的结构或观念(几乎每种所谓的理论体系都存在着这样的或那样的瑕疵,但常常被忽视了,甚至是有意地被回避了,当然更多的时候难以发现),则可能使学生终身受困。

鉴于此,课堂教学内容始终都应该是开放的、批判性的,即不设计一个封闭性的结构,也不把任何东西设计为绝对,一切都是可以批判的,即允许学生质疑,允许学生提出不同的观点。那么教师要做的是什么呢？

答案就是提供一个话题,提供一种可能的思路,吸引学生参与讨论或探讨。这才是研究性课堂的真谛所在。固定知识传授不是按照这样的思路而来,而是预先设想某一个答案是正确的,然后又把某种解题思路假定为绝对正确的,最后要求学生去接受,无论是情愿还是不情愿。

为什么会出现情愿与不情愿的？当学生无法理解的时候就是不情愿的。当学生理解的时候就容易成为心甘情愿的。当不情愿的情况出现的时候,教师就自命为权威,强迫学生接受,因为它的假设就是:如果不接受,就是不尊重老师,就是怀疑老师的权威性或正确性。在这样的伦理法则下,学生只好乖乖地缴械投降。这是传统课堂运行的逻辑。

新型课堂应该是什么样的？就应该以实际存在的问题为出发点,去尝试性地解答它,无疑这样就出现了无限的可能性,讨论就是去发现最佳或最优路径。

事实上,没有最好,只有更好,所以知识探索永远是开放的,不能终止的,原因在于问题本身也是发展变化的,人的智力水平也是有限的,对问题答案的需求也是不同的,故而不可能获得一种唯一解或最佳解。所谓的最佳与最优只是特定情形的,而非永远的。

## 二、模仿性学习与探究性学习

　　针对同学们的文献综述和访谈出现的问题，有必要进行反思、整理。同学们提出要有案例或示例。实事求是地说，我不认为这是一个最好的思路，因为这是一种抄近道的办法（这种抄近道未必真的能够如愿），也是一种模仿的策略，它忽略了一个基本事实：真正研究是无法模仿的，适用于一个人的方法不一定适合另一个人，为什么？因为两个人的思维方式不同，知识积累不同，对事物的观念不同，无法模仿，模仿的结果只能是形似而神非。我们惯常的学习方式恰恰是模仿式，而非探究式。探究式学习往往是一种顿悟式的学习，而模仿式学习则是一种机械化学习。所以，谁高谁下一清二楚，无须比较。

　　但进行示例又是必要的，虽然不是必须的。当学生对于一个东西完全是茫然无知状态时，示例能够很快使同学们进入情境，进入直观状态，从而可以了解到事物的实质和精髓。当学生有了一定经验之后，再进行示例往往成为多余的，为什么？因为他们会倾向于否定自我的探索经验而盲目接受别人的经验，他们觉得自己是不成熟的，所以必须学习成熟的经验，殊不知，真正的学习也是无法模仿的，不可能照搬的，只能是自我摸索和不断完善，这就是一个自我探索之路。

　　"只说不练是假把式，只练不说是傻把式，既练又说才是真本事。"学生既然提出要示例，老师必须答应，必须能够做到，不然学生会认为老师只能纸上谈兵。《学记》有云"师者，范也"，这说明，老师的一个重要作用就是做示范，当然这个示范既有技术的示范，更需要做人的示范。正是应学生们的要求，我答应这次课堂做一个文本分析示例。另外之前联系的一位历史系刁老师终于打破了自己的心理障碍答应来做一次讲演了，我也想趁机做一次访谈示例。我原先是想搞一次研讨课，即历史系老师叙述自己的改革经历之后，让同学们提问和质疑，但两个任务安排叠加在一起了，我只好把它们放在一起进行了。当然，这样就无法充分展开了。

## 三、访谈示例前准备

　　因为课程安排的调整，所以我得事先通知一下学生。另外，我也担心同学听课注意力不集中，往往错会我对作业的要求，所以在差不多六点十分的时候我问同学知道这次课的内容吗？果然不出我所料，几乎没有一个学生说对。我证实了自己的预言，幸好我之前也遇到过这样的情形。我日志做了记录，让他们自己去查。这个实例也说明，我们同学们在课堂上的状态并不乐观，我的改革努力可能会付之东流。现在同学们的大脑被各种信息充斥的，几乎不能做什么分析了。这种状况非常可怕。对于这种状态，我除了同情之外没有第二种感觉，因为我真的觉得他们并不会学习，似乎他们的学习就是机械应对。

　　我点醒同学具体课堂的任务之后告诉他们还有一个访谈示例，同学们好像很欢欣鼓舞。

## 四、访谈布置与进程

　　刁老师进入教室，我示意大家热烈欢迎。我边介绍边沏茶，原准备按照访谈格式来，没想到他已经准备了 PPT。结果投影仪还不工作，只好他自己讲了。我与他坐在一边，发现他的 PPT 仅仅是一些简单提示，没有很具体的内容，他也主要是靠口头讲的。我心想这还好，不然这个教学仪器真的不作美了。

他讲了一个小时，准备听大家批评意见，我说我有几个疑问，问一问他。于是问了 5～6 个问题，他回答了半个小时。这已经到了原先约定的一个半小时了，我留了半个小时给同学们提问。有三个同学提问，提的问题都不错，刁老师回答了半个小时。总共时间两个小时。我提示不要让刁老师太累了，建议大家对刁老师表示感谢。我也以赠书的方式表示感谢。最后再一次以热烈掌声欢送刁老师。

### 五、文本分析示例进展不顺

休息 5 分钟之后进入第二个环节：文本分析示例。因为没有投影器，只好让同学们各自看电脑了。同学推荐的两个文本都不怎么好。也许他们没有准备，所以很不理想，我只做了一些简要分析就已经过十点钟了。所以我布置大家课后作业：(1)对本次访谈示例进行讨论；(2)对个人的文献研究作业进行自我解剖。

## 贰　瞄准跑最快的那只猪

**2017** 级硕士生　赵祥辉

与往常相比，第十一次课显得有些与众不同，王老师请来了人文学院的刁培俊副教授为我们进行教学改革经验的分享，可以说，刁老师的分享是称得上信息量大、生动形象且发人深省的。其中尤以一句"瞄准跑最快的猪"令我印象深刻，因而本次反思笔记姑且以此为题。

刁老师首先介绍了他的教学改革基本情况，他主要承担了人文学院、南洋研究院和台湾研究院等三个学院的"史学研究与论文写作"课程。接着，他谈及了他对厦大这类学校的人才培养目标定位的认识。他认为厦大作为研究型大学，所培养出来的学生应该是精英型的学术人才，而非一些行政干部和商人。可以说，这种论说跟潘先生一直以来对各级各类高校的人才培养目标定位也有着相通之处，先生认为如果把高校分为三类，那么研究型大学应该培养学术型人才，应用型本科高校应该培养应用型人才，高职高专应该培养技术技能型人才。不过这种定位应该更多是一种粗放型的，比如学术型人才和应用型人才的内涵有无共通之处？研究型大学是否就不培养应用型人才？应用型大学就不培养学术型人才和技术技能型人才？现在的社会已经逐渐多元化，无论是研究型大学还是其他类型的大学，其人才培养目标也在逐渐多元化，如哈佛大学的就业去向其实也大多集中在金融、IT、医学和工程行业，真正培养出的学术型人才并不占据主流位置。但总体来看，厦大作为精英大学，去培养精英型人才却是毋庸置疑的。刁老师基于他对人才培养目标定位的看法，又谈了他的"四位一体"课程目标——教给学生知识、教给学生智慧、教给学生方法、教给学生能力。可以说，倘若一门课程能够同时让学生在知识、智慧、方法和能力上得以提升，那毋庸置疑可以称得上是高质量研究生课堂了。但有时课程目标是不能求全求大的，刁老师在论述当中并没有明确提出他的目标侧重，不免也是一件憾事。以"四位一体"的课程目标为统摄，刁老师又论述了他的教学方法,即采取名师轮讲、撰写读书笔记、学术类书评、缩写名刊名著等形式促进学生的提升。刁老师在此过程当中投入大量时间,如细心批阅学生作业并提出指导性意见等形式来加强对学生的反馈,确保课程的质量。刁老师讲述他的课堂法宝就是"以真诚换真诚",如此的教学改革也取得了不俗成效:许多学生发表了 C 刊且不乏最优刊物,逢年过节时也都收到了学生的祝福。但除却成效以外,刁老师更多地谈到的还是痛苦,他认为自己的"神经病"般的教学改革并不能得到所有学生的理解,曾经挂过的个别学生对他持续纠缠,造成了不少困扰,听到有些学生或电话骚扰,或堵在教室和办公室,或以心理疾病相威胁刁老师的奇葩案例。我内心也是唏嘘不已:当个不一味讨好学生的严格老师实在不容易!如今,何以出现那么多的水课? 就是因为上这些课的老师对学生放低了要求,也对自己放低了要求,从而师生互水,在一团和气当中不断拉低课堂教学质量。教育部最近采取了对大学生合理"增负",取消"清考"制度,淘汰"水课"等重要举措,实际上也是对此现象的一次拨乱反正。就此看来,我认为刁老师达到了他分享伊始对自己的定位:一位合格甚至是优秀的老师。

听完刁老师的分享,我们都很想知道刁老师何以能够在面临学生不解、妻子劝阻等困境下坚持初心呢? 王老师很敏锐地捕捉到了刁老师总是自豪地谈及他硕士和博士期间的学术导师,追问其教学改革是否受到了导师的影响。刁老师坦率地做出了肯定的回复,他谈道:"我没吃过猪肉,但见过猪跑,也见过世界上最快的猪跑。"其导师对学术的热忱、对学生的严厉都对刁老师产生了深刻的影响,可以说,正是因为长久以来濡染和观摩"最快的猪",才酿就了刁老师以严格和真诚来促进学生发展的教学理念。

"瞄准跑最快的猪",多么精辟的见解! 实际上,我感觉许多老师的教学改革陷于滞涩,并不能将根由归于教师,如果认为教学改革全然是因为教师理念不够先进、水平不够、教学方法不够得当,那才是对"以学生为中心"理念的最大嘲讽。我认为,教学改革所面临的困境恰恰多为学生的问题。正像王老师、刁老师以及许多其他老师多次谈到的我们这些学生的问题:生源质量差、求学动机不纯、注意力不集中、学习投入不纯、批判性思维能力和独立判断能力缺乏。倘若学生均如此,教师哪会生起什么"得天下英才而教育之"的快乐,教学改革给其带去的也只能是痛苦了。就好比王老师主张通过研究性教学来促进学生的探究式学习,进而培养学生的独立判断能力。但也就像王老师所讲的,我们这些学生大多习惯了模仿式的学习和机械式的学习,老师先进的理念遭遇落后的学生,自然在推进时遭遇不少困难。问题认识到了之后,我们这些学生又该如何处之呢? "瞄准跑最快的猪"或许是绝佳策略了,除却我们学生自觉主动地观察老师的研究旨趣、研究格局、研究方法与研究方向以外,课堂上教师进行适当的研究示范也是非常有必要的,这样无疑能够让学生们对"最快的猪究竟是怎么跑、有多么快"有一个直观的感受,这无疑也将为学生进一步自由探索提供了基准和靶向。那么,"瞄准最快的猪"是否会让学生陷入无脑盲从和路径依赖? 我觉得不会。假如这只"最快的猪"能够既展现自己的跑法和速度,又能够给"小猪们"一些自由跑的机会,那学生无疑能够更好地成长和发展。另外,一个学生会接触到许多不一样的好老师,假如每只"猪"都能够展出不同的跑法,实际上学生也能够博采众长,找到适合自己的研究之路。当然,这无疑需要学生具备独立判断能力,能够甄别老师的研究示范是否适合自己。

而"瞄准最快的猪"迁移到看文献,道理依然类似。我们如果能够鉴赏到那些最好的文献，并以其为标杆而学习、消化与吸收，相信自己的文献鉴赏能力和论文写作能力亦会有极大的提升。由此，对梅贻琦先生的"从游论"稍加改编的话，"大猪前跑，小猪尾随。从跑既久，其濡染观摩之效自不求而至，不为而成"。

## 王师批注：

首先我不赞成这个题目，因为"俗"！

学术是一个非常高雅的事情，怎么能够与跑猪相比？

人一旦被俗化，就无法救药了，虽然这已经成为常态，这大概也是课堂庸俗化的根源所在，这种庸俗化恰恰是娱乐化的先锋。

当然，古板化不是一种追求，严肃化似乎也太沉重，追求高雅、追求美才是理想，这才是真正回归初心吧！学术应该使人高尚，不能使人俗不可耐，所以，学术决不能媚俗。

（注：在中国文化里，猪的形象一直都不高尚，只是到了近十几年，猪开始脱离了之前的形象，这算不算一种反文化现象，我不敢说，但确实是颠覆常识）

尽管课堂与学术不能等同，但课堂也是学术的殿堂，所以在这里一切都应该是考究的。虽然我们所使用的语言应该是通俗易懂的，但不能把追求俗作为目标，更不应该作为范例来追求。

毕竟跑得最快的猪赶不上跑得最快的马，我们应该培养千里马，而不应该满足做一个慵懒的享乐的猪。

## 祥辉回应：

王师警语，恰如晴天霹雳，不由得呆滞半晌，继而思索老师所提的"猪"之意向以及"雅俗"之辩。毋庸置疑，正像王老师所述，猪在中华文化中的意向自其被人类圈养之后，就已然从作为神物的神坛上跌落，经历了一系列的世俗化历程，直至成为懒惰、贪婪、低俗、肮脏、龌龊的代名词。不过大概是由于我的属相是猪，在听到"猪"抑或看到"猪"时大多时候不是带着贬损的眼光去看待，因此本次使用这样的题目虽然并不精准也并不适切，但确是无意识之举。且曾看到著名作家王小波撰就的杂文《一只特立独行的猪》，他怀念他在插队的时候遇到的那只像山羊一样跨栏，像猫一样在屋顶四处闲逛，会学汽车鸣笛，还能冲出人的包围火线的自由自在的猪。在这里，王小波将"特立独行的猪"当作每个追求自由的人的最佳喻比。似乎不雅，但读来依然让人对"猪"的意向有了重新的审视，不由觉得击节叫好、感同身受。

有人说，"雅跟俗本身不是截然分离的，大雅寓于大俗之中，无俗也就无雅，不俗也就不雅"。世间本应存在这样一种俗，不刻意追求所谓的"高雅"，也不刻意避免被人视作"世俗"，只是发乎心、顺于天、率性而为却并不放纵。如此而论，有些文字抑或言语，只要不恶俗、不媚俗、不庸俗，能够达致自然和谐而别有韵味，以至于生出"雅"的意味，便可称得上"大俗大雅"也！

看到王老师的回复，我请教马克思主义学院的刘洋同学，问她对王老师的回复怎么看。她认为王老师及其学术旨趣是追求严谨、追求纯粹的，"猪"这种意向我用来似乎有些"新意"，但却有些"为新而新"的刻意之嫌，由此也不能达到"大俗大雅"的境界，落入了庸俗化的窠臼,这是值得我认真反思的事情。再思及王老师平时对一些学者包括同学们生硬"造新词"的批判,深刻体会到,作为学术新手,还是应当从基本做起,从规范做起,所谓的圆融如意、自然和谐、大俗大雅,可能是要到达"天人合一"的境界才有可能达到呀!

雅俗共赏,就像是自然丛林。有参天树,有柔美花,有草,有灌木,有苔藓。大家自由比较,自由选择。这岂不美哉。

**王师再复:**

啊,没想到给你那么大的震撼!

语言具有导向性作用,所以在使用中需要观看场合。

日常生活中,比如说"欢天喜地的猪八戒""幸福的猪"没有人觉得奇怪,但在一个堂而皇之的学术论题中把猪作为偶像赞扬有点违反常识。

因为不管怎么说,跑猪只是下酒的菜而已!

俗语云:没吃过猪肉,总见过猪跑。仅仅比喻人们的见识,从来也没有人把猪比喻成动作灵活、动作迅速的偶像。

一点提醒,不需要大惊小怪,用"晴天霹雳"似乎有过分夸张之嫌。

(对啦,作为属相的猪表示的是有福气,所以这个属相是非常好的。当然,这也是中国文化的解释,因为中国人认为的福气就是不用费力就可以坐享其成。如果这样解读的话,也不完全是褒义了。我们还是尊重民俗,仍然把猪当成福气的表现。比如肥猪拱门就是一个吉祥的象征。)

# 叁 教科研的田野课堂

**2018 级博士生 段肖阳**

12 月 17 日,我们上了第 11 次课。这次课分为两个部分:一是历史系刁老师的教学改革介绍及访谈;二是文献的文本分析。

## 一、访谈示例

刁老师主要从六个方面谈了教学:(1)所教课程基本情况;(2)教给学生什么;(3)教学改革;(4)教师职责;(5)教学中发现的问题及改进方法;(6)教学中的麻烦及美好。教学改革中谈到用一半时间请著名教授为学生授课。这些教授只表演而不需要负责具体的作业布置、批改等任务,目的是希望通过著名教授们个人绝技的展现,让同学们体会、比较中国最顶尖教授的理念、方法以及实践。课程设计的出发点很好,但在保证教学质量上仍有待考证? 教师职责部分,谈到监督学生读书,修改学生学术书评,修改学生名刊书评。如果真如刁老师所言认真负责为每一位学生修改作业,确实是一项繁重的工作,但具体实施过程和实施效果有待从学生角度进行考证。刁老师发现学生普遍中文写作能力欠缺,要求学生缩写,并组建读书小组由学生互评,也组织水平较高的学生进行第一轮评价修订。

对刁老师的课堂教学改革，我持较为怀疑的态度。一是刁老师的教学理念是朴素的传统型教学理念，没有在教学中总结提炼出一定的理论，且不具备"以学生为中心""以学生探究兴趣形成为结果"等先进教学理念。基本停留在学生服从教师严格管理，以教师为权威指挥课堂的阶段，不能很好地考虑大众化时代学生的群体特征、性格特点、学习习惯等。二是刁老师并未提及课堂是怎么进行的，我们不能了解到课堂是探究式还是灌输式，也不知道学生是否参与了课堂，以何种方式参与，参与程度如何等。这些有待观摩课堂或者访谈学生以进行了解。如果课堂只是简单的传授式，即使课下努力要求学生写作业，为学生认真批改作业，也只能是接受式学习，想必学生的学习效果不会好。刁老师也有提到"全程激发学生批判思维，鼓励学生带着批判的想法去批判名家"，但具体如何激发学生进行批判的，我们不得而知，而且批判性思维的形成不应只是鼓励批判名家这么简单。三是教学智慧问题，刁老师一再提到以自身真诚换学生真诚，这种情怀确实难得，但教学不应只是教师情感的投入，而应让学生感受到学习的魅力，唤醒学生自主学习的渴望（当然这是比较理想的）。

刁老师谈完之后，老师对刁老师进行了访谈。访谈问题为：(1)您为什么对学生那么严格？(2)当对学生严格要求时，学生会说自己以后不从事学术，您遇到过吗？您是怎么回应的？(3)学生经常抱怨没时间，要求太严厉，您遇到过吗？(4)当老师经常看到别人很简单地把课程应付完了，但自己却花很多时间则会心里不平衡，您有这种思想吗？(5)您的教学理念是什么？您的教学追求什么？(6)您讲了您导师在学术上是顶尖的，您认为他在其他方面是怎样的？(7)您严格要求学生行为背后的原因？您对学生的这种要求，是不是以前老师也对您这么要求过？您能否举个例子？老师根据刁老师介绍的教学情况进行探究式访谈，进一步增进了我们对刁老师教学改革的了解，方便我们掌握更多的资料。

老师访谈结束后，给同学们留了半小时提问时间。同学们从不同方面追问：(1)您是怎样引起学生学习兴趣的？学生最终是否形成了兴趣？(2)您的教学有点像中小学课堂，您怎么看？您怎么理解教师权威？(3)您对学生要求严厉，学生评教肯定不会太高，是什么支撑您走下去？您认为自己是教学型，是教研型，还是教学教研型？但我认为刁老师并没有很好地回答问题，比如您怎么理解教师权威，我觉得提问者的意图是您怎么看待以教师为中心，但刁老师在理解上应该有一定偏差。当然，也许是问题设置有问题。

## 二、文本分析

第二部分是文本分析。由于同学们选的文献不具有典型性，所有老师没有充分展开进行系统分析。老师再次强调了好题目和摘要的标准，但是同学们都忘了。老师很无奈地讲道："你们很多东西都不过脑子，不思考怎么可能掌握住要点。如果无法吸收精华部分，怎么学习怎么做研究？"我经常在想，为什么很多东西听过或看过，但却记不住。现在想来，实际上是没有经过自己大脑的加工，没有基于自己的经验对它进行批判性思考，最终没有形成自己的看法和认识，所以自然就只能是瞬间记忆。

有同学在课堂上提出"一味批判的话我们能学到什么"，也许这位同学认为我们怀疑一切，那到底什么是"真理"，什么是值得我们学习的。我觉得实际上怀疑一切和学习并不矛盾，我们应该辩证地看待。怀疑一切并不是不接受所学的东西，而是经过怀疑之后，经过自己大脑思考之后的学习,不能是被动的接受式学习。这也就是老师强调的批判性学习吧!

老师在对文献进行分析的时候,多次问大家是否理解和同意作者说的。老师解释道:"读文献就是对话,就是不断追问。"老师还谈到哲学就是不断的追问,这让我想到了李金铨在《报人报国:中国新闻史的另一种读法》一书中提到"哲学就是没有一拳可以击倒对方的论述(no knockout statement),因此对话才可以不断继续下去"。[①] 在做研究时,我们也应该先不断地追问自己,与自己对话,先说服自己。如果我们直接简单粗暴地得出结论,而不是在追问、对话中通过理性思考获得,不能说服自己,更不能说服别人。

老师提到做学问需要天赋和坚守的精神,如果没有坚守的精神就没有乐趣。我觉得坚守精神应该是一种个性,如果我们不能在其中找到乐趣,学术会越做越苦,很难坚持下去。之前我一再问自己为什么放弃公务员工作,为什么坚持考博。我的内心告诉我:找到一项终身事业,通过一步步获得使命感来获得人生的意义。但学习是什么、研究是什么,老师的这两个问题值得我们深思!

**王师批注:**

肖阳对刁老师所说的存疑是正当的,说实在的,我也感觉其中有许多无法自圆其说的地方,但不便于点破,否则就打破了友好的气氛,这是访谈必须保持的态度。对这些疑虑,只有通过持续的访谈才能接近真实。也许,作为被访谈人,刁老师还存在很大的防御心理,这样就不免有一定程度的粉饰。另一个办法是进行学生访谈,这就是一种"三角互证"方法的运用了。

作为被访谈人,刁老师内心是存在着不安的,因为他是怕自己在教育专业权威面前露怯。但可以推知,他所说的可信度达到 80% 左右。

关于同学提问的部分,同学们问他的问题有一些是比较直接的,这些问题是他之前没有思考过的,正如我问他这么做的原因是不是受到了他导师影响。

对于一个非教育学专业的教学改革者而言,不能从专业角度来要求,否则就有点过分了。

# 肆　研究要从典型案例出发

**2018** 级硕士生　刘美丹

此次课堂主要分为两个部分开展:课堂前半段请一位历史系的老师为我们做访谈示例,交流教学经历和感悟;后半段以一篇研究生课堂教学相关的优质论文为例,老师带领我们做文本分析。

## 一、课前小组讨论:文献互评

上课之前,我与肖阳师姐、军明师兄还有孟圆提前了一个小时左右到达教室,围绕着上

---

① 李金铨.报人报国:中国新闻史的另一种读法[M].香港:香港中文大学出版社,2013:121.

节课老师布置的文献综述互评任务开展了一系列的探讨。为了提高讨论的效率并使之更具有针对性，上周课堂学习结束后我们回去就各自先阅读了这十一篇文献，并将自己的看法形成文字发到群中，由我对所有的评价按优点、缺点分两类进行整理，整理好的评价内容再发回群中，大家整体性地浏览一遍所有的评价内容，最后组织面对面的交流讨论。我们主要讨论了以下几个问题，即在这些评价中最常被提到的几个毛病是什么，也就是我们所写的文献综述有哪几个通病？一篇好的文献综述应该是怎样的？你认为谁的文献综述写得最好？你认为这些评价中哪些与你自己认为的不符？我们还讨论了一些细小的疑惑，比如：一篇文献综述是否需要摘要和关键词？是否需要概念界定？在论述过程中是否需要在提及作者名字的同时又把文献的名字放到正文中？以及参考文献引用角标的格式问题等。

讨论之后总结得出，我们自己撰写的文献综述主要存在以下几方面问题：

1. 格式上：标点符号、首行缩进、参考文献角标使用不规范，部分语言表述存在问题。

2. 内容上：只述不评的占了大多数，罗列观点的现象严重；述得不准确、不完整，很多是直接照搬过来的内容；评得也不深刻，没有对观点进行归纳提炼。

3. 结构上：整体逻辑性差，层次不清晰，也没有主线串联，比如有些是想到哪就写到哪，有些层级之间不是并列关系的搞成了并列关系；还有的大观点与大观点、小观点与小观点、大小观点之间逻辑关系断裂，体现不出阶段性特征和前后承继的关系。

4. 缺少起点性研究、发展性研究与纵深性研究，没有解释清楚研究背景。

可以说上述问题中的每一个都可以在我们自己的文献综述当中找到一些影子，这些问题的解决也并非是易事，既有必要看看其他人的好作品，向他们取取经，同时自己也要多写多练多摸索。

## 二、典型访谈示例：教学思悟

在讨论进行的过程中，老师进来了一趟，告知一会会有一位历史系的老师过来为我们做访谈示例，大家都很期待。并且在课前调整了桌凳的秩序，肖阳师姐主动地打扫了卫生，雅倩、孟圆还有另外几位同学调试了多媒体设备，但是不太幸运的是多媒体设备出现了问题，怎么也打不开，我们只好作罢。在期待中，我们的集体访谈对象——历史系的刁老师面带笑意地走了进来。

刁老师是历史系一位研究宋史、元史的老师，他在上"史学研究与历史写作"这门必修课程的过程中开展了一系列的教学改革措施，本次访谈主要是从他的教学亲身经历出发，谈对高质量研究生课堂教学的认识，帮助我们获得一些教学的感性经验。首先，刁老师谈到，他认为研究生阶段的教学任务应当是培养最优秀的学术人才，而不是其他方面的人才；历史教学的主要目的是在研究古人智慧的过程中帮助学生获得历史知识、总结经验教训，教给学生学习方法、正确看待问题和解决问题的能力。其次，他详细地讲了自己是如何开展"史学研究与历史写作"这门课程的教学改革的。第一，将其定位为必修课，这是教学改革的前提条件。每周一次，一次三个课时，会拿出一个半的课时请著名学者过来给学生讲授如何学习历史的内容。第二，自己主要的教学任务有三个：(1)监督学生读书（列出一学期必读书目、选读书目；2~4周交一次读书笔记，以此检验学生是否有阅读）；(2)让学生写学术书评（一学期两篇,每篇不少于 5000 字,还必须从批判性的角度来撰写);(3)规定学生每周要手写一篇名刊缩写(一学期不能低于 12 篇,不能涂改,不能错一个字。不能抄原句子,要自己概括,自己选择有代表性的文献,语言文字表述准确。不给学生准备的时间,会突击检查是否是学生自己写的)。从老师的描述中我们可以发现,他布置的作业量还是蛮大的,并且要求也非常严格。结果可想而知,那些愿意学习的学生经过这样一学期系统的学术专业训练,可以有很大的收获;而对于那些志不在学习、平时懒散惯了的学生无异于"泰山压顶",他们自然会想出各种各样的法子来拒绝这些学习任务。比如,老师就有谈到他在上课过程中遇到的一些阻力主要来自少数、个别问题学生,其中一个字迹潦草不悔改,找老师一个月的麻烦;另一个是某领导的学生,不按时交作业,延迟三天也不交作业,网上咒骂老师;还有一个女生,找各种理由和借口连着好几周不来上课,最后威胁老师不给及格就不让老师走,等等。这些极端且蠢笨的做法令我们心下诧异不已,同时对这位老师的敬业乐业之情和教学改革力度之坚决油然升起一种崇高的敬意。

紧接着,王老师对刁老师开展了约为半小时的访谈。所提的问题主要涉及了老师自己教学改革的动力是什么,教学理念是什么,当学生抱怨老师要求太高而自己做作业时间不够、压力太大怎么办,是否会因为在教学上花费过多时间而心生抱怨等,这些问题既真实又贴切,相信是包括王老师自身在内的、有多年教学实践经验的教师们经常遇到也扪心自问过的问题,而刁老师回答得也非常诚恳、坦率。他谈到,自己硕士与博士在读期间的几位导师都是高风亮节、做学问与做人都非常令人佩服的人物,他希望自己能够向尊师看齐,以一颗真诚的心去感化学生参与,通过各种办法努力把他们带到学术这条道路上来,而且自己在这样做的过程中有三点大的收获:第一是收获到学生成功的喜悦,许多学生在学习结束后能够发表优秀的论文,学会如何运用中文进行规范的写作;第二是影响部分老师,让更多人参与到教学改革中,进而能够更好地提升整个历史学科的教学质量;第三,老师自身在教学相长的过程中会受到学生的推动,促进自己的专业成长,感觉到很幸福。

同学们也围绕着刁老师的教学改革经历,提出了自己的疑惑,比如:老师是如何激发学生的学习兴趣的?学生经过这样一学期的学习之后是否达到自己预期的教学目的?这种严格要求的课堂教学方式是否太过中小学化?如何看待教师权威?对学生要求严格,可能招致很多负面评价,怎么调节这种心情?老师是想做教学型老师,还是研究型老师,还是教学研究型老师?等等。待刁老师回答完这些问题之后,王老师对此次访谈的整体效果进行了简要评价,对刁老师的到访表示了由衷的感谢,并向其赠送了自己的一套书籍,同学们热烈欢送老师离开。至此,一堂生动的访谈示例课就结束了,虽然我自己处在一个观察者的视角,但是全神贯注地聆听了老师们在整个访谈流程当中的对话之后,感觉这次访谈总体上还是非常成功的,这种成功既来自两位老师之前的接触和沟通,来自受访对象自身积累了较为丰富的教学实践与教学感悟,也源于王老师良好的提问和同学们积极主动的参与和配合。

### 三、典型文本分析:两篇文献

课堂后半段我们选取了两篇文献做文本分析。因为对老师所布置的任务理解有偏差,大家事先没有围绕着这两篇文献开展讨论,选得也比较仓促,因此,在文本分析的过程中,发现这两篇文献都称不上是高质量的研究生课堂教学方面的文章。第一篇文本分析对象是余姝的《论硕士研究生课堂教学特性的规定》[①]，首先在题目上就存在缺乏完整性、内容含糊的毛病，而在摘要部分更是出现了概念界定这样低层次的错误，对"硕士研究生课堂教学特性是否具备及其具备的程度"这一表述如何去理解也是令人感到困惑。第二篇分析对象是龙宝新的《论"研究性课堂"的架构与创建——兼论人文学科研究生课堂教学的合理结构》[②]。首先这篇文章的标题就存在问题，"架构"与"创建""结构"有语意重复之嫌；其次，摘要出现的低水平的问题也很多，比如缺少主语，"知识入门""研究入门""精神入门"这几个所谓的研究生课堂教学的三大使命表述也不正确，甚至"知识"这一最核心的研究生课堂构成元素都没有被提及，什么是"'五步式'教学"也没有说清楚。再者，正文中多次出现的"研究味""过镜式学习""汇谈"等不是常用性的词汇，作者也没有对其做出解释。因此，上面列举的这几篇文章都不值得做系统分析。

虽然我们当初想在课堂上做的这个分析一篇高质量的研究生课堂教学相关文献的任务没有达成，但是在对这两篇文献不足之处的探究过程中也能够窥见一些好的文献的特征或者说标准，比如摘要应当具备老师之前说的结论明确、方法明确、选题研究基础丰厚扎实、问题鲜明针对性强和意义重大这几个关键要素，通过它们就可以基本判断这篇文章是否具有可读性。另外，好的研究一定是有宽度、有深度的研究。

如何学习成功的案例，用老师的话来说，就是要"循名责实"，即首先要找到好文章，其次要把文章读懂读透，并且产生自己的观点、形成自己的感受。当然，老师也在日志中讲到，这样一种抄近道的办法带来的模仿式体验所得到的结果只能是形似而神非，更适用于学生对某一事物完全处于茫然无知的状态下，通过示例能够较快地使其进入学习的情境和氛围，了解到事物的实质和精髓。对于我们自身来说，要尽快地从这种机械式的模仿当中走出来，走向自我探索和自我完善，这样才能求得真知和真学问。

**王师批注：**

美丹同学的日志让我长长地舒了一口气。因为我发现他们提前到课堂来做小组讨论！这一点就表明同学们是很认真的！为同学们的认真精神点赞！

美丹同学对课堂访谈过程的描述是客观的、中立的，这种角度是可取的。关于文本分析示例的解读也是客观的，对出现的问题所表达的态度也是诚恳的。最后对未来的努力方向也是清晰的。

从各个方面看，日志写得全面、有条不紊，读起来流畅，自然亲切。

---

① 余姝.论硕士研究生课堂教学特性的规定[J].学校党建与思想教育,2014(1):49-52.

② 龙宝新.论"研究性课堂"的架构与创建——兼论人文学科研究生课堂教学的合理结构[J].学位与研究生教育,2011(7):31-38.

# 伍　做研究需有细品味的功夫

**2018** 级硕士生　孙士茹

这次的课堂主要由访谈示例和文本分析两部分构成。

## 一、访谈示例感想

老师应大家的要求,在本次课堂进行了面对面、真实的访谈示例。访谈对象是刁老师,他在其学院进行了历史课程教学改革。王老师便邀请他给大家分享其是怎么做教学改革的,对教学改革是怎么认识的,存在过什么困惑,由于投影不作美,刁老师便看着 PPT 给大家分享。

首先,分享教学理想,初显教学理念。刁老师在介绍完其基本的任课信息后,提出“想成为一名合格的老师”。大家都对此有所诧异,我也心想为什么会想成为合格老师,每一位老师不都是合格的吗?至少老师们在当初被聘入学校时便是如此。更不用说刁老师有这么多年的教学经验了。接着,刁老师又说道,合格老师往往会被认为是基本要求,但实际上又会存在有的老师不合格的问题。刁老师又表示“想成为一名优秀的老师”。显而易见,这是对老师更进一步的要求,也是更大的挑战。其中,最大的挑战之一便是学生的兴趣动力不足。历史学科是重要的,它教给人知识、智慧、方法、分析问题解决问题的能力。然而,许多学生却难以沉下心来进行学习。依靠讲解杨贵妃等的爱情故事似乎可以引起学生短时的注意力,离开这些类似“名人八卦”,历史教学却难以维持学生的学习兴趣。这似乎使刁老师感到有些许“悲哀”之处。这种说法可能有些言过其实了,但却能够侧面体现出我们当今的历史教学,甚至说是整个教学的现状。以前便有高校教师靠讲明星八卦、让历史名人穿越等教学设计吸引学生注意力,提高课堂抬头率。现在这种情况貌似依然存在。兴趣激发与维持,不管是在基础教育阶段,还是高等教育阶段,都可谓是千古难题。对此,教师自然需要通过创新教学方式、调整教学设计来改变此问题,但我认为教师改变的“度”还是需要掂量的。在我看来,高等教育阶段的教学(包括大学教学和研究生教学)本就是研究,教学内容是教师研究的呈现,是学生学习研究的对象。学术本就严肃、严谨。同样的,刁老师也不赞同那种靠“博得学生一笑”的“低级趣味”教学方式来激发大家的注意力。这可以看出刁老师对教学、对研究工作严谨的信念。

其次,坚守好教师职责,保持对学术的虔诚与执着。教学是教师的天然职责,教师是为教学而生。刁老师对自己的主讲课程“自己不确定的内容不能不负责地教给学生”,对于不确定知识,刁老师也会拿着跟以往的同事请教甄别;每周投入三或四整天时间检查学生作业,指导学生期刊论文写作,无不体现出刁老师对待教学认真的态度、真诚的心。我们会疑问,这样是否会出力不讨好?但刁老师回答说对学生要以真诚换真心,老师的付出学生是懂得的。进行教学改革,给学生布置诸多作业并不定期地检查,学生不认真对待作业便使其挂科,刁老师是顶着巨大风险“将改革进行到底”。可以说,刁老师在牢牢坚守教师岗位的同时,更是充当了改革者的角色;对学生严格要求,也体现其对学生的谆谆教诲心;对教学内容反复斟酌,体现其对学术的拳拳赤子情,或者说是担负学术守门人职责。

再次,积极探索教学方式、评价方式创新,教学内容注重经典性和前沿性。在中小学我们会有好学生给后进生讲解、抄写文章、练字等"传统"学习活动,但在高等教育阶段却很少见。刁老师则在研究生、本科生教育阶段运用此种方式促进学生发展。这很容易引起争议,说不尊重学生的自尊、重复低效无意义的学习活动、不能够解放双手、摆脱不了传统的死记硬背式的教育等。但刁老师毕竟是有多年教育经验,其看似简单的事件背后,更有更精心的教学设计与教学努力。作业写得好的学生给其他学生做了表率,起了榜样作用,给大家定一个相对标准,同时也可促进大家互助学习,增进学生之间的感情;缩写文章并不简单,缩写的是经典名片著作以及历史领域的权威期刊论文等。且其在缩写之前需要对内容进行概括、缩写,保证逻辑不紊乱,无低级错误。这不仅可看出学生对内容的专注度,更可锻炼学生的概括、归纳总结、逻辑思维能力、批判性思维等诸多能力;而练字背后也是有着锻炼学生写作能力、意志力等的设计理念。学生作业的多元组成,务必要求多样的评价方式来与其配套。此外,要达至良好的教学效果,自然也需要教师倾注大量的时间精力,这当然也会在一定程度上影响教师的科学研究时间。刁老师承认存在这样的现象,但刁老师更认为教学是一个教学相长的过程,指导学生科研训练的同时自己也会开拓视野。且教师本身的幸福在很大程度上来源于学生获得的成就。因此,从刁老师的教学方式、对学生的评价方式中可以看出其教学相长的教育理念。

最后,恩师们对刁老师的教育信念、教学理念、教学方式及其性格产生了重大的影响。刁老师也是如此,才对自己的学生那么高标准、严要求。

还有一个问题想分享我的一点感想:好马当真不能吃回头草吗?我们常说好马不吃回头草,但若这个回头草是好的,那马为何不吃呢?若不吃,其可谓是好马吗?马可否应囿于"面子",不好意思承认自己的错误而放弃回头草?另一方面,好马不吃回头草本身是否是真命题?据我所知,它本身只是一句俗语,我也不够了解其由来。但若不吃回头草,马是不是好马这是需打上问号的。因此,我认为刁老师不必因他人的不理性评价而无法释怀。

## 二、文本分析

课堂上,王老师带领大家进行了文献文本分析。首先是从题目、摘要看主体、主题、主要内容、结论等。其次,看文本内容的逻辑是否成立、内容是否科学。在不深入细读内容的情况下便可以看出文章质量的好坏,这是王老师的学术功力体现,也是我们所望尘莫及的。而我们的推荐文章本身质量也是不高,所以最后的分析结果存在缺憾。

反观我自己的文献综述:(1)明显的研究结果罗列。缺少对内容的深度剖析,缺乏与作者、与内容的对话交流,字里行间是可以看出所下功夫不够;(2)总结不够,没有从具体提高到升华,只是几句对文献的总体概述;(3)没有遵守学术规范,缺少考究过的题目、摘要、关键词。我们文献分析小组在课下有组织过学习、讨论好的文献综述标准,最后大致有几个方面:(1)参考文献质量须高,数量要够;(2)对文献进行分析,尽量深刻讨论不同结论的研究并比较;(3)对不同研究要详略结合进行阐述;(4)总结升华要简练(不知道这个对不对,我们参照的文献综述文章总结部分大都简练);(5)遵守学术规范。虽然已经有了一定的学习,但仍然感觉自己对于参考文献的写作不够自信。对于研究生课程设计的文献不多,且良莠不齐。因此,除了自身能力不足外,还有客观原因的存在。但无论如何,做好文献综述研究的路是漫长的,需要我们持续地学习、修改、完善。

**王师批注：**

士茹同学的日志写得越来越好了! 日志中有叙事有思考,显示出了文字的活力。

课堂上士茹提的问题很有力度,我揣摩刁老师一时都不知道如何回答才好。我插了几句话才给刁老师一个缓冲,让他思考一下该如何回答。

士茹对"好马不吃回头草"的辩论有点思想性,不错! 对于一些话语不能听之信之,可能还需要疑之,这就是要辨之,这是一种理性精神的体现。

对于文献分析总结具有参考价值。

# 陆　"我"如何进行教学改革

**2018** 级硕士生　郑雅倩

12 月 17 日晚 7 点于院 311 进行本学期第 11 次课程。

## 一、课前小插曲

上周布置的文献综述互评,我们小组首先进行网上互评,组员先对各个文献综述进行评价,然后由我来整合和汇总。接着开展讨论活动,我们于周一下午五点半约在二楼研讨室进行小组讨论活动。结束后,我前往 311 准备上课,而此时美丹小组也正在进行文献综述的讨论,趁此良好学习机会,我也时不时就相关问题求教师兄师姐。接近六点十分,老师走进教室,告诉我们本节课要对历史系的刁老师进行一次访谈示范,我感到很兴奋。访谈是个越经历越熟练的事情,因为其特殊性要求我们不仅需要对访谈基本理论有一定的了解,同时更需要去实践,这个实践除了我们自己的摸索外,老师的示范引导在一定程度上也间接丰富了访谈实践经验。紧接着,老师询问我们对代表性文献查找的情况,我脑海中的记忆是老师当场找一篇代表性文献进行剖析,即随机从我们的文献中列举的代表性文献中抽取一篇。而实际上老师的意思是我们私下一致同意推荐一篇代表性文献。对于会错了老师的意思,而没有及时组织同学们私下进行文献筛选工作,在一定程度上导致课堂效果受到影响,作为课代表的我感到异常抱歉,也进行了深刻的反思,在接下来有限的课程上,一定会更加认真做好服务工作!

老师短暂批评后,急忙赶去接受他院同学的访谈。失误既然已经发生,就应该努力去弥补。当下,我扫描了大家的代表性文献,发现余婋的《论硕士研究生课堂教学特性的规定》和龙宝新的《论"研究性课堂"的架构与创建——兼论人文学科研究生课堂教学的合理结构》的出现率较高,立即下载这两篇,同时在微信群中征集代表性文献。随后将这些文献拷贝到电脑上。弥补了些许失误，但是内心的愧疚感终未散去，于是又进行了访谈现场布置，以便营造良好的访谈环境。老师在接受完他院学生的访谈后进入311，指导我们进行现场的整理，后来我又承担了迎接刁老师的任务。

## 二、课程内容

这节课主要是由两部分构成，第一部分是访谈示范，第二部分进行文献剖析。

第一部分，访谈示范。首先由刁老师介绍自己的教学改革。刁老师一开始便提出三个观点："任何一个做老师的人，都不想成为一个不合格的老师""我想成为一个合格的老师"（认为成为合格的老师其实是高要求而非基本要求）、"我想成为一个优秀的老师"。其次，根据目前的教育现状（本科生高中化，硕士生本科化，博士生硕士化）提出自己的教学改革初衷为将偏离轨道的研究生教育重新拉回正轨，指出研究生教育的主要任务应该是培养最优秀的学术人才。刁老师基于其历史学科背景，提出教学理念为：历史应该给予我们知识；历史应该给予我们智慧；历史教学应该教授学生方法；历史教学应该提高学生分析问题、解决问题的能力。紧接着，刁老师从他承担的课程"史学研究与历史写作"具体详解了改革措施：(1)每星期完成一篇名家名刊缩写，要求手写，不可涂改，每学期至少写12篇。学生的缩写不能抄原句，要求有问题意识、逻辑结构，文章要精练，文献的选择具有代表性，而且不可犯低级的格式或语言文字的错误。此外，刁老师还会随机抽问学生，对自己的缩写作业进行回顾。(2)学术书评。要求学生选择该领域内最好的书，写至少五千字的书评，要求具有批判性。另外，在数量上要求学生每学期至少完成两篇书评。(3)邀请名家为学生上课，激发学生学习历史的兴趣。(4)监督学生读书。每学期会列出书单，包括必读和选读，要求学生2～4周交一次读书笔记。(5)老师每一星期都要批改学生的缩写作业，及时反馈优缺点。(6)组织学生之间互改作业，之后老师会再进行二次修改，找出同学批改的合理之处，也指出不足之处。

首先很敬佩刁老师的改革精神，在考核评价偏向科研的此时，刁老师肯花时间、敢为人先进行教学改革，且不论改革结果如何，这种精神就值得赞扬。从刁老师的描述中，他的改革成效是不错的：(1)学生在C刊甚至最优刊物上发表论文；(2)学生学习态度的转变；(3)节假日收到来自学生的祝福。另外，刁老师也提及自己对所有学生的作业都做了备份，这倒让我很惊讶，就我的经历而言，以往每学期开学初，一些老师的办公室总会有很多杂物需要清理，包括学生提交的纸质版作业，当然，这些老师是否有保留电子版无法得知，但是这些纸质版作业如果反馈到同学手中是否更为妥当？毕竟每一次的作业都是倾尽全力完成。同时，改革不会是一帆风顺的，刁老师的改革同样也遇到了挫折：(1)职称评定之难；(2)学生骚扰之困；(3)家人不解之苦。在这种困境下，刁老师时刻强调"以真诚换真诚"，他希望自己能够"成为一名优秀的老师"。

在刁老师分享完后，进入王老师的访谈环节。王老师就刁老师的教学改革以及自己教学改革中的所思所想与刁老师进行了交流：(1)为什么能够有如此大的动力进行教学改革？为何能够进行这么严格的要求？刁老师认为从必修课进行改革效果较好，同时学生应该树立成为最优秀学生的目标，有助于教学改革的推进。另外，刁老师认为其就学时优秀的导师带来的"行为示范"给予其改革力量,同时刁老师坚信"以真诚换真诚",学生终能感受到他的用心良苦。(2)如何看待学生的抵触心理?刁老师认为历史学科具有特殊性,他经常举例以说明写好中国字、说好中国话的重要性以及进行逻辑训练的必要性。有时也会播放美国大学影片,让学生认识到其他国家的学生任务比我们要多得多,通过对比让学生获得心理平衡。(3)看到其他老师应付教学,是否会感到不平衡?刁老师提到其有时候也会为因缺少论文而失去评职称的机会而后悔,但每当收到学生的节假日祝福时都会很欣慰。刁老师认为上好课是一个做老师的本分,而其首先想做一个合格的老师,在上必修课的时候想做一个优秀的老师,优秀不是给他人看的,是给自己看的,所以只要无愧于心就可以。(4)教学理论是什么?刁老师认为自己是向导师看齐,要培养出最优秀的学生。(5)其导师除了在学术上是顶尖的,其他方面如何?刁老师举例说明导师对学术的热爱,对待学生、同事的友好,但同时提及导师对学生的严格要求。其导师可谓学问与做人均堪称典范。随后,同学们也就"如何激发学生兴趣? 如何判定学生是否形成兴趣?""研究生教学的独特性? 如何理解教师权威?""如何看待学生评教?""刁老师未来的发展意向?"等问题与刁老师进行了交流。

第二部分,文献剖析。在文献剖析方面,首先对余姚的《论硕士研究生课堂教学特性的规定》进行分析,王老师认为该篇在题目上存在问题,例如题目中的"特性"是指什么并未指明、所谓"规定"含义也不明确。在摘要部分进行概念界定更是大忌。第二篇龙宝新的《论"研究性课堂"的架构与创建——兼论人文学科研究生课堂教学的合理结构》,从题目上来看,"架构"与"创建""结构"存在语意重叠,指出"架构"里面就在谈"结构",不需要再写"兼谈"部分。王老师也指出,创建与架构是热点热词,这个如果运用得当,是很容易发表的。该篇文章摘要部分没有写明主体,不符合汉语的逻辑;对研究生"知识入门"提出质疑,这难道是研究生才入门的吗,本科生在门外吗?况且"研究入门""精神入门"都未阐述清楚。王老师指出我们在文献分析时应该结合常识,如果不符合常识的就不是好文献。同时,在写文章时不要硬造"生词",故作高深。最后,老师提出文献分析"五步法":选题是否有意义? 是否有创新点? 分析是否成立? 方法是怎么做的? 贡献是什么? 读文献,就是在对话,就是在不断地追问! 同时也指出了做学问的不易,做学问需要有天赋,同时也需要有坚守的精神。这让我想起先生的"板凳甘坐十年冷",研究是一件枯燥的事,但同时也是一件具有乐趣的事情! 这个乐趣就需要每个人去探寻研究的兴趣点。

## 三、课后小任务

本节课老师布置的小任务为:(1)对此次的访谈进行讨论;(2)对之前的文献综述进行自我解剖! 另外,老师说到对刁老师的教学改革可以进行"三角互证",所以在课外尝试去找上过刁老师必修课的学生进行访谈,因此此次作业才拖到现在才提交。但是很可惜,可能是期末的缘故,找到的同学均拒绝了我的访谈,这是我开展访谈以来第一次被拒,看来说服他人参与访谈的技巧还需慢慢摸索。

**王师批注:**

虽然雅倩的访谈要求被拒了,但这种可贵的实践精神仍然是值得表扬的!

雅倩作为课代表，虽然有所疏忽，但没有造成很大的混乱，所以也不必太过内疚。

雅倩课前的努力我是看到的，这种努力本身就值得肯定。

对于课堂访谈的描述与文本分析的描述相对简单了一些，也许是为了避免与其他同学重复的缘故。

# 柒　访谈观摩感想与几点质疑

2018 级硕士生　王鹏娟

## 一、姗姗来迟

17 日晚上 7 点，我匆忙地赶到教室，在二楼楼梯上就已经听到王老师的声音，心里顿时一紧，但看了一下手机，还有两分钟 7 点，于是加快脚步赶到教室。不好意思地轻轻推开门才发现同学们已经坐下，王老师已经开始讲话，圆桌前方还坐着一位陌生的老师。圆桌座位只剩下靠前的几个，我就又"厚着脸皮"很不好意思地坐到了靠前的位置。当时我心里猜想王老师要为我们做一次现场的访谈示范，而后才从王老师处获悉"陌生老师"是王老师之前提到过的那位正在做教学改革的历史学教师，姓刁，普通话的口音和我之前认识的一位朋友很像，所以我当时猜想他是不是也是河北的，后来得到证实。

## 二、对刁老师的访谈分析

刁老师首先分享了他的教学改革内容，中间时不时夹杂一些他自己的教学观。他提到"在高校，做一个合格的教师很难，做一个优秀的教师更难"，在之后的分享中他也明确表达了自己想要做一个优秀教师的定位，可见其对自己的教学事业是有期待、有理想、有目标的。他认为大学教学的目标是培养"优秀的学术人才"，而不应该是培养商人和企业家。这也解释了为何在他的教学设计中尤其注重对学生的学术训练。在对待必修课和选修课时，刁老师也直言两种课程对学生、对自己的要求是有差异的："必修课要优秀，选修课要合格。"可见课程类型和目标，可能会影响教师自身的教学定位。

刁老师对历史学怎么看？其间既有专业自信和自豪，也有颇多专业的无奈。无论是他在谈到自己当年的硕士生和博士生导师的骄傲，还是他认为学历史可以"使人明智""学知识""知得失""获经验"的判断，都可以看出他对历史学本身的热爱和自豪。而刁老师在多处举到的诸如"学历史的一定是家里有矿""历史有什么好学的？"等"段子"来表达历史学专业的"冷门"，则反映出他对于历史学"小众"的无奈。

刁老师是如何组织他的必修课教学的？在课堂上，他邀请一些大咖和著名教师"影响"学生，使学生能够产生对历史的兴趣；在课堂下，他对学生的要求非常严格，一要监督学生读书，书单从必读书目中选出，并且按时检查学生的读书笔记；二要求学生写学术评论，字数不少于 5000 字，要求有批判反思意识，每周 2～3 篇；三要求学生每周写一篇名家名作的缩写，一个学期大概写 12 篇左右,具体要求要有问题意识,有逻辑,手写,不能有涂改,语言文字运用力求准确和精练,并且不定时考察学生的缩写内容,以检验其是否将缩写的文章真正领会。由此可见,刁老师的课堂形式主要是以讲授法为主,他会尽量保证讲授教师的高质量(但具体一个学期能邀请几次名师为学生上课刁老师未做交代)。其对学生的作业要求具体且严格,从读书、评论和缩写三项主要内容出发以期增加学生的史学知识、培养学生的批判思维能力、规训学生的学术写作习惯。这三者对于学生未来的学术发展而言,无疑是虽辛苦但有帮助的。在这样严格的规训下学生的感受和学习结果究竟如何,需要进一步证实和确认。访谈结果终究只是"一面之词",教师的苦口良药若得不到学生理解,恐怕结果也是"应付"的多,"用心"的少,在这里因缺乏事实证据无法做出判断。

如此精心设计的教学安排,带来哪些结果?无论是对学生,对刁老师,或是其他"意料之外"的影响?就学生而言,刁老师会认真批改学生作业,并且指导修改写得好的文章,推荐学生发表到顶级期刊上。对这一部分学生来说,课程的结果是很"明显"而且很"有用"的。而对于那些对历史不感兴趣的学生,刁老师认为他们可以通过这样的学术训练"写一手好的中国字、说一口好的中国话、训练逻辑思维能力、锻炼自己的脑子",也是很有帮助的。而对于不喜欢学术的学生,也只能"听之任之"。王老师总结说:"教师对于不是必修课的课程是没有改革权力的。"我理解这句话的合理性在于必修课和选修课的授课目标、面向学生毕竟是不同的,但我并不是十分认同。当进一步追问教师开展教学改革的"合法性"是谁赋予的,可能不同的人就有了不同的答案,但我认为只有学生能真正赋予教学改革的"合法性",因为学生是教学结果的直接接受者。对于必修课和选修课,当讨论教师是否"有资格"进行教学改革,依然要取决于学生对课程效果的反馈,即使学生修习选修课可能"目的不纯",教师也应该保证课程质量,并且持续探索提高课堂质量的路径。与教师"该不该"进行教学改革同样重要的,还有一个教师"能不能"进行教学改革的问题。当教学改革面临教师"心有余而力不足"的困境时,同样难以展开和推进。因此,我认为当下教育界应呼唤有教学和改革智慧的"灵活的"教师。

在访谈过程中刁老师还提到在学院里,一些年轻教师开始纷纷效仿他的改革措施,推进教学改革,提高教学要求。这算是刁老师教学改革的"意外收获",相信他从别人的效仿中,也认可了自己的教学改革,肯定了自己的工作。

至此刁老师的分享环节告一段落,从中我捕捉到的主要是他的教学观、历史学观、教学改革内容及改革结果。整体感觉他在教学改革中是下了功夫的,对学生要求确实严格,过程中也遇到一些来自学生的"插曲"。刁老师似乎对自己的教学理念和做法不甚自信,总是时不时看一看旁边王老师的"反应",王老师则每次总会点头予以互动,很少轻易打断对方的分享。这是我需要学习的访谈礼仪——少插话,也就少引导。我总结出的经验是,当王老师一直点头时,多表示"尊重",而不是"认可"。让王老师真正因为"认可"对方的多个观点而频频点头,着实比登天还难。由是,似乎对王老师的刻板印象已经形成:"批判的""思辨的""直爽的"王老师才是真的王老师,"认同的""点头的""不表态的"王老师是"假的"王老师。

### 三、王老师和同学们的访谈、提问环节

紧接着是王老师对刁老师的访谈环节。王老师提的问题有：(1)为什么有这么大的改革动力？为什么敢于要求学生这么严格？这是在追问刁老师的改革动机和原因。刁老师从学生"绕不过去的"必修课、自己以往的导师的学养深厚、希望以真心换真心三个角度进行回答。王老师补充"不是必修课的话是没有改革的权力的"。(2)当对学生要求严格时，学生会说"我以后不从事学术"啊，该怎么办？这里王老师巧妙地运用"求助"和"请教"策略，一下子就把自己的身份降下来了，刁老师也会觉得自己更有责任进行经验的分享。于是他从即使对于无心学术的学生来说，学术训练依然可以帮他们"写一手好的中国字、说一口好的中国话、训练逻辑思维能力、锻炼自己的脑子"，即学术训练不仅能培养学生的学术能力，还可以从中培养学生适应社会的能力。(3)有学生抱怨"老师，我没时间呀"怎么办？刁老师答道这种情况在上选修课时经常遇到，在必修课上很少遇到，当学生有说辞时，就让他们看看美国研究生的状态。对他的这一回答我觉得刁老师可能既不了解自己学生的学习压力，也不清楚美国研究生的学习状况，因此才会将"辛苦"进行比较以鞭策学生。中国的研究生一个学期可能有六七门、七八门课，每门课的作业同时安排下来难免时间紧、任务完成仓促；而美国研究生一个学期可能只有两三门、三四门课，每门课的要求很严格，学生很辛苦也相对而言有更多时间分配到各门课程上。因此，中美两国的研究生课程，辛苦的内容、质量和效率是不能进行草率比较的。(4)当老师经常会看到，其他老师很简单地把课程应付完了，自己很努力，感觉不平衡怎么办？这个问题询问的是老师在教学改革中的心态。刁老师通过讲述自己"评职称被耽误"的经历表达了自己为教学改革的付出造成的一些遗憾，但同时他又说到收到学生节日祝福和礼物的"幸福"和"不攀比""优秀给自己看"的态度。其实一件事情究竟是对是错，应不应该，值不值得，看得见的得失都是次要，标准都在教师自己心中。(5)有没有总结过，你的教学理念是什么？刁老师答道因为他知道学术高峰是什么样的，因此他希望他可以培养出最好的学者。(6)王老师及时捕捉到了刁老师的教学理念，先是称赞了一句"老师心胸开阔，牺牲自己成就别人"，继而进一步追问他觉得自己老师的学问是如何成就的。其实我当时不太理解王老师问刁老师博导如何做学问的意图何在，还觉得王老师只是好奇，直到他紧接着抛出了下一个问题。(7)我一直想探究您行为背后的原因；当我们看到学生成功，比自己成功还要高兴；你对学生这么要求，是不是也是之前的老师是这么要求您的？我才恍然大悟。对第6个问题，刁老师从老师对学术发自肺腑的真诚的热爱、做人、做领导、做管理层依然能公平待人三个方面勾勒出自己的导师形象。对第7个问题则从自己的求学辛苦、老师要求严格、老师请学生吃饭、认真修改学生论文、劈头盖脸骂学生、不能容忍学生的错误等方面进一步证实了王老师的猜测。正如王老师所总结的，这就是"言传身教"的力量。

紧接着是学生提问环节，三位学生分别就学生的学习兴趣、教师权威、学生评价和教师定位等问题对刁老师在教学中的具体细节做了进一步追问。刁老师再次强调了在教学过程中"示范"和"诱导"的作用和"身正不怕影子歪"的教学改革心态。当时我最想问的问题一个是想确认一下一个学期多少节课自己讲，多少节课名师讲，能请到多少位厉害的名师。第二

个是很好奇在历史学课堂上的师生互动是否频繁以及是以何种形式发生的。第三个问题是很好奇学生威胁教师的现象仅发生在中国还是在其他国家都会有类似的情况,这个问题需要再查阅一些文献确认一下。

总结一下这次访谈学到的几个点:(1)不要轻易打断被访者的讲述;(2)适当采用"示弱"或"求助"策略使得对方将其所思所想"倾囊相授";(3)问题设计要循序渐进,先问具体问题,再追问较为抽象的问题;(4)先问"是什么""怎么样",求得事实,再追问"为什么",即事实是如何发生的;(5)访谈结果是否符合事实需要进一步进行验证;(6)尽可能营造一个安全、不拘束的环境,更有可能让对方畅所欲言。可能是面对十几个学生,十几个头脑,总感觉刁老师说话还是有些谨慎了些。

## 四、文本分析

在文本分析部分,王老师对同学们找的两篇文章都不满意。第一篇文章王老师仅看了内涵不清晰、不够雅的标题和漏洞百出的摘要就不想再看下去了。经王老师一句话一句话地分析后,我才意识到确实存在问题。第二篇文章是我本科院校一位老师的文章,发表期刊层次还比较高,但也还是有很多问题。王老师中间还调侃了一句我是为了维护母校而做一些"争辩",其实倒还真没有那样的私心,学问做得到不到家,终究是要把文章摆到桌面上由众人评说指点的,如果确实有问题,被指出来予以注意也并不是坏事。即使是自己的文章让王老师指点一下,也是很荣幸的成长机会。再不济就是公开批评,这于我而言也是多多益善。王老师的反应再次提醒我,"文章不写半句空",先要写出自己满意的、让自己骄傲的文章,再拿给别人看。如果自己都觉得"水",单单追求能发表就可以的文章,还是不要白费功夫,应付自己了。另一点是要做个有心人。这一点美丹就做得很好,她一向是一个有心的人,我需要向她学习,掌握要点,对于他人的见解要反复领悟,形成自己的判断。

## 五、就课程与教学的一些问题请教王老师

在王老师的反思日志中,王老师提到了他对于课程与教学的几点论断,其间有一些不理解的地方想再向王老师请教一下。

其一,课程安排应因需而设,而不能按照所谓的逻辑体系而设。我的质疑是,王老师似乎对学生过于不自信,但又对学生过于自信。对学生过于不自信体现在他做出的"学生对知识结构缺乏判断能力"的预设,这背后是不是王老师已经假定了一种"判断能力",一种"成熟的""客观的"判断能力,对应还有"成熟的""客观的"判断标准,而否认了学生的判断标准,抑或认为学生的"判断标准"是"幼稚的""待改造"的呢?那么在这样的理念指导下,无论教师采用什么样的教学方法,都是基于"弟子不如师"的预设,如何能避免在实际教学中教师有意无意地"控制"和"影响"学生?如何避免实际教学中教师以一种看似"民主",实则具有很强的引导甚至直接说教的方式将自己的价值观"强加"给学生?

王老师对学生过于自信体现在由教师提供一个思路或话题,由学生沿着解决问题的路径展开探索。这难免有过于理想之嫌。王老师在下文中也提到,一些学生可能对教学内容知之甚少,那么对于这种弱基础的学生如何能使其真正理解和领会教师的话题和探究思路?

我的看法是，无论是教师提供一套系统的有逻辑的"知识"，还是仅提供一个话题或思路，其都是一种表面的教学选择，最重要的应该是保证教学活动和教学内容处于学生可以理解的，或"最近发展区"区间内。如果开放的、批判的教学设计超过了学生的理解和领悟能力，恐怕学生也难以跟上教师的节奏，如果系统的、逻辑的教学讲解是学生可以理解的，则未尝不是一种合适的选择。

其次，将系统的知识结构等同于全面的知识结构加以抨击。其实我跟王老师的出发点是一致的，即"知识"是多元的，不是绝对的，它会随着时间、情境的改变而有所不同。但系统的知识结构从来没有承诺要将知识全部授于学生，它仅仅是提供就某个问题的某个或某些视角，仅仅是提供这个世界、这个领域在认知思维领域的一个或几个思维方式。其之所以选择系统的讲授方式和内容安排则是基于人类思维基本的理性逻辑，以降低学生的理解难度，提高课堂效率。相应地，系统的知识结构也从来没有承诺自己的内容就是"绝对正确的"，它仅仅是为学生展现了一些认识世界、认识问题的可能性，具体如何选择、理解和判断则更多取决于学生。这样问题的焦点就转移为我们的课堂应该向学生展示尽可能多的可能性呢，还是让学生深入地理解有限的可能性？反而一味要求学生在没有任何"共同认可"的基础上进行讨论，还需要承担学生"各执一词""自说自话""课堂低效"的风险。

还有，王老师认为示例因其基于模仿逻辑因而不是教学中必需的，但当学生对于所学内容一无所知时示例又是必要的。虽然王老师最后没有把示范教育说得"不值一文"，但我感觉他对"模仿"和"示例"的偏见还是蛮大的。在他看来，由于个人的价值观、知识积累有差异，因此研究中的模仿是不可能的，真正探究式学习往往是一种顿悟式的学习，而模仿式学习则是一种机械化学习，前者明显优于后者。这里我的质疑是，我认为即使是师生之间，研究中的模仿也是可以发生的。我们不能指望通过一次示范教育学生就能领会研究的奥义，但在第一次示范学习过程中，可能我仅学到了老师的 4 点优点，然后我在自己的研究中去尝试实践它，这不也是一种"模仿"和"影响"吗？

**王师批注：**

鹏娟的日志姗姗来迟，可能是身体状态或心理状态不好，需要调整，这是对的，调整好了做作业才能做得好，我非常赞成。但不要养成习惯，为自己没有及时做作业找借口，那样可能真的形成了拖延症。

鹏娟在课堂观察中很用心，能够观察到细微的动作，确实很难得，这是其他同学难以做到的。鹏娟对我的话语有自己的思考是对的，但好像我们总是不在一个频道上，不知你是发散性思维天性所致还是故意误读或是真的不理解。像课堂上的许多质疑一样，我总感觉你的许多质疑真的是很牵强，也即没有抓准问题所在。甚至感到存在一种为辩而辩的状况。

不过能够洋洋洒洒写这么多，也说明能力不俗了。但如果对话中不能把握真意、经常发生曲解的话可能就收不到对话的效果。一句话在一种情境下是成立的，换一种情境就不成立，如果不看情境去机械地解读一句话的话就可能过度解读。解读要把握核心要义，不能跑偏，跑偏就是故意误读。

# 捌　感悟批判性学习

**2017** 级硕士生　熊文丽

在上课前,我们小组(雅倩、东恒、我)三个人就文献综述进行了讨论。我们先各自独立地对大家的综述进行了点评,然后把意见发给雅倩,雅倩再汇总到一个表格当中,光在网上进行讨论可能有的意见还无法充分地交流,所以我们约定在上课前前往学院研讨室进行讨论交流。"三个臭皮匠赛过诸葛亮"这句话还是有一定道理的,大家碰面就文献综述的问题发表了自己的看法。我和雅倩的文献综述是由东恒评的,我和雅倩没有自评,不知是碍于一个小组的情面还是怎么的,东恒对我和雅倩的综述存在的不足之处只提出来一两点。所以这次王老师布置的自评文献综述作业还是很有必要的。

这次课主要分为两个部分:一是对刁老师的访谈,二是进行文献分析。

## 一、访谈示例感想

刁老师首先就自己的教学改革情况做了一个介绍,然后王老师和同学们分别对刁老师进行了提问。对刁老师的访谈部分,我有如下感受:

1. 刁老师是一个尽心、负责的老师

刁老师谈到他想做一个合格的老师(基本要求),想做一个优秀的老师(理想状态),单从一次访谈,我无法评判他是否是一位优秀的老师,但他肯定是一位尽心、负责的老师。无论是课上还是课下,他都为自己的教学倾注了很多心血,包括邀请名家为学生授课,每周花 3～4 天的时间为学生批改作业,不厌其烦地为学生修改论文(达七八次),利用各种资源、渠道为学生答疑解惑等。在一个以科研为评价指标的今天,在一个研究型大学,刁老师"逆向而行",付诸了大量精力在教学上,这种精神与勇气是值得点赞的。

2. 尽心、负责的老师也会受到伤害

刁老师在谈自己的教学改革时,着重谈到了自己遇到的麻烦。当我听到"麻烦"一词时,我的第一反应是刁老师面对的可能是来自科研方面的压力与麻烦。但是结果出乎意料,麻烦来自于学生的不满与攻击。在这之前,我从没想象过研究生还能这么过分,这有点让我大跌眼镜(当然这也是刁老师从他自己的角度出发进行叙述的,事实到底如何,可能还需要从不同方面、渠道进一步验证,所以质性研究中的"三角互证"很有必要)。刁老师的教学改革遇到来自学生方面的"麻烦",他是否有反思为什么会出现这种情况以及在推进教改过程中,如何改善与学生的关系?

3. 刁老师的课堂是真正的研究性课堂吗?

刁老师谈到了自己教改过程中的很多举措,为了证明自己的教改,刁老师好几次强调这门课上的学生有好几个在 C 刊上发表了论文,其中有一篇还发表在最优 C 刊上。但是整体听下来,刁老师的课反而有点像中小学的课堂,就是老师一步一步告诉学生怎么做,学生就亦步亦趋跟着老师做,学生的学习兴趣与学习主动性是缺位的(至少在刁老师的陈述中我没有感觉到学生的学习兴趣与自主性）。刁老师也强调要激发学生的批判思维,学生要有问题意识,刁老师在课堂上是如何做的呢? 很显然他没有提及。

毋庸置疑,刁老师是一个在教学上倾注了大量心血的老师,是位真心为学生着想的老师,但是他的课堂是否就是高质量的研究生课堂? 这一点我是存疑的。

刁老师自我介绍之后,王老师与同学对他进行了提问,我觉得这些问题都问得很有水平,比我自己在访谈时的提问要好。具体好在哪? 我有如下体会：

1. 以描述一个客观事实的方式来提问,减轻受访者的心理负担。比如老师想问受访者如何回应学生对学业压力的抱怨时,这样提问："当我们对学生严格的时候,学生经常会说,我以后不做学术,你干嘛对我那么严?"

2. 擅于捕捉受访者言语当中暗含的信息并就此提问。刁老师在谈自己的教改时多次提到自己硕博期间的导师,王老师注意到了这一点,并进行提问："你对学生要求这么严,是不是以前你的导师也是这样要求你的?"

3. 擅于听出受访者的弦外之音并进行提问。比如其他同学也察觉到刁老师的课堂似乎有点像传统的中小学课堂而不太像研究生的课堂,所以提问刁老师"研究生教学有什么独特性",看刁老师对此问题又有什么看法。

## 二、文本分析感想

访谈结束,我们短暂休息了几分钟后开始第二阶段的学习——文本分析。但是由于我们选出来的那两篇文献的质量不高,几乎没有什么分析的价值。感觉王老师对我们有点失望,我们的情绪随即也有点低了。对此,我有两点反思：

既然我们在上节课提出了希望王老师在课堂以一篇文献为例,教我们怎么做文本分析,老师也答应了我们这一请求,并让我们自选一篇文献以做分析之用。那为什么这么多同学都选不出一篇具有分析价值的文献来呢? 就我个人而言在这一点上我做得不足的地方是我并没有主动向课代表推荐文献,我当时想的是这么多同学,肯定会有同学推荐一篇好文献的,全然忘记了"三个和尚没喝水"的这个道理。在这个事情上,我表现得不主动,甚至还存在着一点惰性,这是非常需要深刻反思与改进的。

我记得在课上我们全班性地讨论过"什么是好的文章"和"什么是好的文献"这两个话题,当时同学们都发表了很多看法,王老师也发表了自己的看法。按理说,经过两次这样的讨论,对于"什么是好的文献"我们应该形成了共识,并且也应该知道好文献的标准。但是为什么我们没有选出好的文献来呢? 是我们没有去选还是我们根本就忘记了好文献的标准是什么? 与此情况类似的是,当王老师提出一个好的摘要应该具备哪些条件时,同学们反映了好久才零零星星说出来几个,当我在笔记上进行搜索时,发现我们曾好几次谈到文章的摘要。为什么大家谈论过好几次的东西,我们还是没有内化成自己的知识呢? 还是说到底,我们无法从机械式学习的泥潭中走出来?

**王师批注：**

文丽这次的日志很具有批判性,这也是写作能力提升的一个表现。

文丽对"访谈"部分带着质疑精神去审视,说明已经开始具有了一定的专业判断能力了。一些体会显示出观察能力的提升,对文本示例部分的反思具有启发性。

学习方式和学习能力的转化都不是一天两天可以完成的,这其中不仅有自身的因素,也有环境影响的因素。对于这些新情况,不仅学生们需要反思,而且老师也应该好好地研究,以便于思考有效的对策。

# 玖　别开生面的访谈示范与文本分析

2018 级博士生　王亚克

12 月 17 日晚上的课程别开生面,王老师请了人文学院的刁老师来做现场访谈示范,并对两篇文本进行了分析。这种新的上课模式、新的学习内容显然不是提前设计好的,而是应大家上节课的要求和课程的需要逐步生成的,对我而言又是一次全新的体验。

## 一、访谈示范及思考

刁老师先给我们分享了他的教学改革实践,包括课程概况、对学生的严格要求、学生的收获、个人的付出以及改革中遇到的麻烦。刁老师的演讲结束后,王老师对他进行了现场访谈,主要问了 7 个问题:

1. 你对教学改革为什么有那么大的动力？ 为什么那么严格？

2. 我遇到这种情况,不知道你有没有碰到过？ 有些学生将来不一定做学术,会抵触这种严格的要求该怎么办？

3. 经常有学生抱怨说:"我们没时间,别的课都没那么严。"遇到这种情况你会怎么做？

4. 经常看到别人很简单就把课程应付完了,自己花那么多时间会有不平衡思想吗？

5. 你做了改革,也写了文章,总结过自己的教学理念吗？

6. 你的老师学术很强,他的学问是怎么成就的？

7. 你刚提到导师学问做得好,一直想探究你行为背后的原因。每个人的行为都有局限性,但看到学生成功比自己成功还高兴。你这样要求学生是不是你的老师也这样要求过你？

关于这次访谈示范,我的思考如下:

第一,对访谈者一定要提前有所了解。

王老师在访谈中及时地补充了刁老师的工作调动情况以及他的导师是有"宋史第一人"之称的漆侠教授,这让我们增加了对刁老师学术背景的了解。

第二,尽可能营造轻松愉快的访谈气氛。

在十余双眼睛盯着的情况下做访谈,无论是访谈人还是受访者都不可能安然自在,因此王老师提前到教室调整了讲桌前的空间,刁老师进教室时让我们用最热烈的掌声欢迎他,还特意泡了一壶茶,用边喝茶边聊天的方式让受访者放松心情,这些都有效保证了访谈的顺利进行。

第三,要善于发现关键信息,并对关键信息进行及时追问。

　　王老师总共提了七个问题，前三个问题都与"严格"有关，因为刁老师在演讲中多次提到"严格"这个词，他应该认可或者赞赏"严格的做法"或"严格的态度"，"严格"是关键信息。现场捕捉关键信息的能力非常重要。另外在回答问题时，刁老师多次提到他的导师，比如"我见过跑得最快的猪，所以要求必须高""我导师学问好""我的老师是榜样，我希望培养出最优秀的学生"。我们也很想知道刁老师的导师是否对他的教学实践及教育理念都产生了深远的影响，王老师发现了这个关键信息，于是又提了两个问题：一个是"你的老师学术很强，他的学问是怎么成就的？"，另一个问题是"你这样要求学生是不是你的老师也这样要求过你？"。刁老师的回答证实了我们的猜测，其导师对学生是高标准、严要求，不仅是在学业上，而且在为人处世上都对他的学生影响深刻，刁老师的严格就是对他的导师严格精神的传承。

　　第四，用假设情境的方式提出问题相对比较委婉。

　　问题 2 和 3 就是假设你遇到这种情况会怎么做？"我遇到这种情况，不知道你有没有碰到过？……该怎么办？""经常有学生抱怨说……遇到这种情况你会怎么做？"问题以非真实的情况提出，相对比较委婉，让受访者比较容易接受。

　　第五，访谈问题之间应该紧密联系，问题和问题之间应该有自然过渡。

　　不知道老师是否提前设计访谈提纲？从"严格"的特色→"严格"的原因→学生对"严格"的抵触→别人不严格可能引起的"不平衡思想"→教学理念→导师的学问成就→导师的影响这七个问题来看，它们不是松散分布的，而是有紧密的联系。王老师通常会对前一个问题简单总结后再自然引入下一个问题，访谈过程比较顺畅。

　　以上种种在上次隽颖师姐的讲课中都有所涉及，但此次现场观摩令我印象深刻。这场观摩把之前听到的理论、个人的访谈经历和老师的现场访谈展示结合在一起，进一步加深了我要继续做访谈的兴趣和信心。自上次访谈初体验之后又约了两位老师，但对方都以学期末太忙为由暂不接受访谈，不过其中一位老师答应寒假初期可以再约，对此我非常期待。

　　对于刁老师的课堂教学我也有一些疑惑，为什么他如此强调写作能力？比如要求手写，一个字不能错，标点符号不能错，"的、地、得"严格区分，当时没有听清楚课程名称，课后在人文学院官网查到 2017 年至今刁老师开设的课程是"史学研究与论文写作"，这才明白难怪有如此多的要求，这就是一门写作课程，严格的训练是必需的。他在论文中写道："作者在历史学研究生培养中通过典范论文的缩写、精读一部专业书籍、撰写学术书评、与学术名家面对面交流等方式加强对研究生的学术训练，取得了较好的成效。"[①]这篇文章和他在我们课堂上的分享内容基本一致。

　　这是他一年多的改革取得的成效吗？改革不是件容易的事，很难在短期内就能取得理想效果。我发现刁老师在 2011 年就写过相关论文："在过去的几年中，我个人的经验是，至少在中国历史尤其是中国古代史学科内，采取缩写名家名作和积极倡导'精读一本书'的教育模式，可以在很大程度上激发研究生的学术兴趣，培养其科研精神，还能够全面提高研究

---

　　① 刁培俊.典范牵引、实践模拟与学术入门——历史学专业人才培养模式改革新尝试[J].学位与研究生教育.2018(3)：24-26.

生的综合素质。"①这样看来刁老师的教学改革已经进行了十多年了,在缩写和精读一本书的基础上又增加了写书评和请名家做讲座(先后邀请了郑学檬、杨际平、杨国桢、陈明光、陈支平、戴一峰、郑振满等国内知名教授为研究生开设讲座②)的形式来加强学术训练。看得出来刁老师多年以来都致力于完善自己的教学,采取新的形式,增加了新内容,并取得了令自己满意的效果。请到那么多老教授讲课本身就不容易③,同时他还带动了一批年轻教师开始改革教学,他的改革意志和教学热情令人敬佩。另一方面我也在反思自己的写作存在诸多问题,费时多质量低,在规范性和可读性方面都远远不够。我是否可以试试刁老师的方法呢?

## 二、文本分析与反思

尽管我们在之前的课上讨论过什么是好文章,什么是好文献,老师也详细总结了各个要点,为什么我们写的文献综述如此差强人意?我发现之前我们讨论得很热烈,好像都能说出几条标准,但事实上还是停留在知识的层面,离实践运用还差得很远。这次虽然没有欣赏到好文章,但老师带领大家分析的两篇文本从反面说明了什么是不好的文章,还是很有收获。(1)标题用词要精确、清晰明了。《论研究生课堂教学特性的规定》中特性的规定就很拗口,不知所云。《论"研究性课堂"的架构与创建——兼论人文学科研究生课堂教学的合理结构》中的"架构"和"结构"有重复之嫌。(2)两篇文章的摘要都不具备五大要素。要点不突出,结论、方法不明确,选题基础不清楚,问题不鲜明,谈不上意义是否重大。(3)慎用生僻词,如果必须用应该在上下文中解释清楚。"过镜式再现"与"统摄式掌握"这种新名词让读者望而生畏。还有其他问题就不一一列举了。

这些问题也都出现在我们的写作中。"心上学,事上练"是老师在第一节课就强调的内容,我很想学好每门课程,也很想做好每件事情,但很明显我缺的是"事上练",学完理论没有主动练习、没有充分练习,多数时候浅尝辄止。为什么没有充分练习?我发现时间碎片化是一个不可忽视的原因,不断有新的任务出现打乱原有的计划,在赶来赶去中无法深入系统地复习之前的学习内容,无法保证深度思考的时间。如何改进?目前是个难题。

**王师批注:**

这个日志反映出亚克的理解和接受方式与同学们是不一致的。

亚克反思了自己练得少,认识到了知道与应用之间的差别,这个认识很不简单,因为现在许多同学都还没有意识到这个差别,大家还是把"知道"当成目标。实际上知与行之间距离是相当大的。

---

① 刁培俊.知识、方法和能力——历史学科学生科研方法与能力培养点滴心得[J].学位与研究生教育.2011(8):6-9.

② 刁培俊.典范牵引、实践模拟与学术入门——历史学专业人才培养模式改革新尝试[J].学位与研究生教育. 2018(3):24-26.

③ 陈明光.史学研究与论文写作经验谈[EB/OL].[2018-12-19]. http://www.sohu.com/a/130250715_260616.

关于访谈中的问题,有的是过渡的(为了承接和转换的需要),不是正式问题。

亚克课下做了一番考证工作,这是具有研究意识的表现。赞!

# 拾　与人对话,与文献对话

2017 级硕士生　姚烟霞

## 一、访谈示例:王老师现场采访刁老师

本次课第一个环节,老师现场采访了厦门大学历史系的刁培俊老师,持续时长两个小时,其中刁老师讲 1 小时,王老师采访半小时,三位同学提问半小时。本环节的收获主要想从两个方面来说,一是关于刁老师课程教学改革的收获与启示,二是关于访谈示例的收获总结。

收获一:关于刁老师课程教学改革的收获与启示

印象最深的话:想成为一个合格的老师(做一名合格的老师看似基本要求,现在已成了一个比较高的要求)。其次,想成为一名优秀的老师。不管别人怎么做,只求做好自己,问心无愧。从来不会向任何一个教学做得不好的老师看齐,要向该领域最牛的做得最好的老师看齐。最后,以真诚换真心,像刁老师这样,每周花三四天的时间备课、教学、批改作业的老师已经不多了,刁老师是一位很有良心的老师。

刁老师课程教学改革的具体措施主要有以下几点:知名学者讲堂;必读书目读书笔记;学术书评;缩写名刊名家之作;读书学习小组。刁老师自称“神经病”式的教学模式,缩写也好、读书报告也好,都是对学生学术规范的严格训练,是在给大学毕业仍然写不清楚中国话的研究生补课,虽然有点可悲,现在研究生的水平怎么都这样了,但这是不容忽视的事实,这一课真的得补。大部分同学三到四次课后,都能走上规范的道路,说明大家不是没有能力做到,而是少了这个规训的环节。本科老师觉得这是研究生老师的事,研究生老师觉得应该是本科老师的事,结果就造成了当前研究生学术规训环节的缺失,学术研究的道路在第一个环节就走得跌跌撞撞。

刁老师教学改革中也遇到了不少麻烦:六次提醒字迹潦草仍不改过,挂科后开学找了一个月麻烦的学生;截止日期不交作业甚至不知道作业是什么的挂科学生;翘课三分之一要高分拿奖学金的 71 分女孩。听闻后,很吃惊,虽然这种学生的比例很小很小,但仍不敢相信这是厦门大学的研究生。

一点疑惑:刁老师在课程教学改革的过程中,试图把所有的或者说大部分学生引导至学术生涯的道路上,但现实情况是研究生扩招后,大部分学生硕士毕业后直接就业,继续攻读博士学位,走上学术道路的只有少数学生,在这种情况下,如何平衡研究型和应用型的研究生教学? 如何满足不同学生的需求? 这是一个需要平衡的问题。但刁老师为课程教学改革付出的心血和努力是不可否认的。

收获二:关于访谈示例的收获总结

王老师的采访共有 6 个问题:(1)课堂教学改革的措施;(2)改革的动力;(3)学生以后不从事学术,如何回应;(4)学生抱怨没时间,如何回应;(5)别人应付,自己花很多时间教学,是否会不平衡;(6)对学生这么要求,是不是以前的老师也这么要求过自己。

虽然是在课堂上示范,老师泡了一壶茶,访谈氛围一下子轻松了不少。

虽然老师没有拿访谈提纲,但老师有探究的欲望,清楚地知道自己要访谈什么,想了解什么。所以每个访谈问题衔接得都很自然,虽然只有六个问题,差不多想问的问题都问了。我们访谈了十几个问题,却还是问不出核心与关键。

访谈问题没有晦涩的专业术语,通俗易懂,这一点很重要。因为要研究的问题理论高度很高,学理性强,很容易就把访谈问题设置得晦涩难懂,让访谈对象不知所措。这也是我们在上次访谈体验中犯的错误。

在老师的示范后,三位同学的提问也很专业。无论是问研究生教学与中小学教学的差别,还是问刁老师对自己教师类型的定位,是教学型、科研型还是教学科研型等。说明前几次课的探讨,大家还是耳濡目染有所收获的,在老师的示范下,大家的问题也问得很专业,说明示范在某种程度上是很有效果的。

## 二、文本分析实例:两篇文献分析

同学们把作业都听成了老师推荐文献,所以之前也没有做好充足准备,课前临时推选了两篇,一篇是同学们文献综述参考引用最多的《论硕士研究生课堂教学特性的规定》,一篇是和我们研究主题比较接近的 C 刊论文《论研究生课堂的架构与创建——兼论人文学科研究生课堂教学的合理结构》。

第一篇文章从题目到摘要再到行文逻辑不畅、理论违背常识等,基本被否了;第二篇虽然是 C 刊论文,从题目的表意重复到摘要不够规范再到行文看不懂,逻辑经不起推敲,基本也被否了。说明推荐的两篇文章,水平都不够,最后也没有分析出太多有用的信息。这个环节也说明了不少问题,个人也有些许疑惑。

问题一:别说分析一篇文献了,感觉大家现在挑选一篇好文献都成问题。给大家更长更充分的时间,是否会推荐出一篇好的文献? 个人觉得不一定。因为给了大家那么长时间查文献,挑文献,写文献综述,大家引用最多的一篇文献居然还是有这么多问题的文献,是因为这个研究领域高质量的文献有限,还是我们不善于搜索查找筛选高质量文献? 可能都有吧。前几次课,我们讨论了一篇好的文献具有哪些要素,大家都提出了很多想法和标准,为什么在找文献的时候,仍然挑不出好的呢? 如果精选文献这一步都走不出的话,写出好的文献综述更是不现实的。

问题二:这两篇文章除了不足之外,是否还有些许值得学习的地方? 如果没有,大家又学习了两个"反面教材",又接收到了一大波"负能量"。不好的文献,大家已经看了太多太多,也批判了不少,但大家长进有限,说明"反面教材"起到的正向引导有限,大家迫切需要一大波好文献的学习引导。就像刁老师所说,我们要向该研究领域最牛的人学习,唯有这样,方能进步,方能接近最优秀的人。

问题三:本次上课前,和师兄师姐交流了文献综述互评后的想法,一致认为本次文献综述最大的共性问题一是不规范,格式、字体各异,引用、参考文献也不规范等。学术规训的环节和学术规范的基本功,亟须弥补,需要大家花更多的时间去琢磨,扎实学术研究的基本功。二是只有综没有述,对已有的研究从各个层次做了很全面的总结,但没有对内容进行深入分析,没有将已有研究成果和要研究的问题建立起联系,缺少对话。

总的来说,本次访谈示例收获还是挺大的,以后老师可以多请专家走进课堂,共同探讨我们研究的问题。文本分析环节,文本没选好,感觉没有达到预期的效果。

**王师批注:**

三个问题提得都很好,都值得深思!

为什么找不到好文献?是没有认真读,是没有读懂,还是因为缺乏实践经验?没有认真读是态度问题。这里就不讨论了。没有读懂是能力问题,这可能是因为缺乏实践经验而无法分辨。也可能是缺乏理论积累而无法辨识。总之,找到好文献是第一步,否则工作基本上是无用功。

关于请别的专家过来,听起来很美,实际上并不可行。我也不知道刁老师请著名专家来授课的情况究竟如何,所以不便于发表评论。

# 拾壹 一次访谈示范课体验

**2017** 级硕士生 袁东恒

## 一、课堂来了位"熟悉的陌生人"

我晚上六点半左右进入教室时,教室里已有七八个同学就座,有一组同学在讨论文献综述,还有几个同学在进行课前准备。找好位置坐定后,我听旁边的同学说一会会有历史系的老师来,王老师会进行访谈示范,我开始对即将到来的访谈示范充满了期待。当王老师带着历史系刁老师进入教室时,我感觉刁老师很面熟,回想之后发现他上学期教过我们"马克思主义与社会科学方法论"一节课,在那节课上他也提及过本节课所讲的教学改革尝试和遇到的麻烦。不过,在本次课上,他谈了很多细节,再加上访谈和提问,使我对刁老师的教学改革尝试有了更加立体的认识。

本次课前一个小时,刁老师首先说明了他教授课程的基本情况,阐述了他对当前课堂教学的基本认识和自己的教学理想,主要介绍了自己所进行的教学改革尝试的具体举措和期间遇到的麻烦。因为他介绍的是历史学专业教学改革内容,所以我们无法从内容上判断其是否合适,是否符合历史学学生需要。但从刁老师自己描述的改革成效(有几位上他课的学生的作业在 C 刊上被发表、其他年轻老师开始学习自己的改革模式、一个学生转变学习态度去听讲座等)来看,刁老师的教学改革取得了一定的成功。从刁老师的介绍中还可以发现,他为自己的教学改革付出了很多时间（仅批改学生的缩写作业一般就要花费 3～4 天的时间），创新了教学形式（请名师到自己课上讲一节半的课、组建读书小组写学术书评等），在这个过程中，他发现学生中文书写和表达能力欠缺，因此他在这一方面花了很多时间，要求很严格，希望通过打好学生的文字功底来锤炼历史研究。

通过刁老师的介绍，我们能感觉到他是一个很负责任的老师，可以称得上是一个优秀的老师。尽管他自称"神经病"，但他一点都不神经，反而十分清楚当前学生的学习状态和高校人才培养状况。比如，他最开始说的不讲段子很难吸引学生兴趣，以及他发表在《学位与研究生教育》上的《典范牵引、实践模拟与学术入门——历史学专业人才培养模式改革新尝试》一文中也可以看出他对人才培养模式改革的思考。刁老师之所以自称为"神经病"，是因为他做了别的老师很少做或不愿意去做的事情，没有"随大流"，因此显得格格不入。事实上，刁老师的例子反映出了改革者的普遍境遇，改革者往往会因为做出与现状不一样的举动而不被其他利益相关者理解或受到排斥，但随着改革进程的逐步推进，有的改革慢慢被人理解接受，有的改革则会被废除，审视那些成功的改革案例，其中很大一方面原因是得到了利益相关者的支持。就教学改革而言，学生是其中最重要的利益相关者，取得学生的支持就意味着改革成功了一大半，而要取得学生的支持，在我看来，刁老师所说的"以真诚换真诚"（将心比心）是很重要的因素。

刁老师介绍完自己的教学改革尝试后，王老师进行了针对性访谈，希望从中破除谜团。访谈的几个问题都紧密结合刁老师的教学改革内容，采用"陈述一个现状，然后问受访者有没有碰到这种情况或受访者怎么看"等形式提问，既方便受访者理解，也使受访者心理上能够更好地接受，给我们示范了行之有效的提问方式。此外，王老师还细心地抓住刁老师多次提到自己老师这一现象，问其目前对学生这样要求是否与之前自己老师对自己这样要求有关，可谓是妙，一下子解释了刁老师教学要求严格的主要原因，这启示我们要善于把握受访者多次提及的概念或现象，从而进行针对性提问。三位同学的提问也都有效地结合了刁老师的教学改革内容，从不同侧面帮助我们更加详细地了解刁老师的教学理念和教学改革内容。除了这些方面，我还发现刁老师在介绍的过程中多次提及学科差异性，说历史学与教育学等学科不一样，从中可以看出他对教育学已有了一定程度的了解，这也难怪他在开始的时候会说有高等教育学的大学一定是世界上最好的大学等话语，我想在这方面应该还可以从刁老师身上挖掘出更多有价值的东西。

## 二、如何进行文本分析

课堂最后一个小时，老师带领大家进行了文本分析。老师提到看一篇文章，应首先看它的题目。一要搞清楚题目本身的意义，二要看文章有无创新点，三看内容成立不成立，如果成立的话，第四步就要看它是用什么方法来做的，第五步要看文章的贡献究竟在哪里。阅读一篇文献，就是要和文献进行对话，和作者进行对话，追问他究竟是什么意思。可是，我在阅读文献的时候大部分是在接受，了解这篇文献作者运用了什么方法，得出了什么结论，对我的研究有没有用，很少去追问、思考作者究竟要表达什么意思，作者说的对不对，缺少质疑批判精神，也正是因此，对文献的加工吸收不够，看过的有印象的文献也仅仅只能记忆一段时间,过了很长时间后遗忘得都差不多了,没有真正做到"走心走脑"。

**王师批注：**

    东恒对刁老师有更多的了解和理解！这种同情式的态度恰恰是我们同学在访谈中比较欠缺的。访谈是一种特殊的叙事,是让受访者讲出自己的故事,所以以同情的态度来进行是必要的。

    访谈与文本分析不同,文本分析是一种对话,是想搞明白对方究竟想说什么,说清楚了没有,说的道理通不通。访谈则主要是倾听,希望受访者讲出真实的自己,无论讲什么,都需要给以同情式理解,而不能与之争辩。如果有不明白的地方,可以去进行询问,让对方进一步阐述。

    访谈,也不是对受访者的话全信,否则就可能变成了偏听偏信。

# 第十二章　访谈分析与文献综述

## ——"高等教育研究方法"第十二课

## 壹　访谈分析与文献综述检视

授课教师　王洪才

### 一、焦点访谈示例

昨天晚上的课程分成两个环节（依据上节课的约定），第一个环节是对上次访谈示例的（文本）分析（注：文本是一个广义的概念，纸质文本仅是一种，访谈示例也是一种文本，只不过它是一种活动的文本，不是一种固定的文本）。

这次我没有让大家进行随机发言，而是在我引导下发言，即我是用提问的方式进行的。由于我昨天晚上没有及时记录，因而对自己所提问题的顺序记忆得已不是非常清楚了。印象中第一个问题是被访谈人自我陈述的可信度能够达到多少（这是访谈过程必须关注的一个问题，也即必须考察访谈资料的信度或可信性。所以，如何设计场景，让受访者在无所顾忌的情况下真实地反映自己的内心世界非常重要）。

大家在此意见是比较一致的，认为可以达到80％以上（大家似乎也承认，受访者适度地装扮自己是可以理解的——这实际上也是一种高尚追求，即展现自己美好的一面。但从另一个角度看就有点虚伪）。

第二个问题是刁老师是否可以称为优秀教师（这样背后议论人似乎不妥，但在教学过程中不能回避这样的问题）。在此点上的意见分歧是非常大的，高的认为已经达到80％以上，中等的则给60％以上评分，还有低的评分为60％以下。

第三个是刁老师的教学理念是什么（从同学们的日志中发现，我当时问的问题是：是否认同刁老师教学理念？）。同学们在此反映差异非常大，似乎根本就没有思考过"教学理念"这个问题。我提示说，比如能否算以学生为中心，大家还是不知该怎么评价。从这一点上我发现同学们的逻辑推理能力是比较差的。我再次提示可否算"以教师为中心"或"以学术为中心"或"以知识为中心"，大家仍然不能确定。

这说明，我们课堂上所形成的高质量课堂的判断标准并未产生内化作用，或者是同学们课下没有琢磨过什么是"以学生为中心"，或与此相关的概念究竟是什么意思。这说明同学们的理论思辨能力存在严重的欠缺。

## 二、逻辑思维能力的缺陷

这个讨论使我发现了同学们不仅基本理论知识缺乏，而且在逻辑推理能力方面也非常缺乏。这个问题让人反思：是同学们投入不够，还是在知识生成过程中同学们的思维跟不上？

如果是前者，则证明一个基本判断：现在研究生的学习普遍处于一种浅层学习状态，学习的主动性没有激发出来，也即学习中仍然存在着很大的被动性。如果是后者，则说明同学们没有跟上我的思维节奏，在我主导下的课堂知识生成过程已经超越了同学们的接受能力或思维能力可以理解的水平。此外也说明同学们对教学理念这样的概念缺乏思考，对教育学中的一些核心概念诸如学生中心或知识中心或教师中心这样的大概念缺乏思考的兴趣，也即没有去弄清楚的冲动，如此这般，就不可能在课堂上产生积极的回应了。

第四个问题是刁老师的改革是否适合研究生教育背景。在这一点上大家的意见基本上是一致的，即认为他的教学方式可能仅适合少数人，与大多数同学的旨趣是不符合的。这实际上提出了一个命题：老师是应该转变学生的心态和学习动机，还是应该根据学生的求学动机而设计教学方案？换言之，大多数同学的求学目标是合理的吗？老师应该迁就学生的学习目标还是学生必须按照教师设计的教学目标前进？其实，这个问题就是对刁老师教学理念的直接注解。同学们似乎意识到了这个问题，但没有提升到理论思维水平。这不能不说是一种缺憾。

第五个问题是刁老师教学改革的动因。在这一点上似乎没有多大异议，即对导师言传身教的发扬。此处有同学对刁老师改革过程做了研究，发现开始的时候只采用一项改革即"名作缩写"，后来加了一项即"名著书评"，现在增加了"名家讲授"。有同学做了统计似乎最近一次课请了六个名家。这一点也不能不让人叹服刁老师人脉资源的丰厚。有同学发现，之前他对这些名家做过访谈，而且访谈内容都发表了，从而累积了人脉资源（这个案例可以给人很多启示）。但请名家不是一个简单的事情。同时，我也有个疑问：如果课程采用这种系列讲座方式的话教师岂不是变成了助手的角色吗？虽然这样的课是可以的，但毕竟不像一门独立的课程。

这个环节还讨论了一些细节问题，如刁老师究竟是如何请到那么多牛教授为他站台的？他究竟在课堂上扮演了一个什么样的角色？从教学艺术角度来评价，他的教学效果究竟如何？他的教学目标定位合适吗？他的教学创新表现在哪里？他的教学改革影响力究竟有多大？

## 三、自我解剖与文献总结

讨论到 8:20 终止，进行了一个短暂的 5 分钟休息。然后进入第二个环节，即对文献综述的自评。我提议每个人只说自己的三点不足和一点收获，否则我们时间就来不及。每个同学都说了自己的不足。我发现他们的反映基本上与自己提交的作业情况类似。大家比较一致的认识是，通过课下的互评环节，发现了自己的不足，学习了同学们的长处。我评价的时候认为，同学们的第一个难点是选不出好文献，第二个难点是不会分析文献，第三个难点是不会综合评价。据此,我提出文献综述该如何做的建议。

首先是明确搜索范围,也即证明自己搜集的文献是全面的、途径是合法的。

其次是报告搜索的结果,其中包括相关文献总量、文献作者的层次和文献结构分布状况,一般会用柱状图或曲线图表示。

再次是描述文献的总体状况,一般是从讨论的焦点话题、作者群体、讨论背景和讨论结果这四个维度进行描述。

最后是重点文献解读。这里涉及重点文献选择。一般是按照历史主义的脉络进行选择,即选择历史关键期的文献。比如起点与终点、几个转折点、高峰与低谷的文献等,选择了这些文献就能够清晰地勾勒出研究走势和大体状况。

## 四、文献分析的重点

我提示,文本分析的重点是:

1. 概念界定情况(是否提出了清晰的命题或提出了一个新主题);

2. 所讨论的问题是否真实(针对性如何,对象是否清晰,即要解决一个什么样的问题,这种问题的现实意义如何);

3. 研究的思路和方法是否科学(思考的逻辑是什么,采用了什么样的方法);

4. 是否具有可靠的理论基础(对现实对象分析时依据了什么理论);

5. 得出的结论是否新颖(学术贡献度如何);

6. 是否产生了较大的学术影响(被引率)。

最后是总评,即阐明目前研究所处的阶段,研究方法的特征,哪些问题没有解决并亟待解决,以往研究对该问题的启发性如何,对该问题可能的突破点是什么,以及未来的研究趋向是什么。

讲完这些基本要求,课堂上陷入了沉默,似乎同学们没有想过文献综述应该这么写。这时刘洋同学推荐了黄宗智的一本书《三十年来美国研究中国近代史的概况》,说第一章的文献综述写得太好啦,建议大家读一读。这个推荐非常好。

## 五、文献研究马虎不得

我再一次点醒大家,我们导师们最头痛的就是同学们的文献综述环节,大家写论文就是就事论事,一点来龙去脉都不讲,让人感觉摸不着头脑,陷入一种自说自话状态,所以让人看不懂,从而显得很肤浅。文献综述就是让你知道以前人们做了什么和怎么做的,现在需要做什么,也该怎么做。做这个工作就是为了使你避免重复别人,同时也是为了让你的研究更有创新。

限于课时接近期末,最后两个单元课程如何安排我请同学们课下讨论。我觉得问卷设计没有完成是一个遗憾。访谈报告不会写也是一个遗憾。但同学们读不懂文本更是遗憾,对此似乎没有好的招法,也希望同学们发表建议,怎么利用好最后两个单元的时间。

# 贰　访谈回顾引发的反思

**2018** 级博士生　王亚克

2018 年 12 月 24 日,我们进行了第 12 次课程,这次课程分两部分内容,第一部分是访谈回顾,第二部分是文献综述分析。我想重点谈谈访谈回顾的部分。

王老师通过提问的方式让我们回顾了这次访谈,他主要提了如下几个问题:

1. 受访人所提供信息的真实度?(部分真实,大部分真实)

2. 大家是否认可受访人的理念,如果是,那么对受访人理念的认可度是多少?(是 60％以下? 60％～80％? 80％以上?)

3. 受访人是什么样的教师? 优、良、中?(三个衡量标准:教学理念先进,教学投入饱满,教学效果良好)

4. 受访人的教学理念是什么?

5. 受访人是"以学生为中心"吗? 还是"以教师为中心"或者"以知识为中心"?

6. 大家对受访人提到的几个极端案例(电话骚扰、网络谩骂、堵门要分)怎么看?

7. 能否用一个标准来对待学生? 如何为每个学生提供发展空间? 让每个学生找到发展自己的空间?

8. 如此严格的标准是否对所有学生都有推动作用? "标点符号不许错,不允许出现一个错字,错了要重写,全部手写……"的做法是否可取?

9. 受访人认为教学效果不错? 是他个人的教学效果还是靠请多位名家讲课达成的效果?

在回答这些问题的过程中,我发现我们对受访人的教学理念(问题 4)并不清晰,不过在老师的引导下,通过对下一个问题的思考,我们得出结论:受访人的课堂不是"以学生为中心"。他一再强调自己是如何严格要求学生,如何认真细致地批改他们的作业,课下付出了大量的时间和心血,这种兢兢业业教学、辛辛苦苦改作业的教学模式,确实有利于发挥教师的主导作用,能够将教师认可的知识系统地传授给学生,而且便于教师组织和监控教学过程,但学生在很大程度上只能被动地接受这些知识,无法积极地参与课堂。这种教学模式以知识的灌输为主,并不考虑学生的个体差异和接受程度,更难以挖掘学生的潜能。因此他的教学理念是典型的"以教师为中心"。

对之后问题的思考和回答证实了这一理念,为什么个别学生会有极端反应? 就是因为"以教师为中心"的教学理念让受访者只强调学生知识和技能的学习,而忽略了学生的情感需求,很可能这些学生不能接受传统的灌输方式,对他的严格要求和统一标准产生排斥和抵触情绪。因为持"以教师为中心"的教学理念,他不会考虑"学生的最大发展",没有及时注意到这部分学生的情绪,也没有做进一步的了解和沟通,最后酿成极端案例,不能不说是改革中的遗憾。因为持"以教师为中心"的教学理念,他坚持用一种标准来要求所有的学生,他对所有学生都有很高的期待,认为"学生的成功比他自己成功更高兴",他认可并沿用了他的老师的"精英教育理念",忽略了在高等教育大众化时代学生的多样化特征,在强调个性化发展的现代,师生之间难免会产生强烈冲突。那么学生是否形成了探究的兴趣或者学术兴趣?少数发表了论文的学生可能形成了探究兴趣,但其他学生就很难说了。

我一度跟不上王老师的追问,记录的问题可能有遗漏。因为我在反思上周的日志,我谈了不少对访谈示范的思考,对访谈技巧做出总结,虽然对刁老师的改革有疑惑,但也只是停留在对"他为什么会这么做"的原因分析上。总体上,我对他的改革还是很钦佩的。我发现自己是典型的接受型,没有批判和质疑的精神,更没有和我们所研究的课题"高质量研究生课堂教学"对照起来进行深度思考。

我一直在想:如果老师没有这些提问我会思考这些问题吗?我能想到这些问题吗?答案是想不到。为什么会这样?是因为我过去的教育吗?我的大学本科老师相当严格,任何一个学生发错一个音,她会当着全班面严厉批评,每天上课背诵课文,不会就赶出去罚站,好几个老师都这么严格,而且说他们都是这么练过来的,我们只能默默接受。是因为这个原因就不去质疑吗?还是思维的问题,时代在发展,头脑却没有跟上?好在有王老师引导,班级里有越来越多批判和质疑的声音,我也能慢慢转换角度发现问题。

另一个收获是单次访谈是远远不够的,受访者引以为豪的教学改革中最直接的利益相关者——他的学生会怎么看?他们是否赞同老师的做法,老师自己是否意识到这些问题?他是否愿意解决改革中出现的问题?要带着问题持续访谈,不但要访谈老师,还应该访谈学生,甚至他的同事以获得更多信息。访谈不是一件简单的事。

**王师批注:**

亚克同学越来越多地进行自我反思了!这就是成长的典型表现!成长都是从自我反思开始的,没有反思就没有成长!(我不知是否有人说过这个话,如果没有人说过就是我原创了)

亚克把自己当下的"接受型"与本科教育经历联系在一起,这个做法无疑是正确的,可能还不够,可能与中小学教育也有关系,与学科的规训也有关系。这在一定程度上可以解释为什么外语教学是术科而非学科了。

## 叁 学以致用,从机械模仿中"出走"

**2018 级硕士生 刘美丹**

此次课是我们上的倒数第三次课。随着课程学习接近尾声,一方面感觉我们这个学期过得很快、很充实,通过课堂上和大家一起探讨、交流,收获了很多东西;但另一方面又发现,好像自己学习的内容越多,不断暴露出来的问题也越多,越感到自己的知识浅薄、思维局限,哪里都需要"恶补""狂补"。

## 一、课前示例讨论

课前我们小组围绕着上节课的访谈示例开展了近一小时的讨论。首先,针对访谈的过程和形式,我们提出了三点评判标准:(1)访谈的环境设计能否保证访谈内容的客观性和真实性?从当时的环境设计来讲,泡茶、挪桌椅、安排学生去接老师等一系列准备工作,我们还是做得比较充足的,但也有个意外就是刁老师准备的 PPT 播放不了,一些他讲到的示例我们没法看,可能会有一点影响访谈效果。(2)访谈设计的问题是否能够被理解、挖掘和拓展?当时同学们提了几个问题,有一个是关于"教师权威"的,刁老师的回答好像有一点"跑偏",不知道是他本身没有理解到,还是我们的问法不太合适。(3)访谈的设问方式是否合理?访问者的表情、态度、语气、措辞等是否恰当?我们观察到,王老师在访谈过程中坐姿很放松,一直保持面带微笑,与受访者之间的距离也较为合适。

其次,在访谈内容方面,我们主要有三点感受:(1)受时间限制,对很多问题并没有充分展开追问,其实应该是可以挖掘到更多有价值的信息的,有一点遗憾。(2)刁老师在师生关系中可能更多采取的是一种专制型师生关系模式,缺乏处理师生关系的教学艺术。如果他在教学开始前、过程中能够提前和学生做好沟通工作,应该是能够避免一些突发事件的。(3)对刁老师课堂教学质量高低的评价,还需要结合他的课堂教学实际情况、学生的评价等方面来综合做出判断,就访谈所了解到的,刁老师在课前做了较为充分的准备,是一个富有教学热情、责任心强的老师。

## 二、课上示例分析

课堂前半段对刁老师的访谈示例做文本分析。王老师提出了一系列问题供大家思考。第一个问题是刁老师提供的信息在多大程度上真实?大部分同学认为是比较真实的,但可能有部分内容他没有提及,只是摘取了自己的经历、感受中容易让大家感受到的并且也是他自己想表达的那一部分。当然这也是可以理解的,但如果我们能够课下通过一些途径去查实会更好。第二个问题是对刁老师的教学理念认可程度如何?60%~80%认可的人会稍微多一些,也有完全不认可的,同学之间的观点差异很大。我在想这方面的差异是否跟大家对"教学理念"的理解误差有关?可能每个同学的关注点不同,有的会考虑教师这么做背后的原因,有的只看这么做的直接后果是什么,有的会把自己代入那个教学环境中,感受作为学生的那一面,等等。出发点不同,认可程度自然也不一样。就我本人而言,能够理解但不认同。第三个问题是刁老师是优秀教师吗?从判断是不是优秀教师的三个标准来看,首先,刁老师的教学理念不先进,他处在权威关系模式当中;其次,刁老师的教学投入无疑是饱满的,自述中可以发现他付出了大量心血在教改上;再者,教学效果这块我们目前是缺乏相关信息的,比如学生的反馈、一线课堂的观察。但刁老师反复提到他指导的几个学生最后发表了优秀论文,走上了学术道路。如果仅仅把是否有发表论文的学习结果作为评价教学效果的指标,这一点我是不认同的,实现人生价值的道路可以有多条,有些人可能志不在学术或者学术基础实在不行,难道对于那些没有发布论文的学生,我们就要说教学对他们是在做无用功吗?不是。教学中我们不能按一个标准来对待所有学生,应该按照学生发展的程度、大小进行评价,教学要能够为每一个学生的发展提供充足的空间。同时,这种发展也不应当只局限在学业、智力上,还要看到思维能力、品格道德等诸多方面。先进的教学理念也应当是以促进学生的全面发展为目标的,而不是以区分、甄别学生的学习能力、学习结果为目标。很显然,刁老师更多遵循的是精英教育的逻辑,即把学生打造成为一流学者甚至大师级别的人物。但必须清楚的一点是,这些人只是社会中的少数派,我们大多数人可能都不具备这样的资质、禀赋。如果要牺牲大部分学生去成就那一小部分,就很容易出现学生不服老师的严苛要求和安排、老师也不能理解和制服学生的抵抗和不配合这样一种极端局面。特别在后大众化高等教育阶段,进入大学学习的学生来源更加丰富,构成极为复杂,对量的追求一定程度上也冲淡了生源的质量,大学教学中需要加入更多满足学生个性化发展的元素。

第四个问题是刁老师的教学理念是什么,他是以学生为中心的吗?前面已经谈到了,不再赘述。第五个问题是对刁老师讲述的这几个师生对立事件有什么看法?同学们都认为这样的极端事件是极少数的,同时也说明刁老师处理师生关系的方式存在欠缺。他花了大量的时间在批改作业上面,却没有花足够多的时间去和学生课下交流沟通学习上的一些问题。实际上,课堂冲突的出现就是教学败笔的表现,也是教师缺乏教学艺术的表现。一方面,教师在课前应当明确强调自己的课堂规则、作业要求,并且严格执行这一套标准和规则;另一方面,大学生遇事容易冲动、走极端,教师在做人上要多加引导,通过自己的言行举止对其进行道德上的感化。整个过程中,地位平等、关系和谐、氛围融洽的沟通与交流是极其必要的。此外,师生冲突是否侧面反映出刁老师的教学理念、布置下去的教学任务存在一些不合理成分呢?虽然从严格标准的角度来说,刁老师布置的任务经过了较为精心的设计,对学生寄予的期望也很高;但另一方面,他自己也承认学生的水平基础离他所期待的学者目标的实现还有很长一段距离,那么要求学生一字不差地做名刊缩写是否过于苛刻了些?

上周访谈结束后,对于刁老师的教学改革虽然课下也进行了一定思考,但我看到的更多可能是他对教学改革的那份热忱和信心,没有对学生对抗现象做更深入的探究;而这一次通过课前的小组讨论和课上与老师、同学们共同分析之后,我看到了刁老师教学改革背后的理念、不足和原因,更具有批判和审慎的眼光,思考和处理问题的方式也更为冷静、沉着了一些。王老师在课上讲了一句话:"读文本的过程,很多时候是读自己的过程,对个体的经验依赖性很强。"这句话说得太贴切了,平时正是因为习惯了接受性的学习模式,缺少批判性的思维训练,头脑中长期没有形成批判的意识,以至于时常犯人云亦云的毛病。头脑中要有这些东西才能够感受出这些东西,今后自己要多增长一些见识,平时多找机会与他人沟通和交流自己的看法、意见,哪怕不是什么系统、成熟的观点。视野交融的过程很重要,否则是很难理解的。

## 三、文献综述交流

课堂后半段主要是大家围绕着自己写的文献综述谈三点不足、一点优点和一点收获。大家谈到的问题有比较多的共性:第一个是选取的文献数量少,质量水平不高,代表性不足。第二个是对文献只述不评或者评得过少、不深,更多是罗列理论。第三个是对文献的综合分析不足,缺少自己的观点和发现。第四个是直接切入话题,没有交代文献来源、检索方式等一些重要信息。而谈到的收获主要有：(1)文献综述要有起点性研究；(2)综述前最好精确交代一下文献来源；(3)对文献研究内容的分类原则很重要；(4)综述的写作模式可以创新，对几篇少而精的文献进行分析；(5)文献综述不应该只是以总结的形式去评价，最好有自己的理由和观点；(6)评论一些文献观点时要考虑是否有充分的逻辑支撑；(7)要注意文献的传承性、批判性，找到第一代研究是什么，第二代研究是什么，这几代研究之间是怎么传承和批判的。通过文献综述互评，大家既正视了自己身上的不足，也看到了他人研究中的优点和先进之处，而且同辈之间也更加能够较好地形成相互学习、相互交流和相互提意见的氛围。

王老师针对我们文献综述中存在的问题和不足，提出了他的建议。首先是明确文献检索的范围、途径和工具。即检索途径是什么？检索范围究竟有多大？其次是检索结果的情况介绍。比如检索出多少篇文献？层次分布情况如何？相关文献研究最高潮是什么时间？最少的是什么时间？最好借助曲线图、柱状图勾勒基本的研究情况。再者是现有研究的总体情况介绍。比如相关研究所使用的方法是什么？对哪些观点学界是高度认可的？他们是否涉及教学理念的问题？他们的评判因素是什么？然后是重点文献解读。比如在某一历史阶段，有哪些比较有影响、典型的文献？最早的文献是哪一篇？最新的研究成果是什么？中间经历了什么样的变化？最后是总评，要阐释清楚现有研究解决了哪些问题，还有哪些问题有待探索，未来突破的关键点是什么，自己下一步研究的方向是什么，等等。带着这一系列的问题去审视所选择的文献，分析其中的差异、分歧、共识，并把它们弄清楚、讲明白，能做到以上几点，离好的文献综述也就不远了。

但很多同学包括我自己在内，第一项文献检索工作可能都做不好，也就是选不出有代表性、有研究价值和意义的文献。实在是令人头疼的一件事。在这里，老师再次重申了好文献的几个标准：第一，研究的基本概念要清晰；第二，研究的问题要真实，受到大家的认可；第三，研究的思路和方法要科学合理；第四，要具备可靠的理论基础，即研究依据了什么理论；第五，提出的观点是什么，学术贡献是什么；第六，受益影响大小，引用率高不高。我想我们之所以找不到有代表性的研究文献，除了该领域相关研究较少外，一个重要原因还是我们看的文献数量远远不够，甚至很多都还停留在看不懂的层面。如果能够经常性地阅读，并且带着这几个标准有意识地、批判地审视，相信经过一段时间的文献阅读积累，我们能够形成比较敏锐的文献鉴别能力。

**王师批注：**

美丹同学观察力比较强，仅仅从注意到刁老师回应教师权威的话题有点跑偏就可以发现，因为这个细节很多同学都忽略了。当然，可能不少同学当时注意到了，但过后就忘掉了，美丹同学没有忘，说明注意力集中，学习比较投入，这一点值得表扬。

美丹同学对课堂访谈示例的描述已经具有深度了，已经开始具有了教育学的专业眼光，所以值得表扬。

美丹关于文献综述的描述是用自己语言进行的，说明开始内化了。很不错！

# 肆 做研究必须严谨

**2018** 级硕士生 孙士茹

时间过得很快,等不及我们细细回忆就匆匆而逝。临近期末,大家便对这门课程更为珍视,但更为重要的是珍惜当下,把握现在,这样才无愧过去。本次课堂的主要活动为:(1)王老师带领大家对上次课刁老师访谈过程及结果的讨论;(2)"扪心自问"——对自己的文献综述自我反思不足与收获;(3)王老师给大家系统讲授文献综述应该怎么写,写的过程中应注意些什么。在这里,虽然我个人不喜欢"讲授"一词,却也不得不承认之前对于文献综述的写作没有经过完整系统的学习,即使是本科的研究方法课的内容,在我记忆里,这节内容也是讲解不清。因此,这一部分真的是老师授予我们,我们获得的最大收获之一了。

## 一、围绕访谈示例的相关讨论

王老师以问题方式引导大家讨论:

1. 大家感觉刁老师自我呈现的内容里面有多少是真实的?(讲得比较真实,大家基本达成共识)

2. 大家在多大程度上认可刁老师的教学理念?

大家基本上是不认可的,我在想这是因为我们学习教育学,总会习惯性地认为教师应与学生处于平等地位等"陈词滥调"的职业病,还是不管我们所习专业为何,我们当今的学生,尤其是自主性更强的研究生都不习惯、不适合刁老师这样的教学方式?当大家举例说出刁老师教学方式等言论时我很高兴地发现,大家不认可的原因是后者。所以研究生课堂必须给予学生发挥自主性的空间。

而在此问题之前,需要首先思考的是刁老师的教学理念是什么。所以这也就是大家在此问题初沉默的原因所在。而在大家思考的同时王老师也进一步提醒大家:刁老师的教学做到以学生为中心了吗?这个问题更为直接,实则是对上一问题的具体阐述,这也体现出王老师的教学策略与教学机智所在。老师提问的方式区别可以体现出老师对课堂审时度势的反应,我对老师提问方式转换的反应是有些迟钝的,这是我本身的"一大硬伤"。这也就提示我:行为背后的动因是复杂的,需要我们细细观察、玩味思考。

大家普遍认为刁老师的教学理念没有做到以学生为中心,依据是刁老师的教学活动没有充分考虑到所有学生群体的感受。这是毋庸置疑的。而对我个人而言,首先,教学理念是什么?教学信念又是什么?二者之间有何关联?当时也萌生了一个最基本的问题:什么样的教学理念才能算是老师自己的教学理念?事实上,教师的教学理念并不一定就是教师自身独创的,而是他在设计教学活动的过程中所秉持的一种理念而已。这个理念本身归属于谁并不重要,重要的在于基于此理念进行的教育活动是否对学生有益。因此,在存疑的时候还是要多与大家交流,否则很容易陷入自己设的"无底洞"。

3. 大家认为刁老师是一名优秀老师还是合格老师,或者良好老师?

首先大家对此的标准是模糊的。王老师便试着提出几个优秀的标准：

(1)教学理念先进。由此我产生一个问题:怎么来衡量他的教学理念是不是先进的？与之相对应的传统教学理念又有哪些？传统教学理念是不好的吗？这里我认为，教学理念可以无所谓先进与否，最重点在于此教学理念是可以促进学生的进步，一切是为了学生发展的。很明显，刁老师的教学理念没有以学生为中心，可能是以知识为中心，或者以教师为中心。

(2)教学投入饱满(毫无疑问，刁老师教学投入较大)。

(3)教学效果良好。刁老师以学生兴趣形成和学生论文发表作为其教学效果判定的依据，没有涉及其他评价维度，且我们也无法从少数个体(因为刁老师讲的例子都是个例)推断出总体情况，因此，他的教学成效如何我们持谨慎态度。我们想最主要的应该是学生的反馈，而不仅是刁老师自己满意度较高(我们这里是缺少学生反馈的)。那么后期我们是否可以组织大家去刁老师的课堂上进行进一步观察，并尝试访谈部分学生呢？正如先生所言，"史料易得，信史难求"，真实结论是建立在切实的田野调查基础上的。而我个人也认为这是我们访谈最好的结束。

4. 怎么看待刁老师的几个教学例子？

从教育学的专业角度来看待刁老师提及的几个教学案例，课堂本不应出现这种现象。且这几个现象都相对极端，发生的概率并不普遍。而我认为，恰恰是刁老师这种"过硬"的教学方式容易形成两极端结果:或者学生看到教师真心付出，给予较高回应；或者学生不认可教师教学方式，不愿学习，厌烦教师管得太多、太严。也就是刁老师这种教学方式极易引起学生不满，甚至还会使部分学生提不起学习兴趣。个人觉得这对于全体学生的学习是极为不利的。也正如亚克姐所说:刁老师缺少与学生个体的沟通，更多的是与文本的对话交流。不仅仅是与部分学生的交流，更是与全体学生个体的沟通。师生对立是极端的现象，更需要从精神上进行引导，道德上进行感化，而不是一味迁就学生，这也体现出其教学机智。

5. 在教学中教师能否用一个标准来对待学生？能否为每一个学生找到他的发展空间？

很明显，刁老师没有做到对学生"因材施教式"的评价，而要做到这一点也异常困难。尤其是在教学对象较多的背景下，这甚至可以说是一种"乌托邦式"的幻想。但对学生的评价也不应止于对其简单的考核，而忽视对其能力、习惯的评价与发展。且评价本身不是目的，以评促发展才是真理。依靠评价来为学生谋求更进一步的发展空间才是我们评价的目的。

6. 通过刁老师的这种培养，是否对所有的学生都有推动作用？

大家对此一致的回答是否定的。很多同学都认为这样的培养方式会使得学生畏手畏脚，不敢行动，固化思维。而有的同学则在思考:让学生重复缩写名篇，有利于其学习历史学科的严谨态度、习惯的培养。但我认为，对于习惯的培养要区分对象。这种习惯的培养不应落脚于对内容的缩写上，更可以用接触更多的历史内容，充实历史情绪情感来实现。不是要通过给学生双手加负来培养历史情怀，更是要通过精神上的解放来感知历史的神秘与魅力。

## 二、文献综述问题集结

同学们反映自身的文献综述存在的问题比较集中：

1. 文献选择的代表性不强；

2. 罗列文献——对内容的简单呈现；

3. 没有涉及起点、转折点的研究在哪里，没有呈现发展脉络；

4. 缺少对结论的批判性思考；

5. 缺少研究视角、研究方法的综述；

6. 写作逻辑不够强。

总体也正如刘洋师姐所说，我们需要注重对文献的继承与批判。

## 三、文献综述写作的系统讲授

王老师指出文献本身是否有有价值的东西，是否有新意，前提是我们知道我们要什么。——找不到我们想要的合适的文献。

1. 对研究内容的综述

第一层（分析研究主题的发展历程）：

（1）研究问题什么时候开始被学术界关注到？

（2）现在已经研究到什么程度？

（3）中间经历了什么变化？

（4）研究转折点的分析：对研究高潮、低谷点的研究，在此节点上的研究更有特殊意义、特殊背景，所以我们要特别注意。

（5）对具有标志性意义的文章（其中便包含不同观点产生分歧的文章）也要着重进行分析。根据存在的差异分歧和共识形成综合性判断。

第二层（分析历史）：

（1）文献出现的背景是什么？（需要对文献进行历史分析）

（2）当下为何又会关注这个问题？

第三层（分析研究者）：

谁在分析这个问题？研究者的身份和其研究之间是否存在匹配度？

第四层（文本心理分析——文本内容的真实性）：

分析文本是真话还是言不由衷、无可奈何的？是对政策的解读还是自己的研究结论？

第五层（文本语义分析）：

文本究竟有什么思想、贡献，提出了什么意见？

2. 对研究方式的综述

（1）通过什么样的检索方式来检索到这些文献（检索文献的合法性）、检索范围是怎样的（C刊，为检索范围提供理论根据）；

（2）对研究途径的描述（观点是怎么出来的）其中有自己体验出来的——以前通常被否定掉，这是非正式的质性研究（虽然是一种直觉判断，不能说没有价值），也有规范的质性研究。

### 3. 文献选择的代表性

做好文献综述的关键首先在于代表性文献的选择。怎么才能说文献具有代表性？

(1)基本概念清晰；

(2)研究问题真实；

(3)研究方法合理；

(4)提出观点的创新性,有研究意义；

(5)社会影响大小:引文频次。

为什么研究生课堂教学质量的研究有困难？首先,不是所有的学校都有研究生教育；其次,需要一定的研究基础(长期摸索之后进行的探索)；再次,研究生教学是复杂的,与科研结合紧密,很难像传统课堂那样把握；最后,进行研究生高质量课堂的研究不能单纯从经验出发来进行,要从学理上进行分析,还要从事后续研究(不同学科应该有不同方式的教学这个我们潜在的假设是否成立)。

加之在刘隽颖师姐沙龙上的学习认为做好文献综述,最首先的在于研究问题。研究问题要有指向性、针对性,就针对哪个问题进行研究,寻找这个主体的相关文献。在此基础上才能继续朝着正确的方向前行,不至于跑偏。而我们高质量的研究生课堂的研究,主题虽已确定,但这也提醒我们在以后的研究中首先需要明晰问题。牵一发而动全身,否则后面的功夫便可能会付诸东流。

**王师批注：**

在机场读士茹同学的日志,很有感慨！

为什么？因为我感觉士茹进步非常大！不仅带有自信,而且具有很强的批判性,特别是分析得越来越合情合理,非常难得。

另外士茹保留了自己的优势,即记忆力很强,对课堂的主要信息记录得非常清楚。

## 伍　做思想与行动的双料巨人

**2018 级硕士生　郑雅倩**

### 一、课前小讨论

上节课课后我们小组进行了讨论,主要是围绕上节课刁老师的访谈内容及访谈过程中学习到的访谈技巧进行的。

关于访谈者,我们对处在"重科研轻教学"环境下能够坚持教学改革的刁老师感到敬佩,且不论教学改革效果,这种敢于尝试,敢为人先的精神确实值得我们学习。

关于访谈内容,我们主要对以下几个问题存疑:(1)对刁老师谈到的例子的真实性存疑。刁老师在自己的文章中写到他的作业模式适合人文社科,但是在访谈中又一直强调历史学和教育学等学科不一样,这是否矛盾了? 青年教师是否真的是受刁老师影响而加大作业强度? 那位走进学术讲座的学生是否受刁老师影响而对本专业产生兴趣? 厦大的学生对学习的兴趣真的如老师所言那么糟糕?(在老师的教育观念中貌似有着人恶论的前提假设);(2)教师主导型的课堂能否培养学生的批判性思维? 刁老师的课堂很大程度上是传统型的课堂,以教师为中心,而刁老师又一直强调培养学生的批判性思维,刁老师对批判性思维的理解是什么呢? 这种形态的课堂到底能否培养学生的批判性思维呢? 如果真的可以的话,那我们一直批判传统课堂,是否批判错了?(3)刁老师一直在强调欧美大学学生的学习,不可否认的是欧美大学一学期的课程数量都比较少,而我们的课程都比较多,是否应该站在本国国情上考虑? 试想如果五门课都是这样的强度,学生能否承受得来? 提高学生质量是通过作业量吗?(4)学生有自主性吗? 学生直接接受老师一系列的要求,而且不能不做(因为是必修课),但是这种要求培养出来的是老师希望的学生,是符合老师期待的能够写论文发表论文,能够继续深造的学生,那么,学生的自主性何在呢?

关于访谈技巧,我们认为:(1)可能是为了节约时间,所以在对刁老师的提问中会出现一次提问两个问题,而我们在访谈过程中尽量不要出现双重问题;(2)访谈中应多以描述性问题呈现,例如"你是怎么看待这种现象";(3)访谈中身体语言很重要,能够产生共情,让对方较快地卸下心防。

## 二、课堂内容

本节课主要围绕两部分进行,第一部分是对上节课的访谈进行讨论,第二部分是对文献进行自评。

在第一部分中,老师以问题的方式了解我们对刁老师改革的看法。首先,老师询问大家认为刁老师呈现的真实性程度如何,有比较多的人认为刁老师呈现的信息大部分是真实的。但我们仅仅从访谈中是无法对这个真实度进行较好地判断,最好的一个方式是进入课堂中真实感受以及通过访谈同学进行互证。第二个问题是"对刁老师教学理念的认可程度",其中 80%认可的有 3 个,60%～80%认可的有 4 个。我们小组一致性地表达对刁老师教学理念的不认可,这样的课堂对于学生来说可能更多的是一种压迫感,而不是学习的愉悦感。而且学生的成长是循序渐进的,刁老师似乎过于拔苗助长了。第三个问题"刁老师是否算是一个优秀的老师?",如果将优秀教师的观察点定为"教学理念先进、教学投入饱满、得到的教学效果良好",以这三个观察点观察刁老师,教学理念不算先进,其以教师为主导,教师权威性极高,个性化教育理念尚无;教学投入饱满尚可称得上;得到的教学效果是否良好无从得知,仅从刁老师的访谈中,我们既可以看到学生对其的爱戴,也可以看出其与学生的冲突。另外,其所培养的优秀学生占比大还是普通生占比大呢? 同时,除了学业方面的,学生的人格、思维等其他方面的成长情况如何,我们也无从得知。因此,对刁老师的评价尚不能过早地下结论。

第四个问题是"刁老师是以学生为中心的吗?"(对教学理念的补充),同学们基本认为刁老师没有以学生为中心。刁老师反复强调自己的导师,可以说,刁老师的教学理念和教学改革是在以前的求学经历上进行的调整，所以这就产生一个问题，时代不同，扩招后的学生来源及需求更为多样化，能够再按照扩招前的培养模式？这显然是不合理的。无论哪一种模式，我们应该考虑到的是其背后的时代背景、运行机制和支撑机制。亚克姐讲到从刁老师2011年到2018年发表的对教学改革的论文上，可以看出学生任务量的增加，如果我们仅从刁老师的访谈内容进行分析，大致可以了解到其任务增加的背后是对学生素质的不满，那么，通过作业的增加便能够改变这种情况吗？不从根源去深究原因，仅从表面来谈，这种教学改革的根基是不正确的。第五个问题是"对学生敲门、堵门现象如何看待？"，我认为此类事件的发生可能是刁老师没有处理好与学生之间的交流，似乎也体现出刁老师缺少了一点教学智慧。第六个问题"在教学中能不能按照一个标准来对待所有的学生？"当然是不能的！我们一直在强调学生的主体性，如果用同一个标准来培养学生，大学岂不是沦为流水线了？那么，如果不能按照同一个标准来培养的话，该如何做呢？首先，我认为，培养目标是生成的，是个性化的，需要学院、教师和学生本人等多方面的因素生成，我们不能仅以学生的目标为中心进行培养，由于心智等原因，学生在很多时候尚不能完全明白和确定自己未来的发展方向，而此时学院、教师、导师等因素的帮助就显得很重要了。我认为，要做到个性化培养首先控制班级的数量是很重要的，只有学生人数控制在一定的范围内，老师的精力和注意力才能集中在学生身上，才有可能制定较为合理的个性化的培养方案；如果从学生方面来讲的话，学生首先要认清自己的定位和未来的发展方向，加强与任课老师、导师的沟通。

总体而言，不可否认刁老师在教学改革上做出了很大的努力，但是教学结果尚待历史的检验。

在第二部分中，大家对文献综述进行了自我评价，主要集中在代表性文献不足、只述不评现象较多、缺少国外文献资料、缺少延伸性研究等问题上。在文献研究上，我认为文献应该多次查看，一看文献研究主题总体情况，二看文献选代表性文献，三看代表性文献深入挖掘。而我们这一次的文献综述基本上都是只看一遍文献，对代表性文献的认识不清，很多同学还是传统的思维观念，认为在权威杂志上发表的文章就是好文章。有同学提及，选不到代表性文献是不是说明这个领域的研究就是比较浅的，如果我们对代表性文献的定位是清晰的（即文献中的基本概念是清晰的、研究问题是真实的、研究方法是合理的、具有学术贡献），查找的方法和程序也是正确的，结果还是找不出代表性文献，很大程度上能够说明这个领域的研究尚浅，其实这从另一方面也证实了我们研究的创新性。

如何做好文献综述？一要追根溯源，即探究谁开始了这个领域的研究，研究背景、分析研究者的身份及言论的真实性、对文本进行语义分析（即文本究竟产生了什么思想，有什么贡献）。二要明晰现状，即这个研究目前做到哪一步了。三要探究从起点到终点这中间发生的变化，比如说研究方法是否有转变、研究结论是否有变化，这些变化是如何产生的，对哪些问题有分歧，侧重点在哪里。这个可以说是从历史的角度来做文献综述。在做文献综述的时候也经常需要国内外对比，探究国外目前的研究现状、国内目前的研究现状，两者的相同点和不同点，立足于国情明确我们未来的发展方向，我想这也是非常重要的，学术研究视野不能过于狭窄。在文献综述撰写过程中需要注意对文献检索途径的解释，比如对文献检索工具、检索范围进行说明,使文献综述的文献来源更具可信度,然后再进行文献量的分析,比如这类文献发表最高潮是在什么年份,当下的时代背景是什么。在完成前面的工作后,我们最后要做的很重要的一步,就是对文献综述下结论,写出这些文献的缺陷在哪里,我们该如何去弥补这些缺陷,即研究的创新性,这其实是很难的一步。事实上,我认为我们在文献综述这方面能力不足的一大原因就是我们都容易被文献牵着走,缺乏个人的判断,而我觉得独立判断能力是建立在大量阅读基础上的,我们如果视野过于狭窄且实践经验不足,就会容易人云亦云。

总之,文献综述路漫漫,你我仍需努力。我们要做思想上的巨人,也要做行动上的巨人!

**王师批注:**

这次日志发现了雅倩具有很强批判性的一面,不再是那个娴静文雅的小姑娘啦!

我相信这种批判性一半是来自直觉,一半是来自与我们所接受的教育理念的冲突。

雅倩的分析批判很有力度,充分运用了教育学的理论知识,这一点也是一个专业水平的体现,这一点值得表扬。

雅倩对文献综述的分析和评述都比较好。

最后的勉励词也很给力!

## 陆　访谈示例分析与文献综述反思

**2017** 级硕士生　赵祥辉

2018 年 12 月 24 日晚,我们迎来了"高等教育研究方法"的第十二次课。课堂结束时,大家谈到这次课居然已是倒数第三次课了,白驹过隙间课程居然只剩下了两次,也不由让人感到逝者如斯了。大概 18 点 30 分左右,我来到教室,发现已经有很多同学正在讨论交流今晚的作业内容。这也反映出,经过王老师的反复指点和敲打,大家研讨和求索的习惯正在逐步形成。19 点整,王老师来到课堂,正式上课。本次课程安排主要承接上次课布置的作业,分为"访谈示例分析"和"文献综述反思"两个环节。

### 一、访谈示例分析

此环节是上节课王老师对人文学院刁培俊老师进行访谈示例的一次延续,即让大家谈谈对刁培俊老师所讲所述的看法与观点。值得一提的是,在这个环节王老师采用"问题导向式"的方式来引导大家回答,无疑也是对大家进行了一次"访谈"。王老师提出的几个问题如下:

第一,刁老师讲述内容中,信息真实度如何?

同学们普遍认为刁老师所讲的大部分内容还是可信的。但是,这些内容一方面可能存在美化包装现象有待抽丝剥茧从而进一步验证;另一方面出于自我保护的心理,刁老师可能也对一些问题进行了隐匿处理,这也意味着很多"冰山之下的信息"仍需进一步挖掘。

第二,刁老师的教学理念大家是否认可?认可度多少?

关于这一问题，大部分同学认可度在 $60\%\sim80\%$，大家对刁老师的教学理念存在较大分歧，原因有可能是大家对刁老师的教学理念是什么缺乏明确认知，也有可能大家基于自己的体验和倾向对刁老师的教学理念是否合适具有不同的意见。

第三，刁老师是否算是一个优秀的老师？

当王老师提出这一问题时，雅情和我不约而同地提出了"优秀教师的标准是什么"的疑问，王老师针对这一问题指出优秀的教师至少应当具备"教学理念先进、教学投入饱满、教学效果良好"等三大要素。接着，雅情又提出"教学效果应当怎样衡量优劣"的问题，王老师认为就刁老师的案例而言，单一用学生发表论文的数量和质量来衡量教学效果是不合适的。随后，刘洋又对"教师预期的教学效果与学生预期的教学效果是否一致"提出疑问，王老师对此问题表示赞赏，认为教师和学生的预期教学效果很多时候确实存在龃龉之处。紧接着，我对"教师的教学理念先进是否必然导致好的教学效果"提出疑问，王老师也认为课程应该按需而设，所谓"先进的理念"也应当讲求"适合"，而不能"生搬硬套"。

第四，刁老师的教学理念是"以学生为中心"吗？

由于大家对刁老师是否是优秀的老师提出许多疑问，王老师进而引导大家思考刁老师的教学理念是否坚持"以学生为中心"。关于这一问题，大家似乎有些摸不着头脑，没有人做出明晰的判断。看到大家无法判断，王老师只好提出他的观点，即刁老师这种理念基本上不是"以学生为中心"的，而是一种"精英主义逻辑"下的传统教学理念，这种理念是以培养精英为导向的，但是却忽视了大众化时代下学生的多元需求。

第五，怎样看待刁老师与学生的冲突？

当王老师提出这一问题的时候，我结合曾经上刁老师课程的经历，觉得一方面确实跟某些学生素质较差、易感情用事有关，但另一方面也与老师应对不当、沟通欠妥有关。因而当王老师提出"按教育学的观点，课堂出现师生冲突本身就是不应该的，因为这说明教师的教学本身没有达到'艺术'的层次"以及王亚克师姐提出"刁老师与学生的冲突本质在于师生沟通不足"时，我是非常赞同的。王老师紧接着进一步阐释观点，认为教书育人的过程当中出现"师生对立"的状况本身就是不应该的，教师的师德师风应该对学生产生"濡化"的影响，而古代所讲的"棍棒下出孝子"以及"严师出高徒"可能在一些情况下是对的，但并非是截然论之的。真正的教育应该是怎么样的？王老师认为教师决然不能按照同一标准培养每个学生，因为按照同一个标准，肯定会出现偏差，而这也是"以学生为中心"的原本之义。在这个时候，刘洋突然提出疑问："按照不同的标准来培养学生的话，最后对学生应该怎样考核？考核的标准是否应该一致？"王老师认为，先进的教学评价应该是以促进学生发展为目的的，而课堂最重要的就是让学生形成良好的学习习惯，因为"能力的本质就是良好习惯的形成"。

第六，对于"作业但凡写错一字，就要重新写"的做法如何看待？

刘洋从培养学生良好学习习惯的角度做出了自己的解读，不过王老师和大部分同学认为这种做法是耗时耗力、浪费时间的，不值得推广和提倡。

第七，如何看待刁老师讲述中提到人文学院的年轻老师受到他影响，才开始进行教学改革的这种现象？

很多同学认为很多年轻老师进行教学改革,可能是本身就具有教学改革观念,抑或是受到西方研究生课堂以及国内一些著名大学研究生课堂的影响,不能全然说是受到刁老师教学改革的影响。

基于以上问答,王老师对刁老师及其教学改革做出了总体评价:刁老师属于坚持传统教学理念的教师,其教学改革由于遵循精英主义逻辑,少量学生难以习惯。

随后,王老师又问大家对这次访谈示例是否还有其他认识与思考。

1. 烟霞认为刁老师似乎对教学效果的良莠认识存在偏差,似乎有学生能够发表论文就代表了教学效果好。

其他同学对此也纷纷发表看法,认为学生说不定本身就具备这种发表论文的能力,并不一定是刁老师教学好带来的。也有同学认为刁老师自己描述自己的教学效果好其实也不局限于学生发表论文,培养学生的学术兴趣、让学生能够写好中国字以及能够被学生惦念本身也是刁老师对教学效果好的标准。

2. 雅倩对王老师上节课提出的"选修课老师在教学改革当中没有积极性和发言权"现象提出疑问:选修课教师是否只满足合格教师的现状?

王老师在这里举了奖学金评定机制的例子,指出校选课在评奖时是不作数的,因而在这种情况下,学生基于"精致的算计",在必修课和选修课当中投入度也是大相径庭的。在这种情况下,校选课的老师也就没有足够的动力进行教学改革,很多校选课由此也沦为了"水课"。

3. 鹏娟师妹提出"研究生扩招之后,生源质量下降了,师资队伍质量是否也下降了"的疑问。

关于这个问题的前半句,我第一时间想到,"扩招带来了生源质量下降"是个真命题吗?诚然,当前很多人在批评,扩招之后研究生鱼龙混杂、良莠不齐,生源质量可谓是大不如前了,但这更多是从毛入学率的数理统计角度而言的,"百里挑一"和"百里挑二十"相比较,前者选出来的学生看起来确实是更优秀。但是大众化乃至普及化时代下的研究生和精英化时代的研究生能否具有可比性?这却是有待商榷的。至于后半句的"师资队伍质量是否下降"这一命题,按照常理来推断,现行如火如荼的人才大战下师资队伍质量也应该是水涨船高的,但是现在为何教师频频遭受师德师风不正、科研成果大多是"仿真学术"、教学水平低下的质疑?想来这跟文化、制度以及现行高校的氛围都难脱关系。

4. 名家轮讲的效果究竟如何?名家来讲座是否会使得任课教师变成教学助手?

据刁老师自己介绍,他的课会经常邀请本学科领域的著名学术前辈讲授治学经验,抑或就某一篇(部)论著从论题设计,到资料搜集、初稿撰写和投稿发表的过程。看刁老师的论文得知,刁老师曾先后邀请到郑学檬、杨际平、杨国桢、陈明光、陈支平、戴一峰、郑振满等国内知名教授为研究生开设讲座,认为这将激发研究生对学有专长的师长发自内心的崇敬,也有利于培养研究生不计功利、忘我投身学术事业的热情和信念。[1] 我认为采取名家轮讲的方

---

[1] 刁培俊.典范牵引、实践模拟与学术入门——历史学专业人才培养模式改革新尝试[J].学位与研究生教育,2018(3):24-26.

式可能也是一项创新举措。据我所知，清华大学的"教育研究方法前沿"课程便是采取名家轮讲的方式，因为一位老师所精通的研究领域毕竟有限，选取"术业有专攻"的老师进行相应的授课，对开阔学生视野意义无疑是十分重大的。且如果名家轮讲是按照刁老师课程设计结构进行，符合刁老师的课堂目标，本身也是无可苛责的。

5. 孟圆师妹提出访谈文本应当如何分析？

王老师认为访谈文本的分析与访谈者个人经验是息息相关的，读文本本身就是一个读自己的过程，对事物具有长期的经验积累才能全面、深入地分析访谈文本。

此环节讨论得十分充分且热烈，对刁老师的访谈示例进行了比较全面而深入的解剖和分析，但也存在许多尚待进一步验证和求解的地方，王老师认为"一次访谈是解决不了问题的"，这无疑需要我们通过多次访谈和三角互证进行探索和追寻。

## 二、文献综述反思

访谈示例讨论至 8 点 15 分，王老师提议休息 10 分钟再开展接下来的文献综述自我检视环节。在此环节，我事先做了一定的工作，先是把大家的文献统一看了一遍并做出了自己的评价，并把各个小组评价的结果拿来作为参考。在自评环节，老师让大家对自己的文献综述进行检视，大家谈不足大抵都是从综述的框架思路、综述的格式规范、综述的引用文献以及"综""述"的平衡等方面进行自省，谈到收获时，大家的普遍共识是通过文献互评，起到了"查漏补缺"的良好成效，于我而言，不止是学习了大家文献综述的长处，也在别人对自己文献综述的评价当中不断自省，大抵明晰了日后文献综述的方向。本着相互借鉴学习的心态，也将我对大家的文献综述评价表罗列于下：

表 3："高等教育研究方法"课程文献综述评价表

| 姓名 | 题目 | 优点 | 不足 |
|---|---|---|---|
| 刘美丹 | 高质量研究生课堂教学评价研究文献综述 | 1. 分为"研究总体概述""相关研究进展""总结与评价"三个方面，逻辑较为清楚；2. 格式较为规范。 | 1. 不必要介绍文献综述的必要性。2. 是否有必要在万方数据库和超星期刊数据库搜索？3. 用"研究生课堂教学评价""研究生课堂教学质量"两个关键词是否适切？拆开搜索是不是更好？主题搜索是否更好？4. 用知网进行主题搜索仅几十篇，关键词搜索为 0 篇，是否与描述不符合？5. 如果文献搜的都是研究生课堂教学的话，怎么还会得出"当前研究大多集中于基础教育领域"之语？6. 综述框架有些似乎不在一个层面和范畴。7. 最后的总评缺乏针对性，"综""述"效果更好。8. 从参考文献来看，文献质量偏低。 |
| 段肖阳 | 高质量研究生课堂教学研究状况及述评 | 文献综述不错，详略得当，要点突出 | 1. 评述太过集中于方法层面，"综""述"有些分离之嫌疑；2. 文献综述的框架制定有待进一步考究和验证。 |

续表

| 姓名 | 题目 | 优点 | 不足 |
|------|------|------|------|
| 林孟圆 | 研究生高质量课堂评价标准文献综述 | 1. 层次清晰;2. 各个文献的研究要点描述清晰;3. 尝试从研究不足和研究创新入手 | 1. 格式与规范需要注意;2. 论文代表性尚待商榷;3. 综述写得有些太过简单;4. 提了国内研究,一般情况下要再加上国外相关研究;5. 文献代表性不足,参考文献质量偏差。 |
| 孙士茹 | 研究生课程设计文献综述 | 分为理论和实践两个层面,较为清晰 | 1. 课程设计似乎只是高水平研究生课堂的一部分? 有无偏离主题? 2. 综的太多,述的不够。3. 没有参考文献。 |
| 覃晓艳 | 文献综述 | 1. 交代了文献检索方法与过程,并对文献检索结果进行了一定的分析;2. 分维度对文献进行了总结与概括,也就是有了"综";3. 针对目前已有研究,提出了研究展望。 | 1. 文献综述偏离主题;2. 参考文献数量少,质量低;3. 缺乏述评;4. 题目不应是单纯的"文献综述"。 |
| 王鹏娟 | 国内有关研究生课堂教学质量评价的文献综述 | 1. 摘要对综述进行了较为精练的概括和介绍;2. 思路清晰,框架完整;3. 有综有述,有自己独立的判断和见解 | 1. 文献没有全部列举出来;2. 参考文献质量偏低。 |
| 王亚克 | 关于"研究生课堂教学质量"的文献综述 | 1. 从特性、问题、对策引出评价,条理较为分明;2. 有意识关注到了国外研究生课堂教学;3. 对当前研究的不足也有了自己的一些判断和分析。 | 1. 逻辑有些不通畅,如"研究生课堂教学有自己的特点"到许多教育研究机构和学者投向了"课堂教学研究",逻辑有些跳跃;2. 整体而言,综过多而述过少;3. 结构框架还待进一步明晰;4. 缺乏文献检索的基本情况及对研究现状的说明。 |
| 熊文丽 | 高校课堂教学质量评价指标研究综述 | 1. 层次分明,结构清晰;2. 有自己的思考和判断。 | 1. 课程教学质量概念没有得出自己的结论;2. 在指标研究时缺乏文献的印证,文献仅有11篇,存在不足;3. 没有聚焦于"研究生课堂教学"展开论述。 |
| 姚烟霞 | 关于"研究生高质量课堂教学"的文献综述 | 1. 交代了进行文献综述的背景与目的;2. 分维度对文献进行了综述,既谈到了目前已有研究进展,又谈到了目前研究存在的不足;3. 针对已有研究的现状与不足,提出了未来研究的方向;4. 能够对当前研究提出一些自己的判断与分析。 | 1. 没有对文献内容进行概括与提炼,多数只是像列清单一样把文献的观点列举出来;2. 论文格式不规范。参考文献与引用内容没有一一对应起来,而是笼统地将所有参考文献列在末尾;3. 行文规范有待进一步明晰,如括号不能滥用。 |

续表

| 姓名 | 题目 | 优点 | 不足 |
|------|------|------|------|
| 赵祥辉 | 关于高水平研究生课堂的文献综述 | 1. 写了摘要；2. 检索词和研究总体情况介绍；3. 初步分为概念、理念等几个维度分析，条理清晰；4. 进行了一定程度的研究者观点总结归类；5. 提出了自己的独立判断；6. 格式还算是比较规范。 | 1. 对当前研究的基本概况描述得不够全面和深入，可以采用文献图谱？2. 对文献综述的框架需要再进行思考。概念—五大标准，有些按图索骥之嫌？3. 不全是综，也不全是述。但是综的"不全面、不代表、不逻辑"，述的"不贴切、不深入、不客观"。4. 格式问题。每部分应提炼出特点。5. 文章仅检索知网有点少。6. 缺乏对当前研究成果分析的视角，可以从研究方法上开展探讨。7. 缺少国外研究和起点性研究。8. 参考文献质量比较差。 |
| 郑雅倩 | 高质量研究生课堂教学文献综述 | 1. 结构清晰，层次分明；2. 对文献的分析较为全面和深入；3. 对研究成果综述兼备。 | 1. 研究展望较为简略；2. 参考文献没有列出来；3. 题目加书名号不太严谨；4. 内容格式有待进一步规范。 |
| 总评 | (1)大家综述的主题不统一；(2)"综"太多且不全面、不系统、不深入，"述"太少且不贴切、不客观、不深刻；(3)结构框架不清晰，缺乏内在逻辑性；(4)文献检索历程、研究现状及不足、研究展望做得不规范、不全面、不深入；(5)参考文献质量普遍低下。 | | |

王老师认真倾听同学们的文献综述自评，并时不时做着记录，最后总结道大家做文献综述的困境主要在于文献选择、文献分析和文献综评等方面。由此，王老师提出对于文献综述应当"带着问题去看"，并且要时时关照这三个方面：(1)是不是被学界关注到了？(2)研究到什么程度了？(3)文献研究历程当中发生了什么变化？并且在分析的时候，也要从五个方面开展：其一，要关注文献研究的历史线索，找出起点性文献、代表性文献、最新研究文献，并指出文献研究的变化趋势；其二，要对此问题的产生背景做回顾，指出文献研究的动因为何；其三，对研究者的身份做出分析，究竟是政府在研究还是学者在研究，由此判断此研究领域的权威性；其四，对研究者的话语进行分析，探讨其究竟是政策性的解读还是行动式的研究，究竟是在什么情境下做的研究；其五，对文本进行语义分析，探求文本究竟有何贡献。此外，王老师还对文献搜索、文献描述、重点文献解读和文献总评做出了系统的探讨和分享。

大概是短时间王老师传输的信息量过大，课堂上陷入了短暂的平静，似乎都在消化王老师的讲解。毋庸置疑，大家对文献综述的重要性本身已经达成共识，但达到王老师讲解的这些要点，真的是难之又难。这需要我们克服浮躁功利的学术心态，坐得冷板凳，去真正做一些真学问。因而，也正像王老师所说的，文献综述这个东西虽然很难，但只要去做就行，不去做，永远很难。

### 三、对接下来课程安排的一点思考

课程延至 22 点 10 分落下帷幕，王老师说课程还剩下两节课，让大家思考课程应当怎样设计，这无疑也符合了王老师"以学生为中心"的理念，开放给学生共同参与课程的设计。不过老实讲，单单通过两堂课去做访谈总结报告和问卷设计的讲解，总感觉很难做到全面、细致且深刻。因而,当听到烟霞下课时所讲"感觉文献综述都可以单独开一门课"的想法时,我也觉得研究方法当中的硬骨头确实太多了,一门课确实难承其重,王老师的课涉及了研究方法的问题寻找、文献综述、访谈设计和问卷设计,确然有利于同学们形成对研究的完整认识和直观感受,但是也不可避免地存在难以对每个研究环节做到细致和深刻。不过,这也是无可奈何的事情,毕竟我们很多同学本科时的研究方法基础太差了,读了研究生之后由于课程繁多,对研究方法课的投入也太少了。因而,王老师在课堂上时而难掩的失望,也不禁让我们感觉惭愧。王老师对教学改革的热忱以及对课程的精心设计和饱满投入,有时得不到学生"同频共振"式的呼应,这也不由得让我们反思:教学改革的有效推进,毋庸置疑是需要教师和学生的双方良性互动和共同参与呀!

**王师批注:**

首先是感谢祥辉!因为祥辉做了一个巨大工程!将大家的文献综述状况做了一个系统的文本分析!可谓细致而详尽,这是一个很好的文本解读案例,值得大家学习和模仿。我想,如果大家在面对文献的时候能够做如此的分析,难道还愁文献综述不会写吗?

当然,同学们的作业比一些生涩的文献而言是比较容易读的,因为同学们的优点和缺点也是明摆着的,而那些学术文献就不同了,因为其缺点往往隐匿得很深,如果缺乏火眼金睛就很难辨识,这也是读文献难的原因所在。这也是说看文献的优点容易,而发现人家的真正短处难。这也是为什么说要进行批判性思维能力培养是一个具有挑战性工程的原因所在。因为只有找准问题,才能有的放矢。

祥辉对课堂的记录非常详尽,也不乏自己的意见参与其中,而且也进行了一些探索和考证工作,可以说已经具有了研究性的特征。

# 柒　文本分析,解读自己

**2018 级博士生　段肖阳**

12 月 25 日,第十二次课。这次课分为两个部分:示范访谈分析,文献综述讲评。

## 一、示范访谈分析

上次课老师已经布置了访谈讨论,为防止再次出现"沟通漏斗"问题,老师再次在日志中将作业以文字形式呈现出来。我们小组在课前进行了讨论,但我们的讨论集中在了访谈活动本身,而对被访谈对象的教学(也就是访谈文本)的讨论不很深入,也不够全面。

老师没有让每个小组代表发言,而是以问题的形式让所有同学自由发言。老师在无记录的情况下,仍在日志中详细阐述了提出的问题,佩服老师的记忆力。老师首先提出的两个问题为:刁老师的自我呈现在多大程度上真实?大家对刁老师的教学在多大程度上认可?这两个问题是大家能够进一步讨论、交流的大前提,如果大家在这个上面无法达成一致的话,很难再深入探讨。

在意见基本一致的情况下，老师又提出另一个问题：刁老师是否为优秀老师？这个问题一时难以简单回答，所以有同学提出优秀的标准是什么。老师解答道："教学理念先进、教学投入饱满、教学效果良好，这三个是基本标准。"若从教学投入而言，刁老师应该是优秀老师。若从教学理念判断，先进教学理念应该是以学生发展为目的，而刁老师的教学没有以每个学生发展为目的。若从教学效果而言，我们只看到了刁老师描述的效果，没有了解学生反馈的效果，这个也不能简单做出判断。

从第三个问题就自然引出了第四个问题：刁老师的教学理念是什么？同学们在这个问题上有所迟疑，老师再三提示之后大家基本上都认为刁老师较少体现出以学生为中心。老师认为刁老师是以老师为中心，以学术为中心，希望将学生培养成学者。教学理念是传承型的，是精英主义的逻辑。

老师也解释了为什么上次访谈时追问刁老师教学行为背后的逻辑，认为刁老师的教改理念可能是师徒制的结果。不能理解事物背后的逻辑，也就很难对它产生较深的认识。因为事物之间的联系不清楚，我们无法根据它遵循的逻辑去推理它的运行，也就不能更接近正确答案。

从师徒制问题就引出了另一个问题：精英主义与大众化背景下研究生教育的冲突。在平时学习中大家已多次听到了这个问题，所以大家都能意识到，但还没有达到用理论逻辑思考这个问题的高度。停留在就现象谈现象，不能从理论谈现象。我觉得这是因为我们不善于归纳总结事物背后的逻辑，不能在理解概念的基础上进行推理，很难形成较强的逻辑思维，也不能上升到理论高度。

老师也问了大家对刁老师教学中几个典型事例的看法，并提出可能是教学自我定位的问题，以致出现师生对立，教师没有及时引导学生，没有在道德上感化学生，所以尚未达到教育艺术的层次。

老师提出教学能否按照同一个标准对待学生？通过这样的培养，是不是对所有学生都有利？有同学提出考核是否应有统一标准。老师认为应该按照不同标准培养学生，为每一个学生提供发展途径和发展空间。评价学生时应按照学生发展程度进行评价，评价学生发展潜力才有价值。老师的这些补充也是对先进教学理念的补充，加深大家对以学生为中心的理解。

在提问结束后，老师总结道："读文本很多时候就是读自己，每个人的解读不可能相同。人文社科对个人的知识、经验都有很高要求，头脑中有这个东西才能感觉出来，如果没有则很难感觉出来。"这让我想到在读书的时候发现自己想过的问题，已经被千百年来无数人思考过，而且有各种解答，突然就会有一种隔时空对话的感觉，有一种豁然开朗的感觉。现在想来，实际上不是与作者对话，而是与自己对话，是从中找到了自己。当然，也可能是发现了自己期待的"未来我"。深刻阅读之所以能引起共鸣，是因为可以读懂自己。

之后，老师询问大家有没有其他看法。同学们提出选修课教师定位问题，刁老师教学水平及效果问题，刁老师的教学风格问题。同学们讨论得比较热烈，但有些问题由于未全面掌握信息，所以不能很好地达成一致。老师认为我们需要带着问题进行访谈，而不是一次访谈，访谈最后是要能够回答自己的问题。

## 二、文献综述讲评

休息之后,进入第二环节。老师让大家先自评自己的文献综述,总结三点不足和一点收获。我觉得老师这个要求比较好,因为让大家归纳整理观点,列出一二三,做到条理清晰、层次分明,从而提高沟通交流的效率。尤其是在公共场合发言更需注意逻辑清晰的语言。

这次大家的发言都比较简单凝练,没有过多的铺陈和阐释,所以发言比较快。大家的自评和我们小组之前讨论的结果基本一致,估计也是因为互评、小组讨论之后每个人对自己的文献都有了深刻的认识。

老师再次强调了带着问题"检视"文献,这样才能找到合适的文献,之后对文献进行综述。文献综述分为五个层次:(1)历史为线索:研究问题什么时候被学术界关注? 现在已经到了什么点? 中间经历了哪些变化? 也就是研究的起点、过程、终点。(2)文献出现的背景是什么? 大家为什么开始这个研究? (3)谁在做研究? 作者的身份是什么? 身份和观点之间匹配度如何? (4)心理分析:作者的观点是真话还是言不由衷? 作者是在什么情境下做的研究? (5)文本的语义分析:研究有什么贡献?

之后老师又详细阐述了如果做文献综述。第一,确定文献的搜索范围,保证文献来源的合法性。必须列出检索范围,且给出合理的依据。第二,呈现搜索结果。分析研究的高潮及当前处于何种位置。可用曲线图、波状图表示。利用知网的可视化分析可以方便实现。第三,描述研究的总体状况。第四,典型文本解读。解读文献的研究方法、研究结论、研究共识、研究分歧。第五,判断当前研究处于何种阶段及研究趋势,阐明存在的问题及可突破点,提出研究展望。

同学们提出典型文献不多,老师认为一是由于目前宏观研究多而微观研究较少;二是研究生课堂质量这个题目比较难;三是研究生教学比较复杂难以评价。研究生教育的研究不少,但研究生课堂质量的研究不多,说明这个研究处于初步阶段,但我们要用数据和事实说话。老师从研究内容、研究规范性、研究视野几个方面举例,比如现有研究是否对"研究生高质量课堂"做出清晰界定,有没有结合大众化背景谈研究生教育,定性研究和定量研究数量如何,国内研究和国外研究状况如何,研究生质量评价有没有全面科学的标准等。老师也重申了选取代表性文献的标准:基本概念清晰,研究问题真实,研究方法合理,研究结论科学,有学术影响。

我们在写小论文或者毕业论文时,都没有对代表性文献做出真正的文献综述,而是从感觉和经验出发,不是从学理上进行逻辑推演。所以无法知道自己的研究处于什么位置,是否具有意义。我们做的研究往往和前人的研究并不是承接的,甚至是无意义地重复了前人已有研究,所以不能超越别人的研究。

同学们在听老师讲解之后陷入沉思,老师鼓励大家不是立即要求大家文献综述时做到上面所有要求,而是至少要认识到这些要素,尝试着要把这些东西做到。心里有什么才能看出什么,心里没有是看不出来的。老师这句话和上面那句"读文本很多时候是读自己"有着本质的相同,也是对我们再次提出要求。

在第二部分老师给予的信息量比较大,我的随堂笔记比较杂乱,所以在日志中重新整理,也是一个梳理总结的过程。在大家进行了文献综述的写作、讨论、文本分析之后,有这样的一个总结提升也是必要的。这可以检验我们的实践和认识之间的差别,也是指引我们进步的方向。

**王师批注：**

肖阳记录比较全面,弥补了我的回忆不足。她的日志站到了一个更为中立的立场看问题,这一点很不错。在听课过程中她能够与自己发生对话,说明投入度非常高。

肖阳对文献综述部分梳理得很清楚,能够帮助大家进一步学习课堂内容。

不过我发现肖阳日志中的、地、得的用法仍然分不清,这大概是高中时是理科,在本科时是农科,那时对文字语言的用法注意不够,后面也没有加强该方面的训练造成的。

# 捌　如何写文献综述

**2018**级硕士生　王鹏娟

12月24日晚,我到教室时已经快上课,看到肖阳师姐和美丹、孟圆还在激烈地讨论问题,就近坐到了士茹身边,跟她说几句话后王老师也进来了。

## 一、六个问题：反思刁老师的分享和访谈结果

王老师首先接连抛出了六个问题：

1. 从上一次的访谈示例看,刁老师说的绝大多数是真实的吗?大部分同学认为刁老师的介绍大部分是真实的,但美丹提出他的表达可能是有选择的,可能还存在一些没有说的事情。王老师表示认可,同时指出在公开场合介绍自己,一般都会倾向于介绍自己好的一面。

2. 对刁老师教学方法的认可程度有多高?在这一点上同学们分歧较大,我则更倾向于60%以下,理由是他给学生留的作业太多了,而且在一些很细节的地方要求严苛,我思考了一下自己会不会接受这样的老师,答案必然是否定的。

3. 刁老师是个优秀的老师吗?在这里王老师提出"优秀教师"的标准——教学理念先进、教学投入饱满、教学效果良好,同时还提到评估教师的教学效果时应该重视学生反馈。一位学姐提问："学生和教师教学效果的标准是一致的吗?"我认为二者是不一致的,一个教师觉得一节课有没有上好,可能反思的是这节课的实际效果和自己教学计划、教学设计间的出入,而学生在评价一节课的教学效果时往往会将教学内容、形式与自己的需要进行对比。

4. 刁老师的教学理念是先进的吗?在回答这个问题时,王老师又追问了一句："刁老师的教学理念究竟是什么?"同学们经过讨论发现其教学理念是受其自身的教育经历影响,形成的"严师出高徒"思想,其教学改革的最终结果是"一刀切",针对不同的学生采取相同的培养和学术规训方式。因此不能说刁老师的教学理念是先进的。此处王老师还澄清了"先进的教学理念不一定是合适的教学理念",这一点我是认同的,"新兴事物"的"新兴"属性不足以成为证明事物本身的"科学性"或"合理性"的充分理由。

5. 刁老师是以学生为中心的吗？在这一问题上大家突然沉默了，可能还在思考中，随即我便抛出了"刁老师并不是真正以学生为中心"的观点，理由是他的所作所为实际上还是把他认为的"所谓正确"强加给学生，这种"强加"并没有考虑到不同学生的发展、需要、能力是不同的。王老师进一步从"以知识为中心""精英主义""以教师为中心"进行引导，最后大家基本对刁老师"不是以学生为中心"达成共识。

6. 对刁老师在教学过程中遇到的"师生冲突"怎么看？王老师认为课堂不应该出现冲突的现象，如果出现冲突则说明教师本人是缺乏智慧的。都说教师的职责是"教书育人"，但似乎在大家的理解中只要"教书"就自然而然实现"育人"了。但显然不是这样的。"育人"是教师对学生精神上的引导，是实现学生内心道德的转化，是一种无形的力量。而我对于师生课堂冲突的看法是，除了大家普遍质疑的随着高校扩招学生质量良莠不齐，很有可能会引发这种教师和学生间的"博弈"，但换个角度思考，不管在哪个时期都会存在那些性格顽劣、脾气暴躁的学生，为何在之前少有学生挑战老师权威的现象发生（在这里存在的漏洞是，对于"以前课堂上的师生冲突现象很少发生"仅仅是一种猜测，缺乏实证）？是不是伴随着高校扩招，我们教师队伍的质量也下降了呢？我反思了一下自己对教师的态度也是尊敬、爱戴者居多，尤其是思想深邃、见解独到、敢作敢为的这一类教师更是对我影响巨大，与此同时我对那些课堂组织混乱、自以为是、对问题缺乏思考的教师内心也并不佩服，但这种"不服"也并没有到要和教师"公开叫嚣"的地步。因此，我认为，影响师生关系、师生相处方式的因素除了学生的素质、意愿外，教师方面的问题也需要予以考虑。

除上述六个问题外，王老师还提到"以学生为中心"的真正含义应该按照学生发展水平的相对变化进行评估，即看到学生能力发展的"增量"，看到学生的发展潜力。这一点我也是认同的，因为与我的个人经验相一致。教育的目的不是也不可能做到把"一打学生全部培养成完人"，教育真正的价值应该是让学生找到自己合意的人生赛道，在不断超越过去自己的过程中，找到人生的意义和存在的价值。

对教师而言，也不存在"一俊遮百丑"，即认为只要在这四十几个人中培养出一两个杰出的学术人，教育就是成功的。教师需要对所有学生负责，且如果他仅能从几十个学生中培养出几个未来从事学术研究的"苗子"，似乎教师本人的教学能力也着实需要反思一下。作为一位教师，在教学中应该按照多个标准评价学生，也应该尽可能为每个学生都能提供发展空间。

此外，王老师还提到"能力的本质就是良好习惯的形成""能力的形成就在于良好习惯的培养"。对这一论断我也深有体会，习惯的养成对于个人能力的提升实在是太重要了，好习惯一旦形成，就会逐渐产出正向的积累，如一个人如果习惯睡前读书半个小时，那他一年下来，也会有一个很大的阅读量，对世界也会积累不少新的认识视角和认识方式。反过来说，坏习惯一旦形成，对于自己生活的负面影响也是日日可见、逐渐放大的。因此，或许人生就是一场修炼，在不断地驯服自己内心诸多杂念、欲望野兽过程中，每个人都有机会成为一名优秀的"驯兽师"，也可能会因为种种原因被野兽吃掉。在驯服内心猛兽的过程中，每个人都成为了自己。

最后，通过大家对刁老师访谈结果的讨论，我的感受是我们通过对一个人的一次访谈，能够获得的信息是非常有限的，因为访谈结果仅是被访者的一面之词，究竟事实如何，还需要进一步通过其他方式予以验证。王老师补充到进行持续性访谈的必要性。

### 二、反思自己写的文献综述的三点问题及收获

课堂第一部分主要是对上节课习老师访谈内容的分析，而课堂第二部分是同学们按顺序反思自己所写文献综述的问题以及收获。我简明扼要地说了自己文章中存在的三个主要问题：(1)语言不够精练，尤其是在整体评价部分过于拖沓冗长；(2)代表性文献参考意义较低；(3)在最后一部分"研究展望"以罗列式的问题收尾，没有做进一步阐释。其实我认为这篇文章还存在一个"硬伤"——所综述的主题过于聚焦、过于微观，加之研究领域较新，很难找到真正有说服力的文献。

回忆我们小组的文献讨论过程，我们分为了两次讨论，我个人感觉两次讨论还是很成功的。我的设计是，第一次讨论先来摸索一下文献综述究竟应该怎么写，找到"好的文献综述"的标准后才能更清晰地对其他同学的文章进行评点，于是我在群里共享了一个有40篇左右文献综述的压缩包，这个压缩包是本科期间导师整理出来的他目力所及看到的一些写得比较规范的教育话题相关的文献综述。紧接着我要求我、士茹和晓艳每个人从中选择自己感兴趣的3篇文章进行略读。要求是第一，选好后先把题目发到群里来，其他人就不要再重复选择了。第二，就略读文章方面，需要回答几个问题。(1)主题：这篇文章综述的是什么内容？(2)结构：文章各个大标题是什么？(3)分结构：每一个大标题下的每一段在说什么？(即段落大意)(4)瞄准：哪一部分作者分析得最详细，如何综述的？(5)新知：从这篇文章中学到了什么？(6)疑问：读了之后有没有存疑的地方？我们把文章做一个拆分，一个人3篇，到最后我们齐心协力就有9篇文章的结构和内容呈现在我们面前了，这个时候可能会对文献综述更有"感觉"。第三，一定要抽时间最少分析3篇文章。第四，略读，不是逐字逐句读。第五，建议最好有书写的记录第二天晚上我们进行第一次讨论，每个人来做分享，跟大家分享自己读的3篇文章。大家都很自觉地按时完成了工作，在讨论过程中我感觉大家有话说，有自己对文献综述的感受，整个过程我们既有团队合作(一起探讨讨论如何展开)，又有团队分工(每个人负责把3篇文章跟其他人讲清楚)，而且大家都很投入，也很认真，我觉得这个过程让我以"示例学习"的方式体验到了自主性探究学习的乐趣。

### 三、文献综述究竟应该怎么写？

在这一部分王老师对文献综述的写作进行了具体的指导。

首先，明确自己的问题。在阅读文献的过程中，首先应该做判断，即文献本身有没有新意，有没有自己的判断？找不到文献说明自己还没有问题或者问题本身还不清晰。

对于我们的研究问题来说，综述主题应该聚焦到"研究生课教学质量评价"，然后进一步回答：这一问题是在什么时候被学术界关注到的(研究起点)？现在已经研究到什么程度(研究现状)？中间经历了哪些变化(研究发展过程)？

对"文献出现的背景是什么"的追问，是在对文献进行"历史分析"，回答"为什么当时开始谈论这个问题了"，紧接着需要思考的是"谁"在分析，对研究者进行"身份确定"，以澄清其

究竟是内行还是外行。除此之外，还需要分析研究者本人表达的是否是真话，还是言不由衷的话。即追问研究者是在什么情境下做的研究、写的论文，对研究者进行"心理分析"。在此基础上还需要对文章本身进行"语义分析"，从研究的观点和结论看它的脉络是什么。

具体到写文献综述时，首先需要确认对代表性文献的检索途径是否是合法的，检索的范围究竟有多大。这些内容可以在成文中交代出来，即使读者读起来清晰明了，也可以"自证"自己文献选取的合理性。那么，可以使用的代表性文献有哪些特征呢？王老师认为有三点主要的判定依据——研究所提出的观点是新颖的、研究的问题非常真实、研究方法比较合理，对于这几点判定依据的抓取即是对文献本身进行"要素分析"。

在综述文献过程中，还需对研究途径、研究方法进行描述，以回答文章观点如何得出来的。由于不同的研究方法很有可能会导向不同的研究结论，因此要着重注意文章结论的分歧点和一致性，即回答哪些观点是一致的，哪些观点是对立的。

王老师紧接着分析了对于一个研究主题典型文献不多的原因，其一可能是这个主题是一个新的研究领域，其二则可能意味着研究的主题主要集中在宏观领域，尚未关注到微观领域，在这种情况下可以考虑对综述主题进行"放大"。

正如之前课上所谈到的，写文献综述的第一步是读懂文献，在此基础上才能逐渐建立起评价文献好坏的"真标准"，因此文献综述和阅读文献之间本身即是不可分的。王老师进一步谈了一些写文章和读文献的经验，具体有：写文章方面，一定要问题清楚，如果问题不清楚，就不可能研究深入；写文章一定要有理论支撑、有研究方法，有对基本概念的界定，避免读者出现对语义的误读；对一篇文章而言，标题本身就是一个核心问题，全文需要围绕这个问题展开。在阅读文献的经验方面，王老师谈到，要学会把文献按照其实际质量划分等级；其次要注意当一个领域的研究方法开始从质性研究转向定量研究，说明研究开始走向规范化；同时要有意识地关注一些国外视角，拓宽自己的研究视野，运用比较的思路开展研究。寻找文献的过程就是从研究主题或研究问题的外围逐渐向核心聚焦的过程，从可见的现象向不可见的实质深入的过程。最后，王老师再次强调了自己的独立判断对写文献综述的重要性。

在课堂上还有一个小插曲，即我在阐述一个观点结束后下意识地兴高采烈地说了一句"耶"，当时感觉自己的思维和表达都很流畅，感觉自己说得"很有道理"，就无意识地做出这样欠妥的行为，课下很多同学安慰我说行为本身活跃了课堂气氛，不用太放在心上，也算是"无心插柳"之举吧，以后还是需要注意规范自己的上课言行。

**王师批注：**

鹏娟同学是一个真性情的人，一个"耶"字代表了。她也是想象力比较丰富的人，所以经常会联想许多。似乎也有点懒散，访谈报告作业到现在还没有交。

鹏娟是一个求知心比较旺盛的人，比较会做逆向思维。且具有组织力，组织同学们课下做了文献综述练习，非常好！

# 玖　对访谈文本的批判思考

**2017 级硕士生　姚烟霞**

## 一、访谈示例文本分析

老师上课第一个问题就让我有点懵：被访谈人自我陈述的可信度能够达到多少？自己似乎从来没有思考过这个问题。每次访谈，我都已然相信访谈对象告诉我的都是全部真实的，从未怀疑。被老师在课堂这么一问，同学们纷纷发表观点，才发现原来访谈得到的资料也并不一定是完全靠谱的。那这就又引发了我一系列疑惑，如访谈时，我们该如何引导访谈对象提供更多真实的信息？我们该如何甄别访谈所得信息的真实与否呢？又该如何用真实的信息为论证提供支撑？

刁老师是否为优秀的老师？个人认为每个人衡量优秀的标准都不一样，会有一些共性的标准，但当评价优秀的标准越来越多元化的时候，就很难一概而论了。就像老师评价一个学生是否优秀一样，绝不仅仅是发表论文多，获得了多少奖就能说这个学生一定是全方位都优秀的。我觉得就教学态度和改革努力而言，刁老师已经比很多老师优秀了。但是教学的具体措施，教学效果可能会存在极端的现象，但也不能用优不优秀来评判。与其用是否优秀来评判刁老师，我更愿意说刁老师是一位有良心的大学老师。这一点已经很难得了。

刁老师的教学理念是什么？目前，我们思考问题更多是停留在看得见的现象表面，缺乏进一步深入探索，更无法升华至理论高度。个人的确对教学理念缺乏思考，甚至都没有意识到要去关注这个问题。回想对刁老师的访谈，刁老师大部分时间都在谈论具体采取了哪些改革措施，教学理念几乎很少涉及。之前真没有思考过教学理念的问题，经老师引导后，进行了反思。刁老师的课是否以学生为中心呢？我想刁老师课堂教学改革的出发点绝对是想为学生好的，也是想以学生为中心的。但刁老师可能对"以学生为中心"的理解存在一点偏差，觉得对学生严格要求、为学生好就是在以学生为中心，然而问题在于老师觉得对学生好的东西，学生是否真的觉得对自己好。对学生的好并不是学生想要的，这就比较麻烦。老师费再大的力气，再苦口婆心地说我是为你好，学生却认为只是你觉得对我好，这就比较矛盾。"以学生为中心"还需要真正立足于学生的需求，促进学生的最大发展。

正如老师所说，课堂上的确有点跟不上老师的节奏，老师提的好几个问题，都是自己在上节课观察日志中没有关注到甚至忽略的问题。但听完后收获还是非常大的。

刁老师的改革是否适合研究生教育背景？他的教学可能仅适合少数人，与大多数同学的旨趣是不符合的。我很赞同这一点，但有一个现实不容忽视，就是现在的研究生大部分时候只知道自己不喜欢什么，不想要什么，清楚地知道自己想要什么，目标明确的同学很少。在同学们迷茫不知道自己想要什么的时候，我们该如何进行教学改革？

关于请名家讲座，老师成了教学助手这一问题，使我联想到刁老师在访谈中，几乎没有讲过自己是如何上一节课的,大部分时间都在讲课下给学生布置了哪些任务。这的确如雅倩所说,刁老师自己的课堂教学是值得存疑的。

## 二、文献综述自评

在文献综述自评环节,每位同学都言简意赅地表达了自己文献的三个缺点和收获,最后老师总结了同学们文献综述的三个难点:选不出好文献,不会分析文献,不会综合评价。随后课堂陷入了沉默,我想可能是因为这三点每一点都直戳要害,大家也许正在沉默中反思,文献综述怎么可以这么难! 该如何攻克。

王老师在日志中提到,每年答辩同学们的文献综述让所有老师都头痛,其实写文献综述也让每位学生都头疼。学院是否能就此开一门文献综述的必修课? 在老师系统的引导和教授下,大家的文献综述肯定能有很大的进步。

本门课还剩最后两节课就结束了,文本分析、访谈问卷设计、访谈报告撰写,希望都能有所涉及。如果时间有限,最想听的是访谈问卷设计和访谈报告撰写。

**王师批注:**

烟霞同学感受到学习的压力很正常,因为我们过去学习常常是盲目的,知道学习目标之后才会产生压力。能力产生了一种自我觉醒的意识,有了这种意识之后就会自动地调整自己的行为向那个被指引的目标努力。努力增长过程就体现在对目标的接近过程中。

以问题为导向的教学就是首先让我们学生发现存在什么样的问题。如果你们进入二年级之后都没有感受到文献综述的压力或挑战,那可能是真正的悲剧所在。

# 拾　带着问题去思考

**2017** 级硕士生　熊文丽

在上课前的一小时我们小组(雅倩、东恒、我)在硕士生研讨室就访谈内容、访谈技巧及存疑之处进行了讨论与交流。不得不说,这种课后小组学习、讨论的方式还是很有用的,我们小组在讨论时谈到的一些内容都在课上得到了验证或回应。唯一有一点遗憾的是,直到课程差不多要结束了我们的学习小组才慢慢建立起来,如果在课程一开始我们就建立了这种课外学习共同体,我想我们的学习效果可能会更好一点,当然这种学习共同体一定是基于自发、自愿的基础上建立起来的,老师可以进行引导,但不能强制。

这次课依然分为两个部分,一是对刁老师的访谈进行分析,二是文献综述的自评。

## 一、访谈分析

在第一部分,王老师以一个个问题的形式引导同学思考、发言。有些问题同学们的想法能达到基本一致,但个别问题同学们意见分歧较大。

一开始,王老师让我们判断刁老师自呈内容的可信度如何,同学们认为刁老师提供的信息大部分都是真实的,部分信息有美化的成分。从这一点上可以看出:一是在访谈中,由于受访谈者、受访者和访谈情境的影响,访谈内容会存在失真的情况,因此我们在访谈中如何设置访谈情境(包括访谈者如何提问、回应)能够让受访者无所顾忌地说出实情而不带有伪装的成分,这一点很重要,这直接关系到访谈信息的可信度问题;二是班上同学们都具有了一定的鉴别能力,无论是从个人经验出发还是从理论上都能推断访谈内容的真实性如何(这或许也是在王老师课堂上慢慢形成的一种素养——批判性思考能力)。

在王老师问到"对刁老师教学理念的认可度如何"时,同学们的分歧较大。王老师将其分为 100%、80%、60% 以及 60% 以下四个度,我毫不犹豫地选择了 60% 以下,如果没记错的话,班上可能就我和雅倩对刁老师教学理念的认可度为 60% 以下。为什么我对刁老师教学理念的认可度这么低呢? 在课前的小组讨论时,我们认为刁老师的课堂教学具有教师主导、整齐划一的培养标准,学生自主性缺失等特征,那么这样的课堂教学反映出"以教师为中心",而非"以学生为中心"的教学理念,以老师认为的标准来培养、衡量学生,学生跟在老师后面亦步亦趋,忽视了学生个性发展的需要,也没有充分挖掘学生的潜能。因此对刁老师的教学理念,我的认可度不高。

刁老师算是优秀的老师吗? 王老师给出了优秀的几个评判标准:教学理念先进,教学投入饱满,教学效果良好。教学效果怎么样需要看学生的反馈,单凭刁老师在课上列举的学生在最优刊物上发表了学术论文这一点无法判断;教学理念先进与否,我认为刁老师的教学理念还是偏保守的,属于传统型的"以教师为中心",体现了精英主义逻辑,没有为每一个学生的发展提供空间,这也难免与高等教育大众化背景的研究生教育产生冲突;但毋庸置疑的是,在以科研为导向的管理制度下,刁老师还投入这么大的精力于教学改革之中,这是令人敬佩的,俗话说"没有功劳也有苦劳",从教学投入这一块来说刁老师还是优秀的。因此,我认为刁老师是一位良好的老师,距离优秀还有一定的差距,这种差距其一表现为教学理念不够先进,其二表现为教学智慧或者说教学艺术欠缺。教学理念不够先进刚刚已经谈到了,教学智慧或者说教学艺术欠缺主要是指刁老师在教学改革中出现的几次"意外",与学生发生的直接冲突。至少在我看来,师者,传道授业解惑也,老师不仅仅是教学(传授知识),更应该育人(精神上的引导和道德上的感化)。或许是刁老师改革的步伐太激进(比如在缩写时错一个字就要重新手写),又或者是老师与学生之间缺乏必要的沟通与交流,总之我认为在教学改革上,刁老师缺乏一定的教学智慧,他在访谈时好几次提到"真诚换真诚",但是如果缺乏教学智慧,老师的真诚可能换不来学生的真诚,老师辛辛苦苦的付出换来的或许只是学生的不理解甚至是埋怨。

对刁老师访谈的分析还涉及其他一些根本性的问题,如在教学中,能不能用一个标准对待所有学生? 先进的教学理念应该是什么? 到底什么才是最有价值的评价? 作为一门课,需不需要自己独立的教学理念? 等等。

## 二、文献综述的自评

在这一环节,王老师提议每个同学针对自己所写的文献综述提三点不足与一点收获。我认为自己的文献综述存在三点主要的不足:(1)文献综述的结构体系不完整,比如缺少描述研究的性质并陈述研究问题、研究缘起和研究意义;(2)在"综"的部分,对文献资料的综合分析与归纳整理不足,因此内容上不够精练明确,逻辑层次欠佳;(3)"论"的部分,没有对综合整理后的文献进行比较专门的、全面的、深入的、系统的、客观的论述。仅仅是罗列有关理论和发现,没有进行有选择地阅读和批判性思索,没有从自己研究的角度进行总结和分析,更没有从文献中提炼出有关研究问题的概念框架。

通过与同学们地互看、互评,对于怎么写文献综述我还是有一点收获的,那就是文献综述不应简单地以一系列总结的形式描述他人已发表的文章,而应该采用批判讨论的形式,展现出深刻的见解,意识到不同的论点、理论和方法。综述应是相关文献的综合与分析,并时刻与你自己的研究问题和研究目的相联系。

在我们自评完文献综述后,王老师也针对怎么做文献综述提出了自己的建议,内容很多,我还没有完全消化和领悟,还需要时间,但此刻我印象最深的是这几点:

1. 代表文献的选择是文献综述成败的关键

如果选不到好的、具有代表性的文献,那么文献综述的分析就是无效的。如何判断所选的文献具有代表性呢? 首先文章的基本概念是清晰的;其次研究问题是真实的,也就是说大家都认可,具有共识性;研究方法合理;观点新颖;社会影响大(引用次数高是一个表现)。

2. 带着自己的问题去看文献

文献本身有没有新意,有没有有价值的东西,前提是知道我们自己要什么东西。如果缺少问题意识的话,文献综述是没法做下去的。

3. 文献综述一般是按照历史主义的脉络进行的

在做文献综述时,我们要特别关注:某个问题什么时候被学术界关注的(谁开始研究、在什么背景下进行研究的,当时发表了什么学术成果);当下的研究进展到什么程度了(最新的、最有代表性的文章);中间经过了哪些变化。要学会从历史的线索出发,追根溯源。

王老师提到现在导师很头疼的就是学生们不会做文献综述,其实我们学生也很心急。我们不会做文献综述,不是我们认为文献综述不重要,恰好我们认为它非常重要。可能以前对文献综述不够重视,导致现在同学们普遍都存在这一短板。做好文献综述,确实需要一定的功力,也不是两三次学习就能提高这一能力的,我们还需要好好努力啊!

**王师批注:**

文丽提的几个问题很好。第一是何谓先进教学理念。这个问题既好回答也不好回答。好回答就是把当前最流行教学理念搬过来即可,这是一种抄近道的办法。但如果没有做过研究,就不好回答什么是最流行的。可以说,在当下,以学生为中心已经成为常识或共识,对此几乎没有异议了,如果对此都不了解很难说了。

关于先进与否,就是看与时代适应不适应。所谓与时俱进就是这个意思,如果固守传统就只能说是保守了。教学理念也是一样,仍然强调以教师为中心,一味地强调教师的权威地位,可能就无法适应当代社会变化的需要了。

能否运用一个标准对待所有学生的问题比较复杂,不好直接回答。如一视同仁,此时即运用一个标准好。当学生个性差异很大,仍然用一个标准要求就不好了。可以说,在道德上一视同仁是对的，在学业成绩上要求一个标准就是错的。

最有价值的评价无疑应该是对被评人最有帮助的评价，而非简单地给他分个等级。目前我们大多数评价是分等而非促进。

一门课是否应该有独立的教学理念问题比较特殊。原则上讲，一个好的课程应该有自己独立的教学理念，即知道自己究竟追求什么，什么是自己的价值原则，如何衡量教学得失，否则就只能沦为机械的照本宣科类型了。

# 拾壹　访谈示例讨论的再认识

**2017** 级硕士生　袁东恒

上课伊始，老师就说这节课的任务是讨论作业。在课堂前半部分访谈示例的讨论中，虽然老师没有让大家直接陈述自己从访谈示例中收获了什么，而是以问题的形式呈现，大家进行回答，但因为大家课前都做了精心准备，认真思考了访谈示例中的优点与不足，因此大部分人都分享了自己的观点，主动参与了课堂讨论。在我看来，本次访谈示例的课堂讨论是十分成功的。下面就大家讨论的主要内容进行阐释分析。

## 一、对教学理念的讨论

王老师在阐释优秀教师的评价标准时，认为优秀教师的教学理念应该是先进的。在这一点上，大家的讨论有两点：一是"先进"应该怎样衡量？二是刁老师的教学理念究竟是什么，是否是先进的？关于第一点，老师提到不应该用教育学的理念直接套，以此检视刁老师的教学理念是否符合教育学的理念，而应该将是否以促进学生发展为目的作为教学理念先进的衡量标准。关于第二点，讨论的过程首先澄清了教师的教学理念可以不是自己原创提出的，可以遵循学者或其他老师提出的教学理念这一前提性认识；其次分析了刁老师的教学理念究竟是什么。祥辉认为刁老师的教学理念是关注少数精英，后来烟霞也提到刁老师的教学理念是十个学生中培养一两个成功的学生即是成功，王老师认为刁老师的教学理念遵循的是传统型的精英主义逻辑，从大家的观点中可以看出，大家基本上都认为刁老师的教学理念是偏向培养少数精英。

## 二、对教学效果的讨论

除了以上提到的教学理念先进，王老师在阐释优秀教师的评价标准时，还认为其教学效果应该是好的，好的教学效果应该是基于教师自评和学生反馈的多元评价。由于未对刁老师的学生进行访谈，因此学生反馈部分缺失能够证明刁老师教学效果好不好的信息。从刁老师的话语中，大家提取了以下五点信息进行讨论。一是刁老师提到的个别学生的作业在C刊上被发表。大家围绕学生发表的论文作为教师教学效果的评价尺度合适还是不合适进行了讨论。经过讨论，大家认为这一点有待进一步思考，学生的作业在C刊上被发表确实能够反映出教师教学取得了一定的效果，但学生是否因此得到了发展？是不是所有学生都发

344

表了论文,如果不是,那么以部分同学的学习效果作为教师教学整体效果的反映又是否合适?因此大家认为将此作为教师教学效果的评价尺度有待深思。二是刁老师提到的请本校专家到课堂上讲课。这一点在前面的讨论中并没有被重视,后来鹏娟提及研究生扩招背景下是否教师的质量也下降了这一问题后才被引出来。根据亚克师姐提供的信息,刁老师每学期请7位专家到自己的课堂上讲课,由此王老师觉得刁老师上课的教学效果可能是混合的,他自己上课的教学效果究竟是怎样的值得考虑,刁老师可能扮演了"教学助手"的角色,其课堂教学效果并不一定是他自己教学产生的。三是其他老师纷纷学习自己的教学改革。对此,大家基本上都是质疑的,大家认为可能是这些年轻老师有留学的背景,可能是这些年轻老师经历过教学改革,本身有这种意识,而不是刁老师影响带动的。王老师也认为一个人对另一个人产生影响是不容易的。四是一位之前学习态度不好的学生去听讲座。与对待其他教师学习刁老师教学改革的态度一样,大家基本上也对这个学生去听讲座是因为受到了刁老师课堂的影响表示质疑。雅情认为可能是由于讲座签到的原因,也可能是由于这个学生对这一个讲座话题感兴趣的原因,而不一定必然是刁老师课堂教学效果产生的影响,刁老师将此作为其教学效果的反映并不合适,二者构不成充分必要条件。五是毕业的学生给刁老师发短信表示感谢、刁老师的学生评教分数提高。这一点大家都是比较认可的,认为刁老师的教学起到了良好的效果。从中也可以看出,刁老师对学生评教分数还是比较看重的,而我们平时在研究和实际中基本都认为学生评教的分数不可信,大家都是九十多分没有区分,但事实上是学生评教的分数对于识别一些争议性大、学生意见大的课堂还是有所作用的。

### 三、对以学生为中心的讨论

在王老师提问"刁老师是以学生为中心?"问题时,大家的一致回答是"不是"。对此,大家进行了深入的讨论。讨论的主要内容包括:刁老师是以什么为中心?教学中如何以学生为中心?关于刁老师以什么为中心这一问题,亚克师姐认为刁老师是以自己的导师和成长经历为中心的,他认为自己的成长路径好,因此就按照自己的成长路径规划学生的成长路径。王老师也认为刁老师的教学是对以前自己老师的模仿,这种学徒制的培养方式在精英化高等教育阶段还能够适用,在目前班级授课制四五十人一起上课的背景下并不适宜。基于此,大家逐渐开始讨论教学中应该如何以学生为中心。大家开始思考教学中能不能按照一个标准对待所有学生。如果不能,又该怎样为所有学生找到适合其发展的空间?针对这一问题,讨论的结果是应该按照学生发展程度来对学生进行评价,基于学生的发展潜力进行评价。因此,教师就应该了解每位学生的个性特点,"量体裁衣",而不是一把尺子量到底。所以,大家在讨论刁老师所说的写错字就罚抄,无论以后直接工作还是继续读书都要写缩写、撰写书评等内容时都表示不认同。值得一提的是,在讨论学生发展潜力后,王老师提出"能力的本质是良好习惯的培养",可以说是非常精确的,对我们都有深刻的启发意义。

### 四、对其他内容的讨论

除了以上三部分内容之外,大家还针对访谈示例部分的内容讨论了师生关系、访谈真实性、选修课质量低的原因等问题。师生关系上,刁老师提及了课堂上出现的一些极端案例,因为极端,所以非常具有典型意义。亚克师姐认为刁老师缺乏和学生的沟通,因此出现了这些案例。王老师认为从教育学的角度看课堂上出现冲突是课堂的败笔,教师不应该仅仅认为上课就是在进行教书育人了,还应该认识到课堂之外的师生沟通、课外活动也具有教书育人的意义和价值,教师应该在精神上引导学生,道德上感化学生。访谈真实性上,王老师第一个问题就问大家刁老师提供的信息多大程度上真实。大家认为绝大程度上是真实的,其中有个别夸张的成分,在这一点上,有的同学之前会全盘接受受访者提供的信息,认为受访者说的都是对的,对受访者的话语没有丝毫的怀疑。除了访谈的真实性,大家的讨论还涉及理解的真实性,我们理解的是事实吗?王老师认为,这与人文社科的特点有关,人文社科对一些问题的理解需要自我背景做支撑,因为各人背景不同,因此需要大家多交流,表达出不同的意见,逐渐接近事实本身。此外,雅情分享了自己从刁老师访谈示例中得出的对选修课质量低的认识。雅情认为,选修课质量低是不是与教师自身对这门课的定位有关,如果教师想着在选修课上就做一个合格的老师的话,是不是选修课质量就会低了。对此,王老师认为,选修课质量低与管理者关系更大。王老师举了自己选修课上期中考试学生请假多的一个例子和潘先生对选修课的认识,表明选修课质量低与管理者制定实施的管理制度有很大的关系,这为我们思考选修课质量低的原因提供了参考示例。

**王师批注:**

刚才回复没有成功,我不得不重复一次。

我首先对东恒一直坚持下来表示祝贺和感谢!为什么?因为这是一种坚持精神的体现,是对外在功利影响的挑战。

其次,我是认可东恒的判断的,即这次示例分析讨论非常成功,因为随着讨论的深入,大家的认识水平也提升上来了,也充分展现了我们教育学的专业分析能力或我们教育学人的基本操守。

再次,这个日志也反映出东恒观察角度确实与其他同学不同,能够发现其他同学忽略的方面,这再次说明个性差异和尊重个性的重要性。

最后,我发现东恒的写作越来越具有个性特色了,已经超越了过去的记录模式,开始把观察与生活体验融为一体了,这是一个巨大的进步,表示祝贺!

# 反思篇

# 第十三章 谈"日志与行动研究"

## ——"高等教育研究方法"第十三课

## 壹 成为行动研究者

**2017** 级博士生 汤建

一直以来，我以一名课堂参与者和观察者的角色体验课堂。今晚，我多了一个角色——课堂的组织者。当然，压力与动力并存，开心与担心同在。这次课是让大家重新回顾自己第一次课的反思日志，明确自己反思日志的不足、个性特征和改进方向。最后发挥大家的创造性，将第一次课的日志做出一个模板，整理出一个课堂纪实，再现生动的课堂。在这里，每个人都是参与者、行动者和研究者。

课前，我对整堂课的思路设计了一下，总体分为两部分，先介绍这门方法课的整体思路和老师的良苦用心，然后重点环节放在讨论反思日志的修改上，我事先只能提出日志修改的总体要求，而对于具体讨论形式和具体到个人的修改方案则需要课堂的讨论生成。我准备了 PPT，这一次的 PPT 和我平时论文汇报的 PPT 的一个很大区别是每张 PPT 的字数很少；整个 PPT 中留有未完成的内容，这是需要课上大家一起讨论完成的。课上，我先了解了课前大家对日志的回顾情况，发现大家已经熟识到看不出问题来了。于是，我便先带大家进入场景一。

场景一是和大家一起回顾这门课程设计的思路和背景。目前，高等教育研究正从宏大叙事向微观研究转向，微观研究怎么去做，这是一个大问题。我们需要实践，更需要引领。现在，有现成的素材，便是我们方法课的课堂教学改革实践。这是一个摆脱了传统模式的课堂教学，是一个完全的研究性课堂。首先，整个课程以问题探究为中心展开，可以说是创新之举。全程以问题生成、问题探讨和问题解决的主线来进行，在这一过程中穿插着研究的基本方法。其次，问题的提出不是预先设定的，是在课堂讨论中生成的。而且这一问题是回应学生发展需求、直面高等教育发展趋势并契合研究者自身关注点的。并且，提出的"高质量的研究生课堂教学"这一研究问题还有一层隐含的深意，便是提高大家的专业判断能力，即培养一个高等教育研究者对教学质量的评判能力。再次，整个教学并不是完全的直线式推进，而是有反复的螺旋上升过程。最后，教师的引导是循序渐进式的，而非强制性引导，是在学生有需求、有意识的时候因势利导地开展。整个课程并没有交给大家现成的知识，而是引导大家如何去做、去体验、去思考。整个教学过程是对大家行为方式和思维方式的改变，是一个主体的唤醒和成长过程。

课上,我了解了大家对这门课的感受,大家的反馈很真实,他们表示对传统课堂的深恶痛绝,对自己无意识的、潜移默化的思维和行为上的变化感到欣喜。对于这次教学改革,他们从开始的质疑、不解、惊慌,到现在临近课程结课时的沉淀、满足与无怨无悔;从起初"挺不习惯的"到现在领会到课堂"形散神不散"的用意。他们开始打破以前相信权威的思维习惯,敢于质疑,也更有信心。并且能将课上习得的精神和能力迁移到其他课堂上。还有同学提到非常珍惜这门课给自己创造的反思自己的机会、向同伴学习的机会,让自己意识到不足,明确了改进的方向。同时,老师的言传身教是自己动力的来源之一,老师适时的出现则是课堂得以进展的关键因素,老师的日志反馈对同学的影响非常大。从而,也引发出大家的思考,这样的高质量课堂教学改革实践对教师要求之高,是否具有可复制性?

场景二是再现真实的课堂。一方面让每个人成为"夜空中最亮的星",另一方面实现"群星闪耀,熠熠生辉"。这里,征询大家意见,以小组讨论的形式开展。首先让大家回顾反思自己的观察日志,成为研究者,探究自己。能够在日志中联系课堂、联系自身体验,体现出自己的个性特征,成为夜空中最亮的星。再而,小组讨论,发挥群策之力,明确修改方向。小组讨论过程中我确定了每一小组是否清楚讨论目的,并由各小组分享讨论方法。三个小组的讨论形式各异,我们第一小组成员先依次阅读成员的日志,每阅读完一位成员的日志后,由该成员简要介绍自己的日志,再而大家共同发现不足,并提出对策。第二小组则先由小组成员介绍自己日志,继而其他组员分别给出批判。第三小组则是每一成员主动暴露自己的问题,再由小组成员帮助一起思考。讨论四十分钟后,每位同学依次和大家汇报了自己日志中存在的问题及改进方向。最后,我鼓励大家提出对日志最终表现形式的一些看法。有同学认为可以先以白描式的日志开场,后面依次跟随同学们的日志,并附带老师的反馈。这一思路得到大家的认可。大家还认为老师的反馈是课堂改革的一大特色,可以保留在文本中。另外,旁听者的视角、没有上课但是写了反思日志的同学的视角都反映了这门课的吸引力,体现出这门课的特色。还有同学提供了一种思路,认为可以依据老师上课的思路,从每一位同学的日志中提取对相同问题的不同反馈作为最终成文形式。这一思路被认为工作量大,难以操作。

后记:以往做过多次三个多小时的汇报,但却是第一次以小先生的身份来组织整个课堂。课前,我感受到满满的压力,预想了很多不可控因素。可是,课上同学们的支持与配合,让我觉得这一次课非常幸福,这是一次幸福的小先生体验。

**王师批注:**

非常棒!

汤建把我的意图表达得很充分,感觉颇为欣慰!

课堂组织得有条不紊,这说明同学们的主体意识非常强,发挥了群策群力的优势!

大家的积极参与是高质量课堂的保证,这个日志反映了同学们都具有很大的发展潜力。

我们是在尝试,因为前面没有现成答案,只能靠我们去探索,去尝试,这样的体验就是一种自我挑战,是一种顶峰体验。

祝愿大家这次探索收到意想不到的收获!

# 贰　课堂教学改革思考

**2018** 级硕士生　郑雅倩

2018 年 12 月 29 日晚 7 点，于 311 室，我们开始了 2018 年的最后一堂课。这堂课由于老师出差而由汤建师姐主持，但在此之前，老师找了汤建师姐、祥辉师兄和我，表达了其对这节课的设想（讲述这门课设计的目的，修改第一次日志的初衷和修改的方向），并希望我们能够在此节课上传达给同学们。师姐在上课前做足了准备，包括询问课堂组织方式、准备 PPT 等，从课堂的效果来看，师姐这位"小先生"还是很棒的。

## 一、是改革而非改良

师姐首先介绍高等教育正从宏大叙事转为微观研究，而如何做这种微观研究值得我们思考，比如我们正在做的课堂教学研究，大多存在于中小学课堂中，对大学甚至研究生课堂较少涉及。接着，师姐调查了同学们对传统课堂的看法，同学们都表达出了对传统课堂"教师讲学生听"的深恶痛绝。我在想，其实大多数教师在教改的大环境下也开始课堂教学探索，而我们不能否认这种改良的进步性，至少在理念上已经有了进步。但是很多情况下，这些改良只是增加了所谓的师生互动（设定学生提问次数，若达到该次数要求则课堂表现分数高）、学生汇报（期初选题，期末进行课堂汇报，作为考核评价的一部分）等，在这些新增的环节外，更多的还是实行以教师讲授为主的传统教学方式，难以摆脱"以知识传授为中心"的教学模式。我不否认这种接受知识的教学方式在一定程度上可以促进学生发展，但是这种传统方式积累下的知识更多的是静态知识，而无法解决实际问题，由此，我对该教学模式下学生的发展可持续性、延伸性有所质疑。

对于高等教育研究方法这门课，我更愿意称其为一次全新的课堂教学改革，因为所有的一切是未知的。课程开展中时刻体现生成性：(1)研究问题的生成性。比如刚开始进行的研究问题选择，由我们先自行选择感兴趣的话题，然后在课堂上探讨、磨研究方向、磨题目、磨研究方法，让同学们真真切切体会到什么是研究，如何进行研究设计。(2)课堂环节的生成性。课堂从不是直线式进行着的，对课程进展过程中学生暴露出来的问题随时进行回顾和检视，比如在文献综述环节过后，我们提交了一份文献综述的作业，而这份作业暴露出来的问题将课程进展再一次拉回文献综述。(3)课堂组织方式的生成性。刚开始，我们没有采取小组讨论的方式，后来经过同学提议和实践后，发现这种方式对于培养学生的组织能力、同学之间的交流颇有益处，因此在后来的课堂教学中小组讨论的教学形式也增多了。另外，由于学生的座位逐渐固定，在后续的教学中，老师采取报数"1、2、3"，相同数字的同学组成一个小组，而且课堂下的小组讨论分组我也采用随机抽样的方式进行，更加促进不同年级、不同求学背景的同学之间的交流。这种生成性体现出老师的教学机智，并非强制性的引导，而是循序渐进地进行引导，引导大学如何去做、去思考。

但是这种未知中也透露出"已知"。回首本门课的上课经历，可以发现我们始终以问题作为课程开展的主线,以研究方法的学习作为课程的主体(例如通过日志撰写体会观察法,通过实践体验访谈法、文献分析法和问卷法),将学生学习能力、探究能力的养成作为课程的核心。

## 二、教学改革中的困惑与收获

对于学生来说,转变传统的思维方式、行为方式是困难的,但收获是丰富的。汤建师姐在课堂上询问大家对这门课的看法,大多数同学提出自己在刚开始学习时的不习惯,体现在:没有提纲,感觉抓不住重点;传统课堂从未"反思",对反思日志无从下手;新式课堂与旧式课堂的冲突带来的惊慌等。

但是,经过这一学期的学习,大家在这种生成式教学案例中也获得了满满的收获:(1)潜移默化的思维和行动上的变化。亚克姐提到我们班的同学在其他课堂上敢于质疑,而且质疑有深度,这说明思维方式已经逐渐发生转变,由传统的接受式学习渐渐地转为批判式学习。而且不论是日志还是论文的撰写都比之前更有效率。(2)学会反思。经过这门课的学习,我们学会反思课堂教学内容,对课上老师提问的问题及同学的问题,通过查阅大量的资料对这些问题进行佐证或者提出不同的意见;对自己的学习方式进行反思,固有的学习方式难以改变,若不进行反思,不因时因势改变学习方式则难以进步。(3)民主开放的课堂氛围促进视域融合。老师与学生是平等的,师兄师姐与师弟师妹之间是平等的,因此,在这样的课堂氛围下,不管自己的想法对错与否,大家都敢于表达自己的看法。(4)模范的引领,榜样的力量。不管下课有多晚,老师坚持把日志写完,而且每个学生的日志老师都看得很认真,老师这种认真负责的态度,浇灭了同学们偷懒的小火苗。我很幸运能够成为老师的学生,"与优秀同行,让优秀成为一种习惯"将不断鞭策我前进。

教学改革中始终会有一些疑问,有同学提出,像我们这样的高质量课堂对老师的要求极高,是否具有可复制性? 我认为,我们最终的目标不是要"复制"这种课堂,而是要传递一种改革的信号:教学要以培养学生探究能力、批判性思维为核心;教学改革不难做,而在于愿不愿意做。课堂从来都是丰富多彩的,学生主体背景的不同,教学内容的不同,将会引导课堂具体设计呈现多样化。

## 三、反思日志再回顾

在课堂的第二环节中,汤建师姐首先向大家讲述了此次修改日志的意图,即作为一个教学改革案例呈现给读者,因此,我们之前口语化的日志显然不适合作为论文呈现出来;另外,我们通过回看日志,再现真实的课堂,成为一个行动研究者,去反思自己、探究自己。紧接着汤建师姐提出观察日志的基本要素为:收获、困惑、借鉴、不足和改进,而不是"录像机""码字员"。因此,汤建师姐顺势提出修改的要求:(1)语言书面化。(2)文字通顺、条理清楚。(3)精练日志,避免简单陈述事实,避免重复呈现课堂。(4)不同的学生从不同的视角呈现课堂,体现个性化。(5)日志核心点突出,与课堂要紧密联系。明确了修改日志的要求后,讨论才有了方向,才能更高效率进行。

接着,汤建师姐询问大家的意见,决定以小组的方式开展讨论,并按就近原则分为三组。

每一组的讨论方式各异，但都对小组成员的日志进行了深入阅读，并提出了针对性的修改意见。进行了大概四十分钟的小组讨论后，每个同学都汇报了自己日志存在的问题和之后的修改方向。最后，汤建师姐询问大家对于日志最终呈现方式的建议，有同学认为老师以其作为课堂设计和组织者的角色进行撰写，而我们的日志则成为老师改革的佐证；有同学提出可以将最初和最末的日志进行对比，反映出教学改革的成效；有同学建议在呈现日志的时候应将老师的反馈也附上，更显真实性和客观性，并提出我们的修改不能大幅度修改，只是做一些文字上的调整，否则会失去原味。

可以看出，每一个同学将自己视为课堂的主体，积极地参与到课堂中来，主动发表意见，体现了"无师胜有师"，这就是这门课的成功之处！

**王师批注：**

雅倩的日志补充了许多细节内容，让我渐次接近真实的课堂。对"生成性课堂"进行比较深刻的诠释，与现实比较吻合。对课堂收获的总结反思很具有条理性。

"无师胜有师"实际上是对同学们作为主角的侧面折射。说明这次组织对于同学们有极大的鼓舞和激励作用。

# 叁　元研究：对反思笔记的再反思

2017 级硕士生　赵祥辉

"高等教育研究方法"课程已然接近尾声，此前十二次课已经积累了同学们大量的反思笔记，这些反思笔记是见证王老师教学改革推进和同学们个人成长发展的"活的材料"，倘使将其弃之如敝屣，无异于一次巨大的浪费。由此，我们必须对反思笔记进行一次系统、严谨、深刻的"再反思"，这无疑是我们作为研究生"元"意识的一次觉醒，也即从研究走向了元研究，这不仅有利于我们推进自己的反思笔记走向成熟，亦有益于我们作为反思主体对自身的超越和提升。

本次课即围绕"对反思笔记的再反思"而展开，由 2017 级博士生汤建师姐担任"小先生"对课堂进行组织和引导。课堂伊始，汤建师姐首先介绍了本次课的内容，即主要是对反思笔记进行讨论和反思。为何安排这样一次课？汤建师姐传达了王老师的意图，主要有以下三点：其一，王老师教学改革的目的是促进大家研究能力的提升。时隔十余周，每个人再对自己第一次反思日志重新检视，其实也是对自己研究能力的一次检验。其二，汤建师姐运用形象的比喻，认为反思笔记就是"自己拍摄的片子"。通过本次课堂来明确反思笔记修改思路，实际上就是进行"后期制作"和"二度加工"，如此方可获得应有的"展映"效果。其三，随着高等教育从外延式发展转向内涵式发展，高等教育研究也在从"宏大叙事"走向"微观研究"，同学们的反思笔记修改结果如若放在《中国高等教育评论》上公开发表，实际上也是对高等教育研究转向的一次及时符应。此外，在本次课堂之前，王老师就强调过，当前关于中小学课堂的课堂案例已有不少人做过研究，然而关于大学课堂尤其是研究生课堂的研究，却是鲜有人涉及,因而研究生课堂在许多人眼中似乎还处在一种"神秘"的状态当中。因此,我们通过本次反思笔记来全景呈现研究生课堂的实际状况,无疑可达致一种对研究生课堂"祛魅"的目的,更有利于将王老师教学改革的理念火种有效传递,为我国研究生"荒草萋萋"的课堂教学改革"添一把火"。

在反思笔记讨论环节,汤建师姐首先对反思日志的五大基本要素(收获、困惑、借鉴、不足与改进)进行了再明确,并让我们在撰写反思笔记时要避免"录像机""码字员""抄手"等基本误区,要突出个性特征,并对自己反思笔记当中存在的主题句不鲜明、逻辑不清晰、文字不通顺、口语化表述、错别字和字体版式错误进行修正,最终呈现出"主题凝练、条理清晰、重点突出、无错别字、联系课堂与实际、字数控制在 1500~5000"的反思笔记范本。实际上,由于上次对大家文献综述的评价表受到了王老师的表扬,我觉得大家相互评价的这种做法是可以延续下去的,因此在课前再次对大家第一次课堂的反思笔记进行了评价,本着"相观而善"的心态,将其列于此:

表 1　第一堂课反思笔记评价表

| 评价测度 | 1. 题目是否规范、适切;2. 是否具有个人风格;3. 逻辑是否清晰;4. 内容是否有深度;5. 语言文字是否规范;6. 其他…… | | |
|---|---|---|---|
| 姓名 | 题目 | 可取之处 | 不足之处 |
| 王鹏娟 | 先学会提问题,再尝试谈方法 | 1. 个人风格突出;2. 内容非常丰富,也有一定深度。 | 1. 题目不太规范;2. 逻辑稍显散乱;3. 用词有些欠精准。 |
| 郑雅倩 | 再谈研究熟词 | 1. 题目较为切题,值得玩味;2. 层次结构清晰;3. 论证较为严谨;4. 语言文字较为规范。 | 1. 对课堂的观察稍显不足;2. 文章当中的概念考证篇幅过多,课堂体验没能充分展现出来;3. 存在一些错误,如"我的答案的否定的"。 |
| 段肖阳 | 无题目 | 分享了自己的课堂体验与收获。 | 1. 需要确定日志题目;2. 篇幅有些过少;3. 内容还需要深入思考,具备一定深度。 |
| 汤建 | "高等教育研究方法"首次课反思日志 | 1. 课堂观察十分细致、全面,可谓是观察日志的范本;2. 具有自己的体验和反思,具有质性色彩;3. 逻辑通畅,语言文字较为规范。 | 1. 题目重新拟定;2. 课下部分的内容,引用王老师的话语过多,且缺乏诠释和反思。 |
| 赵祥辉 | 学习"研究",研究"研究",做"研究"者——记"高等教育研究方法"第一课 | 1. 拟定了题目,且具有一定特色;2. 反思具有自己的特色,有质性色彩。 | 1. 仅选择了几个观测点,反思不够全面、细致;2. 篇幅有些过小。 |

续表

| 评价测度 | 1. 题目是否规范、适切；2. 是否具有个人风格；3. 逻辑是否清晰；4. 内容是否有深度；5. 语言文字是否规范；6. 其他…… | | |
|---|---|---|---|
| 姓名 | 题目 | 可取之处 | 不足之处 |
| 刘美丹 | 对"高等教育研究方法"第一课的思考 | 1. 具有自己的风格；2. 逻辑通畅，语言文字较为流利；3. 内容较为有深度。 | 重新拟定题目。 |
| 林孟圆 | 无题目 | 内容较为丰富，观察较为全面。 | 1. 需要加题目；2. 语句需进一步捋顺；3. 缺少自己的体验。 |
| 熊文丽 | 关于第一课的反思日志 | 结构和框架符合反思日志的基本格式。 | 1. 题目需要重新拟定；2. 各二级标题的文字布局有些不合理；3. 一些质性体验和收获浅尝辄止，没有进一步深入。 |
| 姚烟霞 | 无题目 | 1. 作为未参与课堂的同学，视角比较独特；2. 能够较为贴切、细致地表达自己的真实感受和内心想法，具有质性色彩。 | 1. 需要拟定题目；2. 应当注重各段落之间的衔接。 |
| 覃晓艳 | 第一课"研究，研究方法与研究能力"感悟 | 1. 逻辑结构较为清晰；2. 感受和收获表达得较为深刻，具有质性色彩；3. 能够联系日常实际和自己情况做分析。 | 1. 题目重新拟定；2. 语句需要再进行凝练；3. 标点符号的运用和断句也要注意。 |
| 王亚克 | 高等教育研究方法课程观察日志（一） | 1. 层次结构符合观察日志的标准模板；2. 体验和收获真实可信，较有深度，具有质性特征；3. 能够借鉴课堂当中师生长处，并联系现实进行思考。 | 1. 需要重新拟定题目；2. 语句措辞需要进一步斟酌。 |
| 孙士茹 | 于无声中，于反思中的教育 | 1. 题目较有特点；2. 语言文字较为规范、流利；3. 反思体验较为深刻，具有质性特征。 | 1. "于无声中，于反思中的教育"，可以删去"于无声中"或"于反思中"；2. 段落之间的衔接需进一步明晰。 |
| 袁东恒 | 无题目 | 1. 旁观者的角度较为新颖；2. 内心心理活动展现得很充分，具有质性特征 | 1. 需要拟定题目；2. 篇幅过小；3. 对课堂场景的再现较少。 |
| 总评 | 同学们的修改方向需要朝着题目明确、主题鲜明、个人特色突出、质性体验细致和深刻、语言文字规范凝练等方向努力。修改应当是一次"美容"，而非"整容"，即不能对当时的反思与总结进行"另起炉灶"，真实、客观地反映自己的感受和体验即为最好。 | | |

实际上，在反思笔记之后的小组讨论汇报过程当中，大家提出的问题无外乎题目、结构

和语言文字等方面,甚少提到体验方面的修改,毋庸置疑,第一次课反思笔记当中所记录的必然是当时的真实体验与反思,如若现在对这些质性内容进行修改,恐怕更多的是基于现在而非当时,真实的课堂图景也将因此有了一些"伪"的特征。这样其实也印证了我在总评当中讲到的——修改应当是一次"美容",而非"整容",即不能对当时的反思与总结进行"另起炉灶",真实、客观地反映自己的感受和体验即为最好。

这堂课汤建师姐充分激发了大家的主体性,对反思笔记的讨论也可谓充分、有效。至于大家最后呈现的反思笔记是否能够"群星闪耀,熠熠生辉",我们且拭目以待!

**王师批注:**

谢谢祥辉的系统总结与梳理!这实际上也是一个无形的组织者的角色!"美容"与"整容"的比喻太贴切了!祥辉对许多问题能够看得很透彻,实在难得!

同学们的积极性高涨,与你们的示范带头作用分不开,你们令我骄傲!

谢谢你们!

# 肆 "学思结合"做学问

**2018 级硕士生 刘美丹**

今天因老师出差,由一位博士师姐代上一次研究方法课。虽然师姐是"教学新手",但从她课前准备的 PPT、对教学环节的设计和整个课堂教学过程的把控来看,师姐是做了精心的准备的,同学们也都非常配合,课堂学习的效果值得肯定。

上课伊始,师姐指出,我们今天课堂的主要任务是回顾和反思自己的日志。对日志的回顾过程同时也是一次发现问题、纠正问题的过程,通过对自己这一学期整个学习过程的回顾,可以看到自身思想、能力和情感上的变化与成长,很有意义。

围绕着这一任务,师姐精心设计了几个教学环节,第一个环节是"看老师",即通过回答一系列的问题回顾老师课程设计的思路、背景。首先,我们的课堂是一个完全意义上的研究生课堂,通过这一课堂最终要达到让学生的思维能力螺旋式上升的目的。其次,我们的课堂始终围绕着一个核心问题开展,即"高质量的研究生课堂教学"。再次,整个课堂是沿着问题生成、问题探讨、问题解决这样一条清晰明确的主线精心组织的,但不是说解决完了一个问题就终止了课堂行动,而是反复地、不断地、循序渐进地去发现问题、解决问题。对真理的追求也是这样,古往今来多少人穷尽一生也没有找到绝对的真理,但他们的智慧却犹如灯塔照亮了后人前进的道路。复次,我们的课堂还是具有强大创新性和创造力的课堂,任何知识都不是老师事先预设或者直接灌输进来的,而是我们通过课堂讨论生成的。最后,通过这样一种课堂教学,我们每个人都有独特的收获和感悟,既是一次心灵唤醒,更是一种主动成长。

对于这门高等教育研究方法课程,大家都谈到了自己的一点感受,既有痛苦的,也有快乐的。快乐如对这样一种课堂学习模式产生了强烈的兴趣,逐渐发现并能够正视自己思维上批判质疑不足的局限,充分享受与他人交流探究、知识生成的乐趣,培养起对课堂教学质量的评判能力等;痛苦如要打破自己过去深信不疑的一些固有观念,争论许久就是得不到一个确切的答案,努力追赶却很难与老师产生"同频共振"。但不管如何,我们始终是被王老师的课堂给深深吸引住了的,被他的专业素质和专注精神震撼和打动了的,也非常感谢老师给了我们这样一个充分交流、自由交往、共同探究、相互学习的平台。

第二个环节是"看自己""看同伴"。通过共同回顾和交流自己以及其他同学的课堂观察日志,再现平时真实的课堂,做一个真正的行动研究者。首先,师姐指出了撰写观察日志容易陷入的几个误区。第一个误区是把日志变成了录像机,即只是把课堂上教学过程和教学全貌呈现了一遍,没有自己的感受也没有新观点;第二个误区是自己变成了打字员,整节课忙于做记录,没有时间思考;第三个误区是成了抄手,把老师或者其他同学的观点照搬过来,没有自己的思考。这三个误区都是不当的,一篇好的观察日志既要准确记录,更要有自己观点的表达和呈现,有自己的独立判断和价值立场,形成独特的个人风格,让别人一看到就能马上认出是你的作品,而不是雷同的或者枯燥无味的、流水账似的。

其次,师姐总结了我们的观察日志存在的几个共同问题,包括刚刚讲的个性特征不明显、没有凝练主题句、逻辑不清晰、文字不通顺、口语化表达、错别字、字体版式格式等等。围绕着观察日志中存在的各种问题,大家开展了约一小时的小组讨论。我们小组采取的方式是首先由每个人单独汇报自己观察日志中存在的问题,再由其他同学一起阅读这个人的日志,帮助他找出一些新的问题。重新看了自己的每一篇日志,我发现存在的主要问题有:(1)每一篇都没有凝练出一个好的标题;(2)有部分口语化的表述;(3)写的日志没有深度,停留在对课堂观察到的各种现象、问题进行表面性描述的层面,自己更像一个记录员,有深度的见解和表达少。今后要修改的方向是:(1)凝练出有新意、概括性强、准确精练的标题;(2)修改日志中口语化表述的部分;(3)对一些观察到的现象、问题及反思进行深度挖掘。

虽然从日志中仍然暴露出很多不足,但在回顾观察日志的过程中,发现自己还是有很大收获的:第一,可写的东西越来越多。一开始写得少,一点内容要想很久才能成形;后面写得长了,内容也更加充实。第二,花在这门课上学习的时间越来越多,态度越来越认真。一开始只是觉得花时间在课上学习,课下把作业完成就行了;后面开始有行动了,现在课上课下的学习能够结合起来,最近几次我和本小组的几位同学都有在课下围绕着我们的研究主题开展一些探讨。第三,思维逐渐聚焦,主题开始明确。一开始日志写得很散,没有一个固定的主题;后来能够在将课上观察和学习到的一些东西写到日志中的同时,进行一定的总结和提升,开始有了一点探究性学习的味道。

最后,以屈原的话作结:"路漫漫其修远兮,吾将上下而求索。"愿在追求真理的道路上,你我既要勤反思,更要多行动。

**王师批注:**

首先谢谢美丹同学一贯保持的客观、冷静的风格和谦虚认真的态度,这是日志做得比较好的前提条件。

其次谢谢美丹同学对课堂的观察和思考,因为美丹同学总能够提供一些新鲜的信息,这使我更为全面地了解课堂的实况。

再次是美丹同学的日志带有探究的意味越来越浓厚了,这点值得肯定。

有一点可能是没有听清楚,课堂是研究型的,比研究性更高一个层级,而非一般的研究生课堂。因为生、性、型三个字读音比较接近,很容易被听错。

# 伍 反思,重在反思自身

2018 级硕士生 孙士茹

这次课堂与以往不同,由于老师出差,便由我们的博士师姐汤建姐带领大家进行。首先,非常佩服老师将课堂交给大家的信任,这也不失为老师课堂教学改革的一大特色,真正地让大家体验了学生的课堂实况为何。其次,汤建师姐的领导能力、思虑周到也是值得自己学习的。平时看师姐,总是恬静的印象,但走上讲台又可以独当一面。且师姐在每一步都给大家详细介绍老师的本意。再加之祥辉师兄、雅倩等的提醒,可以看到他们团结一致、共同把这节课上好的决心,这是让大家看到为之感动的一面。最后,反思是这门课程的主旋律,我们这堂课的设计更是紧紧围绕这一主线开展。由于我课堂上的笔记忘记保存,所以就且按照自己印象中不完整的记忆做一次讨论。

第一个环节是师姐引导大家回顾这门课,大家分享自己的"学课"心得、体会。其中,比较有共鸣的一点是大家为老师敬业精神和教学能力所打动。在我们上完课的深夜、凌晨,老师依旧能坚持写完日志,发起大家的讨论。即使是在机场,也没有让学生等待许久,抓住每个零碎时间给大家指导,深深地打动了大家。而所谓"学为人师,身正示范"在老师身上得到了完美的显现。由此,学生即使"偷懒",不想学习,也不好意思了。老师优秀的教学能力得到大家高度认可。老师上课没有带提纲,也没有 PPT,而是全部印在脑子里,根据课堂进展实况适当洒出一定内容。这无疑是高质量教师的内在标准之一,当然也是对教师的极大挑战之一。老师的授课内容在每堂课之间有着连贯性和内在逻辑,也是需要我们细细思索品味的。就我个人而言,这门课对我的"冲击"便是需要经常性地,甚至习惯性地开展自我反思。在每堂课结束,我们需要借助网络教学平台撰写反思日志,开展线上讨论;在访谈的时候,我们需要提前拟好访谈大纲,寻找访谈对象,切实开展访谈,事后的访谈讨论也是贯彻反思理念;访谈示例进行时我们需要仔细观察,鉴别"史料"的真实性,结束后我们针对访谈过程与结果进行进一步的挖掘;在一轮的课程上完后,我们对上过的课,写过的日志,产生过的体会进行二次体验,等等,都无一不体现着我们注重批判、反思的课堂灵魂。我认为这是本课程的主线,也是对我最有触动之所在。而这种能力是可以随时随地、因时因地迁移的。这也就是"授人以鱼不如授人以渔"的道理所在。在这种反思习惯的养成下,我们能够渐渐对自己多加反思,明晰自己的改进方向,进而促进提升。对于这门课程的"不完美之处"我认可某一位同学的观点。我们每位同学在日志中的观点展现没有得到同学之间充分的讨论,没有在课下得到更为深入的贯彻。当然,这完全可以靠同学们的自觉好学来实现,但我认为我们的讨论还是需要有组织者的参与。

第二个环节是小组讨论第一次课堂反思日志并尝试进行完善修改。我们小组首先进行自我批判,跟大家讲述自己日志的不足所在,进而个人、小组讨论如何改进。我们总体上的问题在于第一次撰写课堂反思日志,没有可资借鉴的"套路""模板",因而大家的日志极具个人特色。大家多是对自己印象深刻的点进行分析讨论,从窥探整个课堂的日志不多。这也是大家的困惑所在:我们是该完整再现课堂本貌还是取兴趣点着重阐述?在写过多次日志后,我感觉是应夹叙夹议,在尽可能多地还原课堂环节时,有所偏重地对自己有启发性的地方进行更为深入的讨论,如此才能不至于太脱离主题。也是由于我们的日志环节不完整,加之对课堂情境的淡忘,我们的日志修改肯定不能大刀阔斧,而是对基本的错别字、条理性和逻辑联系进行修缮。甚至还可补充自己现有的观点看法,不过这最好另附注说明。

总而言之,本次课堂大家主要是进行了自我批判和对其他人进行批判,讨论日志的修改方向。没有浪费大家写过的日志、付诸的努力,将我们课堂改革的过程和结果与同行交流,也是对自己具有很大启发性的地方。期待我们的课堂改革受到更多的关注和讨论。

**王师批注:**

士茹的日志反映出越来越自信的品质。

士茹虽然课堂记录没有保存,但存在头脑中的东西依然印象深刻,这可能是课堂教学的效果所在。

士茹指出了课下讨论不足,小组讨论还不够,还需要组织者,这一点很令人思考:究竟是同学们自己组织讨论好还是由老师进行分组讨论好?

可能是两者各有所长,但哪一个应该作为主导?似乎应该以同学们自己组织讨论才更好,虽然自己组织时往往抓不住重点,但这个摸索过程很重要,因为讨论过程就是促进大家思考的过程,当然也是引导大家思考逐步走向深入的过程,有了深入的讨论,慢慢就会抓住重点要点难点。

# 陆　身份意识转变的三重境界

**2017** 级硕士生　袁东恒

同学们这次上传的日志都拟了标题,有的还拟了小标题,可见这次课的课堂效果十分显著。于我而言,这次课上及课后亦感触颇多。基于我特殊的课堂身份,我认为我在本门课上实现了从旁观者到参与者再到行动研究者的身份意识转变,由此也经历了不同身份所感受到的学术研究境界。

## 一、旁观者:研究与我无关

这里,我所说的"研究与我无关",主要是指我不直接参与到大家的研究内容或课程之中,而是作为第三方或局外人审视大家的研究内容或课程。在前几节课上,我的旁观者身份意识比较强,一方面是因为王老师有时候会让我从旁观的角度谈一些认识,另一方面是因为我会刻意地从旁观的角度观察课堂的点点滴滴,比如第七次课从师生言语方面观察课堂。

因为是作为第三方旁观,不是直接的利益相关者,所以旁观也就比较客观、真实,能够观察到平时上课没注意到的一些现象,享受着置身课堂之中又超脱课堂的别样感觉,也从中获得旁观课堂的技巧和经验。

不过,在旁观有所得的过程中,我也陷入了旁观的两难境地。因为我最初来的目的是旁听课程的,向王老师学习研究方法的,而不是旁观课堂的点点滴滴,如果旁观课堂的点点滴滴,就会导致听课不系统,忽视课堂的某些重要内容,如果一直听课不旁观,好像又凸显不出自己旁观者的身份,和正式选课没什么区别。面对这样的两难境地,开始我是十分矛盾的,不知道自己究竟该在这个课堂上保持一个什么样的角色,究竟要不要写反思日志。如前面所说,在前几次课上,我尽量多地保持着自己旁观者的身份。后来,随着研究方法课的深入,旁观难以跟上课堂节奏,参与成为我的选择。这个时候我渐渐明白了王老师第一次回复我反思日志所说的话:一般而言,就知识获得而言,旁观是可以得到一点启发的。但就能力培养而言,参与才是唯一法门。事实上,也只有参与体验,才可能进行真正的评判。

## 二、参与者:研究就在我身边

虽然我一直在强调自己的旁观者角色,但王老师和同学们依然将我视为课堂的一份子,小组讨论时将我计算在内,讨论问题时也让我发言,就这样慢慢地我参与到了课堂之中。确定有价值的研究问题时,我们通过讨论慢慢将关注点聚焦课堂教学。构建研究生高质量课堂教学的标准时,我们基于自身的经验和感受提出研究生高质量课堂教学的诸多衡量标准。之后,我们通过筛选、阅读文献,找出文献中对高质量课堂教学标准的论述,并与我们提出的衡量标准相对照,逐步构建出系统的研究生高质量课堂教学判断标准。继而由此生成量表,设计访谈问题,进行访谈实践。虽然最后我没有参与撰写文献综述并进行实地访谈,但就课堂参与而言,我基本上保持着较高程度的参与,积极跟着课程进程走,尽力完成课程要求。

经过较高程度的参与,我对研究方法有了真切实质的感知体验,也强烈地感受到:研究就在我们身边。第一节课老师就说要从真问题中获得知识,真问题就是我们生活中遇到的问题,学习求知的过程就是探究的过程。不过,当时我对老师的观点并没有深刻地领会。后来,大家一起讨论有价值的研究问题,王老师并没有直接给出一个问题,而是让大家根据自己的经验和困惑提出问题,可以说大家提出的大部分问题都有研究的价值,具有研究意义,最后大家一起生成的研究问题也是我们每个人都经历且有感悟的,因此大家的参与性就很高,我对此的感受愈加深刻。此外,小组讨论、访谈导师和其他老师也都提示我们可以充分利用身边资源条件开展研究。但是,日常学习过程中,我们往往会为找不到研究问题和研究方向而发愁,由此产生研究难做、研究生难读的念头。诚然,在信息大爆炸和风气浮躁的今天,我们容易因追逐热点而迷失方向,一迷失方向就不知所措,往往忽视了关注自己遇到的实际问题,从实际出发解决实际问题,在此基础上经过长期持续关注形成稳定的研究兴趣。

## 三、行动研究者:研究即生活

近几次日志和课堂中,大家对文献综述、访谈示例等内容都进行了反思,王老师也在日志中逐渐夸奖同学们具备了教育学的专业研究能力,能够从专业角度思考问题,慢慢地在实践中落实各项要求并主动探究。尤其是这次课汤建师姐以成为行动研究者作为课程主题，更使我意识到：成为行动研究者应该是本门课程的目的，我们要具有成为一名行动研究者的身份意识。

要成为一名行动研究者，我认为我们应该有这样一种认识境界：研究即生活。具体来说，这种认识境界还涉及以下几个问题：生活是谁的生活？生活是什么样的生活？生活的目的是什么？等等。关于第一个问题，答案不言而喻，这是我自己的生活，而不是他人的生活。关于第二个问题，我认为应该是全部的，而不是部分的生活，它涵盖各个方面。关于第三个问题，借用"生活的理想就是为了理想的生活"这句名言，我觉得生活的目的就是为了活成我们想成为的样子（此处不包括那些不好的样子）。我之所以做出这样的判断，一方面是基于王老师所说的"做人才会做学术""能力的本质是良好习惯的培养"等观点，另一方面是基于我个人的感受和经验，我觉得生活中爱发问的、对什么都好奇的人，做研究时也会积极地提出各种问题，生活中有想法的人做研究时也会积极想方设法解决问题。因此，生活中我们怎样，做研究时我们基本还是那样，透过研究基本上可以看出一个人的生活状态，研究是生活的折射，换句话说，研究即生活本身。我们如果真信，我们就会实践。找到了自己关注的问题，就会想着去解决这个问题。

我深知，以上三种旁观者、参与者和行动研究者的身份我都没有扮演好，大多时候处于一种身份迷失的状态，但正如肖阳师姐所说的"播下一粒种子"，我相信我们每个人都播下了属于自己的种子，未来的学习过程中，我们也肯定会培育好自己的种子，孕育甜美的果实，收获丰收的喜悦。

**王师批注：**

这个日志写得非常好！因为日志概括得非常好，特别是带有自己的特点。

东恒对"研究即生活"的理解非常深刻，赞！因为认识已经到达了相当的高度。通过这个日志，发现东恒的系统梳理已经使自己的认识能力达到了一个研究者的水平。祝贺！

很理解你最初的多元角色冲突，这些冲突是现实的，而最终把多种角色统一起来，是一个极大的成功，因为这是认识和行动双方面的成功！

# 柒　播下一粒种子

**2018** 级博士生　段肖阳

2018 年 12 月 29 日，我们上了第十三次课。我竟然让反思日志跨年，真是不应该。时逢新的一年，总是会回顾与反思。我觉得这门课是一个很好的引子，每次都能够让自己更清楚地认识自己，更清楚地思考学习。这个课堂是有生命力的，而且能够让这种生命力延续。就像播下了一粒种子，破土而出，长出叶子，之后越来越繁茂，这就是生命的力量。当然，成长的过程是痛苦的，不知道我们是否能够破土而出，但这个课堂的确为每个人播下了这粒种子。

## 一、播下不同的种子

师姐组织的第一个环节是回顾这门课的设计思路、背景等。师姐认为这门课是一个"发现问题—分析问题—解决问题"的唤醒过程,也是主体从迷茫到打破思维定式的成长过程。之后大家自由发言,谈自己的课堂收获、困惑等。有的同学谈到从课堂"记录员"到"反思者",有的同学谈到从"怀疑课堂"到"佩服改革",有的同学谈到从"零星兴趣"到"质疑精神"……我觉得这就是这个课堂的魅力,它为每一个人播下了一粒不同的种子。我觉得高质量的课堂就应该是这样的,每个人的经验和基础不同,这个课堂能够让每个人从中汲取营养,获得不同的收获,这说明挖掘了每一个人的潜力,满足了每一个人的发展需求。

当然,这个课让大家也有共同的收获——独立判断能力。这个课堂强调生成性、探索性,从传统的被动接受式学习到创新的主动探究式学习,每个同学都受到了很大的震动。课余同学们谈及最多的就是这个课程,我们会不时用到课上的思考去批判生活和学习中的很多东西,这也是同学们将这种质疑精神、探究精神内化的一个表现。每每听到同学们说:"以前都是老师讲我们听,根本不知道要质疑,更不会有自己的判断标准……"我觉得这何尝不是自己的心声。

雅斯贝尔斯说过:"教育的本质意味着,一棵树摇动另一棵树,一朵云推动另一朵云,一个灵魂唤醒另一个灵魂。"但一门课不是万能的,我们不可能立马摆脱以前的思维方式和行为方式,教育是一个长期的过程。但这门课能让大家觉醒,让大家在成长中保持清醒。所以我觉得它播下了一粒种子,历经风雨后在每个人心里生根发芽,也希望能够开花。

## 二、检验种子的活性

课堂的第二部分是通过日志再现真实课堂。师姐让大家回顾了老师要求的观察日志中的基本要素,指出了观察日志中的基本误区,还谈到了大家反思日志中存在的问题。师姐还点出老师课堂的深意:培养大家对教学质量的评判能力,检验并提高大家的专业判断能力。所以希望每一个同学都能够成为行动研究者,能够通过反思日志再次审视课堂,并探究自己。写作反思日志和审视反思日志都是必需的,这也是不断地检验种子活性的过程。如果我们只管播种,没有之后的看顾和检验,如何保障发芽率和生长良好。老师每次都很用心地阅读并回复大家的日志,这就是一个师者时时看顾,处处用心培育这粒种子,所以大家敬佩并感激!

之后师姐让大家分小组讨论如何修改反思日志。我们组的四位同学第一步是讨论了我们的课堂。大家都认为这个课程收获最多,而且最大的收获不是知识,而是思维方式和探究精神。我们小组也用自己的"高质量课堂"标准审视了课堂,都认为我们的课堂是高质量课堂。但同学们也提出了一些疑问——"自己与老师的 gap 比较大,自己应如何努力达到与老师同频共振""我们这样的课堂能够复制、推广""怎么在课下输入,才能实现自己在课堂上高质量输出"等。

第二步,我们小组开始讨论反思日志修改问题。大家也都普遍认为能够用成长之后的眼光重新审视之前的问题和成长过程,是一个再次提高及巩固的机会。但也有同学担心修改日志是否会改动个人成长的原始面貌，无法原本地呈现我们的课堂。祥辉同学提出了"美容与整容"的比喻，打消了大家的顾虑。也有同学提出反思日志记录比较零散，是否有价值。这个担心我觉得也是没有必要的，因为每个人的日志是个人基于课堂学习的思考，每节课触发了大家不同的积淀而产生的感悟，这正是同学们个性化的体现，也是开放式、探究性课堂的追求所在。

第三步，我们小组每个人谈了自己日志中存在的问题，并对每个同学的日志存在的问题提出了自己的看法。大家普遍认为日志没有高度凝练的题目，缺少主题总结，未美化格式排版等。

小组讨论之后，每个小组就讨论结果进行了交流，每个人也讲了自己日志存在的问题及如何修改。同学们还一致地提到了老师的评语，讲到老师的评语看似"打击"自己，实则鼓励了自己不自觉地参与课堂，全情投入课堂及课下；还讲到老师负责用心地为每个人回复评语，激发了自己努力学习不懈怠……我再次深刻觉得就是有着老师这样的园丁，种子才能够更好地生根发芽，我们也期待能够开出美丽的花儿！

**王师批注：**

肖阳的题目很贴切。看来充分运用了本科的农学知识。人的知识经验往往在下意识中发挥作用。

日志确实反映了自己的思想变化与成长，也从侧面反映了同学们的成长，这让我产生了一个想法：本次反思日志是否应该优先推出？因为这至少是一个阶段性的总结。

这次日志特色是全面、立体、生动。

# 捌　唤醒与成长

**2018** 级博士生　王亚克

2018 年 12 月 29 日，我们进行了第 13 次课程，这次课很特别，老师出差，由他的学生汤建来组织，大家一起回顾了这门课的收获以及自己的反思日志。汤建把本学期的收获总结为"唤醒和成长"。我想这代表了大部分人的想法。借用汤老师的说法，我也回顾一下自己的收获。

## 一、唤醒

"教育就是一棵树摇动另一棵树，一朵云推动另一朵云，一个灵魂唤醒另一个灵魂。"那么这门课唤醒了我们什么？

1. 反思精神

因为每次课后要写反思日志，必须承认这个作业不容易，一开始上完课，感觉听得糊里糊涂不知道要写什么，到后来通过课上仔细观察、课下不断拷问自己，终于能写出来了。因为有这个作业，必须反思自己的收获和困惑，因为不断地被动反思，慢慢也养成了反思的习惯。正如士茹所说,开始有了"反思自己的机会"。我们不只是反思这门课,也反思自己的学习和生活。反思很辛苦,反思也很痛苦,但"没有反思的人生不值得过"。

2. 质疑精神

本来所有人都会质疑,但在我们一路成长的过程中,在我们所受的教育中,这种质疑精神不但不被鼓励,还不断地被打击和压制,在大量反复的"标准化考试、标准化试题加上标准答案"的训练中学生的个性逐渐泯灭,传统的课堂锻造了无数循规蹈矩的"好学生","好学生"似乎不应该去质疑课堂、质疑老师、质疑教学。

为什么我们那么容易接受权威的思想?为什么学术讲座之后我们谈的都是好的方面?为什么我们访谈时会全然相信受访者的话语?在这门课上王老师的引导、鼓励和访谈示范及追问一点点地唤醒了我的质疑精神,让我认真回顾自己之前所受的所有教育,开始发现当中存在的问题。

在这门课上大家有疑惑时敢于向老师提出,这次课大家也开诚布公地说出自己的想法,比如最初上这门课并不适应、压力巨大、不知所措甚至惊慌失措,也提到对生成式课堂充满不确定因素的担忧。这都是质疑精神的体现。

3. 探究精神

发现问题是置之不理还是想办法解决?想办法的过程就是探究的过程。我们的课堂生成的问题是"高质量研究生课堂",围绕这个主题查找文献、设计问卷、做访谈,在"做中学"的过程中不断遇到问题,在课堂的讨论中也不断发现问题,在写反思日志和读别人日志的过程中也不断产生问题,这些问题萦绕在大脑里挥之不去,置之不理是不可能的,只能去思考、去寻找答案。有时并没有找到答案,但却引发了探究某个话题的兴趣,回顾我的反思日志,我个人开始关注"摘要的要素""什么是以学生为中心?""教师权威""学习——研究——教学三结合的教学法""文献综述的写法""访谈的方法"等,并且希望有更多发现。不同的人会关注不同的问题,大家在日志中都提到了自己的兴趣点和关注点。

在我们探讨的高质量的研究生课堂教学的表征中,其中之一是"以学生探究兴趣的形成为结果",我想同学们大都形成了探究的兴趣,不管个人是否意识到,但这种兴趣不会随着这门课程的结束而结束。

## 二、成长

有了唤醒才有成长,我们可能发现了自己的成长,也发现了他人的成长,甚至帮助他人成长。

1. 发现自己的成长

我在第一次反思日志中提到三大不足:不积极发言、畏惧新技术、写作能力不足。到现在必须承认这三大不足都有明显改善。首先是课堂参与方面,不仅是我,课堂上每个人都多次发言,无论之前是主动还是被动,但从本次课老师不在场的情况下大家仍然积极发言的现象来看,说明在这个课上已形成民主的参与氛围;其次对新技术已不再畏惧,有技术需要就请教其他同学,真正用起来就发现没那么困难,多花些时间在"做中学";最后写作方面仍然有问题,不敢说我的写作水平一定提高了,但不可否认写了那么多次反思日志之后写作效率明显提升,我现在写日志花费的时间比起第一次写作时间减少了将近一半。

2. 发现他人的成长

以上进步是表面上可以看到的,还有一些进步是从同学的反馈中得到的,我也发现其他同学的明显改变,有两位同学和我一起选修了"中国高等教育近代史专题研究",在这门课上我们也经常讨论,一开始我们都参与得不多,后来都有很明显的变化,在课上常常提出非常有意思有深度的问题跟大家一起探讨,而这种质疑精神带动了其他同学的参与热情,同时也激发了任课老师的教学激情,我们的课堂学习气氛非常浓厚。我想这不是一个特例,这种情况肯定在其他课上也有体现,我们可能对自己的变化浑然不觉,但一定会发现同学的变化。把方法课上的所学迁移到其他课上,这不正是这门课的价值体现吗?不正是我们成长的体现吗?

3. 互相帮助的成长

这次课上我们分组互相帮助修改日志,先发现日志中的问题,再提出改进意见。我的第一次日志是五段式,按照老师当时建议的五个方面——收获、困惑、借鉴、不足、改进来写的,没有一个能概括中心大意的标题,自己的观察视角狭窄,一直想不出来,汤建、东恒、雅倩、祥辉几位同学积极出谋划策,给我提供了不少灵感,在"一次全新的课堂体验""心上学、事上练——高教研究方法课初体验""全新教学模式初体验"几个标题中反复斟酌,最后选择了第三个标题。在公布个人修改情况的环节中,肖阳提醒我应该考虑自己的独特经历(十余年的教学经历)和独特视角(以前是教师,现在是学生)来拟定标题,这是我没有考虑过的,我认为自己完全是以学生的身份在写观察日志或反思日志,但事实上不可避免地加入了过去的经验,如果没有同学的提醒我几乎没有意识到自己的不同,如何在标题中或者在日志中体现出这个视角值得我进一步深思。

这只是课堂上同学互助的一个缩影,还有很多课上没有被记录的瞬间被激发的灵感或者课后同学之间聊天讨论衍生出的反思都在不经意间启发我、帮助我,在这里感谢各位同学的真诚帮助。

**王师批注:**

这无疑是一个高质量的日志,因为将自己的心理成长、思想变化、同学变化都囊括进去了,体现了视野的扩展,思想的解放,看问题更加全面。

同学们之间讨论情境的再现,显示了课堂的勃勃生机。目睹了同学们的能力增长和自身变化,这确实是令人心潮澎湃的事情,说明成长从这里出发了!

亚克同学能够体验到将本次课堂的心得体会迁移到其他课堂,无疑是观察能力提高的表现,说明亚克同学的视角更加宽广,已经能够从课堂内延伸到课堂外,换言之,我们同学学到了真知时就可以自由迁移了!

# 玖　回顾与反思：为了更好地前行

**2017** 级硕士生　熊文丽

不知不觉，"高等教育研究方法"这门非传统、革新式的课程即将进入尾声。本次课是这学期的倒数第二次课，由博士生汤建师姐组织。这次课由"场景一：看老师"与"场景二：看自己、看同伴"组成。在场景一阶段，主要是回顾了我们这门课程设计的思路、背景、特征、目标等。在场景二环节，主要让大家对自己写的第一次反思日志进行再反思，并以小组为单位讨论所写反思日志的可取之处、存在的问题以及如何改进。通过这两个场景的串连，再次明晰了我们为什么要出发（课程设计背景）、我们要去哪、我们目前走到哪了、接下来该往何处去以及怎么去的问题。

## 一、唤醒与成长

### 1. 唤醒的过程

汤建师姐首先和我们一起回顾了这门课的设计思路与背景，她谈到这是一次摆脱传统模式的课堂教学改革——一个螺旋上升的完全研究性的课堂。我们以"高质量的研究生课堂教学"这一问题为中心（特别值得提出的是，"高质量的研究生课堂教学"这一问题是非预先设定的，而是回应学生发展需要、直面高等教育发展趋势以及契合自身研究关切点这三者的结合），遵循"发现问题—分析问题—解决问题"这一主线展开探究过程，在这一过程中，穿插着研究的基本方法，如访谈、问卷、文献综述等。同学们主体性的发挥是探究得以开展的原生动力，王老师的因势利导是推动探究的重要动力。从发现问题开始，培养学生的探究能力，引导学生转变其思维方式与行为方式。王老师是研究教学改革的大家，除了理论上的建树外，最难能可贵的是王老师还身体力行地进行教学改革，每周五的学术沙龙是王老师教学改革的平台，课堂也是王老师教学改革的阵地。光从这一点来说，王老师这种理论与实践相结合的研究态度与行事作风值得我们每一位学生学习，如果将来我们走上了教学科研岗，我相信我们在这门课上所受的教育也将永远激励我们认真上好每一节课，认真对待每一位学生，以学生的最大发展为目标，努力打造成高质量的课堂教学。

### 2. 主体的成长

汤建师姐首先与我们分享了她自己的感受与成长，尔后她又请其他同学谈谈自己的体会，可以是收获也可以是困惑或者困难等。从大家的发言来看，我觉得一学期下来这两方面大家的变化很大（也包括我自己）：

一是对课程的态度。王老师的课堂完全是生成式、探究式的，不教授现成的知识，而是引导大家去做、去体验、去思考。同学谈到之前都没有经历过这种教学模式，因此刚开始面对这样的课堂时，大家是不习惯的甚至还有点置疑，觉得课堂结构不是那么的严谨。但是随着课程的深入，大家慢慢进入状态，在课上参与度变高了，在课下自主学习的劲头更足了，也开始形成学习小组。大家由刚开始的不习惯、怀疑到适应、接受再到现在认同、赞扬这种教学模式,也从侧面肯定了王老师的教学改革。

二是思维方式。大家谈到了自己思维方式的变化,之前同学们很容易相信并听从权威,自己独立思考不足,更缺少批判性思维,但王老师课堂上民主、自由、开放的学习氛围鼓励同学们独立思考,敢于质疑,并通过撰写课后日志,进一步加强了同学们的反思能力。虽然思维方式的改变并不是一朝一夕的事,但是王老师的课堂在我们已经形成的思维模式中撬开了一个口子,我们不能完全接受现成的观点或者知识,要养成批判性思维习惯,提高独立判断的能力,敢于质疑别人,也质疑自己。

## 二、对反思日志的反思

汤建师姐在上课一开始就强调每个人都是这节课的参与者与行动者,也是研究者,她提议我们大家一起回顾、反思自己第一次写的反思日志,并借此来探究自己。在大家回顾自己的日志前,汤建师姐先将观察日志的基本要素、基本误区、存在的问题以及修改要求展示出来了。我回想到在开学的前两次课时,王老师强调我们课后所写的日志与一般性的观察日志不同,不是像录像机式的全盘记录,而是记录最触动自己心灵的部分,不必求全,但要求每个同学从自身出发,记录心灵的触发点,并且日志不仅仅是记录,而是必须有深刻反思,这种反思就是自我成长,使自己成为思考的主体、学习的主体、研究的主体,而非被动的受体。全班同学以小组为单位对第一次反思日志进行反思,小组讨论结束后再由每一个同学分别对自己所写的日志进行评析(可取之处、待改善的地方、怎么完善)。察看自己第一次所写的反思日志,发现最大的问题就是内涵不够深刻,待挖掘的地方还有很多,有好几处地方可以拓展开来进行阐述,但我却是点到为止。或许是因为第一次写,还不敢大胆地表露自己的心声。

汤建师姐还提到,我们可以通过修改我们所写的反思日志,然后作为教学案例的素材在《中国高等教育评论》杂志上连载,通过这样的方式向别人呈现我们的这次教学改革,分享我们的经验,供大家交流、讨论。我觉得这是一个非常好的机会与平台,是一件非常有意义的事。同学在课堂上就怎么将日志整理出一个课堂纪实,再现生动的课堂提出了自己的想法。我认为修改错别字、理清逻辑、疏通语顺、凝练主题这些是操作层面上的事,通过同学的努力可以修改过来,但如果要对日志质性内容本身进行修改,比如将我第一次课堂日志中未充分进行拓展的内容进一步深入挖掘、阐述出来,那这种挖掘与阐述是我经过一学期的学习与思考后沉淀下来的想法,并不完全是当时的体验与感受(甚至连我自己也分辨不清究竟是当时的想法还是现在的想法抑或是当时与现在想法的融合),那这种修改是不是存在一定程度上的"失真"呢？我认为反思日志就是呈现出当时我们的所思、所想,即使不完美,那也是一种真实体验、客观状态的呈现。其实通过"原生态"的反思日志恰好能看到同学们的成长与进步的足迹,那是同学们心路历程的变化。

"不要因为走得太远,而忘记为什么要出发",这次课便是一次很好的回顾与反思,同学们的课堂体验都很好,通过这次回顾与反思,我们一定能更好地前行！

**王师批注：**

理论上说本次课是加的，不是原先安排设计的。所以原来补两次课的计划可以不变。

文丽同学总结了两点变化，也是宝贵的两点，这两点能够反映出同学们的成长和变化，很可能是一种本质性的变化。

文丽同学看问题是比较客观的、冷静的，似乎思想上也有点偏保守。

课堂日志第一要点是真实，所以我认同祥辉说的"美容"而非"整容"。文丽说得也很好，当时的真实体验与后来的变化对比才能看出真正成长。

# 拾　从"灌输接受"到"探究生成"

**2017 级硕士生　姚烟霞**

本次课由汤建师姐主讲，主要包括三部分：回顾课程设计、畅谈困惑收获、讨论修改日志。总体而言，汤建师姐还是挺有老师范儿的。课程内容安排合理，课堂组织有序，逻辑清晰，娓娓道来，融入了自己的讲课风格，很有文采，独具个人魅力，同时也习得了王老师教学改革的真传，这不是一堂简单的知识讲授，而是在师姐的引导下，一起探究生成。之前还在课堂上表达过困惑，即王老师的教学改革是否具有可推广、可复制性，年轻的老师能否驾驭探究性的课堂，听完汤建师姐的这堂课，疑问已基本消除。只要把握了探究生成的研究性课堂的实质与灵魂，年轻老师也是可以尝试和驾驭这种教学方法的。只是要达到王老师的功力和高度，还需要时间修炼。

## 一、主要内容

1. 师姐首先告诉我们日志不是写完就结束了，中间还有很长的路要走，还需要我们回顾、反思、修改、锤炼。这并不是一个完全颠覆再重造的过程，而是让我们的日志更加规范、更加深刻、更加精益求精的过程。

2. 师姐对老师课堂设计思路的"五有"总结，特别好。即有问题——高质量研究生课堂教学；有主线——问题生成、问题探讨、问题解决；有反复——因势利导、循序渐进；有创新——以问题探究为中心展开，生成案例教学；有收获——唤醒与成长。之前一直觉得老师的课堂"形散"，无论是课程内容的因需而设，还是讨论发言的充分自主，仿佛看不到老师的干预，师姐的总结让我发现老师之前每次有意识无意识的组织与引导都是用心良苦，看似"形散"的课堂其实是"神聚"的，只是到学期末，才发现了这堂课环环相扣的灵魂。老师在课堂上做的每一件事、说的每一句话都有着教学改革的影子。

3. 这是一门螺旋上升的研究性课程，从发现问题、分析问题到解决问题，每一步都非预先设定的，而是探究生成的。期间还穿插着基本研究方法的学习，包括访谈实践、问卷设计、文献综述等。

4. 第二部分同学们表达了自己上这门课的困惑与收获。困惑主要有偶尔会很迷茫；忙于作业本身，忘了主题；思维不够活跃，跟不上老师节奏等。收获主要有第一次体验探究式的研究性课堂;批判思维的养成;学会总结反思;学会向同伴学习;慢慢学会研究必备的一些技能等。

## 二、主要收获

走进颠覆传统的课堂,没有现成知识,没有课本,甚至都没有参考文献,很长一段时间自己是不适应的。从"灌输接受"到"探究生成",从依赖书本、依赖老师到师生一起探究,十几年形成的思维定式、学习方式在半学期、一门课程的实践中能否完全转变?答案可能因人而异,只知道自己并没完全转变,但可喜的是自己还是有变化的,从完全无法接受、质疑到现在已能大部分接受并慢慢适应。这门课的经历是宝贵的,因为思维方式的转变非常困难,我们在王老师课程上慢慢调整过来的思维方式,很可能在其他课程上一"灌输",好不容易养成的探究思维又被带入"灌输—接受"的思维定式。从这里也可看出教学改革实属不易,系统转变十几二十年的思维方式、行为方式绝非一朝一夕,需要长时间持续不断的努力与坚持。

这是一次摆脱传统模式的课堂教学改革。沙龙是教学改革的平台,课堂也是教学改革的场地。有时候会想,这些教学改革仿佛对自己并没有什么影响或者改变,但潜移默化间,我们已改变很多,只是有时候改变太不经意了,自己都没发现而已。当我们开始质疑印刷出版的铅字,开始批判已发表的权威期刊文献,开始尝试去探究明白一个问题,开始和观点不一的同伴争辩,开始为自己的观点辩护,开始直面缺点、表达困惑……这些都是改变、进步与成长。因为在上这门课之前,我们都是传统课堂上"沉默的大多数",而这门课教会了我们"敢于发声",这就是对传统的颠覆,是教学改革带来的成效。

## 三、主要困惑

1. 我们小组在讨论中有一个疑惑:观察日志和反思日志的区别是什么?如果观察日志需要对课堂内容有一个详细客观的描述,很容易就变成课堂的录像机或码字员,很难不同质化,因为都在"录像",只是录像的工具不同而已。如果是反思日志的话,又缺乏了观察日志必备的一些要素,少了对课堂的真实再现。感觉自己大部分日志都更像是反思日志。

2. 有时候看大家日志,觉得有些观点和想法都特别好,但每次线上互动完就没了,觉得挺可惜的,能在课堂上讨论就更好了。

**王师批注:**

烟霞同学日志总能够让人看到学习文学的功底,非常不错!

烟霞谈到了许多困惑,包括这门课所培养的习惯与其他课堂的不一样,确实这是一个博弈过程,也是一个个人自我选择过程,所以对于同学而言,多种选择可能让大家视野更开阔,这样的经历未尝不是一件幸事。

人必须做自己!怎么做,就在于自己选择。有些东西是无法选择的,有些是可以选择的,选择什么就成为什么——这是存在主义名言。

烟霞几乎是日志提交最晚的,从中也可以看出无奈来。

至于为什么我们没有把线上讨论变成课堂讨论,主要看需要。

# 拾壹 从反思"一节课"到反思"一门课"

**2018** 级硕士生 王鹏娟

## 一、课堂回顾

上周六晚上的课是由汤建师姐组织的,等到上课时才得知原来同学们之前写的课堂反思竟然可以作为王老师教学改革的素材!在课上汤建姐首先带领大家一起梳理了课程设计的思路,并将这门研究方法课定位为"一个完全的研究性课堂",且用"螺旋上升"的模型来形容这门课程的开设过程。想来这一比喻是多么贴切,上课过程中我们在诸如"什么是好的文献""如何写摘要""基于研究问题提出的理论假设"等诸多问题上多次进行讨论甚至争论,反反复复中不断推进着"高质量研究生课堂教学"研究的开展,体验着一个研究问题从"生成",到"厘清思路""实际研究"再到"尝试解决"的过程。汤建师姐用"唤醒"和"成长"来形容她在过程中的收获:在探究和回答研究问题的过程中,学生作为一名研究者的主体意识被唤醒,其间还伴随着学生心态的转变和研究能力的进步。

紧接着汤建师姐让我们畅所欲言谈谈自己在这门课上的收获或者建议,烟霞师姐、亚克师姐和士茹都分享了自己的感受。随后,汤建师姐又让我们分组对组内成员第一次的反思日志进行修改,从最基础的修改错别字、语法和逻辑错误,到为每篇日志拟定一个主题,必要时对日志内容进行删减和段落调整,以使日志达到主题聚焦、记录准确,通过自己的反思和联想体现每个人日志的个性特征。我和孟圆、美丹、士茹、晓艳五个人一组,我们的讨论方式是先每个人说一说自己的日志存在的问题,然后大家再逐篇阅读每个人的日志,并提出修改建议。

## 二、反思"一节课":学生从课堂日志中收获了什么?

在汤建师姐这节课的启发下,我开始意识到,课堂日志是对每一节课的反思,通过对课堂内容的记录、反思和延伸,学生回过头再去重新理解课堂内容,将"知识"或者一种思考方式的内化、思维习惯的养成以书写的形式记录下来,从而形成自己的标准和独立判断。而当我需要反思这门课的开设与其他课程有何不同,是否对硕士研究生的培养更有"效果",我从这门课中究竟学到了什么等问题时,我发现学生通过全程参与一门课的收获,并不仅仅是每门课上"知识点""新观点""新收获"的机械叠加,一门课作为一个连续的过程,学生最后的收获可以说是"源于每节课又高于每节课"。

所谓的"源于每节课",是指一门课程的开设,离不开教师在每节课的设计以及每节课的内容。从内容上说,一门课的内容,就是由一节一节的课程组成的,因此,学生上完一门课的收获,很大一部分是从每一节课中的参与和学习过程中得来的。而"高于每节课",则是说,如果把一门课程看作是一个完整的系统,每节课则是系统中的一个个要素,当每节课之间的衔接、耦合和相互联系程度尽可能提高时,系统功能就会产生"$1+1>2$"的效果。而王老师设计的课程就有这种环环相扣的特点,因此我认为若从更高层面来看这门课,由于其遵循了研究开展的内在逻辑,且在每节课开始时王老师总会做一个承前启后的"引子",此外王老师善于从学生的课堂表现和反思日志中挖掘学生的需要和想法,因此大大提高了每节课之间的耦合性,也使得这样一门高度连续、非常流畅的课程能够真正激发学生的研究兴趣和研究者的主体意识,至少我从中获得的最大的体悟是,要做"真"研究,只有提出真的、有价值的问题,审慎地进行研究设计、扎实地开展研究工作,才有可能得出一个相对准确和接近规律的结论,可见研究从来都不是容易的,好的研究更是不易。

### 三、反思"一门课":生成型课堂"新"在哪里?

对于这门课程的思考,第二个问题是这门课程究竟和传统的硕士研究生课堂有何不同。通过和其他课程的比较,我觉得不同主要体现在:首先,课堂全程是允许师生对话的。由于我对高等教育学很多问题缺乏理解,但又非常好奇,因此时不时会在课堂上追问或质疑王老师的观点,王老师虽然也在日志回复中批评过几次我的问题问得不好,但每次一有问题他仍然都会做正面回应和指导,也从来不会在课堂上正面指责学生个人,因此似乎从头至尾我的提问热情从来没有被打消,反而开始转向真正理性、冷静、谦虚地思考"提问什么"和"如何提问"的问题。这种从来不会逃避学生提问的态度,我认为一方面是由教师本人的学术造诣和功底衍生的学术自信带来的,另一方面也和教师的民主教学理念有关。试想一个将自己观点作为权威的教师,无论如何是不会在课堂上创造很多平等对话机会的,即使允许学生提问,也不过是"答疑",而非"对话"。

其次,课堂设计灵活但不随意。还记得王老师在学生日志中看到"讨论"的建议,就迅速在课堂上组织了分组讨论形式的合作;当他意识到我们依然对文章本身缺乏判断时,就迅速组织了一次课堂上的文本分析示范,尽管我们找的文章质量不高,但这一个过程却强化了我一定要有自己独立判断的观念,从其分析一篇文章如何"不好"和"不严谨",似乎我也摸索出了几分分析一篇文章的方法和确定一篇"好"文章的意味。每当遇到学生好的建议和困惑时,王老师总会迅速做出调整,围绕研究问题适时地生成学生最需要的课堂内容,因此非常机动灵活,但又不会"跑题",确保所有的设计都是为澄清研究问题服务。

最后,课堂是有反思的。实际上最后回头看,我们写的课堂反思并不是作业,而属于课堂的一部分。传统型课堂中我们往往是一节一节的课上过去,之后是否在脑海和思维中留下痕迹无从得知。而通过这样一个反思的过程,学生可以自觉地消化和理解课堂内容,做到有形的"颗粒归仓",由此形成了对学生学习效果的检验,不至于像猴子摘玉米一样,摘一株,扔一株,最终一无所获。

由是可见,这样开放的、生成的、连续的、以学生为主的、探究的课堂在老师和学生的共同合作和努力下终于落地了,这种课堂教学模式的实际效果、推广意义和推广可能性究竟如何,还需要进一步考验和求证。从反思一节课到反思一门课,这门课临近尾声时我最大的遗憾是没有在每次上课前做更充分的阅读准备,以至于和王老师对话总觉吃力和被动。这也给这种生成型课堂提供了一种优化的思路:为了避免学生在课堂上言之无物,教师或许需要要求学生课前阅读和了解一些必要的观点和思想。

**王师批注:**

首先要感谢鹏娟系统而又深刻的反思,因为已经认识到课堂反思也是课程的一个组成部分,这个认识可谓非常深刻!

不过,课堂反思的真正目的是对我们的"研究型"课堂观念的培养,因为这是一次真正的田野研究,因为我们每个同学都身在田野,因此这是一次田野观察日志,是对新型教学模式的观察,本身就是在做质性研究,因为无论什么样的想法,都是自主生成的,不是外部强加的。这也是课堂日志的真正目的——质性研究训练!

质性研究当然是非常重要的研究方法,与其我们去外部观察,何如我们观察自身!我们无须舍近求远,只要反思当下即可,这是一种就地取材的办法,也是孔夫子所主张的"近取于譬"方法的运用。

鹏娟孜孜以求的是可复制性、可推广性,这个追求实际上是错误的,因为这个思想本身就是把教学方法当成一种机械方法去运用,当然是错误的。科学的方法都必须是因地制宜、因时制宜,不能机械照搬,所以盲目追求复制和推广是错误的,这也是为什么许多人搞说课、示范课不成功的原因所在,他们认为好的课程是可以模仿的、复制的,殊不知,真正能否上好课的根本在于教师本人,而非形式,所以教学方法选择必须因人而异,照搬照抄当然就是错误的,最终说课、示范课变成了"画虎不成反类犬"的闹剧。

最后,感谢鹏娟忍受了我的批评,没有完全放弃,虽然中间也出现了懈怠,这也是情有可原的,因为鹏娟原先希望我批评,后来却害怕我批评了,这只能说明心理素质还没有达到真正过硬的水平,还流于一般人那种"只想听好话也听不进去批评"的状态,如果能够突破这一关,则实现了自身的又一次超越。

# 第十四章 谈"研究型课堂"

## ——"高等教育研究方法"第十四课

# 壹 结课

授课教师 王洪才

## 一、艰难的旅程

教育研究方法课程终于结束了！

我心里长长地舒了一口气。

这半年是对我非常大的考验。为什么？这半年从事管理工作以来，各种挑战都非常大，我才知道理想主义变成现实主义是一个多么大的折磨。幸好我不是一个纯粹的理想主义者，充其量是一个半拉子理想主义者。当然我更不是一个完全的现实主义者，因为心中的理想火焰从未熄灭过。这也是为什么我在从事管理工作时产生了一种半推半就的感觉，我既没有非常爽快地答应，也没有干脆地拒绝，可能还是与我自身压根的怀疑主义精神有关。这种复杂的性格就使我在纠结中度过。

方法课程教学改革实验是我最后一次搏击。之所以如此，是因为之前从事过改革实验，进行了三轮之后就无法持续了。不得不说，这种尝试是理性主义在作怪。当时的中断我后来归因是环境造成的，我没有归结为人的天性，也没有归结为民族性，我认为制度环境是人们行为的动力。时隔三年之后再次从事改革试验，总有一种恍如隔世之感。我发现原来的激情成分去掉了不少，一步步地接近了现实，所以我没有强力推动改革，因为我没有这个能力，我只能采用劝导的方式一步步地来推进，试着让同学们适应这个课程。虽然在这个过程中我心里也曾涌起一丝不耐烦，但总归是克制了这种不良情绪，还是一如既往以饱满的精神来对待每次课。中间虽然请过两个博士生帮忙（两次时机都比较好，一次是做访谈示例，一次是课程反思与总结），但也发挥得非常好（同学们的反映就是证明），感觉他们关键时刻是能够顶得住的（我觉得适当的时候让同学们锻炼一下很有必要，虽然这两次都有不得已的理由，但也创造了同学们成长的时机，就此而言，可谓无心插柳柳成荫）。

## 二、梳理问卷设计与访谈设计

这次课程我首先对上次课程意图做一个简单说明，但没有充分展开，因为从上次日志中我发现汤建同学做得非常好,已经把我的意思传达得非常充分,加上雅倩和祥辉两个同学的协助,整个总结回顾的设计井井有条。而且从日志提交情况就可以看出,上次课程日志提交的质量普遍提高,这显然与课程提出明确要求有直接关系,当然也与未来可能要展现自我的关系更加密切,但也说明大家都很有动力,也很有潜力(大概创造潜力也是这样被激发的)。

这次课第二环节我做了问卷设计的梳理和访谈设计的梳理(我认为这个归纳总结是非常必要的,因为我们同学还是倾向于获得标准答案,如果老师不能提供一种标准答案总有一种恐慌感。我这次显然不是提供标准答案,只是进行提纲挈领的总结,帮助同学们思想认识上提升,弥补同学们对标准答案寻求的缺憾。事实上,关于问卷设计和访谈设计在书籍中和网络上都已经连篇累牍,似乎不需要赘述,但同学们对这些材料仍然持半信半疑态度,如果没有老师亲口告诉,似乎仍然不能作准),把问卷设计注意事项和访谈设计注意事项进行了讲解。

当然,我主要是阐述问卷设计的原理和访谈设计的原理,因为大家都有了基本体验,所以就没有非常展开地讲解。这两个部分讲解占了将近一个半小时(我看了一下时间,问卷部分占了一个小时,访谈部分占了半个小时)。后面大家提问环节占了将近半个小时,这样到九点的时候才让大家歇了一下。好像休息时间不超过 10 分钟。

### 三、第二次文本分析示例

第三个环节是做文本分析。今天上课投影仪仍然处于故障状态,所以大家只好都采用电脑来观看了。这次分析了两个文本(我分析的格式仍然是先从题目开始,后看摘要,然后进入正文内容,对正文的重点部分需要逐字逐句解读)。

第一个文本的理论性比较强,题目本身比较好,但一仔细分析就看出其中问题很多(有同学疑问难道需要这么细致地解读吗?我觉得正是细致处才看出作者的功力,如果属于观点不明确类型就不能代表是好文章)。所以没有分析完同学们就叫停了。

接着是第二个文本,是陆根书教授带领硕士生做的研究。我对文章结构、研究设计思路、研究结果和结论分析都做了比较详细的分析(这篇文章的优点是设计思路比较可行,采用的统计分析方法比较规范,所提的结论建议具有现实意义),这样加起来用了一个小时时间。

### 四、课程总结

最后是对课程做一个总结(我点明这是一次完整的研究型课堂,因为我们完全是按照研究的格式进行的,问题本身不是预设的,分析问题和解答问题过程是真实的,而且我再一次强调,研究方法主要是指获得资料的方法),也对作业做一个说明(课堂最终提交的文献综述。之所以如此,是因为以后我们研究生的中期考核都采用文献综述的方式,这也可以说是一次预演,目的仍然是为了提升同学们文献研究能力。而且这一次课程训练,也让同学们扎实地发现,找到理想的文献确实不那么容易,最基本的一关就是对文本的鉴定能力,如果我们自身缺乏研究积累,缺乏批判分析能力,就难以选出比较好的文本),我把修改日志作为一个基本要求让大家尽快完成,初步确定最近一次日志作为课堂教学实效的呈现(因为国内尚无对研究生课堂进行比较细致的研究,所以我们本次的实验研究可以作为一次案例进行展示,我是以研究型课堂来定位这门课程设计的),但需要大家做进一步的精练,而且还需要做一次系统的编辑(做到有机、有趣是一个不小的挑战),使各个部分变成一个有机的组合,这样才好向社会推送。

我们上完课还进行了一次合影(祥辉在课程进展中发挥了无形组织者的作用),后来想起来以前答应赠送大家书籍(这两本书都与课堂教学内容有关),所以最后有 7 个同学接到了我的赠书,其他同学在之前的课堂上已经收到了我的赠书(赠书表示我对同学们课堂参与的衷心感谢)。

# 贰 研究型课堂的生成、指向及其价值

**2017 级硕士生 赵祥辉**

一学期时光倏然而逝,"高等教育研究方法"课程也伴随着王老师在白板上挥毫写下"研究型课堂的生成"八个大字而正式落下帷幕。回首一学期"高等教育研究方法"课程,我们十余位研究生若初见汪洋之小鱼,浮潜从游于王师,虽然航程中或茫然无措狐疑何为研究型课堂,或满脸愁容忧虑如何撰写反思笔记,或一头扎进文献堆里郁闷不知何为好文献,或愣头青般茫然访谈如何开展,或冥思苦想高质量研究生课堂指标怎样细化,或暗自质疑是否还能坚持到最后,诸如此般痛苦与彷徨,不一而足。不过再转头看,再苦涩的经历也变成了甘甜,再痛苦的回忆也成为纪念。何也?这是因为课堂结束后的流韵仍然萦绕心间,醇香依然荡漾齿间。课程结束后,确实激发了我们无限的思考,诸如:我们的课堂何以被称为研究型课堂?研究型课堂是如何被生成出来的?这堂课究竟培养了我们什么能力?这堂课对我们的学术生涯有何助力?对这些问题的反思,也可能让我们对课堂本身的认识从感性体验上升到理性审思,从而更加深刻地理解课堂、理解研究进而理解自己,这无疑是我们作为教育研究者的一次自我解放,也是对课堂的最好致敬。

## 一、研究型课堂的生成:内涵解析与现实对照

为何说我们这个课堂是研究型课堂?这无疑需要我们审慎地对研究型课堂的内涵做出解读,王老师在网络平台中指出研究型课堂即"按照研究的格式进行的,问题本身不是预设的,分析问题和解答问题过程是真实的",这实际也体现出我们的课程全程蕴含着"研究"的意味,而在其中也伴随着不断"生成"的过程,这也就是说我们的课程设计打破了"本质先定,一切既成"的本质主义课程倾向,形成了以学术性对话情境为依托,教师和学生在课堂、微信、网络平台以及访谈实践田野等场域交互作用、动态生成的建构性课堂。在此过程当中,课堂不再是基于预设的凝固课堂,而是师生在探究知识当中展现自我和体验研究的生成课堂。何以如此言说?对照我们的研究方法课,可从以下三大方面窥得一斑:

其一,问题导向的课堂设计思路。毋庸置疑,研究的推进是按照发现问题、分析问题、解决问题进而又发现新的问题的轨道而不断前进的过程。[①] 由此可见,问题导向在研究当中

---

① 发现问题、分析问题、解决问题进而又发现新的问题只是一般性观点,没有考虑非线性的研究思路。

的重要位置,那么作为培养研究能力的"研究型课堂",势必要充分发挥问题导向在课堂当中的教育价值,在问题的探索、发现、分析、解决和追问过程当中,提升学生的研究能力。关于"高等教育研究方法"课程的开设,一般老师大概会按照"研究方法是什么→研究方法的意义→文献综述→访谈→问卷→课下实践"等方式进行课堂设计,这样的方式大概可以让同学对研究方法的意义、概念和特点,有一个比较全盘的认识,但并不深刻,也不能将其转化到研究实践当中。而王老师这门课的特点即在于按照问题导向的方式串联整个课堂,让大家在"发现问题→分析问题→解决问题"的完整研究链条当中深化对研究的认识、对研究方法的认识。并且,值得注意的是,这门课堂中的"高质量研究生课堂"问题的生成并非基于预设,而是王老师与同学们在充分结合教育研究热点、同学学习的现实困惑以及研究的可行性等方面共同生成出来的。这也体现了一个真正基于问题导向的研究型课堂,必定是呼应现实需要以及学生个体发展需求的,也是能够为师生讨论对话提供真实发展空间的。

其二,生成取向、意义建构的课堂实施观念。正像昨晚分析的那篇文献当中所提及的,"在学习活动中只有学习者建构起知识的意义,知识的学习对个体而言才是有效的"①。我们的课堂之所以称为研究型课堂,也正是因为我们课堂在实施的过程遵循了生成取向和意义建构的动态过程,无论是课堂设计、课堂内容和教学方法都伴随着课堂实施的具体情境、学生的具体诉求以及不可控因素的变化而不断调整着,诸如两位博士生担当小先生、增设小组讨论以及文献分析等环节的加入,均体现着课堂的非线性和自组织性特征,而这两种特征本身也是课堂充满创造力的重要表征,体现着王老师对学生个体力量的尊重、肯定以及对学生自我解放的充分引导。而正是在这种"不拘一格"的课堂实施观念的引领下,学生变成了课堂的主体,成为课堂的创造者、设计者和建构者而非被动接受者。作为学生,当我们意识到自己的内在禀赋、生活经验和知识基础都能成为其在课堂中探究和建构的资源时,这对我们习惯灌输和接受的传统观念不亚于一次"哥白尼式的革命"。由此,我们也能够基于主体性在课堂中建构起自我对研究意义的认知,并在对研究的体悟和反思中成为一名合格的研究者。

其三,基于主体间性的师生关系。课堂何以能够按照生成取向、意义建构的方向实施?究其根源,就在于王老师始终坚持了"以学生为中心"的理念,反映到课堂上的师生关系当中,即体现为一种民主、平等②的师生关系。而这种师生关系的形成主要体现在对传统课堂所表现出的"主—客"师生关系模式的翻转,让学生从教师"权威话语"控制的牢笼中解放出来,由知识的"被动接受者"转变为"主动探索者",从而有足够的自信和勇气敢于和老师开展平等对话,而这种平等对话关系的形成一定程度上也意味着基于主体间性的师生关系形成。以我们的课堂为例,不难发现同学们虽然跟老师存在知识储备、眼光见识、经验基础、认知水平的差异,但也敢于围绕课堂主题积极发表自己的想法与观点,而不用担心被老师苛责和痛斥。当然这种主体间性师生关系的形成,与王老师善于倾听的习惯是难脱关系的,因为倾听本身就代表着对学生需求、思想和情感的尊重,而平等对话的前提即是尊重。

---

① 王珊.论研究生课堂教学参与的本质及其实现途径[J].研究生教育研究,2017(1):43-46,72.
② 虽然王老师强调教学相比科研并没有那么平等,但相比传统型课堂而言,我们的课堂当中的师生关系用"平等"一词并无不妥。

## 二、研究型课堂的指向：独立判断能力的训练

回顾整门研究方法课的历程，不难发现"独立判断能力"这六个字被多次提及。毋庸置疑，作为研究者，如果要做出"好的研究"，从根本上就要构筑自身对事物的判断标准，而非趋于权威，让自己的研究成为他人观点的"注脚"。有人说，研究生做研究的最大阻隔在于"无问"的尴尬、"无解"的煎熬以及"无路"的迷茫。[①] 何以"无问"？即在于研究生没有独立判断什么问题更有价值的能力。何以"无解"？即在于研究生没有独立判断问题解决方案何者更优的能力。何以"无路"？即在于研究生没有独立判断问题阐述和论证怎样更清晰的能力。由此可知，研究的任一链条都离不开独立判断能力的保驾护航，故而提升研究能力从根本上来说其实就是提升自己的独立判断能力。从这个角度上来说，研究型课堂的目的既然在于培养研究能力，那么其重要目标指向也即在于训练独立判断能力。近两次课，我先后对大家的文献综述和反思笔记做出详尽评价，由于每次都要放到网络平台，因此在此过程当中我也努力做到不偏不倚、中正客观，从而渐趋形成自己的判断标准。但确实就像王老师所说，评价同学们的文章是优劣易见的。但评价学者们尤其是知名学者们的文章，又该如何建立自己的独立判断标准呢？幸运的是，这节课的文献筛选给了我一次评价学者论文的机会。再次本着"相观而善"的心态，将评价表列于下：

表1　文献筛选评价表

| 评价测度 | (1)级别上：期刊级别？学校级别？作者级别？(2)题目上：是否有新意？是否典雅？是否考究？(3)摘要：结论是否明确？方法是否明确？选题基础是否丰厚？问题是否鲜明？意义是否重大？(4)正文：引文是否能够点出问题并说明研究意义？问题分析是否切中要害？论证过程和结论是否规范具体？<br><br>优秀文章(91～100)；良好文章(81～90)；一般文章(71～80)；合格文章(61～70分)；差文章(60分及以下) | | | |
|---|---|---|---|---|
| 姓名 | 题目 | 优点 | 不足 | 分数 |
| 董志峰副教授，李玉基教授/甘肃政法学院 | 大学课堂教学及管理的价值取向——基于大学"优秀教学奖"评选的视角（高教发展与评估，核心） | 1. 试图论述大学课堂教学的价值取向，将其提升到哲学层面，有一定创新性；2. 行文较为规范。 | 1. 题目同时论述"教学"与"管理"两个价值取向，有些过于泛化，并且基于优秀教学奖评选能否证明价值；2. 摘要多是意义性的空泛陈述，对文章内容凝练不足；3. 看了文章内容之后，发现文不对题，内容只论述了教学管理的价值取向，课堂教学的价值取向何在？并且在谈价值取向时，好像谈的都是具体性的对策，而非具有方向指导性的价值。 | 75 |

---

[①]　李润洲.论研究生创新思维的培育——一种教育学的视角[J].学位与研究生教育，2018(10)：26-31.

续表

| 姓名 | 题目 | 优点 | 不足 | 分数 |
|---|---|---|---|---|
| 陆根书教授等/西安交通大学 | 国外一流大学本科生与研究生课程考核方法比较研究(复旦教育论坛,CSSCI) | 1. 题目反映出研究问题聚焦;2. 摘要规范:意义、方法、问题、结论鲜明;3. 文献综述部分较为充实,奠定了良好的研究基础,同时明确了研究问题;4. 研究方法规范,研究结果明晰。 | 1. 没有说清楚在本科生课程/研究生课程、基础课/专业课、理论课/实践课/理论实践相结合课程、必修课和选修课、各学科专业课程中是如何选择样本以及如何划分比例的。如果不说清楚,这样划分可能信效度会降低。2. 描述性内容过多,感觉核心观点不突出,理论深度有些不足。 | 87 |
| 李华博士,刘瑞新副教授/扬州大学 | 基于学生发展的高校课堂教学评价指标的设计[河南教育(高教),普刊] | 1. 题目把握到了"学生发展";2. 摘要较为规范。 | 1. 期刊级别低。旅游烹饪学院的老师所写,可信度不高。2. 文章仅三页,参考文献仅三个。3. 从学生、同行教师和督导专家设计课堂教学评价指标有何新意?并且,题目是基于学生发展,三个主体的视角是否能够归总聚焦到学生发展上也并未给出说明。 | 60 |
| 肖广岭副教授/清华大学 | 加拿大大学文科研究生课程教学方式及对我国的启示(清华大学教育研究,CSSCI) | 对案例的分析较为透彻。 | 1. 题目有些拖沓,且文章主要是针对某大学的政治系研究生,是否具有代表性?2. 摘要对研究意义和结论介绍不足。3. 文章没有涉及理科生,也没有点明文科研究生教学方式的独特性,但在启示部分进行了文科和理科的比较,有些生硬。4. 没有参考文献。 | 76 |
| 杨启亮教授/南京师范大学 | 教育硕士专业学位研究生教育的课程设计理念(学位与研究生教育,CSSCI) | 1. 题目较为明确,选题在2001年算比较有创新性和现实性,对今天也有所启发;2. 内容比较有理论深度,结构较为规范、有逻辑。 | 1. 参考文献仅三篇;2. 摘要里的"课程向国际化延伸"在文章里体现不足。 | 85 |
| 姚利民教授,王燕妮硕士生/湖南大学 | 课程教学培养研究生科研能力之对策(黑龙江高教研究,C扩) | 文章较有深度,提出许多建议与我们课堂讨论出来的高质量研究生课堂标准多有符应之处。 | 1. 题目似乎有些不够典雅凝练,但一时又说不出来应该怎么改。2. 摘要有些过于简单,当然这跟内容结构单薄难脱关系。3. 文章内容结构就对策论对策,有些不够丰满。如:问题缘起为何?现状如何?问题根源在哪?这些问题都需要展开论述,而不是单刀直入直接提对策。4. 课程教学培养研究生科研训练只在教学内容、教学方式和教学氛围有体现吗? | 83 |

续表

| 姓名 | 题目 | 优点 | 不足 | 分数 |
|------|------|------|------|------|
| 刘献君教授/华中科技大学 | 论"以学生为中心" | 作为经典文献,其对"以学生为中心"理念的缘起、内涵和路径做了系统而深入的探讨,是一篇高质量期刊。 | 文章摘要当中提到,近代以来我国教育偏离了"以学生为中心",但是感觉我国从来只是有部分"以学生为中心"的教育思想,从来都是秉持"以教师为中心"。 | 91 |
| 王珊副教授/四川师范大学 | 论研究生课堂教学参与的本质及其实现途径(研究生教育研究,CSSCI) | 1. 题目清晰,有深度。2. 摘要要素齐全,条理清楚。3. 文章富有理论深度。 | 1. 第一部分的"本质"和第二部分的"本质的特征"感觉可以统合起来,内容有一定重合性。2. 参考文献格式不规范,不统一。 | 90 |
| 汤新华博士/美国德克萨斯大学 | 美国的研究生课堂教学 | 案例挖掘比较充分,真实反映了美国研究生课堂。 | 1. 题目有些过大,问题不聚焦;2. 摘要太过简单,没有对文章进行系统梳理和要点凝练。3. 文章对不同性质和类型的课程未做区分,有些"一刀切"论述之嫌疑,如教学评价标准,用几个数字代表美国研究生教学评价的普遍情况不太合理。 | 84 |
| 潘武玲博士/华东师范大学 | 我国研究生教育质量评价体系研究 | 博士论文,暂时不看,可能不适合课堂讨论。 | —— | —— |
| 顾建民教授/浙江大学 | 研究生课程建设:从理念到方略(中国高教研究,CSSCI) | 1. 摘要明确。2. 文章较有条理和深度;3. 对单门课程、课程体系以及整个培养体系的关系进行了梳理,比较有创新性。 | 1. 第二部分"研究生课程建设的问题与原因",原因是"建设的原因"还是"问题的原因"?似乎有些失当,并且此部分并没有谈到原因。2. 题目是从理念到方略,但是理念和方略全部杂糅到一部分去讲,感觉篇幅和结构有些不合适。3. 参考文献格式不规范,不统一。 | 87 |
| 郑冬梅硕士等/北京航空航天大学 | 研究生课程教学质量评估体系的探索与实践(北航学报,普刊) | 摘要要素齐全,条理清晰。 | 1. 文章题目是教学质量评估体系,到了文章当中变成了教学评估,且并未提到"体系",是否有些题文不符?2. 各结构的篇幅和标题布局也比较不合理。3. 标题当中并未提到高水平研究型大学,文章当中突然又自动剔除了其他类型的大学。4. 第二部分已经针对教学评估思想、内容和方法系统思考过了,第三部分又加一部分思考有何意义? | 75 |

续表

| 姓名 | 题目 | 优点 | 不足 | 分数 |
|---|---|---|---|---|
| 陈举博士生等/南京大学 | 研究生课堂教学参与的价值理性与社会学反思(研究生教育研究,CSSCI) | 1. 摘要要素齐全,能够反映文章主体内容。2. 对社会学视角研究课堂教学的必要性和独特性进行了系统阐明。3. 对质性研究方法的使用较为规范,最后也能够上升到理论高度。 | 最后的结论和反思部分只是对问题本身进行了进一步阐释,是否需要提出相应对策? | 90 |
| 杨文正博士,刘敏昆教授/云南师范大学 | 研究生专业课程"研究性课堂"教学机制探析(研究生教育研究,CSSCI) | 研究问题聚焦,逻辑结构层次清楚,较有理论深度。 | 1. 题目感觉有些赘余,不精练。2. 摘要无主语。3. 有些论述实际上是引用了其他学者的观点,但在参考文献当中并未反映出来。 | 90 |
| 卫建国教授/山西师范大学 | 以改造课堂为突破口提高人才培养质量(教育研究,CSSCI) | 1. 摘要规范,要素齐全。2. 结构框架清晰,用词严谨。 | 思辨性过强,感觉不接地气。 | 86 |
| 沈文捷博士等/南京大学 | Seminar教学法:研究生教学的新模式(学位与研究生教育,CSSCI) | 对习明纳教学法进行了系统介绍。 | 摘要只介绍了习明纳教学法的意义,对其内涵和特点没有太多涉及。 | 83 |
| 总评 | 1. 总体来看,年份越靠后的文章行文规范、内容架构上越规范。2. 期刊级别、作者级别和学校级别直接关系着文章质量。3. 甚少文章的标题能够达到规范、凝练、雅致的境界。4. 摘要大多不规范,很少能够具备5大要素且语句凝练优美的。5. 正文部分,结构布局方面存在很多问题,但是文字大都比较规范。 | | |

诚而言之,由于评价面向的都是一些知名学者的论文,因此我在评价时不免有些束手束脚,尤其是在提不足时唯恐因自己理论深度不够、阅读不够精细,导致未解作者原意而评价过激、言辞不当。昨晚在王老师文献分析环节所选的第一篇王珊副教授的《论研究生课堂教学参与的本质及其实现途径》中,我对其题目的适切度和深度、摘要要素的齐全度以及文章的理论深度都予以了表扬,对其不足仅提了结构需要调整和参考文献格式不规范两点。但在王老师分析环节,发现这篇文章细究起来还是存在不少问题的,由此也让我对自己的独立判断能力产生了一些质疑。不过,在随后的陆根书教授等人的《国外一流大学本科生与研究

生课程考核方法比较研究》①一文中,王老师对其优点和缺点的评价与我评价表当中基本一致,又让我欢欣鼓舞起来。诚然,我对王珊副教授论文的评价与王老师存在一些不一致,但这一方面可能是并未细致阅读的缘故,另一方面更有可能思辨性论文本就很难达到无懈可击、逻辑严密的程度,因此存在漏洞也是应然之义。而对陆教授文章的评价与王老师一致,从根本上也体现出这堂课真的让我渐渐养成了敢于评价、善于评价的习惯,并初步形成了自己的独立判断能力,这对我未来的发展无疑是大有裨益的。

### 三、研究型课堂的价值:真正研究者的养成

"高等教育研究方法"课结束了,据王老师说他的教学改革也将告一段落了。但对我们来说,一切其实刚刚开始。如果说,邬大光老师在开学致辞给大家提出要做"研究高等教育的真人"的呼唤只是一种期盼的话,那么王老师则是直接由期盼落实到了行动,让大家通过"研究真正的问题、做真正的研究"进而成为一名"真正的研究者"。由此,我们不由得能体会到王老师这门课——这门研究型课堂最大的价值其实不在于具体方法的训练,而在于研究兴趣的熏陶、研究志趣的培养、研究能力的提升以及作为研究者的主体意识生成。

有人会觉得,课堂结束后这门课的价值还能体现吗?我觉得答案是肯定的,因为成为研究者的车轮一旦发动,断无停下之道理!

后记:课程圆满结束,感谢老师的精心设计和全心付出!感谢同学们的切磋琢磨和同舟共济!感谢自己的初心不改和砥砺前行!是一段美好的历程,谢谢大家!

**王师批注:**

祥辉的日志总能够给人眼前一亮的感觉!谢谢了!这是一种研究性学习,同时也是创造性学习,因为整个日志充满了探究的色彩,而且不乏自己的观点。

祥辉能够对课堂特征总结出三点意见很不错了,反映出能够把前人的理论研究成果用以分析教育教学改革实践实际了,这是一种知识运用能力,何尝不是一种创新能力?我在《应用型研究生教育改革探索》一书中就已经发现了这个道理,即创新是知识应用过程中进行的,因为应用,所以质疑,进而创新。因为在应用中开始对已有知识进行检验,这种检验中总能够发现已有知识的不足;为了弥补这个不足,就需要对已有知识进行反思,这个反思过程实质上就是在质疑;有了质疑,必然试图消除自己的困惑,也就有了新的假设。创新就是这样发生的。

祥辉对已有文献做了挑选,并且进行重点分析,这些分析当然是结构化的,确实具有可信性,因为每个分析都能够提出证据来,也即言之有物。如果说还有什么不足的话,那就是对每篇文献的学术贡献没有提炼出来。如果能够把这些贡献提炼出来就能够把研究进展的脉络勾勒出来,在实际上就变成了文献综述的逻辑了。不过,这可能属于你的研究创新之处,可以作为独立发现部分而不公布。

---

① 陆根书,陈晨,刘萍,刘琰.国外一流大学本科生与研究生课程考核方法比较研究[J].复旦教育论坛,2017(6):53-62,87.

研究型课堂的核心在于研究,作为课堂又不得不有自己的主线,这就形成了研究型课堂的特色。作为研究方法的课堂,自然要以研究方法的训练为主线开展;但这种知识不应该直接呈现,而是在研究中生成,这实际上就是体验式学习的要义,也是建构主义原理所要求的。换言之,真正属于自我的知识是在解答实际问题过程中也即在知识运用过程中生成的,这个生成过程是自我体验的提升、凝练与概括。

# 肆　从"新"出发

**2018** 级硕士生　刘美丹

未经反思的人生不值得活。——苏格拉底

随着集体合照的拍下,看着老师和各位同学脸上洋溢着的笑容,最后一堂高等教育研究方法课就正式落下帷幕了。捧着老师赠送的两本书回去的路上,心里竟然涌起一种复杂的心情:本以为终于结课心里会轻松,没想到有些沉甸甸的失落。细细想来,在一众平时发言踊跃、见解颇深的师兄、师姐和同班同学中,自己这一学期的课堂表现可谓平平,甚至有时候还会产生懈怠的心态,没有认真对待老师布置的课下学习任务,以至于一晃这学期的学习就结束了,现在也只能空对当初的种种"不作为"懊悔不已。

## 一、课前回顾:唤醒自身

回到当天的课堂本身,老师课前对同学们之前提交的日志予以充分肯定。从第一次与第十三次课堂观察日志的对比中,老师欣喜地发现大家渐渐形成了独特的个人风格,文字表述中更加体现自身的主体性,虽然有的成长快、有的成长慢,有的收获大、有的收获小,但都渐渐有了探究性学习的味道,能够从刚开始的一味相信权威转向更加审慎、严谨,提出批判性的观点,正如老师所言:醒来虽然很痛苦,但一旦醒来,便不再入睡。对我自己而言,能够更加意识到自己缺乏批判性的思维能力训练,是一次最大的"唤醒"。面对一篇文章、一次讲座,我总是不能敏锐地捕捉实质性的问题,缺乏逻辑分析和理论探讨能力,现在反映到论文写作中,也是如此,寻找到真正能够研究、值得研究、可以称之为问题的问题,于我而言,确实是一件头疼的事情,虽然这学期有关如何做好选题的讲座没有少听,老师们关于发现有价值的研究问题的论述也非常精彩,但回归到自己的研究上,却似乎总是缺少那样一种敏锐的"问题嗅觉",我想跟我接受了十几年的接受式教育有很大关系吧。虽然发现问题、捕捉问题的过程非常"痛苦",要想一夕之间有实质性突破也不太现实,从王老师的课堂走出去后,我还是会在今后的学习中努力克服自己思维上的缺陷,培养起问题意识,扎扎实实地钻研,不断打磨和训练自己的学术研究能力。

## 二、课中学习:问卷设计

王老师详细讲解了关于问卷设计、发放对象与发放方式选择的一些注意事项。首先,关于结构:问卷的结构应当设计得非常严密,始终围绕着所提出的命题进行。而且结构性强也是问卷的最大特点,背后必须有理论假设的支撑。其次,关于抽样:由于问卷调查是实证研究工具,因此问卷抽样不是漫无目的的,要有针对性,随机抽样耗时费力,使用较少。最后,关于发放:通过线上问卷收集对专业问题的回答是很困难的,最好在问卷发放时能够给予一些物质奖励。

王老师也谈到了问卷内容设计的具体要求。根据我的理解,现将其整理成下表:

表1　问卷设计基本技巧表

| 组成 | 作用 | 注意事项 |
|---|---|---|
| 题目 | 明确问卷主题,在题目中把问卷的意图表述充分,不要有多余的话。 | 触类旁通:自己写论文的时候,论文的题目也要一目了然,直观准确。 |
| 引导语 | 1.阐释清楚问卷设计的目的;<br>2.说明自身是以什么样的姿态来发布问卷的,让对方感受到自己存在的价值。 | 能不能打动对方很重要,语言要真诚,放低姿态。 |
| 基本信息部分 | 了解被调查者的一般身份信息。常用信息有:性别、年龄、家庭背景、民族、地域、学历、文化程度。<br>特殊信息有:国外读书经历、职称、教龄、消费水平等。 | 调查对象的身份信息不可能完全一致,各有差异,要根据调查内容调整所要获取的基本信息。<br>问卷前期设计过程中要考虑到后面数据分析、处理的难易程度。不要过分复杂。 |
| 基本问题部分(主体部分) | 1.题目数量:一般性调查,题目越少越好;特殊性调查,问题会多一些。总之,绝对不是多多益善。<br>2.题目内容:要有核心命题、附属命题,对核心命题要尽可能细化、分解;表述要简明易懂,语言凝练,拒绝模棱两可。<br>3.题型设置:同样的题型最好放在一起,方便别人作答;反问句要少用,多重否定也不要用,最好都用正向叙述、肯定语气。偶尔可设置一两个反向测谎的。<br>4.题目排列:按照统一顺序进行,结构一致。 | 问卷设计的思想应当以答卷人为中心,在以对方为中心的基础上尽可能地满足自身的需要。<br>问卷要做到有任何疑点都能问出来是很困难的,但应当尽量把任何可能性的疑问都问出来。 |
| 开放性问题部分 | 1.收集到生动的资料。<br>2.可以反映回答者之间的一些细微差异,甚至获得意外发现。<br>缺陷:回答率不是很高。 | 当前,很多问卷开放性问题的设计都是无效命题。原因:问法不对,缺乏技巧。<br>可考虑以案例形式呈现,如某个人的观点是什么,你同意吗?为什么? |
| 结束语 | 几种方式及目的:请被调查者留下联系方式,衷心感谢;告知被调查者微信公众号,方便获得后续研究成果。 | 可突破结束语的传统作用,比如在问卷结束部分请被调查者对问卷打分,以改进问卷的设计。 |

## 三、课中讨论:访谈设计

虽然对访谈的设计要求没有问卷那样高,但是如果访谈提纲设计得不好,就很容易浪费了访谈机会和时间、精力,最后也问不出什么实质性的内容。因此,好的访谈需要注意以下几点:首先,访谈设计必须具备鲜明的问题意识。其次,对于访谈内容也应当精心准备。

表 2　访谈基本技巧

| 访谈 | 注意事项 |
|---|---|
| 访谈提纲设计技巧 | 1. 访谈一般不需要引导语。前期联系要把访谈意图说明清楚,基本覆盖。<br>2. 访谈问题当中不能放任何涉及信息类的内容。比如,类似于询问对方是哪个单位的,这样的问题不要出现,事先必须对访谈对象有一定了解。<br>3. 围绕一个主题可以提出 5~7 个,最多不超过 10 个相关问题。而且问题得是开放性的,不能是引导性的,以获得深度信息。<br>4. 最好准备两套访谈提纲:给对方一套简明扼要的,给自己留一套细致的、有额外问题补充的。 |
| 访谈过程注意事项 | 1. 避免涉及隐私性的内容,不要谈论对方不喜欢或者不熟悉的东西。<br>2. 访谈时间要把控得当,5—10 分钟要能够让对方进入访谈状态;访谈总时长 90 分钟是最佳的,30 分钟的访谈只是基本信息回答,不是很有意义。<br>3. 访谈过程要训练自己的心理素质,不能畏畏缩缩。要善假于物,利用外部条件,比如对方跑题了,你可以说"老师,我给您加点水",借机拉回。<br>4. 访谈过程不能表现得自以为是,要保留学习者的姿态。<br>5. 访谈过程要能够与访谈对象产生共情,表情不要僵化、无动于衷。<br>6. 一些专业性的学科术语最好不要用。否则就应该做出准确的解释。 |

老师留出半小时的时间让大家交流讨论自己对于问卷、访谈设计的疑惑。大家根据自身的实际调查经历,提出了很多问题,比如邮件访谈怎么操作? 与面对面访谈相比不足是什么? 访谈对象有不同的话语体系,如何处理这一障碍? 访谈究竟是要获得意见还是事实? 访谈过程中不能与受访对象产生共情怎么办? 问卷设计的引导语是否一定必要? 对问卷测谎题回收的结果如何处理? 等等。最后我得出了一个结论,即研究方法说到底就是收集资料的方法,无论是问卷法还是访谈法,任何研究方法都有其适用的范围和自身局限,我们不能完全依赖甚至被这些方法给束缚住,最终目的是要通过收集资料验证自己的想法。

### 四、课中示例:文本分析

对文本分析的过程是训练和培养自身独立思考能力、批判性思维能力的重要途径。之前的课堂上我们也进行了几次文本分析,但取得的效果并不好,有很大一部分原因是没有选取出值得研究的好文献。这一次不同的是,首先由各位同学推荐两篇高质量的文献,所有人再对汇总的十六篇文献进行打分,并陈述自身理由,最后根据打分结果,对这十六篇文献进行排序,由老师带领大家对得分最高的两篇文献共同开展简单的文本分析。

得分最高的一篇是四川师范大学王珊副教授撰写的《论研究生课堂教学参与的本质及其实现途径》,这一篇同时也是我自己打分最高的一篇,当时打了 95 分,给的理由是"条理清晰,内容丰富,说服力强"。因此,在老师开始点评前我是充满期待的,不过点评的结果跟我之前预期的相去甚远,老师首先肯定了这篇文章的题目谈"本质"有深度,但从摘要和正文中发现了很多问题,比如"本质"列举过多,缺乏核心逻辑;有些观点生搬硬套,没有提出自己明确的命题,学术水平、理论价值不大等。得分排第二的是西安交通大学陆根书教授等人撰写的《国外一流大学本科生与研究生课程考核方法比较研究》,但我自己当初打分的时候只给了86分,给的理由是"对数据分析的过程较为翔实,方法使用得当,但所得结论较为简单"。而老师的评价是:选取了比较可信的考核依据,选取的样本还是比较具有代表性的;但取样依据没有讲清楚,样本量不太均匀,多的太多,少的太少,也没有做说明,另外描述性的内容较多,受条件限制,对研究结果缺乏解释力。从老师对这两篇文献的评价中,我感觉自己对高质量论文虽然初步形成了一定的判断力,但总体还是有很大偏差的,自己还是需要通过多看多读文章,慢慢培养起这样一种学术修养。

最后,老师谈到,自我主体意识是慢慢生长出来的。因此,课堂观察日志很有必要,虽然刚开始写的过程会很痛苦,但坚持做了之后个人会得到升华体验。我想,确实是这样的,从2018年9月17日至2019年1月7日,我们一共上了十四次课,撰写了十四篇课堂观察日志,以平均3000字一篇计算,到现在已经累计了42000字左右。虽然有心理准备,但这个数字还是吓了我一跳,如果直接让我写出一篇4万多字的论文,应该会是一件非常有挑战性的事情。但我们最终还是坚持把这样一件看似困难的事情做下来了,每一篇日志都是独一无二的,记录着我们在课堂上的新发现、新思考,生成的新观点和新感悟,实在是一件富有意义的事情。对我个人而言,高等教育研究方法这门课程学习的结束不是一个终点,而是一个更高的起点,期待自己从"新"出发!

后记:上周因为准备其他报告,没有按时提交日志,向老师致歉。最后,非常感谢您对高等教育研究方法课程教学改革的精心设计和辛勤耕耘!感谢您给予我们这样与众不同、颇具冲击力、沉浸式的课堂参与体验!感谢您的督促、鼓励和诸多良苦用心!!

**王师批注:**

首先谢谢美丹同学!因为每次作业都非常认真,这种认真的精神是我最看重的。

其次,美丹的文字表达能力让我很是振奋,文字很是简练,不拖沓,这是一种难得的清新文风。当然,这肯定与个人的努力和磨炼有关。

再次,美丹这次日志运用表列的形式将问卷与访谈要点梳理得非常清楚,这可以供大家参考使用,也方便同学们去验证,因为我的总结可能还有不完善的地方,提出这个文本之后,大家以后阅读相关著作时就有了参照系,也可以建构自己关于问卷法和访谈法的认识了,也即形成自己关于方法的知识。知识建构过程就是这样开始的,它一定是发生在知识应用和验证过程中。

最后,美丹同学的从容自信让我觉得你们真的成长起来了,不会再出现反复情况了,这可以说是一种素养的培养。我对你们充满信心!一个从"新"出发胜过千言万语,赞!

# 伍　是结束,也是新的开始

**2018** 级硕士生　郑雅倩

## 一、不舍的教学改革

2019 年 1 月 7 日是最后一节方法课,有一股浓烈的不舍感。回想起第一次接触这种教学形式的情形,那三个小时内的思想激荡让自己措手不及,致使全程紧张不安。课后也为自己薄弱的基础而着急上火,为跟不上老师和同学们的节奏而懊恼,所以曾经有过放弃的念头。但是,因挫折而放弃不是我的作风,也违背了自己求进步的初心。所以,在后来的几次课中,不断地督促自己去总结经验和教训,去借鉴和学习同学们的优点,采取客观和理性的态度继续学习和掌握新的知识。就如老师所提及的那样,"醒来虽然很痛苦,但是醒来之后会习惯,也会越来越好",回看日志,回想整个学习历程,不仅自己有了很大的进步,而且班级的同学也都有了进步。并且从同学的反馈来看,这种进步不仅是知识的增长,也是思维方式、学习态度的转变。可以说,虽然我们结课了,但是对于我们同学来讲,这是研究生学习生涯的一个新的开始,一个充满自信的新起点。从这一个层面来说,我们的教学改革是十分成功的,也为国内研究生课堂教学改革提供了一个范例。

除了对这门课结束不舍,同时也对老师提出的对教学改革做告别不舍。教学改革注定是一个艰巨的任务,面临着许多未知的难题与挑战,虽然可能无法真正体会到老师在教改过程于理想与现实中的苦苦挣扎,但从一个学生的角度而言,我真心希望老师能够继续这样的教学改革。一方面,这种教学模式对于提高学生的批判思维和创新思维具有良好的效果;另一方面,国内在这一方面的教学改革并不多,如果能够持续做这样的教学改革定能扩大影响进而能够促进国内研究生课堂教学改革。

## 二、提纲挈领的课堂内容讲授环节

(一)问卷设计

上一次对同学们的上课内容想法进行了调查,大多数同学提出希望能够先讲授问卷设计,若有时间的话再讲访谈和文本分析。原本我以为老师在这节课会带领我们去完成关于高质量研究生课堂教学的相关问卷,但是发现老师没有这样做,我想是课堂时间有限,带领同学们明确问卷设计的基本要求,掌握了最核心的要素,再去做各类研究主题的问卷便相对容易了。

老师提出问卷设计有三大要求:第一要求是要明确问卷的主题,主题即问卷的灵魂,要让别人明白我们的意图。第二要求是写好引导语。引导语是处理问卷设计者和访谈者的关系,引导语要细致、要动人,说明对方成为访问对象的原因,让对方感受到其独特的价值。同时也讲到很多情况下都非随机抽样,因此目的性要十分明确,这就决定问卷设计的结构性要十分严密,最好以命题形式呈现。

第三个要求是具有合理科学的问卷题目设计。在这一环节又分为四个部分。第一部分是基本信息。设置基本信息是因为我们在设计时有一个前提假设,即地位、身份、性别等不同会影响被调查者的信息回答倾向。第二部分是问卷的主体部分,即研究所涉及的问题。(1)关于问题的数量。研究问题和研究主体不同,问题设置的数量也会不同。如果只是一般性的问题就越少越好,如果是涉及的研究范围比较广,设置的问题就要多,否则会影响研究深度。但也不是问题越多越好,问题应该是经过凝练和简化的。问卷题量过大的话,可能就需要设有奖励机制,否则被调查者填写问卷时可能会出现不耐心导致问卷的信度受到影响。(2)关于问卷题目。问卷的题目设计是一个很大的挑战。一个理论架构都是一个命题系统,由核心命题与辅助命题构成。问卷的问题就需要分解核心命题,至少要进行二级分解,最终的呈现应该是通俗易懂的。而且问题避免以反问句、双重否定句呈现,防止对方产生混乱以影响效度。(3)关于题目的顺序。一般而言,问题都是按照统一的顺序进行,较少将正向顺序与反向顺序混合,不过为了测谎可以设置一两个问题以不同顺序呈现。同一类型的题目应放在一起,方便对方作答。因为问卷设计的核心思想是以回答者为中心,而不能以设计者为中心。(4)设计一份好问卷的核心要求是把理论思考时产生的疑问全覆盖。第三部分是设置开放性问题。这部分的问题也应该细分,不能太宽泛,否则别人就不愿意作答。最后一部分是结语,可以表达对对方接受此次调查的感谢,或邀请对方对此问卷打分以检测有效性,或提供调查结果反馈的联系方式,等等。

(二)访谈设计

访谈设计这一环节我们之前也经历过,但是据那节课大家的反馈,在访谈提纲的设计方面效果并不佳,这也说明知道设计与知道科学设计是两回事。其实访谈设计与问卷设计有异曲同工之处,即需要知道自己的核心问题是什么,不同的地方是问卷是封闭性的,需要做好严格的设计,而访谈相对而言可以开放一些,访谈过程中有追问环节,可以弥补设计的不足。访谈中最大的挑战是如何避免被受访者牵着走,自己访谈时也会有这样的失误。老师提及出现这样的情况是因为对研究问题的认识不深,不能判断受访者的回答是否对自己的研究有用,所以前期的准备一定要十分充足,要带着问题带着思考去访谈,同时在访谈时要有自信(自信来自前期的充分准备),有自信了才能侃侃而谈,才能避免被对方反问,才能适时追问,才能进行深入的访谈获取有效信息。

(三)文本分析

最考验研究功力的是文献综述,做好文献综述的前提是挑选代表性文献,挑选代表性文献的基本功是对文本进行分析。在这门课上,我们已经进行了多次文本分析,从最开始挑选出的代表性文本"代表性不足、题目不清、内容杂乱、逻辑不清"到"题目有一定水平、摘要基本要素相对齐全"等,从代表性文献挑选质量的提升,说明同学们文本分析的水平也在不断提高。

## 三、总结

课程的结尾,老师针对同学"研究型""研究性"之疑提出我们的课堂是研究型课堂,因为我们的教学是生成的,是遵循着发现问题、分析问题、解决问题,让同学们体验真正研究的过程。但同时,老师也指出我们课堂与纯粹的科研还是有差别的,科研是完全平等的,而我们的课堂还非完全平等,因为老师还是有一定的引导。

任何研究都是多种方法的混合,问卷、访谈、文献分析等,这些我们都在老师的带领下有了基本的训练,但是研究功力是需要慢慢积累的,我们在知道基本的方向后就可以朝着这个方向好好努力,厚实基础。祝愿同学们都能够学有所成!

**王师批注:**

谢谢雅倩,首先是没有放弃就值得感谢。其次是感谢雅倩对同学们和我在这门课上所做的服务。

确实如你所说,这次课原计划是把原来的问卷设计做进一步完善。但因为考虑到是最后一次课,如果单纯进行问卷设计的话估计一个单元课时是无法完成的,因此我放弃了这个打算,而是采取对问卷设计进行概要地讲解。

看时间比较富余就对访谈做了梳理。文本分析也是原先没有设计的,因为原先估计同学们对问卷设计的问题比较多。在课堂上发现同学们实际上没有提出什么问题,所以就进行了访谈概括和做了文本分析。

作为总结,就必须对课程设计思路进行重述,对课程进程进行评价,所以这次课将四个最基本、最主要的研究方法都涉及了:文献研究、问卷设计、访谈设计、田野研究。田野研究就是指同学们日志的评析,大家因为亲历自身变化,所以就没有展开讲。事实上,这是一种自我体验不断提升的过程,从而很难按照什么样的格式来讲。在田野部分也提到了主题明确,这是避免日志变成流水账的主要办法。

# 陆　问卷设计与文本分析

**2017 级硕士生　熊文丽**

## 一、日志反馈

上课伊始,王老师对同学们的日志做了一个简单的反馈,他谈到上次同学们写的日志水平普遍较高,日志的表达也越来越自我,日志的内容逐渐彰显出同学们的主体性。其实在王老师的课堂上,我们往往由于能力不足,比如不会思考、没有问题意识等受到王老师的批评,这一度也让我怀疑自己:我这十几年的学习生涯是如何度过的? 经常自我否定,也一度曾想放弃,好在我的积极情绪还是战胜了消极情绪,虽然有时候会很苦恼或者失落,但最终还是能够以比较饱满的状态投入学习当中。"功夫不负有心人",我们这一学期的努力得到了王老师的肯定,王老师认为每一个同学都有成长,只是有的同学成长得快,有的同学成长得慢,有的成长得多,有的成长得少。在这门课上,同学们的主体意识被"唤醒"了,正如王老师所言:一旦醒来,便无法入睡。

我们的这门课是一门完整的研究型课程,从发现问题、分析问题到解决问题是完全按照真实的研究过程进行的。部分同学有疑问:我们的这种课程模式能否得到推广?王老师谈到这个课是无法大面积推广的,任何好的课堂是无法重复的。真正好的课堂都极具个性特色,既然是个性的东西,就无法重复。我们想问题、做事情不能老是依循技术主义的路线,遇到好的东西就想着复制、模仿。在这个技术高度发展的时代,我们切记不要停留在浅层阅读与浅层学习或者说快餐式学习层面,大脑不工作,遵循"拿来主义"的做法是非常危险的。

## 二、问卷与访谈设计

(一)问卷设计

王老师对问卷设计的一些基本要求与原理进行了讲解,由于之前对问卷设计进行过一定的学习,所以这部分内容还是比较能够引起我的共鸣。在问卷设计这部分,我对以下三点感触最深:

1. 问卷设计要以答卷人为中心

问卷设计要以答卷人为中心,在以对方为中心时,尽可能满足自己(调查者)的需要。因此我们首先应该将问卷设计目的比较细致地阐述清楚,说明为什么要征求对方(答卷人)的意见,让对方感受到自己存在的价值。其次,题目要通俗易懂,不能有晦涩之感或者让人产生歧义,题目也要尽可能地简约化,尽可能凝练,题目的个数绝不是多多益善,而是根据研究的需要适可而止。最后题目的设置要与答卷人的认知水平与生活经历相符合,比如不能问超过受访者能力的问题,敏感性问题的处理要艺术化(比如先说明这种情况很正常,以解除心防),避免让答卷人产生戒备心理或者消极的情绪体验。

问卷设计涉及广泛的心理学知识,我们要懂得并运用好这些心理学知识,在设计问卷时做到以答题者为中心。

2. 问卷设计要具有强烈的问题意识

一方面,王老师谈到研究方法其实就是收集资料的方法,在收集资料时,如果没有非常强烈的问题意识,就很有可能找不到资料或者找到资料也是似是而非,因此问卷调查作为一种资料收集方式,问卷的设置也需要有强烈的问题意识。另一方面,问卷设计的结构性特别强,服从于验证性要求,因此问卷设计前要有理论假设,而一个理论就是一个命题系统,由主命题和副命题及其下面的子命题构成,在设置问卷时要有问题意识,需要明细问题设计的逻辑,要把思考中的疑问之处(不明确的、不确定的)全覆盖到。

3. 题目设置顺序有讲究

问卷题目设置的顺序不是杂乱无章的,而是遵循一定的先后顺序,结构也比较一致。开场部分一般是暖身题,与现实状况相关联的题目优先;中间一般设置态度题、认知题;较敏感的题目一般放在后部分。问题设置的顺序效果对于缺少强烈的态度及低教育程度者影响较大。

（二）访谈设计

访谈和问卷调查一样,也是一种资料收集的方式(因此在设计访谈提纲时,也要有强烈的问题意识),只不过访谈的针对性更强,是要获得深度的信息(比如一些更为具体、细节性的信息),而不是浅层次的。在设计问卷时,会设置一些基本问题来收集答卷者的基本信息,而这一点恰好在访谈设计时应该要避免的,因为受访者的选择不是简单随机抽样而来的,而是一种有目的的抽样,因此在访谈前就要对受访者的基本信息有一个全面的了解(访谈是有备而来的)。在访谈过程中,也讲究访谈顺序,访谈前提一般有个 5～10 分钟的热身过程,之后就要进入到访谈情景当中,访谈的核心问题一般是 5～7 个比较合适,每个问题都应该是开放性的。王老师特别提醒我们,在访谈中要保持学习者的姿态,要学会倾听并伴随适当的反应以互动,不能以傲慢的姿态自居。

## 三、文本分析

这次课上,经同学们推荐,我们先后选取了《论研究生课堂教学参与的本质及其实现途径》与《国外一流大学本科生与研究生课程考核方法比较研究》这两篇文献进行分析。王老师的风格是先从题目开始分析,然后看摘要,之后再进入正文部分,对正文部分的分析可谓"锱铢必较",解读非常细致,印证了王老师一贯的作风"细微之处见真功夫"。而这正是我在之前的学习当中所忽略的,没有理解文本分析的重要意义,看文献大多都是看个大概,很少细致、深入地对文本进行分析。之前在学术例会上,有位老师谈到"文本解读是社科研究的基础:文本解读能力是所有其他质性研究能力的基础(质性资料最终大多都转化为文本形式,以文本为载体)",因此做好文本分析乃是研究的基础性工作。

课程将要结束时王老师给我们提供了一个可供我们继续探究的问题即课堂上的有效参与到底怎么测量,这或许可以成为我们后续学习中的一个思考点!关于"高质量的研究生课堂教学"这个命题的系统判断,在目前来说是前沿的,感谢王老师将我们带入前沿的研究领域中。

**王师批注：**

终于看到了"命题系统"这个概念,前边有两三个同学写成了"命题系",我想,如果是一个同学掉字的话,不可能两个同学都掉字,难道我没有讲清楚?因为这个概念不是我第一次讲,同学们不应该听错。但有两个同学这么写,我就怀疑是我吐字不清楚,让同学们听得不真切。文丽同学证实了我的吐字还没有达到完全听不清楚的程度。

看来,完全的研究型课堂对同学的挑战实在是太大了,因为已经不是第一个同学说曾萌生放弃的念头了! 看来,这样的课程对同学们的要求有点高,说明这样的课程对硕士同学有点不适合,因为同学们的积累毕竟太少,而且批判性思维习惯形成确实不是一朝一夕就可以的。

做科研,最难的是找到值得研究的问题! 我们找到了,而且探讨了,虽然同学们还力有不逮,但毕竟亲身体会了,最大的收获不是探讨的结论,而是这种探讨的经历和被触动的体验。实事求是地说,每个人在开展真正科研的时候都会有挫伤感,但能够经受这种挫折,是学术人必须通过的门槛。

# 柒 停不下来的思索

**2018 级博士生** 段肖阳

2019 年 1 月 7 日,我们上了第十四次课,也是这门课的最后一课。欣喜吗？实则不是,更多是不舍。同时,我自己也有些担心,害怕在这个研究型课堂的收获被传统教育磨平。但我也有一些信心,相信这个课堂播下的种子能开出美丽的花儿。在平时的学习中,我总是能用在课堂上的一些思考来看待和分析问题,抑或说是用自己的判断来思考问题、探索问题。我觉得课堂的思考往往能够延续到课下,这是一种根本停不下来的思索,而且我也希望自己能够一直保持下去。

## 一、让自己醒来

课堂开始,老师根据大家上节课的日志表扬了大家的进步。老师认为同学们的日志越来越有个人特色,表达也越来越自由顺畅。老师还讲道:"醒来虽然很痛苦,但醒来之后会慢慢习惯,并越来越好!"这句话确实生动形象地概括了大家的经历和状态。这门课最初却是让大家痛苦、挣扎,很多时候以为无法坚持下去了,但课程结束时又多是不舍、留恋。我想大家是醒来了!

如果我们还停留在被动接受、简单拿来、刻意模仿的阶段,我们不会痛苦。因为我们拥有的是一种"我知道"的错觉,不用经历"我不知道、我要探索"的磨砺。很多时候,我们还常常乐意被传统教育囚禁,只因为能在牢笼中得到一种安全感和舒适感。醒来固然是痛苦的,但醒来之后我们的大脑会处于一种"不满足"的状态,我们会"贪恋"获得更多。如果没有精神食粮,那么这种饥渴感会让我们不安。正是这种探索的欲望,会指引我们不断地思考,不断地行动。

## 二、让自己行动

课堂的第二部分是问卷设计和访谈设计讲解。这个研究方法课不仅让大家对自己有深刻认识,更让大家有实践行动。之前的课堂上老师带领大家进行过问卷设计,而且也让大家课下独自访谈了两位教师。老师要求大家在实战中行动起来,就是希望大家能够真正体验研究方法的学习。

鉴于大家都有问卷设计的学习体验,老师从标题、引导语、问卷主体、结语这四个方面进行了总结梳理。问卷标题作为问卷的灵魂,必须做到凝练、主题明确、重点突出。引导语是更为细致的标题,要打动对方,激发对方主动参与问卷调查的兴趣。问卷主体包含三部分:基本信息部分、选择性问题部分和开放性问题部分。老师认为一个理论架构基本上都是一个命题系,之后围绕核心命题和辅助命题设计问题。问题设计应该以被调查者为中心,做到问题凝练、简化、易懂,方便对方作答。老师尤其谈到我们在设计问卷时,应有明确的问题和理论假设。如果缺乏研究的问题,则会简单堆积资料。如果缺乏理论假设,则无法解释分析结果。

在访谈设计讲解部分,老师从访谈问题设计、访谈提纲、访谈机智、访谈态度、访谈时间、访谈准备进行了总结。尤其是讲到访谈人控制访谈节奏时,老师引用"君子善假于物"举了生动的例子:利用身边的饮用水及时打断对方,以便于引导话题。老师还指出访谈强调共情,不能固化表情,而是和对方有眼神、动作、语言等互动。访谈人不是一个录音机,而是能和被访者"对话"的鲜活个体。老师还讲道:"质性研究解释复杂矛盾的情景、特殊的生活状态,这些状态是无法用理性直接呈现的,而是需要通过同情式理解。"

之后,老师让大家针对以前的问卷和访谈学习提出自己的疑问和困惑。不少同学结合自己已有的访谈或即将开展的访谈提出了问题,如邮件访谈有效性、不同被访者的访谈语言、测谎型问题的结果使用和多个引导语设计等问题。我感觉同学们不再仅停留在想象中,而是已经行动起来了。纸上得来终觉浅,绝知此事要躬行。希望我们在以后都能够在意识醒来之后,也能让行为醒来,真正做到让自己行动起来,做到知行合一!

### 三、让自己思考

中间休息之后,老师带领大家分析已选出的好文献。第一篇文献的题目比较好,但仔细分析摘要和文章部分内容之后发现概念界定不清、观点不明、语焉不详等问题,所以就停止了分析。第二篇文献是实证研究,引言部分讲明了研究意义,研究设计完整,研究方法规范,研究结论建议有借鉴意义。

分析结束后,老师指出这个课堂不仅训练大家问卷设计和文本分析能力,而且训练了田野日志的写作能力。田野日志让大家的主体意识慢慢生长,如果没有田野日志就不是深层次的学习。不在乎我们在课堂上学习了什么,而是在课下留下了什么。老师还指出我们的课堂是研究型课堂,而非研究性课堂。研究型课堂是生成的不是预设的,是沿着"发现问题—分析问题—解决问题—挖掘问题"的思路进行。最后,老师提出了一个难解的问题:如何用量化手段测量,比如测量学生有效参与。老师希望有兴趣的同学可以参与,这正是课堂结束,思考未止!另外两个作业是:完善文献综述,整理反思日志。

回顾这一学期,最大的收获就是这个课堂,因为课上收获不断帮助我在课下继续思考和行动,让我停不下来思索。听到老师说这个课是教学改革的终结了,心里有些难过。我给很多同学推荐了这个课,但是他们没来,是他们的损失吧!不过醒来的过程确实很痛苦,他们不来也是有道理的,我们身在其中的还一度"宁愿长醉不愿醒"呢!

**王师批注:**

肖阳的日志确实表达得越来越流畅和自如了!如孔夫子所说"郁郁乎文哉"!因为肖阳的表达已经具有相当的文采了,或者是有点活灵活现的感觉了,这是可喜的进步,也是非常大的进步。看着你们的成长,真是一件非常开心的事情。

的确,同学们思想上有波折是非常正常的,因为这样的课程是之前所未经历的,人们对新事物总是充满怀疑与畏惧,当发现能够带来切实的益处时才肯接受它。这个也说明,人不是天性就是盲从的，只是人们不自觉而已。人本质是一个理性的动物，当发现确实对自己有好处的时候才会欣然接纳它。

之所以我们是完全研究型的，就在于我们一切都没有预设，都是发现的，因此一切都似乎是遭遇，当我们认识清楚之后似乎又是巧遇，进而在我们回味的时候才发现是一种幸运。

# 捌　作为一种数据收集方式的问卷调查和访谈

2018 级硕士生　王鹏娟

在最后一次课上，应同学们的诉求，王老师细致地讲解了有关问卷设计的注意事项，并对访谈过程中同学们遇到的问题进行答疑，最后又对经由同学们遴选、推荐的文献进行细致分析。最后一节课依然是"干货满满"，本该 9 点 45 结束的课程一直持续到晚上 10 点半以后，无论是王老师还是每一位同学，都对这门既轻松又紧张的方法课依依不舍。在我个人的理解中，轻松的是这节课不用"装"，所以没太多的包袱，知道就是知道，不知道就是不知道，有想法就可以表达，有质疑就可以提出，真实多了，虚假和自以为是就少了；紧张的是每周必须要写反思日志，因为想梳理的课堂启发太多了，每次总需要花费很多时间，而且王老师时不时就会"生成"一些任务和作业，也经常使我"猝不及防"，每次上课前总会"忐忑不安"地怀疑自己是不是遗漏了什么课堂作业，可以说是这个学期压力最大的课程之一了。

问卷调查和访谈，是两种在实际研究过程中最为常见的数据收集方式。数据就像研究的血肉，为研究有生命力提供素材和基础。有了素材和基础，研究者基于数据的合理分析进一步使得研究真正有了灵魂。因此，对数据收集方式的正确理解和运用，对于研究本身而言是非常重要的。

收集数据时，首要原则是确保数据的真实性和可靠性，为此研究者在调查问卷和访谈提纲的设计阶段应该有意识地运用多种方式、注意一些细节以尽可能规避数据收集过程中的一些误差甚至错误。例如，在发放调查问卷和开展访谈的过程中，研究者实际是将主动权交付给了研究对象，即由研究对象来选择、填写或者讲述信息，这种情况如果问卷、访谈提纲设计不当，研究对象很可能会输出偏差甚至错误信息。那么，在设计过程中应该注意什么或者遵循哪些原则呢？首先，换位思考，尝试从研究对象的立场和角度出发考量问题设置的合理性。这不仅是一项基本要求，同时也有很高的技巧性。例如研究对象在何种程度上会觉得自己的隐私受到侵犯？或者提问方式会不会给对方带来较大的道德压力？抑或对方在何种情况下才能没有心理负担地回答问题？对这些问题的回答我认为可以通过转换角色来进行"自评"或"自我感受"。只有真正把自己置于研究对象的位置，不是从研究目的出发而是从答题感受出发，推己及人地客观体验自己所设计的问题是否有欠妥之处，才能暴露出"问题"本身的"问题"，并及时修改。其次，还可以借助小部分周围人的反馈意见进一步了解自己设计问题的局限。为了避免"当局者迷"的困境，研究者可以先对小部分人群进行"预调查"或"预访谈"，收集这部分人群的反馈意见，结合自己的研究目标对问卷和访谈提纲进行调整。此外，在设计问卷和访谈提纲的过程中，研究者应有意识地充分考虑研究对象的认知水平和理解能力,在此基础上设置问题,切忌将对方默认为自己研究的"应然研究对象"。没有谁"理应"配合我们的研究,建立在相互尊重相互理解基础上的研究合作,才更有可能换来接近真实的数据和资料。

尽管数据收集是研究中很重要的一个环节,但数据收集对于研究而言其功能依然是"工具性的",数据收集本身并不是研究的目的。无论是在定量研究还是在质性研究中都存在一种盲目迷信数据的倾向,如一些定量研究中主张数据为王,统计、模型和整齐的数据即是王道,在一些质性研究中也存在一些乱象是以收集到尽可能多的资料、信息为荣,这种"重数据"而"轻分析"的现象可以将其定义为"数据主义"。不可否认,数据对于研究而言是重要的,因为它是客观世界最直观的反映。但研究仅仅有数据显然是不够的,数据仅仅是展现世界的"表象",比如通过一个统计模型可以描绘出大样本的整体特征,但样本为何呈现出的特征是这样的而不是那样的则需要进一步合逻辑的分析和解释。再如通过访谈可以借"研究对象之眼"了解到局内人的内心世界或对具体事件本身的看法和理解,但研究到此处满足于"数据"和"信息"是远远不够的,因为诸如"为什么当事人会有这样的想法""事件或社会结构如何影响或形塑了当事人的角色和观念"等问题,也需要研究者从研究的角度进行"源于事实"又"高于事实"的分析。"数据主义"由于错误地将研究数据理解为研究结果或终点,在过程中盲目迷信数据的权威性,这种风气如果蔓延开来则有"浅化"研究的风险,使研究者习惯于停留在陈述"世界表面是什么",忽视对更深层次的世界运行逻辑的思考,因此是需要批判和警惕的。

那么,什么样的数据收集才能说是好的数据收集呢?首要判断标准依然是要有好的问题意识。如同一项好的研究的基础是有好的问题意识一样,数据收集的内容设计和过程同样需要在研究目的及其背后的问题意识引导下展开。围绕着研究目的有针对性地设计问卷问题,可以避免提出"无效问题"或"无关紧要的问题"。一些问卷让研究对象答起来感觉没头没脑或者访谈过程让对方觉得像是在聊天闲谈缺乏主题,都是数据收集缺乏问题意识的体现。只有研究者真正意识到数据收集需要为研究服务,充分利用好每一个问题,才能设计出聚焦、精准和有效的问卷和访谈提纲。

最后,需要提及的是,要特别注意数据收集过程中避免对研究对象造成伤害,警惕"研究暴力"。这一点我在课上简单"质疑"了一下,但大家似乎都不以为然。我的观点是,通过反思研究本身的合法性,思考"为什么我们可以对研究对象进行访谈?""为什么我们可以要求研究对象必须配合我们?""'求真'可以作为研究合法性的立论基础吗?"等等,我发现这些问题其实都需要回答,研究的合法性并非不证自明。究竟什么可以为"研究"本身赋权?又是什么可以为研究者的合法性赋权?意识到这些问题的存在,才真正有可能理解"研究"之所以为"研究"的内在逻辑,也才能更加谨慎和谦虚地从事作为一名研究者的工作,避免在研究过程中过于"强势"甚至"强制"地进行自己的研究计划。研究本应是指向"真、善、美"的,如若研究中可能伴随对当事人的二次伤害(如对校园被欺凌者欺凌经历的访谈,部分学生可能并不想直面过去的伤痛经历,对于这些人来说,伤痛唤醒本身就可以构成一种新的伤害),无论是心理上的还是精神上的,我认为研究在这种情况下都已经衍生出了"暴力",毕竟,把自己自以为是认为正确的方式授予他人,不就是一种强加和暴力吗?这其中存在的另一个问题是，我们又该在怎样的尺度内、用什么样的方式帮助弱势群体发声？

**王师批注：**

首先，鹏娟这次日志虽然提交得比较迟，但质量是比较高的。因为日志中基本上看不出记录的痕迹，可以说完全是以自己理解对课堂教学内容做了一个阐释。无疑，这种学习是深度的，已经超越了接受的层次，可以说是一种反思性学习。

其次，鹏娟依然保持着很强的问题意识，这种问题意识体现在联系课堂学习内容而对现实的批判性思考上，如"数据主义"即是一例，其实，这个主题可以独立成一篇论文来写作，因为目前这种现象是比较突出的，是需要引起高度重视的，也是需要思考对策的。那么以此为题进行研究，自然就有价值。

再次，鹏娟的问题意识还体现在对研究伦理的思考上，虽然创造了一个"研究暴力"词汇，但确实说明问题是真实存在的，并非是杜撰的。对这一点引起重视是对的，也可以预防"研究"泛滥化，避免对研究对象产生不必要的伤害。

最后，必须说鹏娟同学很机智，一个"轻松"与"紧张"的不同寻常的解读给人展示了不同的味道。

# 玖 唤醒自己 方能成长

**2017** 级硕士生 姚烟霞

很遗憾没能和大家一起参加最后一次课，请假也算是请得"有始有终"了。第一节课时在烟台筹办第九届中外合作办学年会，最后一次课随林老师赴温州参加课题调研，刚好一头一尾就这么错过了。内心还是非常遗憾和不好意思的，因为王老师研究方法这门课环环相扣，一脉相承，贯穿始终，每节课对我们都很重要。所以最后一节课，虽不能至，也让晓艳师妹帮忙录了音，不想落掉每一点精华。王老师的理解和宽容也让我特别感动。

最后一次课主要分为问卷设计、访谈设计、文本分析和课程总结四个环节。在正式开始之前，老师做了一个简单说明。经过一个学期的锤炼，功夫不负有心人，大家都有成长，但成长永远没有顶点，我们还可以继续成长。可以看出，虽然我们一次次让老师无奈失望，老师仍然没放弃治疗，对我们充满希望，相信我们还有成长进步的空间。同时老师也强调，真正好的课堂都是具有个性特色，无法重复的，这个课是无法大面积推广的。

## 一、问卷设计

最开始的设想是老师会根据"研究生高质量课堂教学"这个研究问题，带领大家一起探讨生成一个现成的问卷量表（雅情师妹在日志中也提到了这一点，想必大部分同学都是这样想的）。这就是一种想要获得标准答案的思维。显然，老师对我们的小心思了如指掌，最终并没有给大家一个标准答案，而是对问卷设计进行了提纲挈领的总结，帮助大家提升思想认识。这是一种更高境界的引导和教学，即授之以鱼不如授之以渔。如果标准答案是"鱼"，那提纲挈领的总结便是"渔",是一种帮助我们获得标准答案的方法。

问卷设计的要求:一是要明确问卷设计的主题,问卷题目要表达充分,重点突出。二是引导语要处理好设计问卷者与填问卷者的关系,设计目的阐释清楚,让对方感受到存在的价值。三是问卷设计一般包括基本信息、主体部分(问卷题目)和开放或辅助问题三个部分。其中问题设计是围绕提出的命题而设计的,一个命题划分为若干个问题(证明或者证伪)。题量并非多多益善而要适可而止。问卷设计要以答卷人为中心,在以对方为中心时,尽可能满足自己的需要。开放性问题要讲究设计技巧,太难的话,容易变成无效问题。辅助性问题可以给答卷人一个反馈的空间与渠道,同时也让问卷设计更加开放包容。

## 二、访谈设计

访谈设计与问卷设计一样,都需要有很强的问题意识,这一点也是大家比较缺乏的。访谈设计一方面要回避信息类问题,即自己能搜集和了解到的资料,就不要再问访谈对象了,充分准备,以示尊重,也可以提高访谈效率,获取更多深入有效的信息。同时访谈过程中也要回避隐私类问题。访谈的题量也要因需而设,不宜太多,10 个左右为宜,每个问题的设计都应该是开放性的,获取深度信息。访谈过程要保持学习者的姿态,掌握"共情"技巧,适时反应互动。访谈时间根据经验,90 分钟为宜。1 个小时以上方能谈论较为深入的问题。

## 三、文本分析

这一部分,老师选取了同学们推荐的两篇文献来进行分析。一篇是《论研究生课堂教学参与的本质及其实现途径》,另一篇是《国外一流大学本科生与研究生课程考核方法比较研究》。老师带领大家从题目、摘要、命题提出、论证逻辑、研究方法、结论的借鉴意义等方面对所选文献进行了分析。第一篇文献题目很好,但仔细分析文章内容后发现概念界定模糊、观点不够明确等不足,于是重点分析了第二篇文献。第二篇文献采用了实证研究,摘要规范完整,研究设计完整,研究方法规范,研究结论建议也有借鉴意义,是一篇比较好的值得学习的文献。课后,我把这两篇文献和大家第一次推荐的两篇文献进行了对比,还是能看出差距的。鉴别文本、推荐文献的进步说明大家还是有能力发现好文献的。

## 四、课程总结

从发现问题、设计问题、分析问题、研究问题到解决问题,从文本分析、问卷设计、访谈设计到观察日志,这门课在潜移默化中教会了我们很多做研究的基本素养和能力,这些能力更是一项扎实的基本功,为日后的研究学习打下了很好的基础。

有一句话说"人生不在于活过了多少日子,而在于记住了多少日子"。一门课也是如此,它的意义和价值并不在于上了多少时间,灌输了多少内容,而是学生的大脑记住了多少内容,学生的内心留下了多少痕迹。这学期因为选了王老师的这门课,在回望总结的时候才不会觉得自己忙碌而毫无收获,至少当翻看这十几篇自己逐字敲下的日志时,还是会留下痕迹,看到成长的印记。

这是王老师投入极大心血的一次教学改革,很荣幸能够参与其中,亲历并体验了探究性研究型课堂的呈现与学习，个人最大的收获就是思想上的转变与进步，即要学会接受新事物。传统的课堂模式为我们营造了一个不愿改变的舒适区，对不同于传统的新事物，会很恐慌、迷茫，甚至排斥，这是一种很不好的思维惯性。学会习得和接受新事物，唤醒思维惯性，尝试做出一些改变，才能成长。

**王师批注：**

谢谢烟霞，人虽然在外地，仍然心系作业。

从字里行间看出，你对课程蛮重视的。虽然没在课堂，但对课堂的描述基本与现场没有多大差别。

你的成长体验很具有代表性，同学们都经历了迷惘的过程。

从文字看，烟霞的基础是比较好的，善加运用，定有所成。

# 拾　砥砺前行，未来可期

**2018** 级硕士生　孙士茹

## 一、课堂总结

这节课是最后一次课，老师首先总结了这门课的特点及大家在此门课中的成长。这点自己略有体会。作为一名学生，若干年后，单纯的知识内容可能早已在我们的脑海不见踪影，但时常让人怀念的、眷恋的是我们共聚一堂时的各抒己见、生成学习以及对我自身影响至深的反思精神（不仅仅是反思意识的唤醒，更是进一步形成反思习惯和反思精神）。于我自身，另外的巨大收获之一莫不在于养成了及时撰写日志的习惯（虽然这次日志非常滞后，但可幸的是课堂的记录让自己还能有所回忆、有所言说，这是对"读书破万卷，下笔如有神"的"浅显"又深刻的道理的验证）。在日常的生活中，我们不时便会经历"苦不堪言""有口难辩"等类似情景，这种情况下我们通常会陷入舒适区，放弃表达。作为一名研究生，写作可谓是我们的学术基本功。然而我自己的文字写作不够优美，行文不够顺畅。撰写日志的习惯恰恰能够帮助我对暂时不知如何表达的事情"想方设法"地进行澄清。尽管不知自己的长进有多少，但起码对写作也日渐有了信心。另一深刻感受是老师的教育、教学哲学，包括对以学生为中心理念的理解和践行，对不同教师和课堂的充分尊重。具体体现在老师对每一课堂个性和特色的尊重，也即如王老师所说"课堂不能够按照科学主义的模式去模仿。真正好的课堂是个性的，难以重复。在此背后，则是个性风格迥异教师的不同修养体现"。追求高质量的课堂是困难的，因为许多时候我们达到基本的不犯错误"底线"便已属难得。

## 二、问卷设计相关事项的讲解

1. 问卷设计时主题须非常明确,充分表达意图。主题相当于问卷的灵魂,所有的问题都围绕灵魂设置。那么从更高层次来说,如果这个研究问题本身足够有意义,夺人耳目,能够使调查对象感受到并为之感动,调查者与调查对象达至共情,可以说我们的研究是高质量的。所以,研制出科学有效的问卷可以说是一门艺术。

2. 引导语——作为处理问卷设计人与调查对象之间关系的媒介,究竟以怎样的姿态来阐述也要注意。首先,阐述清楚问卷设计目的,即为何要征求对方的意见,在此过程中要突出问卷调查对象的回答对我们的研究价值,争取打动他们。所以这决定我们的抽样不是随机的,而是有目的的。

3. 问卷组成上:

(1)(调查对象的)基本信息。身份不同,观点便不同。我们选择调查对象要考虑到后续进行统计分析时的操作难度。作为工具,我们要最大限度地利用其实用性。所谓的"读书无用论"的悖论也类似。读书作为工具,其真正意义在于对我们视野和教养的影响。当我们经历过某些东西时,认识才会提高。

(2)问题设置(设计)方面:我们的问卷设置多少问题才合适?问卷时长该多久?问题的表现形式如何选择?

对于大题目,我们需要设置更多问题来问清楚所要寻找的答案,防止停留于表面。但对于小题目,我们需要综合考虑调查对象的心理素质、情绪状态和我们的研究问题等来确定。问题太多,易让调查对象疲劳,缺乏兴趣。基于此,我们便要考虑另一重要却常为人忽视的问题——奖励措施。在我本科参与的一项"本科生批判思维"调查中,问卷需要调查对象填写基本信息、批判能力问卷和高数、物理等专业内容,问卷内容量大且有难度,需要调查对象专注思考。因此,在调查对象填写之前,我们的引导语中便说明了事后给每位同学 20 元的奖励。且对其后续的追踪调查也是先说明了奖励措施。因此,在这里我想请教老师:咱们给予调查对象的奖励措施是应该事前说明还是事后? 在一定的奖励措施不能对调查对象有足够吸引力时我们该怎么处理? 比如,我本科参与的研究,其调查对象在校时尚且还能够受制于辅导员和学校压力在奖励较少(每人 20 元)的情况下配合调查。而对于他们毕业后走上工作岗位的跟踪调查,一方面,样本难以继续追踪;另一方面,能够追踪到的样本对我们的奖励措施(只需填写基本的职后问卷,每人 50 元话费)不感兴趣,这时候该做何处理比较好?因为此研究是对调查对象在大学时期的表现进行对比,因此,我认为如果不把前面收集的数据和后续对比那将会是极大的浪费。所以,我对如何调动起这些难以追踪的调查对象的兴趣和动力方面非常困惑。

问卷的设计时长一般在 5 分钟左右,大约 20 个问题,不宜太久。要求题目设置尽可能地简明易懂。当然,这也是我们试测的原因所在。其次,问题一般是由核心命题(主命题)引出来,继而层层剥离。回忆我们这门课的主题"高质量的研究生课堂特征",最初的几个问题设置也是遵循了此逻辑。可见,老师的教学看似无线,其实是贯穿着逻辑主线进行,这便提醒我们需仔细观察、品味。

问卷结构一般按照一致的叙述方式，如用相对统一的肯定语气来表述。避免使用反问句、双重否定句，防止对方心理考验太多。

问卷设计的核心思想在于以答卷者为中心，站在对方的角度来设计问题，同时也能够满足自己的需要，实现心理认识与行为变化之间的转化。这也就是我们课堂设计背后的理念——基于研究的视角。而研究是不易的，其首先是在大量的学的基础上，继而对问题继续进行相关的探索并尝试解决，这时我们才能算是进行研究。所以，进行课堂设计是困难的，需要慢慢学习、摸索、研究。

### 三、访谈设计原理讲解

老师看时间还尚充分，便给大家进一步讲解了访谈设计的几个原理：

怎样科学地做好访谈设计？同问卷设计一样，首先要清楚问题意识，知道我们的核心问题是什么。面对面的访谈较于问卷拥有补充环节，可继续追问。

访谈一般不需引导语。这个工作是在访谈工作开始之前我们联系访谈对象时就该说明的。

访谈问题设计过程中，不要涉及访谈对象基本信息类的内容。因为我们可以靠别的途径获取；这些内容直接，易揭起对方伤疤，不够礼貌，也易使对方心存防备。这也就提醒我们要尽快进入访谈现场。

访谈问题的设置也不宜过多，5～7个；要开放性的，不要引导性的；访谈提纲的设计，对于低水平、缺乏丰富经验的我们而言，可设置两套提纲，包括给自己的和给对方的。这样才不至于使我们"无话可说"，处于被动地位。而要做到这点，也需要我们事先认真研究问题，科学设计问题。

此外，老师还带领大家进行了文本分析，主要是以两篇文献为例。虽然这是大家投票选择后的结果，但也不能证明便是好的文献。这说明大家对好文献的敏感度还是缺乏，需要我们进一步修炼，更是我自己的极大缺陷。这也让我意识到，寻找、发现别人研究中存在的问题是极重要的，对于我这种道行不深的"学术菜鸟"也会存在困难。而平时没有引起我足够重视的沙龙和学术例会却可以给我们很好的示例，包括教我们如何确定一个主题、确定题目、怎样设计研究思路、怎样行文等。所以，日常学院给我们学习的机会很多，我们真的不应该浪费。而我自己以后也将着重改变这方面的坏习惯。

最后，王老师给大家赠送了他的著作和赠语，和大家一起进行了拍照留念。不得不说，很有幸能够参与王老师的课堂改革。因为正如高校或者其他教育领域推行教育改革存在巨大的压力、阻力一样，老师也是披荆斩棘地带领大家进行新的课堂体验的尝试。所以这样的教育改革是稀少的，是勇敢的，同时也是有温情的，值得大家不断回味和眷恋的。而在这门课上，和不同的师兄师姐有了更深的交流，感受到了大家不同的学习状态和学习风格，使自己不断反思并向贤者看齐。最后用一句话表达对大家和自己的期盼——砥砺前行，未来可期。

**王师批注：**

同学们都有成长，士茹是非常突出的一个！

首先是充满了自信,这与刚入学的状态可谓判若两人。其次是文字确实越来越流畅,而且会不断地修补,这实际上是一种驾驭感的体现。再次是对学习本身认识的提升,也充分展示了学习能力的跃升。最后显示出还有巨大的发展空间,道行修炼是一个由浅入深的过程。

# 拾壹 "我一直在等待大家醒来"

**2017** 级博士生 汤建

最怕你追求成功,却又不愿意改变。最怕你满怀理想,却又经不起风雨。最怕你想要拼搏,却又放不下借口。

——题记

2019 年 1 月 7 日"高等教育研究方法"最后一次课
主要内容包括问卷设计、访谈设计和文本分析。
19:00—19:58　问卷设计
19:58—20:18　访谈设计
21:06—22:03　文本分析
22:03—22:36　课堂总结

## 一、天下大事,必作于细

教学改革艰苦繁难。吾师言"心中的理想火焰从未熄灭过"。这里,借用老子的一句话来表达自己的感受,人品做到极致,无有他异,只是本然。"处其厚""居其实",我相信,发生在 311 教室里的每一点努力和改变都有大意义。虽然方法课结课了,但选择方法课的每一位同学,现在尤其是将来一定会越发感觉到这门课的意义。最后一次方法课并不是结束,而是新的开始。进言之,这门课更深层次的意义在于拓宽了我们以后的发展空间。

天下大事,必作于细。如果从这次课来看,文本分析尤为验证了这句话。文本分析,同学们都十分期待。大家都很想知道老师平时是怎么判断一篇文章的。老师首篇分析的是同学们推荐的《论研究生课堂教学参与的本质及其实现途径》一文。对于理论思辨类的文章必然要锱铢必较,大到结构,小到字词等都须一一推敲。老师的分析让我想到我平时写文章也会犯重复论证的毛病,绕来绕去不明晰,这实际上是自己对主题的理解不深刻,没看到本然,从而也无法提出明确的命题,更不用说层层深入地去推展。如此写出来的文章只是文字的堆砌,没有灵魂。第二篇《国外一流大学本科生与研究生课程考核方法比较研究》是实证类文章,老师明确地告诉我们该文的可取之处在于研究思路。只有文章设计的出发点是正确的,后面的研究才有可能沿着正确的方向前行。这让我想到去年一位师姐的预答辩,大家直接质疑了她的理论基础,可以说是致命伤。

## 二、君子生非异也,善假于物也

这次课老师在给大家讲解访谈技巧的时候,说到荀子《劝学篇》中的"君子生非异也,善假于物也"。如果就这门课而言,每位同学的主体创造性便是课堂得以顺利进展的要素之一,这也是研究型课堂得以成功的关键。因为每个主体都是创造性的源泉,都有无限的创造可能。每个主体特殊的体验和经历,导致不同的创造性结果。因此,创造性是个性的。无论是"播下一粒种子",抑或"整容"与"美容"之喻等,都是主体知识经验的唤醒。创造性是无法复制的。从这个意义上而言,每一个研究型课堂也是各具特色的。研究型课堂并不是要确立一种既定的模型,而是要创造一种辐射,让更多主体的创造性成为可能。除了同学们创造性的激发,研究型课堂也会培养同学的分享意识。同学之间相互借鉴、合作,这便是"假于物"的另一层解释。因为每一位同学的参与,尤其是发言,会激荡出不一样的火花。从这个意义上看,不发言的参与效果对于整个研究型课堂而言,是逊色于发言式的参与。因为,研究型课堂很重要的一个特征便是合作,学会分享。如此,星星之火,方可燎原。

### 三、知行合一,知易行难,重在行动,贵在坚持

思维容易偷懒! 很多时候,大家对于"干货满满"的课堂大加赞扬。一定程度上来看,这种课堂的意义不应被过分夸大。我们通常认为在一节课上学到了尽可能多的知识,便能大大进步。实际上,这样的课堂帮我们省去了个体思考的过程。看似走了捷径,实则弱化了思维能力。我们更需要"鲜活"课堂,需要"求智慧"的课堂。这样的课堂也许上完课还觉得"一无所获",可是它避免了我们成为思维上"懒惰"的"勤奋"人,让我们成为思维上"勤奋"的"智慧"人。因为这不仅仅是拿来主义的浅层式学习,而是活化知识的能力培养,也是超越常识性思维,看到事物本质和全貌的能力培养。当然,智慧不是抽象的,而是扎根于生活中。它不是一开始就从头脑中生发出来,而是在主体对生活的驾驭中发展起来。这也是知行合一的意蕴之一。

后记:越来越觉得写日志是一种发现自我、澄清自我的过程。

**王师批注:**

感到汤建这个日志有点风骨了! 可喜可贺!

从日志中发现汤建对老子的思想有所涉猎,不错!

这次看到了汤建写作风格有所转变,尽管还不算很流畅。

但日志的最终功效实现了——日志发挥自我发现、自我澄清的功能!

## 拾贰　成长无顶点,学习无终点

**2018**级博士生　王亚克

最后一次课结束了,心情很沉重,头脑里一直回荡着王老师所说的"历史的车轮一旦发动,就没有后退的可能。探究精神一旦形成,就不会消失",仿佛我们真的坐上了一列火车,正驶向遥不可知的远方。这门课结束了,但一种不同于以往的"学习"才刚开始。

## 一、这门课带给我的改变

在刚刚结束的"高等教育学专题研究"第二轮课上（我的另一门必修课），班级里大多数同学都运用了之前第一轮课上没用过的研究方法，比如问卷法、访谈法，说明大家越来越重视研究方法，但在使用中也有一些问题。其中有一位同学在汇报过程中展示了自己设计的问卷，因为恰好最后这节方法课王老师专门讲解了问卷设计的注意事项，我立刻一一对应，很快判断出他的问卷设计是不成功的。首先，问卷的引导语比较晦涩，对几个关键名词进行了简单定义，没有凸显答卷人的价值。其次，引导语把研究意图也和盘托出，这样可能会引导答卷人朝着问卷设计者所期望的方向去答题，或者走向另一个极端，即完全背离研究者的调查目的。最后，多数题目没有分解成具体的问题，题目本身包含不容易理解的信息，比如梦幻心理、社会防护心理、娇纵任性心理、社会恐惧心理等，这些可能产生歧义，增加答题者的负担；有些问题属于评价性问题，比较敏感，很可能让答卷人产生防备心理或者抵触情绪，从而对这份问卷敷衍作答，使该问卷变成无效问卷。唯一的开放式问题没有设计成必答题，回答者寥寥无几。这些都显示出该问卷不是以答卷人为中心，而是以研究者为中心。研究者自行制定问卷，似乎没有进行测试，没有就问卷的效果进行调查访谈，也没有找专家测评，这份问卷的信度和效度都要打上大大的问号。

这个有问题的问卷让我认真回顾了我们在"高等教育研究方法"课程中关于这部分的学习。我们在课上针对高质量研究生课堂的五大理论假设（以学生为中心为理念，以学生有效参与为标准，以学生最大发展为目标，以问题探究为过程，以探究兴趣的形成为结果）进行问卷设计，在老师的指导下，我们将这五个主命题分解为教师、学生、教学媒介、课程设计和教学评价这些条件性命题，每个条件性命题又细分为四个更具体的、更容易理解的分命题，然后在各小组中逐个讨论这些分命题的措辞和表现方式，最后在各组展示中确定最合适的分命题。至少用了两次课，加上课下的小组讨论和查找资料，在这个方法的训练上花费了10小时以上的时间。这个过程让我印象深刻，虽然这份问卷最终版还未出炉，但制作问卷所必需的严谨和科学精神得到了体现，再次验证王老师的观点："一份科学的问卷从来都不是短期内形成的，问卷的制作要深化、细化和精确化"。

如果没有上述的规训过程，我至多会以答卷人的视角或者仅凭感觉说某份问卷设计得好与不好，再进一步可能对某些题目做出类似判断，不会去思考问卷背后的设计原理和答卷人心理状态，也就不可能发现其他人问卷中的具体问题，更不用说给出建议。但是现在我可以用所学的知识进行判断，并在实践中开始运用这些知识，我开始自发自觉地思考并使用各种研究方法，对参考文献也有大概的判断，而不会像从前一般陷在文献的海洋里无所适从，对各门课程、对正在做的小研究、对自己都会进行反思……这些都是这门课带给我的改变。

## 二、教学改革的不易

我一直觉得我们的课虽然是生成式的，但从每一节课和下一节课的内容紧密衔接、各种研究方法环环相扣方面来看，我认为这门课应该是精心设计的。带着这个疑惑，我在王老师的论文《关于应用型研究生培养模式改革的实验报告——基于高等教育学专业两门课程教学改革实践的行动研究》中了解到他很早就开始进行"高等教育研究方法"课程的改革①,但遗憾的是具体的改革细节没有详尽地展示。这次课程结束时有幸得到老师的两本赠书,我也终于在书中找到了答案。在《应用型研究生培养模式探索》这本书中发现,王老师从2007年就开始进行课程教学改革探索,在若干门课程中和学术沙龙中进行改革实践,并能把研究生教育改革实践与科研很好地结合起来,几乎每一门课程结束或每一次沙龙结束之后,都有一系列与之相关的研究成果,仅十期沙龙热点讨论之后他和学生们发表的论文就达到48篇,相关的学术论文更是不计其数。我仔细研读了第三章"高等教育研究方法"课程教学改革实验,发现我们这门课至少已经进行了三轮实验,王老师在一次又一次的改革实践中不断思考、不断完善、不断创新,仅在这次课上他所付出的时间和精力我们有目共睹,更不用说之前数年的积累。我体会到改革的艰难,由此明白了王老师说的"优秀的课堂难以复制"的深意,教学改革的成功取决于教师的高科研能力、高教学智慧和师生的积极参与。但事实上不是每个教师都能够如此全身心投入教学改革,也不是每个教师都有勇气迎接研究型课堂中随时生成的挑战,更不是每个教师都有坚持改革数十年如一日的决心和毅力。

看到他的很多学生都成为各个学校的骨干,并且在延续他的沙龙改革的"火种"和教学改革的精神,我由衷地为这改革点赞加油,并因为本学期能参与其中而深感幸运。我们有幸体验到真正的高质量的课堂,有幸亲身感受到什么是"以学生为中心",感受到积极参与的课堂氛围,感受到探究的乐趣,感受到大家的成长。愿这门课成为学院的王牌"金课",让更多的学生参与,让更多的学生成长。我们的火车已经发动,期待更多的人上车同行。

**王师批注：**

亚克的进步非常大！因为很快就能够理论联系实际了！说明潜力很大！这可以说是活学活用的一个典型表现！真的很了不起！我感到非常欣慰！因为知识是在使用过程中掌握的。如先前我在回复同学的日志中提到,应用知识实际上也是检验知识的过程,同时也是生成自己知识的过程。亚克在不自觉中把本次课堂学到的知识应用到其他课堂中,无疑是知识内化的表现,也是深度学习的表现,这种学习方式是值得提倡的。

真正的学习应该是探究式的。亚克的日志反映出已经具备了探究的性质。这与她本人努力有关,也与勤于观察同学们的优点有关,特别是与她本人看到优点就认真学习有关,无论从哪个方面说,都是一种学习能力的体现。

教学改革是一个漫长的过程,不仅对学生是一个挑战,同时对教师也是一个挑战。学生要适应一种新的学习方式真的是一种心理革命。教师要坚持改革也需要具有破釜沉舟的勇气。师生合作才能获得最后的成功。但这种合作并非轻易取得的,是在不断互动过程中生成的,因为没有人必须有义务与你合作,只有靠真诚才能感动对方。最终是靠学习收获稳固了合作的基础。所以改革绝非易事,需要通过心理的考验,耐力的考验。

---

① 王洪才.关于应用型研究生培养模式改革的实验报告——基于高等教育学专业两门课程教学改革实践的行动研究[J].复旦教育论坛,2010(4):47-52,57.

# 拾叁　难说再见的教学改革

2017 级硕士生　袁东恒

　　当每门课程的最后一节课来临时,我都会产生这样十分复杂的感觉:一方面是终于上完一门课的喜悦和激动,另一方面是以后再不会上这门课的留恋与伤感。高等教育研究方法课程同样如此。所不同的是,我对高等教育研究方法课程的留恋与伤感更多一些。为什么这样说呢? 这还要从老师在我第六次课堂反思日志中的回复说起。老师当时说:"这次课程之后我可能就真的不再专门开设高等教育研究方法课程。"说实话,当时看到老师的回复,我挺震惊的,有种想哭的感觉。在老师的结课日志中,他也说道:"方法课程教学改革实验是我最后一次搏击。"虽然我不清楚目前全国有多少门研究生课程在进行教学改革,进行教学改革的研究生课程占研究生课程总数的比例又是多少,但就我所接受过的研究生课程来说,进行教学改革的课程是极少的。因此,老师敢于直面我国研究生课程教学现状,采取彻底的研讨式教学、生成性课堂,不可谓不伟大! 老师是一位有教育情怀的学者,一直为我国高等教育鼓与呼,进行过多次课堂教学改革。如果说老师今后不再开设高等教育研究方法课程,进行教学改革实验,真的是一件令人遗憾和伤感的事情,这也是学生的损失、教育的损失。

　　不过,我认为,老师在最后一节课所说的"醒来虽然很痛苦,但一经醒来,便不会回到过去"同样适用于教学改革,教学改革的大门一经开启,就不会再关闭。基于此,最后一节课虽然结束了,我们的研究探索也告一段落,但教学改革难说再见,长路漫漫,它依然会以多样的方式存在于我们的学习和生活之中,并深刻影响着我们的学习和生活。

　　1."博学"的方式

　　《老子》云:九层之台,起于累土。同样,教学改革不是空穴来风随意产生的,它的出现一定是基于人们教学经历、经验的增长及在这一过程中持续进行的思索。正所谓见多才能识广,我们也只有经历过多样的教学形式才能对教学有深入的认识,知道什么样的教学形式有助于我们的学习和成长。通过阅读老师的《应用型研究生培养模式探索——关于研究生教学改革的行动研究叙事》一书,我们就可以发现,正是在美国印第安纳大学半年的访学经历,丰富了老师对美国研究生教育的认知,也促使老师归国后积极开展研究生教学改革。我们有幸参与到老师的教学改革中,深切感知与传统教学风格迥异的教学形式,增长了我们的教学经历和经验,也为我们进行不同教学形式的比较提供了可能,我们认识、接受或进行其他教学改革的第一手素材。

　　2."审问"的方式

　　在最后一节课上,老师梳理完问卷设计和访谈设计后,开始让大家提问,就邮件访谈、访谈中不同对象的话语体系、访谈的合法性等困惑进行发问。我大致一下提问的人数,发现有 7 位同学(本节课有 13 位同学)进行了提问,后来由于时间原因结束了提问,我想如果继续进行的话,肯定还会有更多的同学进行提问。第十三次课回顾课堂上同学们的变化时,也有同学说方法课上的同学在其他课上提问的积极性很高。确实,方法课上

大家产生的主要变化之一就是由原来的不敢提问、不喜欢提问变得积极主动提问，这可以说是教学改革的显著效果。此外，本门课程在完成研究方法内容整体梳理的基本任务时，每个部分其实都遗留了一些仍需要解决的问题，这些都需要我们继续学习，在研究实际中加深对研究方法的理解和掌握程度，不断地解决研究问题。

3."思辨"的方式

不同于其他课程，本门课程采用研讨式教学，而要开展研讨，思考必不可少，课堂上大家要一直用脑思考，进而做出自己的独立判断，不仅如此，课下大家也要立即进行反思，撰写课堂反思日志，因此有同学称其为"停不下来的思索"。从第一节课思考"逻辑思维强的标志""好文章的标准"，到之后思考"什么是真问题""高质量课堂教学的标准""研究生课堂教学的特殊性"等内容，再到最后一节课思考"研究性课堂与研究型课堂的区别"等，思考贯穿课程始终，也必将一直持续下去。今后，我们要想在学术上有所进步，更加需要加强思辨，像老师最后一节课一句一句分析文本一样，严谨细致地思考辨析我们或他人说过的每一句话和每一个词，确保这些内容合乎逻辑和规范。

4."笃行"的方式

如果我们在课程学习中自觉地做到了真学、真懂、真信，我们自然会在实践中真用。对于高等教育研究方法课程和老师所进行的教学改革，我一直坚持学习和跟进，在这一过程中，我被老师及时更新反思日志、除夕修改反思日志、机场回复反思日志的敬业态度所感染，被老师长期坚持进行教学改革的学术勇气所感染，被老师严谨认真、全面深刻的思维方式所感染，也被同学们深刻的反思能力、认真的学习态度和积极的课堂表现所感染，正是这无数的感动，让我一直坚持下来，不断成长，并让我对教学改革充满信心。我相信，我们曾经一起经历过的十四个课堂，我们认真撰写的课堂反思日志，以及我们在课堂上的成长变化，都将成为教学改革难说再见的有力见证，也必将促使我们身体力行，以积极有效的方式完善教学改革。

在大家的反思日志中，老师经常会给大家点赞。今天，我想给老师点赞！感谢您一学期的辛苦付出！学高为师，身正为范，您用实际行动为我们做出了表率，我们也会不断努力，向您看齐！

教学改革，未完待续。

后记：其实，这个题目在结课之后我就拟好了，也建立了文档，但因寒假回家琐事困扰，受家事牵连意志有点消沉，一直耽搁未写，开学见到王老师时甚感惭愧。承蒙老师不弃，学生就此补上结课反思日志。

**王师批注：**

不知东恒遇到了什么难题，使自己感到有点失落，如果需要我的帮助，请直接提出来，我会尽自己所能提供帮助。

确实，东恒迟迟没有提交日志，我感到有点蹊跷，感觉肯定是东恒遇到了什么难题，不然东恒是不会这么迟延的。尽管他没有选课，作为旁听者，对自己要求也是比较严格的，所以，当东恒一路都已经跟随下来，最后一次课的日志缺失总感觉不很完美，似乎是有始无终。现在东恒补上了这个日志,虽然日志完整了,但我却关心究竟发生了什么,使东恒心神受到了影响。

成长的过程必然要经历许多不如意,这些不如意促进自己成长。

成长的过程也是不断沉淀的过程,既认识到自己的不足,更认识到自己的努力方向。

愿东恒进入学校后可以迅速地把注意力转移到学业上,如此过去的负面影响会尽快消散。

东恒的日志已经展现了自己的风格,颇为难得。在行文过程中也表现出很强的文化底蕴。东恒一直坚守稳健的风格,很是了不起。

# 第十五章  谈"课程总结"

## ——"高等教育研究方法"第十五课

## 壹  基于课程,高于课程

**2018** 级硕士生    郑雅倩

距离结课已有一段时间,在这期间,我一直在想我究竟从这门课中学到了什么,我想,除了前几次日志中已表达过的批判能力、探究能力的提升外,还有对研究方法、研究主题探究所带来的"干货",因此,有必要从头至尾对课程进行一次梳理。于是,我查看了所有同学的所有日志以期整理出属于自己的课程内容(后续查看时发现老师进行了日志修改,而且修改时间是在除夕夜,老师的敬业精神再次让人敬佩)。

### 一、课程框架

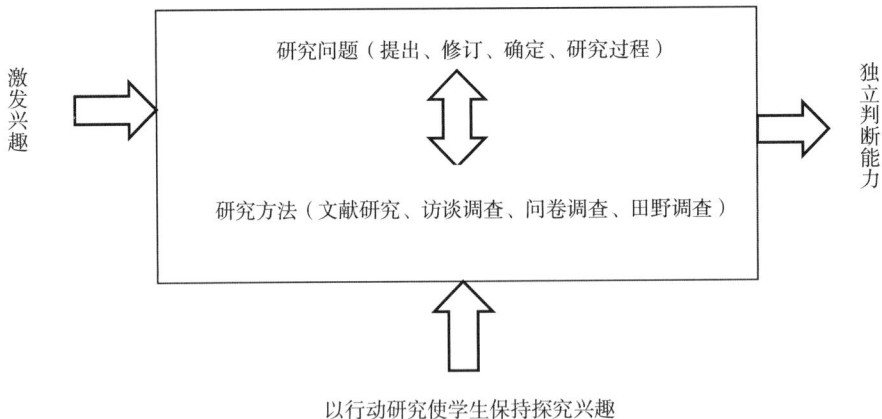

```
                 研究问题（提出、修订、确定、研究过程）

激发                                                          独
兴            ⬆                                               立
趣            ⬇                                               判
                                                              断
                                                              能
                 研究方法（文献研究、访谈调查、问卷调查、田野调查）      力

                                ⬆
                    以行动研究使学生保持探究兴趣
```

### 二、课程主线:研究方法

本门课是关于研究方法的课程,因此整门课围绕着研究方法这个主线展开,主要涉及了文献研究、问卷调查、访谈调查和田野研究四种方法,经过课堂上的知识接受、研究中的知识生成、课堂下的思考提升,我对这四种研究方法有了更深刻的理解,现将这四种方法进行总结归纳。

（一）文献研究

表1　文献研究步骤归纳

| 环节 | 要点/步骤 | 思考 |
|---|---|---|
| 一、筛选文献（好文献的标准） | 具有独立的判断能力。 | 筛选文献的第一步是具有独立判断能力，能够明晰研究问题及其背后涉及的各个方面各个层次的内容。 |
| | 题目：精准、新颖。 | 题目是文章的"眼"，必须精练准确地表达文章的意思；在浩如烟海的文献中被一眼认定，主要取决于题目的新颖，而新颖又取决于研究主题的新颖、研究角度的独具一格、研究方法的新颖、研究资料的新颖等。 |
| | 摘要：(1)明确的结论；(2)清晰的研究问题；(3)确定的研究方法；(4)可靠的理论依据；(5)鲜明有针对性的研究问题，具有重大的研究意义。 | 摘要将文章的核心部分概括凝练，是文章的"魂"。既然是文章的高度凝练，就必须将文章涉及的最基本的研究问题、研究方法、研究过程、研究内容、研究意义等概括出来。 |
| | 主体：(1)明晰的研究背景；(2)重大的研究意义；(3)阐释清楚研究主题文献综述；(4)科学的研究问题关键点；(5)具有相关资料或理论依据的支撑；(6)明确的结论；(7)可行的建议。 | 文章的主体部分依照研究需要、撰写要求而定，并不一定要涉及所有要素，但在行文过程中要有清晰的逻辑架构，对问题能够进行深入的分析，内在逻辑性强，再辅之以语言的流畅精准。 |
| | 参考文献：(1)规范的格式；(2)注重参考文献的经典性；(3)注重参考文献的时效性。 | 参考文献是文章的辅助部分，对文章中的引用进行注释，以显示学术研究的严谨。参考文献在撰写中时常出现格式不规范的问题，要避免该问题的出现就需要同学们平时注意每个时期刊物对参考文献的要求，在看论文时注意甄别判断文献的使用情况，加强判断能力。之所以要关注参考文献的经典性，是因为文献质量参差不齐，经典性文献因其论证的严谨、资料的详实等能够最大程度上具有可信度、科学性。因为研究问题视角的转变、研究资料的更新、研究方法的更新等要求我们在选用参考文献时要注重其时效性。 |
| 二、文献综述的形成 | 明确文献搜索范围。 | 证明文献来源的合法性、文献涵盖的全面性。 |
| | 阐述文献搜索结果：(1)相关文献总量；(2)文献作者的层次；(3)文献结构分布状况。 | 一般采用柱状图或曲线图表示，更为清楚明了。 |
| | 描述文献的总体状况（综合性）：(1)讨论的焦点话题；(2)作者群体；(3)讨论背景；(4)讨论结果。 | 了解文献的总体状况就必须梳理研究的主要观点（继承性），分析观点是否有逻辑支持（规范性）等，可以说这是在上一步筛选文献的基础上进行的对文献研究的总体把握。 |
| | 重点文献解读。 | 重点文献主要指在历史关键期的文献，比如起点与终点、转折点等，通过对这些文献的梳理，能够整理出该研究主题的历史脉络，也能够清楚地理解该研究主题在研究过程中的研究重点与研究转向。 |
| | 提出独立判断（创新性）：(1)研究视角创新；(2)研究方法创新；(3)研究数据更新等。 | 通过对文献的整理和归纳，要指出这些研究是否存在缺陷，而这些缺陷最为集中的是什么，在我们即将进行的研究该如何弥补这些缺陷，进而才能够提出本次研究的创新点。 |

（二）问卷调查

表 2 问卷调查研究步骤归纳

| 环节 | 要点/步骤 | 思考 |
|---|---|---|
| 一、问卷设计 | 明确研究问题、后续问卷搜集方法、数据分析方法。 | 如果不明确研究问题就可能找不到资料或者无法找到核心资料，在问卷设计前期也是如此，需要明确自己的研究问题是什么、要搜集什么样的资料进行证明；明晰调查的对象才能使研究具有针对性，避免浪费时间和精力导致搜集资料范围大而杂。要清楚后续的数据分析方法有前期预设，使问卷的结构便于数据整理。另外，问卷设计过程中应以答卷人为中心作为问卷设计的思想。 |
| 二、问卷设计过程 | 题目：明确主题，清楚表达。 | 和论文一样，问卷的题目也是问卷的"眼"，要精准地将问卷的研究问题表达出来，使调查对象一目了然。 |
| | 引导语：清楚真诚地说明问卷设计的目的。 | 引导语一是要阐明调查的用途，二是要使对方感受到其存在的价值，因此语言的表达既要清楚明白，又必须带着真诚，打动对方，使其愿意接受问卷调查。 |
| | 问卷主体之基本信息部分：性别、年龄、家庭背景、文化程度等。 | 该部分主要是了解被调查者的身份背景情况，因为我们在设计时有基本前提假设，即被调查者的身份背景不同会影响其回答问题的倾向性。 |
| | 问卷主体之选择性问题部分：(1)适当的题目数量：在一般性的调查中问题越少越好，在大型的社会调查中问题会相对多一些。为保持被调查者的答题耐心，题目数量的设置要适当。(2)易懂的题目内容：问卷设计时要将核心命题进行分解细化，从而形成问卷题目；始终贯彻"以答卷人为中心"思想，题目语言表达要清晰易懂凝练。(3)科学的题型设置：相同题型一起放；尽量以正向叙述、肯定语气表达；可适当设置一两个反向题型以测谎。(4)合理的题目顺序：遵循一定的先后顺序，可以与现实状况相关联的题目优先，再设置态度题、认知题，后设置敏感题目。 | 这部分需要我们对研究主题所涉及的核心命题进行分解和选择，呈现给读者数量适当的、通俗易懂的问题。问卷问题的排列顺序对低教育者以及缺少强烈态度的答卷人影响较大。 |
| | 问卷主体之开放性问题部分：(1)问题设置要相对聚焦；(2)问题数量要合理。 | 开放性问题是对调查的一个补充，能够帮助我们搜集到生动的资料。设置时不应过于宽泛，否则答卷人不乐意作答，可用案例形式提问，如对某个事件某个观点的看法。 |
| | 结束语：(1)表达感谢并提出祝福；(2)请被调查者留下联系方式以便后续资料补充或告知研究成果；(3)对问卷进行打分以检测问卷的有效度。 | 结束语设置较为灵活，按照实际需要进行设置。 |

（三）访谈调查

表3　访谈调查研究归纳

| 环节 | 要点/步骤 | 思考 |
|---|---|---|
| 一、访谈前 | 提前联系访谈对象,了解访谈对象的基本信息。 | 访谈对象的选择要考虑典型性,即能够极大程度上对研究问题进行补充。可以通过同学朋友,也可以通过邮件等方式联系访谈对象,联系时要注意语气。确定访谈对象后要对其进行详细的了解,以便依据实际情况确定访谈提纲。 |
| 二、访谈提纲设计 | (1)适当的题目数量:围绕一个主题提出5～7个问题,最多不超过10个相关问题;(2)开放的问题题型,以获得深度信息。 | 访谈提纲不需要像问卷设计那般有引导语,因为在前期联系时已和被调查者尤沟通过。访谈提纲不放涉及基本信息类的问题,该类信息应是前期了解过的。 |
| 三、访谈过程 | (1)避免隐私性内容、陌生性内容、专业术语的出现。(2)把握访谈时间:前期可以用5～10分钟与访谈者进行简单的沟通、聊天,使其进入状态。(3)良好的访谈状态:访谈过程中要时刻保持学习者的姿态,可以随时提问"你说的这个问题我不太理解,您可以再详细说明一下吗?"等;要与访谈对象保持共情,必要的身体动作和表情展现很重要。(4)强大的沟通技巧:访谈过程中会出现跑题的现象,要善于利用时机拉回访谈内容。 | 在访谈提纲设置完成后可以发给被调查者一份简要版的访谈提纲,一方面以示对其的尊重,但又不会过多泄露访谈内容,另一方面也可以使其对相关问题的提问有一定的心理准备。 |

（四）田野研究

田野研究注重现场感,要求真实地记录研究资料,真情实感地反映及反思研究过程,所以田野研究是一个兼具"白描"与"深描"的研究方法。本门课对田野研究的训练主要是以观察日志为主。观察日志的内容主要包括收获、困惑、借鉴、不足、反思,但又不局限于这几个方面,不同的课堂内容不同性格的同学所展现出来的观察日志都体现了个性,这也正是田野日志所需要的真实。

## 三、课程内容:高质量研究生课堂教学研究

王老师称该课堂为研究型课堂,特色在于研究。在本门课程中以"高质量研究生课堂教学"为主题进行探讨,贯穿了前文所述的四种研究方法,并辅之以反向思维训练、层次思维训练等。在整门课结束之时,该研究主题已有了一定的探讨结果,我根据学习经验和自己的思考,对探讨结果重新审视并有了自己的小思考,现将其汇报如下。

（一）我国高校研究生课堂教学现状

1. 教学理念：以教师为中心

我国传统文化推崇师道尊严，其内在逻辑即是"教师中心主义"，尽管随着杜威教育思想传入中国，"学生主义中心"思想逐渐在大学推行，但从目前研究生课堂实际教学现状而言，我国仍是以教学为中心进行课堂教学。一方面，在现在的教学中，教师始终是教学的主体，具有主导性、能动性，而学生则是被动的，这种普遍存在的"老师讲—学生听"的事实说明了"教师中心主义"逻辑的真实存在，甚至是深入骨髓的。① 另一方面，现在的研究生教学一般是从教师的学科兴趣出发，较少考虑到学生的就业需要和实践需求，因此教学设计过程中以教师需要为主。总之，无论是从课堂实际教学过程还是从教学设计中，我们都可以看出高校现行课堂教学观念仍然是以教师为中心。

以教师为中心的教学观念将学生作为接受知识的容器，在教学中忽视对学生积极性的调动及对学生独立学习和活动能力的培养。在师生关系上容易将教师权威绝对化，妨碍学生对知识进行重新阐释或提出质疑。师生之前缺乏平等民主的对话与交流，导致课堂上常常出现"教师台上滔滔不绝，学生台下昏昏欲睡"的局面，② 由此阻碍了教学的多样性和丰富性。

2. 教学目标：以知识传授为主

当大学实行以教师为中心的时候，很大程度上也就隐含了以知识传授为中心，而教师自然是知识的主宰者。且在现行的大学教学中很多都离不开教材或者指定阅读材料，这些成为大学教学活动的主要部分，教、学及考均围绕教材进行。而教材是由一系列指示所汇集起来的文字读本，由此可得学教材即是学习"已知知识"，对学生能力提高帮助尚浅。可以说，这种以知识传授为主的方式并非完全不培养学生的能力，只不过当学生不是被希望去研究（study），而是去学习（learn）③的时候，学生的智力水平仅限于吸收信息和获得技能，不利于学生创新能力和实践能力的培养。

这种以单向式的静态知识的灌输为目标的教学，是对学生个体知识和生活知识的排斥，扼杀了学生个体知识的丰富性，极易导致学生丧失学习的兴趣。另一方面，这样的教学目标不适应当今社会的发展趋势。在科学技术的影响下，知识的传输方式发生了很大的变化，教材不再是知识的唯一来源，不再是知识权威的代言人。

3. 教学场所：以课堂为主

目前大学课堂教学场所主要为教室，教室是课堂教学的主渠道，很多同学认为只要在课堂上认真听讲，足以应付一场考试。所以，课堂成为教学的中心。④ 而以培养学生实践能力，促进学生学用结合的实验室、现实的工作场景被忽略，学生的学习场地被窄化。

以课堂为主的教学场所将学生局限于狭小的缩小式的静态社会，学生掌握的是前人发

---

① 王洪才等.大学创新教学理论与实践：后现代大学来临及其回应[M].北京：科学出版社，2018：35.

② 郭玉莲.课堂教学模式改革初探[J].教育理论与实践，2012(10)：57-60.

③ 富里迪.知识分子都到哪里去了[M].戴从容，译.南京：江苏人民出版社，2005：109.

④ 别敦荣.大学教学原理与方法：教学改革演讲录[M].青岛：中国海洋大学出版社，2018：5.

现的东西,是前人通过研究、实践所获得的成果,学生没有经过实践因而缺乏对知识的深度理解,也无法创新知识和生产知识,导致学生一则对知识的真正掌握度不足,学生知识理解层面尚浅,二则社会生产前进动力受阻。

(二)我国高校研究生课堂教学改革的必要性

1. 高等教育普及化

我国高等教育将于2019—2020年迈入普及化成为学界的共识,普及化高等教育时代的学生来源多样,需求多元,选择增多。第一,学生生源多样性。在普及高等教育阶段,高等教育向所有想上大学的人开放,大多数公民都可以接受高等教育。高等教育受众范围拓宽,受教育者的家庭背景、求学经历、学习行为等出现了多元化和异质化趋势。① 第二,学生求学需求多样且复杂。在高等教育普及化阶段,高等教育既能满足社会发展的需要,同时也需要满足个人发展的需要,而大学生追求高等教育或是为了学历文凭,或是为了学习职业技能,或是为了提升社会地位,或是为了提高生活质量,或是为了满足对高深知识的"闲逸的好奇",或是兼而有之。② 第三,学生选择的权利多元。普及化阶段,学生享有选择学校、选择专业、选择课程、选择教师、选择学习时间、选择学习渠道、选择评价方式及选择学习进度等的权利,学生可以自由选择何时进入高等教育,何时退出高等教育。因此,在这样的社会背景下,以往以教师为中心、以教材为中心、以课堂为中心的传统教学模式无法适应需求多样、富有弹性和极大包容性的教育教学模式,高校课堂教学必须改革。

2. 知识工具性价值的突显

现如今,上大学不再意味着捧上了终身受用的铁饭碗,从而原先那种"天之骄子"的优越感已荡然无存,大学生面临的是实实在在的压力。因而,大学生把视线聚焦于与自己密切相关的实际利益,"知识就是财富"被广泛接受。而随着社会各行各业的从业门槛逐渐提高,接受高等教育成为从业人员必备的条件,高等教育成为"大家的教育",高深知识越来越趋向实用化。另一方面,大学不再是中世纪学者的行会,现如今的大学已经延伸到社会经济、政治、文化的各个角落,与社会实践、社会发展密切相关。

因此,大学不仅要培养具有高深学问的精英人才,同时也需要培养面向社会生产第一线的实用型人才。以传授知识为主的传统教学模式显然不能满足高等教育发展的需要,教学必须走向实践,将传统的理论知识传授转变为学生实践操作的能力,从而激发学生对知识创新的动力。

(三)我国高质量研究生课堂教学标准及推进策略

1. 教学理念:以学生为中心

研究生课堂教学改革应以学生为中心。第一,要明确学生的性质。高校和教师在接受教学任务时应了解学生的性质,研究学生的基础、发展状况、职业理想和未来发展意愿,由此来设计课程。第二,教师要避免"表演哲学",避免传统课堂上由于受师生地位差异影响或课

---

① 鲍威.未完成的转型——普及化阶段首都高等教育的人才培养与学生发展[J].北京大学教育评论,2010(1):27-44.

② 林杰.高等教育普及化时代大学生的特征及其权利保障[J].中国高教研究,2016(3):43-47.

时限制等因素而限制学生的表达机会,让学生充分表现自我。教师要成为课堂的引导者而非规定者,善于鼓励和激发学生的创造力。

总之,大学教学以学生为中心展开,教师要剥去自己知识权威的面具,尊重自己作为"人"的价值,同时也尊重学生的价值,重视学生的差异,能够平等地对待学生的不同思想和见解,能够为学生彰显各自的生命力量和发展各自的独特个性提供一个民主、融洽、自由的空间,让学生的心灵得以舒展。

2. 教学目标:以学生综合能力提升为目标

我们提倡以学生为中心的教学理念,而这个理念所呈现出来的是学生的个性发展、综合发展,带来的是学生综合能力的提升。做到以学生综合能力提升为目标,促进学生能力的发展需要多方协调。第一,大学教学应该做到教、学、做相统一。大学教育最初只是要求教与学,在19世纪后期,欧美大学将教师指导下的学生的实践引入教学过程,以适应社会专业人才的需要。教师在设计课堂教学时应改变唱独角戏的教学方式,采用综合性的教学方法,在课堂教学中既有教师的引导同时也有学生的自主学习和实践。第二,在教学评价中注重对学生能力的评价,而非仅仅是知识水平的评价。学生发现问题的能力、合作沟通的能力、独立思考和表达的能力,都是评价的重要部分。提倡教学评价采用质性评价,辅以量化评价;采用形成性评价,通过了解学生对每一步教学安排的接受程度、存在问题,及时地、不断地调整下一步的安排与策略。[①] 第三,改革现有"重科研轻教学"制度,避免大学管理简单化、机械化,确保教师有足够的时间设计课堂教学及与学生进行互动,使大学重回人才培养之道。

3. 教学过程:以问题探究为基本过程

目前研究生"不会提问题"现象突出,反映出研究生问题意识的缺乏,为适应未来的发展,教师应有智慧地激发学生提出问题、分析问题和解决问题。所谓高质量研究生课堂教学,即是要释放课堂活力,鼓励学生提出问题,培养问题意识,开展研究性学习。

如何做到以问题探究为基本过程? 首先,从教师课堂设计而言,应改变教师"一言堂"的现状,多让学生交流和研讨问题,因此在设计时教师要能够从实际问题出发,提出能够引起学生主动关注的有效问题,以促进学生有效参与。其次,学生要主动地投入问题的解决过程中。要求教师要对学生的学习任务做出明确的规定,并对学生的课外自主学习、自主探究的成效及时进行检查和反馈。最后,在保证学生主体性地位的同时并不意味着教师要放弃自身的主体地位,教师在教学过程中同样要对教学过程进行主导,比如对学生的认识、启发、引导以及对学生的及时反馈,比如对教学手段和教学方法的适当使用,等等。总之,在问题探究中教师和学生是相统一的,是平等合作的。

4. 教学结果:以学生的探究兴趣形成为教学结果

我国目前高校教学所盛行的是"重知主义",强调的是"教学能使学生受既知的、为人类所获得的真理。知识的主要载体是教科书,学习教科书短时间内可以使学生获得大量的知识"。由此产生我国教育充斥着浓厚的工具理性色彩,学生的学习兴趣被忽视。进而导致学生无法保持良好的学习动力和学习状态,学生的潜力得到遏制。

---

① 王洪才等.大学创新教学理论与实践:后现代大学来临及其回应[M].北京:科学出版社,2018:183.

高校研究生教学应培养学生主动求知、探索、实践的动力,而这一动力的形成则依靠学习的兴趣。在兴趣状态下,人对事物的趋近和探究是发自内心的热爱,能够为学习的改进提供源源不竭的动力。培养学生的学习兴趣,应该做到:首先,调整人才培养计划,使之与市场需求和知识发展相适应,避免学生感到知识无用。其次,改革教学方法,推动翻转课堂、研讨课堂、案例教学等教学方法的实施,为学生个性自主发挥建立良好的空间。最后,教师与学生之间应该建立起良好的知识交流和情感互动,如此教师才能知道学生发展需要什么样的知识,如何接受这些知识和如何衡量这些学生接受这些知识的程度,才能给予学生有效的指导。

**王师批注:**

非常棒!对雅倩的总结梳理表示感谢!

这是一种研究性学习,其中充满反思和探究性质。

一门课结束之后,就应该有这样的总结提升过程,有了这个环节,许多概念就会从模糊状态走向具体和清晰状态,就会与具体现实生活结合起来,就能够看懂很多平常司空见惯却不甚了了的东西,这样才能把知识变成自己的,才能成为自己分析判断的依据。

而且我也认为,不仅这门课,所有的课结束之后,都要有一个反思:究竟从中学到了什么?

因为这个反思过程,就是系统化整理过程,就是将外部知识或说教变成自己所信奉的知识的过程。知识只有达到信念层次才能灵活运用。

## 贰　研究型课堂的指向:真正研究者的养成

**2017** 级硕士生　赵祥辉

迄今,距"高等教育研究方法"课结束已近一月。有幸作为王老师教学改革的亲身体验者、参与者、行动者以及生成者,我们一方面塑造着课堂,另一方面也从课堂当中不断汲取营养,从而促进自己在方法训练当中得到发展、在问题解决当中得到成长、在行动研究当中得到飞跃。苏格拉底曾说:未经反思的生活是不值得过的。而懂得反思、善于反思不仅是先贤"认识你自己"箴言的号召,亦是秉承"以学生为中心"研究生课程激发学生探究兴趣的要求。现下课程结束,作为课堂的主体,同学们一同对课堂做一个整体反思是非常有必要的,这无疑将利于大家基于对课堂的主观体验及认识,进行一次理性的升华和提升。

依稀还记得老师最后一堂课挥毫在黑板上用"研究型课堂的生成"八个大字为课堂做了高度的凝练与总结。事实上,当老师将我们的课堂定位为研究"型"而非研究"性"时,也引发了许多同学对"研究型"和"研究性"区别的反思。实际上,研究生课堂教学既然是为了提升研究生的研究能力,培养未来的研究者,必然要具备"研究'型'"的特征。但受到高等教育大众化趋势的不断演进,我们也不难发现,许多研究生课堂授课教师逐渐放低了对课堂"研究"意味的追求,从而他们认为课堂具备一定的"研究性"便已算不错。但是对于那些坚守学术质量底线,致力于培养出一批"以学术为志业"的研究型人才的老师而言,课堂具备"研究性"已然不符合他们的开课动机和教学改革旨趣了,在这种情况下,课堂由"研究性"上升到"研究型"便顺理成章了。而在研究型课堂的视域下,学生不仅要具备一定的研究能力,更要成为一名所谓"真正的研究者",而这种研究者按照王老师所述,既要具备独立思考能力,也要具备对问题的主动发现、深入分析以及创造性解决等能力。

实际上,在我的第十四次课程日志中,我对研究型课堂的生成、指向阐述了我的看法,并最终将这门课的最大价值落脚于"真正研究者的养成"上。故而当前再对课堂进行总体反思,依然延循"真正研究者的养成"这一话题做进一步阐释,并就之前十四次日志谈谈我的一点反思。

### 一、课堂是如何养成真正的研究者的?

真正研究者是如何在我们的课堂当中养成的呢?"高等教育研究方法"虽然是一门课程,但因为全程贯穿着"问题导向",从而具备了更多"研究"的意味。我们历经了提出问题、分析问题、解决问题的研究链条,既加深了对研究方法的理解,又深入研究现场体验到了真正的研究是如何开展的。并且,在与王老师这样的学术大师对话交流的同时,我们也在不断地提升自己的学术鉴赏力、加强自己的独立判断能力进而形成自己的研究能力,这些无疑都是在促进我们不断向真正的研究者迈进。之于我而言,收获主要体现在以下几个方面:

其一,对一个全新课堂有了一次初体验,诚然,以往接触的大多是秉承"以教师为中心"的理念旨在进行知识传授的课堂,即便有少数口称"以学生为中心"的课堂,在形式上和内容上大抵也是"以教师为中心"的。而像王老师这种注重学生主体地位,在师生互动当中生成和推进课堂的形式,实在未曾经历过。因而,作为学生这可谓是一种全新的课堂体验,而作为高等教育研究者这可谓是提供了一个"身边"的研究资源。

其二,在这门课上,除却具体方法的训练,在研究兴趣的熏陶、研究志趣的培养、研究能力的提升以及作为研究者的主体意识生成等方面也多有成长。在具体方法的训练上,我较为系统地接触到了文献综述、访谈法、问卷法以及文献分析等方法。在研究兴趣的熏陶方面,我明确了原来生活学习当中的困惑或者好奇皆可作为研究问题来研究,这不免让我对研究更加兴趣盎然了。研究志趣的培养方面,虽然以往也曾立下"以学术为志业"的誓言,但更多是出于生计的考虑,而如今真正体会到了研究的韵味之后,才更加明白学术的吸引力究竟为何,也让我更加坚定了从事学术事业的信念。研究能力的提升方面,仅以独立判断能力而言,我能够更加清晰独立地辨别如何算是"好的研究"了。在研究者的主体意识养成方面,我也逐渐意识到不能一直将自己定位于"研究的初学者"了,要更加将自己定位于研究者方更加有利于自己的未来发展与突破。

其三,除了继续跟随王老师"熏染"学术的味道,也遇到了一群有趣的朋辈,可谓是人生一大快事了。睿智且妙语连珠的牛军明师兄,聪慧且思想深邃的汤建师姐,踏实且勇于批判的段肖阳师姐,谦虚且富有经验的王亚克师姐,直率且善于思考的熊文丽同学,智慧且心思缜密的袁东恒同学,内秀且思维清奇的姚烟霞同学,活泼且思想发散的王鹏娟师妹,勤奋且谦逊好问的孙士茹师妹,认真且敢于质疑的郑雅倩师妹,严谨且表达能力强的刘美丹师妹以及认真踏实的覃晓艳师妹和林孟圆师妹,大家共济一堂,各放异彩,为这堂课的顺利开展贡献了自己的智慧和力量。

其四,我们在反复推敲打磨中生成了合适的研究话题——高水平的研究生课堂,在对这一话题的探讨当中,既深化了我们对研究方法的认识和运用,也加强了我们对高水平研究生课堂的理解,尤其是在讨论交流当中生成的关于高水平的研究生课堂的五大理论假设:(①以学生中心为理念;②以学生最大发展为目标;③以问题探究作为基本过程;④以学生有效参与;⑤以学生学术兴趣形成为结果)当真可谓让同学真正参与到了最前沿的学术探讨和观点生成当中,这对我们而言无疑是一次很难得的经历。同时,在课堂当中的一些尚未得出最终结论的问题,诸如"学生有效参与应当如何衡量?""学生学术兴趣的形成应当怎样判定?""教师的教学投入度怎样衡定?""课堂挑战度应当维持在何种水平?"等问题都为我们接下来开展研究提供了研究沃土与资源。

而一切的一切,事实上都在促进我们由研究"生"到研究"熟"进而朝着"真正的研究者"而不断进发。

## 二、对课堂日志的浅思

有学者说,学生在课堂当中的成长和收获大抵都是隐性不易见的,是在未来生活和学习当中才逐渐显露出来的。但在王老师的课堂上,这种观点却被打破了,无论是大家课堂上由缄默到善言、从盲从到质疑的转变,还是在课下和其他课堂上展现出来的渐趋活跃的状态,都体现了大家在课堂当中的蜕变。而这些蜕变也真切地体现在大家的反思日志上,而事实上作为课堂反思日志而言,它本身所具备的"反思""探索""再研究"等特征,既符应了"研究型课堂"的培养理念,更是让我们在课堂这个"田野"的场域上,认识质性研究、体验质性研究、应用质性研究,这无疑是王老师对我们研究方法的一次有效训练。而除却研究方法训练以外,反思日志既提升了同学们的文字表达能力,也体现了大家思想的转变,更促使大家作为研究者主体意识的觉醒。而就我的课堂日志而言,虽然有时文字表达不大妥切、思想深度有欠挖潜、课堂内容把握不够。但总体来看,除却保持自己的写作风格以外,也尝试过诸如白描、理性申辩等方式,尤其是后几次反思日志加入了各种"评价"和"综述"的内容,这无疑真切地体现了我在课堂当中的成长与收获,对促进我独立判断能力的养成可谓大有裨益。

## 三、后记

总而论之,这堂课直至现在都是自己印象最为深刻、收获最巨的一门课程。对研究型课堂的认识从陌生到熟悉、从质疑到信任,使我对"研究生课堂应有研究性而非灌输性"这一论断有了更清醒的认识,对"研究生获取知识应当是生成的而非接受的"有了更坚定的信念。有了这堂课在心里播种下的"研究"种子,未来的研究和教学工作也将走得更加坚定、踏实!

而作为王老师教学改革的最后一届受益者,我们对王老师暂时停止这种改革尝试虽有部分遗憾,但既然王老师已然将成为"真正的研究者"的种子播下,我们何不努力浇灌自己,以后把王老师的教学改革理念发扬光大呢?诚如是,研究型课堂将弦歌不绝,生成性教学也将薪火相传，真正的研究者便也可十步芳草矣！

**王师批注：**

祥辉的文字一直带有概括性强的特点，这一点是综合能力强的表现，最是难得。

祥辉的文字是有色彩的，不干瘪，这是一种胆气表现，是勇于展示自我的表现，这相对于许多同学的胆怯而言是领先的。

祥辉对研究型教学或课堂的认识是比较深刻的，而且是有感而发的，说明了认识的提升和转变。

祥辉还带有一颗感恩的心，这一点弥足珍贵。对每位同学的特点进行了概括，这也是善于观察的表现，这说明是带着开放的心态，是善于学习的表现。

所谓"嬉笑怒骂皆学问"即是"生活处处是学问"，事事都值得研究的表现。

## 叁　生成型课堂的解构、生成与挑战

**2018 级硕士生　王鹏娟**

经过一个学期的学习，在王老师和同学们的一起合作下，每个人都在课堂中"经验"着，收获着，成长着。从课堂环节中跳出来，从整体重新反思王老师这种全新的课堂模式，我以为生成型课堂在解构传统课堂模式的过程中实现了对学生学习主体性和能动性的激发，同时也生成了这种课堂模式自身的独特性。

从"知识"方面看，生成型课堂解构了传统课堂模式中知识的权威性，生成性经验被推到教学"前台"。无论是本科生阶段还是硕士研究生阶段，当下我国的高校教学方式仍然是以填鸭灌输为主，这种现象背后的逻辑是知识即真理，知识是绝对正确的，因此学生只需要了解、习得这些"知识"即算是接受了高等教育。可是，再进一步地追问，"课堂知识"真的是唯一正确的"真理"吗？稍微思考不难发现，课堂中的知识尤其是人文社科领域的知识，更多的是某位学者在特定的时代背景下经过具体的研究过程做出的对某一具体事实的判断，这种观点往往具有一定的历史性特征，比如费孝通先生在《乡土中国》中提到的中国式关系像涟漪一样层层推开，但时至今日中国社会中的"关系"是否依然如此则需要进一步的研究考证，类似许多理论都具有时代背景所带来的局限性。因此，知识的权威性并非不能质疑。生成型课堂则在教师有意识的引导下解构了知识权威，并将重点放在学生的生成性经验上，真正尊重学生角色的存在，使学生在课堂上拥有表达、提问、请教和质疑的机会，从而激发学生的主体性。在王老师的课堂上，就这一点我深有体会，因为我联想能力较强，因此总会把很多通俗的例子和现象带到课堂上请老师解答，这时候王老师总会在考量问题和课堂内容相关程度的基础上做出或详或略的解答，我第一感觉自己真正成为课堂的主动学习者，其次也能够从王老师的回应中得到许多启发，其间的许多追问也是对我自己思维能力的一种锻炼，课堂上会有很多这样的机会。

从教学过程看，生成型课堂解构了传统课堂模式中按部就班的教学流程，取而代之的是灵活机动、因势利导的教学策略。传统教学中,无论是新手教师还是经验型教师,都习惯于提前设计、安排课堂内容,将课堂时间大致拆分为几个部分,而后课堂节奏就自然形成了,新手教师和经验型教师的区别仅仅在于前者更可能由于经验不足,在课堂设计时更加僵化一些,实质上课堂的效果在上课前教师都是心中有数的。但在王老师的课堂上,每节课仅仅只是设定一个主题或核心任务,具体课堂如何发展,以什么内容展开,每个部分大概多长时间都具有很多不确定性,这种情况下王老师往往会灵活、巧妙地把握课堂节奏,或是把跑题的讨论赶紧"拉"回来,或是通过中场休息调整课堂节奏,多数情况下他会根据学生讨论、交流的情况,发现学生的困惑并予以及时的回应,而且王老师对学生在课堂上的反应是非常敏锐的。这样,按部就班的课堂不复存在,每一节课都具有很多不确定性甚至不可控的挑战,课堂主题成为教学展开的线索,学生的"困"和"绯"则成为课堂展开的一个个节点。

从师生关系看,生成型课堂解构了传统师道尊严的授受关系,取而代之以师生相互支撑的协作关系。在东亚文化中,师道尊严尤其盛行,教师权威本质上也是由知识权威赋予的。尊师是好的,但不平等的师生关系却需要商榷,因为由尊师不仅可以衍生出敬师、爱师,还可能衍生出迷信师、害怕师、盲从师。在生成型课堂中,我的感受是,这样的课堂单凭教师的理念、设计是无法实现的,过程中离不开学生的支持、参与和互动。不仅教师是学生的支架和帮手,学生也是教师组织课堂的支架,因为教师需要在生生、师生互动中捕捉学生的困惑和需要并帮助其进行深入地理解。由此师生之间更可能生成一种平等的关系,因为如果真想把课上好,教师也需要学生的积极参与和互动,教师的"圣贤"光环,也由此被打破了。

从学生观看,生成型课堂扭转"学生无知"为"学生有知",看到了学生所具有的更多的可能性。传统教学中之所以过分强调"教",其背后的学生观假设是学生是"无知的",他的经验是无意义的,是不值一提的,更不值得、不应该带到课堂上,因此学生是需要帮助、需要教化、需要灌输以"知识"使其从"无知"变为"有知"。而生成型课堂由于看到了学生生成型经验的价值,也即看到学生自身的更多的可能性,因此教师才会真正尊重学生,才会尝试启发学生,允许并鼓励学生更多地参与到课堂教学过程中,并给予学生更多的表达机会。在王老师给同学们写的网络课堂日志中,就能经常看到王老师对学生进步的发现和鼓励,教师的每一句称赞,都会使学生内心多一分自信。因此,在生成型课堂中,教师真正发现了学生。

一项新事物的出现总会面临各方面的挑战,生成型课堂作为一种较为新颖的教学改革尝试,同样面临着许多挑战。首先,生成型课堂对教师提出了更高要求。由于教师要充分发挥其在教学过程中的引导作用,因此要求其首先要理解学生,同时具有教学机智以达到对课堂节奏的把控并能敏锐地捕捉到学生的反馈;另一方面,对学生课上课下的回应也对教师的专业能力和时间投入提出更多要求。其次,生成型课堂对学生也是有要求的。学生需要有开放的心态积极地了解、融入、接纳这样的课堂模式,转变之前"知道的越多就学到的越多"的观念,真正在体验和思考中有所得;同时学生在课上的互动和课下任务的完成方面也需要有参与的热情和更多投入,毕竟对课堂内容的反思和内化也需要时间成本,且对学生的个体素质和思维能力有一定要求。最后,生成型课堂必然还会受到传统课堂模式的质疑。二者本就"殊途不同归",因此生成型课堂的进一步发展还需要进行合理性、合法性层面的理论论证。只有在厘清诸如"什么样的课堂才是好的课堂?""我们究竟要培养什么样的学生?"这些问题的基础上,生成型课堂才有可能真正为当下的教育生态所接受;另一方面,课堂教学过程的改革必须要与相应的课程评价改革相一致,若再用之前的评价标准看生成型课堂的效果,生成型课堂必然会更加"不伦不类"。但无论如何,生成型课堂作为一种高校教学改单的探索和尝试,就我实际课堂体验而言,俨然已经迈出了很大一步,我仍然希望有更多老师、更多学生、更多课堂可以理解并尝试运用这种模式。

**王师批注:**

很欣赏鹏娟同学的坦诚、直率!

鹏娟看问题很具有穿透力,看到了问题的本质,非常难得!

确实,生成性打破了传统课堂设计的理论基础,也打破了传统课堂上的师生关系模式,确实面临着一系列的挑战,也确实对"好课堂"的评价标准提出了质疑。就此而言,鹏娟同学的思考是很具有深度的。

鹏娟提出了生成性课堂是对传统课堂的"解构说"基本上是成立的,确实是这样的。但对生成性课堂的理论基础挖掘还有很大空间。比如说为什么要采用生成性课堂,生成性课堂要达到什么样的目的,这与教育改革目标之间是否存在着一致性,等等。期待鹏娟同学进一步探索,如此就会对生成性课堂教学理论的推广和现实推进都能够发挥更大的作用。

# 肆　谈研究型课堂的深度学习体验

2018 级博士生　段肖阳

教育研究方法课程结束一月有余,迟迟未动笔写总结日志,实是不该。但沉淀了一段时间,也许能够更加清楚自己的所思所想。这门课是立于理论、归于实践的一门课程,是老师进行课堂教学改革的心血所在,让同学们有了全新的学习体验和收获。

## 一、研究就是不断地解决问题

这个课程是教育研究方法,通俗地讲是学习如何做研究,同学们在学习之初肯定希望能够掌握更多的研究方法,提升自己的研究能力。这门课在研究方法学习方面绝对没有让大家失望,同学们全程参与了研究的整个过程,在实践中体验了如何做研究。课堂的研究主题围绕研究的过程开展,主要分为研究选题确立、收集资料、文献综述、访谈设计、实地访谈、问卷设计几个部分。

（一）选题确立

课程开始之初,老师就让大家分别提出可供研究的选题,经过自由发言、学生互评、集体讨论、老师总结四个阶段,最后确定研究主题为"高质量研究生课堂教学"。这个研究范围不仅符合当前教学改革的实际需求,而且也基于同学们自身体验,并且是具有可持续性、开放性和综合性的研究课题。

（二）收集资料

在收集资料部分,老师并未让同学盲目查找收集资料,而是要求大家检视文献。检视文献的前提是有自己独立的思考和判断,所以老师组织大家就"高质量研究生课堂教学"的特征标签进行讨论,形成共同的认识和理解。之后在课堂上确立了好文献的标准。同学们基于对研究问题的判断和好文献标准的认识,每人查找 20 篇好文献。

（三）文献综述

为培养同学们的批判性阅读和独立判断能力,老师要求同学们对提出的好文献进行文献综述,每个人提交文献综述后,老师要求大家分小组对文献综述进行讨论评价,再进行课堂发言讨论,最后归纳出同学们文献综述的共同问题和改进意见,同学们在此基础上再次写作文献综述。

（四）访谈设计

经过多次课堂讨论、分组学习,就"高质量研究生课堂标准"这一问题同学们都有了共同的认识,老师简要地讲解如何开展访谈,之后老师邀请具有丰富访谈经验的师姐为我们讲解如何开展访谈。

（五）实地访谈

同学们每人访谈两名优秀教师,撰写访谈总结和报告。课堂上就个人访谈开展情况进行交流、讨论,提出自己的疑问,并总结收获。老师也根据同学们访谈开展情况和撰写的报告,重点总结了访谈问题设计、访谈机智、访谈态度、访谈实践、访谈准备等。

（六）问卷设计

在课下,同学们分小组根据已有研究假设和分命题初步设计了问卷。课堂上再次重新分组对问卷设计进行讨论,之后小组汇报、集体讨论。最后老师对问卷设计进行了评价、讲解和总结。

课堂围绕这些研究步骤有序进行,看似是有规划的,实则是根据同学们在研究过程中的实际需求不断生成的课堂内容。这些研究方法并不是在课堂中虚设的,而是在解决研究问题的实践中让同学们不断体验和应用。研究就是不断解决问题的过程,学习如何做研究就应该在研究问题的真实过程中不断体验和生成。在解决问题的过程中,敏锐地发现问题,创新地解决问题,再次提出新的问题,循环往复、螺旋上升,坚持不懈地思考,研究能力逐渐提高。研究须"打破砂锅问到底",锲而不舍地追根求源,才能在不断的探索中更加接近"真理"。

## 二、课堂就是不断地参与建构

我们的课堂是研究型课堂,学生是课堂的主体。因为课堂是基于学生已有知识、实际需求和未来成长的,所以能够激发同学们的探究兴趣,确保同学们的有效参与。在这个课堂上同学们积极参与,不断建构课堂,建构自我。

（一）基于学生已有知识

在每次课堂上,同学们就某一问题都提出了自己的看法和思考,老师充分尊重了同学们已有的生活经验和知识经验，引导大家进行思考。发言顺序并不是老师指定的，而是同学们自由发言，开放的氛围能够激发大家踊跃发言，而且平等的交流会促进个体的自我反思。大家的思考积聚到一定程度后不吐不快，所以发言是自然的、流畅的，具有比较强的逻辑性，个性化色彩浓厚。课堂上研究的问题紧密联系了同学们的实际，在分析、解决问题时大家能够主动地将知、情、意投入课堂中，从而转变为有效的行动，提出有效解决问题的方法，水到渠成地生成新的知识。在课堂上，每个同学都为课堂做出了自己的努力，贡献了自己的智慧，激发了大家的思考。课堂不是某个人的，而是大家共同生成的。

（二）基于学生实际需求

课堂内容并非预设的，而是在解决问题的实践过程中，结合同学们提出的实际需求而生成的，学生的需求是教育的出发点和生长点。比如同学们在自己访谈之后，普遍提出设计访谈提纲存在困难，难以把控访谈节奏，缺乏访谈资料分析能力等问题。老师就组织同学们进行访谈交流，而且在课堂上对同学们的问题进行解惑。同时，老师邀请了其他学院的教师，现场对其进行访谈，为同学们展示了如何开展访谈，并且带领同学们对访谈进行文本分析。只有让同学们意识到研究的问题是自己的问题，才能激发同学们的探究兴趣、持续参与，才能让同学们全身心投入，在其中发现自我、探究自我、超越自我。

（三）基于学生未来成长

在课堂上老师多次强调质疑精神、批判精神和独立判断，老师期望同学们能够有独立的人格和思考，这不仅是着眼于同学们的当前，也是关注同学们的未来。任何死的知识都不能主动转化为能力，必须让学生掌握能够应对不确定未来的能力，而这种能力的形成首先是自我意识的觉醒。能力形成不仅发生在课堂上，更是能够持续到课下。每次课后同学们都写作反思日志，这正是培养同学们反思能力、质性研究能力的基本训练，也是同学们与自己对话的有效路径。在写作反思日志时，我们不断叩问自己，不断建构自我，将课堂与课下结合起来，深入参与课程学习。

## 三、学习就是不断地超越自己

研究性学习对每个同学都是一个很大的挑战，同学们从对课堂的慌张无措到充满期待，都经历了一定的转变，都在学习过程中不断勇于挑战、超越自己。

（一）从默默无闻到积极发言

很多同学在课程之初并不适应自由发言，总是以默默无闻应对。但开放的、自由的课堂氛围让大家放下顾虑，部分同学的发言让大家积极思考，老师的鼓励和包容让大家跃跃欲试，同学们慢慢地全情投入，在课堂上自然流畅地发表自己的思考。同学们敢于发表自己的观点，敢于形成自己的判断。同学们在发言过程中能够直面自己的思维漏洞和偏见，首先质疑自己，完善自己的思考，形成自己的新认识。老师根据不同学生的不同性格特征抑或鼓励抑或直言问题，每个同学都获得了不同程度的成长，如不擅长发言的同学能够大胆地表达自我，擅长发言的同学能够更加具有条理和逻辑性。

（二）从模仿趋同到个性鲜明

每次课后的反思日志对每个同学而言又是另一挑战。最初，同学们每每都无从下手，所以同学们迟迟不提交反思日志,多是观望的心理,希望能够模仿借鉴别人的反思日志,这样导致的直接结果就是反思日志的同质化。日志的模仿正说明创新能力的匮乏,当然模仿是一种便捷的方式,但使大家丧失个性和独有的生命力。老师发现同学们这一问题后,及时在课堂上提出了这一问题。同时,老师在每次的日志评语中根据大家的特点进行引导,鼓励同学们创新,鼓励同学们写出独特视角的质性文本。同学们在意识到这一问题后,也不断调整写作心态,避免在写作前阅读其他同学的日志,大胆写作并及时上传自己的日志。后期的日志具有较高的可读性,而且具有鲜明的个性特征,很多同学形成了自己独特的风格。

(三)从被动接受到主动质疑

受多年传统教育的影响,同学们难以及时转变思维方式,仍然寄希望于老师的讲解,希望有现成的真理或知识可以直接拿来接受。被动接受不需要思考,不需要内化吸收,是很简单的学习方式,但这样的学习不是真正的学习。课堂上老师让同学们谈谈多场讲座的收获和思考,结果同学们纷纷列举了讲座的文本语言,并未及时清理反思,未形成自己独立的见解和观点。经过一学期的学习后,同学们再次谈讲座收获时,虽然不能在研究方法上有深刻的见解,但是却能够在研究内容、研究问题等方面提出一些看法,不再盲目崇拜而是敢于质疑了。主动质疑是探究性学习的起点,学生拥有质疑精神才能在探究过程中成为真正意义上的主动者而非被动的受体。

**王师批注:**

感谢肖阳同学全景式的扫描、评价、概述、总结!

这个总结系统全面,也有自己的深刻体验,把课堂概貌用自己的感触呈现出来了,具有很强的可读性。

这个总结也让人感觉眼前一亮,因为之前雅倩、鹏娟和祥辉的总结都已经很难超越了,没想到仍然能够出新,这是创造力的表现,值得点赞。

开学之初看到一个好作品还是让人心情为之一振的!

# 伍　教学即研究

**2018 级博士生　王亚克**

王老师在第一次"高等教育研究方法"课上说明了教育研究的特性,他认为教育研究从本质上是一种行动研究而非理论探究,我们必须亲自参与其中才能获得真知,单靠接受式学习是无法获得真知的。经过一个寒假的沉淀,再次反思,我对"亲自参与其中才能获得真知"的说法有了亲身体会,并发现这门课充分做到了教学与研究相统一,并在很多方面都有创新之处。

## 一、教学与研究相统一

课程一开始,王老师就强调关于教育研究方法的知识必须通过实际的研究过程才能获得,为此,必须把教学变成一种研究过程,通过实际参与教育研究来领略教育研究的旨趣。教育研究能力的培养也是在实际参与过程中培养起来的,没有这个参与过程,能力就无法培养起来。王老师说:"我希望通过带领同学们参与从问题发现到问题分析再到问题解决的整个研究过程来训练同学们的研究能力。大家对知识的获取过程,就在于对研究过程进行反思总结和提升。这看似是一个笨功夫,但却是获得教育研究方法知识的真正捷径。因此,我希望同学们大胆地去实践,勇敢地去探究,从而获得自己的教育研究方法知识。"

当时听起来觉得太抽象,但在课程结束后回望来路,我有了更深刻的体会。这门课确实做到了"教学与研究相统一"。整个教学过程其实就是研究过程,整个学习过程就是探究过程。

这门课没有教科书,没有指定参考书,没有现成的量表也没有访谈样本,所有仿佛从零开始,但又不完全从零开始。因为老师说我们都有自己的知识体系,我们可以一起建构课堂,所有的一切都可以在课程中生成。也就是说同学们有什么疑问、建议、要求都可以提出来,集思广益,有问题一起解决。

必须承认,一开始严重不适应,这对于之前接受了若干年传统教学的我们是多么大的挑战啊,从舒适区中走出来是多么的不容易。但是随着时间的推移我们克服了一个个难题,从每个人提出的问题被否决,从我们提供的文献被批驳,从学术讲座后的热情赞扬被泼冷水,我们一点一点地破除以往的依赖心理和惯性思维,开始逐渐理解我们必须"在实际参与的过程中培养研究能力"。于是我们重新查找文献、参与量表细则的设计、实地做访谈、每周写反思日志,在实际研究过程中学会运用高等教育的各种研究方法,获得知识的同时不知不觉也发展了自己的能力。在这个过程中,如果说教师的教学是研究,那么学生的学习也是研究。在王老师这门课上教和学做到了统一,教学与研究也做到了真正统一。

## 二、课程创新之处

从教学目标来看,王老师希望通过带领同学们参与整个研究过程来训练大家的研究能力。因此这门课突破了传统的以知识传授为目标,而坚持以能力培养为目标,尤其是把"思维能力训练"作为核心目标,在整个教学中老师多次、反复地强调"独立的判断能力""批判思维能力""质疑精神"等至关重要,提倡学生不要做"知识的接收者",而要做"知识的生产者",为我们的课程贡献自己的知识。

从教学内容来看,"高等教育研究方法"并没有固定的、预先设定的教学内容,更没有固定教材和参考书,也没有按照传统做法把所有的研究方法都传授给学生,而是借助一个真实存在的问题"高质量的研究生课堂教学"在有限的课堂时间内进行最必要的研究方法(文献研究、田野调查、反思日志撰写、量表设计、实地访谈、访谈示范等)的训练。根据研究情境的需要,再经过科学的选择,这些研究方法才成为主要的教学内容。

从教学形式来看,不同于传统的课堂教学,王老师还增加了网络平台教学。课堂教学是显性的真实课堂,充满了问答、讨论甚至辩论;网络平台教学是隐性的虚拟课堂,我们在这里提交自己的日志,阅读同学们的日志,及时得到老师的反馈,了解课堂之外的"各有特色"的我们。在课堂交流时间有限的情况下,网络平台成为课堂教学有益的补充。

## 三、结语

总而言之,高等教育研究方法课程的教学是在教师的引导和精心安排下进行的,即使很多环节(研究问题的提出、访谈示范、文献分析示范等)没有预先设定或者是应同学的要求生成,但老师经过多年的教学改革,一直能够坚持自己的改革信念,教学过程顺利,教学效果很好。从大家的反思日志来看,本次课程符合我们理想中的"高质量的研究生课堂教学"。

**王师批注:**

亚克的体验确实非常深刻!因为有强烈的对比感。

亚克不仅是基于自己的学习体验,更是基于自己的教学体验,所以这样的新体验对自身的冲击是非常大的。

最近一次沙龙上的亚克的提问,一下子让我感受到亚克的敏感性提高了许多,因为许多同学还在琢磨提什么问题、该怎么提的时候,亚克已经率先提出了自己的疑问,而且是切中要害。不得不说,这是一种自信的表现,也是直觉的体验,更是思维水平上升的表现。

未来学术的道路还非常漫长,如果能够始终保持一种对学问的赤子之心,就一定能够取得丰硕成果!

**亚克回应:**

感谢王老师一直以来对我的鼓励,在您的课上充分体验到教学和研究完全可以统一,这确实对我过去的学习及教学经历都产生了强烈的冲击,让我看到教研结合的力量,如果未来仍然能做教师,那么这就是我努力的方向。

## 陆 化"茧"成蝶:一次美好的蜕变

**2018 级硕士生 刘美丹**

"高等教育研究方法"这门课程从 2018 年 9 月 17 日至 2019 年 1 月 7 日,在王老师的带领下我们一共上了十四次课,撰写和提交了十四篇课堂观察日志。虽然时至今日我们已经结课一月有余,但回想起整个课程学习的过程,很多细节在头脑当中仍然记忆犹新,感触良多。

记忆中,王老师的课堂和经历过的大多数老师的课堂不同,他善于通过提出问题的方式来引导学生一步步主动思考,他总是鼓励学生大胆提问、大胆质疑,在这个过程中,逐步培养学生的创造性思维能力。因此我们的课堂上总是洋溢着热烈的讨论氛围,大家每节课都能围绕着不同的问题开展多次分小组或集体讨论,在"思想争锋"的过程中既能够加深自己对于某一事物、某一问题或概念的理解程度,也能够在听取他人看法之后生成一些新的观点和新的讨论,最终形成自己独立判断事物的能力和标准。

### 一、反思自身：一次巨大的内心"唤醒"经历

首先，学习这门课程，对我自己而言是一次巨大的内心"唤醒"过程。刚开始上课的时候，我总是忙于低头做笔记，对于老师抛出的问题虽然有在心底里思考，但却不善于表达，害怕出错，所以总是习惯性地沉默。因为从基础教育到本科教育，十几年的灌输式学习使我习惯了接受他人的"注脚"，跟随他人的脚步，每每将书本上他人的话语或理论奉为圭臬。反映在课堂上就变得很少积极主动地发言，从一场场高教讲座和学术报告得到的感受也总是肤浅的，文献综述也是只述不评，在他人的研究成果上裹足不前，形成不了独立的个人判断。这是我在学习过程中"屡教不改"的老毛病了，同时也清楚地意识到了自己要想真正地把研究做好，就必须解决这一"头等大事"。

因此，慢慢地，在王老师的课堂上我有心通过一次次课堂发言的磨炼，去改变这种现状，比如做小组讨论的汇报人等。虽然发现问题、提出问题的过程依旧"痛苦"，一夕之间要有所突破也不太现实，但至少我能够清醒地认识到自己在这一方面的不足，意识到严格的学术思维能力的训练是极其必要的，会想办法在今后的学习中努力地克服自身语言表达上的缺陷，已是一次很不容易的"觉醒"。正如老师所言：醒来虽然很痛苦，但一旦醒来，便不再入睡。

### 二、聚焦课堂：何谓高质量的研究生课堂教学标准

其次，学习这门课程，使我对什么是"高质量的研究生课堂教学标准"有了更全面、更深刻的理解。一方面，必须明确的是，高质量的"研究生课堂"不同于"本科生课堂"或任何一般层次的课堂，它具有强调学生学习的自主性和有效参与、教学研高度统一、问题导向型组织教学、对话性师生关系、鼓励观点多元等重要特征。特别是在课堂上经过多次的讨论，我们最终生成了高质量研究生课堂的五点基本理论假设，即"以学生为中心""以学生的最大发展为目标""以问题探究为基本过程""以学生有效参与为标准"和"以学生学术兴趣的形成为结果"。这五点主命题无疑是富有创见的，更是当前高校真实的研究生课堂普遍忽略的，其提出对于丰富和完善学界对研究生课堂教学质量的相关理论成果、提升我国各高校特别是研究型大学的人才培养质量具有重要的意义。

另一方面，我们的课堂本身就是一个完全意义上的研究型的研究生课堂。从研究问题的提出、修改到最终确定，从研究方法的选择、使用到数据资料的收集、整理，我们始终围绕着一个核心问题展开，即"何谓高质量的研究生课堂教学的标准"；并且沿着问题生成、问题探讨、问题解决这样一条清晰明确的主线来精心设计教学环节和组织教学活动，反复不断地、循序渐进地去发现、分析和解决问题。通过这样一种高度的课堂参与，我们每个人都能够收获独特的成长感悟。

### 三、掌握技巧：如何更好地使用基本研究方法

再次，学习这门课程，使我知道了如何运用一些基本的研究方法（如问卷法、访谈法、文本分析法等）来更好地开展学术研究。比如，关于如何做好访谈，老师首先带领我们对"高质量研究生课堂教学的标签"开展多次讨论，确立了多个主命题和分命题，并让我们围绕命题

设计相应的访谈提纲;其次,根据前期提纲设计的结果,老师邀请隽颖师姐分享访谈经验,解答常见的访谈问题,再组织大家开展访谈实践,提交访谈总结;再次,老师又邀请历史系的老师为我们做访谈示例,交流教学经历和感悟;最后,组织大家对访谈示例的内容开展集体讨论,分享自身访谈感悟,总结、归纳注意事项。再比如,关于如何写好文献综述,王老师首先让每位同学选取二十篇"高质量研究生课堂教学"的相关文献,对其进行文献综述;其次,根据综述结果,老师大致指出存在的问题,并以小组讨论的形式组织综述互评,相互交流评价结果;再者,在课堂上开展集体性的文献综述讨论,各自汇报自己综述的不足及收获,再由老师分享写好综述的建议;最后,再让学生根据自评、互评结果有针对性地修改综述。

而文本分析法的讲授教学亦是如此,在此不一一赘述。虽然整个方法学习的过程漫长复杂,但是在每一个教学环节、每一种研究方法的使用上,老师都让我们亲自实践,从而能够有效地发现自己在哪些方面确实存在问题,学习和借鉴他人研究成果的长处。特别是通过有序参与、实质参与和全程参与的过程,知识是自己主动生成的,而非被动灌输,这一观念不知不觉就内化进了每个人的头脑里面。

### 四、做好研究:好选题、好文章的标准

最后,学习这门课程,使我对"什么是有价值的研究选题""好文章、好标题、好摘要的判断标准是什么"有了更深的理解和重视,并逐渐形成自己的学术判断标准和文献鉴赏能力。在上课过程中,老师反复强调,选题是研究的第一步,也是最为关键的一步。有价值的研究选题应当是具体化的,能够以小见大,兼备创新性和可操作性。但选题同时也是最难的一步,需要有敏锐的"学术嗅觉"、深厚的学术修为和积淀。现阶段对于我自己来说,如何选好题是一件比较头疼的事情。但通过这一学期的课堂学习,特别是老师还在课堂上开展了多次文本分析,让同学们推选好文献,共同分析优势和不足,通过这种示例学习,鼓励大家对如何写好文献综述、如何评价和判断好文献形成独立的价值标准。我渐渐能够对他人的选题是否科学、是否有新意、是否具有研究的价值加以客观、合理的判断。相信自己多阅读、勤思考之后,慢慢能够锻炼和培养起这样一种问题意识。

### 五、结语

王老师多次谈到,学术研究的第一步就是要打破对理论、对权威的迷信,要能够形成系统、独立的判断,同时还要为自己的判断找到信服的理由。我想,就像蝴蝶需要破茧才能自由一样,对权威的迷信和盲从就是缚在我们身上的那一层难以挣脱的"虫茧",只有打破它,我们才能够实现自我心灵的美好蜕变。而打破权威所依赖的自我主体意识是慢慢生长出来的,需要经历一个不断锤炼、打磨的过程,我们每个人都应该以之为方向,持续努力着。

**王师批注:**

美丹同学做事情一贯严谨、认真,文如其人,所以思考得比较全面。

美丹同学切身感受到自身的变化,这可能是一种内心的历练过程,因为要摆脱自己的行为习惯并不那么简单,美丹同学开始自觉地改正自我的行为,这是一种难得的发展变化。

美丹已经感受到学术的味道，已经在为自己未来发展做心理上准备，这一切都需要不断地持续推进，期盼未来美丹同学获得更大发展。

# 柒 回望方法课 反思得与失

2017 级硕士生 姚烟霞

总结本身就是一种反思。课程结束了，对于学习、研究的反思却从未停止。不总结、不反思，便不会进步。回望一学期的研究方法课程，细数经历和体验的点点滴滴，反思每一点得与失，在思考中得到新的灵感与启发。

## 一、关于研究

研究是我们第一节课就开始讨论的话题，什么是研究？如何做有价值的研究？它将是贯穿我们整个研究生生涯的主题，也将成为有志于学术的同学一生的追求。回望研究方法这门课，我们探索了具体的研究问题（即高质量研究生课堂教学），学习了具体的研究方法（文献综述、观察日志、访谈、问卷等），也不断思考着什么是科学研究？如何选择有价值的研究问题？经过一学期的学习积累与耳濡目染，大家对研究都有了自己的看法。关于研究，个人认为如何培养当代研究生的研究兴趣，也至关重要。王老师的课让大家深入了解了研究，也培养了大家对于研究朦朦胧胧的情感，有新奇，有兴趣，有喜欢，当然也有担忧，有顾虑，有惶恐，有胆怯等。"研究"二字贯穿研究生三年的学习生活，唯有将王老师课堂所教、所学，真正落于实践，学会在研究中运用，才能真正打好研究的基本功。

## 二、关于研究者

研究者就是做研究的人，在某个研究领域比较有声望的研究者被称为学者。在修这门课的过程中，有一个问题一直萦绕在我的脑海，即学者的使命是什么？寒假期间，在阅读文献的过程中，对这个问题有了新的想法。关于研究者，不能为了研究而研究，更不能为了发论文而研究，研究一方面可以为学科发展积淀理论基础，另一方面也要解决现实问题。批评是学者的权利，建设更应该是学者的使命。当学者都带着这样的使命来进行科学研究，研究将变得不仅具有学术价值，也将更有社会价值和现实意义。

## 三、关于独立判断

钱理群教授在"我们今天为什么需要鲁迅"专题讲座中谈到"'后真相时代'更要有独立思考和独立判断"[①]。"后真相"是近年来西方学界的说法，通俗地讲就是说现在没有真相了，无论是报纸头条、电视媒体还是网络上讲的很多都是假的。进入后真相时代，对于所有

---

① 搜狐.钱理群："后真相时代"更要有独立思考和独立判断［EB/OL］．［2019-03-26］.http://www.sohu.com/a/156745379_461398.

的问题,都要有独立的思考、独立的判断,不能随便轻信。但是反过来也不能随便怀疑,否则就会陷入虚无主义的困境。教育应当将发展学生独立思考和独立判断的能力放在首位,而王老师的课堂就是把培养我们独立思考和独立判断能力贯彻在整个课程当中,课堂上没有现成的知识等着我们去接受,无论是研究主题的选定还是指标体系的建构,一切都需要我们自己独立思考、判断进而提出自己的判断标准。这门方法课为培养我们的独立判断能力打了一个很好的基础。

## 四、关于课堂教学改革

毫不夸张地说,这是我第一次体验课堂教学改革。课程伊始,只是单纯地觉得课堂教学改革挺新鲜的,于我而言,它是一个需要接受和适应的新事物。课程结束,才慢慢意识到课堂教学改革的艰辛与不易。都说万事开头难,有时候会想,王老师究竟有多大的勇气才迈出了课堂教学改革的第一步,直面困难,毫不退缩?

本次课堂教学改革的实践,同学们从不适应到慢慢适应,从接受、喜欢再到收获,每个人在参与中都获得了成长与进步。在"重科研轻教学"的环境中,肯花大量时间和精力进行课堂教学已实属不易,愿意尝试并进行改革更是难得。很敬佩王老师让改革想法落地开花的勇气,愿王老师在教学改革的道路上继续前行,开出更多的花,结出更多的果。

## 五、关于研究生阶段的学习

我一直在思考研究生阶段的学习应该是怎么样的,它与本科阶段的学习相比有什么本质上的区别。上完"高等教育研究方法"这门课后,我对这个问题有了一定的认识,在这门课上,我认识到研究生阶段的学习就是在一个专门的领域形成自己专门的、系统的判断(基本要求),创新性的判断是更高的要求。以前的学习过于零散,不是系统性的学习,对于很多东西都是浅尝辄止,没有进行深入的探究,而王老师的这个课以问题探究为中心展开,按照问题生成、问题探讨和问题解决的主线来进行(这一过程穿插着研究的基本方法),引导我们在"高质量的研究生课堂教学"这个研究主题上形成了系统的、具有创新性的判断。在今后的学习、研究中,也要以这样的标准来要求自己。

**王师批注:**

从同学们的日志中,我发现同学们的潜质都很了不起,都有创新!这让我由衷地感叹:只要创造合适的空间,我们每个同学都可以展现出很好的创造性!

从烟霞同学的总结中看到了她自己的风格,这再次证明了一个定律:创造性蕴藏于个性之中!换言之,只有让我们每个同学充分展示自己的个性,就一定能够发挥出创造性!

烟霞同学从研究、研究者、独立判断、课堂教学改革、研究生学习等五个部分形成了自己的思维链条,把自己的思考内化进去,从而显示出自己思考问题的角度,很有启发意义。

# 捌　争做高等教育的真人

**2018级硕士生　孙士茹**

撰写"高等教育研究方法"最后一次反思日志，我的心情有点像这门课伊始时的无序。因为所学皆丝丝缕缕萦绕。不同的是，这次我想的是如何将自己在此门课中受到的最深刻的影响表述出来。

犹记得去年在新生典礼上邬大光老师对我们的教诲："我们要做高等教育的'真人'。动真感情，下真功夫，长真本事，找真问题，创真思想，有真勇气。做真人很难，真实的普通人比所谓的成功者更加成功。"当时还不曾理解，高等教育研究和真感情、真问题、真本事有何联系？但在王老师的课上终于慢慢地有所体悟。

要做高等教育的真人，首先，做真正的高等教育培育出的人；其次，研究高等教育的真问题；最后，真正地在研究高等教育。

## 一、做真正的高等教育培育的人

我们求学到硕士甚至更高的层次，即使曾接受过多年的应试教育，但作为学习教育学，深谙教育学原理的人，我们应该自己有所接受，同时也有所改变。真正的高等教育到底是怎样的？这可能是一个公说公有理、婆说婆有理且形而上的问题。但每个人的回答起码都不是错的。作为研究高等教育的人，我们对于自身的发展也该负起责任。王老师的课堂推行了教育改革，这门课的教学质量如何除了王老师个人坚持教学改革的勇气、魄力与智慧外，在其中起决定性作用的便是我们大家。然而，在我们这门课整体的推进过程中，我们有时候不知不觉地便会陷入机械主义的思维，我们情不自禁地就会想要老师提供参考书和"迷信"答案，我们有时候也会将此门课看作和其他的课一样，没有意识到其改革的特殊意义。我想，我们作为学习高等教育学的人，作为了解高等教育真谛的人，自然是需要对传统的条条框框有所突破，跳到圈子外去看事情，做自己。这就需要我们有问题意识，问题意识从我们的深层学习中来。如果我们总是浅尝辄止地学习，没有进一步深入地思考和追问，那么我们的学习收获定然很小，学习见地也不够有深度。因此，作为真正的高等教育培育出来的人，我们不仅要求有思想上的超脱，更要有行动上的实践，如此才能学到真东西，做到真思考，拥有真思想。

## 二、研究高等教育的真问题

王老师之前在课上多次讲过，找到真问题，进而研究真问题并解决真问题的重要性。对于真问题我一直不太理解。有时候，谈及以后的生涯规划会有点失落，我们学习高等教育有什么用？学习这些理论与纸上谈兵无多大差别。但慢慢地我才发现，高等教育研究并非"止于纸上"。首先，我们进行研究的基础是真问题便已证伪了那个想法。比如，本硕博打通课程的实效如何？贸易战的根源为何？解决策略如何？大学生心理健康的现状如何？等等，这些问题是与我们的实际紧密相关的，研究通透可以为实践提供巨大的指导意义。因此，我认为,真问题至少是对实际有所启示。此外,真问题不是别人已研究过、有了答案的问题,这也就突出了文献综述的重要性。真问题须是有研究意义和研究价值的问题,否则我们所做的工作便有可能是无效的。

### 三、真正地在研究高等教育

真问题是研究的开始。如何可称为真正地在研究？研究不等同于学习,学习是研究的开始。因此,我们在真正地开始研究之前,需要学习大量的相关内容,有了一定的理解之后方能对问题有更理性的看法。真正做研究,就要遵循科学规范。比如,研究高质量的研究生课堂这一问题提出之后,我们需要对高质量的标签有所猜想,这些猜想又要经过实际调查(可采用问卷调查法或访谈法)来验证。在进行调查之前,需要制定调查问卷,设计访谈提纲,此流程中如何做到科学顺畅又是对我们研究素养的一种考验。研究高等教育问题的过程其实也就是在确定了真问题之后,运用各种方法收集资料、寻找可靠论据的过程。寻找资料的方法有多种,但正如潘懋元先生所讲到的"史料易得,信史难求",我们需要有能够辨别真伪的辨识力。也就是王老师所讲的我们要形成独立的判断力。

虽然"高等教育研究方法"已结课,但历史的车轮一旦发动,就只能加速向前行驶,断没有停止的道理。人一旦醒过来,脚步就不应停止。感谢王老师和同学们带领我一起醒过来,祝愿大家在以后的研究生涯中都能学有所获,深得体悟。

**王师批注:**

难得士茹同学开始做方法论的反思了！

真的,这又是一个奇迹！也许士茹同学并未意识到这一点。

我们同学的表现已经远远超出我的预期！

虽然"做真人、研究真问题、做真学问"是借他人之口说出,但我们同学能够有这样的意识就非常不简单！因为这说明这样的前人经验开始在我们同学内心激荡起涟漪并且已经产生了共鸣,可以说,这是走入学问门径的表现,可喜可贺！

## 玖　做人的品格与做研究的品味

**2017**级硕士生　熊文丽

"高等教育研究方法"课程虽然结束了,但是这门课程带给我们的思考远没有结束。假期回顾以前撰写的反思日志与课堂笔记,我在想,除了日志上所记载的我们在这门课中的成长历程外,我们还收获了什么？或者说超越具体的学习内容(知识),我们还获得了什么？如果用一句话概括在这门课上最大的收获,那会是什么？当我思考这些问题时,"做人的品格与做研究的品味"这几个字也同时浮现在我的脑海中。对这门课程进行梳理发现,于我而言,最大的收获是这门课锤炼了我们做人的品格,塑造了我们做研究的品味。做人与做学问应该是一致的,一个人做人的品格决定了他做学术的品味。

## 一、做人的品格

**1. 做一个不盲从,具有独立判断能力、敏锐鉴别能力的人**

在课程的初始阶段,王老师提到现在的同学人都不会思考,不会提问题,最主要的原因是他们批判性思维能力欠缺。受之前教育的影响至深,同学们大都依附老师的权威,习惯了接受式学习,但是在这门课上,王老师打破了"老师讲、学生听"这一传统教学模式,而是以问题为中心,遵循"发现问题—分析问题—解决问题"这一主线来生成课堂,这种生成性、探究性课堂推动学生不得不去思考、去质疑。逐渐地,同学们开始建立起自己独立的判断标准,当王老师抛出一个问题或者进行小组讨论时,同学们能踊跃地将自己的想法表达出来,不会随声附和,即使有时候与老师或者其他同学的观点相左。同学们的课程日志也呈现出反思与个性化色彩。王老师坚持杜威的民主主义教学思想,训练同学们民主参与的素质、平等对话的素质和理性审判的素质,其实这都是在教我们做一个不盲从,具有独立判断能力、敏锐鉴别能力的人。

**2. 做一个心胸宽广、具有包容心的人**

诠释学告诉我们每一个人的观点都有道理,但没有一个人的观点是全面的,所有人的观点和见解都有偏见,问题在于我们怎么获得正确的认知。完全探究式的课堂,离不开各种形式的探讨,而探讨就是多方面观点的争论与融合,在各种各样观点针锋相对的过程中,我们要有一颗包容之心,要允许别人批判我们的观点,并且批判性思维就是在批判过程中训练出来的,质疑别人的同时也在质疑自己,这种质疑就必定要求我们心胸要宽广,能听取别人批评甚至否定的意见,不能小家子气,以自己的"一家之言"独大。

**3. 做一个自觉、自律的人**

传统的教育模式不注重发扬、发觉学生的作用,学生只是被动的受体。而在"高等教育研究方法"这门课上,"学生中心"的教育理念一直贯彻其中,学生主体性作用发挥是课程进展的主要因素。"以学生为中心"的课堂其实对学生的要求是很高的,要求学生自觉、自律是必不可少的。只有学生自觉完成课前课后作业,自觉、主动参与到课堂中,学习行为才有可能真正发生。在这门课上,每周我们都有课程作业需要完成,如反思日志、文献综述、量表设计、访谈等,每次王老师只是把任务布置下去,如何安排课后学习则是同学们自己做主。除了反思日志、文献综述与访谈报告会以书面的形式提交上去外,其他课程作业都是一种思考活动或者是阅读活动,王老师也不会用硬性指标考核我们是否完成了课后学习(当然通过上课时我们的状态还是能够察觉出来的),这一切都需要靠学生自觉、自律。学习是自己的事情,我们不能亦步亦趋地跟在老师后面,也不是像赶牛一样,老师抽一鞭子,我们就走一步路,我们需要发挥我们的主体作用。无论是在生活中还是之后的学习、工作当中,都要做一个自觉、自律的人。

## 二、做研究的品味

**1. 为自我解放而研究**

之前我们在课上曾讨论到为何研究的四个层次:一是自我解放的层次即解决自身困惑;

二是学术研究的层次即研究悬而未决的问题或者是前人没有解答的问题,填补某一方面的空白;三是任务完成的层次即为了完成课题、论文等任务;四是追求功利的层次即为了发论文或评奖评优。当然这四个层次并非完全割裂开来的,也有交叉重叠的地方,在我看来,最高层次应该是为自我解放而研究,学者应该为己而非为人。真正的研究是自我求知的过程,实质上就是"致良知"的过程。有时候研究无法深入或者做出有意义成果的原因是研究者的主体性不强,也就是说他是被要求研究的,不是为了自我的解放。研究应当是促进个人成长的,在求解自身问题、完善自身人格的同时学术也成长起来了。

2. 做真学问,研究真问题

真正的研究必须是问题导向的,而这个问题是研究者自己生成的,不去解决这个问题,研究者本人就会产生焦虑,浑身不自在。如何才能找到真问题呢?从"高等教育研究方法"这门课的经验来说,这个问题应该是自己意识到的,有所体验的,这要求我们必须善于反思自我,找到困惑自己的问题。任何研究都是在求解,寻找答案,我们的研究问题必须是真实的,要从现实中找问题,不能空对空,空洞的概念演绎没有价值,那只是一种虚伪的演绎。

3. 大胆假设,小心求证

"文化是一场苦旅",在这一过程中我们需要磨炼,要学会正确地思维,更要遵循严格的学术规范,细微之处见学问,作为学者要为自己所说的每一句都负责。在研究过程中我们需要"大胆假设"的冒险精神,更需要"小心求证"的谨慎态度。

后记:

在某一门课上,有一位同学曾说过这样一句话:同行的人比要去的地方更重要。此时此刻,把这句话用在这里再合适不过了,很感谢在王老师的引导下,能与同学们有这样一次宝贵的学习经历。感恩王老师这一学期辛勤的教导,感谢同学们的陪伴与帮助!

**王师批注:**

有高度!有深度!

从题目上就可以看得出来!从人格形成角度来反思,这是难得的认识高度,这个思考回归到教育的本质上,因为教育的目标就是培养人!培养人并非真正答案,培养什么样的人才是答案,文丽同学对这个问题做了很好的阐发,显示出了眼界,很是难得!这说明文丽同学已经迈入学术门槛了!

为自我解放而研究,这反映了对问题认识的深度,这仍然是回到了教育活动的原点上:人!人自身!当听到别人谈为自我解放的时候可能没有感觉,当自己认识到了自我解放的时候就是非常不同的意味,这确实是对学术的一种品味,同样也体现出一种学术品位!

赞!

# 拾　走进"高等教育研究方法"课堂

## ——一名访学博士生的视角

厦门大学教育研究院访学博士生　牛军明

从 2018 年 9 月到 2019 年 1 月,作为厦门大学教育研究院教育部研究生访学基地(高等教育学)的第十三期高等教育学放学博士生,我真切感受到了王洪才教授"高等教育研究方法"课堂的风格与魅力。

### 一、走向"高等教育研究方法"课堂的缘与情

为何走向这门课？可以说是出于偶然,始于兴趣。

2017 年 10 月,王洪才教授曾受邀至大连理工大学高等教育研究院,为研究院师生作了题为"行动研究:高等教育学的必然选择"的学术报告,我有幸聆听了这场学术盛宴。在这场报告中,王洪才教授以自身的学术成长经历为经验基点,从"高等教育学的生存危机""何谓思辨研究与实证研究"等问题出发,介绍了行动研究的"选题背景""关涉问题"和"基本意蕴",生动展现了一幅高等教育学行动研究的"知识图谱"。整场报告下来,其逻辑思维之清晰、学术语言之精炼、研究方法之严谨、观点思想之深刻,皆给我留下了深刻的印象。自彼时起,很少关注行动研究方法的我开始对行动研究产生强烈兴趣,并积极关注王洪才教授对高等教育行动研究方法的论著和研究成果,期望着有朝一日能当面向王洪才教授请教学习,系统认知高等教育学"行动研究"的"庐山真面目"。

2018 年 6 月,厦门大学教育研究院教育部研究生访学基地(高等教育学)开始招收第十三期高等教育学博士生。得知消息后,我即刻与导师张德祥老师进行了沟通交流,表达了希望去厦门大学跟随王洪才教授访学的意愿。在得到张老师对此想法的肯定和支持后,我及时与王洪才教授取得联系。幸得王洪才教授关怀与垂爱,我终于拿到了走进王洪才教授"高等教育研究方法"课堂的"入场券",并作为王洪才教授的访学博士生亲身体验一个学期共计 14 节课的高等教育研究方法课程,得以近距离真切感受"行动研究"的魅力与风采。

### 二、走进"高等教育研究方法"课堂的感与悟

王洪才教授是行动研究方法的研究者,也是行动研究课堂的实践者,这与他自身的学术研究经历息息相关,也与他多年的教学实践经验密不可分。走出王洪才教授的课堂,不免回味无穷,意犹未尽,脑中挥之不去的是两个词语,一个是"课堂革命",一个是"学本教育"。

"课堂革命"不是一个新词,但绝对是一个热词。2017 年教师节前夕,时任教育部长陈宝生的"掀起课堂革命"曾让无数的课改者热血沸腾,这是一种时代的呼声,也是每个教育行动研究者时不我待的历史使命。通过与学生交流我才知道,王洪才教授很早就开始推进自己的课堂教学革命,可见其远见卓识,令人肃然起敬。在这样的课堂中,师生关系变化了,甚至连知识的传授形态也改变了,原来注重自上而下的"单线式"课堂教学模式颠覆了,教师与

学生在一种平等对话的关系中得以确立,似乎每个学生都有说不完的话,有无穷无尽的新鲜想法,真正将知识的理解、思考、领悟和应用融合在了一起,研讨的氛围浓厚了,学习的效率提高了,整节课堂盘活了。

何为学本教育?就是"以学生的深度学习为本,以学生的素养发展为本"的教育。王洪才教授所致力推行的教育教学改革,从深层次来说,不就是一种学本教育的改革吗?通观整个课堂,其教学过程基本沿着一条主线在前进,即"什么是一堂高质量的研究生课堂"。其间,王洪才教授依循"问题—学习—评价"的逻辑顺序展开,教师是引导者的角色,采用探讨、论辩、访谈等多种方法鼓励学生积极思考,踊跃发言,形成学生"当堂自学、同伴助学、互动评学"的教学形态,体现出深度参与性、高度情境性、研学统一性的学本教育特征。

## 拾壹 我从这门课收获了什么?
### ——一位跨学科旁听生的心声

厦门大学马克思主义学院 **2017** 级硕士生 刘洋

"我究竟想来这堂课收获什么,抑或我期待这堂课能给予我什么",这是我来上这堂课之前最初思考的问题。而课程结束之后,我有了一些启发与思考,将其总结如下:

一是"别具一格"的课堂体验。在本科,甚至是研究生期间,我所经历的课堂仍然是以老师主导,学生记笔记为主,学生思考的时间远远不足。生成式的课堂则完全不同,通过这堂课,我们经历了研究问题的生发过程,并逐步养成了自己的批判性思考能力,这无疑都是生成式课堂所带来的全新体验。

二是学会思考,主动发问。传统的研究生课堂中学生甚少思考,甚至缺乏思考,久而久之,学生"思考乏力",变得"羞于开口",更遑论主动提问了。在王老师的课堂上,我们会对一个研究主题进行充分讨论,在这个过程中我们需要不断思考,不断补充新的论证维度和论据,研究的问题也会"越辩越明",我们的思维方式也得到了系统、全方位的训练。

三是跨学科能力的培养。从本科到硕士跨学科的体验,让我体验到不同学科之间的差异,转变的过程是困难的,但我也真实体验到,"跨过"学科与跨学科能力的培养是密不可分的,同时与不同学科的人交流更是跨学科能力培养的重要因素,因此,我非常喜欢与不同学科的人进行交流,这种交流不仅仅在于理论知识上的补充,更多的是研究方法、思维方式的融合。

在此其间,我还是有很多地方无法理解,也没有能够充分地融入课堂,一方面是根本上的专业之间的固有隔阂,另一方面旁听者的身份也让我对这堂课没那么"紧张",因而我的体验效果自然而然就大打折扣了。但总体而言,我的最初目的基本达成,我体验了"别具一格"的课堂,培养了思考问题的能力以及初步的跨学科能力,希望未来能有更多这样的研究生课堂。

最后,非常感谢在此期间互相交流、相伴成长的同学们,当然更感谢的还是在这堂课程中耗费大量心血的王老师,想起梅贻琦提出的著名论断:"所谓大学者,非谓有大楼之谓也,有大师之谓也。"大学需要大师,更需要像王老师这种愿意为课堂付出心血的大师,再次感谢王老师!

# 附录：教学访谈的回应与反思

## ——"史学研究与论文写作"的教学改革尝试

厦门大学人文学院教授　刁培俊

2017—2018 学年，我两次担任厦门大学历史学系硕士研究生历史学必修课"史学研究与论文写作"任课教师，在教学方式等方面做了一些改革尝试。这一尝试充分显示出任课教师的不自量力和"神经病"心态，最初只是想能不能在发挥教师最大主动性的同时，也能将所有学生的主观能动性激发出来，从而培养学术的精英。这两年，时值我从南开大学重新调回厦门大学任教，兼而我攻读博士生阶段曾在北京大学修课近四年，对三校历史学本科生和研究生培养质量和方式有较多了解，也很想借此改进教学模式，全面促进和提升厦门大学历史学研究生的水平。

2018 年 12 月 17 日傍晚，教育学专家王洪才教授嘱命和教育研究院的研究生们展开一次座谈。"长者命，何敢辞"，我就应命前往了。我不曾料到，此后会有文字的整理和如此高深而系统的学术讨论，诵读之后，一则感佩王老师崇高的学术使命感、超迈群伦的学术精神，及其在教学领域的改革举措与覃思巧构、别具匠心；二则也体会到教研院诸位同学严肃认真的学术追求；三则自我反思，在教学领域，过去我有可能哪些方面做得不好，需要改变。于我而言，这是最重要的。

在当今时代，名利和物欲横流，享乐无极限，历史学是一门相对冷僻的学科，社会存在感较低，毕业生在本专业内就业空间极为有限。但因中外均有数千年或上百年的学科积淀，其学术型人才成才的标准却并不比其他同类学科低，反而更高。俗谚"板凳一坐十年冷，文章不写一句空"，"有年轻的数学家文学家，没有年轻的史学家"，即此之谓也。投入多收成少见效慢，是历史学的学科属性所决定的。

概而言之，人文学科旨在求异甚而求美，社会学科和自然学科旨在求同。而历史学的学科特性更强调的是：求真，求异。

课程之设计与展开，无关名利，纯然是我傻瓜心态驱使下的一个实验：尝试做一回重科研轻教学的逆行者。所以，访谈内容的真实性是可以保证的，至于发言时的随机选择，一则是时间有限或准备不周，二则是既有学术理念认识下暂时性的"选精"与"集萃"，挂一漏万和以偏概全，都是难免的。

在诸位同学的文本之中，我深深感受到郑雅倩、赵祥辉、刘美丹，王鹏娟、王亚克、袁东恒、孙士茹等同学的讨论和分析，都有启人深思的生花妙笔，尤其是访谈内容之外参照我已发表论文进行研究的两位同学，我更是表示钦敬之意；正如苏轼诗中所说"横看成岭侧成峰，远近高低各不同"。但也存在少量曲解和误解——当然，这可能是时间有限、我讲解不清楚所致。现在我谨结合实际境况,在课程理念、授课方式、授课效果、教学过程中的师与生、疑惑与反思等五个方面,做一个简单的回应和补充,深刻反思自己教学中可能存在的缺陷。

## 一、课程设计的理念和目标

1. 课程设置

"史学研究与论文写作"是本校"历史学"学科门类之下的硕士研究生必修课,选课者包括历史系、南洋研究院、台湾研究院的学生,专业方向有中国历史、世界历史、考古学,每年约40人。课程设计者认为,就教师的角度而言,这门课须要告诉学生:(1)史学研究究竟是怎么回事?(2)历史学的学科特性、学术规范和写作规范,史学类硕士研究生须要达到怎么样的论文写作水平、学术成果鉴赏能力,才算是合格的;(3)任课教师努力将最优秀的学生培养为学术精英。

在此基础上,须首先辨析两个有可能存在的认知偏差和要件:

第一,任课教师并未想当然地认为:(1)所有上课的学生都喜欢历史学,都想学好且未来有志成为专业学者、大学教授;(2)所有学生都具备历史学研究的常识、基本的理论和方法;(3)所有的学生都懂得史学论文的写作规范、能写出一篇合格的学术文章——问题意识明确且具独创性、逻辑严密且清晰、论证确切且恰如其分、文字表达平实凝练而优美。这就包括句子成分完整且位置恰当,没有错别字,标点符号准确无误。现实中恰恰相反,逻辑混乱,忽略格式,提笔忘字,错别字连篇和句子成分不健全,写不好汉语文章,就我所遇到的学生而言,这是常态和大多数;(4)所有的学生三观都正确,遵纪守法,尊师重道,五讲四美三热爱,完美而无可挑剔。

第二,我们要追问:(1)学生们需要不需要对于本学科的学科规范、学术规范、写作规范、怎样展开研究,做到了然于胸? 如果需要,那么他们就必须服从教师的指导;如果不需要,他们怎么完成一篇本学科内、5万字左右的、合格的硕士学位论文? 他们怎么毕业?(2)他们需要不需要特别努力地达到基本要求? 如果不需要,他们就不可能是一名合格的毕业生;如果需要,他们努力到什么程度才算是"合格"? 再进一步,"合格"就好了,还是需要追求"更好的"和"最好的"(高精尖)?(3)学术训练需要不需要严肃、严格、严厉?(4)所有学生是不是不需要如此强化和严厉训练,就拥有足够的学术自律?(5)作为一所国内985、双一流著名高校,历史学科究竟要培养怎样的人才?

2. 课程目标

(1)教师和来自校内的学术名家的讲解和示范,旨在让学生真正懂得什么才是"研究"(学术的创新性),什么才是"史学研究",什么才是"更好的"和"最好的"史学研究;(2)什么才是史学研究必须遵守的学术规范?(3)怎样才能写出一篇合格的硕士学位论文,其基本要求至少包括:问题意识鲜明、逻辑清晰且紧密、资料完备且是第一手的、论证过程严密扎实、文字表达凝练而平实乃至于优美;(4)培养学生全神贯注、全力以赴、一丝不苟、锲而不舍的耐心,追求完美和发挥个人能力近乎极致(挑战个人最高极限)的学术理念;(5)努力在授课过程中激发学生的批判性思维并加以实践,激发优秀者的创造性思维和大幅度提升其写作能力。

3. 课程的教学理念

首先是培养学术精英,高标准严要求。其次,这一教学模式下的学生,即便今后不从事学术研究,也应具有严肃认真,全神贯注,一丝不苟,锲而不舍,做事扎实认真,追求完美和将目前能力发挥到极致的理念。最好能将这一理念变成个人的本能。

## 二、授课方式

这门课不是"满堂灌",不再是老师讲学生记,而是教师示范,强调学生大量阅读和亲自动手、具体实践。强调教师切实参与,细致检查,找不足,齐头并进。

每一个学期的前 5～6 个星期,任课教师将全面讲解课程具体要求、学科和学术规范,针对精读一部书、名刊名家名作的缩写和学术书评的要求,一一细致讲解和认真检查,具体问题具体分析;在可能的情况下,其间亦有激励学生的逆向思维和批判性思维;名刊名家名作,就一定靠谱吗? 就完美到极致而无可挑剔了吗? 剩余 7～9 个星期内,每次课 3 个课时中的 2 个课时,邀请一位本校著名教授或学有专长的青年教师介绍经验,1 个课时则是任课教师突击检查(随机性抽查)、讲解和分析具体的实践和落实。最后 1～2 次课全面回顾,找差距找不足。

学生大量的时间在课下用功,精读一部书,缩写名家名刊名作、互相检查读书进度、缩写优劣和交流心得、撰写和修改完善学术书评。具体包括:

第一,与学术名家面对面。在本校范围内,邀请这一学科著名的学术前辈讲授其治学经验,抑或其某一篇(部)论著从论题设计,到资料搜集、初稿撰写和投稿发表的过程。资深学者的楷模典范,具有垂范之效。他们的学术成就,可以激发研究生的学术敬畏之心并形成人生理念。目前阶段,被海量浅表性信息覆盖下的、追逐名利的浮躁学术社会所误导的学生理念,应大力扭转,培养和熏陶对学术的虔敬之心,身边的教师现身说法,最具楷模意义。郑学檬、杨际平、杨国桢、陈明光、陈支平、戴一峰、郑振满、曾玲、刘海峰、聂德宁、王日根、钞晓鸿、刘永华等等国内(校内)知名教授的讲座,激发了学生对于年高德劭、学问精深的著名学者发自内心的崇敬之心,同时砥砺了他们对于学术的敬畏之心。

实际上,校内学术名家的课堂讲座,每次课 3 课时(135 分钟)占约三分之二(因为每位教授自己安排的时间会有不同而有所调整)。他们大多数讲的是理论和方法,或是成功经验,或是一个典型范本(名刊名家名篇)的"生成史"。他们各显神通,充分展示自己的拿手绝活。如学生有什么疑问,可当堂请教。我认为邀请这些来自不同研究领域的著名学者走进课堂,也许就是"因材施教"理念的最好体现。这些老师做出榜样或示范,讲完就离开,不会安排作业。

每次课剩余约三分之一的课堂时间,由任课教师支配。学科规范、学术规范和写作规范的强调,既在于任课教师和名家的当堂讲解,也在于读名刊名家名作的心得体会,在于既定阅读书目的笔记检查和课堂随机抽查提问。学术规范应该是反复强调的,不懂或不遵守学术规范,根本谈不上学术研究,也就配不上"研究生"三个字,所以一定要强化。

第二,专业典范论文缩写。每星期完成一篇缩写,手写,将 2 万～3 万字的一篇名刊名家名作第一次缩写为 3000 字左右;在此基础上,将每一段落尽量凝练为一句话,第二次压缩为

800～1000字左右，然后找来原作的中文摘要，加以对比，找出差异。

第三，加大阅读量。在专业书籍和一手文献方面，加大阅读量，至少精读一部专业学术规范类著作，当时指定的书目有荣新江《学术训练与学术规范——中国古代史研究入门》，以及梁启超《中国历史研究法及其补编》、杜维运《史学方法论》、李剑鸣《历史学家的修养和技艺》等等，教师不定期抽查。

第四，专业学术书评的撰写。

关于学术性书评论文的写作，我的训练模式是：

1. 深度阅读自己学位论文选题领域内及其周边论题的2～3部学术专著，这部书最好是作者博士学位论文修改完善之后近年出版的学术论著，抑或是名家新著。究竟哪部书适合写书评，研究生须与教师商量后方能确定。在一学期内，完成阅读和写作。教师随时进行修改完善，并及时反馈，学生修改后返回给教师，教师提建议修改后师生再讨论，如此周而复始；不定期举行沙龙，组织同方向或阅读了同一领域著作的研究生共同讨论，直至自以为相对完美。

2. 在深度阅读的基础上，广泛而深入地梳理其学术史。这一学术史的梳理，应该力求竭泽而渔，不存在任何遗漏，尤其要关注非中文语言的相关论著。

3. 在深度阅读专著的基础上，结合其所有注释与参考文献，全面而深入地掌握、了解这一学术专题的所有存世文献及其周边资料。

4. 在充分了解学术史和存世文献的基础上，初步判断其学术创新水平。与已有研究相比，是否有新理论新方法的运用，是否增设了新议题，是否运用了新资料，是否具有闪现灵光的创新观点。

5. 结合以上学术工作，激发研究生的批判性思维，努力寻找其材料与议题的不足、寻找反证的可能性——新议题和新材料是否相互支撑？是否在整体史的视域内关照了这一议题的所有问题？其论题为什么是这样，而不能是那样？其问题意识是否存在缺漏？历史事实有无可能与此结论正好相反？这一论证为什么没有采用其反证资料？其所据资料是否存在历史叙事者的主观性？是否有意识做出选择而导致偏颇的历史记忆存在？是否需要对其所据证据做出"史料批判"？等等。无论其论题之设计、问题意识、逻辑建构、论证过程、文献精疏、文字精练、文献版本与校对等，都应认真思忖。因为对于历史研究而言，学术议题有的重在甄别史实、叙述事件，有的重在阐释、解构与建构，但无论哪种情形，都离不开材料、离不开实证。对于问题与材料的拷问，永远是无休止的，是学人需要时时面对的心智挑战。

## 三、授课效果

首先，写作能力并非短期可以看到水平提高的；即便是有所提高，很多学生可能会有"自己天生如此"的意识，不会也不可能完全归功于课堂。

其次，对于学术敬畏之心、学术精神的浸染熏陶，也并不能短期奏效。内在的变化是看不到的。

再次，对于学生学科规范和学术规范的强化训练，其硕士学位论文的撰写和完成，应会有所体现，但这些需要学生自己前后比较，细心体味。

最后,对于学生一丝不苟,精益求精,锲而不舍,追求完美和极致、挑战其能力极限的精神,对其逻辑思维能力的强化和培养,以及批判性思维的养成。缩写篇目和精读经典,都是任课教师挑选的,堪称逻辑清晰紧密的典范文本。教师不但督促阅读,而且在抽查过程中,要求学生须当众复述:复述这一学习方式既是加强记忆的过程,也是形塑和提升自己逻辑思维能力的过程。这些意识和理念的培养,也是一种慢慢浸染和熏陶的过程,并不能简单外在表现出来。

类似的教学效果调查,最好由颇具反省意识的学生来评鉴,如针对已毕业学生一一调查,时间越久,可能越能显现当初教学所产生的绩效,而不应以任课教师"自以为是"和"自吹自擂"为准。这种做法对于年轻同事的带动,甚至几位前辈学者,他们当面的勉励之词,或有同事之间友好相处之谊,来自客套,而非发自内心;当然也不能排除内心认同且暗中效法,与人谈论的时候却是另外的一套说辞。这是人心之常态,难以忖度。质言之,客观的调查,或许由旁观者进行,更为妥当。

## 四、教学过程中的师与生

1. 缩写的数量,并非每个人千篇一律。优秀的学生在 6 个星期的训练之后,经过教师认可,就不再具体缩写,而是参与到其他同学缩写作业的检查中,进行更高才智的训练:撰写纯学术书评。其中或有"因材施教"的元素。

2. 对于那些优秀的学生,鼓励、激励、协助、发表。学术书评是更高范畴和层次的训练,教师采取的举措有:(1)组织学术讨论小组(沙龙),学生自愿参加;(2)课下学术沙龙,具体讨论,取长补短;(3)教师会在问题意识、核心话题、逻辑结构、文字表达等方面,和书评写作者一一具体交流;(4)教师参与修改完善,推荐和投稿发表。这里是否存在"以学生为中心"和"因材施教"的元素?

3. 对于那些实在不感兴趣,难以调动学习积极性的学生,教师尽量引导——缩写和精读等规定"任务",首先由教师采用课上或课下一对一的方式修改、提出具体建议;然后尽量由优秀的同学提供帮助,前进带动后进。倘若课程进行一半以上的时候,却发现依然如旧,教师的一对一提升教导就不得不放弃,改由同学之间互相影响。这里是否存在"以学生为中心"和"因材施教"的元素?进而言之,我们所谓的"以学生为中心"和"因材施教",包括不包括降低标准,迁就表现最差的哪些学生呢?

4. 教师每一个星期投入大量时间用于教学,尤其是课下大量的时间投入,学生们有目共睹。这种以真诚换真诚的方式,对于大多数学生是适用的;即便是今后不从事历史研究的学生,也大多认同。对于不配合和不认同的极少数学生,教师的偏见认为:这类学生抑或认为学历史是无用的,不但不想学好历史,更不想付出任何辛苦和努力;他们的读研只等一张文凭证书。对此,我做不到摁住牛头使其饮水,我只负责将牛牵引到水草最丰美的河边;狼吃肉羊吃草,我也绝无任何办法可以让羊吃肉狼吃草。

## 五、疑惑与反思

1. 这门课的教学理念是否明确?是否有创新?培养学术精英,高标准严要求。即便今后不从事学术研究，也要培养学生能够写出一篇优美的文章；也要培养学生严肃认真，全神贯注，一丝不苟，锲而不舍，做事扎实认真，追求完美和将目前能力发挥到极致的理念。

国内外诸多前辈都有各自的"良法美意"，我这里所做的，大多是综合前贤智慧，选精与集萃，以为己用，没有什么教育理念的创新。

就我所知，大部分老师投入每星期二分之一以上的时间和精力，用于上一门课，在文科老师内部，并不多见。因为，我个人过去的经验也是如此，换言之，并非每一门课都能如此设计和实践。只有了解大部分文科老师（尤其是文史哲领域的）是怎样上课的、课程教学绩效，才能更好判断此次教学改革的意义，这一教学模式是否具有教学理念的创新。

2. 任课教师最初认为，这门课只能是"教学"而无须担起"育人"（爱国敬业、遵纪守法、尊师重道、道德修养和为人处世等）的重任。这是这门课"史学研究与论文写作"的边界所决定了的，跨越了边界，也就侵犯了其他教师的教学内容，是不合适的。我认为研究生们受教多年、均已成年、追求上进，应具备尊师重道等基本道德素养。但是，我感到疑惑的是，对于学生严肃认真、一丝不苟、精益求精、锲而不舍、追求完美和尽力发挥自己能力极致的理念和意识培养，是否含有部分"育人"的元素？

3. 这门课根本无法做到"以学生为主"，依然是"权威性教学"，无法做到"探索型"教学。历史学这门学科，经过中外学者若干个世纪的探索，已经形成了相对明确且系统化的学科规范和学术规范。突破既有，就意味着挑战、颠覆和创新。就目前看，实证主义的学术求真，是历史学存在的核心价值。挑战这一核心价值，就意味着脱离了历史学。即便欧美学界后现代主义理论数十年来的浸透，也未能改变史学将求真作为其立足之本。目前看，这一领域的教学理念创新，我是欠缺的。进而言之，什么是"史学研究"，史学研究的学术规范和学科规范，一定是教师教给学生；如果学生都已经懂得了，那么，就无须再上这门课了。这门课的性质决定了老师的权威性，而非相反。也正因如此，这门课无法完全做到"以学生为中心"。这也和历史学这门学科的大学阶段教学有关，和生源有关。进入神圣的学术殿堂，并非朝夕之功可以完美抵达的。终生努力，都未必做到最好。

4. 这门课程的设计，借鉴了域外的教育方法和理念，但并非简单"植入"。任课教师在上课前就将《学术规范与学术批评——谈中国问题与西方经验》[①]《学术环境与学术发展：再谈中国问题与西方经验——任教美国大学手记》[②]两篇文章，王希、姚平主编《在美国发现历史》[③]一书发给学生，请他们提前阅读。这些留美历史学人的受教经验，只能借鉴，不能完全照搬，任课教师是很清晰的。倘若完全照搬，估计就不是这样的课程设计了。

5. 我的教学榜样，绝非仅仅是我的导师们。我的导师们对于学术的敬业精神和高远追求，当然激励了和示范了我对于教学和科研的实践。但是，我这门课以及其他课的教学模式和理念，远非单一来源。它们来自我阅读过的诸多书籍，其中至少包括难以数计的史学经典

① 王笛.学术规范与学术批评——谈中国问题与西方经验[J].开放时代，2001(12):56-65.

② 王笛.学术环境与学术发展：再谈中国问题与西方经验——任教美国大学手记[J].开放时代，2002(02):100-108.

③ 王希，姚平主编.在美国发现历史——留美历史学人反思录[M].北京：北京大学出版社，2010.

名著,也包括陆键东《陈寅恪的最后二十年》、何炳棣《读史阅世六十年》、入江昭《我与历史有个约会》、王希、姚平主编《在美国发现历史——留美历史学人反思录》、严耕望《治史三书》,以及19世纪以来的中西史学理论和一些哲学理论、中西高等教育理论和方法等等。总之,它是一个建立在我亲身体会、大量阅读,"选精"和"集萃"之后的混合体。

6. 教学效果的评鉴。这门课的名字之中有"论文写作"四个字,所以,无论如何,判断这门课是否"合格"应该包括帮助学生修改之后,发表论文的数量和质量。众所周知,教学效果本无硬性标准可循,发表论文或可算是一项显见的绩效。

由于我秉承了"有来而学无往而教"的理念(这既是先哲的理念,也是我读博士生期间冯尔康教授巨大影响的结果;同时,由于每年的学生绝大多数都有自己的导师,我不能越俎代庖,以免让别的同事不高兴);众所周知,在当下刊物的评鉴标准之下,硕士生为第一作者发表论文相当困难,尤其是高显示度的期刊;职是之故,也由于一篇文章不断修改完善、从投稿到拒稿到再投稿和发表的时间周期较长,所以,至今为止,这门课程中学生撰写的学术书评已发表CSSCI期刊论文12篇,其中学校认定的最优期刊《史学理论研究》2篇(作者康君如和陈非儿),《中国史研究》(作者黄成斌是我指导的硕士生)拟刊一篇。

7. 学生的来源。厦门大学历史学研究生来源较显多元,有本校本专业保送生,有外校考来和保送的本专业学生,也有外校考来的非本专业学生。对于前两类学生,我们似乎不用太多顾虑,理所当然地认为他们一定拥有本学科的学科规范和学术规范,实则未必人人皆是如此。对于最后一类学生,当然有以非专业而颇具专业素养的好学生,也有知耻近乎勇、奋勇直追甚至后来居上的好学生,但他们之中的大多数除了在考前背诵教科书之外,不了解什么是"史学研究",完全不懂得什么是"研究"和"学术规范"者几乎比比皆是,更有连基本常识都不懂的学生。将这类学生牵引进入学术圣殿,任课教师太吃力,学生当然也更显吃力。这是导致课程被"妖魔化"的关键群体和矛盾所在。

我对2017年(37人)和2018年(44人)的两级选课学生做了初步统计:来自厦大历史学科的29人,占比35.8%;来自其他大学(211及省级大学)历史学科的35人,占比43%;来自其他大学非历史学科的17人,占比21%。

最后,我想追问的是:世界上任何一门知识、理论和方法、人类智慧的提升,都可以轻松获得吗?以学生为主导的课程,是轻松活泼的,还是严肃严厉严格和课业繁重的?毕竟世间大多数普通人是喜欢玩乐休息而不愿意付出艰辛的,以学生为主导的课程以及"师生相处的艺术",会不会沦为降低标准和迁就至无学术底线,而致使经典品牌的"工厂"出产了"不合格产品"甚至"劣质品"?文科研究生的课程一定要给60分甚至70分以上吗?一种学科的规范、人类理念和意识的养成,人类智慧和观念的水位之提升,可以一次性完成而不需要反复强调和不断强化吗?

失之东隅,收之桑榆。尝试做一回重科研轻教学逆行者,我失败了:学校层面似乎不太认可。我的教学模式改革成功了:在我的督促协助下,优秀的硕士生们发表了高显示度期刊论文。

# 后记：教学改革是一场博弈

　　进行教学改革试验是一场博弈。为何说是一场博弈？如果是博弈，博弈的双方是谁？是双方博弈还是多边博弈？为什么不是一种合作呢？

　　本来我想说教学改革试验也是一场角力，感觉这样的形容有点直白。说是一场博弈，似乎也有点俗化。究竟该用什么来形容这场行动呢？我一时还没有想好。不管怎么说，进行教学改革不容易。

　　说教学改革是一场博弈是有一定道理的。因为在教学改革过程中，教师与学生之间的想法是不一致的。教师希望在教学改革中传播最先进的教育理念，期望学生能够很快地接受这样的理念，并与教师一道开展行动。不消说，这是一种单边的情愿，事实远非如此。因为学生也有自己的切身利益考虑。难道教师与学生利益不是一致的吗？我们只能说，在根本利益上是一致的，在具体实现方式上是存在严重分歧的。如果两者利益是完全重合的，那么教学工作中一切事情就变得容易啦，其实这是不可能的，因为这样是把学生看得简单了，那么结果是把教师也看得简单啦，而且也把教学实践看得简单了。因为先进的教学理念也不是那么简单就能传播的。对于新的教育理念和教学改革实践，人们并不能自然而然地接受，因为人们都有自己习惯性的行为，其中包括人们的思维方式。按照布迪厄的观点就是惯习，这种惯习的东西是对实践影响最直接的也是最大的东西，而且又是无法绕过的东西。对于一个人而言，摆脱自己的惯习是一场革命，首先是一场心理革命，其次是一场行为革命，再次是一种意识形态的革命，最后是一次行为系统的重建。这也是为什么社会改革进展比较困难的原因所在。这些都没有涉及物质利益，一旦涉及物质利益，矛盾就会更加尖锐，困难就更多。

　　教学改革是否会涉及学生的物质利益？会涉及的。因为一种新的教学模式意味着一个新的学习方式，那么就可能意味着个体的社会地位的调整。每个人在班级中地位是不同的，在旧的教学模式比较得意的人未必也是新的教学模式的宠儿。个体对教学模式反应力不同，最终导致了个体地位的调整。对于一个新事物而言，人们由于对它的无知状态从而也会产生莫名的恐惧感，这也会带来无形的对抗。对于一个班级而言他们都是对新的教学模式的不知情者，由此也会引起一种集体性抗议，尽管它常常是以无声的方式存在，从他们希望回归传统教学模式的心态看就能够发现这一点。尽管传统的教学模式已经被人们批驳得无以存身了，但从自身利益出发，他们仍然带有一种回归传统的冲动，因为他们在未知面前感到危险，感到自己渺小，感到自己需要保护，所以就会产生本能性抗拒。因此，教学改革首先需要消除学生们的恐惧感，需要激发他们对自我的信心，特别是需要激发他们勇于挑战自我的勇气，培养他们参与改革实践的胆气。无疑，这是一个人格培养的过程，是一个心理素质建设过程，是一个促进他们真正认识自我的过程，也是他们进行自我重新塑造的过程，而不简单是一个知识接收过程。

为此,进行研究型教学改革试验,首先就是一个社会动员过程,也即动员学生们参与教学改革试验。这个动员过程就是要求他们抛弃自己的思想负担和心理包袱,充分认识到改革的必要性和必然性,认识到改革对自身的意义和价值。没有这个动员过程,改革就无法推进。其次也是自我心理建设过程,这个建设主体不仅是学生,而且也包括教师。教师不能想当然地认为,自己所做的一切都是为了学生,所以学生就必须听从教师的,这种想法是落后的过时的,这仍然是一种动机主义出发点,而不是从效用主义出发的。教师改革行为虽然从根本上是为了学生的利益,但同时也是为了实现自己的愿望,是为了验证自己的改革理念,是为了自我价值的实现,虽然自己付出了巨大的努力,但同时学生也需要付出相应的努力,这个努力程度可能并不逊于教师,因为教师毕竟对改革本身具有先知先觉的认识作为基础,而学生对于改革认识是懵懂的,从而首先面临的是对自我心理防线的挑战,因而投入也是巨大的,尽管他们是最大的受益人和最终的受益人,但改革之初他们对此是没有概念的,教师对此是无法责怪的,只有让他们充分享有改革成果之后才能认同你的改革举措。

故而,心理建设过程是师生共同面对的,尽管教师预先已经有了心理准备,但在教学改革过程中始终面临着心理挑战,因为他始终都面临着学生们质疑的目光,在学生们没有最终享受改革带来的快乐之前一直是抱着一种怀疑的眼光在审视着教学改革行为。改革本身就是在挑战不确定性,它的风险性无处不在,人们不愿意从事改革的原因就在于此。

可以看出,心理建设过程就是一个不断的心理调适过程,也是一个不断接受新的行为模式和新的思维方式的过程,自然而然,也是对他们的能力和素质进行培养的过程。不得不说,这个培养过程就是对他们的心理和行为的转化过程,使他们逐步摆脱对传统行为模式的依赖,转变为对新的行为方式的肯定、接纳并不断强化最终形成自己的行为模式。

无论对学生进行社会动员,还是与他们一起进行心理建设,都是一个理性对话的过程,也即必须从理论上能够说服学生,使学生产生主动认同的积极性,使他们建立一个更为强大的理性自我。但仅仅理性对话是不够的,还必须开展心灵的对话,促使他们认识真正的自我,从而产生心灵的自觉,然后产生理性的自觉。这个过程如果没有深度的互动,没有共同的参与,活动就无法实现。

从博弈论角度看,教学改革就是新的教学理念与传统教学理念、新的教学方式与传统教学方式的博弈,看一看究竟哪一方能够占据上风或主流。这个博弈不自觉地表现为教师的教学改革主张与学生的传统学习习惯之间的博弈,进而延伸为学生向往改革的动力与传统习惯惰性之间的博弈,也必然演化为新的教学模式与传统管理方式之间的博弈。因此这是一个多边博弈过程。这种博弈的特点在于看不见真正边界在哪里。只有在发生正面冲突时才能看到博弈双方存在,否则就看不见真正的对手在哪里。

以此观点来审视教学改革成败,就可以发现,成功的教学改革则是创新教学模式战胜了学生的传统学习习惯并使学生融于教学改革过程中;不成功的教学改革则表现为迁就学生的行为习惯并最终回归传统课堂教学。往往教学改革结果是折中式的,变成了传统教学模式与创新教学模式互渗,也即保留了传统教学的某种元素,也接受创新教学的某些成分,这种调和式改革方式往往是占据主流的,这正反映出教学改革的复杂性一面或教学改革结果不可预见性一面。出现这一状况，就在于从理论上可以区分出传统的与创新的，而在实践中要严格区别出两种不同教学模式是困难的，换言之，同一种教学行为可能同时服务于两种教学理念。这也告诉我们，在教学改革推进过程中，必须抛弃非此即彼的思维方式，充分认识到教学改革实践的复杂性和不确定性。

研究型教学改革试验，就是尝试运用研究的方式进行教学，在教学过程中开展研究，研究与教学完全融为一体。如何才能使教学与研究充分融合在一起呢？答案只能是行动研究，因为只有行动研究才能使学生充分参与研究，也只有行动研究才能使学生成为真正的研究主体，进而才能成为教学活动的主体，并最终实现以学生发展为中心的教学改革旨趣。对于教师而言，行动研究使教师变成了研究的合作者而非主宰者，是引导者而非管理者，是促进者而非控制者，是咨询者而非监督者。这说明，研究型教学要求教师身份做彻底的改变。